HISTORY
OF THE
SECOND
WORLD WAR

第二次世界大战

战史

著

[英] 李德·哈特 (Basil H.Liddell Hart)

译

钮先钟

上海人民出版社

相 关 评 论

◇ 无与伦比的军事史知识,一本迄今为止描写二战史最好的书。

———《伦敦时报》(*The London Times*)

◇ 这是一部经过多年殚思竭虑而有的成熟作品,它将成为第二次世界大战史的典范……书中充满"李德·哈特主义"——坦克战的庞大洪流、弹性的纵深防御、间接路线、后勤上的过分伸展法则、同时追求双重目标以使敌人备多分力……李德·哈特不仅是一位战略的倡导者与批评者,更是一流的伟大史学家。

———《经济学家》(*Economist*)

◇ 李德·哈特的《第二次世界大战战史》不仅是一部卓越的军事分析巨著,同时也是一本富于同情心和独创思想的作品。

———《星期日电讯报》(*Sunday Telegraph*)

◇ 英国人对于李德·哈特的理论若能多加注意,则一定可以避免吃这么大的败仗。

———隆美尔

◇ 跟随 20 世纪最伟大的军事思想家的一次战争旅行。

———《生活杂志》(*Life Magazine*)

◇ 这是一部极其详尽而博学的著作,闪烁着智慧的洞见,充满精辟的战略分析。

———泰勒(A.J.P. Taylor)

◇ 经典之作! 不要买什么关于二战史别的书了,这本书足够了!

◇ 李德·哈特的书写得比较流畅,使读者易于建立整体而又直观的感受。繁简得当,评论精练。

———摘自当当网评论

◇ 观点独到、不偏不倚,对盟军描写很多,对于战争的分析很犀利……

◇ 写得很细腻,对一些细节刻画得很真实,让我从一个更深的层次上了解了二战。

———摘自豆瓣网评论

出 版 者 的 话

李德·哈特是英国著名的军事思想家,一生著述宏富,作为其遗著,《第二次世界大战战史》更是他的重要代表作之一。此书出版后,风靡全球,受到了读者的好评,是一部公认的权威性著作。为满足中国读者的需要,我们购得该书中译本版权,予以出版。

译 者 前 言

第二次世界大战结束于 1945 年,到现在已经整整 50 年,不仅是有史以来规模最大的战争,对于战后世局也产生莫大的冲击。基于鉴往知来的观点,可以确信这次大战的历史即令到今天仍然值得深入研究。50 年来,有关第二次世界大战的历史著作真是汗牛充栋,不胜枚举;但其中具有永恒价值者则屈指可数,而李德·哈特的《第二次世界大战战史》可以说是无出其右。

李德·哈特著作等身,万人景仰,其在学术思想史上的地位早有定论,毋庸介绍。诚如霍华德教授(Prof. Michael Howard)所云:李德·哈特不仅为战略家和史学家,更是一位通儒,也是一位哲学家。这本当是其最后的传世之作,不仅叙述翔实,判断严谨,更能对后世提供具有深远意义的教训,但实际上,这也无异于其临别赠言。

李德·哈特本人曾指出:写历史的目的是要想发现事实真相,解释其原因,并确定事相之间的因果关系。他又引述罗马史学家波里比阿(Polybius)的话说:"最具有教训意义的事情莫过于回忆他人的灾难。要学会如何庄严地忍受命运的变化,这是惟一的方法。"简言之,历史意识能帮助人类保持冷静,渡过难关。历史显示最长的隧道还是有其终点,于是也就能增强苦撑待变的信心和勇气。(引自《为何不向历史学习?》)

李德·哈特写这本书一共花了 22 年的时间(1947—1969 年),足以证明其治学态度的认真,写作过程的艰辛。令人伤感的是他在 1970 年 1 月逝世,未能亲见其巨著出版,但不可思议的是天下事往往物必有偶,李德·哈特像克劳塞维茨一样,其最后传世之作都是由夫人代为出版。李德·哈特素有"20世纪克劳塞维茨"之称,难道这也是天意安排?

　　李德·哈特未能目睹冷战结束,但诚如他所预言,隧道的确有其终点,不过又应记着他在本书结论中所云:"欧洲文明列车虽已从黑暗的隧道中冲出,眼前的光明却只是一片幻影。"但愿后冷战世界所看见的是真正的阳光而不再是幻影。

钮先钟

写于台北

1995 年 1 月

序　言

李德·哈特夫人

　　几个月之前,当出版人要求我替我丈夫所著的《第二次世界大战战史》写序的时候,我就想要对该书编撰曾经给予帮助的人们表示谢意,不过所应列举的人名可能数以百计。这些人从元帅,到士兵,还有教授、学人和朋友,都是贝西尔(Basil)在他的积极研究生活中所曾经接触过的(译注:贝西尔为李德·哈特的首名〔First Name〕)。在贝西尔的《回忆录》(*Memoirs*)的自序中,他曾经这样写道:"回忆录,在其最快乐的方面,就是一种友谊的记录——而在这一方面我非常幸运。"本书也同样地受到此种友谊的恩惠。

　　当还是小孩子的时候,贝西尔就养成了一种对竞技比赛(Games)和竞技战术的爱好,也保存着关于它们的记录和剪报。在航空时代的初期,飞机驾驶员成了他在学童年龄时的英雄,他对他们也是保存着同样的记录。在其一生当中,这种习惯都一直维持不变,又因为他的兴趣日益广泛,所以到了临终时,他遗留下来了几十万件的剪报、信件、备忘录、小册子等等,其所包括的主题从装甲战争到衣服的流行样式。以后,他又用日记的方式,或是他自己所称的"谈话记录"(Talk Notes)方式,来记录他对于某些特别感兴趣的问题所作的讨论,通常都是在讨论之后就立即加以记录的。

　　他在第二次世界大战之后所写的第一本书为《山的那一边》(*The Other Side of The Hill*),那就是他和某些在英国的战俘——德国将军们的谈话记录。这些人中有许多都是其战前著作的读者,并且很想和他讨论他们的战役。在 1963 年 12 月,他曾以回顾的心情,写了一条札记,其命题是"我为什么和怎样写这一本书的解释",其中解释了他对于此种记录如此重视的理由。他说:

　　　　当我在 1920 年代和 1930 年代研究第一次世界大战的史料时,我才开始认识到由于具有独立和史学观念的研究者未能确定和记录那些军事

领袖们在当时的实际想法(作为一种事后回忆的核对),遂使历史的研究受到了莫大的阻碍。因为那是非常明显的,凡是参与重大事件的人,其事后的回忆总是不免有掩饰或歪曲之处,而时间愈久则程度也就愈深。尤有甚者,官方的文件不特常常不足以显示其真正的意见和目的,有时甚至于还故意用来掩饰它们。

　　所以在第二次世界大战期间,当我采访英国和同盟国指挥官们的时候,我对于和他们的讨论,总是作了详细的"为历史而写的笔记"(Notes for History),尤其是要记录他们在当时的观点——作为对官方文件记录的补充和一种对于事后所写的回忆录和记载的核对工具。

　　当战争结束时,我又获得了一个询问被俘德军将领的难得机会,我曾经和他们作了许多次长时间的讨论,所包括的内容除了有关他们本身的作战以外,还有较广泛的问题。对于了解他们在某一特殊情况或决定之前的思想而言,这种调查在时间上自然是已经落后了,不过无论如何,总还是在他们的记忆尚未完全受到时间冲淡之前,而且他们的叙述又还可以用其他证人的叙述以及文件的记录来加以彼此核对和复验。

　　本书的读者可以从书中的附注上发现这些谈话记录是如何经得起时间的考验——许多年来,贝西尔曾经对它们不断地加以复核,事实证明它们是经得起此种考验的。

　　1946 年初,英国"皇家坦克团"(Royal Tank Regiment)的指挥官要求贝西尔替该团和它的前身写一本历史书,包括两次世界大战以及战争之间的时代。这是一项艰巨的任务,花了多年的时间,直到 1958 年这本书才由卡赛尔公司(Cassell)出版。(译注:那本书的原名为 The Tanks-The History of the Royal Tank Regiment and Its Predecessors[etc],译名应为《坦克:皇家坦克团及其前身的历史》。)但当贝西尔开始写本书时,对于《坦克》那本书所需的研究却给了他很大的帮助,因为他曾经结识了许多参加作战的双方青年指挥官,同时也曾经和那些老友畅谈,其中包括蒙哥马利元帅(Field Marshal Montgomery)、亚历山大元帅(Field Marshal Alexander)和奥钦列克元帅(Field Marshal Auchinleck)等人,以及许多德国的将领。

　　在 1946 年独立战争之后,许多以色列的军官也来拜访贝西尔,向他请教有关他们的建军问题。(译注:此处原文有一个错误,以色列的独立战争是发生在 1948 年。)其中有一位是艾仑(Yigal Allon),他们变成了亲密的朋友——艾仑曾在他送给我们的照片上写了这样一句话："送给为将军师的上尉。"（To the Captain Who Teaches Generals）这张照片挂在我们的图书馆内，而这句话也曾为许多人所引述。1961 年贝西尔应邀访问以色列，并在其武装部队和大学讲演。以色列人对于贝西尔的教训曾经恭维备至，所以贝西尔常常不免感慨地说，他的"最佳弟子"是德国人和以色列人而不是他自己的国人。

1951 年，隆美尔夫人（Frau Rommel）问他是否愿意主编其丈夫的文件。他立即欣然同意，于是我们和隆美尔夫人、隆美尔的公子曼弗雷德（Manfred）、曾任隆美尔参谋长的拜尔林将军（Gen. Bayerlein）以及非常能干的出版商、编者马克·波汉·卡特（Mark Bonham Carter），都建立了温暖的友谊。

1952 年，贝西尔到加拿大和美国的各战争学院去讲学。那是很忙碌、费力的，却也收获颇丰，因为他能和那两国的战时旧友聚首，并且还结交了一些新的朋友。在他所接受的许多荣衔当中，最使他感到高兴的就是美国海军陆战队所授予他的名誉队员资格，直到他逝世时，他每天都戴着该队在那次仪式中所赠送的金质领带夹。

1965 年，他被戴维斯（Davis）的加州大学（The University of California）聘为历史学客座教授（这时他已 70 高龄），并讲授两次世界大战的历史。这是一个很有挑战性的工作，也是他非常欣赏的，但不幸的是我们的停留期缩短了几个月，因为他必须回到英国去接受一次重要的外科手术。在他逝世的前夕，他还不顾医师的忠告，准备在 1970 年 4 月再到美国去接受美国海军战争学院（U.S. Naval War College）的邀请，在那里作一系列关于战略问题的讲演。

旅行是贝西尔生活中的一个必要部分，他曾经接受多次的邀请前往欧洲诸国访问，并在各国的参谋学院中讲学。他是一位卓越的地图研究者，他对于美国内战中谢尔曼将军（Gen. Sherman）的各次会战所作的生动描写都是依赖在大缩尺地图上的精密研究而写成的，那是远在他个人亲自访问美国南方旧战场之前。在第二次世界大战之后，我们几乎每年都要访问一次西欧，其目的是研究战场和登陆滩头，以及探访旧友。他总是手上握着地图，随时为本书核对资料。他爱好美丽的田园、教堂和可口的食品，所以在我们旅行时，米其林的导游手册（Guide Michelin）、战场地图以及其他观光手册等总是被一起放在车上。他用口授的方式将地形、食品和教堂建筑形式等做详细的札记，由我记录下来，以便回家后用来充实他那不断增加的私人档案。

贝西尔对于编撰第一次世界大战历史的官方史政人员是颇有微词的，他时常说"官"（Official）字已经把"史"（History）字盖着了，但对于大多数编撰第

二次世界大战历史的人员都常有好评,在他的档案中,充满了和那些人的通信,包括英国、国联和美国的都有。与全世界史学家(尤其是较年轻的一辈)和其他学者之间的友谊足以充实他的生活,所以他花了很多时间去阅读和批评他们的论文和著作,虽然这不免懈怠了他自己的工作,却给予他以无限的快乐。罗兰·李文(Ronald Lewin)就是其中之一人。他曾经这样写道:"……他仅当他认为值得称赞时才会称赞,而当他认为你在事实或意见上犯了错误时,就会毫不客气地加以纠正。"年轻的学者、研究人员、作家、新闻记者——还有年龄较长的人,都纷纷到我们的图书馆来工作,那些书籍和文件是完全公开的,可以让他们去尽量研究。在任何时候,不分昼夜,或者是在进餐时,或者是在花园中散步时,他们都可以受到"教益"(Tutorials)。许多当代的历史学家,最先都是为了讨论和工作而来的,以后就变成了经常的通信者,而最使我们感到快乐的,是他们终于以朋友的身份一再地回到我们的身边。像巴内特(Correlli Barnett)、博富尔将军(Gen. André Beaufre)、贝纳德上校(Col. Henri Bernard)、庞德(Brian Bond)、克拉克(Alan Clark)、高达德上校(Col. A. Goutard)、霍恩(Alastair Horne)、霍华德(Michael Howard)、奥尼尔(Robert O'Neill)、巴雷特(Peter Paret)、皮特(Barrie Pitt)、汤普森(W. R. Thompson)、威廉士(Michael Williams)等人不过是许多知名之士中间的一部分而已。还有许多来自美国和加拿大的其他人士,例如鲁瓦斯(Jay Luvaas)和舒尔曼(Don Schurman),他们和他们的家人都已经变成了我们的挚友。

　　本书所欠的人情实在是太多了,除了上述的所有那些人以外,还有许多我不曾列举姓名的人,关于这一点,我相信他们一定能够原谅我的。这些人有好几百位之多,分散在战略和国防以外的各种不同的领域之内,因为贝西尔的兴趣非常广泛。没有任何人会比贝西尔更相信"教学相长"的道理(Taught by His Pupils),而他的弟子和朋友也都是一时之选,最足以对他的思想产生刺激作用。当他写本书时,他有一些非常能干的助手。哈特(Christopher Hart);席金斯(Peter Simkins),现在帝国战争博物馆中工作;保罗·肯尼迪(Paul Kennedy),在太平洋战役方面曾做过颇有价值的工作(译注:《大国的兴衰》一书作者);布莱德雷(Peter Bradley)在有关空军的各章中也曾有相当的帮助。

　　许多位秘书在这些年来的工作上都曾表现极佳的效率,她们具有兴趣和耐性,对于删改频繁的原稿,一次又一次加以清缮(打字),这样也就使贝西尔的任务变得比较容易。当我们还住在沃尔费吞公园(Wolverton Park)时,汤姆森小姐（Myra Thomson）曾经和我们在一起有 8 年之久，她现在是斯拉特尔太太（Mrs. Slater）。以后在斯退兹屋（States House）的时代，包桑奎太太（Mrs. Daphne Bosanquet）和罗宾森太太（Mrs. Edna Robinson）也对我们极有贡献，而在这本书编撰的最后阶段，史密斯太太（Mrs. Wendy Smith）、拜勒斯太太（Mrs. Pamela Byrnes）和哈斯太太（Mrs. Margaret Haws）也都曾做了非常有价值的工作。

在其他无数应该致谢的人们当中，又有本书英国版的出版者——卡赛尔公司的董事和同仁。富乐尔（Desmond Flower）在 1947 年就签订了合约，但他却非常有耐性地等待这本书的完成。同时也应感谢希汉（David Higham），那不仅是因为他是贝西尔许多著作的经理人，而且更有许多年来的友情。

出版者和我还特别感谢下列诸君，他们在贝西尔逝世之前或之后，曾经分别校阅本书的各章或全部，并曾提供有价值的批评：艾特金森（G. R. Atkinson）、庞德（Brian Bond）、富兰克兰博士（Dr. Noble Frankland）、格雷敦海军中将（Vice-Admiral Sir Peter Gretton）、艾德里安·李德·哈特（Adrian Liddell Hart）、麦金托许（Malcolm Mackintosh）、罗斯基尔海军上校（Capt. Stephen Roskill）、夏费德海军中将（Vice-Admiral Brian Schofield）、希顿中校（Lt. Col. Albert Seaton）、斯壮少将（Maj. Gen. Sir Kenneth Strong）、威廉姆斯博士（Dr. M. J. Williams）。他们中间有些人更慷慨地容许贝西尔引用他们自己著作中的资料——尤其是希顿中校的著作还是尚未出版的原稿。

我们也要感谢费恩（Ann Fern）和纳特基尔（Richard Natkiel），他们的工作是在地图的研究和绘制方面。还有杰罗德小姐（Miss Hebe Jerrold），她曾编成了一份第一流的索引，而那是加工赶造的。

在许多曾经给予帮助的人们当中，我认为我们尤其应该感谢卡赛尔公司的派克（Kenneth Parker），他是贝西尔的编辑和朋友，在贝西尔逝世之后，整理这本书以便出版的重任也就完全落在他一个人的身上。若非他的协助，本书的出版可能还要拖得更久。贝西尔在其《回忆录》的前言中曾经这样说过："能有这样一位博学多才的编辑真是三生有幸，和他一起工作真是一种快乐。"除了这些好评以外，我更应特别感谢他对于这本书的工作。

贝西尔没有很多的积蓄，为了维持生活他必须从事新闻记者的工作和写一些比较速成的书籍，因此本书的研究也就常被延缓。在 1965 年到 1967 年之间，沃尔夫森基金（Wolfson Foundation）曾经给他一笔辅助费，他对于沃尔夫森先生（Mr. Leonard Wolfson）的雅意很表感激。在 1961 年从另一方面也曾获得援助。由于霍华德当时在伦敦国王学院(King's College)主持战争研究的部门,所以该院慷慨地帮助我们把住宅中的马厩改建为图书馆,并在谷仓中建了一个小型客房以供来访学人住宿之用。这不仅扩大了我们的工作空间,而且也使访客感到舒适。这些年来我们曾在三个不同的地方居住,那些税务机关对于贝西尔工作的性质和问题都很了解,这样才使我们能在英国安居和工作。若非如此,我们势必被迫要生活在国外,于是这本书以及贝西尔的其他著作和教学也就都将蒙受不利的影响。

　　所以对于所有一切曾经给予帮助的人,无论他们的大名是否已在这个前言中被提及,我都要把这一本书奉献给他们。

凯赛琳·李德·哈特(Kathleen Liddell Hart)
1970 年 7 月于英格兰
白金汉郡,梅德曼汉,斯退兹屋

目　　录

地 图 目 录

第一篇　前　奏

大战爆发时的欧洲

英里 0 200 400
公里 0 200 400 600

苏 联

莫斯科

罗斯托夫
哈尔科夫

黑海

土耳其

安卡拉

·按原图译制·

拉多加湖
列宁格勒
芬兰
赫尔辛基

勇表伯河
乌克兰
白俄罗斯
基辅

罗马尼亚
伊斯坦布尔

塔林
爱沙尼亚
考那斯
立陶宛
拉脱维亚
里加
挪威
斯德哥尔摩
瑞典
哥本哈根
但泽
但泽斯堡
格丁尼亚
东普鲁士
华沙
波兰
布格河
利沃夫
布加勒斯特
多瑙河
紫菲亚
保加利亚
地拉那
阿尔巴尼亚
希腊
雅典
瑞典

奥斯陆
丹麦
汉堡
柏林
德 国
西里西亚
维斯瓦河
克拉科夫
捷克斯洛伐克
布拉格
苏台德区
苏格菲防线
布达佩斯
匈牙利
维也纳
奥地利
多瑙河
贝尔格莱德
南斯拉夫
意大利
罗马
北海
荷兰
阿姆斯特丹
鹿特丹
海牙
比利时
布鲁塞尔
卢森堡
科隆
莱茵河
马奇诺防线
莱茵河
苏黎世
伯尔尼
瑞士
日内瓦
马赛
科西嘉岛
撒丁
地中海
西西里
英 国
伦敦
敦刻尔克
巴黎
法 国
爱尔兰
都柏林
大西洋
西班牙
马德里
葡萄牙
里斯本
西属摩洛哥
丹吉尔
直布罗陀
阿尔及利亚

· 3 ·

第一章　战争是如何引起的

1939年4月1日,全世界的报纸都登载出下述的新闻:英国张伯伦(Neville Chamberlain)内阁,正在改变其绥靖和孤立政策,并以维持欧洲和平为目的,已向波兰提出保证,将保卫该国以对抗任何来自德国方面的威胁。

但是9月1日,希特勒已越过波兰国界前进。两天以后,经要求其撤兵无效后,英法两国也就参战了。又一次欧洲大战就此发动——而且终于发展成为第二次世界大战。

西方同盟国在进入战争时是具有双重目标的。其当前的目标就是履行他们维护波兰独立的诺言。其最后的目标则为消灭一个对他们本身的潜在威胁,从而确保自己的安全。结果是两个目标都没有能够达到。他们不仅未能阻止波兰被蹂躏,继而又令其受到德苏两国的瓜分,而且经过6年苦战之后,虽然能以表面的胜利为结束,但却还是被迫承认苏联对波兰的支配地位——而放弃了他们对于曾经比肩作战的波兰人的保证。

同时,所有一切用来毁灭希特勒德国的努力,也使欧洲陷于残破和衰弱,以至于当面临一个新的较大威胁时,其抵抗力也就大不如前——于是英国,连同其所有的欧洲邻国,都变成了美国的穷亲戚。

这些都是铁硬的事实,作为胜利追求的基础是如此充满了希望,而其达成却又是如此的痛苦——在把美苏两国的巨大力量引入以对抗德国之后,其结果就是如此。这种结果粉碎了那种以为"胜利"就是和平的流行幻想。它证明了曾经有过的胜利即不过是沙漠中的"海市蜃楼"(a mirage in the desert),而沙漠正适合用来以现代武器和无限方式开展长期战争。

在尚未分析战争的起因之前,对于战争的后果是值得首先加以清查的。在认清了战争所带来的后果之后,就使我们对于战争是怎么产生的问题能作更加现实的观察。就纽伦堡战犯审判(Nuremberg Trials)的目的而言,只要假定战争的爆发及其一切的发展都纯粹是由于希特勒的侵略,也许就够了。但这却是一种太简单和太肤浅的解释。

希特勒并不想制造另一次大战以达到其目的。他的人民，尤其是他的将领，对于任何这一类的冒险都是深感畏惧的——第一次世界大战的经验已经在他们的心灵中留下了很深的创痕。强调此种基本事实，并非是想替希特勒的侵略野心洗刷，也不是想减轻许多甘心跟着他走的德国人的责任。希特勒虽然是异常地骄横，但当他在追求其目标时，却又还是极端地慎重。而军事将领则比他还更要谨慎，对于任何可能挑起全面冲突的步骤都是感到非常焦虑的。

战后有一大部分德国档案都已被缴获，而且也可供研究之用。这些文件显示出德国人对于他们自己有无能力进行一次全面战争是深感怀疑和不信任的。

1936年，当希特勒主张重占莱茵河岸非军事化地区时，德军将领们对于他的决定和可能挑起的法国反应感到十分忧惧。由于他们的抗议，结果最初只派遣了少数象征性的部队来作为一种试探。当希特勒在西班牙内战期间想要出兵援助佛朗哥时，德军将领们对于可能引起的危险又再度提出了新的抗议，结果希特勒也就同意限制其所给予的援助。但是在1938年3月，当希特勒决心向奥地利进军时，他却不理会那些将领们的反对。

不久以后，希特勒又宣布他决心压制捷克斯洛伐克归还苏台德区（Sudetenland）。于是当时的陆军参谋总长贝克将军（General Beck）就草拟了一项备忘录，其中指出希特勒的侵略扩张计划必然会产生一次世界浩劫，而使德国也化为废墟。这份文件在高级将领的会议中宣读并获得他们的赞同后，送请希特勒考虑。当看到希特勒对于他的政策并未表示任何改变的迹象时，贝克遂辞去了参谋总长的职务。希特勒向其他的将领们保证，英法两国决不会为捷克而战，但他们并不信服，于是着手计划一次军人政变，想要拘捕希特勒和其他的纳粹党领袖以避免冒战争的风险。

但是张伯伦却使他们的计划受到了釜底抽薪般的打击。他不仅接受了希特勒对于捷克问题的一切要求，并和法国人一致同意坐视那个不幸的国家受到德国的吞并。

对于张伯伦而言，《慕尼黑协定》（Munich Agreement）的意义即为"我们时代的和平"。对于希特勒而言，那是一个更进一步和更伟大的胜利，这又不仅是对于其国外的对手，而尤其是对于其本国的将领为然。当他们的警告如此一再地为他的那种无敌的和不流血的成功所否定之后，他们也就自然地丧失

了信心和影响力。同样的,希特勒本人对于其一帆风顺的成功也就自然地有了踌躇满志之感。即使当他也考虑到再进一步冒险是有引起战争的可能时,他还是会感觉到那最多不过只是一场小型和短期的战争而已。成功毒素的累积作用已经使他丧失了戒惧的心理。

假使他真是企图发动一次包括英国在内的全面战争,那么他就应该会全力来建造一支能够向英国海权挑战的海军。但事实上,他对于德国海军的建设甚至还不曾达到 1935 年英国海军条约所容许的限度。他经常向其海军将领保证说,他们可以完全不考虑任何和英国交战的危险。在慕尼黑会议之后,他告诉他们说,至少在今后 6 年之内是不会和英国发生冲突的。甚至于在1939 年的夏天,甚至于延迟到 8 月 22 日,他还是一再作这样的保证——尽管其信心已经有一点动摇。

既然希特勒是如此希望能够避免大战,然则他为什么又还是陷入这种旋涡而不能自拔呢? 希特勒的侵略野心既非惟一的答案,也非主要的答案。西方国家的那种亲切态度一向使他受到鼓励,但到了 1939 年的春天,西方国家却突然地改变了它们的态度。这种改变来得如此的突然和出乎意料,所以也就使战争变得必然无可幸免。

假如你容许任何人在锅炉下面不断地加煤,直到蒸汽压力已经超过了危险点,则引起任何爆炸的真正责任也就应该由你负担。此种物理学中的真理对于政治学也同样地适用——尤其是以对国际事务的指导为然。

自从 1933 年希特勒当权之后,英法两国政府对于这个危险的独裁者所作的让步远超过他们过去对于德国前民主政府。每次他们都表现出由于怕麻烦而把困难问题搁置起来——为了眼前的舒适而不惜牺牲将来。

在另一方面,希特勒对于他的问题却正在作过分合于逻辑的思考。其政策的路线是受到一种理想的指导,这种理想被阐释于一种"神圣的誓约"(testament)之内,他在 1937 年 11 月曾经加以解释——其译文保存在所谓《霍斯巴赫备忘录》(Hossbach Memorandum)之内,其基础就是深信德国需要较多的"生存空间"(Lebensraum)以容纳其正在增长的人口,否则就无法维持其生活水准。他认为不可能希望使德国本身自足,尤其是在粮食供应方面。德国也不可能用向国外采购的方式来满足其需要,因为它没有那样多的外汇可供挥霍。在世界贸易中争取较高地位的机会也非常有限,因为不仅他国有关税壁垒,而且德国本身的财力也极感缺乏。何况这种间接补给的方法将使德国必须依赖外国,于是到了战时就会有挨饿的危险。

希特勒的结论认为德国应在人口稀少的东欧地区中去获得较多的"农业有用空间"。若希望有人自愿把这种空间让与德国，那实在是一种幻想。他说："古今的历史——罗马帝国、不列颠帝国——已经证明任何空间的扩张都必须冒险和击破抵抗……无论是过去还是现在，都不可能找到没有主人的空间。"这个问题至迟在1945年以前必须求得解决——"过此以后我们就只可能期待每况愈下的改变了。"一切可能的出路都将会被阻塞，而粮食危机却会日益严重。

希特勒最初的愿望只是想收回德国在第一次世界大战之后所丧失的领土而已。这种理想当然是已经超过那种愿望远甚，不过若说西方政治家对于这些理想完全不知道，那却绝非事实，尽管他们后来假装是那样的。在1937年到1938年之间，他们中的许多人在私下讨论中都是很坦白现实的，尽管在公开的场合发言时并非如此，而在英国的政界也已有许多的议论，主张容许德国向东扩张，以便减轻对西方的威胁。他们对于希特勒寻求生存空间的愿望是寄予极大同情的——而且更希望他知道。但他们却不去思考若不使用优势武力的威胁又如何可以劝诱土地所有人让步的问题。

德国方面的文件显示，1937年11月哈里法克斯勋爵（Lord Halifax）的访问，使希特勒获得了特别的鼓励。哈里法克斯是当时英国的枢密院院长（Lord President of the Council），在内阁中的地位仅次于首相。依照谈话记录，他曾经使希特勒了解，英国将容许他在东欧有行动的自由。也许哈里法克斯的原意并非如此，但他所给予希特勒的印象却的确是如此——而这也证明是极其重要的。

于是，在1938年2月间，艾登（Antony Eden）因为一再地和张伯伦意见不一致，而被迫辞去外交大臣的职务——某次当艾登表示反对意见时，张伯伦的回答是请他"回家去吃一颗阿司匹林"。哈里法克斯被指派接替艾登的外交大臣职务。几天之后，英国驻柏林大使韩德逊爵士（Sir Nevile Henderson）奉命晋谒希特勒作一次密谈，那也就是哈里法克斯11月会谈的延续，其所传达的内容为英国政府对于希特勒想基于德国的利益而改变欧洲的愿望深表同情——"英国现政府具有一种敏锐的现实感"。

从文件上表现出来，这些事件刺激了希特勒的行动。他认为绿灯已经发亮了，可以允许他向东前进。这是一种非常自然的结论。

当希特勒进军奥地利并将该国并入第三帝国的版图时，英法两国政府所表示出来的欣然同意态度使希特勒获得了进一步的鼓励。（这次事变中惟一

美中不足的是希特勒的许多坦克在前往维也纳的途中抛锚了。)事变之后,苏联曾建议召开一次会议来研究对抗德国前进的集体安全计划,但却遭到张伯伦和哈里法克斯的拒绝。当希特勒听到这个消息之后,当然又使他获得了更多的鼓励。

这里又必须再度说明,当对捷克的威胁在 1938 年 9 月开始表面化时,苏联政府又曾通过公开和私人的途径,表示愿意和英法两国共谋保护捷克的对策。这个建议还是不曾受到理会。此外,当慕尼黑会议在决定捷克斯洛伐克的命运时,苏联又被摒弃在门外。这种“冷遇”(Cold-Shouldering)在次年也就产生了足以致命的后果。

9 月间,当希特勒对捷克斯洛伐克施加压力时,英国曾作强烈的反应,甚至于作部分的动员。由于英国政府早已同意让希特勒东进,所以此种反应也就使希特勒深感骇异。但当张伯伦接受了希特勒的要求,并积极帮助他对捷克强制执行其要求之后,希特勒遂又认为英国的那种反应不过是一种保全面子的行动——只是为了应付英国由丘吉尔(Winston Churchill)所领导的舆论,那大部分都是反对政府的姑息让步政策。法国人的消极态度也使希特勒获得同样的鼓励。在所有的欧洲小国中,捷克算是拥有最精锐的兵力,对于这样的同盟国,法国人既然都可以弃如敝屣,那么它们似乎也就更不可能为了保护其在东中欧的同盟体系残余部分而投入战争了。

所以希特勒认为他可以安全地提早完成对捷克斯洛伐克的吞并,然后再继续向东前进。

最初他并不想对波兰采取行动——尽管该国所据有的德国失地是面积最大的。波兰,也像匈牙利一样,曾经帮助希特勒威胁捷克的后方,所以也就促使捷克不得不向希特勒屈服——而且波兰也乘机获得了一片捷克的领土。希特勒的原意是准备让波兰暂时做他的帮凶,其条件为波兰应把但泽港(Danzig)归还德国,并允许德国有一条通过“波兰走廊”(Polish Corridor)以到达东普鲁士的自由道路。从希特勒的观点来看,在当时的环境中,这真是非常温和的要求。但是在那年(1938)冬天的一连串讨论中,希特勒发现波兰人很顽固,不肯作任何这一类的让步,而且对于自己的实力颇有夜郎自大之感。即便如此,希特勒还是继续希望在进一步的谈判之后,可以使波兰人就范。直到 1939 年 3 月 25 日,希特勒还告诉他的陆军参谋总长说他“不想使用武力来解决但泽问题”。但是由于他在一个不同的方向上采取了一个新的步骤,而引起英国人也采取一个意想不到的步骤,这样才使希特勒改变了他的原意。

在 1939 年最初几个月内，英国政府的首长们感觉到心情相当愉快，这是他们在过去很长一段时间中所未有的。他们自欺地以为英国的加速再武装、美国的重整军备计划和德国的经济困难已经使危险日益减轻。3 月 10 日，张伯伦私下发表他认为和平的前途是从未有像目前这样光明的意见，并且说他希望在年底以前可以安排一次新的裁军会议。次日，霍尔爵士（Sir Samuel Hoare）就在一次讲演中充满了希望地暗示，世界正在进入一个"黄金时代"——他过去曾任外交大臣，是艾登的前任，现在充任内政大臣。大臣们都纷纷向朋友和批评者保证说，德国的经济困难已经使它不能从事战争，它注定了必须接受英国政府的条件以换取援助，这种援助将会采取一种商约的形式。有两位阁员——史坦利（Oliver Stanley）和哈德森（Robert Hudson），正要启程前往柏林去安排商约的谈判。

在同一星期内，《笨拙》（Punch）画报上刊出了一幅卡通画，表示"约翰牛"（John Bull）正从噩梦中惊醒，而最近的"战争恐怖"却已经从窗口中飞走了。（译注：《笨拙》为伦敦的著名讽刺画刊，"约翰牛"为英国的外号。）在 1939 年"3 月 15 日"（Ides of March）之前的一个星期中，英国所弥漫着的荒谬乐观幻想简直是前所未有的。

当此之时，纳粹党人却在捷克斯洛伐克境内培养独立运动，促使其内部分裂。3 月 12 日，斯洛伐克人（Slovaks）在其领袖狄索神父（Father Tiso）到柏林谒见希特勒之后，就正式宣布独立。更盲目的是波兰的外交部长贝克上校（Colonel Beck），居然公开表示他对于斯洛伐克人的充分同情。3 月 15 日，在捷克总统已向希特勒屈服，同意在波希米亚（Bohemia）建立一个"保护国"（Protectorate）的要求之后，德国部队遂立即开入布拉格（Prague），并占领了这个国家。

在前一年的秋天，当《慕尼黑协定》作成时，英国政府曾主动保证捷克斯洛伐克可以不再受侵略的威胁。但现在张伯伦却告诉下议院说，他认为斯洛伐克的独立已经使这个保证失效，所以他觉得英国不再受此种义务的约束。尽管对于所发生的事情表示遗憾，但他向下议院说他看不出有什么理由应"改变"英国的政策。

但是在几天内，张伯伦却作了一个完全的"转变"——那是如此地突然和彻底，所以全世界都为之愕然。他突然决定阻止希特勒的任何进一步行动，并在 3 月 29 日主动向波兰表示愿意支援它来对抗"任何威胁波兰独立的行动，以及任何波兰政府认为有抵抗必要的行动"。

　　什么是造成张伯伦这样冲动的主要因素，无法从根本上推测——也许是群情愤激的压力，也许是张伯伦自己内心中的怒火，或者是因为受到了希特勒的愚弄而感到愤怒，又或者是对自己在众人的面前像一个傻瓜而感到羞耻。

　　那些一向支持安抚政策的英国人，也大多数都产生了类似的激烈反应——而一向不信任此种政策的另一半英国人所作的非难，则更使此种反应趋于尖锐化。在普遍的愤激情绪之下，英国人开始团结一致，不再有意见分歧。

　　此种无条件的保证把英国的命运放在波兰统治者的手中，那些人的判断力是非常的不可靠和不稳定。而且，除非有苏联的援助，否则此种保证根本上不可能履行，但英国政府事先却未采取任何措施来了解苏联是否愿意给予此种援助，以及波兰是否愿意接受此种援助。

　　当内阁被要求批准此种保证时，甚至于连参谋长委员会（Chiefs of Staff Committee）的实情报告书也都不曾过目——那份报告书也许可以使人明白，要想给予波兰以任何有效的保护，实际上将是怎样的不可能。（原注：不久以后，贺尔-贝利夏先生〔Mr. Hore-Belisha〕就曾经把上述的情形告诉我，他是当时的陆军大臣。比费布罗克勋爵〔Lord Beaverbrook〕也曾把同样的消息告诉我，他是听到其他的阁员说的，当时他还没有入阁。）不过即令那些阁员能够看到参谋首长的报告书，在当时那样的政治气氛之下，其所作的决定也还是照样不可能有任何的改变。

　　当此种保证在英国国会中交付讨论时，它也受到各方面的欢迎。劳合·乔治（Lloyd George）是惟一发出反对呼声的人。（译注：劳合·乔治为英国政治元老，曾任第一次世界大战时的战时首相。）他提出警告说，在尚未确实获得苏联支持之前就作如此超过限度的承诺，实在是一种自杀的愚行。对波兰的保证的确使世界大战提早爆发，它将最大的诱惑和最明显的挑拨合而为一。它刺激希特勒想要证明对于一个西方所达不到的国家，此种保证将是毫无用处的，它又使顽固的波兰人更不愿意向希特勒作任何让步，同时又使希特勒无法打退堂鼓，因为那将使他失去面子。

　　为什么波兰当局会接受这种致命的保证呢？一部分是由于他们对于自己的落伍兵力所具有的威力抱着一种荒谬的夸大想法——他们居然高谈"骑兵远征柏林"的神话。另一部分则是由于个人的因素：贝克上校后来说过，在弹去两次烟灰后，他就决定了接受英国的保证。他解释说，在他1月间和希特勒会晤时，感觉到希特勒说但泽必须归还的语气，实在是很难受，所以当英国的建议传达到他时，他立即想到这是还击希特勒一个耳光的好机会。这种冲动是太典型化了,民族的命运常常是这样决定的。

现在惟一避免战争的机会就是要看是否能够获得苏联的支援——苏联是惟一能够给予波兰以直接支持的强国,所以也就可以对希特勒构成一种吓阻。但是,尽管情况是这样地迫切,英国政府所采取的步骤还是拖拖拉拉,毫不认真。张伯伦对于苏联具有强烈的厌恶心理,而哈里法克斯则具有强烈的宗教性反感,而他们两人对于苏联的实力估计过低,其程度恰与对于波兰的实力估计过高如出一辙。假使说现在他们已经承认与苏联之间的防御安排是有必要的,他们却仍然希望能够依照自己的条件来安排,殊不知自从他们不假思索地给予波兰以保证之后,他们自己的地位已经非常不利,所以必须依照苏联的条件始能得到它的合作——假使说他们还不了解这一点的话,毫无疑问斯大林却是完全了解的。

除了英国当权者的犹豫不决以外,波兰政府以及其他的东欧小国,也都反对接受苏联的军事支援——因为这些国家害怕苏联军队的增援即无异于外敌的侵入。所以英苏谈判的步调简直像送葬队伍的行进一样缓慢。

希特勒对于此种新情况的反应却是完全不同。英国的强烈反应和加倍的整军措施使他震惊,但所产生的效果却和英国人所想像的完全相反。因为希特勒感到英国人已经开始反对德国向东扩张,他害怕若再耽搁就有被阻止的危险,所以他的结论就是必须加速其争取生存空间的行动。但应如何行动才不至于引起全面战争呢?他的答案是受到他个人对于英国历史知识的影响。希特勒想像中的英国人是头脑冷静,具有理智,其感情是受到头脑的控制而不会轻举妄动的,所以他认为除非能够获得苏联的支援,否则英国人连做梦也都不会考虑到为波兰而投入战争。所以,希特勒决心暂时忍受对于共产主义的一切仇恨和恐惧,而倾其全力来讨好苏联,使其确保中立。这是一个比张伯伦还更奇特的向后转行动——具有同等的致命后果。

希特勒对于苏联的勾引行动很易于成功,因为斯大林对于西方早已心存怨怼。张伯伦和哈里法克斯在1938年给予苏联人的冷遇,很自然地会引起他们的反感,尤其是当希特勒进军布拉格之后,他们对于联防同盟所作的新建议又不为英国所重视,而当此之时,英国政府却赶忙去和波兰达成单独安排。再没有比这种方式更能加深苏联人的疑虑和猜忌了。

5月3日,有消息传来,说苏联的外长李维诺夫(Maxim Litvinov)已经被免职,这是一个除了瞎子都能认清的警告。李维诺夫一直都是提倡与西方合作以抵抗纳粹德国的领袖人物。接替他的人是莫洛托夫(Vyacheslav Molotov),

据报道他是宁愿和独裁者打交道而不愿意和自由民主国家合作的。

苏联—纳粹协商的试探开始于 4 月间,但双方的行动都是异常地慎重——因为彼此间都还是互不信任,并且都认为双方的目的只不过想尝试阻止对方不和西方国家达成协议而已。但是英苏谈判的迟缓进度却鼓励德国人去利用此种机会,加速他们的步调,加紧他们的追求。不过直到 8 月中旬,莫洛托夫还始终不肯作任何承诺。然后才发生了决定性的变化,这也许是出于德国人的主动,他们不像英国人那样犹豫不决,而决心接受斯大林的条件,尤其是容许他在波罗的海方面有自由行动的权利。同时也和下述的明显事实有关:希特勒对于波兰的行动决不能迟过 9 月初,因为此后天气就可能会把他拖住。所以德苏协定迟到 8 月底才签订,也就是保证没有时间来让希特勒和西方国家再来一次"慕尼黑协定"——那是可能对苏联构成危险的。

8 月 23 日,里宾特洛甫(Jachim von Ribbentrop)飞往莫斯科,接着德苏条约就签字了。它还附有一份秘密协定,内容是决定波兰由德苏两国瓜分。(译注:里宾特洛甫为当时德国的外交部长。)

这个条约使战争必然爆发,尤其是因为在时机上是已经如此迫切。希特勒对于波兰问题的决定是不可能再撤回的,否则在莫斯科就不免要严重地丧失面子。此外,由于在 7 月底张伯伦又派了他的亲信顾问威尔逊爵士(Sir Horace Wilson)和希特勒就英德条约的问题进行私下谈判,所以也就更使他相信英国政府不会为了保存波兰而冒险去作一次显然毫无希望的斗争,同时也不可能真正想把苏联引进来。

但是苏德条约的签订,在时机上是如此地延迟,对于英国也就未能产生希特勒所预期的效果。反之,它却激起了英国人的"牛脾气"——那是一种盲目的决心,不计一切后果。在这种感情激动的情况之下,张伯伦也就不可能坐视,否则不仅失言而且丢脸。

斯大林完全明了西方国家一向都在鼓励希特勒向东扩张——即朝着苏联的方向。他很可能认为苏德条约是一种足以把希特勒的侵略野心引向相反方向的方便的工具。换言之,采取这样微妙的一着,他可以引诱他远近的敌人互相冲突。至少还应该能够减轻对苏联的威胁,而且甚至可以使他们两败俱伤,好让苏联坐享渔人之利。

这个条约固然使德苏两国之间少了一个作为缓冲国的波兰——但苏联人却一向认为波兰对于他们不仅不是一道屏障,反而可能会变成德国侵入苏联的矛头。若与希特勒合作共同征服波兰,然后再将其瓜分,则不仅是收回

1914 年以前旧有国土的最佳途径,而且还可以把东波兰变成一道缓冲地带,虽然比较狭窄,但却是由他们自己的兵力来据守的。那似乎是一个比独立的波兰国更为可靠的缓冲。这个条约也替苏联占领波罗的海 3 个小国和比萨拉比亚(Bessarabia)的行动铺路,于是缓冲地带也就可以获得进一步的拓宽。

1941 年,当希特勒横扫苏联如入无人之境时,斯大林在 1939 年所采取的步骤,也就使人感觉到那实在是一种近视的愚行,几乎送了性命。也许斯大林把西方国家的抵抗能力估计得太高,认为他们有能力把德国的实力消耗得差不多。同时,也很可能他是把自己兵力的初期抵抗能力估计得太高。尽管如此,但若对以后的欧洲情况作一番观察,则他这一着对苏联不利的程度又似乎并不像 1941 年所想像的那样厉害。

反之,对于西方,那却是带来了无限的损失。面对着一个如此明显的爆炸情况,西方的政策却是拖延和轻率兼而有之,所以当国诸公实在是不能辞其咎。

丘吉尔在其《第二次世界大战回忆录》中,对于英国的投入战争有很精辟的评述。他在叙述了英国如何容许德国再武装和如何容许德国吞并奥国和捷克,以及如何同时又拒绝苏联的联合行动建议之后,这样写道:

> ……当所有一切的援助和利益都已丧失殆尽之后,英国才开始牵着法国一同保证波兰的完整——这个贪鄙的波兰,仅仅在 6 个月之前,还曾在捷克趁火打劫。若在 1938 年为捷克而战,那还是很合理的。当时德国陆军能用在西线上的精兵可能只有 6 个师,而法国兵力则约有六七十个师,所以一路长驱直入越过莱茵河,甚至于进入鲁尔地区,都是非常可能的。但当时大家却认为这种想法是鲁莽的,不合理的,缺乏近代化的思想和道德观念。但现在却终于有了两个西方民主国家宣布他们不惜以自己的生命为赌注,以保证波兰的领土完整。有人告诉我们,历史主要的就是一种人类罪恶、愚行和不幸的记录。尽管如此,要想找到与此类似的例证也许还是很困难的,五六年来,所采取的都是绥靖政策,现在却于一夜之间作了一个突然的和完全的转变,决心在远较过去恶劣的条件上和最大的规模上,接受一次显然即将爆发的战争……
>
> 这就是最后的决定,其作成的时机可能是最恶劣的,其作成的理由也是最难令人满意的,但其将使千万人受到屠杀却是毫无疑问的。

　　这是一个对张伯伦的愚行所作的明确判决,根据"后见之明"(Hindsight)写成的。因为丘吉尔本人,在那种群情鼎沸之时,也曾支持张伯伦主张英国保证波兰的政策。这是太明显的事实,在 1939 年,他也像大多数英国领袖一样,行动是以热情的冲动为基础——而不是以冷静的判断为基础,后者却曾经一度是英国政治家的特长。

第二章　战争爆发时双方的兵力

1939 年 9 月 1 日,星期五,德军侵入波兰。9 月 3 日是星期天,英国政府为了履行其事先所给予波兰的保证,遂向德国宣战。6 个小时之后,法国政府虽然比较犹豫不决,但也还是步了英国的后尘。

在对英国国会做这个决定国运的宣布时,70 岁的老首相张伯伦先生用下述的语句来作结论:"我深信在我有生之日还能看到希特勒主义被毁灭和一个解放的欧洲重建起来。"但在不到 1 个月之内,波兰已经被蹂躏了;在 9 个月之内,西欧的大部分都已被淹没在战争洪流之中了。虽然希特勒最终被打倒,但张伯伦①先生却未能看到一个解放的、重建的欧洲。

为了表示对宣战的欢迎,格林伍德(Arthur Greenwood)先生也代表工党发言,在表示其如释重负的心情时,他说:"那个使我们大家都感到难以忍受的拖延痛苦已经过去了。我们现在知道最坏也不过如此。"从大家对他欢呼如雷的情形上看来,可以证明他的话也恰好表达了整个下院的一般情绪。他的结语是这样的:"但愿这次战争是快而且短,但愿在那个恶名的废墟上所重建的和平能够永垂不朽!"

只要对于双方的兵力和资源作一次合理的计算,就可知道相信战争是"速战速决"(Swift and Short)的想法实在毫无根据。甚至于无论战争继续延长多久,也都不可能希望仅凭英法两国的力量,即足以击败德国。至于认为"我们现在知道最坏也不过如此"的假定则更是愚不可及。

关于波兰的实力也有许多幻想。作为一位外交大臣,哈里法克斯勋爵本应有良好的情报知识,但他却相信波兰的军事价值高于苏联,所以宁愿保留它来当作一个同盟国。这就是他在 3 月 24 日向美国大使所发表的高论,这也正是在英国突然决定对波兰提供保证的前几天。7 月间,英国武装部队的总监

---

① 张伯伦于 1940 年 11 月去世,他没有如他自己所说,看到欧洲的解放与重建。

察长(Inspector-General of the Forces)艾仑赛将军(General Ironside)前往访问波兰的陆军,在他回国之后所提出的报告,照丘吉尔先生所形容的,那是"最有利的"(Most Favourable)。

关于法国的陆军却存在着更大的幻想。丘吉尔本人,在1938年4月14日曾经形容它是"欧洲训练最完善和机动最可靠的兵力"。在战争爆发之前的几天,丘吉尔曾和法国野战军总司令乔治将军(General Georges)会晤,在比较了法德双方兵力数字之后,丘吉尔的印象非常良好,所以他称赞说:"那么你们是赢定了。"

也许这也就更增强了他帮助催促法国宣战的热心——法国大使的报告曾经这样说:"其中最激励的人就是丘吉尔先生,他的洪亮声音使电话机都发生了震动。"在3月间,丘吉尔也曾宣称对于向波兰提供保证的问题,他本人的意见和首相完全一致。他也和所有其他的英国政治领袖一样,曾经高谈此种保证在作为维护和平工具时的价值。只有劳合·乔治一人曾经指出它的不切实际和危险——而他的警告却被《泰晤士报》(The Times)形容为"一种无可慰藉的悲观主义的发泄",并且说"劳合·乔治先生现在似乎是生活在他自己的一个孤独和遥远的世界中"。

平心而论,应该指出的是,在比较冷静的军事圈内,有许多人对于前途都不存有这一类的幻想。我个人在战争爆发时所写的战略形势研判曾经预测波兰很快就会失败,而法国也不能支持很久,我的结论是:"总而言之,由于我们的战略基础是如此不健全,所以我们也就陷入了一种窘境——这也许是我们有史以来最坏的情况。"但在当时,一般人的想法都完全是意气用事,不仅淹没了眼前的现实感,而且掩蔽了长远的考虑。

波兰能否支持得更久一点呢?英法两国对于减轻德国对波兰的压力是否可以做得更好一点呢?如现在所知的,从军事力量的数字表面上看来,这两个问题的答案似乎都应该是肯定的。以人数而论,波兰足够在其国界上阻止德军的侵入,或至少应能使他们的前进受到长期迟滞。以数字而论,法军也似乎同样地能够击退被留置在西线方面的德军。

波兰陆军共有30个常备师和10个预备师。它同时也拥有不少于12个的大型骑兵旅——不过其中却只有1个是摩托化的。其在数量方面的潜力甚至于要比上述单位数字所表现的还更大——因为波兰几乎拥有250万"有训练的人员"可供动员。

法国所动员的人力相当于110个师,其中常备师不少于65个,包括5个骑兵师、2个机械化师和1个正在编组中的装甲师——其余则均为步兵师。就总数而言,即令扣除了驻防法国南部和北非以对抗意大利可能威胁的部队,法国统帅部还能在其面对德国的北部国境上集中85个师的兵力。此外,他们还可以动员500万有训练的人员。

除了必须兼顾中东和远东的防务以外,英国曾允许在战争爆发时立即送4个正规(Regular)师到法国去——以后实际上送去了相当于5个师的兵力。不过由于海运的问题,以及为了避免空中攻击而必须采取曲折的航线,所以其第一批部队要在9月底才能到达。(译注:英国所谓"正规"单位就是完全由职业军人所组成的。)

除了小型但素质颇高的正规陆军以外,英国正在着手编组和装备26个师的本土野战军(Territorial field army)。在战争爆发时,英国政府又已经计划将其总数扩充为55个师。但是这支新军的第一批部队在1940年以前都还不能完成进入战场的准备。就眼前而言,英国的主要贡献仅能采取以海权执行海上封锁的传统形式——此种形式的压力当然要很长久的时间才能收效。

英国有一支刚刚超过600架的轰炸机兵力——比法国要多1倍,但比德国却要少一半——但由于当时飞机的机型和航程都很有限,所以并不能直接攻击德国以产生任何非常有效的效果。

德国动员了98个师,其中52个为常备师,包括6个师的奥国人在内。其余的46个师中,只有10个师可在动员后即能作战。即便如此,这些部队中的大部分人员又都是仅只服役约一个月的新兵。其他的36个师则主要是由第一次世界大战的老兵所组成的,他们的年龄都已超过40岁,对于近代化的兵器和战术几乎是毫无所知。他们也非常缺乏炮兵以及其他的兵器。要想把这些师组训完成,使其能够变成真正的作战部队,则必须要很长的时间——甚至比德军统帅部所预计的还要更长,对于此种进度的迟缓已经使德军深感震惊。

德国陆军在1939年尚未完成战争的准备——因为相信希特勒的保证,德军将领们也都感觉到战争是出乎他们意料之外。他们本来是主张以充分训练的基干官兵为基础,逐步完成建军的计划,但还是勉强同意了希特勒想要加速扩军的愿望。不过希特勒却又一再地告诉他们,还是有充分的时间来完成训练,因为至少在1944年以前,他是绝对无意冒险发动大规模战争的。与军队的数量相比较,装备也极感缺乏。

但是在战争初期德国人获得了迅速胜利之后,一般的假定都认为这是由于他们在兵器和数量上拥有一种压倒性的优势之故。

　　这第二种幻想销蚀得非常慢。甚至于在战争回忆录中,丘吉尔还是说德国人在 1940 年至少拥有 1000 辆"重坦克"。事实上,德军在当时根本上就没有重坦克。当战争发动时,他们只有少量的中型坦克,其重量仅为 20 吨。他们在波兰所使用的大部分都是重量很轻和装甲很薄的坦克。

　　只要计算一下,就可以看出波兰和法国当时一共约有相当于 130 个师的兵力,而德国却一共只有 98 个师,其中又有 36 个师是几乎完全没有训练和组织的。以"有训练的兵员"数量来比较,则对德国也就更为不利。惟一足以抵消此种数量劣势的因素,即为德国是居于中央位置,可以把对方的兵力分割为两部分,彼此相距颇远,难于互相支援。德国人可以先攻击对方两个伙伴中的较弱者,而法国人若欲救援他们的盟友,则必须向德国人已有准备的防线进攻。

　　即令如此,就数量的计算而言,波兰人还是拥有庞大的兵力,足以抵抗德军所发动的攻势——攻势兵力是由 48 个常备师所组成。在他们后面,还有 6 个预备师,但战役却结束得太快,所以这些预备部队根本上就没有机会参加战斗。

　　从表面上看来,法国人似乎是拥有充分的优势足以压倒德军在西线上的兵力,而一直冲到莱茵河上。因为他们并没有这样做,所以德国将领们先是感到惊奇,然后就如释重负。因为大多数人在思想上也还是摆脱不了 1918 年的旧观念,并且也像英国人一样,把法国陆军估计得太高了。

　　但波兰人是否能够守得住,法国人能否对波兰提供比较有效的援助,若在较严密的分析之下,结论就会完全不同了——这也就是说对于他们内在的弱点,以及在 1939 年首次实际被使用的战争新技术,必须有较深入的了解。从这种近代化的观点来看,甚至于在事前,即已经可以知道局势的演变是无可挽回的。

　　丘吉尔在其《第二次世界大战回忆录》中对于波兰的崩溃曾作下述的评论:

　　　　装甲车辆能够抵抗炮兵的火力,能够一天前进 100 英里,无论在法国还是在英国,对于此种新事实的后果几乎都完全缺乏有效的了解。

　　对于英法两国大部分高级军官和政治家而言,以上的说法可以说是太真实了。但是此种新潜力的首次发现却还是在英国。有一小群进步的军事思想家曾经公开地和不断地对于这种新观念加以提倡和解释。

在其《第二次世界大战回忆录》的第二卷中，丘吉尔在谈到法国的崩溃时，又曾作了下述的坦白承认，虽然还是不免有一点讳言：

> 因为许多年来我不曾和官方的资料接触，所以我对于上次大战之后，大量快速重装甲兵力所带来的猛烈革命并无深入的了解。虽然我也略知一二，但那却不足以改变我的旧观念。

这是一个非常值得注意的声明，出自一个在第一次世界大战时曾对坦克的创造力有如此重大功劳的伟人的笔下。丘吉尔的坦白态度是很可敬佩的。但他曾任财政大臣直到 1929 年为止。1927 年，英国曾在索尔兹伯里平原（Salisbury Plain）上组成一支“实验装甲部队”（Experimental Armoured Force），那也是全世界的第一个，用来实验新的理论，因为主张高速坦克战争的人们提倡这些新理论已有几年之久。丘吉尔对于他们的观念也有充分的认识，并且也曾访问在工作中的实验部队，而在以后的若干年内，他还将继续和他们保持接触。

对于此种新战争观念的缺乏了解，以及官方的反对态度，在法国尤甚于英国。而在波兰又比在法国更进一步。此种了解的缺乏实为 1939 年波法两军失败的根源，也是 1940 年法国更大失败的根源。

波兰官方的军事思想可以说完全是落伍的，其部队的组织形态大致也是如此。他们没有装甲师和摩托化师，其旧式的部队也非常缺乏战防炮和高射炮。此外，波兰的领袖们也仍然深信大量骑兵的价值，并对骑兵冲锋的可能性寄以一种病态的信仰。就这一方面来说，他们的思想也许真正是已经落后了 80 年。因为远在美国内战时，即早已证明骑兵冲锋的无效——不过“战马心怀”（horse-minded）的军人们却始终不肯接受这种教训。在第一次世界大战时，所有各国的陆军仍然继续维持着大量的骑兵，并希望有一显身手的机会，那可以算是那次静态战争中的一个极大讽刺。

在另一方面，法国人却拥有近代化陆军的许多构成因素，但他们却并不曾把它们组织成为一个整体——因为他们高阶层的军事思想落后了 20 年。与他们失败之后所传出来的神话完全相反，他们所拥有的坦克要比德国人在开战时所已经建造的全部数量还要多——其中许多都比德国的坦克体型大、装甲厚，虽然速度可能较慢。但法军的高级指挥部却还是透过 1918 年的眼光来

看坦克——把坦克当作步兵的仆人，或是用作搜察部队以补骑兵之不足。在此种旧式思想的束缚之下，他们也就和德国人完全不同，对于把坦克组成装甲师的工作耽误了很久，因为他们始终只是把坦克兵力分割成为一小撮一小撮的来使用。

法国人，尤其是波兰人，在新式地面部队上的弱点，又因为他们缺乏空军来掩护和支援他们的陆军，于是也就变得更为严重。波兰的情形也许还可以原谅，因为他们缺乏工业资源，但法国人却不能以此为借口。在这两个国家中，空权的需要都是被建立大陆军的主张所压倒——因为在军事预算的分配上，陆军将领的发言居于支配的地位，而他们自然是喜爱他们自己所熟习的那种部队。他们几乎完全不了解地面部队的效力现在必须有赖于适当的空中掩护。

两国高级将领的自我陶醉也都已达到了致命的程度，这是他们失败的主因。在法国方面，不仅是第一次世界大战的胜利培养了他们的骄气，而且其他国家的军人也都一致推崇他们的军事知识，于是也就更使他们有不可一世之感。在波兰方面，由于他们在 1920 年曾经击败过苏联人，所以也就养成了自负的心理。这两国的军事领袖对于他们的军队和军事技术一向都是自以为了不起的，他们那种自鸣得意的态度真是不堪入目。不过凭良心说，法国还有一些青年军官，例如戴高乐上校（Colonel de Gaulle），对于正在英国被提倡的新坦克战争思想曾经表示非常有兴趣。但是那些较高级的法国将领们对于这种英国产生的"理论"，几乎完全不加以注意——这与那些积极研究的德国新派将领们恰好成一强烈对比。（原注：在战争将要爆发之前，我出版了一本叫作《不列颠的防御》〔*The Defence of Britain*〕的小书，在书中我对于波兰军事领袖们仍然继续信仰骑兵冲锋的情形表示忧虑。结果却引起了他们的愤怒，并促使波兰外交部正式提出抗议。这也可以算是一个令人啼笑皆非的小插曲。）

即便如此，德国的陆军离一种具有真正效率和近代设计的兵力标准也还是差得很远。不仅就其全体而言对于战争并无准备，而且其常备师的大部分在组织上也都是落伍的。此外其较高级指挥部的观念也还是有因沿旧辙的趋势。不过当战争爆发时，德国却已经组成了少数的新型部队——6 个装甲师、4 个"轻装"（机械化）师，以及支援用的 4 个摩托化步兵师。在总数中这只占极小的比例，但这一点少数兵力却比德国陆军其余的全部兵力都更有价值。

同时，德国的最高统帅部，虽然也是很犹豫的，但却终于承认了此种高速战争的新理论，并且愿意给予它一次尝试的机会。尤其应归功于古德里安将军（General Heinz Guderian）和少数其他人士的热心提倡。他们的辩论说动了希特勒——因为他欣赏任何速战速决的观念。总而言之，德国陆军之所以能获得如此惊人的胜利，并非因为他们拥有压倒性的数量优势，也非因为他们在组织形态上已经彻底现代化，而是因为他们要比对方略高一筹，这个程度虽然不大，但却非常重要。

在第一次世界大战时，法国的总理克列孟梭（Georges E. B. Clemenceau）曾经说过这样一句话：

> 战争是件太严重的事，不能完全委之于军人。（War is too serious a business to be left to soldiers.）

这句名言经常为人所引用，而 1939 年的欧洲情况也给与它以一种新的解释。因为即令对于军人的判断能够完全信任，现在也还是不能把战争完全委之于军人。维持战争的权力，如果不是发动战争的权力，现在已经从军事的领域转移到经济的领域，正好像机器在战场上已经压倒人力，所以在大战略的领域中，工业和经济也的确已经把军事从前台推到后台了。除非从工厂和油田中出来的补给能够源源不断地维持，否则军队就不过是一群毫无生气的乌合之众而已。在外行人眼中看来，起起武夫所组成的行列还是威风凛凛的，但在近代战争科学家的眼里，他们不过是一种装在传动皮带上的玩偶而已。而在这一方面也就呈现出一种可以拯救文明的潜在因素。

假使仅只计算现有的军队和军备，则情况就会显得更为暗淡。《慕尼黑协定》已经改变了欧洲的战略平衡，而且至少在一段时间之内，这种平衡对于英法两国非常地不利。不管它们的重整军备计划是如何地加速推进，但在相当长时间之内都还是无法扭转已经形成的劣势。因为在战略天平上不仅是已经取消了捷克的 35 个装备良好的师，而且同时又放出了原先用来平衡它们的德国兵力。

到 1939 年 3 月为止，英法两国在军备方面固然已有若干的增加，但是由于德国吞并了捷克斯洛伐克，后者的军火工业及其所储存的一切军事装备也被其顺手取得，所以其优势也就更形增大。专以重型火炮而言，德国的数量就在此一击之后增加了 1 倍。使前途变得更恶劣的是德意两国的援助已经使佛朗哥能够推翻西班牙的共和政府，于是对于法国的疆界，以及英法两国的海上

交通,也都构成一种额外的新威胁。

从战略上来看,除非能确实获得苏联的支援,否则在有限时间之内,是绝无希望可以扭转此种劣势的。同样,从战略上来看,德国若想解决其与西方国家之间的问题,则也就再没有比这个时机更为有利了。但是战略的天平的位置却在经济基础上。在战争压力之下,此种基础能否长久支持德国武力的重量,似乎是有一点疑问的。

差不多有 20 种基本产品都是战争所必需的:用在一般性生产上的煤,用作动力来源的石油,用来生产炸药的硝化棉,羊毛,铁,运输方面所需要的橡胶,一般军需品和一切电力装备所必需的铜,用于炼钢和弹药方面的镍,用在弹药方面的铅,制造炸药的甘油,制造无烟火药的纤维质醋酸盐,制造雷管的水银,制造飞机的铝,制造化学仪器的铂,用在炼钢和一般冶金工业上的锑、锰等,用在弹药和机械上的石棉,用作绝缘物的云母,用来生产炸药的硝酸和硫磺等。

除了煤以外,对于这些产品的大量需求,英国本身都无法供应。不过只要海运还能确保,则其中的大部分都可以取自不列颠帝国之内。以镍为例,全世界供应量中约有 90% 来自加拿大,其余的大部分则来自法属殖民地新喀里多尼亚(New Caledonia)。主要缺乏的是锑、水银和硫磺,而石油资源也不够应付战争的需要。

法国并不能补充这些特殊物质的缺乏,而且它本身也缺乏棉花、羊毛、铜、铅、锰、橡胶和其他几种需要量较少的物资。

对于这些产品中的大部分,苏联都有丰富的供应,但它也缺乏锑、镍和橡胶,而铜和硫磺的供应量也不充分。

在所有的强国之中,地理位置最佳的还是美国。它生产了世界石油总供应量的 2/3,棉花约一半,铜也接近一半。至于仰仗于外来的就只有锑、镍、橡胶、锡,以及一部分的锰。

柏林—罗马—东京轴心的情况则恰好与此成一强烈对比。意大利对于其所需的一切产品,几乎都要从国外大量输入,甚至于连煤也不例外。日本对于国外资源的依赖程度也不相上下。德国国内完全不产棉花、橡胶、锡、铂、铁矾土、水银和云母,而其铁、铜、锑、锰、镍、硫磺、羊毛和石油的产量也都不丰富。在占领了捷克斯洛伐克之后,其在铁矿石方面的缺乏已获相当的改善,又因为干涉西班牙内战,遂乘机运用有利的条件在该国获得一个新的铁矿石供应来源,而且还有水银——不过这却必须依赖其海运的能力。此外,利用一种木质的代用品,德国对于羊毛的需要已可满足一部分。另外在不惜成本要比天然产品远较昂贵的条件之下,德国也利用人工产品满足其橡胶需要量的 1/5 和石油需要量的 1/3。

当陆军日益依赖摩托化的运输,而空军又已变成了军事力量中的必要因素时,这也就是轴心国方面在战争潜力上的最大弱点。除了以煤为原料来提炼人工石油以外,德国从其本国的油井中大约只能获得 50 万吨的石油,而从奥地利和捷克斯洛伐克所获得的数量则更微不足道。为了补足其平时需要,它每年必须从国外输入近 500 万吨的石油,其主要来源为委内瑞拉、墨西哥、荷属东印度、美国、苏联和罗马尼亚。对于前四者的任何一国在战时都是不可能运到的,而对于后两者也就必须使用征服的手段。此外,据估计,德国的战时石油年需求量将超过 1200 万吨。因此,无论人工燃料生产如何增加,都无法满足如此巨大的需求。唯有在确保未遭损毁的前提下夺取罗马尼亚油田(该油田年产量约 700 万吨),才有可能解决这种短缺问题。

假使意大利也进入战争,则其需要将使石油差额变得更大。在战时,它每年可能要有 400 万吨才够用,即令意大利的船只愿意冒险越过亚得里亚海,从阿尔巴尼亚所能获得的数量也还不过只相当于这个总额的2%。

知己知彼,百战不殆。虽然军事前途暗淡,但由于德意两国的资源不足以支持长期战争,因此仍存在些许乐观的理由。假使对抗它们的国家在战争爆发之初,能够抵抗其猛烈的攻势以待援助的到来,则胜利仍然有望。总之,轴心国方面的命运就要看战争能否速决而定。

第二篇　爆　发
（1939—1940）

北路集团军群
（包克）

波罗的海

哥尼斯堡

立陶宛

东普鲁士

波美拉尼亚

但泽

波兰走廊

第三集团军
（库希勒）

约翰涅斯堡

那累夫
集团军

第四集团军
（克鲁格）

波莫瑞集团军

莫德林
集团军

那累夫河

比亚威斯托克

比得哥煦

布格河

布列斯特
里托夫斯克

波兹南

库切巴集团军

瓦尔塔河

布祖腊河

华沙
9月28日

维斯瓦河

波

兰

卡利什

罗梅尔集团军

罗兹

皮利察河

托马舒夫

腊多姆

卢布林

赫尔姆

德

国

第八集团军
（布拉斯科维茨）

基埃尔策

散多梅希

蔡河

第十集团军
（赖赫劳）

希林集团军

尼达河

杜纳耶次河

维斯沃克河

9月12日
利沃夫

南路集团军群
（伦德斯特）

克拉克夫

比亚瓦河

普热米什尔

西

里

西

亚

喀

尔

巴

阡

山

脉

索斯恩科夫斯基集团军

第十四集团军
（李斯特）

亚布隆加山口

斯洛伐克

坦克进攻波兰

波军主要集结区

波兰后备军

德军进攻路线

0 英里 80

0 公里 120

波罗的海

立陶宛

东普鲁士

柏林

德国

比亚威斯托克

布列斯特
里托夫斯克

华沙

波

兰

苏

联

利沃夫

维斯瓦河

捷克斯洛伐克

罗马尼亚

0 英里 200

0 公里 300

◄ 瓜分波兰

割给德国部分

割给苏联部分

·按原图译制·

· 27 ·

第三章 对波兰的蹂躏

波兰战役是联合使用装甲和空中兵力的机动战理论在战争中的第一次表演和证明。当此种理论最初在英国发展成形时,其行动被人用"闪电"(Lightning)字样来加以形容。从现在起,很适当的但也很讽刺的,这种理论在全世界上所通用的名词就是德文的"闪电战"(Blitz krieg)。事实上,德文的"Blitz"一字却正是英文"Lightning"的翻译。

对于"闪电战"的表演而言,波兰可以算是一个很适合的场地。它的国界非常长——一共差不多有 3500 英里。和德国接壤的部分本来是 1250 英里,由于捷克斯洛伐克的被占领,遂又增长到 1750 英里。波兰的北部,面对着东普鲁士,早已暴露在侵入威胁之下,现在其南面由于此种国境线延长的结果,也陷入同样的危局。而西部领土更似一条楔入德国版图的巨型舌状地带,犹如脆弱的软组织嵌在钢铁牙床之间。

波兰平原对于机械化的侵入军而言,是一种可以长驱直入的坦途——不过还不像法国那样地轻松,因为波兰缺乏良好的道路,而离开道路又常常会遇到深厚的沙地,此外在某些地区中也有很多的湖沼和森林。但是德军所选择的侵入时间却又可以使这些阻碍减至最低限度。

假使波兰陆军能够集结在远较退后的地区中,即位置在维斯瓦河(Vistula)和桑河(San)宽广河川线的后方,那么也许才是一种比较聪明的部署,但那样就必须决心放弃该国某些最有价值的部分。西里西亚(Silesia)的煤田是靠近国境的,它在 1918 年以前本来就属于德国。其主要工业的大部分,即令是位置最退后的,也还是在上述河川防线以西。甚至于在最有利的环境之下,也都很难设想波兰人能够在前进地区中固守其阵地。但经济上的考虑使他们企图尽可能迟滞敌人向其主要工业区的前进,而民族的自尊和军人的过分自信也增强此种想法,此外他们对于西方同盟国的援助也存着一种过分乐观的希望。

在波兰的兵力部署上充分表现了此种不现实的态度。差不多 1/3 的兵力集中在波兰走廊之内或其附近，那是完全暴露在一个双钳包围之下——从东普鲁士和西面可以两面联合进攻。此种民族自尊心理的病态表现——即不准德国人重回到其 1918 年以前的旧领土——结果是牺牲了许多可以用来掩护对波兰国防更重要地区的兵力。因为在南面，虽然面对着德军进攻的主要路线，兵力却很单薄。同时另约有 1/3 的波兰兵力，集中在中央轴线以北，即在罗兹（Lodz）与华沙（Warsaw）之间，在其最高统帅斯密格莱-利兹元帅（Edward Smigly-Rydz）指挥之下充当总预备队。这个集团充满了攻击精神，但其发动反击的目的却与波兰陆军的有限机动能力不相配合。即令德国空军不摧毁他们的铁路和公路，他们的机动能力也还是太差。

一般说来，波兰兵力的集中前进是自动牺牲了他们作一连串迟滞行动的机会，因为在徒步行军的波军尚未来得及退入后方的既设阵地，并加以防守之前，他们就早已被敌方机械化纵队赶上，并突破了那些防线。在波兰的广阔空间中，其兵力的非机械化状况，要比受到了奇袭而来不及召集其全部预备役人员的事实，是更为一个远较严重的障碍。机动力的缺乏要比不完全的动员更具有致命的作用。

同理，德国人在侵入时虽然动用了 40 多个正规师，但其价值却远不如那 14 个机械化或部分机械化师。它们一共为 6 个装甲师、4 个轻装师（摩托化步兵加两个装甲营）和 4 个摩托化步兵师。决定胜负的就是它们的深入和快速冲刺，再配合着空军在头顶上的压力。后者不仅破坏了波兰的铁路系统，而且在侵入的最初阶段也毁灭了波兰空军的大部分。德国空军在作战时采取了一种非常分散的方式，而不使用大编队，但这样却能在极广大的地区中逐渐造成一种瘫痪。另外一个重要因素就是德国人的无线电"轰炸"（Radio bombardment），那是乔装着波兰的广播，尽可能地在波兰的后方制造混乱并打击士气，因为波兰人对于他们自己具有过度的信心，深信人力可以击败机器，在失败之后也就立即产生心理反应，以至于精神完全崩溃，莫知所措，这样也就使上述这些因素发生加倍的效力。

9 月 1 日，上午 6 点还不到的时候，德国的部队越过了波兰的国界，空中攻击则已在 1 小时前开始。在北面为包克集团军群（Bock's Army Group），包括库希勒（Küchler）的第三集团军和克鲁格（Kluge）的第四集团军。前者从其在东普鲁士的侧面位置上向南进攻，而后者则越过波兰走廊向东推进，以与前者会合并共同包围波军的右翼。

　　较大的任务则给予在南面的伦德斯特集团军(Rundstedt's Army Group)。其步兵实力差不多要多1倍,而装甲兵则更多。其组织为布拉斯科维茨(Blaskowitz)的第八军团,赖赫劳(Reichenau)的第十军团和李斯特(List)的第十四军团。布拉斯科维茨,在左翼向罗兹的巨大工业中心挺进,并孤立在波兹南(Poznań)突出地区中的波兰部队,同时也负责掩护赖赫劳的侧面。在右翼方面,李斯特应向克拉科夫(Cracow)前进,并同时迂回波军在喀尔巴阡山脉(Carpathian)附近的侧翼,使用克莱斯特(Kleist)的装甲军冲过山地的隘道。决定性的打击则由中央的赖赫劳来执行,为此,装甲部队的大部分也都分配给他。

　　波兰的将领们一向鄙视防御,所以不肯花气力去构筑工事,他们宁愿依赖反击,尽管缺乏机械,但他们却仍然深信他们的军队能够有效地执行此种反击任务。这种想法对于德军入侵的成功有很大的帮助。机械化的入侵者毫无困难地就可以找到和突入开放的前路,而波兰人的反击也大部分都很轻松地被击破,因为深入的德军不断地威胁他们的后方,使他们感到腹背受敌而无法立足。

　　到9月3日——即英法两国投入战争之日——克鲁格的前进已经切断了波兰走廊,并达到了维斯瓦河的下游,而库希勒从东普鲁士向那累夫河(Narev)的压迫则正在发展之中。但更重要的,是赖赫劳的装甲部队已经进到了瓦尔塔河(Warta)上,并强渡成功。同时,李斯特的集团军则正后两面向克拉科夫夹击,迫使希林(Szylling)所统率的波军放弃该城并向尼达河(Nida)和杜纳耶次河(Dunajec)一线撤退。

　　到9月4日,赖赫劳的矛头已经到达并渡过皮利察河(Pilica),远离国界已在50英里以外。两天之后,他的左翼在攻占了托马舒夫(Tomaszów)之后,就已经深入到罗兹的后方,而其右翼则已经进入基埃尔策(Kielce)。所以掩护罗兹地区的波兰罗梅尔(Rommel)军团已被德军迂回,而库切巴(Kutrzeba)军团位置更突出,尚留在波兹南的附近,有被孤立的危险。其他的德国兵力也都各有进展,在这个大包围作战中都分别达成了他们的任务。这个作战的计划是由德国陆军参谋总长哈尔德(Halder)所负责,而指导作战的则为其陆军总司令勃劳希契(Brauchitsch)。波兰陆军此时已经溃不成军,有些狂奔逃命,有些则向最近的敌军纵队作零乱的攻击。

　　若非一种传统趋势的牵制,则德军的前进可能还要更快,因为机动部队是经常被制止不让他们跑得太远,以免支援步兵跟不上。但新得来的经验却显示出由于对方的混乱,即令孤军深入也都不会有危险,于是德军才开始采取较果敢的态度。利用罗兹与皮利察河之间的一个缺口,赖赫劳的一个装甲军即从那里冲入,在9月8日达到了华沙城的郊外——这个军在第一个星期内前进了140英里。次日,在其右翼上的轻型师也在华沙和散多梅希(Sandomierz)之间,达到更南端的维斯瓦河岸。于是他们向北旋转。

此时,在喀尔巴阡山脉附近,李斯特的机动兵力已经顺次渡过了杜纳耶次、比亚瓦(Biala)、维斯沃卡(Wisloka)和维斯沃克(Wislok)四道河川,而到达了著名的普热米什尔(Przemysl)要塞两旁的桑河之上。在北面,古德里安的装甲军(库希勒军团的矛头)已经渡过了那累夫河,并已向布格河(Bug)之线进攻,即已达华沙的后方。所以德军攻势是已经发展成为两道钳形运动(Pincer movement)。其内钳是在对华沙以西维斯瓦河湾中的波兰部队缩小包围圈,而其较宽广的外钳也正在迅速的发展中。

当侵入战发展到了这个阶段,德国方面在计划上曾经有一次重要的改变。因为波兰方面的情形是极端的混乱,其若干纵队似乎分别朝着不同的方向运动,同时也扬起了大量的尘土,妨碍了德国方面的空中侦察,所以有一段时间,德军最高统帅部对于情况的发展也暂时搞不清楚。在这个模糊的阶段,德军最高统帅部遂以为在北面的波军都早已逃过了维斯瓦河。基于此种判断,他们就命令赖赫劳军团在华沙和散多梅希之间渡过维斯瓦河,以拦截波军向该国东南部撤退。但伦德斯特却表反对,他相信波军的大部分仍留在维斯瓦河以西的地区中。经过了一番辩论,他的意见终被采纳。于是赖赫劳的部队向北旋转,并在华沙以西的布祖腊河(Bzura)上建立一道封锁线。

结果波兰军的最大残余部分在还没有能够退过维斯瓦河之前,就都已入了陷阱。德国人除了沿着抵抗力最弱的路线来作战略贯穿而获得利益以外,现在又加上了战术防御的利益。为了完成他们的胜利,现在他们就只要坐以待敌即可——残余的敌军是以反正面来战斗,他们匆匆地突击,彼此既没有协调,和基地的补给线也早已被截断,其补给量日益短少,而布拉斯科维茨和克鲁格两个军团向东的向心攻势,又从侧面和后方对他们不断地增加压力。虽然波兰人拼命苦战,其勇敢的程度使他们的对手大感惊讶,但却只有极小部分部队乘着黑夜,勉强突出重围,与华沙的守军会合在一起。

9月10日,斯密格莱-利兹元帅已经下令向该国东南部作全面退却,在那个地区中由索斯恩科夫斯基将军(General Sosnkowski)负责指挥,其目的是想在一个相当狭窄的正面上组成防御阵地以作长期抵抗。但现在这却是一种空

洞的希望。当维斯瓦河以西的大包围圈正在缩小之际,德军同时也就已经深入该河以东的地区。此外,他们在北面也已经渡过了布格河,在南面也已经渡过了桑河。在库希勒的正面上,古德里安的装甲军正在向南对布列斯特-里托夫斯克(Brest-Litovsk)作一次大迂回的攻击。在李斯特方面,克莱斯特的装甲军已于 9 月 12 日到达了利沃夫城(Lwow)。在这里德军的前进受到了阻止,但他们却向北伸展以求与库希勒的部队会合。

虽然侵入部队已经感到深入的紧张,并且也感到燃料的缺乏,但波兰的指挥系统却已经完全脱节,所以尽管敌军已经暂时休止,而许多孤立的波军残部也还在作顽强的抵抗,但却无法加以利用。这些波兰部队在毫无目的的苦斗中消耗了他们的精力,而德军却逐步紧逼,完成他们的包围。

9 月 17 日,苏联的军队越过了波兰的东面国界。这个背面的打击也就决定了该国的命运,因为它已经没有余力可以用来对抗第二次的侵入。次日,波兰政府和统帅部都逃入了罗马尼亚——其最高统帅在那里发出一项文告要求他的部队继续战斗。也许这个文告并不曾到达大多数的部队,但仍有许多的部队在以后的几天之内,的确是依照这种指示继续作战,但他们的抵抗也逐渐地完全崩溃。在空中和地面的猛烈轰炸之下,华沙守军还是一直打到了 9 月 28 日,而波军的最后残部到 10 月 5 日才投降,至于游击抵抗,则到冬季都还在继续进行。大约有 8 万人逃过了中立国的国界。

从东普鲁士起,沿着比亚威斯托克(Bialystok)、布列斯特-里托夫斯克和利沃夫以到喀尔巴阡山脉之线,德苏两国的部队,以伙伴的身份,彼此会合和互相敬礼。由于共同瓜分了波兰,也就建立了此种伙伴关系,可惜并不能持久。

当此之时,法国人却只在德国的西线打开了一个小的缺口。为了减轻其同盟国所受的压力,这真是一种非常微弱的努力。从德国兵力和防御的弱点上看来,自然会感觉到他们似乎是应该可以做得更好一点。但在这里又像在波兰一样,只要略作较深入的分析,即可发现双方兵力比较数字所暗示出来的表面结论有改正的必要。

虽然法国的北部国境线长达 500 余英里,但在企图发动攻势时,法国人却只能限于从莱茵河(Rhine)到摩泽尔河(Moselle)之间的那个 90 英里宽的狭窄地带——否则他们必须破坏比利时和卢森堡的中立。德国人可以把他们所能动用部队中最好的部分集中在这个狭窄的地段内,并在到达齐格菲防线(Siegfried Line)的进路上都布下一道纵深的地雷阵,所以这也足以使攻击者无法迅速前进。

更坏的是除了一些初步的试探性攻击以外,法国差不多直到 9 月 17 日为止,都还不能发动其攻势行动。到了那个时候,波兰是明显地已经崩溃了,所以他们也就有了良好的借口来收回成命。他们为什么不能早一点发动攻势呢?其原因是受到动员制度的限制,而这种制度的本身早已落伍。那是他们依赖征兵制而必然产生的结果——必须把大量"有训练的预备役人员"召集入伍,并使新编成的部队完成作战准备之后,才能开始作有效的行动。又因为法军统帅部坚持其古老的战术思想,于是也就更增加了延迟的时间——尤其是他们认为任何攻势都必须像在第一次世界大战时那样先用大规模的炮击来作准备。他们仍然认为对付任何设防的阵地,重炮是一种必要的"开罐器"(Tin-Opener)。但是他们的重炮大部分都必须从仓库中提出,且必须到动员的最后阶段,即第 16 天,才能应用。这种条件也就支配着他们对于攻势发动的一切准备。

过去好几年前,有一位法国的政治领袖,他就是雷诺(Paul Reynaud),曾经一再辩论说这样的征兵制是已经落伍了,他主张应创立一支机械化部队,由职业军人组成,随时都能采取行动,而不可以再依赖那种老旧的和动员迟缓的征召人员。但根本就没有人理会他的这种呼吁。法国的政治家,也像大多数法国军人一样,都仍然把他们的信心寄托在征兵制和数量上。

1939 年的军事问题可以综合成为两句话。在东面一支毫无希望的落伍陆军被一支小型坦克部队所迅速地打垮了,这支坦克部队,又和一支优秀空军合作,并且把一种新奇的技术付诸实践。同时,在西面,一支行动缓慢的陆军始终未能发挥任何有效的压力,直到时间已经太迟为止。

第四章 "假 的 战 争"

"假的战争"(The Phoney War)这个名词是美国新闻界所杜撰的。正像许多生动的美国话一样,它不久就在大西洋的两边都被普遍地采用了。对于从1939年9月波兰崩溃之时起,到次年春季希特勒在西线发动攻势之时止的这一段战争,它已经变成了一项肯定的名词了。

那些最初杜撰此一名词的人,其意义就是想要表示在这个阶段中,战争好像是假的——因为英法两国的军队和德国军队之间并不曾打任何大仗。实际上,这是一个幕后准备活动的阶段。在这个阶段内有一个非常奇怪的意外事件降落在一位德国参谋军官的身上。这个偶然事件使希特勒吃了一惊,于是尔后的几个星期内,德国的军事计划遂发生完全的改变,使那个旧计划不可能获得和新计划一样的成功机会。

但所有这些内幕是当时世人所不知道的。全世界所能看到的就是战场上一片沉寂,于是也就以为战神已经睡着了。

一般人对于此种外表沉寂的状况所作的解释也各有不同。有人认为英法两国对于它们的战争意图并不那样认真,尽管它们已经为波兰而宣战,但却仍在等候和平谈判的机会。另一种流行的解释是以为英法两国自有它们的神机妙算。美国报纸上有许多的"报道"说盟军最高统帅部故意采取一种具有微妙构想的守势战略计划,并替德国人准备好了一个陷阱。

以上两种解释都毫无根据。在秋冬两季,同盟国政府和最高统帅部花了许多时间去讨论对德国或德国侧翼的攻势计划(以他们在当时的资源而论,这是没有可能性的),而并不曾集中全力以求对希特勒的未来攻势作任何有效的防御准备。

在法国沦陷之后,德国人曾经缴获了法军统帅部的全部档案——他们在其中曾经挑选一部分具有煽动性的文件来加以公布。这些文件可以显示出同盟国领袖们是如何花费了一个冬季的时间来构想各种不同的攻势计划——取道挪威、瑞典、芬兰以进攻德国的侧后方;通过比利时以进攻鲁尔(Ruhr)地区;假道希腊和巴尔干以打击在遥远的德国东面侧翼;进攻苏联在高加索的大油田,以切断该国对德国的石油补给来源。这一大堆天外奇想,可以证明同盟国领袖们如何富有幻想力。他们简直是生活在一个梦想的世界中,直到希特勒发动自己的攻势时,才好像一盆冷水浇在他们的头上,把他们从美梦中惊醒了。

希特勒的想法总是走在情况发展的前面,当波兰战役将要结束之际,尚未公开提出召开全面和平会议的建议之前,希特勒就已经开始思考在西线发动攻势的问题。很明显,他是早已认清任何这一类的建议都不会受到西方同盟国的考虑。不过,就目前而言,他却只让其最亲信的伙伴知道他心里在想些什么。直到10月6日,他公开地提出和平的呼吁,并在遭到对方的公开拒绝之后,他才把这些想法告诉参谋本部。

3天之后,希特勒在一份给德国陆军首长的冗长命令中说明他的想法,他解释了为什么认为在西线发动攻势是德国惟一可能路线的理由。这是一件最有意义的文件。其中的结论是说一场与英法之间的长期战争将会耗尽德国的资源,并使其暴露在苏联的背面打击之下。他害怕他和苏联之间的条约并不能确保苏联人的中立,超过他们自认为有利的时间。他的畏惧心理促使他想要提早发动攻势以强迫法国求和。他相信一旦法国失败之后,英国也就会随之而屈服。

他认为就眼前而言,他有足以击败法国的兵力和装备——因为德国在最重要的新武器方面享有优势。在命令中他说:

> 坦克兵种和空军,在目前,无论为攻为守,都已经达到任何其他国家所不曾达到的技术高峰。他们对于作战的战略潜力是受到其组织和领导的保证,那是比任何其他国家都要较为优秀。

希特勒也承认法国人在较旧式的兵器方面享有优势,尤以重炮为然,但他却辩诉说:"在机动战中这些兵器并无决定性的作用。"凭藉其在新兵器方面的技术优势,他认为法国在有训练人数上的优势也不足惧。

他接着又说,假使他因为希望法国人会厌战而再等下去,那么"英国战斗力量的发展就会给法国带来一个新的战斗要素,那在心理和物质两方面都有

巨大的价值"——即足以增强法国的防御。该文件又说:

> 最应预防的就是敌人也可以改进其在装备方面的弱点,尤其是在反坦克和防空兵器两方面——这样也就代表一种对德国攻击力量不利的时间损失。

一旦当轻松战胜波兰所产生的兴奋作用消失之后,他对于德国军人的"战争意志"也感到忧虑。他说:"目前别人对他的尊敬正像他的自尊一样的崇高。但是6个月的拖延再加上敌方所作的有效宣传也许就会使这些重要的素质再度受到减弱。"希特勒感觉到应该马上动手攻击,否则就会太迟了。他说:"在现有的情况中,时间对西方国家比较有利。"他的总结论是:"只要条件勉强可能,则应在这个秋季发动攻势。"

(原注:事实证明希特勒是有一点过虑。在实际上拖延了7个月之后,法国人的士气变得比德国人更为低落。同盟国的宣传毫无效果——那只是高喊打倒德国,而从未企图分化一般德国人和纳粹头子之间的关系。更坏的是在德国有几个集团都想推翻希特勒并与西方谋和,不过他们却希望对于同盟国方面所构想的和平条件能够事先获得满意的保证,但是英国政府对于这些秘密试探却很少予以鼓励。)

希特勒坚决主张比利时应包括在攻击地区之内,那不仅是为了获得运动的空间,以便迂回法国的"马其诺防线"(Maginot Line),并且也为了预防英法联军进入比利时,逼近鲁尔地区的危险。他说:"那样就会使战争接近我方军需工业的中心。"(从法国档案中显示出来,这也的确是当时法军总司令甘末林〔Gamelin〕所曾经提倡的观念。)

在了解希特勒的意图之后,德国陆军总司令勃劳希契(Brauchitsch)和陆军参谋总长哈尔德(Halder)都大感震惊。他们也像大多数德国高级将领一样,并不同意希特勒的想法。他们不相信新兵器能够压倒对方有训练的军事人力上的优势。根据陆军师数量的习惯算法,他们认为德军实力不足以击败西方。他们指出德国所能勉强动员的总数为98个师,这已经比对方的总数少了很多,何况其中还有36个师是缺乏装备和训练的。同时他们也害怕战争将扩大成为另一次世界大战,而使德国终于一败涂地。

他们是那样地感到困惑,于是也就尽量想要寻找补救之策。正像一年前的慕尼黑危机时一样,他们开始考虑采取行动以推翻希特勒,其构想是从前线上抽出一部分精选的部队,向柏林进军以发动政变。但是本土部队(Home Forces)总司令弗罗姆将军(General Fromm)却不愿合作——而他的协助却是必要的。弗罗姆认为假使部队奉命向希特勒进攻,他们将不会服从——因为一般军人中的大多数都是信仰希特勒的。弗罗姆对于部队反应的判断也许是正确的。大多数与部队有接触而又不知道较高级司令部中所讨论内容的军官们都证实他的判断不错。

德国的一般军民,纵不为胜利所陶醉,但也已经中了戈培尔博士(Dr. Goebbels)的宣传毒素。他的宣传是说希特勒希望和平,但西方同盟国却决心要毁灭德国。很不幸,同盟国的政治家和报纸却自动向戈培尔提出许多可以引用的好资料。戈培尔把同盟国形容成为一头想要吞食德国羔羊的恶狼,而他们的那些言论却恰好足以作为支持这种说法的证据。

尽管这第一次战时反对希特勒的阴谋已经胎死腹中,但希特勒却还是未能如愿以偿地在秋季发动他的攻势,很讽刺的,事实证明这对他是一大幸事,而对全世界却是一大不幸——包括德国人民在内。

暂定的攻势发动日期为 11 月 12 日。在 11 月 5 日那一天,勃劳希契又去作新的努力,以期能说服希特勒放弃侵法的意图,并列举了许多理由。但是希特勒不仅逐条加以驳斥,而且也对他作了严厉的指责,并坚持一定要在 11 月 12 日发动攻势。不过到了 11 月 7 日,这个命令却被取消了——因为气象专家预测天气将会变坏。于是预定的时间被延迟 3 天,然后又继续一再地延期。

尽管恶劣的天气变成了延期的明显理由,希特勒在批准时却非常感到恼怒,并且也不相信这就是惟一的理由。11 月 23 日,他召集所有高级将领开会,在会议中他设法消除他们的疑虑,并说明发动攻势的必要。他一方面对于苏联的潜在威胁表示焦虑,另一方面又强调西方同盟国不但不考虑他的和平建议,而且还正在加速扩充军备。他说:"时间是对我们不利的。""我们有一个阿喀琉斯之踵(Achilles Heel),那就是鲁尔地区……一旦英法联军通过比利时和荷兰进入了鲁尔,我们就会陷入最大的危险。"

他接着又谴责他们意志薄弱,并且让他们知道他怀疑他们是在尝试暗中破坏他的计划。他指出,自从重占莱茵河地区起,他们曾经反对他的每一个步骤,而每一次的成功都足以证明他的观念是对的,所以他现在要求他们应无条件地追随他的意志。勃劳希契企图指出此次新行动的差异和所包括的较大危险,结果只是受到了一次更严厉的斥责。在夜间,希特勒单独召见勃劳希契,又再训斥了他一顿。于是勃劳希契提出辞呈,但希特勒把它搁置一边,并告诉他应服从命令。

不过,天气的阻力却超过了这些将军的力量,而迫使希特勒在 12 月的上半月内,又一再延期。于是希特勒决定等过了新年再说,并准许圣诞节放假。刚刚过了圣诞节,天气又再度转坏,但在 1 月 10 日,希特勒终于还是决定了在 17 日发动攻击。

但就在他作决定的那一天,一件极富戏剧性的"插曲"发生了。这个故事在许多不同的记载中都曾被提到,但叙述得最简明扼要的却首推德国空降部队司令施图登特将军(General Student)。以下就是取自他的记录。

> 1 月 10 日我派了一位少校到第二航空队(Air Fleet)充任联络官,他从明斯特(Münster)飞波恩(Bonn)去和空军讨论计划中的某些不重要细节。但是他却携带着西线攻击的全部作战计划。
>
> 在严寒和强风之中,他在冰雪掩盖着的莱茵河上空迷失了方向,于是飞入了比利时,并在那里迫降着陆。他未能把重要文件完全焚毁。其中重要部分落入了比利时人的手里,换言之也就是泄漏了德军西线攻击计划的大概。德国驻海牙的空军武官报告在当天夜间比利时国王曾与荷兰女王作电话长谈。

当然,在那个时候德国人还不知道那些文件的真正下落,但他们自然要作最坏的打算,并考虑如何应付的对策。在那次危机中,希特勒能保持冷静的头脑,和其他的人恰好成一对比。以下又是施图登特的记录:

> 德国的领导人物对于此次意外事件的反应是值得注意的。戈林(Goering)是大发雷霆,希特勒却相当的冷静并能自制……最初他想要立即发动攻击,但很侥幸地他抑制了这种冲动——并决定完全取消原有的作战计划。于是才改用曼施泰因计划(Manstein Plan)。(原注:以上记载均引自《山的那一边》。)

瓦利蒙特将军(General Warlimont)在德国最高统帅部中居于非常重要的地位,他的记录是说希特勒在 1 月 16 日决心改变计划,而主要是由于受到这次意外事件的影响。(原注:瓦利蒙特是德国最高统帅部〔OKW〕作战厅的副参谋长,地位仅次于约德尔将军〔General Jodl〕。)

事后证明这对于同盟国是非常地不幸,尽管那是让他们再多了 4 个月的准备时间——因为现在计划要完全改变,所以德军的攻击也就暂时不定期地被搁置,直到 5 月 10 日才发动。但当它一发动,就使同盟国完全丧失了平衡,并使法军迅速崩溃,至于英军从敦刻尔克(Dunkirk)的逃脱也可以说是间不容发。

这自然要问这位少校的迫降是否真为意外事件。这似乎也是意料中事,任何与这一事件有关的德国将领在战后被俘之后,为了讨好起见,都会宣称那是出于故意的安排,以作为对同盟国的警告。但事实上,却没有人这样做——而所有的人似乎都深信那是一次真正的意外事件。但我们却又知道海军上将卡纳里斯(Admiral Canaris),德国秘密间谍组织的头子,曾经采取了许多秘密的行动,以破坏希特勒的目标——他本人以后终被希特勒处决。在 1940 年春季,挪威、荷兰、比利时等国受到攻击之前,都曾有警告送给那些受威胁的国家——尽管它们并不曾为人所重视。我们也知道卡纳里斯的工作方式是非常神秘的,他是善于掩饰他的行藏的。所以这个决定命运的 1 月 10 日意外事件始终是一个猜不透的哑谜。

新计划的起源却并无这一类的疑问。它构成了另外一个传奇性的故事——不过传奇的方式却不同。

旧计划是在哈尔德之下的参谋本部所策定的,其主攻方向是通过比利时中部,像 1914 年一样。这个主攻是预定由包克所指挥的 B 集团军来负责执行,而在其左面的 A 集团军,在伦德斯特指挥之下,则准备通过丘陵起伏、森林茂密的阿登地区(Ardennes,或译作亚耳丁),执行助攻。在这一方面并不期待巨大的战果,所以所有的装甲师都是分配给包克,因为参谋本部认为阿登地区对于坦克的行动是太困难了。

(原注:法国参谋本部的看法也恰好与此相同,英国参谋本部也是一样。1933 年 11 月,当英国军政部刚刚开始组成我们的快速坦克部队时,他们问我在一个未来的战争中,我们这种快速坦克部队的最佳用法是什么,我说一旦德国军侵入法国时,我们应通过阿登地区来作一次坦克的反击。他们告诉我"阿登是坦克所不能通过的",我回答说,基于我个人对地形的研究,我认为这种想法是一种误会——在两次大战之间的时代,我曾经在几本书中强调过这一点。)

伦德斯特集团军的参谋长是曼施泰因(Erich von Manstein)——他一向被其侪辈认为是青年将领中的最优秀的战略家。他感觉到这第一个计划太平凡了,几乎是完全抄袭 1914 年的施里芬计划(Schlieffen Plan)——所以这也正是联军最高统帅部所准备应付的那种攻势。曼施泰因认为另外还有一个弱点,那就是德军的主攻将和英军遭遇,他们很可能是一个比法国人要较顽强的对手。此外,这个计划也不能导致一种决定性的结果。下面就引述曼施泰因本人所说的话:

我们也许可以击败在比利时的联军。我们也可以征服英吉利海峡的沿岸。但非常可能的,我们的攻势将会停顿在索姆河(Somme)上。于是就会形成一个像1914年一样的情况……那将永无达到和平的机会。

在思考这个问题时,曼施泰因早就想到采取一种勇敢的办法,把主力攻势移到阿登地区,因为他感觉到这是敌人所最想不到的路线。不过在他内心中却还存在着一个大问题,于是在1939年11月就去和古德里安研究。以下就是古德里安本人的叙述:

> 曼施泰因问我若从阿登向色当(Sedan)方向前进,坦克的运动是否可能。他解释他的计划是准备在色当附近突破马其诺防线的延长部分,以避免施里芬计划的老套,那是敌人所熟知的,而且也很可能已有准备。从第一次世界大战时的经验,我了解那里的地形,于是在地图上研究了一番之后,我就同意他的观点。曼施泰因接着就去说服了伦德斯特将军,并向OKH提出了一份备忘录(OKH即陆军总部的简称)。但OKH却拒绝采纳曼施泰因的新观念。但他又终于使希特勒获知了他的意见。(原注:以上均引自《山的那一边》。)

在12月中旬和曼施泰因作了一次谈话之后,瓦利蒙特就把曼施泰因的这种观念带入了希特勒的统帅部。他向OKW(即统帅部)主管作战的约德尔将军说明这个新观念,而后者又转告希特勒。但当1月10日意外事件发生之后,希特勒才开始寻求一个新计划,于是遂想起曼施泰因的建议,这才开始发生作用。即令如此,又再过了一个月的时间,他才正式决定采用。

这个最后的决定非常曲折。勃劳希契和哈尔德对于曼施泰因这种到处游说以反对他们的计划深感不满。于是他们决定把他调走,让他去做一个步兵军的军长——这样既将他排挤出了核心决策层,又使其失去了发言机会。但在调职之后他蒙希特勒召见,于是反而让他有一个充分解释的机会。这次会晤的安排是出于施蒙特将军(General Schmundt)的主动,他是希特勒的侍卫长,一向是曼施泰因的崇拜者,并感觉到他受了亏待。

此后,希特勒就迫使勃劳希契和哈尔德接受此种新观念,这个压力是如此强大,他们遂终于屈服,并开始依照曼施泰因的构想来修改计划。哈尔德虽然头脑非常顽固,但却是一位极能干的参谋军官,所以这个计划的细部草拟可以算是后勤计划作为的一项杰作。

一旦希特勒决心采取这种新观念之后,他就很快地宣称那完全是出于他本人的构想。对于曼施泰因的功劳他只是这样轻描淡写地提到:"当我谈到西线方面的计划时,在所有的将领当中,就只有曼施泰因一个人了解我的思想。"

假使我们把攻势在 5 月发动之后的一切情况发展经过作一番分析,就可以明了旧计划是几乎必然不会使法兰西沦陷,它最多只能把联军推回到法国的国境线上而已。因为德军的攻势主力将会一头撞在实力最强和装备最好的英法联军的正面上,而且必须在一片充满了障碍物(河川、运河和大型的城镇)的地区中打开他们的出路。阿登地区虽然似乎地形更加困难,但只要德军能在法国统帅部尚未注意到危险之前,迅速通过比利时南部的森林起伏地带,则法兰西的起伏平原就会完全暴露在他们的面前——那是一辆坦克长驱直入的理想战场。

假使旧计划维持不变,则可能会形成一个僵局,于是整个战争就要完全改观了。当然仅凭当时英法两国的力量是并不能够击败德国,但若德国的攻势显然地受到了阻止,则可使它们获得时间上的余裕来发展它们的军备,尤其是在飞机和坦克这两方面,于是在此种新兵器上也就可以建立一种权力平衡。希特勒如果不能速战速决,也就会逐渐影响其军民的信心。所以西线上的僵局可以使德国国内的强大反希特勒集团获得一个良好的机会,以得到更多的支援,并发展他们推翻希特勒的计划以为寻求和平的基础。只要德军的攻势能够被阻止,则不管以后的情况如何地演变,欧洲至少可以不至于变得那样的残破和悲惨,因为这都是法兰西沦陷后所带来的一连串的事实的结果。

这次飞行意外事件使希特勒得以改变其计划,真是塞翁失马,焉知非福;相反的却使同盟国吃了大亏。这整个故事的最奇特部分就是同盟国对于落在他们手中的警告并不曾加以好好地利用。因为那位德国少校参谋军官所携带的文件并未完全烧毁,比利时人立即把它们的复印本转送给英法两国的政府。但两国的军事顾问们却认为这些文件是德国人故意用来欺骗同盟国的。这种想法实在不通,因为天下绝没有这样笨的人会使用这样的"妙计",其结果不仅会促使比利时人加强戒备,而且也驱使他们去和英法两国作较密切的合作。他们会很容易决定,赶在德国尚未发动攻击之前,先开放他们的国境,容许英法联军进入,以增强他们的防御。

更奇怪的是联军统帅部对于自己的计划也不作任何的改变,同时对于下述的可能性也不采取任何的预防措施:那就是说假使所缴获的计划是真的,则

德国统帅部也必定会对于其攻击重点作某种改变。

11 月中旬,同盟国最高会议批准了甘末林的 D 计划,这是原来计划的一种具有危险性的发展——英国参谋本部最初是曾经表示疑问的。在 D 计划之下,加强联军的左翼,在希特勒一开始发动攻势时,就应立即冲入比利时,并尽可能向东推进。这也就等于直接落入希特勒的手中,因为那完全配合了他的新计划。联军左翼向比利时中部推进得愈远,则他的坦克也就愈易于冲过阿登地区,迂回到联军的后方并将其截断。

胜负的结果也就几乎已成定局,因为联军统帅部把它的机动部队的大部分都部署在比利时境内,而只留有一个由第二流的师所构成的薄弱屏障,挡着其前进的枢纽——面对着“不能通过的阿登”(impassable Ardennes)地区的出口。使情势变得更坏的是他们所要据守的防御阵地也是特别脆弱的——在马其诺防线终点与英军所构筑的工事起点之间的空隙部分。

丘吉尔在他的回忆录中曾经提到在那个秋季里,英国方面对于这个空隙所感到的忧虑,并且说:“陆军大臣霍尔·贝利沙(Mr. Hore-Belisha)在战时内阁中曾几次提出这一点……不过内阁和我们的军事领导人都不愿意批评法国人,因为他们的陆军实力要比我们自己的强过 10 倍。”在他的批评引起了风潮之后,霍尔·贝利沙也就于 1 月初辞职。以后就更没有人愿意再谈这个问题了。同时,在英法两国又已经产生了一种危险的假信心。在 1 月 27 日的一次讲演中,丘吉尔宣布说:“希特勒已经丧失了其最好的机会。”此种令人感到安慰的说法,在次日的报纸上也就变成头条标题。而正在这个时候,新计划却已在希特勒的脑海中酝酿着。

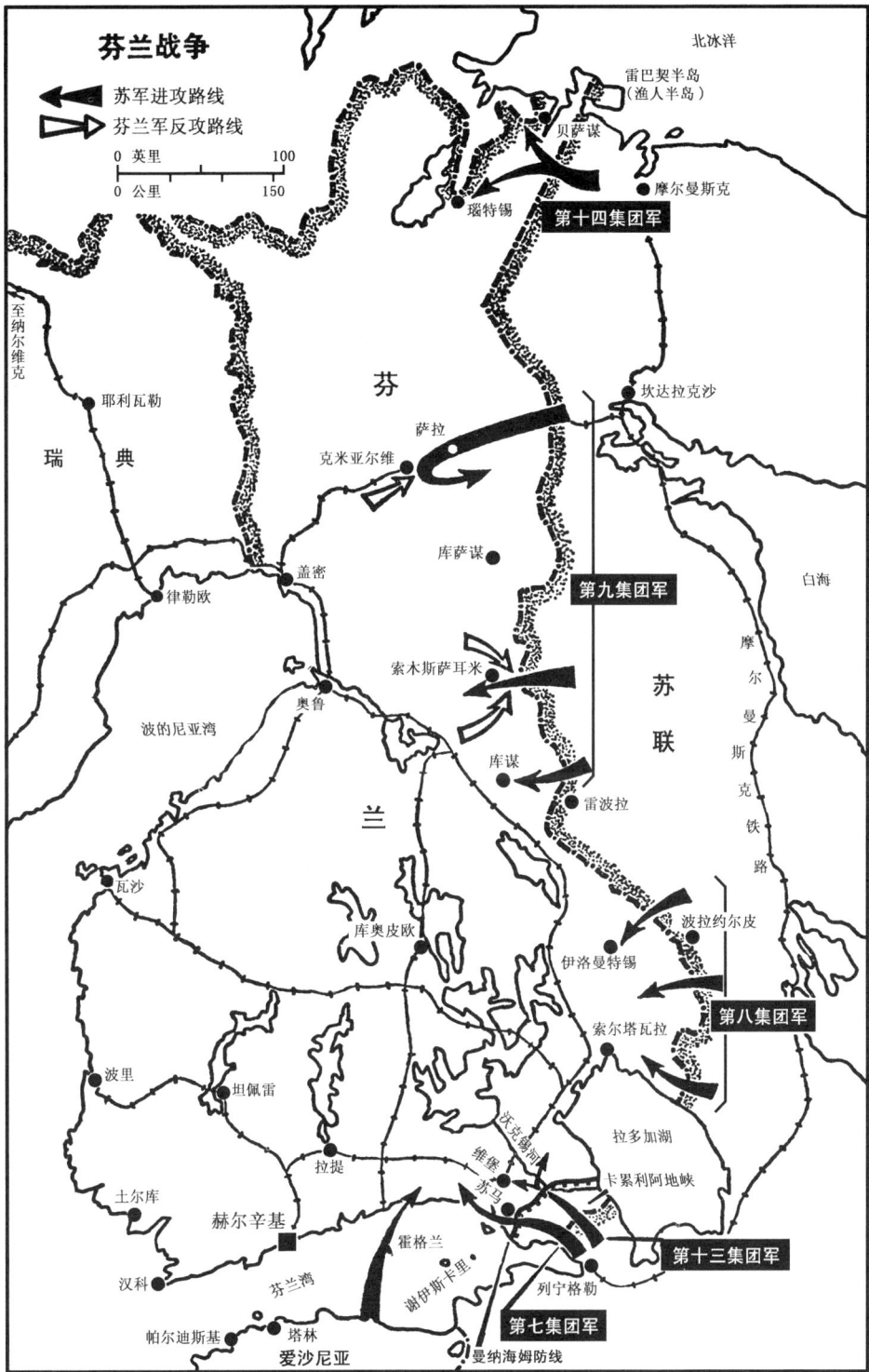

芬兰战争

苏军进攻路线
芬兰军反攻路线

0 英里 100
0 公里 150

北冰洋

雷巴契半岛
（渔人半岛）

贝萨谋

摩尔曼斯克

瑞格特锡

第十四集团军

至纳尔维克

耶利瓦勒

芬

坎达拉克沙

萨拉

克米亚尔维

瑞

典

库萨谋

第九集团军

白海

索木斯萨耳米

苏

联

奥鲁

波的尼亚湾

库谋

摩尔曼斯克铁路

雷波拉

兰

库奥皮欧

瓦沙

波拉约尔皮

伊洛曼特锡

第八集团军

索尔塔瓦拉

波里

坦佩雷

拉多加湖

沃克锡河前

维堡 苏马

卡累利阿地峡

拉提

第十三集团军

土尔库

赫尔辛基

霍格兰

列宁格勒

汉科

谢伊斯卡里

第七集团军

帕尔迪斯基

塔林

爱沙尼亚

曼纳海姆防线

·按原图译制·

43

第五章　芬　兰　战　争

在波兰被瓜分之后,斯大林也就急于想保护苏联在波罗的海方面的侧翼,以对抗其临时伙伴希特勒的未来威胁。因此,苏联政府也就立即企图确保对于苏联过去在波罗的海方面的缓冲地区的战略控制。到 10 月 10 日,它已经和爱沙尼亚(Estonia)、拉脱维亚(Latvia)、立陶宛(Lithuania)三小国分别签订了条约,以使苏联的军队可以在那些国家内据守某些要点。10 月 9 日苏联开始与芬兰谈判,14 日苏联政府遂正式提出要求。这些要求可根据三大主要目标分述如下:

第一,使用两种方式来掩护通到列宁格勒(Leningrad)的海上门户:(1)从两岸上用炮兵能够封锁芬兰湾(Gulf of Finland),以阻止敌人的军舰和运输船只进入该湾;(2)阻止任何敌人到达芬兰湾内位于列宁格勒出口西面和西北面的那些岛屿。为了这个目的,苏联遂要求芬兰割让霍格兰(Hogland)、谢伊斯卡里(Seiskari)、拉凡斯卡里(Lavanskari)、台塔尔斯卡里(Tytarskari)和罗维斯托(Loivisto)等岛屿,但却愿以其他的领土为交换;同时又要求租借汉科(Hangö)港 30 年,以便苏联可在那里建立海军基地并部署海岸炮兵,于是与对岸帕尔迪斯基(Paldaski)的海军基地联合起来,即可以封锁芬兰湾的出口。

第二,为了在陆路上对列宁格勒也能提供较佳的掩护,苏联遂要求芬兰在卡累利阿地峡(Karelian Isthmus)中的国界向后移动,达到一条在列宁格勒重炮射程以外之线为止,但此种国界的调整却仍然不影响芬兰曼纳海姆防线(Mannerheim Line)主要部分的完整。

第三,要求调整远北方贝萨谋(Petsamo)地区中的国界,因为那是人为划定且不合理的。它是一条直线通过雷巴契(Rybachi)半岛的狭窄地岬,然后截断了该半岛的西端。此种再调整的目的显然是为了保护摩尔曼斯克(Murmansk)的出口,并预防敌人在雷巴契半岛上建立基地。

作为此种领土再调整的交换条件,苏联愿意把雷波拉(Repola)和波拉约尔皮(Porajorpi)两个县区割让给芬兰——即令依照芬兰白皮书(White Book)的说法,这个交换也还是可以使该国增加 2134 平方英里的领土,至于它割给苏联的领土则仅为 1066 平方英里。

对于这些条件若作一个客观的观察,则似乎应认为它们是建立在一种合理的基础上,可以使苏联的领土获得较大的安全,对于芬兰的安全也无严重的损失。很明白的,这样是足以阻止德国利用芬兰来作为攻击苏联的跳板。但若苏联攻击芬兰时却并不一定有多大的利益。事实上,苏联所愿意割让的土地可以使芬兰最危险的蜂腰部分反而放宽了不少。

但是民族的感情却使芬兰人很难同意这种条件。他们表示除了霍格兰以外,其他的岛屿都可以割让,但却不肯放弃在大陆上的汉科港——其理由是与芬兰的严格中立政策冲突。苏联人表示愿意购买这一片土地,并指出这样不至于违反芬兰的中立义务。但是芬兰却还是断然拒绝。于是争论日益激烈,而苏联报纸也就开始发出威胁的言论。11 月 28 日,苏联政府废除了 1932 年的互不侵犯条约。11 月 30 日红军即开始发动侵入芬兰的战争。

红军的最初前进受到了阻止,这也使全世界都感到惊异。从列宁格勒直接向卡累利阿地峡推进的部队被阻止在曼纳海姆防线的外围阵地上。在拉多加湖(Lake Ladoga)附近的前进也没有进展。在战线的另一端,红军截断了北冰洋上的小港贝萨谋,以阻止芬兰从这条路线获得援助。

另有两支部队越过芬兰的腰部进攻,构成了比较迫切的威胁。偏北的一支部队经过萨拉(Salla)向克米亚尔维(Kemijarri)渗入,达到了距离波的尼亚湾(Gulf of Bothnia)全程的中点。然后才被从南部用铁路调来的一个师的芬军所击退。南面的突击,过了索木斯萨耳米(Suomussalmi),在 1940 年 1 月初也被反击所制止,芬兰人绕过侵入者的侧面,截断他们的补给线和退路,等到他们饥寒交迫不能支持时,然后才发动攻击将其击溃。

在西方,因为芬兰是一个新的侵略受害者,所以引起了广泛的同情,而其以弱敌强的成功更令人感到敬佩。此种印象产生了很深远的影响。它促使英法两国政府考虑派遣一支远征军到这个新战场中去,其目的不仅为了援助芬兰,而且还有确保瑞典在耶利瓦勒(Gällivare)的铁矿以阻止其对德国的补给,建立一个基地以威胁德国在波罗的海方面的侧翼。由于挪威和瑞典的反对,这个计划遂在芬兰崩溃之前都没有实现。于是英法两国遂幸免于投入对苏联的战争,实际上在这个时候,它们自己的防御力量是非常的脆弱,连德国都应

付不了,更不宜树敌过多。但由于联军已有进入斯堪的纳维亚地区的显明威胁,所以也就促使希特勒决定抢先下手,占领挪威以打消此种威胁。

芬兰早期的成功所产生的另一种效果即为增强世人低估苏联军事实力的一股趋势。1940 年 1 月 20 日,丘吉尔所作的广播对于这种观念即为一种扼要的代表,他说:"芬兰已在全世界的眼前暴露了红军的无能。"希特勒的判断也大致和他相似,这在次年曾经造成莫大的后果。

不过,对于此次战役若能作较客观的观察,则对于红军最初进攻的无效也可以找到一些较好的理由。苏联人并不曾准备发动一次强大的攻势,尽管其资源很丰富,但对于弹药和装备却都感不足。很明显的,苏联当局是吃了情报错误的亏:他们认为芬兰人不仅不会作认真的抵抗,反而会乘机起来推翻那个失望的政府。这个国家充满了天然障碍物,使侵入者有寸步难移之感。从地图上看来,在拉多加湖与北冰洋之间的国境线似乎是非常的宽广,但实际上却遍布着湖沼和森林,是设置陷阱和作顽强抵抗的理想战场。此外,在苏联这一边,从摩尔曼斯克到列宁格勒,其间就只有一条单轨的铁路交通线,而在其全长 800 英里之内,又只有一条支线是可以达到芬兰国境的。此种限制可以从下述的事实中反映出来:尽管从芬兰发出的报导,是把红军对"腰部"的攻击形容得非常猛烈,但实际上每一支部队都只有 3 个师,另外还有 4 个师则用在拉多加湖以北的迂回行动中。

进攻芬兰的最佳路线是通过在拉多加湖和芬兰湾之间的卡累利阿地峡,但这却为曼纳海姆防线所阻塞,而芬兰的 6 个常备师是从一开始就集中在那里的。红军在北面的攻击,虽然成绩很坏,但却达到了把芬兰一部分预备队向那方面吸引的目的,而在同时,苏联人又在作彻底的准备,集中了 14 个师的兵力,来对曼纳海姆防线发动一次强大的攻击。在梅雷茨科夫将军(General Meretskov)指挥之下,2 月 1 日攻击发动了。其重点则指向苏马(Summa)附近 10 英里长的一个地段上。首先为猛烈的炮击,在要塞都已被击毁时,坦克和用雪橇载运的步兵才攻击前进,苏联空军则负责击破敌方的反击企图。使用这种有系统的打法,经过了两个多星期的时间,终于贯穿了曼纳海姆防线的整个纵深,打开了一个缺口。攻击者在尚未向维堡(Viborg)(芬兰原文为 Viipuri)推进之前,先向两侧旋回以包围两端的芬兰部队。越过已封冻的芬兰湾,红军又作了一次较大的迂回行动,其部队从已被冰块所包围的霍格兰岛前进,深入到维堡的后方。虽然在维堡的正面,芬军还拼命坚守了几个星期之久,但在坚守卡累利阿地峡的努力中,芬兰的有限兵力却早已消耗殆尽。一旦这道防线被突破,他们的交通线也就受到威胁,于是最后的崩溃也就成为定局,因为宣传已久的英法远征军仍然不曾到达(虽然他们几乎已经准备出发),投降就是他们的惟一出路了。

1940 年 3 月 6 日,芬兰政府派了一个代表团去谈判和平。除了原有的条件以外,现在苏联更要求芬兰割让萨拉和库萨谋(Kunsamo)两个地区,包括维堡在内的整个卡累利阿半岛,以及费歇尔(Fisher)半岛的芬兰部分。此外,芬兰又被要求修一条铁路从克米亚尔维到尚未划定的国界,以与苏联的支线相连接。3 月 13 日,芬兰宣布完全接受苏联的条件。

在此种彻底改变后的环境中,尤其是在 2 月 12 日曼纳海姆防线的苏马段完全崩溃之后,苏联的新条件显得很温和。芬兰领袖曼纳海姆元帅是一位比大多数政治家都较现实的人,他深知英法援助的不可靠,遂力主接受苏联的条件。斯大林也似乎颇有政治家的风度,因为他对于要求只作了如此少量的增加,不过有充分的证据可以证明他是急于想结束这场小型的战争,因为它使用了 100 万以上的苏联军队以及大量的坦克和飞机,当 1940 年的春季正在日益接近之际,这对于苏联当然非常不利。

比起欧洲的任何地区,波兰的条件对于闪电性的攻势而言,可以算是最有利的。反而言之,芬兰对于这样的作战,却是一个最不适宜的战场,尤其是当红军发动战争时,在一年当中更是最不利的季节。

德国方面的交通极为便利,而波兰方面则极为缺乏,所以也就更增强了波兰国界在地理上受包围的形势。这个国家的开阔地形,加上 9 月间的干燥气候,使机械化部队可以长驱直入,极为便利。波兰陆军要比其他国家的陆军更富有传统的攻击精神,这样也正足以减弱其采取防御行动的能力。

芬兰的情形则恰好成一强烈对比。防御者有远较良好的国内交通系统,无论是铁路或公路,都比攻击者在国境以外的要便利得多了。芬兰人有几条和国境平行的铁路线,所以其预备队能作迅速的调动;苏联人在列宁格勒到摩尔曼斯克之间只有一条铁路,而且又只有一条支线能到达国境。在其他的地方,红军都必须从铁路线步行 50 英里到 150 英里,始能越过国境,而要想威胁任何具有战略重要性的地点,则必须前进得更远。此外,当前进时又必须通过遍布湖沼和森林的地区,所使用的道路不仅恶劣而且当时的积雪也很深。

这些困难大大地限制了苏联所能运用和维持的兵力,只有通过卡累利阿地峡向曼纳海姆坚固防线的直接进攻为例外。这个地峡,在地图上的宽度为 70 英里,但就现实的战略情况而言,则远较狭窄。其中有一半是为宽广的沃克锡河(Vuoksi)所阻绝,而其余一半的大部分是被一连串的湖沼所覆盖,其间又还夹杂着森林。只有在苏马附近才有展开相当兵力的空间。

除了上述不能在芬兰前线集中大量兵力向其内陆推进的战略困难以外,又还有战术困难。因防御者熟悉地形,并能加以充分利用,所以很难克服他们的抵抗。湖沼和森林迫使侵入者拥挤在狭窄的进路上,那是很容易用机枪火力来加以扫射的,它们也使防御者便于作侧面的袭击和游击式的活动。面对着一个手段高明的敌人,即令在夏季突入这样的国家也都很危险,而在北极的冬季作如此的企图,当然更加困难。尤其是配备重型武器的纵队更是寸步难移。

曼纳海姆元帅把他所有的预备队都集中在极南端的地区中,直到苏联人的牌已经摊开之后,才再来加以调动。这显然是一种冒险,但就整个局势而论,他的战略却是合理的,因为敌人的最初突入给他以后的反击机会——尤其是冬季,在芬兰这样的国家中是更为有利。

至于苏联方面,因为其最初是以一种虚幻为基础,所以经不起现实的考验,实为意料中事。但这却并不能证明所有一切的部队都是缺乏军事效率的。当然,极权统治者对于符合其愿望的情况报告是最易于接受的,但任何其他形式的政府也都一样会犯这种过错。换言之,对于此种危险并无免疫性。在1914年和1940年,法国的计划就都是以虚伪的假定为基础的,而且在近代史上,那可能又是所有一切虚伪假定中的最大者。这是一个值得记取的教训。

第三篇　狂　澜

（1940）

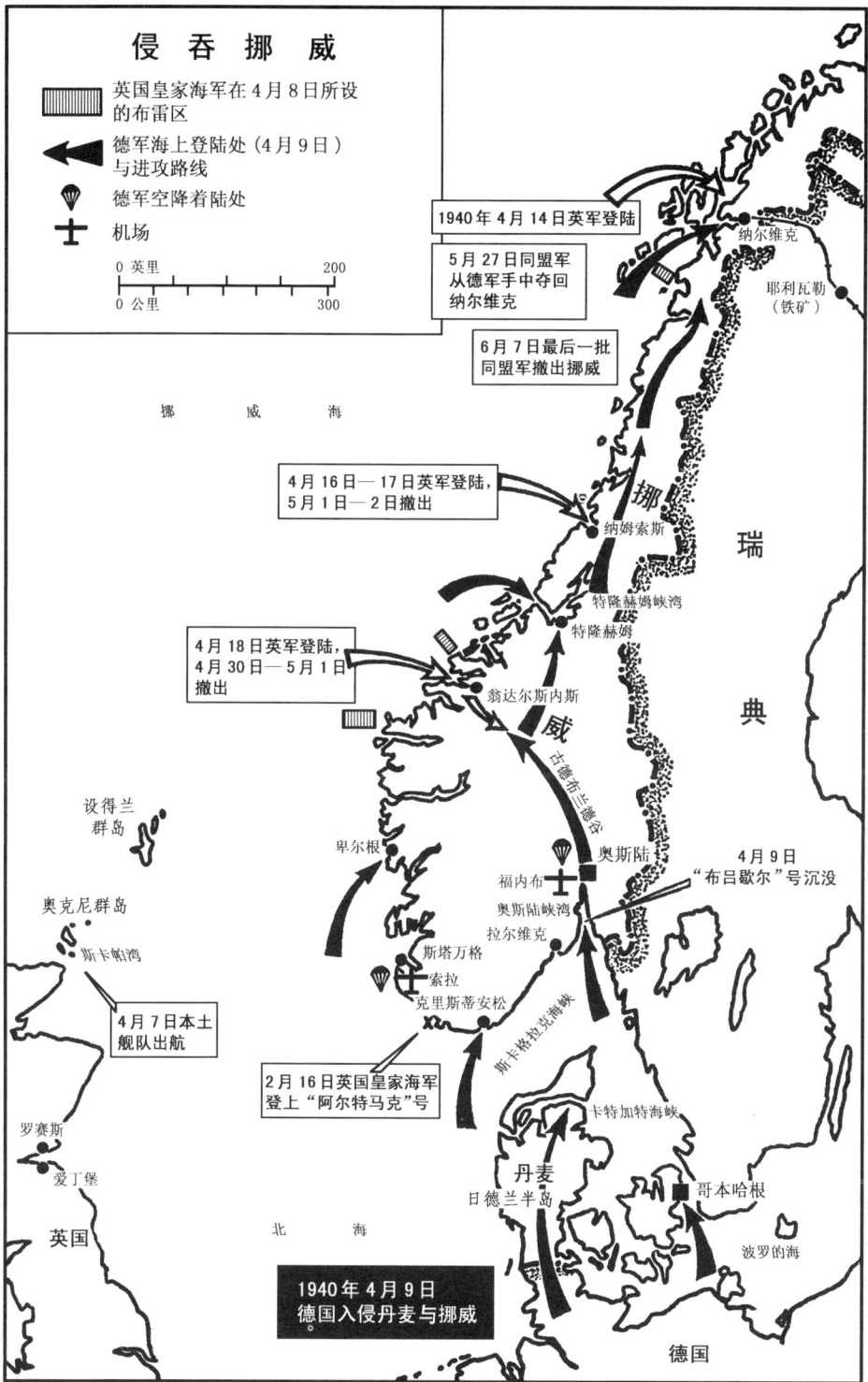

侵吞挪威

英国皇家海军在4月8日所设的布雷区

德军海上登陆处（4月9日）与进攻路线

德军空降着陆处

机场

0 英里 ⎯⎯⎯⎯ 200
0 公里 ⎯⎯⎯⎯ 300

1940年4月14日英军登陆

5月27日同盟军从德军手中夺回纳尔维克

6月7日最后一批同盟军撤出挪威

4月16日—17日英军登陆，5月1日—2日撤出

4月18日英军登陆，4月30日—5月1日撤出

2月16日英国皇家海军登上"阿尔特马克"号

4月7日本土舰队出航

1940年4月9日德国入侵丹麦与挪威

挪 威 海

瑞 典

纳尔维克

耶利瓦勒（铁矿）

挪 威

纳姆索斯

特隆赫姆峡湾

特隆赫姆

翁达尔斯内斯

古德布兰德谷

卑尔根

奥斯陆

福内布

奥斯陆峡湾

拉尔维克

"布吕歇尔"号沉没

4月9日

斯塔万格

索拉

克里斯蒂安松

斯卡格拉克海峡

设得兰群岛

奥克尼群岛

斯卡帕湾

罗赛斯

爱丁堡

英 国

北 海

卡特加特海峡

丹麦

日德兰半岛

哥本哈根

波罗的海

德 国

·按原图译制·

· 51 ·

第六章 对挪威的蹂躏

波兰被征服之后,接着就是 6 个月的暂时平静,但平地一声惊雷,结束了这场欺人的好梦。这个晴天霹雳又并不打在战云密布的中心上,而是打在斯堪的纳维亚的边缘上。挪威和丹麦这两个和平国家突然受到希特勒的闪电袭击。

4 月 9 日的报纸上登载出,在前一天,英法两国海军已经进入挪威水域在那里布设雷区的消息——其目的是阻止任何与德国贸易的船只进入该水域。对于这一个主动行动,报纸都给予称赞的评论,而对于破坏挪威中立一节也都提供强词夺理的辩护。但是那天上午的无线电广播却已经使报纸变得落后了——因为它播出更惊人的消息,德国军队已沿着挪威海岸在一连串的地点登陆,同时也已经进入丹麦。

德国人的如此横行无忌,一点都不在乎英国在海权方面的优势,使同盟国领袖们大吃一惊。当英国首相张伯伦先生那天下午在下议院致词时,他说德军已在挪威西岸登陆,其地点为卑尔根(Bergen)和特隆赫姆(Trondheim),同时在南岸也已有德军登陆,他又补充说:"此外还有报道说在纳尔维克(Narvik)也有类似的登陆,但我却很怀疑此项报道是否正确。"从英国当局眼中看来,希特勒居然敢冒险在那样远北的地方去登陆,简直是令人难以置信,尤其是因为知道他们自己的海军有很强大的兵力正留在那个现场的附近,掩护布雷行动及其他意图中的步骤,所以就更觉得不可思议。他们以为纳尔维克一定是拉尔维克(Larvik)的误传,后者是南岸上的一个地方。

不过,在那一天尚未结束之前,大家就都知道德军已经占领挪威的首都奥斯陆(Oslo),以及一切主要的港口,包括纳尔维克在内。他们所同时发动的每一个登陆攻击都已成功。

英国政府对于这种成功首先是深感丧气,接着就又产生新的幻想。丘吉尔,当时还是海军大臣,两天之后他在英国下议院中这样说:

"照我看来,希特勒先生是已经犯了一项严重的战略错误,我的那些高明的顾问也都有此同感……在斯堪的纳维亚所发生的情形可以使我们大有收获……他在挪威海岸上占领了许多的据点,现在就必须要在整个夏天里继续作战,其所面对的敌人是拥有远较优势的海军,而且达到现场的运输也远比他要方便。我看不出来他已经获得了何种足资对抗的利益……我感觉到当我们的死敌被挑拨而犯了战略错误之后,情势已对我们大为有利。"

可惜实际的行动却配合不上这种高调的言论。英国人所采取的对抗行动是迟缓的、犹豫的和笨拙的。尽管在战前对于制空权是十分地瞧不起,但到实际行动时,英国海军当局却变得非常的慎重,他们因为害怕空袭而不敢让他们的船只去冒险介入那些可能发生决定性作用的地方。部队的行动更是差劲。虽然曾经在几处地方登陆,以逐出德国侵入者为目的,但只不过两个星期的时间,他们就都已撤回了,只有在纳尔维克的一个据点为例外——那是一个月以后,德军在西线上发动主力的攻势之后才放弃的。

丘吉尔所构想的空中楼阁是必然会崩溃的。因为对于情况和近代战争中的变化都缺乏正确的认识——尤其是以空权对海权的影响为最。这些假想既然都是以完全错误的观念为基础,则焉有不失败之理。

把挪威形容得是一个对希特勒的陷阱之后,丘吉尔在其结语中,又说希特勒是因为"受到了挑衅"(been provoked)才采取这个步骤。他这句话却含有较多的现实意义和重要性。因为在关于这个战役所有一切的战后发现中,最惊人的事实就是希特勒,尽管是那样的肆无忌惮,最初他却还是宁愿挪威保持中立,并不曾计划侵入该国。直到他看到同盟国已在该地区中计划采取敌对行动之后,他才受到了挑拨而决心先发制人。

当时双方幕后的情形演变是很值得追溯的——虽然那是充满了悲惨和恐怖的意味,但却可以显出具有强烈攻势思想的政治家,是如何易于彼此互相引起毁灭性的爆炸来。第一个明显的步骤是丘吉尔在 1939 年 9 月 19 日(依照其回忆录的记载)要求英国内阁采取在挪威水域中布雷的计划,以便阻止瑞典的铁矿石从纳尔维克转运到德国去。他辩论说这样一个步骤对于打击敌方的战争工业是具有极大的重要性。他事后通知海军参谋总长(First Sea Lord)说:"内阁,包括外交大臣(哈里法克斯勋爵)在内,似乎都强烈地支持这个行动。"

这是很足以令人惊异的,因为它暗示内阁在并未对"手段"加以慎重考虑之前,就已经同意了这个"目的"——而且也不顾及其可能引起的后果。在

1918年也曾讨论过一个与此类似的计划,但在那时,英国官方海军史上却曾有下述一段记载:

> "……总司令贝蒂勋爵(Lord Beatty)说大舰队(Grand Fleet)的全体官兵对于以压倒实力进入一个弱小但精神崇高的民族的水域以压迫他们是同表愤慨。假使挪威人抵抗,那很可能也会流血;总司令说,这样所构成的罪行也就不在德国人之下。"

很明显的,海军军人是要比政治家更害怕良心的谴责,也可以说,在1939年第二次大战开始时,英国政府的作风是要比第一次大战结束时更胆大妄为。

不过,英国外交部的幕僚人员却发挥了一种约束作用,并提醒内阁应注意破坏挪威中立时所将引起的反对。丘吉尔很悲哀地记载着:"外交部对于中立问题的辩论很有分量,使我不能贯彻我的主张。但我仍在所有的场合用一切的手段来继续努力。"它变成了许多方面所讨论的一个问题,并终于在报纸上也登载了拥护的评论。这样也就自然地会引起德国方面的忧虑和对抗措施。

在德国方面,从所缴获的档案中所发现的第一个值得重视之点是在10月初,海军总司令雷德尔上将(Admiral Raeder)表示他害怕挪威可能会开放其港口以供英国人使用,并向希特勒提出报告,指出若英国人占领挪威,则在战略上将会产生何种不利的影响。他同时又指出在苏联压力的协助之下,在挪威海岸获得基地,例如特隆赫姆,则对于德国的潜艇作战也是有利的。

但希特勒却把他的意见搁在一边。他正全神贯注在西线攻击计划之上,想一举而压迫法国求和,所以不愿意分散他的精力。

11月底红军侵入芬兰,于是对于英德双方也都带来一种新的和强烈的刺激。丘吉尔认为在援助芬兰的伪装之下,又可以有打击德国侧翼的新可能性。所以他说:"作为切断对德国主要铁矿石补给的一种工具,我欢迎这个有利的新变化,它可以使我们获得重大的战略利益。"

在12月16日的一则日记中他列举了他主张采取此种步骤的一切理由,并且形容这是一个"主要的攻势行动"。他也承认此举有驱使德国人侵入斯堪的纳维亚的可能,因为诚如他自己所说的:"当你向敌人开火时,他当然也会还击"。但他却接着肯定地说:"如果德国人攻击挪威和瑞典,则我们所得就多于所失。"他却似乎完全没有考虑当他们的国家被变成了战场之后,斯堪的纳维亚人民所受到的痛苦将是如何的重大。

不过,内阁中的多数都仍不希望破坏挪威的中立。尽管丘吉尔拼命地要求,但他们还是不肯同意立即执行他的计划。他们仅授权参谋首长们去计划派一支军队在纳尔维克登陆——那是通往瑞典耶利瓦勒铁矿区的铁路线终点,这条铁路向另一端延长也就进入了芬兰。这个远征行动固然是以援助芬兰为表面目的的,但真正的主要目的却是想支配瑞典的铁矿。

在同一月中,有一个重要的访客从挪威来到了柏林。这个人是曾任挪威国防部长的吉斯林(Vidkun Quisling),他现在是一个纳粹式小党的领袖,对于德国表示强烈的同情。他一到柏林之后就去谒见雷德尔,告诉他英国人占领挪威已经是一个迫切的危险。他要求金钱和地下援助,以便他可以发动政变来推翻现有的挪威政府。他又说已有一批挪威的重要官员正在准备拥护他,其中包括纳尔维克驻军指挥官森德洛上校(Colonel Sundlo)在内。一旦在他取得了政权之后,他就会要求德国保护挪威,于是也就可以阻止英军的进入。

雷德尔说服了希特勒亲自接见吉斯林,于是他们在12月16日和18日晤谈了两次。他们谈话记录显示出来希特勒曾说:"他宁愿挪威和斯堪的纳维亚的其余部分都能维持完全的中立",因为他并不想"扩大战场"。但"若敌人准备扩大战争,则他将采取步骤以保护自己免受威胁"。同时,他允许给予吉斯林以援助,并保证给予他以军事支援的问题也愿加以研究。

即令如此,一个月以后,德国海军参谋本部在1月13日的战争日志上还是表示他们的意见仍认为"最有利的解决还是维持挪威的中立",尽管他们对于"英国有和挪威政府取得默契以来占领该国的意图"颇感忧虑。

那么在山的那一边情形的发展又是怎样呢?1月15日,法军统帅甘末林将军上书法国总理达拉第,分析在斯堪的纳维亚开辟新战场的重要性。他同时也拟定了一个计划要运送一支联军在芬兰北部的贝萨谋登陆,并"预先占领挪威西海岸上的一切港口和机场"。这个计划也更进一步设想到"把作战扩展到瑞典境内并占领耶利瓦勒铁矿"的可能性。

丘吉尔又作了一次广播演说,呼吁中立国自动参加对希特勒的战斗,这自然也煽动了德国人的畏惧心理。总之,同盟国的行动是已经给予太多的暗示。

(原注:1月20日,丘吉尔在一次广播演说中,首先夸耀同盟国海军在海上的成功,接着就呼吁所有的中立国家根据其对国际联盟公约的责任,自动与英法两国合作来对抗侵略。这一番高论引起了很大的骚乱,比利时、荷兰、挪威、丹麦和瑞士的报纸都纷纷加以驳斥。于是伦敦政府只好宣布这只能代表丘吉尔先生的私人意见。)

1月27日,希特勒遂明白地命令其军事顾问准备一个必要时侵入挪威的

全盘计划。为了这个目的而组成的特种参谋作业小组在 2 月 5 日作了首次的集会。

那一天同盟国也在巴黎举行最高战争会议,张伯伦偕同丘吉尔前往出席。在这次会议中批准了一个以一支由两师英军和数量较少的法军所共同组成的军队来援救芬兰的计划——为了减少和苏联公开交战的机会,这些部队将加以"志愿军"的伪装。但是对于所采取的路线却引起了激辩。英国首相强调在贝萨谋登陆的困难和在纳尔维克登陆的利益——尤其是为了控制耶利瓦勒铁矿。这被指定为主要目的,而只有一部分兵力将向前推进来援助芬兰。结果英国的意见被通过,并安排这支军队应在 3 月初启程。

于是在 2 月 16 日,又发生了一件决定命运的意外事件。一艘德国商船"阿尔特马克"号(Altmark),从南大西洋运回一批英国战俘,中途受到英国驱逐舰的追逐,遂驶入了挪威水域的一处峡湾内避难。丘吉尔直接发出一个命令给驱逐舰"哥萨克"号(Cossack)的舰长,要他进入挪威的领海,派兵登上"阿尔特马克"号,将战俘救出。在现场虽有两艘挪威炮艇,但他们都不敢过问。事后挪威政府也提出抗议,英国政府却置之不理。

希特勒认为抗议不过是一种骗人的姿态,他深信挪威政府是愿意和英国合作的。尤其是那两艘挪威炮艇的袖手旁观,以及吉斯林的报告说那是预定的计划,遂更加强了希特勒的这种观念。依照德国海军将领们的记载,"阿尔特马克"事件对于促使希特勒主张侵入挪威是一个具有决定性的因素。于是这一个火花就点着了火药的引线。

希特勒感觉到他不能等候吉斯林计划进展,尤其是在挪威的德国观察员认为吉斯林的党羽没有多少实力,而从英国来的报告则指出在挪威地区的某种行动是正在计划中,而部队和运输船也都正在集中。

2 月 20 日,希特勒召见法尔肯霍斯特将军(General von Falkenhorst),指派他担任挪威远征军司令,并负责一切准备工作。希特勒向他说:"据报英国已准备在那里登陆,我要赶在他们的前面到达。英国人占领挪威是一种战略性的迂回运动,将使他们得以进入波罗的海,而我们在那一方面是既无部队又无海岸要塞……于是敌人可以由那里向柏林前进,折断我们东西两线的背脊骨。"

3 月 1 日,希特勒对于侵入行动的一切准备下达了他的命令。作为一个必要的战略踏脚石,并保护其交通线,丹麦同时也必须加以占领。

但即令到此时,也还未决定立即发动攻击。从雷德尔与希特勒会谈的记录上显示出希特勒仍在徘徊不定,他一方面仍认为维持挪威的中立是对德国最为有利,另一方面却又害怕英国人会马上在那里登陆。当 3 月 9 日检讨海军作战计划时,他指出这个行动的危险,因为那是"违反了一切海军作战原则",但同时他却又说那是迫切需要的。

在下一个星期中,德国方面的焦急情况变得更为炽烈。3 月 13 日,有报告说英国潜艇正在向挪威南方海岸集中;14 日德国人截获了一份无线电报,其内容是命令同盟国运输船舶准备行动;15 日又有一批法国军官到达了卑尔根。德国人认为他们自己必定会赶不及,因为他们的远征军还尚未完成准备。

然而在同盟国方面的实际情形又是怎样呢? 2 月 21 日,达拉第力主应用"阿尔特马克"事件来作为一个借口,以便在突击之下,立即攻占所有的挪威港口。他辩论说:"由于世人对于挪威在此次事件中与德国人同谋的记忆还很新鲜,所以我们的行动愈快,则我们的宣传也就可以愈有效,在世界舆论的面前也愈显得我们理直气壮。"——这种说法简直是和希特勒的作风并无二致。在伦敦方面对于法国政府的建议都表示相当的怀疑,因为远征军尚未准备就绪,而张伯伦也仍希望挪威和瑞典两国的政府能够同意让联军进入他们的领土。

在 3 月 8 日的英国战时内阁会议中,丘吉尔又提出一个计划,其内容是把兵力集中在纳尔维克的外海上,并立即派一个支队上岸——这是根据所谓"拉弓不放箭"的原则。12 日英国内阁又再度集会,决定"恢复"在特隆赫姆、斯塔万格(Stavanger)、卑尔根和纳尔维克等地登陆的计划。

在纳尔维克登陆的部队应向内陆迅速推进,超过瑞典的国境以进据耶利瓦勒铁矿为目的。计划定在 3 月 20 日执行,在此以前,一切都应准备就绪。

但是到 3 月 13 日,芬兰却已经全面崩溃并向苏联投降,于是这个计划也就随之而被推翻,因为同盟国已经丧失了假道挪威的理由。对于这一盆冷水的第一个反应就是准备充当远征军的两师英军被改送往法国,不过仍有相当于一个师的兵力在集中待命。第二个连发事件就是达拉第的下台,代替他出任法国总理的人为雷诺——他是在一片要求采取积极政策和迅速行动的呼声中,接管了法国的政权。雷诺前往伦敦出席 3 月 28 日举行的同盟国最高战争会议,并决定要求立即执行挪威计划,那也正是丘吉尔老早就在催促的。

但现在却已经不需要任何这一类的压力了——因为,诚如丘吉尔所说:"在这个阶段张伯伦也希望能立即采取某种积极性的行动。"正像在 1939 年春季一样,但他下了决心之后,张伯伦的行动也很敏捷的。在会议一开始时,他

不仅强烈地主张在挪威采取行动,而且更进一步主张同时采取丘吉尔所醉心的另一种计划——那就是从空中不断地把水雷投掷在莱茵河以及其他德国的河流中,让它们去顺流而下地漂浮着。雷诺对于这个计划表示有一点怀疑,遂说他必须首先征求法国战争委员会(War Committee)的同意。但他却热烈地拥护挪威作战计划。

4月5日应开始在挪威水域布雷之事已决定,接着就派遣部队在纳尔维克、特隆赫姆、卑尔根和斯塔万格等地登陆。第一批部队预定在4月8日启程前往纳尔维克。但却又发生了新的耽搁。法国战争委员会对于在莱茵河上空投水雷的计划表示不能同意,因为害怕德国人向法国采取报复行动。但对于可能落在挪威的报复行动,他们却并不表示关切——甘末林甚至于还强调说,其目的之一就是挑拨敌人在挪威登陆,以便将他引入陷阱。但是张伯伦却又试图坚持两个行动必须同时执行,于是与丘吉尔商量,要他在4月4日前往巴黎去再作一次新的努力,以说服法国人采纳他的莱茵计划——这个努力并未成功。

这也就是说挪威计划的执行必须再等一下。丘吉尔对于这一点居然表示同意,那实在是很奇怪的,因为在前一天的战时内阁集会时,军政部和外交部所提出的报告都指出在最近挪威的港口中,已集中有大批的德国船只,船上并也已经满载军队。但很荒谬的,这些军队却被解释为是准备在英军登陆挪威之后再来作反击之用的——而更荒谬的,却是此种解释又居然为衮衮诸公所深信不疑。

于是挪威作战的发动遂又顺延3天,即延到4月8日。这一次的延期也就断送了一切成功的希望。它使德军能够恰好赶在联军之前进入挪威。

4月1日希特勒才下了最后决心,并命令在4月9日上午5点15分开始发动对挪威和丹麦的作战。他之所以当机立断,是因为已经接到一项令人感到困扰的报告,说挪威当局正在允许其高射炮兵和海防炮兵可以自由开火而不必等候上级的命令——这暗示挪威军队已在准备作战,所以希特勒若再等下去,则将会丧失一切奇袭和成功的希望。

在4月9日天还未亮的时候,德国部队的先遣支队,大多数都是乘坐军舰,到了挪威的各主要港口,从奥斯陆起到纳尔维克止——并且很轻松地就把它们都攻占了。德军指挥官向各地方当局宣布他们是来保护挪威,以免其受到联军即将发动的攻击——同盟国发言人对于这一点立即矢口否认,而且以后还不断地否认。

汉基勋爵（Lord Hankey）为当时战时内阁中的一员，他曾经这样地说：

"……从开始计划起，到德军侵入时为止，英德双方在他们的计划和准备工作上，大致是保持着平行的进度。实际上，英国人的计划开始还要早一点……双方计划的执行也几乎是同时，假使所谓侵略行动这个名词对于双方真是同样的适用，则英国人可能还要早了 24 小时。"

但是德国人的最后冲刺却比较迅捷，也比较有力。所以他们才终于以极短的差距领先，而赢得了这一场竞赛。

把侵略挪威行动的计划和执行列为德国人大罪之一，在纽伦堡战犯审判的许多疑问之中，这也许要算是最明显的一个。我们真的很难了解英法两国政府居然有颜面批准将这样的指控列入，而官方的检察官又居然以此为理由来提起公诉。对于历史的颠倒是非而言，真是良可慨也。

现在就再谈战役本身的经过，一个惊人的发现就是在突击开始时，用来攻占挪威首都和主要港口的部队实在是非常的渺小。它一共只有 2 艘巡洋战舰、1 艘袖珍战舰、7 艘巡洋舰、14 艘驱逐舰、28 艘潜艇、若干艘辅助舰和大约 1 万名士兵——即预定用于侵入作战中的 3 个师的先头部分。在任何地方最初登陆的兵力都没有超过 2000 人。同时也使用了 1 个伞兵营——以夺占在奥斯陆和斯塔万格的飞机场。这是伞兵部队在战争中的第一次使用，结果证明他们非常有价值。但在德军的成功中最具有决定性的因素却还是空军；在这次战役中所实际使用的兵力是作战飞机约 800 架、运输机约 250 架。他们在第一阶段就把挪威人吓倒了，以后又瘫痪了联军的对抗行动。

载运侵入兵力的德国海军若与英国海军相比较，实力是远较微弱，为什么英国海军没有将他们拦住并加以击沉呢？海洋空间的广阔，挪威海岸的特殊性质和气候的恶劣都是重要的障碍。但也还有其他的因素，以及比较易于避免的障碍。甘末林曾记录着，在 4 月 2 日，他曾催促英国的陆军参谋总长艾仑赛（Ironside），赶快派出远征军，后者的答复是说："和我们在一起时，海军部是拥有全权；它喜欢对于一切事情都组织得井井有条。它更深信能够阻止德军在挪威西岸上的任何登陆行动。"

4 月 7 日下午 1 点 25 分，英国飞机实际上已经发现强大的德国海军舰队迅速向北越过斯卡格拉克（Skaggerak）的出口，向挪威海岸前进。丘吉尔说："我们在海军部中的人很难相信这支舰队是准备前往纳尔维克的"——反而言之，"从哥本哈根传来的情报却指出希特勒是想夺占那个港口"。英国本土舰队（Home Fleet）于下午 7 点 30 分从斯卡帕湾（Scapa Flow）驶出，但英国海

军部以及其在海上的将领似乎都是一心只想捕捉德国的巡洋战舰。在他们一心想把德国巡洋战舰引入战斗的努力中,似乎已经忽视了敌人是具有一种登陆的作战企图,于是也就丧失了拦截德国运输部队小型军舰的机会。

因为一支英国远征军早已上船并准备启程,为什么登陆行动会那样慢,而不能够赶在少数德军尚未将挪威港口占稳之前就把他们赶走呢? 主要的原因也就是在上一节的解释中。当海军部听到已经发现了德国巡洋战舰时,它立即命令在罗赛斯(Rosyth)的巡洋战舰支队把船上所载的士兵都送回岸上,甚至于连装备都来不及携带,就立即出海与主力舰会合。对于在克莱德(Clyde)那些载满了部队的船只也发出了类似的命令。

对于如此渺小的入侵德军,挪威人又为什么不能作较佳的抵抗呢? 主要是因为他们的军队甚至都尚未动员。尽管他们驻柏林的公使曾经发出警告,而他们的参谋首长也曾一再催促,但动员令却还是一直延到 4 月 8 日的深夜才发布,那距离侵入的来临已经只有几个小时。这已经太迟了,行动迅速的侵入者能扰乱一切动员工作的进行,并瓦解挪威人的抵抗。

此外,又诚如丘吉尔所云,此时挪威政府所最关切的却是英国人的活动。很不幸的,也很讽刺的,英国海军的布雷行动恰好在德军登陆以前的 24 小时内,吸引和分散了挪威人的注意力。

在挨了第一击之后,挪威人本应有集中全力再来反扑的机会,但因为他们缺乏战斗经验而军事组织又已经落伍,所以这种机会实际上也就几乎等于零。他们根本就不够资格应付一个现代化的闪电战,即令如此小规模的也都已经使他们吃不消。侵入者沿着那些深谷快速挺进,向全国各地进攻。他们的速度就可以充分显示出抵抗的微弱。假使抵抗若能稍为顽强一点,则谷边的融雪——足以阻止迂回行动——对于德军的成功将可构成一种远较严重的障碍。

在开始的一连串突击中,最令人感到惊奇的就是在纳尔维克的突击中——这个最北端的挪威港口距离德国海军基地约为 1200 英里。两艘挪威的海岸防御船英勇地迎击德国的驱逐舰,但都迅速地被击沉。岸上的防卫部队没有作任何抵抗的企图——其原因与其归于阴谋,则毋宁说是无能。次日,一支英国驱逐舰分队开进了峡湾,和德国海军交战,互有损伤。至 13 日,大批英国增援部队赶到,才把德国的舰艇完全击灭,但到了此时,德国部队却已在纳尔维克港内和附近建立了稳固的据点。

在南面,德国舰只冲过了海防炮兵在峡湾中所控制的地段之后,特隆赫姆港也就很轻易地被攻占了——当同盟国专家在考虑这个问题时，对于他们的冒险精神都不免深表骇异。在确保了特隆赫姆之后，德国人也就掌握了挪威中部的战略锁钥。不过他们这少许的兵力能否从南面获得增援，却还是一个问题。

在卑尔根，挪威的军舰和海防炮兵曾经使德国人受到一些损失，但一旦当他们登陆之后就不再有什么困难了。

但在奥斯陆港外，侵入军的主力却遭遇挫折。因为载运着许多司令部人员的德国重巡洋舰"布吕歇尔"号（Blücher）为奥斯卡堡（Oscarborg）要塞所发射的鱼雷所击沉，强行进入水道的企图只好暂时搁置。直到下午，经过了猛烈的空中攻击，这个要塞才投降。于是攻占挪威首都的任务只好改由已在福内布（Fornebu）飞机场着陆的伞兵部队来接替；在那天下午，这一点象征性的兵力对奥斯陆城摆出胜利游行的姿态，他们的虚声恫吓居然获得成功。但这一点耽搁却至少让挪威国王和政府有向北逃走和继续抵抗的机会。

攻占哥本哈根的时间本是与奥斯陆方面的行动相配合。这个丹麦的首都从海上是很容易进入的。在4月9日上午5时之前，由飞机掩护着，3艘小型运输船溜进了港口。德军的登陆完全没有遭受抵抗，有一个营立即前往丹麦驻军的营区，在奇袭之下将其占领。同时，德军已侵入丹麦在日德兰（Jutland）的陆上国境线，在些许交互射击之后，守军就放弃抵抗。丹麦的占领可以使德国人控制一条有掩蔽的海上走廊，从他们自己的港口直达挪威的南部；同时也给予他们前进机场，可用来支援在挪威的部队。固然丹麦人的抵抗时间也可以稍为延长一点，不过这个国家本身却是如此地易遭蹂躏，根本上无力对抗现代武器的强大攻击。

若能立即采取较坚决的行动，则英军也许能够收复德国人在上午已攻占的许多挪威要点中的两个。因为当他们登陆时，由福布斯将军（Admiral Forbes）所指挥的英国主力舰队是正位置在卑尔根的海外。他想应派一支部队去攻击在那里的德国舰只。海军部对此表示同意，并建议对于特隆赫姆也应作类似的攻击。不过不久以后，海军部又决定要在捕获了德国巡洋战舰之后，再发动对特隆赫姆的攻击。此时，正当由4艘巡洋舰和7艘驱逐舰所组成的英国舰队向卑尔根进发之际，飞机又报告在那里有2艘德国巡洋舰，而不是以前所报告的只有1艘，于是英国海军部又表现出过度的慎重，而取消这次攻击。

当德国人已在挪威建立基地之后，赶走他们的最好方法就是切断其补给和增援。要达到这个目的，则必须阻塞在丹麦和挪威之间的斯卡格拉克海峡（Passage of Skaggerak）。但不久就了解由于害怕德国的空中攻击，除了潜艇以外，英国海军部不愿意派遣任何其他的军舰进入斯卡格拉克水域。此种过分谨慎的态度，充分显示出英国海军部对于空权在海权上的影响已有深刻的认识，这却是他们在战前所从未表现过的。但这也反映出丘吉尔想要把战争扩大到斯堪的纳维亚境内的判断实在并不高明——因为除非能够有效地切断德军的增援路线，否则绝无其他办法可以阻止他们在挪威南部增加兵力，这样他们也就注定了会获得日益有利的地位。

假使从奥斯陆通向北面的两处长距离山地隘道仍能坚守，而在特隆赫姆的少量德军又能迅速消灭，则挪威中部也就似乎尚有保存的机会。现在英国人的努力就是指向这个目标。在德军突击后一个星期，英军才决定在特隆赫姆南北两面的翁达尔斯内斯（Aandalsnes）和纳姆索斯（Namsos）分别登陆，作为向特隆赫姆发动主力直接攻击的准备步骤。

但在这个决定之后就发生了一连串的怪事。霍特布拉克将军（General Hotblack）是一个具有近代思想的优秀军人，被指派为陆军部队指挥官。在对于他的任务参加了一次简报之后，他就在午夜离开海军部返回他的俱乐部；几小时之后，他在"约克公爵"（Duke of York）俱乐部的门前石阶上为人所发现，已经不省人事，显然是心脏病突然发作。次日，另有一位将领被派为他的继任人，并立即乘坐飞机前往斯卡帕湾。但是当飞机已在机场上绕圈子时，却突然失事，机毁人亡。

此时，参谋首长和海军部又突然改变他们的意见。在 17 日那一天他们已经批准这个计划，但到了次日却又群起而反对。他们在内心里都认为这个作战太冒险。虽然丘吉尔本人原是主张集中兵力在纳尔维克，但对于他们这种出尔反尔的态度也感到非常失望和无可奈何。

现在参谋首长们遂又建议不直接进攻，而应增强在纳姆索斯和翁达尔斯内斯两地的登陆兵力，并将其发展成为一个对特隆赫姆的钳形攻势。从纸面上看来成功的机会似乎很大，因为在那个地区德国部队还不到 2000 人，而联军的登陆人数则多达 13000 人。但所要经过的距离很长，积雪足以妨碍运动，而在克服这些困难的能力上，联军又被证明出来不如德军远甚。从纳姆索斯向南的前进为后方的威胁所牵制，实际上不过是有极少数的德军分为几个部分，在接近特隆赫姆峡湾顶部附近登陆，而在这个地区中支援他们的则仅为一艘德国驱逐舰而已。从翁达尔斯内斯的前进，根本上就不曾朝北转向特伦汉，不久就转变成为一种防御性的行动，因为从奥斯陆通过古德布兰德谷（Gudbrand Valley）前进的德军已经冲散了挪威的守军，而和他们遭遇了。由于联军部队已受到严重的空中威胁，而他们本身又缺乏空中支援，所以战场指挥官们遂主张撤出。在5月1日到2日之间，这两支部队都已完全上船——于是也就容许德国人完全控制挪威的南部和中部。

现在同盟国方面就只好集中全力来争取纳尔维克——这并非真正希望能够达到瑞典的铁矿，而不过是为了保全面子而已。4月14日，第一批英军即已在这个地区登陆，尽管负责指挥联合部队的海军上将柯克（Admiral Lord Cork and Orrery）拼命地催促，但指挥登陆部队的麦克西将军（General Mackesy）却是过分的慎重，遂使英军未能迅速地向纳尔维克城进攻。甚至于当登陆部队已经增到了2万人时，他们的进展依然还是十分迟缓。在另一方面，2000名原奥国籍的阿尔卑斯山地部队，加上2000名德国水兵（来自驱逐舰上）的增援，在狄特尔将军（General Dietl）的卓越指挥之下，对于这种险恶地区的防御价值是发挥了最高度的利用。直到5月27日，他们才被逐出了纳尔维克城。到了此时，德军在西线上的攻势已经深入法兰西的境内，后者已达崩溃的边缘。所以到了6月7日，在纳尔维克的联军也就不得不自动撤出。挪威国王和他的政府也于同日离开了该国流亡到英国去了。

就整个斯堪的纳维亚战役而言，同盟国政府所表现出来的是一种过度的进取精神，加上一种对时间观念认识不够的缺点，结果是冤枉地使挪威老百姓遭殃。相形之下，希特勒曾经在很长久的一个阶段内对于发动攻击感到非常的勉强。但当他下了决心先发制人之后，却不再浪费一点时间——而他的军队在作战时是异常的迅速和敢于冒险，所以在紧急阶段，也就足以抵消其数量上的劣势而绰有余裕。

法国沦亡 1940年

海牙
鹿特丹
多尔德雷赫特
5月10日

荷 兰

奥尔狄克
法国第七集团军
安特卫普
艾的特运河
比军
布鲁塞尔
英国远征军

B集团军群（包克）

5月26日—6月2日同盟军撤出敦刻尔克

英 国
多佛港
敦刻尔克
加来
格拉夫林
圣奥梅尔
布伦
阿拉
艾尔
里尔
阿腊斯
阿布维尔
5月20日
索姆河
亚眠
瓦兹河
蒙丁梅
夏尔维尔
埃纳河
兰斯

比利时

法国第一集团军
法国第九集团军
纪书
迪囊
圣芒热
色当

马斯特里赫特
埃本
埃迈尔要塞
那慕尔
马斯河
阿登山
卢森堡

德 国
莱茵河

第三十九装甲军（施密特）
第十六装甲军（赫普纳）
第十五装甲军（霍特）

A集团军群（伦德斯特）

第四十一装甲军（赖因哈特）
第十九装甲军（古德里安）

克莱斯特装甲兵团

1940年6月5日战线

法国第二集团军
马其诺防线

| 0 | 英里 | 100 |
| 0 | 公里 | 150 |

德军步兵与装甲部队进攻路线

德国装甲军进攻路线

左侧推进后的同盟军战线与部队

5月21日英军试行突破路线

5月10日德军空降着陆处

6月5日战线
装甲军进攻路线

| 0 | 英里 | 100 |
| 0 | 公里 | 150 |

加来
松姆
阿布维尔
鲁昂
亚眠
贡比涅
克雷
巴黎
6月14日
塞纳河
阿朗松
奥尔良
卢瓦尔河
图尔

英吉利海峡
瑟堡
6月19日

布列塔尼半岛
雷恩
6月18日
南特

比斯开湾
鲁瓦扬
昂古列姆
6月25日

法

佩龙诺
瓦兹河
提埃里堡
马恩河
拉昂
兰斯
夏龙

阿尔让通
里摩日
克勒蒙菲朗
维希

布鲁塞尔
比利时

第十五装甲军（霍特）
第十四装甲军与第十六装甲军（克莱斯特）

第二集团军与第九集团军

第三十九装甲军与第四十一装甲军（古德里安）
卢森堡
马其诺防线

德 国
莱茵河

国

南锡
被围法军

朗格勒
第戎
6月16日
贝藏松

瑞士
日内瓦
罗讷河

里昂
6月20日
格勒诺布尔

意大利

6月25日德军到达的战线

·按原图译制·

· 64 ·

第七章 对西欧的蹂躏

当 1940 年 5 月 10 日希特勒的军队突破了西方的防线时,我们这个时代的世界前途也就发生了变化,对于全人类的将来也产生了重大的影响。这场震动世界的好戏中具有决定性的一幕是开始于 5 月 13 日,即古德里安的装甲军在色当(Sedan)越过了马斯河(Meuse)。

在 5 月 10 日这同一天,精力充沛的丘吉尔先生代替张伯伦做了大英帝国的首相。

在色当的那一条狭隘的裂缝不久就扩大成为一个巨大的缺口,德国人的坦克从这个缺口中冲入,在一个星期之内就到达英吉利海峡的海岸,于是也就切断了在比利时境内联军的退路。这个惨败导致法兰西的沦陷和不列颠的孤立。虽然躲在海峡的后面,英国勉强撑过了难关,但一直等到一场长期战争变成全球性的斗争之后,才算是得救了。尽管希特勒最终被美苏两国的军事力量所击溃,但战后的欧洲已元气大伤,并承受着共产主义扩张的压力。

在惨败之后,一般人都认为法军防线的崩溃是必然的,而希特勒的攻击也是不可抵挡的。但是表面与现实却差得很远——到现在一切的真相也都已经大白。

德国陆军的指挥官对于这次攻势的前途并无信心,仅仅由于希特勒的坚持,他们才勉强地发动了。在紧要关头上,希特勒也曾突然地丧失信心,因此当他的先头部队正穿透法军的防线并且在其前面也已有一条开放的道路时,他却硬是不准继续前进而暂停了两天之久。假使当时法国人能乘机利用这个喘息的时间,则对于希特勒的胜利即可能产生致命的影响作用。

但奇事中的最奇者却是,那个领导先头部队的人——古德里安,因为其上级感觉他在扩张战果的突破时前进得太快,于是为了制止他,遂暂时停止他的指挥权。但若非他不听话拼命地向前直冲所犯下的"过错",这次的攻势很可能就会失败——而整个世局的演变也就都会和今天完全不同了。

许多人都以为希特勒享有压倒的优势,事实上完全相反,以数量而言,他的兵力比之对方还是居于劣势的。虽然其坦克的长驱直入具有决定性,但他所拥有的坦克比之对方不仅数量较少而且威力也较差。仅在空权方面,他的确保有优势——而那也正是一个最重要的因素。

此外,在大部分部队都尚未行动之前,胜算实际上就早已由其中一小支部队所决定了。那个具有决定性的小部分兵力一共是 10 个装甲师、1 个伞兵师和 1 个空运师(Airportable)——空军在外——至于他所集中的全部兵力则约为 135 个师。

这些新式军种的成就是如此的辉煌,所以也就令人有眼花缭乱之感。大家不仅没有注意到它们的数量相当微少,而且更没有想到其成功是十分的侥幸。假使不是同盟国方面自犯错误把机会送给它们,则它们的成功也就很容易加以预防——这些错误大致都是发源于落伍的思想。即令如此,加上对方半盲目领袖们的帮助,此次侵入作战的成功还是有赖于一连串的好机会——而尤其是应归功于古德里安一个人,因为他一发现机会就能立即尽量地加以利用。

任何一种新观念,由一个具有活力的执行者来加以执行,往往即足以产生决定性的效果,法兰西之战要算是历史上的最显著例证之一。古德里安曾经自述,在战前使用独立装甲部队来作深入战略性贯穿的理想是如何地点燃了他的幻想——即用坦克作长距离的驰骋来切断敌军后方的大动脉。此种军事思想的新潮流是在第一次世界大战后发源于英国,其皇家坦克兵团(Royal Tank Corps)是第一个在实际训练中体现此种思想的。古德里安是一个对坦克极热心的人,他也就立即抓住了此种理想的潜在价值。大多数较高级的德国将领对于此种新观念的怀疑程度,并不亚于英法两国的当局——他们认为这在战争中是不可能实现的。但当战争来临时,古德里安却不顾其上级的怀疑,抓住一个机会就把这种理想实现了。其效果之具有决定性正像过去历史上的许多其他新观念一样——战马的使用、长矛、方阵、弹性的罗马兵团、斜行序列(Oblique Order)、骑弓手、长弓、火枪师的组织。的确,其决定性是显得极具神效的。

德军对西方的侵入一开始就在其右翼方面获得戏剧化的成功,即打击在荷、比两中立国的防御要害上。由空降部队所组成的矛头吸引了联军方面的全部注意力,使它们在几天之内都没有注意到德军的主力攻击——那是从中央,通过阿登森林的丘陵地区,而直趋法国的心脏。

荷兰的首都海牙（The Hague）以及其交通枢纽鹿特丹（Rotterdam）在 5 月 10 日清晨都受到空降部队的攻击，同时在东面 100 英里以外的国境防线也受到突击。这种在前后方同时发动的双重打击所产生的混乱和惊慌，又因为德国飞机的到处肆虐而益形增大。利用这种混乱的情况，德国装甲部队从南侧面上的一个空隙中冲入，第三天就和在鹿特丹的空降部队会师了。当时法国的第七军团为了增援，已经到达荷兰，但德军都不理会这种威胁，就在它的前面继续向指定的目标突破。到了第 5 天，荷兰人就投降了，虽然其主要防线尚未崩溃。德国空军对其人口众多的城市所作的进一步威胁是加速荷兰投降的主因。

德国人在这里的兵力远比对抗他们的要少。而且执行决定性突击的部队仅为一个装甲师（第九）。因为兵力不够分配，对于荷兰方面的攻击，所能抽出来的就只有这样的一个师。在它的前进路线上是遍布着运河和宽广的河川，那是应该易于设防的。所以成功的机会就有赖于空降突击的效果。

但这个新兵种也是非常的渺小——若与其成就相比较，则更是令人感到惊异。在 1940 年 5 月，德国一共只有 4500 名受过训练的伞兵部队。在这个渺小的总数中，就有 4000 人都已用在对荷兰的攻击。他们编成了 5 个营，支援他们的为 1 个轻步兵师，共 12000 人，也是用运输机载运的。

其计划的重点最好是用德国空降部队司令施图登特自己所说的话来加以综合说明：

　　"因为我们实力太有限，所以只能集中在两个目标上——这两个点也似乎是对于侵入成功最具有必要性的。在我自己控制之下，重点是指向鹿特丹、多尔德雷赫特（Dordrecht）和莫尔狄克（Moerdijk）的桥梁，从南面来的主要交通线都是由这里渡过莱茵河口。我们的任务就是要迅速攻占这些桥梁，不让荷兰人有炸毁的时间，然后就尽量保持它们的通畅，以待我方机动的地面部队到达。我的部队共为 4 个伞兵营和 1 个空运团（3 个营）。我们获得了完全的成功，其代价仅为 180 个人伤亡。我们不敢失败，因为假使我们失败了，则整个侵入作战也就会随之而失败。"（原注：以上引自《山的那一边》，本章所有一切的引述也都是出自该书。）

施图登特本人也是伤员中的一人，他头部负了重伤，休养了 8 个月才复原。

一个次要的攻击则以荷兰首都海牙为目标。其目的为俘获荷兰政府和三军的重要首长,以破坏其全部指挥机构。使用的兵力为 1 个伞兵营和 2 个空运团,由斯波纳克将军(General Graf Sponeck)指挥。这个攻击未能完全成功,但却也造成了很大的混乱。

对于比利时的侵入也有一个惊心动魄的开始。这里的地面攻击是赖赫劳(Reichenau)所率领的强大第六军团来执行,其中包括赫普纳(Höppner)的第十六装甲军。但它却必须先克服一个困难的障碍物,然后才能作有效的展开。一共只有 500 名伞兵来帮助完成这次攻击。他们是用来攻占艾伯特运河(Albert Canal)上面的两座桥梁,以及埃本埃迈尔(Eben Emael)要塞,那是比利时最重要和最近代化的要塞,保护着这一条水上防线的侧翼。

但这一点有限的兵力却正是胜负的关键。因为德军要想进入比利时,必须首先通过一块叫作"马斯特里赫特盲肠"(Maastricht Appendix)的地带,这是向南伸出的荷兰领土;一旦德军越过荷兰国界,则在艾伯特运河防线上的比利时守军也就可以获得充分的警告,在任何侵入的地面部队得以越过这块 15 英里宽的地带之前,先把一切的桥梁都炸毁。只有在黑夜里把伞兵偷偷地投掷下去,才是确保这几座重要桥梁的惟一新办法。

当时的报道都盛传德国伞兵降落在好几十处地方,其累积人数有几万人之多。事实上,在比利时所使用的空降部队,其兵力真是非常有限,这也可以显示出来,事实和传说之间的差距有多大。施图登特曾提供一种解释——为了补救实际资源的缺乏,并企图尽可能制造混乱,在这个国家内曾广泛的投掷假伞兵。这个计谋的确证明出来大有功效,因为它助长了人类对于一切数字都爱夸大的天然趋势。

下面是施图登特的记述:

"艾伯特运河的冒险也是出于希特勒本人的思想。这个人的头脑中充满了许多奇怪的想法,而这也许是其中最杰出的一个。他召见我并询问我的意见。经过一天的考虑,我才确定了这个行动的可能性,于是遂奉命作一切的准备。我用 500 人,由柯赫上尉(Captain Koch)指挥。第六军团的司令赖赫劳将军和他的参谋长保卢斯(Von Paulus)将军,都是非常优秀的将才,但却都认为这个计划太冒险而并不寄以信心。"

"对于埃本埃迈尔要塞的奇袭是一个由 78 名工程伞兵所组成的小型支队来执行,其指挥者为魏齐格中尉(Lieutenant Witzig)。他们只损失了

6个人。这支小型支队完全出乎敌人意料之外,降落在要塞的屋顶上,解决了上面的防空枪炮人员,然后用一种新型的强力炸药(以前是保密的)将所有的炮台都炸毁。……对于埃本埃迈尔的奇袭就是以此种新兵器的使用为基础,它又是用另一种新兵器——一架滑翔运输机(Freight-carrying glider)——来寂静无声地运到目标的附近。"

这个要塞有良好的设计,能够应付一切的威胁,但只有敌军降落在其屋顶上的可能性为例外。从要塞的屋顶上,魏齐格所率领的这一撮"空中骑兵",制服了总数1200名的守军,直到24小时之后,德国地面部队才赶到。

在那两座重要桥梁上的比利时守军也同样地受到了奇袭。在其中的一座桥上,他们实际上已经点着了炸药的引信——但是一架滑翔机的乘员跟在这些比利时哨兵的后面冲入那座碉堡,并在那千钧一发的情况之下扑灭了燃着的引信。

值得注意的是,除了使用空降突击的部分以外,在整个的侵入正面上,其他的桥梁都已被守军依照其原定计划炸毁。这可以指出在德国方面,其胜败之机真是间不容发——因为侵入的前途就完全依赖在时间因素之上。

到了第二天上午,已有足够的德国部队到达运河之上,足以突破比军的单薄防线。于是赫普纳的两个装甲师(第三和第四)从尚未炸毁的桥梁上直冲而过,并向对岸的平原上立即展开。他们这种横扫一切的前进迫使比利时军立即进行总退却——而适当此时,法英两国的军队也正赶来支援他们。

这个在比利时的突破对于整个西欧战役而言并非决定性的一击,但对于胜负却又还是有重大的影响。它不仅把同盟国的注意力引向错误的方向,而且更把同盟国兵力中最机动的部队吸入已经在那里发展的战斗中,于是这些机动师也就不可能再抽出而转向南面去应付5月13日突然降临在法国国境上的更大的威胁——那也是在其最弱的部分上,超过尚未完成的马其诺防线的西端。

因为此时伦德斯特集团军的机械化矛头正在通过卢森堡和比属卢森堡向法国前进。在冲过70英里长的阿登地段之后,击溃微弱的抵抗,他们就越过法国的国境,并在发动攻势后的第4天清晨到达了马斯河的河岸上。

派遣这样大量的坦克和摩托化车辆通过如此艰险的地区,那实在是一个非常果敢的冒险。传统战略家早就认为一个大规模的攻势,是无法通过这个地区,至于坦克的作战则更不在话下。但是这种想法却恰好增加了奇袭的成

功机会,而浓密的森林也帮助掩蔽前进的行动和打击的实力。

不过对于希特勒的成功最有贡献的还是法国的统帅部。阿登攻击的惊人威力是大有赖于法国计划的设计——从德国人眼中看来,那是非常配合他们自己所已经修改了的计划(即曼施泰因计划)。并不像一般人所想像的,真正断送法国老命的,并不是他们的防御态度,也不是所谓"马其诺防线优越感"(Maginot Line Complex),而是他们计划中攻势构想太强的缘故。他们把自己的左肩拼命向比利时境内推进,于是也就正中了敌人的下怀,并把自己挤落在一个陷阱之内——这正和1914年的第17号计划有异曲同工之妙。不过这一次的危险却更大,因为对方的军队是远较机动化,其运动的速度是要用马达而不是用脚步来计算的。同时,其所受到的惩罚也更重,因为所推进的左翼是由3个法国军团和1个英国军团所组成,在整个联军中也是其装备最现代化和机动性最高的一部分。

当这几个军团向比利时的推进每向前一步,则它们的后方对于伦德斯特通过阿登的侧面攻击也就多一分暴露。更糟的是,联军前进后的转轴部分(Hinge)是只由少数几个素质较差的法国师来防守,他们是由较老的人员所组成,而且对于战防炮和高射炮都极度缺乏,这又正是两种最需要的兵器。让这个转轴部分只有如此薄弱的掩护,实在是在甘末林和乔治指挥之下的法国统帅部所犯的一个最大错误。

德军通过阿登的前进是一个很技巧的行动,其参谋作业的表现非常优异。在5月10日拂晓之前,有史以来的最大坦克集群集中在正面对着卢森堡的国界。那是由3个装甲军所组成,排列成为纵深三层,前两层为装甲师,最后第三层为摩托化步兵师。领先的是古德里安将军,而整个兵团(Group)则由克莱斯特将军(Gen Von Kleist)指挥。

在克莱斯特兵团的右方,又有一个独立的装甲军,那是由霍特(Hoth)所指挥的第十五装甲军,其任务为冲过阿登的北部,向纪韦(Givet)和迪囊(Dinant)之间的马斯河岸挺进。

德国的大军都云集在国境线上准备向阿登冲入,而这7个装甲师仅占其中的一小部分而已。差不多有50个师都密集在一起,构成了一个狭窄而纵深极大的正面。

成功的机会主要就看德国装甲部队能否迅速冲过阿登地区,并渡过马斯河而定。必须要等到它们渡过那一道河川障碍,然后坦克才有运转的余地。必须在法国统帅部认清情况真相并调动预备队来阻止它们之前,就抢先渡过该河。

这次竞赛总算是赢了,但却赢得非常的险。守军曾依照预定计划实施爆破而使德军的进展受到了部分的阻碍,假使守军能充分利用这种机会,则结果可能会完全不同。对于法国的安全而言,很不幸的是对于这些爆破之点并无适当的防御部队来加以支援。法国人甚至于会愚蠢到这样的程度,想依赖骑兵师以来迟滞侵入者。

比方说,在这个阶段若能对德军前进的侧面发动一个装甲的反击,也许就可以瘫痪其前进——利用对于高级指挥官的影响。甚至于在并无此种反击的情形之下,德军指挥部也曾因为顾虑左翼所受的威胁而暂时发生了动摇。

由于看到进展是那样的顺利,所以在 6 月 12 日,克莱斯特早已赞同古德里安的意见:应立即考虑渡过马斯河,而不必等待步兵军赶到。但这却必须安排一次集中的空中攻击,包括 12 个中队的俯冲轰炸机,以掩护强渡。这些飞机在 13 日下午很早就出现在战场上空,它们猛烈攻击,投弹如雨,使大多数法国炮兵都躲在掩体里不敢出头,直到夜幕低垂为止。

古德里安的攻击是集中在色当正西方的一段长仅 1 英里半的河岸线上。这个被选中的地区对于强渡而言是一个理想的场地。河流是向北作一个急弯趋向于圣芒热(St. Menges),然后又再向南转,构成一个口袋式的突出地。在北岸上周围的高地都是林木密布,可以掩护攻击的准备,提供良好的炮兵阵地和观测所。在圣芒热的附近可以一眼看清这个地区的全景,而在对岸上的马尔费森林(Bois de Marfée)就构成这幅图画的背景。

突击是在下午 4 时开始发动,由乘坐橡皮艇和木筏的装甲步兵领先。不久就开始渡河,把轻型车辆首先送过河去。河边的突出地很快就被攻占了,于是攻击者继续推进,以进占马尔费森林和南面高地为目标。到午夜时,最深的进展约达 5 英里,同时在色当和圣芒热之间的格莱雷(Glaire)也已经架好一座桥,于是坦克开始像流水一样地冲过。

即令如此,德军的立足点在 14 日还是很不安全——只有一个师已经渡河,而一切的增援和补给都必须通过惟一的一座桥。这一座桥已经受到同盟国空军的猛烈攻击,因为德国空军的主力已经转移到其他方面去了,所以联军暂时享有空中优势。但是古德里安军的高射炮兵团却能在这座紧要桥梁的上空构成一道浓密的火网,他们一再地击退联军飞机的攻击,并使后者受到惨重的损失。

到 14 日下午,古德里安的 3 个装甲师都已渡河。在击退一个迟到的法军

反击之后,他就突然地向西旋转。到黄昏时他已经突破最后的一道防线,于是向西的道路——一直通到英吉利海峡的海岸——完全展现在他的面前。

但是那一天的夜间对于古德里安却是很烦恼的,虽然并不是由于敌人的缘故。根据古德里安自己的说法:

> "一个从装甲兵团司令部送来的命令要我停止前进,并把部队限制在已经获得的桥头阵地之内。我不能够也不愿意接受这样的命令,因为它的意义就是会断送奇袭的机会和所有一切的初步成果。"

经过在电话上和克莱斯特的一番激烈争论之后,后者终于勉强同意"准许再继续前进 24 小时——那只是以拓宽桥头阵地为目的。"

古德里安对于这个勉强的许可就立即加以充分的利用,他给予他的装甲师以尽量前进的全权。当古德里安的 3 个装甲师正在向西猛进之时,从蒙丹梅(Monthermé)渡河的赖因哈特(Reinhardt)2 个师和从迪囊附近渡河的霍特 2 个师,也都在各自向前狂奔,如入无人之境。这样也就使法军全面崩溃了。

到 16 日的夜间,向西前进又已超过了 50 余英里,并已经到达了瓦兹河(Oise)。于是再度受到了制止,这次又是由于上级的命令,而并非由于敌人的行动。

德国方面的高级指挥官对于马斯河就那样轻松地渡过了,真是感到十分的惊奇,而且简直不相信他们有那样好的运气。他们仍然期待着法军会向他们的侧翼发动强烈的反击。希特勒本人也有此同感。所以他这次亲自命令停止前进——要装甲部队坐候两天,以便让步兵军可以赶上,好沿着埃纳河(Aisne)构成一道侧面的防线。

当这个问题被提到高级司令部中去讨论时,古德里安还是坚持己见,终于获得了有条件的准许可以执行威力搜索(Strong reconnaissance)。古德里安对于这个名词擅自作一种弹性的解释。因此在第十二军团的步兵军尚未开始沿着埃纳河构成侧面防线和他尚未被允许用全力再继续向海峡海岸猛冲之前,他仍能在这两天之内维持着相当程度的攻击压力。

因为在以前的阶段中已经获得许多时间,并且也已经使对方产生许多的混乱,所以此次在瓦兹河上的暂停对于德国的整个前途并无严重的影响。尽管如此,它却又显示出在德国方面对于时间意识也有重大差异存在。新旧两派之间的差距是要比德法两国之间的差距还要大。

在战争结束时,甘末林对于德军在马斯河上的战略扩张曾评论如下:

> "那是一个杰出的行动。但是否事前即已完全预知呢？我不相信是如此的——最多是不会超过拿破仑对于耶拿会战所能预料的程度,或是毛奇于1870年的色当会战。那是一种对环境的完美利用。它表现部队和指挥组织知道如何运用其所长——在坦克、飞机和无线电所能容许的限度之内,尽量采取迅速的行动。也许这是有史以来的第一次,赢得了一个决定性会战,而并未动用其兵力的大部分。"

乔治将军是法军敌前总指挥,据他说,原先的估计以为,在比属卢森堡境内有计划的障碍行动至少能使德国人在到达马斯河之前要多花费4天时间。他的参谋长杜芒克将军(General Doumenc)也说:

> "因为以为敌人的办法是和我们自己的完全一样,所以我们也就幻想着认为他们必须在集中了充足的炮兵之后,才会企图渡过马斯河:这样也就需要有五六天的耽搁,这样就可以使我们有充分的时间来增强自己的部署。"

值得注意的是,这些法国方面的计算和德国高层方面的计算是如何的如出一辙。所以看起来法国军事指挥官对于德军攻势所作的基本假定并没有错——尽管事后却证明出来他们是大错而特错。但是他们在计算中却遗漏了一个个人因素——古德里安这个人。古德里安不仅学会了独立使用装甲部队进行战略突穿的理论,而且对于此种理论的实践具有狂热的信心,以后又能不顾上级一切的制止而坚决奋战到底,这样才把法军统帅部的一切计算都推翻了。若非如此,则德军统帅部本身的成就绝达不到这样的标准。很明显的是,古德里安和他的坦克兵拖着整个德国陆军向前追奔,这样才产生了近代史上一次最大的胜利。

在每一个阶段,胜负都是决定在时间因素之上。法军每一次的对抗行动都是一再地不生效力,其主因就是在时机的配合上太慢,无法赶上瞬息万变的情况。这又由于事实上德军先头部队的行动是要比德军统帅部所想像的更快。

作为其计划的基础,法国人是假定在第9天之前德军不可能在马斯河上

发起攻击。这也正是德军统帅部原先所预定的时间表。仅仅由于古德里安的自作主张,才推翻了这种计算。此后,法军的情况就每况愈下。法军指挥官是在 1918 年慢动作方法之下训练出来的,所以在精神上是无法适应坦克的速度,因此也就在他们之间产生了日益扩大的瘫痪作用。

当时在同盟国方面只有极少数人认清了这种危险,其中一个就是法国的新总理雷诺先生。在战前以一个在野批评家的身份,他曾经一再敦促其国人发展装甲部队。因为对于装甲部队的威力有太清楚的了解,所以他在 15 日清晨就在电话里向丘吉尔先生说:"我们已输了这场会战。"

丘吉尔回答说:"所有的经验都指出一个攻击在相当时间之后就会自动停止。我还记得 1918 年 3 月 21 日。在五六天之后,为了补给,他们就必须停止下来,于是反击的机会也就出现了。关于这一切我在当时是亲自听到福煦元帅说的。"次日他就飞往巴黎,在那里他反对在比利时的联军作任何撤退。即令他不反对,甘末林的行动太迟缓,也无法将他们撤回。他现在就计划发动一次 1918 年式的大反攻——使用大量的步兵师。丘吉尔对这一点也继续寄予信心。那是非常不幸的,甘末林的思想始终跳不出一种落伍的圈套,尽管他在当时的法国是比任何人都有采取较多行动的能力。

就在那一天,雷诺也决定撤换甘末林——他从叙利亚召回魏刚(Weygand)——福煦的老助手,直到 19 日魏刚才到达,所以在 3 天之内联军统帅部都是处于一种虚悬的状况。20 日古德里安已到达海峡,切断了在比利时境内联军的交通线。此外,魏刚甚至于比甘末林还要更落伍,他也还是继续照 1918 年的路线来策定他的计划。所以一切恢复的希望也就都幻灭了。

总而言之,同盟国领袖们的一切作为不是太迟,就是错误,也就终于无补于危亡。

1940 年英国远征军的逃脱大致是应归功于希特勒个人的干涉。当他的装甲部队已经蹂躏法国的北部,并且也从其基地切断英军之后,希特勒却在他们刚好要冲入敦刻尔克(Dunkrik)实施扫荡的时候,命令他们暂停——那个港口也正是英国人所留下来的惟一退路。此时,英国远征军的大部分距离这个港口都还在许多英里之外,但希特勒却让他的坦克停止达 3 天之久。

正当没有任何其他的东西可以挽救他们的时候,希特勒的行动却保住了英军的生命,让他们逃走了,结果才使英国仍能继续作战,并保留着足够的人力以来防守海岸和应付侵入的威胁。所以这也就种下 5 年之后他本人和德国最后失败的祸根。因为实际了解这次逃脱的间不容发,但对于其原因却一无所知,所以英国人民才说那是"敦刻尔克的奇迹"(The Miracle of Dunkirk)。

希特勒是如何才决定发出这个决定命运的命令呢? 他为什么要这样做呢? 那在许多方面对于德国将军们本身也都是一个谜;而且也将永远不可能确实知道他是如何决定的,其真正动机是什么。即令希特勒已经给予一个解释,那也不一定就可靠。居高位的人若犯了一个严重的错误,通常事后很少会说实话的,何况希特勒并非一位真正热爱真理的伟大人物。非常可能的是他的证词将会使审判变得更糊涂。同时也更可能的,即令他有此心愿,他也还是无法给予一种真实的解释,因为他的动机也许是非常的复杂,而他的行动又是如此的多变。此外,所有一切人类的回忆又都会受到后来所发生的事情之影响。这是一种天然的趋势,所以不易避免。

在对于此一重要事实的长期探索中,已经发现了足够的证据,可以容许史学家不仅能把前后的经过编成一条完整的锁链,而且对于导致这个最后决定的一连串理由也似乎可以得到相当的解释。

在切断了比利时境内联军左翼的补给线之后,古德里安的第十九装甲军于5月20日就在阿布维尔(Abbeville)附近到达了海岸线。于是他就向北旋转,直趋沿海峡的各港口和英军的背面。此时英军还留在比利时境内,面对着包克集团军的正面压力。在这个向北的前进行动中,位置在古德里安右侧的即为赖因哈特的第四十一装甲军,它也是克莱斯特兵团的一部分。

22日,他的前进已经孤立了布伦(Boulogne),而次日又孤立了加来(Calais)。这样的快跑使他达到了格拉夫林(Gravelines),距离敦刻尔克仅有10英里——而后者则已成英国远征军最后可以逃走的惟一港口。赖因哈特装甲军同时也已经到达了艾尔(Aire)——圣奥梅尔(St.Omer)——格拉夫林之间的运河线。但到了此时,上面的命令叫他们停止继续前进,命令要他们把装甲部队都撤回到运河之线的后面。他们立即纷纷向上级提出紧急的询问和抗议,但所得到答复却说这是"元首的手令"。

在尚未对这个问题的根源作进一步深入研究之前,让我们先来看看英国方面的情形又是怎样,并对于这次大规模逃脱行动作一个概述。

16日,英国远征军总司令戈特勋爵(General Lord Gort)命令英军从在布鲁塞尔(Brussels)前方的最前线上向后撤退一步。但在他们尚未到达斯凯尔特(Scheldt)河上的新阵地之前,由于古德里安已在远较南面的地方切断英军的交通线,所以也就再也无法立足了。19日,英国内阁听说戈特正在研判如被迫时将从敦刻尔克撤出的可能性。但是英国内阁却命令他向南退入法国,并

突破德军已在其后方所布置好了的天罗地网——尽管戈特早已告诉他们只有4天的补给和仅够打一仗的弹药。

这种指示是与甘末林的新计划相配合,那已经太迟了,尽管命令已在那天上午发布。当天夜间甘末林即已离职。代替他的魏刚上台后的第一件事就是撤销甘末林的命令,同时对于情况再作新的研判。这样一拖又是3天,然后他才作成了一个与其前任所作者颇为相似的计划。而且事实也证明出来那不过是一个纸上谈兵的计划而已。

在这个时候,戈特尽管一方面和内阁争辩,指出他们的命令实际上是行不通的,但另一方面却又还是从他的13个师中抽出了2个师,加上英国人送到法国去的那一个惟一的坦克旅,尝试从阿腊斯(Arras)向南发动一次反击。当这个反击在21日开始发动时,真正进攻的兵力却只有2个小型的坦克营,后面跟着2个步兵营。坦克虽然略有进展,但却缺乏后援,因为步兵在俯冲轰炸之下发生了动摇。邻近的法国第一军团本应合作,在其13个师的兵力中应使用2个师来支援英军,但实际的贡献也是非常有限。在这些日子里,德国的俯冲轰炸机和行动迅速的坦克已经一再地对法军士气产生瘫痪作用。

不过值得注意的却是这个小型装甲反击对于某些德军高级将领的心理上已经引起扰乱作用。因为有一段时间曾经使他们想要停止其坦克矛头的前进。伦德斯特本人曾经形容那是一个"紧急的关头"(Critical Moment),他说:"有一个短时间大家都害怕在步兵师赶到支援之前,我们的装甲师有被切断的危险。"这样的影响作用可以表示出来,如果当时英军的反击兵力是2个装甲师,而不仅是那2个坦克营,则局面可能完全改观。

（原注:因为预料到1940年所遭遇的这种情况,自从1935年起,作者即在英国《泰晤士报》上以及其他场合中,主张英国的军事努力应集中用来提供一个较强大的空军和两三个装甲师,以便当德军在法国若作成任何突破时,可供反击之用,而不应派遣一个全由步兵师所组成的远征军——因为步兵在法国多的是。在1937年底英国内阁曾同意这个建议,但到了1939年初又还是决定照一般传统典型去建立一支远征军。到1940年5月,一共有13个步兵师〔包括3个"劳工"师〕已被送往法国,而1个装甲师都没有,结果证明对于情况毫无补救。）

在阿腊斯的反击那样昙花一现之后,北面的联军就不再作任何突围的努力了,至于魏刚所计划的从南面救援的攻势根本上就是有名无实。德国的摩托化步兵师早已迅速地沿着索姆(Somme)河建立了一道防线,可以容许装甲师向北合围而不受到任何的干扰。魏刚所指挥的部队都是行动极为迟缓,所以他的那些慷慨激昂的命令实际上都是废话。正好像丘吉尔所大声疾呼的,要军人们放弃"躲在混凝土防线或天然障碍物后面抵抗攻击"的观念,而去用

"猛烈不停的攻击"来恢复优势的高调,是同样的不切实际。

当高阶层仍在继续对那些行不通的计划作无益的辩论时,在北面已被切断的军队就继续向沿海地带撤退。他们在正面上所受到的压力(包克集团军的步兵军团)已在不断地增加——所幸在背面上暂时还能够免受致命的那一刀(装甲部队)。

24日,魏刚严厉地指责"英军不听命令,擅自向海港方面撤退了25英里",并且说我(法)军正在从南向北推进,以与盟军会合为目的。事实上在那个时候,南面的法军是既无进展,而北面的英军也还没有撤退——魏刚所说的话仅证明了他所生活的环境是如何的脱离现实。

但在25日的夜间,戈特却作了一个最后的决定,向敦刻尔克附近的海边撤退。48小时以前,德国的装甲部队即早已到达运河之线,距离那个港口只有10英里。26日,英国内阁允许陆军部发一个电报给戈特,批准了他的决定,并"授权"他执行这样的撤退。次日又再用电报告诉他应从海上把部队撤出。

同一天,在包克的攻击之下,比利时陆军的防线在中央被突破了,而他们已经没有可以用来填塞缺口的预备队。比利时国王利奥波德(King Leopold)早已透过凯斯将军(Admiral Keyes),一再向丘吉尔提出警告,说情况已经变得毫无希望。在这样一击之下,也就希望完全断绝了。大部分的比利时领土都已遭受蹂躏,其军队现在是背面接近海岸,陷在一个狭窄地带之内,到处挤满了难民。所以在当天的黄昏,比利时国王遂决定向德军要求休战——于是在次日清晨就吹起了"停火"号。

比利时的投降增加了英国远征军在尚未到达敦刻尔克之前就会被切断的危险。丘吉尔刚刚向比利时国王提出紧急呼吁,希望他再苦撑下去,但他却私下向戈特说,这简直就是"要求他们为我们而牺牲他们自己"。这也是意料中事,当被围困的比利时人早已知道英军是正在准备撤退时,他们的想法当然不可能和丘吉尔一样。丘吉尔又曾劝告利奥波德在时间尚不太迟时,即应乘飞机逃走。这两点意见都不为他所接受。这位国王感觉到他"应该和他的军民共患难"。从长远来看,他的决定也许是不明智的,但在当时的环境中,那却是一种光荣的选择。丘吉尔事后的批评很难算是公正的,而法国总理和报纸所作的强烈责难则更是岂有此理——因为比利时的覆亡实在是法国人在马斯河上防线崩溃所造成的后果。

现在英国人向海岸的撤退也就变成了一种赛跑,那也就是要赶在德军合

围之前登上船只。可以说很侥幸的,一个星期之前在英国即已采取准备措施——虽然那却是基于一种不同的假定。5 月 20 日丘吉尔已经批准采取步骤"集结大量的小船并准备送往法国沿岸的港口",其构想是认为在当时的计划之下,英国远征军是要向南突围进入法国的领土,但可能会留下若干零星残部,这些船只就是准备用来救出他们。英国海军部立即开始准备,没有浪费一点时间。在前一天,即 19 日,拉姆齐海军上将(Admiral Ramsay)即已在多佛港(Dover)设立指挥所,负责控制一切行动。为了执行这个所谓"发电机作战"(Operation Dynamo),立即集中了一批渡船、渔船和其他的小型沿岸船只。从哈里季(Harwich)到韦默斯(Weymouth),主管海运的官员奉命登记所有 1000 吨以下的船只。

在此后的几天内,情况日益恶化,不久海军部就已经明白敦刻尔克将是惟一可能的退路。26 日下午"发电机作战"即正式开始执行——在比利时要求休战之前 24 小时,同时也在内阁授权撤退之前。

最初所希望的不过是把英国远征军的全体人员救出一小部分而已。海军部告诉拉姆齐将军说目前是想在 2 天之内救出 45000 人,过此之后敌人即可能会使撤退的行动变为不可能。实际上,到 28 日的夜间,却只有 25000 人在英国上岸。很侥幸的,支票兑现的宽限期(Period of grace)却比原来所想像的要长得多。

在最初 5 天内,由于缺乏小船来把部队从滩头上送到在岸边等待的大船上去,所以撤运的速度受了很大的限制。尽管拉姆齐早就已经指出了这种需要,但事先还是没有适当的安排。现在海军部就倾全力来设法补救,到处搜寻小船和驾驶人员。一大批自告奋勇的平民,也都参加工作以补海军人手之不足。其中包括着渔民、救生员、游艇主人以及一切对于驾船有相当经验的人。拉姆齐的记录曾经指出伦敦救火队的救火船员的表现是最为优异的。

最初,在滩头上的情形也是非常混乱,因为等待上船的部队缺乏组织——那时大部分都是后勤人员。拉姆齐认为"由于陆军官兵在制服上几乎没有区别,所以也就增加了困难,但海军军官的出现却能帮助恢复秩序,因为他们的制服是不会认错的。……以后,当战斗部队到达滩头之后,这些困难也就自然消解了"。

第一次强大的空中攻击是在 29 日黄昏时来临,"而敦刻尔克港的航道在这个时候不曾为沉船所阻塞,那是只能归功于幸运"。这一点非常重要,因为大多数部队都是从港口上船,而从滩头上撤出的人数还不到 1/3。

在此后 3 天内空中攻击日益增强,而到了 6 月 2 日,白天的撤退行动就必须暂停了。英国空军的战斗机,从英国南部的机场起飞,倾其全力来和德国空军周旋。但由于数量居于劣势,而且受着航程的限制,不能在上空停留太久,所以也就不可能维持适当的空中掩护。一再来临的轰炸攻击使在滩头上等待的部队感到极大的痛苦,虽然湿软的沙土足以减弱其杀伤效力。在海上所造成的实际损失是远较重大。参加撤运工作的各式英国及同盟国船只共为 860 艘——其中损失了 6 艘驱逐舰、8 艘人员运输船和 200 余艘小船。那是非常侥幸的,德国海军不曾企图加以干扰——既未使用潜艇,也未使用鱼雷快艇。此外,异常良好的天气也帮忙不少。

到 5 月 30 日,已经撤出了 126000 人,而所有其余的英国远征军人员也都已到达敦刻尔克——除了在退却过程中被切断的少数残部以外。对于敌军在陆上的包围进攻,这个桥头堡的防御也已经变得坚强得多了。德国人错过了他们的机会。

所不幸的是在比利时境内的法军高级指挥官,却仍然想遵从魏刚的那种不可能的计划,他们没有能够当机立断,也尽快地跟着英军一起向海上退却。这样延误的结果,致使法国第一军团残余部分的一半于 28 日在里尔(Lille)附近被切断了,并终于在 31 日被迫投降。不过他们在 3 天内所作的英勇抵抗却帮助了其余的人员逃脱,连同英国人也在内。

6 月 2 日午夜,英军后卫也上船了,于是英国远征军的撤退就算是已经完成——一共安全地撤出 224000 人,只有 2000 人左右在途中因为船沉而损失。同时也撤出大约 95000 人的同盟国部队,其中以法国人为主。次日夜间,还曾继续作一切的努力来撤出所留下来的法国人,尽管困难不断增加,但又救出 26000 人。不幸的是,有少数几千名后卫部队没有来得及撤出——于是在法国就留下了一股辛酸滋味。

到 6 月 4 日上午,这个作战完全结束时,一共已有 338000 名英国和同盟国人员在英国上岸。若与最初的希望相比较,可以算是一种惊人的成就,对于英国海军来说,也是一种伟大的表现。

同时也显示出,若非 12 天以前,即 5 月 24 日,希特勒制止了克莱斯特装甲兵团的前进,则此种救出英国远征军以图"卷土重来"的工作也就根本不可能成功。

在那个时候只有一营英军据守从格拉夫林到圣奥梅尔之间的一段,全长约为 20 英里;至于向内陆延伸的运河防线其余部分(约长 60 英里)则防御实

力要比较好一点,但也非德军的对手。许多桥梁都尚未破坏,甚至于连爆破的准备都没有。所以在5月23日,德国装甲部队若要想在运河沿岸获得几个桥头阵地,那应该是毫无困难。诚如戈特本人所说的:"在这个侧面上,这条运河水道就是惟一的反坦克障碍物"。假使德军渡过了,就再没有任何东西可以阻止他们前进。所以若非希特勒叫停,则他们就必然会切断英军的退路。

不过,自从突破法国防线之后,希特勒就一直非常的紧张。前进得愈顺利,敌方的抵抗愈少,他也就愈感不安——因为一切似乎都太好了,所以也就简直不像是真的。从德国陆军参谋总长哈尔德所写的日记上就可以追踪这种心理的变化。5月17日,即法军在马斯河上防线戏剧化崩溃的次日,哈尔德曾经这样记载着:"相当不愉快的一天。元首神经紧张到了可怕的程度。他被自己的成功吓坏了,他害怕接受任何的机会,并尽量控制我们。"

就在这一天,古德里安突然受到制止,不准他往海岸直冲。次日,哈尔德又记载说:"每一分钟都是宝贵的……元首与统帅部的看法完全不一样……对于南面侧翼的安全不断地表示忧虑。他大声怪叫着说我们会把整个战役都搞垮。"直到那天夜间很晚的时候,哈尔德才能向他们保证,后续的步兵军团已经开始沿着恩河布防,构成一道侧面的屏障,于是希特勒才同意让装甲部队继续前进。

两天之后,这些装甲部队就已经到达海岸,并切断在比利时境内的联军交通线。此种卓越的成就似乎曾经暂时使希特勒解除了他的疑虑。但当装甲部队向北旋转时,尤其是在英国坦克营从阿腊斯发动了那个小型反击引起了暂时的惊慌之后,希特勒遂又故态复萌。装甲部队是他一向都很珍惜的,现在正向英军所占地区前进,而他又一向认为英国人是特别顽强的对手。同时,他对于法国人在南面可能计划些什么也很感到不安。

尤其不幸的,希特勒选定了5月24日上午去视察伦德斯特的总部——这正是一个紧要的关键。伦德斯特是一位谨慎的战略家,他对于一切不利的因素都总是很小心地绝不放过,他一向都是避免错在乐观方面。因为这个原因,他对于希特勒常常是一个很好的帮手,他可以提供冷静的平衡的研判,而那正是希特勒所缺乏的——但在此时他对于德国获胜的机会却是害多于利。在他检讨情况时,他特别提出由于长时间和迅速的行动,坦克的实力已经减弱,并且又指出从南北两面都有受到攻击的可能,而尤以前者为甚。

因为他在前一夜已经接到陆军总司令勃劳希契的命令,告诉他北面合围的任务应移交给包克去完成,所以非常自然的,伦德斯特现在内心里所考虑的是在南面下一阶段的作战。

此外,伦德斯特的集团军总部还是留在色当附近的夏尔维尔(Charleville)——在埃纳河的后方,也正是对南面德军战线的中心。这种位置也就会形成一种重视其正前方的趋势,至于极右翼方面的情况也就比较不会受到注意,何况那方面又似乎是已经胜利在握。敦刻尔克只会在他的眼角里出现。

希特勒对于伦德斯特的慎重态度表示“完全同意”,并接着也强调,保存装甲部队以供未来作战之用,是非常重要的。

当他下午返回其自己的统帅部时,就立即召见陆军总司令。这是一次“非常不愉快”的会晤,结果希特勒遂断然地下了暂停的命令——哈尔德在那天夜间很伤感地把这个命令的结果综合地记在他的日记上:

> “由装甲和摩托化部队所组成的右翼,在其前面已无敌人,现在已在元首直接命令之下停止不进。至于解决被围敌军的任务则准备留交给空军去完成!”

希特勒的暂停命令是受到伦德斯特的启示吗?假使希特勒已经感觉到他这个命令是受到伦德斯特的影响,那么在英军逃走之后,为了替他自己所作的决定找藉口时,也就几乎必然会提到这一点,因为他最喜欢把一切的过错都推在旁人的身上。但是在这一次他却从未在其事后的解释中提到伦德斯特的意见是其中因素之一。此种反面的证据是很有重要意义的。

似乎很可能当希特勒前往伦德斯特总部之前,他内心里早就有一种打算。其目的是想替他自己的想法寻找进一步的合理解释,以便作为强迫勃劳希契和哈尔德改变计划的根据。假使说他最先还曾经受到某些人的影响,那么也许可能即为凯特尔(Keitel)和约德尔(Jodl),他们是希特勒大本营中的主要军事首长。从瓦利蒙特的记载中可以找到一点特别有意义的线索,他在那个时候与约德尔的接触极为密切。当瓦利蒙特听到有关暂停命令的谣言时,他深感惊异,于是就去向约德尔询问其究竟,以下就是他的记载:

> “约德尔不仅证实了该项命令已经发出,而且对于我的询问很感到不耐烦。他本人是采取和希特勒一样的立场,强调希特勒、凯特尔和他本人于第一次大战时在法兰德斯(Flanders)平原上作战的个人经验。他说此种经验可以毫无疑问地证明装甲部队是不能在法兰德斯沼地中使用,或

无论如何是不免要受到重大的损失——而这种损失都是吃不消的,因为各装甲军的实力早已相当的减弱,而在即将发动第二阶段对法国的攻势中,他们又还有其他重要任务。"

瓦利蒙特又补充着说,假使这个命令的主动是出于伦德斯特,则他和OKW(译注:即德国最高统帅部)的其他人员也就一定会有所闻;而当约德尔在替这个决定辩护时,也就必然不能不指出伦德斯特元帅是发起人之一,或至少是支持那个命令的——因为伦德斯特在所有高级参谋本部军官之间,是被公认为在作战问题方面的最高权威,所以提出他的大名足以塞住一切批评之口。瓦利蒙特又说:

> "不过在当时,我却又发现另外一个有关暂停命令的原因——即戈林此时出现了,并向元首保证他的空军可以从天空封锁海边的退路,以完成合围的任务。他毫无疑问地是把其自己军种的威力估计得过高了。"

瓦利蒙特上述的记载与哈尔德24日的日记上最后一句话可以互相印证,所以也就特别重要。此外,古德里安也说从克莱斯特所转来的命令中有云:"敦刻尔克应交给空军去解决。假使对加来的攻击有困难,则该要塞也可一并移交空军处理。"古德里安特别指出:"我想促使希特勒作成这个决定的主因之一即为戈林的虚荣心。"

同时又有证据显示出来甚至连空军的使用也并未曾发挥其应有的全部实力——某些空军将领说,希特勒在这一方面又是照样地加以制止。

所以也就使高阶层的人员怀疑在希特勒的军事理由的幕后是还另有政治动机的存在。当时充任伦德斯特总部作战处长的布鲁门特里特(Blumentritt),对于希特勒在访问集团军总部时所作的惊人谈话曾经记录如下:

> "希特勒的精神非常愉快,他承认这次战役的过程的确是一个奇迹,并告诉我们他相信战争在6个星期内就可以结束。此后他就想和法国签订一项合理的和约,于是和英国达成协议的途径也畅通无阻了。"

> "于是他就说到他对于大英帝国的赞赏,其存在的必要,以及英国人对于世界文明的贡献。这一席话真是使我们都大感惊异。他耸一耸肩膀说,这个帝国在创立时所使用的手段固然并不太光明,但却也是时

势所迫,无可奈何的。他把大英帝国和天主教会相比较,并且说二者对于世界的安定都是必要的因素,他又说他对于英国要求的不过仅为它应承认德国在欧洲大陆上的地位而已。德国旧殖民地的归还固所愿也,但却并非必要,他甚至于表示若英国在任何其他地区遭遇困难时,他还愿意提供武力的支援。他指出殖民地主要不过是一个威望的问题,因为它们在战争中是无法守住的,而且也很少有德国人愿意到热带去生活。"

"他的结论是,他的目的是想站在英国认为其光荣所可接受的基础上,来和英国谋求和平。"

布鲁门特里特在其以后的回忆中时常想到这一次谈话。他感觉到希特勒之所以突然叫停,并非仅只为了军事性的理由,而是其政治计划中的一部分,其目的是为了想使和平可以比较易于达成。假使英国远征军在敦刻尔克全部被俘,那么英国人就会认为他们的光荣受了一次严重的玷污,也就要拼命地雪耻了。让他们逃走是希特勒想要安抚英国人的一种手段。

德国将领们大都不满意于希特勒,并都承认他们自己是主张把英军一网打尽的,所以这种记载也就特别值得重视。他们对于希特勒谈话的记录又和希特勒本人在其所著《我的奋斗》一书中的说法,有许多地方都是若合符节——此外值得注意的,是他在其他方面的作为也都经常是以这本"圣经"为根据的。在他的内心里似乎对于英国有一种又爱又恨的复杂感情。在齐亚诺(Ciano)和哈尔德的日记中也可以找到他在此时对于英国的思想趋势。(译注:齐亚诺为墨索里尼的女婿,曾任意大利外交部长,并曾任该国驻中国上海的总领事。)

希特勒的个性是如此的复杂,所以没有一个单纯的解释是完全正确的。非常可能的,他的决定是由几条不同的线索所编织而成的。有三条线索是可以看见的——(1)他想保全坦克的实力以供下次打击之用;(2)他对于法兰德斯平原(沼地)一向具有的畏惧心理,这是以其个人在第一次世界大战时的经验为基础;(3)戈林对于空军威力所作的夸大保证。但更可能的在其内心里还有某种政治理由的线索存在,那是和军事线索交织在一起而不易被发现的。因为他这个人对于政治战略有一种癖好,而且在他的思想中又有许许多多的曲折。

沿着索姆河和埃纳河的陆军新战线要比原有的更长,而可以用来据守的兵力则已经大形减弱。在战役的第一阶段,法国人已经损失了他们自己的兵

力30个师,而同盟国的帮助还在外。(现在仍留在法国的英军只有2个师,不过另有2个训练尚未完成的师要送过去。)魏刚一共已经调集了49个师来掩护这一条新战线,另外留下17个师据守马其诺防线。由于时间的紧迫,无法构筑坚强的工事;而兵力的短少,也无法采用纵深防御的方法。又因为机械化师的大部分都已损失或残破不堪,所以也缺乏机动预备队。

在那方面的德军,已经利用新运到的坦克将10个装甲师都补充足额,而他们的130个步兵师也几乎是原封未动。为了发动新的攻势,兵力也已经重行调配。2个新军团(第二和第九)调拨进来,以增加沿着埃纳河地段(在瓦兹河与马斯河之间)的分量。古德里安升任兵团司令,指挥2个装甲军,也开入这个地区严阵以待。克莱斯特兵团还留下2个装甲军,准备从亚眠(Amiens)和佩龙讷(Péronne)两地在索姆河上的桥头阵地中分别冲出,作一个钳形运动,以在克雷(Creil)附近的瓦兹河下游地区会师。其余的装甲军,则在霍特率领之下,从亚眠与海岸之间的地段向南前进。

攻势在6月5日发动,最初是在拉昂(Laon)与海岸之间的地区中。头两天内法军的抵抗相当坚强,但到6月7日,最西端的装甲军突破防线而达到通向鲁昂(Rouen)的公路。于是在混乱中,法军的防御遂完全崩溃,因此当6月9日德军渡塞纳河(Seine)时,并未受到任何严重的抵抗。但这里却不是他们要作决定性打击的地方,所以遂暂停不进。这对于布鲁克将军(General Alan Brooke)所指挥的一支小型英国部队而言,又可以说是非常的侥幸,在法军投降时,他们大多数却能第二次撤退出来。

克莱斯特的钳形攻击并未能依照原定计划发展。从亚眠前进的右钳部队虽在6月8日终于到达了突破的目的,但从佩龙讷出发的左钳部队则在贡比涅(Compiègne)以北遭到顽强的抵抗而进退不得。于是德国统帅部遂决定把克莱斯特兵团抽回,让它转向东面以支援在贡比涅所已经作成的突破。

在那方面的攻击直到6月9日才发动,但法军却崩溃得极快。当大批步兵都已纷纷强渡之时,古德里安的坦克就从空隙中扫过,直趋马恩河上的夏龙(Châlons-sur-Marne),然后再继续向东奔驰。到了6月11日,克莱斯特也拓宽了扫荡的范围,在提埃里堡(Château-Thierry)渡过了马恩河。这种追逐以赛跑的速度前进,越过了朗格勒高原(Plateau de Langres),直趋贝藏松(Besançon)和瑞士的国界——切断了所有一切在马其诺防线中的法军。

早在6月7日,魏刚即建议法国政府应立即要求休战而不可以再拖,次日他宣称"索姆河之战是已经输了"。法国政府虽然意见分歧,但却仍不愿屈服,遂于 9 日决定撤离巴黎。由于迁往何地争论不决,有人主张布列塔尼(Brittany),又有人主张波尔多(Bordeaux),于是终于折衷迁到了图尔(Tours)。同时雷诺向美国总统罗斯福发出了一个求救的呼吁。他慷慨激昂地宣传说:"我们将在巴黎的前面战斗;我们将在巴黎的后面战斗;我们将在某一省内闭关坚守,而假使我们被逐出了,我们将前往北非继续战斗……"

6 月 10 日意大利宣战。法国曾向墨索里尼表示愿意让与某些殖民地的利益,但却已经太迟了。为了希望能改善其对希特勒的地位,墨索里尼断然拒绝了这些条件。不过一直又过了 10 天,意大利才开始发动一个攻势,但却很轻松地为微弱的法国守军所击退。

6 月 11 日,丘吉尔飞往图尔想替法国领袖们打气,结果是徒劳无功。次日魏刚又向内阁致词,告诉他们仗是已经打败了,而两次失败都应由英国人负责,然后就宣称:"我有责任必须明白地说非停战不可。"那是殊少疑义的,在此种军事情况的研判中,魏刚并没有错,因为法国军队现在已经四分五裂,这些残部都已士无斗志,根本就不想再打,而一心只想向南逃命。此时法国内阁意见仍不一致,有人主张投降,有人主张以北非为基地再继续打下去,最后只决定了政府迁往波尔多,并命令魏刚在卢瓦尔河(Loire)上企图再建立一道防线。

德军于 6 月 14 日进入巴黎,而在侧面上的进展则更深入。16 日他们达到罗讷河(Rhône)流域。在这个期间,魏刚仍继续不断地逼迫政府求和,所有主要的军事指挥官也都支持他。为了作最后的努力,并保证法国可以在北非立足起见,丘吉尔遂提出一项惊人的建议,主张组成一个"法英联盟"(Franco-British Union)。这个建议除了制造刺激以外,是毫无其他有利的作用。法国内阁曾对它作了一次表决,结果大多数反对,于是遂急转直下而决定投降。雷诺辞职,由第一次世界大战时硕果仅存的英雄贝当元帅(Marshal Pétain)出组新阁。6 月 16 日夜间向希特勒提出休战要求。

希特勒的条件在 6 月 20 日送交给法国代表——在贡比涅森林中的同一列火车厢内,即 1918 年德国代表签署休战协定的旧地。德军仍继续前进,到 22 日法国才接受德国的条件。在与意大利也安排休战之后,于是在 6 月 25 日上午 1 点 35 分休战正式生效。

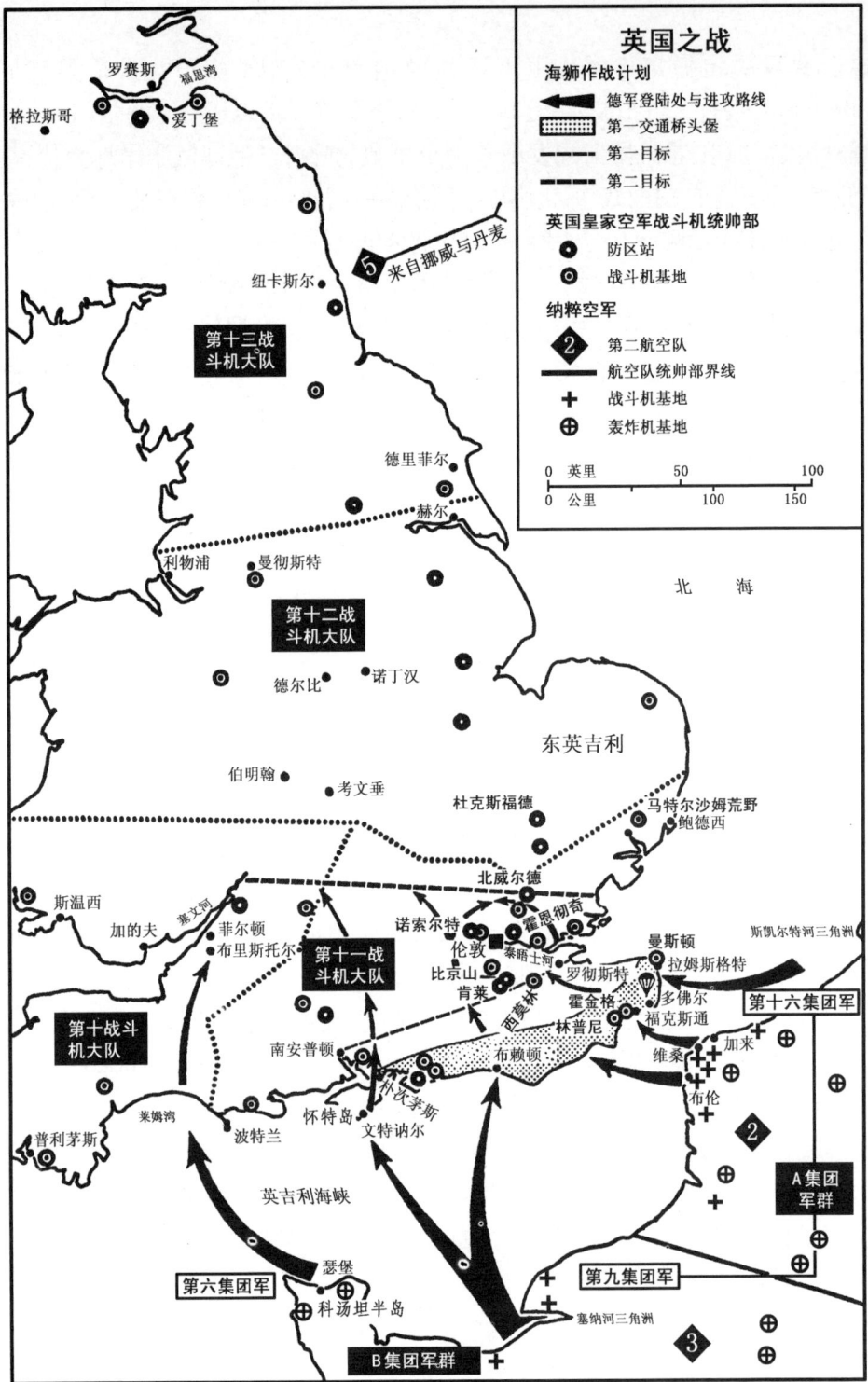

英国之战

海狮作战计划

德军登陆处与进攻路线
第一交通桥头堡
第一目标
第二目标

英国皇家空军战斗机统帅部

防区站
战斗机基地

纳粹空军

第二航空队
航空队统帅部界线
战斗机基地
轰炸机基地

0　英里　　　50　　　100
0　公里　　100　　　150

罗赛斯　福思湾
格拉斯哥　爱丁堡

来自挪威与丹麦

纽卡斯尔

第十三战斗机大队

德里菲尔

赫尔

利物浦　曼彻斯特

第十二战斗机大队

德尔比　诺丁汉

伯明翰　考文垂

杜克斯福德

马特尔沙姆荒野
鲍德西

北　海

东英吉利

北威尔德

斯温西

加的夫　塞文河　菲尔顿
布里斯托尔

诺索尔特　霍恩彻奇
伦敦　泰晤士河
曼斯顿
拉姆斯格特

斯凯尔特河三角洲

比京山　肯莱
希恩　霍金格
罗彻斯特
多佛尔
福克斯通
第十六集团军

第十一战斗机大队

第十战斗机大队

南安普顿
朴茨茅斯
怀特岛　文特诺尔

布赖顿

林普尼

加来
维桑
布伦

2

A集团军群

普利茅斯

莱姆湾　波特兰

英吉利海峡

瑟堡
科汤坦半岛

第六集团军

塞纳河三角洲

第九集团军

3

B集团军群

·按原图译制·

第八章　不列颠之战

　　虽然战争的发动是始于 1939 年 9 月 1 日,首先是德军侵入波兰,接着在两天以后,英法两国就相继对德国宣战,但有一件事却是历史上所未有的奇闻,希特勒和德国最高统帅部对于如何应付英国的反对,是既无计划复无准备。更奇怪的是,在德国于 1940 年 5 月发动西线大攻势之前,整整将近 9 个月的长时间之内,在这一方面也还是一事未做。甚至于在法国已经显明地被击败,其崩溃已成定局之后,德国人还是不曾从事任何计划制定。

　　所以似乎非常的清楚,希特勒相信只要他肯给予有利的条件,则英国政府一定会同意接受一个妥协的和平。尽管他是那样的野心勃勃,但他却并不想和英国人拼一个你死我活。因此,希特勒所给予德国将领们的暗示是战争已经过去了,对于军人已经开始准假,一部分飞机也已经移向其他假想有潜在威胁的地区。尤其是在 6 月 22 日,希特勒又命令把 35 个师的兵力复员。

　　尽管丘吉尔已经坚决地拒绝任何妥协,并明白宣示其继续战争的决心,但希特勒却仍然相信那不过是故意说大话,他感觉到英国人必然会承认他们自己的军事情况已经毫无希望。希特勒很久都不肯放弃他这种幻想,直到 7 月 2 日,他才开始命令研究用侵入方式来打倒英国的问题;甚至于到 7 月 16 日,又过了两个星期,当他命令开始准备这个侵入行动时,他对于有无此种需要也仍然表示怀疑。不过,他却又说,在 8 月中旬之前必须完成这个"海狮作战"(Operation Sealion)的一切准备。

　　7 月 21 日,希特勒曾经告诉哈尔德,说他有意想转过面来先解决苏联问题,如可能也就想在本年秋季发动对苏联的攻击。由此可以证明他内心里的犹豫和矛盾。29 日,最高统帅部的约德尔曾经告诉他的助手瓦利蒙特,希特勒已经决心对苏联发动战争。几天以后,古德里安装甲兵团的作战幕僚人员曾被送回柏林去准备在这样的战役中如何使用装甲部队的计划。

　　当法国崩溃时,德国陆军对于像侵入英国这一类的行动可以说是毫无准

备。那些幕僚人员对于这种问题想都不曾想过,更谈不上研究,其部队从未受过海运和登陆作战训练;从来不曾因为这种目的而去建造登陆船只。所以一切能够做到的准备,就只是匆匆忙忙地去征集船只,从德国和荷兰拖了许多驳船,将它们送到沿海峡的各港口;并给予部队以若干上船和下船的实习。仅由于在法国丧失了其武器装备的大部分,而使英国部队暂时陷于"赤手空拳"的状况时,这种临时赶工拼凑的侵入作战也许才有成功的可能性。

这个作战的主要部分是赋予伦德斯特元帅和他的 A 集团军。他指挥着两个军团:布施将军(General Busch)的第十六军团在右,斯特劳斯将军(General Strauss)的第九军团在左。从斯凯尔特河口到塞纳河口之间的各港口上船,海军部队将在福克斯通(Folkestone)到布赖顿(Brighton)之间的英格兰东南海岸上集合,而一支空降部队则被派前往攻占岩石满布的多佛港—福克斯通地区。在这个"海狮作战"计划之下,4 天之内应有第一波兵力 10 个师登陆,以建立一个宽广的滩头阵地。约在一星期后,向内陆的主攻前进就应开始;其第一目标为达到沿泰晤士河口(Thames estuary)到朴次茅斯(Portsmouth)之间一道弧形高地。在次一个阶段,就要从西面切断伦敦对外的交通。

B 集团军的第六军团,在赖赫劳元帅指挥之下,担负着一个助攻的任务。其第一波兵力为 3 个师,从瑟堡(Cherbourg)出发,将在波特兰(Portland)以西的莱姆湾(Lyme Bay)登陆,并向北推进到塞文河(Severn)口为止。

侵入军的第二波兵力是用来扩大战果的机动部队,包括 6 个装甲师和 3 个摩托化步兵师,分组为 3 个军。接着还有第三波兵力,共为 9 个步兵师;和第四波兵力,共为 8 个步兵师。虽然在第一波兵力中没有装甲师,但却还是配属了坦克约 650 辆,那都是要由其两个梯队中的第一梯队携带渡海——在其总兵力 25 万人之中,领先的梯队约占了 1/3 强。要想把这个分为两部分的第一波兵力接过海峡,估计需运输船 155 艘,总吨数约 7 万吨,此外还需要 3000 多艘较小型的船只——1720 艘驳船(Barges)、470 艘拖船(Tugs)和 1160 艘摩托快艇(Motorboats)。

7 月下旬开始准备时,德国海军参谋本部就立即宣称为了发动"海狮作战"必须集中的如此大量船只,至早也要到 9 月中旬才能准备完成——尽管希特勒已经命令要在 8 月中旬以前完成一切的准备工作。事实上在 7 月底,海军参谋本部甚至于还曾建议想把这个作战延到 1941 年的春季再执行。

但那些并非惟一的阻碍。德国陆军将领们对于他们部队在渡海所冒的危险也是很感忧惧。无论是他们自己的海军也好,或是空军也好,他们对其有无确保中途安全的能力,都很少有信心。所以他们力主侵入行动应采取足够宽广的正面,从拉姆斯格特(Ramsgate)到莱姆湾,以分散敌方守军的兵力和注意。德国海军将领对于英国舰队拦截更感到惶恐,他们深信自己的兵力薄弱,很难阻止英国舰队的干扰,所以他们从一开始起就坚持认为陆军的宽正面侵入计划是海军所不可能保护的,并主张渡海的兵力只能限于相当小型的部队,其路线必须在相当狭窄有水雷掩护的走廊之内。这样的限制也就更加深了陆军将领们的疑惑。此外,雷德尔又特别强调在渡海地区上空必须享有空中优势。

在7月31日和雷德尔作了一番讨论之后,希特勒采纳了海军的意见,同意在9月中旬以前"海狮作战"是不能够发动的。但这个作战也还不曾确定延期到1941年再执行,因为戈林曾向希特勒保证他的空军能够阻止英国海军的干扰,并同时把英国空军逐出天空以外。海陆两军的将领都很愿意让戈林去打头阵,让他去尝试发动一次预备空中攻势,除非等到这个攻势已经成功,否则他们也就不必先作任何肯定的承诺。

结果,这一个空中攻势并未成功,于是在空中的斗争也就变成了不列颠决定性会战的主要特征——而且的确也是惟一的特征。

德国空军所享有的优势并不像当时一般人所想像的那样巨大。它并不能使用大量的轰炸机,一波接着一波来维持连续不断的攻击,那也正是英国老百姓所深感畏惧的,而它所拥有的战斗机在数量上也比英国的多不了太多。

这个攻势主要是由第二和第三两个航空队(Air Fleet,德文为Luftflotten)来执行,其指挥官分别为凯塞林(Albert Kesselring)元帅和施佩勒(Hugo Sperrle)元帅,前者以法国东北部和低地国家,即荷比两国为基地,后者以法国北部和西北部为基地。每一个航空队都是一支自成单位的部队,包括所有不同的组成单位——当在波兰和西欧与陆军合作时,这种整体化的编组(Integration)是很有利的,但在完全是空军的作战中,就变得不那样有利了。每个航空队都策定其自己的计划,而且各自为政,互不相谋,根本上就没有一个全盘计划。

8月10日,当攻势就要猛烈发动时,这两个航空队共有水平(高空)轰炸机875架、俯冲轰炸机316架。(这些俯冲轰炸机被证明是太易于被英国战斗机所击毁,所以在8月12日以后即退出战斗,并保留供尔后侵入作战时之用。)

此外,驻在挪威和丹麦,由施通普夫将军(General Stumpff)所指挥的第五航空队也有高水平轰炸机 123 架,但它一共只参加了一天的战斗,因为损失太重,所以遂再未作这样远距离的出击。不过由于这支兵力的存在,对于英国方面也就多少产生了一些牵制作用,使英国战斗机司令部必须在英格兰的东北部保持一部分兵力。此外,在 8 月的下半月,它也曾提供大约 100 架轰炸机以补充第二和第三两个航空队的损失。

在 8 月 10 日开始会战时,德国方面共有可用的战斗机 929 架。它们大部分都是单引擎的梅塞希密特(Messerschmitt)109 式(Me 109),不过也有 227 架双引擎和相当长程的 Me 110 式。Me 109 式的原型是在 1936 年出现,最高速度超过每小时 350 英里,而其高爬升率也使它对于英国的战斗机获得了更进一步的优势。但在旋转和翻滚上,它在和英国飞机交战时却是居于不利的地位。此外,和英国飞机不同,它们在会战开始时,大部分对于飞行员都没有提供装甲的保护,但它们却有避弹(Bullet-proof)油箱,那却是英国人所没有的。

在此次会战中,有限的航程对于德国单引擎战斗机是一个决定性因素。对于 Me 109 来说,其官方宣称的巡航距离为 412 英里,这是一种非常容易引起误解的数字。其真正的活动半径,包括去回距离在内,只能达 100 英里强。从加来或科汤坦半岛(Cotentin Peninsula)起飞,只能刚刚达到伦敦和在那里作极短时间的战斗。再换一种说法,其全部的飞行时间只有 95 分钟,其中所能给予的战术飞行时间(Tactical Flying Time)仅为 75 到 80 分钟。当轰炸机损失惨重之后,遂不得不使用战斗机来护航。由于一架轰炸机需要两架战斗机来保护,所以甚至于仅只攻击在英国南部的目标,每天所出动的轰炸机也不能超过三四百架。

Me 109 在起飞和降落时又都很难操纵,因为它的起落架比较脆弱,而在法国海岸上那种匆忙赶建的飞机场中,这种困难也就更为严重。

双引擎的 Me 110,虽然名义上其最高时速为 340 英里,但实际上却是相当的慢——通常只有 300 英里,甚或还更少——所以很易于被英国的喷火式(Spitfire)所赶上。这种飞机不易加速,而且不灵活。据说德国人的原意是要使它成为战斗机中的"一朵奇葩",但结果却是一项最令人感到失望的技术失败——甚至于连它本身都需要用 Me 109 来加以保护。

但德国战斗机的最大弱点还是其无线电装备的原始化。他们也有无线电话可供在飞行中互相通讯之用,但若与英国人所用的装备相比较,则是非常的粗劣——而他们也不可能从地面上来加以管制。

在法国损失了 400 多架之后,到 7 月中旬,英国空军战斗机的实力又已经重建到大约 650 架的数字——这也就是当 5 月间德国发动攻势时他们所原有的实力。他们大部分都是飓风式(Hurricane)和喷火式,不过也还有接近 100 架的其他较旧式的飞机。

这种惊人的恢复大部分应归功于比弗布鲁克勋爵(Lord Beaverbrook)的努力,他是在 5 月间丘吉尔内阁成立时出任新成立的飞机生产大臣。批评他的人说,由于精力旺盛,遇事干涉,所以对于长期的进步产生了不利的影响。但是战斗机司令部总司令道丁上将(Air Chief Marshal Sir Hugh Dowding),却在官方记录上宣称:"此项任命的效果只能说是奇迹。"到仲夏时,战斗机的生产已经增加了两倍半,而在全年内英国生产了战斗机 4283 架,德国所生产的单引擎和双引擎战斗机总数却只刚刚超过 3000 架。

在兵器方面的相对情况就比较难以确定。飓风式和喷火式都只装有机关枪,一共是 8 挺,分别装在机翼前缘。这种机枪是美国白朗宁式(Browning)——所以要选择此种兵器的理由:一方面是它对于遥控具有足够的可靠性,另一方面是射速高,每分钟达 1260 发。Me 109 战斗机通常是在机首整流罩中装置 2 挺固定机枪,而在机翼中则有 2 门 20 毫米机关炮——此种兵器是根据西班牙内战的经验而发展成功的。那次战争被德国空军用来作为一个试验场——Me 109 就是在那里试验出来的,此外还有现在被淘汰的他种较早型式的战斗机。

贾南德(Adolf Galland),为德国的一位空战英雄(ace),在其事后的回忆中,认为 Me 109 的兵器毫无疑问的比较好。英国方面的意见就不一致,有人认为白朗宁的射速较高,可以在短时间内发挥相当威力,不过也有人认为五六颗炮弹所造成的损害远超过了大量的机关枪火力——而又有些英国飞行员也抱怨说,尽管确信已经击中,但对方好像没有事一样。值得注意的是在会战过程中,也有 30 多架喷火式装置了 2 门 20 毫米炮,而装着 4 门炮的飓风式从 10 月以后也开始使用了。

德国轰炸机的兵器实在是太差——只有几挺可以自由旋转的机枪。那是很清楚的,而且也是一开始就可以证明的。所以若无战斗机的保护,他们本身是不可能击退英国战斗机的攻击。

在战斗机飞行员方面,双方情况的比较更为复杂,而在会战的较前阶段,英国实居于不利的地位。虽然训练水准较高,但在数量上却感到严重的缺乏。英国空军的训练学校扩张得很慢,而他们的缺点也就影响到战斗的进行。消

耗被减到了最低限度,甚至于不惜让某些空袭通过而不加以拦截。所以道丁的主要烦恼不是飞机而是人员。

由于在7月间设法节省其资源,所以到了8月初,道丁居然能够把飞行员的数量增到了1434人——而海军航空队也还借了68个人给他。但一个月后,这个数字降低到了840人,而每个星期的平均损失为120人。在另一方面,英国空军的作战训练学校在整一个月内所能交出的战斗机飞行员还不足260人。9月间的情况是更为恶劣,因为技术优良的人员越来越少,而刚刚培训出来的新人由于经验不够所以伤亡率也就特别高。用来代替疲惫不堪单位的新中队所受到的损失往往比旧学校要高。有许多人员因为过分疲倦,也就士气颓丧,甚至变得精神失常。

德国在数量方面最初没有这么多的困难。尽管在5、6两个月内他们在欧陆上的损失也很重,但飞行学校培训出来的飞行员比前线部队所需要的数量还要多。但因为戈林和其他的空军首长一向看不起战斗机兵种,认为它只是防御性的和次要性的,所以在士气上受到很大的打击。此外,由于补充轰炸机和俯冲轰炸机人员的损失,又把战斗机单位中的最佳飞行员浪费了不少,而戈林还不断批评他们缺乏朝气,把德国空军一切失败的责任都硬加在战斗机部队的头上——实际上,大部分是由于他个人缺乏远见,以及在计划作战中的错误。在另一方面,英国战斗机飞行员的士气却不断地受到鼓励和增强,在那个紧要关头上,他们变成了丘吉尔所夸耀的"少数人"(Few)、皇家空军的精华和整个民族的英雄。

因为他们给护航的任务拖得精疲力竭,所以德国战斗机部队的飞机和人员也就日益感到心力交瘁——通常一天要出击两三次,有时会有五次之多。戈林不准他们有休息日,也不准前线单位轮调。所以在惨重的损失之外又再加上此种单纯的疲倦。因此到了9月,士气就已经变得极为低落。同时,那些驾驶员对于德国当局是否真正有意执行侵入战也开始感到疑惑,他们觉得一切的准备都是近乎儿戏,那么他们为了这一场假戏而作真正的牺牲实在是太不值得。

轰炸机人员所受到的损失更重,而且他们也感觉到对于英国战斗机的攻击无法抵抗。所以尽管仍继续英勇的执行命令,但士气却早已一落千丈。

总而言之,在会战的初期,双方在技术和士气上大致是势均力敌,经过了不断的消耗,英国方面的损失和疲倦固然非常的严重,但他们都可以感觉到对方的情形还要更严重,这种事实和感觉也就帮助他们逐渐获得优势。

　　在整个会战期中,德国方面又经常受到另一种障碍,那就是贫乏的情报。在执行攻势作战时德国空军的基本指导就是一种名叫《蓝色研究》(Blue Study)的战前手册,其中包括英国工业的大致分布情形,以及概括的空中摄影侦察结果。此外德国空军本身的情报单位,其首长仅为一少校,所以对于此种工作的补充也非常的有限。1940 年 6 月,这位施密德少校(Major Schmid)在其对于英国空军的调查报告中,把英国战斗机生产数字估计得非常的低,认为每月只有 180 架到 300 架——实际上经过比弗布鲁克勋爵的努力,在 8、9 两个月中,飓风式和喷火式战斗机的产量实际上已经增到 460 架到 500 架。(此种巨大错误所产生的虚伪印象又受到了乌德特将军〔General Udet〕生产部所作的报告的增强,那是仅强调飓风式和喷火式的弱点,而未指出它们的优点。)

　　在施密德少校的调查报告中从未提及英国空军完整而严密的防御系统,包括其雷达站作战室和高频无线电网等在内。但是设在苏福克(Suffolk)海岸边鲍德西(Bawdsey)地方的英国雷达研究站,以及沿海岸到处都有的高大雷达天线架,在战前几乎开放在良好的情报观察之下,所以到了 1939 年,若说德国人对于英国警报系统的重要特征仍然缺乏情报资料,那似乎是不可能的。虽然德国人在 1938 年就知道英国人在进行雷达的试验,而且甚至于 1940 年 5 月在布伦(Boulogne)的滩头上,还曾缴获一套机动雷达站,但他们的科学家却认为这种仪器很粗劣。当德国占领了法国的大部分时,在那里也可以获得更多有关英国雷达的资料,因为法国人对于保密一向很随便。但似乎德国人却并不曾利用这些机会。戈林本人对于雷达的潜在威力更是丝毫不曾加以考虑。

　　因此,一直等到 7 月间德国人沿着法国海岸设立了他们的监听站之后,才开始了解从英国海岸上那些雷达天线上所发出的奇异讯号是一种非常重要的新东西。即令如此,德国空军领袖们对于英国雷达的涵盖范围和效力还是估计颇低,而且也不曾对它作干扰或摧毁的努力。甚至于当他们已经发现英国战斗机在作战时是受到严密的无线电管制时,也还是并不怎样感到忧虑——他们的结论认为这种系统将使英国战斗机司令部缺乏弹性,而大规模的攻击也可以击溃这种系统。

　　在激烈空战中对于敌方的损失估计总是有夸大的趋势,这原是双方所共有的毛病,但对于德国方面所产生的不良影响却比较严重。最初,德国空军的情报对于道丁的实力可以说估计得相当的正确,一共约有 50 个中队的飓风式和喷火式战斗机,其作战实力约为 600 架,而在英格兰南部的最多,为其中的

400 到 500 架。但自从战斗展开之后,因为一方面把英国人的损失估计过高,另一方面又把英国飞机的生产量估计太低,所以也就不断地计算错误而发生混乱。结果使德国空军驾驶员看到英国战斗机在战场上的实力始终能够维持时,遂不免大感困惑而影响到他们的士气。所报告已被击落的敌机数字要比实际存在的数字还多。

另一个计算错误的原因是德国空军将领有这样一种习惯,当他们轰炸一个英国战斗机基地时,也就顺手用红铅笔把那个基地上的英国空军中队都划掉了。这又有两种原因:一方面是空中摄影侦察的不可靠;另一方面是对于侦察结果所作的分析过分乐观。举例来说,德国空军估计到 8 月 17 日为止,已经有 12 处机场"永久被毁"(Permanently destroyed)——但事实上,只有在曼斯顿(Manston)的一个机场曾在相当时间之内不能使用。此外,德国空军又浪费了很多气力来攻击英国东南部的机场,那却并非战斗机指挥组织中的一部分。同时,德国空军首长们又未能认清"分区指挥所"(Sector Station)在战斗机指挥组织中的巨大重要性,例如在比京山(Biggin Hill)、肯莱(Kenley)和霍恩彻奇(Hornchurch)等地所设立者——德国人更不知道他们的作战室都是在地面上很危险地暴露着。8 月底,德国空军对于这些分区指挥所虽曾作过一次猛烈的攻击,但以后就不曾再继续执行。

另一个对德国人的障碍就是天气,这又有双重的意义:英吉利海峡上空的天气常常都是不利于攻击方面的,而这种不利的天气又常是从西边来的,所以英国人总是可以比较先知道。德国人对于英国人从大西洋上所发来的气象报告无线电密码已经能够译出,但他们对此却并不曾好好地加以利用,所以还是常常吃亏。尤其是其轰炸机与战斗机在会合时间的配合上经常受到意外云层和恶劣能见度的破坏。由于轰炸机人员缺乏盲飞的经验,所以在法国北部和比利时上空的云层会使他们老赶不上预定的会合时间;而战斗机却不能浪费燃料,所以无法等候,就只好临时去支援其他的轰炸机,结果是使某一队轰炸机获得了加倍的掩护,而另一队却毫无掩护,于是也就自然会受到重大的损失。等到秋季接近时,天气变得更坏,于是这种差错的机会也就更多,所造成的损失也就更为惨重。

不过有一点,由于有较好的计划,德国人却是比较居于有利的地位。英国的海空救难工作最初非常缺乏效率,一个驾驶员若落在海中,其被救起的机会就只能碰运气了。因为在 8 月中旬,几乎有 2/3 的重要空战都是发生在海面上空,所以这种损失也就变得非常严重。德国人却有较好的组织。他们使用了 30 架汉克尔（Heinkel）制水上飞机来从事救难的工作，他们的战斗机驾驶员和轰炸机乘员都装备有可以充气的橡皮小艇、救生衣、信号手枪和能够把周围海水染成一片亮绿色的化学药品。一位战斗机驾驶员若落在海中，他大概可以有 40 秒到 60 秒的时间来让他在飞机沉没之前爬出。假使不是有这种比较良好的救难措施，则德国空军士气的崩溃可能还会更快。

除了英国空军的战斗机以外，指派负责防空的英国高射炮部队也使德国空军的攻势受到了强力的反抗。这些单位是由陆军所提供，也属于陆军，但在作战时却受皇家空军战斗机司令部的管制（一如配属给英国的远征军一样）。假使说他们在不列颠之战中所击落的德国轰炸机数量是相当的少，但他们的功劳却还是很大：高射炮的火力使攻击者在作战时受到了普遍的扰乱，而尤其是使轰炸命中率大为降低。

英国高射炮兵司令为派尔中将（Lieutenant-General Sir Frederick Pile）。他本是炮兵出身，当 1923 年英国皇家战车兵种成为一种永久性组织时，他就转入了这个兵种，而不久就变成了机动装甲部队的最活跃提倡者。但在 1937 年晋升了少将之后，英国陆军部就派他担任第一防空师（Anti-Aircraft Division）的师长，这个师正负责保护伦敦和英国南部。次年 2 个防空师被扩编为 5 个，然后又增为 7 个。在 1939 年 7 月底，即战争的前夕，绰号"提门"（Tim）的派尔晋升了中将，负责指挥全部的防炮兵力，包括那些正在编组的轻型防炮兵连在内——这些单位是负责防御机场以及其他重要据点以对抗低飞敌机的攻击。

阻滞气球（ballon barrage）是应付此种攻击的另一种有价值的工具——一连串腊肠形的气球，用钢索将其固定在 5000 英尺的高度上。这是由空军本身所提供，也在个别控制之下，不过仍在战斗机司令部的整个作战系统之内。

在战前的几年间，为了国内防御而扩充高射炮兵部队的计划常常受到陆军当局的强烈反对，而最好也不过是勉强同意而已。因为照他们看来，增强防空兵力也就无异于暗中减少陆军的实力。所以当派尔在努力发展这些防空部队和增进他们的效率时，在陆军部中不仅遭遇到许多的障碍，而且也使他本人成为不受欢迎的人物——这也就使他丧失了再回到陆军主流和获得进一步升迁的机会。但对于国家而言，这又未尝不是幸事，因为他已经成功地和道丁建立了亲密而和谐的关系，那是一位很难相处的人，而他们之间却合作得至为良好。

当战争爆发时，即 1939 年 9 月初，已被批准的防空司令部编制已经逐步

增加到了 2232 门重型高射炮的规模——比两年前所未通过的"理想"计划几乎超过了 1 倍——此外还有 1860 门轻型高射炮和 4128 具探照灯。不过，由于犹豫和拖延的结果，当战争爆发时，实际可以部署的却只有重炮 695 门和轻炮 253 门——即分别仅占批准数字的 1/3 和 1/8。但比一年前慕尼黑危机时却还是进步了不少，那时能立即使用的重高射炮共只有 126 门。探照灯的情况比较良好，已经部署的数字为 2700 具，在批准的 4128 具中已超过 2/3。

战争一起就带来了新的问题：海军部要求 255 门重高射炮以掩护其 6 个舰队停泊处——在战前海军部是从未提出过这一类的要求，他们一直坚信其军舰能够凭借其本身的高射枪炮击退任何的空中攻击，而不需要任何外来的协助。现在为了掩护在福思湾（Firth of Forth）的罗赛斯（Rosyth）停泊处，就要求了 96 门炮——这和用来掩护整个伦敦城的数字一样多，而比用来掩护德尔比（Derby）地区的数字要多了 4 倍。最重要的劳斯莱斯（Rolls-Royce）引擎工厂就设置在德尔比地区之内。

1940 年 4 月对于挪威的远征又带来了更大的需求，并消耗了许多轻重型的兵器。

于是，在 6 月间法国沦陷之后，大不列颠本身的防空情况也就急转直下，因为从挪威到布列塔尼，英伦三岛已经被包围在一个由敌方空军基地所构成的圈子内。

此时，英国高射炮司令部的实力已经增加到重炮 1204、轻炮 581 门——比之战争爆发时的数字，前者增加了差不多 1 倍，后者则超过了 1 倍。若非各种不同的消耗，则情况也许还可以更好一点。在以后的 5 个星期当中，又分别增加了 124 门重炮和 182 门轻炮，但前者的一半和后者的四分之一却不能不分配给训练单位和海外部队，由于意大利已经参战，所以某些海外地区现在也开始感受威胁。到了 7 月底，大不列颠的对空防御所需的重高射炮还只相当于战争爆发时所认为必要的数字之一半，而轻高射炮则仅及 1/3——但战略环境却远比当时所假想的更为恶劣。探照灯的数量比较充足，现在已有者已接近 4000 具，差不多可以达到标准编制——不过由于环境的改变，现在所需要的数量也已经大增。

在不列颠之战的序幕阶段中，我们所看到的仅为德国空军对于英国船只和海峡方面的港口，逐渐展开其攻击，同时也偶然地企图引诱英国战斗机出来和它们交战。直到 8 月 6 日为止，德国空军的主要指挥官凯塞林和施佩勒对于攻势的执行都尚未接获任何明确的指示——所以在最初阶段，其作战形态很令人感到莫测高深。（原注：当时派尔将军每天都把空袭的情况图送给我看，希望我能找到一点线索，但我也无法看出其明确的形态或目的。）

对船只的正式攻击始于 7 月 3 日，而翌日由 87 架俯冲轰炸机所组成的部队，在 Me 109 的掩护之下，攻击在波特兰（Portland）的海军军港，但并无太大的效果。7 月 10 日，一支小型的轰炸机部队，在大批战斗机掩护之下，攻击在多佛港附近海中的一个船队。值得重视的是 Me 110 远非英国飓风式的敌手，后者是被派往掩护该船队的。7 月 25 日，另一船队在同一地区中受到了较重攻击之后，英国海军部遂决定只在夜间才让船队通过海峡，又因为德国空军对于英国驱逐舰曾作几次成功的攻击，于是也就决定把驻在多佛港的那些驱逐舰撤到朴次茅斯。另一个船队在 8 月 7 日夜间企图通过，为维桑（Wissant）附近岩岸上的德国雷达所发现，于是次日就受了俯冲轰炸机的攻击。这些俯冲轰炸机在战斗机掩护之下分成若干个攻击波，一次可以多到 80 架。它们击沉了约近 7 万吨的船舶——所付出的成本为 31 架飞机。

11 日，在混乱的战斗中，英国空军损失了 32 架战斗机。即令如此，在这个从 7 月 3 日到 8 月 11 日的阶段中，德国人一共损失了 364 架轰炸机和战斗机，而英国空军则仅损失了 203 架战斗机——只要一个星期的生产量即可以补充这样大的损失。

迟到 8 月 1 日希特勒才正式命令德国空军，应"尽可能迅速摧毁敌方的空军"。戈林与他手下的大将们商讨一番之后，就决定大攻势的开始定为 8 月 13 日——这就是所谓的"鹰日"（Adlertag）。在序幕阶段对于德国空军之成功所作的过分乐观报告，使戈林深信只要天气良好，4 天之内他就可以获得空中优势。但到了 8 月 13 日，天气却已经变得比较不利。

尽管如此，在"鹰日"这一天，德国空军对于英国东南部的战斗机机场和雷达站发动了第一次轰炸攻击。在曼斯顿、霍金格（Hawkinge）和林普尼（Lympne）等地的前进机场都受到很重的损失，有一些雷达站在几个小时之内也都不能使用。在怀特岛（Isle of Wight）上文特讷尔（Ventnor）地方的一个雷达站完全被炸毁，但利用其他发送机的讯号使德国人始终未能发现这个事实。雷达塔的本身足以使俯冲轰炸机不易炸到其基层附近的操作室，同时德国人也始终误以为那是安全地设在地下。在这一方面也应归功于空军妇女辅助队的那些女雷达员，她们都是一直留在岗位上工作，直到自己的雷达站被炸时为止。

由于在英国东南部上空有浓密的云层，所以戈林遂决定等到下午再发动

主力攻击——但因为有几支部队接到命令较迟,于是也就在漫无组织的空袭中浪费了它们的力量。等到下午发动大攻击时,又还是太分散,所以结果也就很令人失望。在那一天,德国空军共出动了 1485 架次,比英国空军要多 1 倍。德国人共付出了 85 架轰炸机和战斗机的代价,但却只击落了 13 架英国战斗机——虽然他们宣称已经击毁了 70 架。

在这个主力攻势的开始阶段,因为攻击那些并不属于英国战斗机指挥系统的机场,而浪费了德国空军的很多力量——因为只有战斗机机场才应该是它们的主要目标。此外,轰炸机编队与护航战斗机之间的协调也颇为恶劣,所以也就吃了很大的苦头。

次日,8 月 14 日,云层把攻击的数量减到大约只相当于第一天 1/3 的程度;但到了 15 日上午天气好转之后,德国空军遂开始发动在全部会战中一次最大的攻击——一共是 1786 架次,其中所使用的轰炸机超过了 500 架。第一次攻击是以在霍金格和林普尼的机场为目标,尽管前者比较重要,但却未受严重的损毁,而后者则有两天不能使用。

于是在午后不久的时候,就有 100 多架来自第五航空队的轰炸机,分成两个编队,飞过了北海攻击纽卡斯尔(Newcastle)附近和在约克郡(Yorkshire)境内的机场。较大的一个编队,约有轰炸机 65 架,从挪威的斯塔万格起飞,由大约 35 架 Me 110 护航,但这些战斗机都显得殊少掩护价值。这支部队受到英国第十三战斗机群(Group)的猛烈抵抗,同时再加上高射炮的火力,结果被击落了 15 架,而英国空军则完全没有损失。另一支部队,约为轰炸机 50 架,从丹麦的奥尔堡(Aalborg)起飞,没有战斗机掩护。虽然英国第十二战斗机群派了 3 个中队去迎击,但它们大部分却还是到达了约克郡的德里菲尔(Driffield)英国轰炸机基地,并造成相当的损失——不过在英国上空损失了 7 架轰炸机,回航时又损失了 3 架。

在南面,英国的防御就比较不那样成功——攻击较重,次数较多,航程也较短。过了正午以后,30 架德国轰炸机,在大批战斗机保护之下,达到了罗彻斯特(Rochester),并轰炸在该地的萧特(Short)飞机工厂,差不多同时,24 架战斗轰炸机的空袭也使在苏福克的马特尔沙姆荒野(Martlesham Heath)上的英国战斗机机场受到重大的损失。空袭的频繁使雷达发生了混乱,于是英国的战斗机中队只好各自为战,到处追逐。所幸者是德国空军的第二和第三两航空队在它们的攻击上并无有效的协调,所以也就丧失了使英国空军到处乱跑的有利机会。直到下午 6 时,德国第三航空队才集中了大约 200 架飞机,飞过海峡去攻击在英格兰中南部的机场。在良好的雷达预警之下,负责掩护英国南部的第十和第十一两战斗机群,出动了不少于 14 个中队的兵力,一共约 170 架战斗机,以迎击这个巨型的攻击。结果使德国人的攻击没有获得多少成就。不久以后,德国空军第二航空队又在东南部发动新的攻击,共使用了 100 余架飞机,但仍然是立即遭到了强烈的抵抗,而没有什么战果。甚至于当攻击者到达他们的目标地时,他们也发现英国的战斗机都已有良好的疏散和伪装。

这一天,也许即为整个会战中最具有决定性的一天,德国人在英国全国的上空,实际损失了 75 架飞机,而英国战斗机的损失则仅为 34 架。值得注意的是,德国空军所曾使用的轰炸机数量不及其全部实力的一半——这无异于间接承认其轰炸机的作战必须有赖于战斗机的掩护,后者却几乎全部都出动了。此外,这一天的作战也已经明白证明出了德国的俯冲轰炸机,就是一向令人感到胆战心惊的"斯图卡"(Stukas),对于现在所企图完成的任务是完全不配合——还有 Me 110 式战斗机也是一样,尽管德国人对于这种型式的飞机曾经寄以极大的希望。

也就是在这一天,丘吉尔才感动地说:"在人类斗争的场合中,从来不曾有过这么多的人对这么少的人感恩这么深!"

但是第二天,即 8 月 16 日,德国空军又作了另一次强大的努力——在幻想中它们以为在 15 日这一天英国空军已经损失了 100 多架飞机,所以应该只剩下 300 架战斗机。尽管第二天的攻击曾经在几处地方造成损失,但就其全体而言,还是令人感到失望。17 日尽管天气良好,但却未作重大的攻击。18 日,德国人又重新作了一次较强大的努力,结果使他们损失了飞机 71 架(其中一半为轰炸机),而英国人则仅损失战斗机 27 架。此后攻击就渐成尾声。事实上,对于肯莱和比京山的低空攻击曾经造成了相当的损失,而且极难对抗,因为他们来袭时是在雷达屏的水平线之下。但德国人却不知道这个事实,而只感觉到损失太大,难以为继。接着恶劣的天气给会战带来了一度沉寂。

8 月 19 日,戈林曾召集其主要执行军官举行另一次会议,经过了一番讨论之后,就决定再继续发动空中攻势——用全力来击灭英国的战斗机兵力。

在 8 月 10 日以后的两个星期之内,德国空军一共损失了 167 架轰炸机(包括 40 架俯冲轰炸机在内),所以轰炸机的将领也就要求尽量加强战斗机的掩护。由于戈林有袒护轰炸机而责备战斗机的趋势,所以也就更增加了两个兵种之间的紧张和摩擦。

但在英国方面也同样有摩擦的存在，尤其是两位主要将领之间：一位是空军少将派克（Air Vice-Marshal Keith Park），他是第十一战斗机群的指挥官，负责防守紧要的英格兰东南部；另一位是空军少将利-马洛里（Air Vice-Marshal Trafford Leigh-Mallory），他指挥在中部的第十二战斗机群。派克强调在目标前方迎击德军并击落其轰炸机的重要，他认为这样可以迫使他们多用 Me 109 战斗机来担负密集的护航任务，而那却是这种飞机所不适宜的。利-马洛里则认为这种战法将使英国战斗机驾驶员太吃力，因为他们很容易在地面上受到敌人的捕捉，通常是在补充燃料时，或是还不能达到足够的高度，即匆忙应战。

对于所应使用的战术也有争论。利-马洛里派是提倡"大编队"（Big Wing）的理论，即集中多数战斗机组成巨型的拦截兵力。派克则坚持他的主张，他认为由于有雷达的帮助，英国战斗机可以采取较富弹性的战术——即所谓"稀释集中"（Diluted Concentration）的战法。

同时，也有人认为道丁是采纳了派克的意见，为了民心士气之故，而过分故意地维持在东南地区中的前进基地。假使能撤到伦敦的后方，也就是超出了 Me 109 和它们所护送的轰炸机航程之外，则也许较为合算。

在 8 月 8 日到 18 日之间，英国战斗机司令部一共损失了 94 位驾驶员，另有 60 人负伤。但在飞机方面却并不感到缺乏，尽管在这个阶段中已经损失了战斗机 175 架，外加重创 65 架和在地面上被炸毁 30 架。

当天气在 24 日好转时，戈林遂发动其第二次的制空权争夺战。这一次有较好的计划。在凯塞林指挥之下的第二航空队，经常在海峡那边的德国上空维持着一些飞行中的飞机，因为雷达并不能辨别轰炸机和战斗机之间的差异，所以也就使派克永远在猜测之中，同时他也不知道在什么时候，这些飞机会突然地冲过海峡。在这个新阶段内，第十一战斗机群的前进机场受到了比以前较严重的打击，而曼斯顿基地终于不得不放弃。

新计划的另一特点是对于伦敦周围的英国空军基地和设施加以猛烈的攻击——这也就使炸弹在无意中会落在伦敦上空。24 日夜间，有 10 架左右的德国轰炸机本是以罗彻斯特和泰晤士港（Thameshaven）为其攻击目标，但在飞行中却迷失了方向，于是就把它们的炸弹误投在伦敦的市中心。这个错误行动立即引起英国人的报复，次日夜间有 80 多架英国轰炸机前往空袭柏林。以后又接着空袭几次，希特勒向英国发出警告威胁，但英国当局却置之不理，于是他也就下令对伦敦作报复性的空袭。

在这次新攻势发动之前，德国空军第三航空队所属的 Me 109 战斗机大部分都奉命转交给第二航空队，以便增强在加莱地区的护航实力。这个政策颇有收获。英国空军在想穿透德国战斗机的屏障时，已经遭遇到较多的困难，而损失也很重大；反之德国轰炸机则已经比较易于达到其目标。此外德国人也发展了一种新战术，即当大编队通过了雷达警戒线之后，马上就化整为零，个别进袭。

在开始的第一天，即 8 月 24 日，仅赖他们的高射炮防御，北威尔德（North Weald）和霍恩彻奇的分区指挥所才幸免于全毁。在德国第三航空队所作的一次猛烈攻击中，高射炮也挽救了朴次茅斯的船坞，不过城市本身却因为敌机为高炮火力所迫而投弹不准，反而受了严重的损毁。此后第三航空队遂改用夜间轰炸的战术，从 28 日起，一连 4 夜都向利物浦（Liverpool）进攻，但因为他们训练不够而领航的无线电波又受到英国人的干扰，所以有许多轰炸机都不曾找到默西河两岸（Merseyside）地区。不过这几次空袭也显示出了英国防御系统在对抗夜间攻击时的缺点。

8 月的最后两天对于英国战斗机司令部是运气特别恶劣的日子。值得注意的是敌方轰炸机都是用小编队，每个编队 15 架到 20 架，有数量多到 3 倍的战斗机掩护。31 日，英国空军所受的损失是全部会战中最严重的一次，一共被击落了 39 架战斗机，而德方的损失为 41 架飞机。以英国空军的有限兵力，这样大的损失率是吃不消的，而且又并未能吓阻攻击者。在西南地区中的机场现在大部分都已受到严重的破坏，其中有些已经到了不堪使用的程度。

甚至于道丁也在考虑撤退其在东南部的战线，使其退到 Me 109 的航程之外。同时他也受到较强烈的批评，因为他一直保留着 20 个战斗机中队来掩护北部，但那一方面仅在白天里受过一次攻击——以后就一直平静无事。此外，驻在东英吉利（East Anglia）和中部地区的第十二战斗机群也吵着要直接参加战斗——而派克却认为他们是故意不肯照他所希望要的方式来合作。派克与利-马洛里之间，道丁与空军参谋总长纽厄尔（Newall）之间，关系都相当的紧张，所以也就使问题很难获得顺利的解决。

8 月间，英国在战斗中一共损失了 338 架飓风式和喷火式战斗机，另外104 架受到重创；而德国方面则仅损失了 177 架 Me 109，24 架受到重创。所以战斗机的损失上是成 2 与 1 之比。其他的原因也使英德双方分别损失了 42 架和 44 架战斗机。

于是在 9 月初，戈林很有理由感觉到他的目标已经伸手可及了——即击灭英国的战斗机兵力以及其在东南部基地设施，但他却没有把握住对于既得

利益应立即扩大的重要性。

9月4日,德国空军的攻击方式又有改变,不再集中全力去攻击英国战斗机司令部所属的机场,而对英国的飞机工厂作一连串的攻击——在罗彻斯特的萧特工厂和在布鲁克兰德(Brooklands)的维克斯·阿姆斯特朗(Vickers-Armstrong)工厂。此种变化就其本身而言也是很有效的,但问题却在于减轻了对英国战斗机司令部的压力。此种压力却是比较最有价值,因为英国飞行员的耐力和神经都已经接近崩溃边缘,而他们的操作水准也已经显著地降低了。

道丁是一个识大体的人,命令对于南部的飞机工厂给予最大限度的战斗机掩护;两天之后,当德国空军再向布鲁克兰德进攻时就受到迎头痛击——还有对伦敦周围5个分区指挥所的攻击也被击退了。

在8月24日到9月6日之间的整整两星期内,英国战斗机被击毁了295架,有171架受到重创——而新产的和修好的战斗机补充总数是269架。德国空军在Me 109方面的损失是只相当于英国方面的一半——虽然它们所损失的轰炸机在100架以上。

德国空军的损失,以及要求再加强对轰炸机掩护的呼声,现在就开始对其所作的努力产生严重的影响。虽然它过去曾一天出动1500架次,而在8月的最后两天内,又曾再度升高到1300到1400架次的数字,但在9月的第一个星期中,是从未达到每天1000架次的水准。在这个会战的头两个月内——那已经变成一种消耗战——德国空军已经损失了800多架飞机。充任攻势主力的凯塞林第二航空队现在已经大约只剩下可用的轰炸机450架和Me 109战斗机530架。所以到这第三阶段结束时,形势遂终于开始变得对英国人有利。由于德国空军又改变其努力方向,于是到了第四阶段,此种形势就更为肯定了。

9月3日,戈林在海牙又召开了另一次会议,作一项足以影响命运的重大决定,对伦敦改作日间的轰炸攻击——凯塞林从一开始就主张如此,现在也已经获得希特勒的同意。开始的日期定为9月7日。

同时在第三航空队中所仍可使用的300架轰炸机则将用来作一次夜间的新攻势。这也完全合于施佩勒的愿望,因为他是一向主张轰炸船只和港口,而对于摧毁英国战斗机兵力和击毁其机场的希望是日益感到怀疑。

9月7日下午,一支由第二航空队所组成的大约1000架飞机的巨型空中大编队(Air Armada)——轰炸机300多架、护航战斗机648架——浩浩荡荡飞向伦敦。戈林和凯塞林站在加来和维桑之间的布朗克尼兹角(Cap Blanc Nez)悬崖上观看。它们在 13500 英尺到 19500 英尺之间的高度上,分成若干层,共编为两波,以密集队形飞行。德国战斗机也采取了新战术,一批在前面以 24000 英尺到 30000 英尺的高度飞行,另一批则在附近对轰炸机提供密集的掩护,彼此距离仅约 300 英尺。

这种战术被证明出很难应付,但以这第一次而言却并不太需要。因为在英国第十一战斗群司令部中,其控制中心以为敌人将再攻击在里面的分区指挥所,所以已经升空的 4 个战斗机中队,大部分都集中在泰晤士河以北的方面。因此到伦敦的航线畅通无阻。第一波直接飞向伦敦的船坞地区;第二批先飞到伦敦中心区,然后再飞返东端(East End)和船坞地区。轰炸并不像德国人所想像的那样精确,许多轰炸机没有炸中目标,但在人口密集的东端地区中,结果使老百姓的损失甚为惨重。在这第一次对伦敦的集中日间攻击中(同时也是最后一次)炸死了 300 多个平民,重伤者在 1300 人以上。

对于战斗机司令部来说,那是一个令人沮丧的黄昏。虽然他们的各中队都是赶到得太迟,而且也因为德国人的新战术而感到烦恼,但还是使敌人受到了 41 架飞机的损失,而自己则损失了 28 架。使德国人最感到震惊的是从诺索尔特(Northolt)起飞的第三〇三(波兰)中队对他们所作的猛烈攻击。

在东端所引起的火灾对于接着来到的夜间攻击恰好形成了一支引路的火炬,这个攻击从下午 8 时开始,一直到上午 5 时左右才结束。戈林打电话给他的妻子,得意忘形地向她说:"伦敦已在烈焰之中。"因为缺乏抵抗,所以使他以及他的许多部下都相信英国战斗机兵力已经接近耗尽了。因此他在第二天就命令扩大在伦敦所应轰炸的地区。

此时,在海峡中所集中的船只也正日益增多,所以在 7 日上午英国政府遂发布了一个对侵入的预警。在紧接而来的空袭之后,这个警告也就不胫而走,结果有一部分敌后特遣队被召集,而某些作为侵入来临讯号的教堂钟声也自动地敲响起来。

因为缺乏适当的夜间战斗机,所以伦敦以及其他城市的防御在这个紧急关头上就依赖高射炮和探照灯为主。7 日的夜间,一共只有 264 门高射炮在现场保卫伦敦。但由于派尔能够立即采取措施,在以后 48 小时之内,这个数字也就增加了 1 倍。此外,他从 10 日的夜间起,又采取了"阻塞"(The Barrage)的战术,他命令每个炮位不管是否已经看到敌机,都要全力射击。虽然命中的数字很小,但是这种如雷的炮声对于平民的士气却有巨大的振奋作

用,同时也具有一种重要的实质性效果,即迫使轰炸机不得不高飞。

凯塞林在9日下午发动其第二次对伦敦的日间攻击。这一次第十一战斗机群已有准备,9个中队都已各就各位,而第十和第十二两个群的兵力也来合作迎敌。拦截的行动是那样的有效,使大多数的德国编队都是在尚未到达伦敦之前很远的地方就被打散了。能通过的还不及半数,而几乎没有一架轰炸机能够成功地炸中目标。

此种德国新攻势的一个最重要效果即为使英国战斗机司令部可以松一口气,由于德国人的集中攻击,他们的战斗机部队非常的艰苦,损失极为惨重,所以当德国改变战略攻击伦敦时,他们实在已经到了全面崩溃的边缘。因此英国首都和其人民固然是吃了苦头,但他们的牺牲却大有代价,因为这样才保存了国家的防御力量。

此外,由于9月9日的战果不佳,也就使得希特勒对于其侵入战前的10天警告期又再度加以延长——这次是延到14日,即定在24日发动侵入战。

恶劣天气让伦敦的防御获得了一些喘息,但在11日和14日两天,仍有一部分轰炸机渗透进来,战斗机的拦截是那样的乏力,于是德国空军遂又乐观地报告说,英国战斗机部队的抵抗已经开始崩溃。所以希特勒虽然还是再度延期,但这次却只有3天,即延到17日。

凯塞林在15日(星期天)上午又发动一次大攻击。这次英国战斗机的防御也有较好的计划和较精密的时间配合。虽然敌方空中大编队从一到达海岸线之时起就不断受到攻击,英国战斗机在每次攻击中都只使用一两个中队,一共有22个中队之多,但仍有148架轰炸机渗透进入了伦敦地区——不过它们还是不能作精确的轰炸,大多数炸弹都分散得很广。于是当德国人返航时,第十二群的杜克福特(Duxford)大队,一共60多架战斗机,从东英吉利起飞向它们横扫而下,虽然因为没有达到足够的高度,所以丧失了一部分效果,但却使德国人大吃一惊。下午,云层帮了攻击者的忙,大量的轰炸机都顺利地到达伦敦,其所投炸弹也造成重大的损失,尤以在东端房屋拥挤的地区中为甚。但在这一整天内,轰炸机差不多被击毁了四分之一,而被击伤者更多,机上都有一个或多个的乘员阵亡或负伤,当他们被抬入基地时,对于士气也就自然引起了不利的影响。

根据以后的核对,那一天德国人的实际损失为60架飞机。当时英国空军部所扬扬得意宣布的数字为185架,实际上却尚不及这个数字的三分之一。不过若和英国空军的损失相比较,则英国人又还可以算是大获全胜,因为他们一共只损失了 26 架战斗机,而其中一半的驾驶员也还都已获救,这是最近几星期来最有利的一次比较。戈林仍在责备他的战斗机人员,仍在继续作乐观的谈话,并估计英国的战斗机兵力在四五天之内就会完全消灭。但他的部下和他的上级都已经不再同意那种乐观的看法。

17 日,希特勒同意海军参谋本部的看法,认为英国空军并未被击败,并强调即将有一个恶劣天候阶段来临,遂决定把侵入延期,等候通知再说。次日他又命令不要再在海峡港口中集结更多的船只,并同意可能应该开始疏散——运输船的 20%(170 艘中的 21 艘),驳船的 10%(1918 艘中的 214 艘),都已被英军空中攻击所击沉或击伤。10 月 12 日,“海狮作战”遂正式延期到 1941 年春季——而在 1 月间希特勒又命令除了少数远程措施之外,所有其他一切的准备都应停止。他的内心现在已经肯定地转向东方。

戈林仍坚持其日间攻击,但结果却日益令人感到失望,尽管也曾偶然地获得成功。9 月 25 日,在布里斯托尔(Bristol)附近的菲尔顿(Filton)飞机工厂受到严重的打击,次日在南安普敦(Southampton)附近的喷火式工厂也暂时的被破坏。但 27 日对伦敦的大空袭却是一次惨重的失败,而在 9 月 30 日最后一次大型的日间攻击中,只有一小部分飞机到达了伦敦,但损失了 47 架,而英国空军却只损失了 20 架战斗机。

由于 9 月下半月的战果极不满意,同时轰炸机损失惨重,所以戈林遂改用轰炸机在高空作战,大约在 9 月中旬,参加会战的德国战斗机部队奉命抽出其实力的 1/3 来改装为战斗轰炸机,这样就一共产生了约 250 架的总数。但却没有足够的时间来使驾驶员完成再训练,而他们所携带的炸弹又不够造成重大的损失。这些人员有一种本能的趋势在一交战之后,就赶紧把炸弹都投掉。

他们最大的功劳不过是一方面减低德国的损失数字,而另一方面使英国空军继续保持紧张的情况。但到了 10 月底,德国的损失又再度升高到了旧有的比例,而恶劣的天气也更增加了战斗轰炸机人员的痛苦,因为他们所使用的机场都是极为简陋,已经变成了沼泽。在 10 月间,德国损失了 325 架飞机,远比英国人的损失重大。

英国人现在所受到的最严重损害就是来自一般轰炸机的夜间轰炸。从 9月 9 日起,施佩勒第三航空队的 300 架轰炸机就已经定下了一个标准型式,使伦敦一共受到 57 夜的攻击,每次的平均兵力都是 160 架轰炸机。

11 月初戈林发布一连串的新命令,那可以代表对策略的一种显著改变。空中攻击完全集中在对城市的、工业中心和港口的夜间轰炸上。由于第二航

空队的轰炸机也都全部出动,所以可用的轰炸机已经多至 750 架,虽然每次使用的兵力差不多都只限于总数的 1/3。因为他们可以飞得较慢和较低,所以也就可以比在日间装挂较多的炸弹,因此在一夜间所投掷的总重量也就可以多至 1000 吨,但精确度却很差。

新攻势的发动是始于 11 月 14 日的夜间,以对考文垂(Coventry)的攻击为起点。它受到了明亮的月光和一种特殊"先导"(Pathfinder)部队的协助。但在以后对其他城市的攻击,其效力却并不能与第一次相等——例如对伯明翰(Birmingham)、南安普敦、布里斯托尔、普利茅斯(Plymouth)和利物浦等城市的攻击。12 月 29 日,在伦敦曾造成重大的损失,尤其在市中心地区为然,但此后攻击又暂停了,直到次年 3 月间天气好转后才再继续。接着又是一连串的猛烈攻击,而以 5 月 10 日夜间对伦敦的大空袭为其最高峰,那也是 1940 年在西线上发动闪电战的周年纪念,造成了相当大的损失。但是在英国的天空中,这种"闪电"在 5 月 16 日就结束了——德国空军的主力已经东移,准备参加对苏联的侵入战。

从 1940 年 7 月到 10 月底,德国人的空中攻势所造成的损失和破坏,其程度是远超过英国人所公开承认的数字。假使对于主要工业中心的攻击能够压力更增大,次数更频繁,则所产生的后果也就可能会更严重。但就其想要歼灭英国空军战斗机兵力和摧毁英国人心士气的双重目的而言,则始终都未能获得成功。

在不列颠之战的全部过程中,从 7 月到 10 月底,德国人一共损失了 1733 架飞机——而不是英国人所宣称的 2698 架;对手的英国人一共损失了 915 架战斗机——而不是其敌人所宣布的 3058 架。

西 沙 漠 *

英里 0 50 100 150
公里 0 100 200

尼罗河
开罗
尼罗河三角洲
亚历山大
地 中 海
马特鲁港
达巴
阿拉曼
富卡
埃 及
利比亚高原
哈巴塔
卡普措堡

德尔纳
罗兹巴
托卜鲁克
西迪巴腊尼
希尔法亚
索卢姆
塞卜拉山口
贝达富姆
梅基利
卡普措井
古比井
贝尔哈米德
西迪奥马尔
马达莱纳堡
巴尔迪亚
卡普措小道
古卜拉尼
阿卜顿小道
买加布拉

昔 兰 尼 加

德尔纳
哈莱统莱巴
梅基利
西迪卜拉古塞
西迪萨莱赫
阿克罗马
巴尔扎
苏卢克
安特拉特
阿杰达比亚

昔 兰 尼 加

迪加西
贝达富姆
卜雷加港
阿盖拉

的黎波里
塔尼亚

* 向西延伸部分见 389 页。

· 按原图译制 ·

向阿盖拉跃进

英里 0 100 200
公里 0

托卜鲁克 1 月 22 日
巴尔迪亚 1941 年 1 月 6 日
西迪巴腊尼
卡普措堡
第七装甲师
埃 及

德尔纳
梅基利
地中海
巴尔山
罗兹巴
索卢斯
安特拉特
阿杰达比亚 2 月 9 日
班加西 2 月 7 日
贝达富姆 2 月 5 日
阿盖拉

昔 兰 尼 加

利 比 亚

· 按原图译制 ·

攻克西迪巴腊尼

至马特鲁港
铁路
埃路
来自马特鲁港的奥康纳部队 12 月 7 日—8 日
意军设防营地

西迪巴腊尼
麦克特拉 12 月 9 日
12 月 10 日
西图马
东图马
尼贝瓦 12 月 9 日
发卡迪利
第七皇家坦克联队和第四印度师
布克布克
第四装甲旅
第七装甲旅
拉比比亚

英里 0 20
公里 0 30

· 按原图译制 ·

· 107 ·

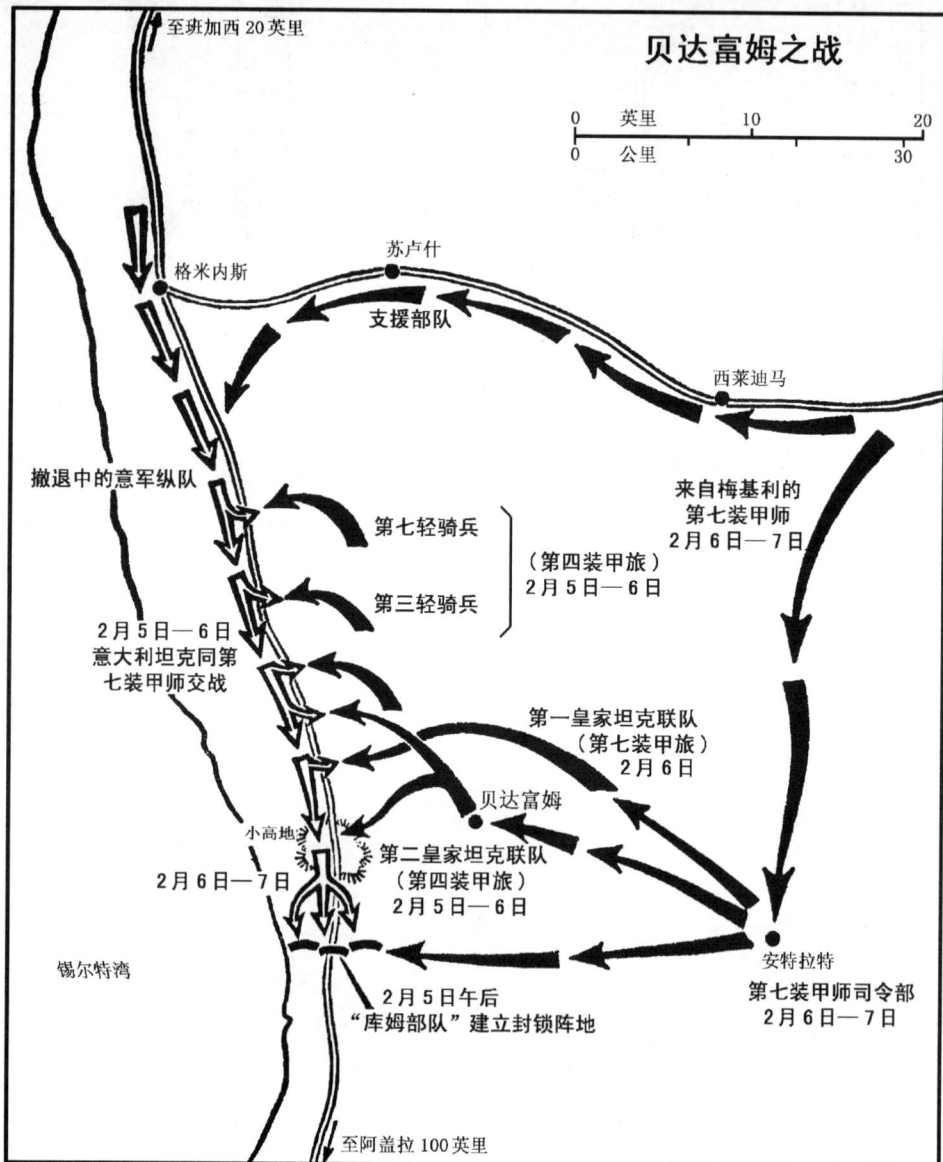

贝达富姆之战

至班加西 20 英里

英里 0 ——— 10 ——— 20
公里 0 ——— 30

苏卢什

格米内斯

支援部队

西莱迪马

撤退中的意军纵队

第七轻骑兵

来自梅基利的
第七装甲师
2月6日—7日

第三轻骑兵

（第四装甲旅）
2月5日—6日

2月5日—6日
意大利坦克同第
七装甲师交战

第一皇家坦克联队
（第七装甲旅）
2月6日

贝达富姆

小高地

第二皇家坦克联队
（第四装甲旅）
2月5日—6日

2月6日—7日

锡尔特湾

安特拉特

第七装甲师司令部
2月6日—7日

2月5日午后
"库姆部队"建立封锁阵地

至阿盖拉 100 英里

·按原图译制·

108

第九章　从埃及发起的反击

当希特勒在西线的攻击达到某一点——即临时拼凑而成的索姆河—埃纳河防线已经发生裂口——显出法国的失败已成必然之势时,墨索里尼也就在1940年6月10日,把意大利投入战争,其目的就是希望能够分得一些胜利的赃物。从他的观点上来看,这似乎是一个万全的决定,而对于英国人在地中海和非洲的地位就几乎足以产生致命的作用。这是英国历史上最黑暗的时候。因为虽然其在法国的陆军大部分都已渡海逃回英国,但是所有的兵器和装备却几乎都已完全丢光,所以他们是在无武装的状态之下面对着迫在眉睫的侵入威胁。因此,那些驻防埃及和苏丹的微弱部队,当面对着在利比亚和意属东非洲的意大利军队所发动的攻击时,也就更无获得增援的希望。

因为意大利的加入战争,又使得通过地中海的海路太危险而不能再使用,所以情况也就变得更坏:任何增援都必须采取绕道好望角的路线,沿着非洲的西海岸向南走,又再沿其东海岸向北行以进入红海。由7000名部队所组成的一支小型援军,在1940年5月即已准备出发,但到了8月底才到达埃及。

以数量而言,意大利陆军是享有压倒性的优势。对抗它们的那些微弱英国部队现在是在韦维尔将军(General Sir Archibald Wavell)的指挥之下,他是由陆军大臣贝利沙先生推荐,于1939年7月被派出任中东总司令的新职,这也就是为了增强该地区兵力而采取的第一个步骤。但是甚至于到现在(即指意大利参战而言),英国还只有5万人的兵力,而其对方的意大利陆军和意大利殖民地部队总数则有50万人之多。

在南面,意大利驻在厄立特里亚(Eritrea)和阿比西尼亚(Abyssinia,今埃塞俄比亚)境内的兵力已经超过了20万人,他们可以长驱直入地向西开入苏丹——那里的守军只有9000人,包括英国和苏丹的部队都在内——或是向南进入肯尼亚(Kenya),那里的守军也并不多。在这个危险的阶段中,苏丹的保护主要靠险恶的地形和遥远的距离,以及意大利人本身的缺乏效率和他们在新近征服的埃塞俄比亚国内所遭遇到的困难。除了在卡萨拉(Kassala)和加拉巴特(Gallabat)的两次小型的犯边事件以外,意大利人根本就不曾发动任何大规模的攻势。

北非方面,由格拉齐亚尼元帅(Marshal Graziani)所指挥、在昔兰尼加(Cyrenaica)境内的意大利兵力更为强大,而面对着他们的埃及守军则仅有36000人,包括英国、新西兰和印度的部队都在内。在埃及境内的西沙漠隔在双方军队之间。英军最前进的阵地是设在马特鲁港(Mersa Matruh),这是在埃及的境内,距离国境线120英里,同时也在尼罗河三角洲以西约200英里。

但是韦维尔并不采取消极坐待的态度,他只有一个不完全的装甲师,他却用了其中的一部分来作为一种攻势掩护兵力,在沙漠的正前方大肆活动。那种攻势精神非常地旺盛,他们越过国境对意大利的据点发动一连串的突袭,使意大利部队深感困扰。所以从战役一开始,克雷将军(General Creagh)的第七装甲师就已经对于敌人获得了一种心理优势——这个师不久就以"沙漠之鼠"(Desert Rats)闻名于世。韦维尔对于第十一装甲骑兵团(Hussars)是特别称赞有加。他说这个由库姆中校(Lieutenant-Colonel J. F. B. Combe)所率领的装甲车团在这整个阶段中经常在第一线,而且更时常进入敌后作战。

6月14日,一个由康特准将(Brigadier J. A. C. Caunter)指挥的机动纵队对卡普措堡(Fort Capuzzo)作了一次奇袭,并攻占这个重要的边防要塞。不过英军却并无意作永久性的占领,因为它们的战略要经常保持机动,这样才能做"沙漠的主人",并引诱敌人集中兵力以来构成目标。到9月中旬为止,意军所公布的3个月来死伤总数达3500人,而英军方面则只有150多人——尽管它们还时常受到空中的轰炸和扫射,因为数量优势的意大利飞机在那里几乎是鲜有对手。

一直到了9月13日,意大利人在集中了6个师以上的兵力之后,才开始小心谨慎地向西沙漠前进。在前进了50英里之后,即距离马特鲁港英军阵地还不到中点的地方,它们就在西迪巴腊尼(Sidi Barrani)停下来不走。然后就在那里建立了一连串的设防营地(Fortified Camps)——但各营地之间又隔得太远,所以彼此并不能互相支援。这样一个星期又一个星期地过去了,它们都毫无前进的模样。此时韦维尔已经获得了一点新的增援,包括从英格兰用3艘快速商船赶运来的3个装甲团,这应归功于丘吉尔的果断和主动精神。

韦维尔现在就决定,既然意大利人不前来,那么他就应该前去打击他们。这个打击居然产生了惊人的效果,导致整个意军的毁灭,也使意大利在北非的根据地几乎崩溃。

但如此戏剧化的结果却并非始料所及。这个打击的设计，并非一种持续性的攻击，而只是一种大规模的突袭而已。韦维尔的想法是只想用猛烈的一拳将侵入者暂时打昏，以便抽调其一部分兵力到苏丹去击退在那方面的敌军。很不幸的，因为缺乏适当的准备，所以对于实际已经获得的压倒性胜利，即无法加以扩张。

在攻击计划拟就后，接着就作了一次演习，发现其实际可行性颇有疑问，于是又作了一次彻底的修改，这也许即为后来制胜的主因。原有的计划是要作一次正面的攻击，那是很可能会失败的，尤其是因为敌人在进路上布有地雷阵，所以失败的机会也就更大。修改后的计划是采取间接路线，从后面袭击敌营。这个改变是出自多尔曼·史密斯准将（Brigadier Dorman-Smith）的建议，他是一位参谋军官，奉韦维尔之命去参加这次演习。但西沙漠兵力的指挥官奥康纳将军（General O'Connor），也能立即认清此种观念的优点，以后一切的胜利主要都应归功于他的执行能力——因为较高级指挥官，像韦维尔和威尔逊中将（Lieutenant-General H. M. Wilson）都距离现场太远，对于这样一个快速行动的会战是不能发挥积极影响的。不过他们却有一种重要的、消极的、也是不幸的影响作用——这在下文中将会有所解释。

奥康纳的兵力为3万人，其对方的敌军则为8万人——但他有275辆坦克而敌人却只有120辆。第七皇家坦克团（Royal Tank Regiment简称RTR）的50辆重装甲"马提达"（Matilda）坦克，使敌方大多数战防武器都丧失了作用，在这次和尔后的战斗中都扮演着一种具有特殊决定性的角色。

12月7日的夜间，这支部队从马特鲁阵地前进，跨越沙漠，踏上长达70英里的征程。次日夜间，他们就从敌方一连串设防营地之间的一个空隙中溜过去，于是到了9日的凌晨，由贝雷斯福德·皮尔斯将军（General Beresford-Peirse）所指挥的第四印度师中的步兵旅就从后方向尼贝瓦（Nibeiwa）营地发动猛烈攻击，而第七坦克团则充任他们的先头部队。守军受到了奇袭，被俘者达4000人之多，而攻击者的损失极为轻微——坦克兵只损失了7个人。

于是重型坦克向北领先前进，直趋号称"西图马"（Tummar West）的营地，在下午将其攻克，而到了这个胜利日结束时，"东图马"（Tummar East）也已被攻陷。当此之时，第七装甲师也已经向西疾驶，达到了海岸道路，于是也就切断了敌军的退路。（原注：在这次战斗中，第七装甲师是由康特准将指挥，因为其师长克雷将军因病临时请假。）

次日，第四印度师向北进攻在西迪巴腊尼周围的一大群意大利营地。现在敌人已有戒备，而强烈的沙暴（Sandstorms）也成为前进的障碍。但在第一次顿挫之后，第七装甲师又送回两个额外的坦克团来增援，于是英军在下午遂发动一个两面夹攻，到那天结束时，西迪巴腊尼意军阵地的大部分都已被克服。

第三天，第七装甲师的预备旅奉命向西作更进一步的迂回，达到了布克布克（BuqBuq）以西的海岸，并截住了一个正在撤退中的一个大的意军纵队。在这里俘获了14000人和88门炮，使总数接近4万名战俘和400门炮。

意大利侵入军的残部，在退回它们自己的疆界之后，就躲入海岸要塞巴尔迪亚（Bardia）避难。在那里它们很快就为第七装甲师所包围。所不幸的，手边缺乏作为后盾的步兵师，因此遂未能乘着敌人士气颓丧的机会，一鼓作气将其一网打尽。英国的高级指挥官所计划的是在西迪巴腊尼攻克之后，就要立即把第四印度师撤回埃及，然后把它送往苏丹去。由于他们距离战场太远，所以很难认清奥康纳已经赢得一个具有决定性的胜利，以及其所呈现出来的机会有多大，因此他们依然坚持其撤回第四印度师的命令。

所以在12月11日，即会战的第三天，当被击溃的意军正在向西仓皇逃窜时，获胜的英军也有一半向东行进——双方背道而驰！这是一项奇观，而也是一个决定命运的日子。因为一直又过了3个星期，才有第六澳洲师从巴勒斯坦赶来，帮助英军继续前进。

1941年1月3日，英军才发动其对巴尔迪亚的攻击：第七战车团的22辆"马提达"式重坦克领先来充任"开罐器"。意军的防御迅速崩溃，到第三天全部守军就都投降了——英军俘获了45000人、火炮462门和坦克129辆。澳洲师的师长麦凯少将（Major-General L. G. Mackay）说，对于他而言，每一辆马提达式坦克其价值相当于一个完整的步兵营。

巴尔迪亚一经攻克之后，第七装甲师就立即西进以孤立托卜鲁克（Tobruk），以便等候澳洲师赶上好向这个海岸要塞发动突击。1月21日，英军进攻托卜鲁克，次日该要塞即已陷落，英军并俘获3万人、火炮238门及坦克87辆。只有16辆马提达式重坦克参加这次突击，但它们还是再度作了具有决定性的突破。那天夜间，有些坦克团人员收听新闻广播，当他们听到评论员说："我们猜想这个突击是由某一著名骑兵团来领先的。"一位坦克兵非常地愤怒，用脚狠狠地踢那架收音机并且大声地喊着说："除非你是殖民地的，黑人的，或是骑兵的单位，在这个战争中才能立功！"这是一种很合理的反应。因为在战史上从来没有一个单独的战斗单位能像第七坦克团那样在一连串的战斗中(顺次为西迪巴腊尼、巴尔迪亚和托卜鲁克)扮演如此具有决定性的角色。

英军向昔兰尼加境内的前进,因为又已经遭遇到另一种新的障碍,所以其迅速的进展也就更值得称赞。本来应该派往奥康纳方面的增援部队、运输车辆和飞机,都被扣留在埃及,而且还有一部分部队从他的手中被收回。因为丘吉尔先生的幻想又正在追逐另外一只野兔子。一方面是追寻其在第一次世界大战时的旧梦,另一方面是看到希腊能够奋起抵抗意大利而大感兴奋,丘吉尔幻想到创立一个强大巴尔干同盟以对抗德国的可能。那固然是一种很引人入胜的理想,可惜不切实际,因为原始的巴尔干军队是绝无法对抗德国的空军和装甲部队的,而英国所可能给与它们的援助也是非常的有限。

1 月初,丘吉尔决定压迫希腊人接受英国的援助,同意让一批英国坦克和炮兵部队在萨洛尼卡(Salonika)登陆,并且也命令韦维尔立即派遣这样一支部队——尽管明知其意义即为减弱奥康纳的那支已经很小的兵力。

但是当时身为希腊政府首脑的梅塔克萨斯将军(General Metaxas)却拒绝了这个建议,他认为英国所能提供的兵力适足以挑拨德军的侵入,而又不能够具有对抗德军的实力。此外,希腊的总司令帕帕戈斯将军(General Papagos),更认为英国人若是比较聪明的话,应该首先完成其对非洲的征服,再来从事任何其他新的企图,以免分散了实力。

希腊政府这个有礼貌的拒绝恰好与奥康纳克服托卜鲁克同时,于是英国政府现在就决定让他前进一步,以攻占班加西(Benghazi)为目的。这样也就可以完成对昔兰尼加的征服,也就是整个意属北非的东半部。但是英国首相却仍旧念念不忘他的伟大巴尔干计划,所以他告诉韦维尔不要给予奥康纳以任何增援,以免妨碍了为那个战场建立一支兵力的准备工作。

在接获准许其向前推进的命令之后,奥康纳又再度获得了意想不到的胜利,与其渺小的部队简直不成比例。他的惟一机动部队,即第七装甲师,已经只剩下 50 辆巡航坦克(按即中型战车),另外加上 95 辆轻坦克——其装甲很薄而且也无有效的穿甲火炮。由于发现敌人已在海岸道路上的德尔纳(Derna)占领了一个坚强的阵地,所以他决定等到补给和补充的巡航坦克来到之后,即采取一个迂回运动来迫使他们自动放弃其阵地。这些就是他准备在 2 月 12 日继续前进时所将要采取的腹案。

但是在 2 月 3 日,空中侦察显示出敌人正在准备放弃班加西这一角之地,而退到阿盖拉(Agheila)瓶颈地带,在那里他们也许可以塞住从昔兰尼加进入

的黎波里塔尼亚(Tripolitania)的道路。空中侦察已经看到有庞大的纵队早已在路上行动。

奥康纳遂立即计划作一个勇敢的打击以拦截敌军的撤退,他只用兵力已经减弱的第七装甲师,他命令该师师长克雷将军率领所部越过沙漠,以达到班加西远后方的沿海岸道路为目的,从其在梅基利(Mechili)现有的位置前进,差不多要走150英里——这是第一次越过如此极端险恶地区的长途行军。他们出发时只携带了两天的口粮和勉强够用的燃料——在军事史上的一切冒险穷追的行动中,这要算是最勇敢的一次。

康特的第四装甲旅在2月4日上午8时30分开始出发,前导的是第十一装甲骑兵团的装甲车。其他的一个装甲旅,即第七旅,现在已经减弱到只有一个单位,即第一皇家坦克团。正午时,空中侦察报告说撤退中的敌军已到达班加西以南的地方。于是为了加速拦截起见,克雷命令康特用摩托化步兵和炮兵组成一支全摩托化纵队,赶上前去与库姆中校所指挥的第十一装甲骑兵团一同前进。康特却反对这个办法,他认为从纵队的后段去调动部队,再加以编组,一定不免发生混乱和耽搁。而且到了午后就要遇到最恶劣的地形,在那种情况之下,坦克往往可以赶上轮型车辆。康特拼命地向前爬行,一直到深夜还在月光之下继续奔驰,而不让其坦克人员停下来休息几个钟头。

到了5日上午,地形比较良好,于是"库姆部队"(Combe force)也就进展得较快。下午他们就横跨着敌人的两条退路,在贝达富姆(Beda Fomm)以南建立了一道封锁线。那天黄昏时,就有一支由意大利炮兵和平民所组成的纵队在非常惊异的表情中落入了陷阱。

此时,紧跟在后面的康特坦克部队也大约在下午5时到达了敌人通过贝达富姆的退却线上。他们在黑夜来临之前,击溃了两个由炮兵和运输车辆所组成的意大利纵队。他们实际上在33个小时之内走了170英里——这就装甲兵的机动性来说,还是一项从未被打破的纪录。而道路的缺乏和地形的险恶使得这种成就更为惊人。

次日(2月6日)上午,敌军的主力纵队在坦克护卫之下,开始上场了。一共有100多辆新式意大利中型坦克,而康特所有的中型坦克却仅为29辆。所幸的是意大利坦克并非集中成一整体,而是分批来到,并且紧靠着道路,而英国坦克却早已利用地形的掩蔽各就有利的射击位置。在一整天当中发生了一连串的坦克战斗,在英国方面首当其冲的就是第二坦克团的19辆中型坦克,到了下午就只剩下7辆。此时,另一装甲旅的第一坦克团也赶到了,但也只带来 10 辆中型坦克。第三和第七两个装甲骑兵团,也勇敢地使用其轻坦克以分散和扰乱敌人。

当夜幕低垂到战场上的时候,60 辆意大利坦克已被击毁,而在上午又发现另有 40 辆已被丢弃,英国坦克实际上被击毁的只有 3 辆。当意大利的步兵和其他部队看到保护他们的坦克都已被击毁,他们自己是完全处于暴露的地位,于是大伙也就投降了。

作为最后一道关口的库姆部队,捉住了一些漏网之鱼,即逃过了第四装甲旅那一关的意军残部。在日出不久之后,意大利人即对于这最后一道封锁线作了一次最后的突围努力,由 16 辆坦克领先,但却为步兵旅的第二营所击退。

在这次贝达富姆会战中,一共俘获了 2 万名战俘,连同火炮 216 门和坦克 120 辆。英军全部兵力仅为 3000 人。当巴尔迪亚连同其守军在 1 月 4 日投降时,艾登恰好做了 7 个月的陆军大臣又回到其外交大臣的旧职位上,他在那时就套用了丘吉尔的名言,这样称赞说:"从来没有这么多的人向这么少的人作过这么快的投降。"上述的评语对于贝达富姆的胜利似乎是颇为恰当。

（原注:这一次的惊人胜利大部分又应归功于一个并不曾参加此一会战的人——霍巴特少将〔Major-General P. C. S. Hobart〕。当这个装甲师于 1938 年在埃及最初成立时,他就被任命为它的师长,在他的训练之下,这支部队才养成了其高度的机动能力。但是霍巴特本人对于装甲部队应如何运用的想法,也就是说应如何使其获得战略独立性,却和那些思想比较保守的上级长官大相径庭。结果,他的"异端"〔heresy〕思想,加上其不妥协的态度,遂使他在 1939 年秋季被免除了师长的职务——那也就是在德国装甲部队应用这同一观念并证明了其实际可行性的 6 个月之前。)

但是此种胜利的光辉不久就黯淡了。格拉齐亚尼的全军覆没本来已经使英国人可以一路畅通无阻从阿盖拉瓶颈以达的黎波里(Tripoli)。但正当奥康纳和他的部队希望向那里奔驰,并铲除敌人在北非的最后立足点时,他们却因为英国内阁的命令而终于停止下来。

12 月 12 日,丘吉尔发了一份冗长的电报给韦维尔,在对于班加西能比预计的时间提早 3 个星期克服深表快慰之后,他就命令韦维尔停止前进,只留下最低限度的兵力据守昔兰尼加,而准备尽可能把最大量的兵力送往希腊。奥康纳的空军几乎是立即全部被撤走,只留下一个中队的战斗机。

这个变化是如何产生的呢? 1 月 29 日,梅塔克萨斯将军突然逝世,新继任的希腊总理是一个性格比较不那样坚强的人。丘吉尔认为这是使他所向往的巴尔干计划复活的良机,并决定立即采取行动。他遂再度向希腊政府威胁利诱——而这一次他们却上钩了。3 月 7 日,在韦维尔同意和参谋首长批准

之下,第一批英军共 5 万人在希腊登陆。

4 月 6 日,德军侵入希腊,于是英国人又迅速地被迫作第二次的"敦刻尔克"。他们几乎全军覆没,经过了极大的困难,才从海上勉强撤退出来,但是德军仍然俘获了 12000 人与他们所有的坦克,以及其他装备的大部分。

奥康纳和他的幕僚都深信他们能够攻占的黎波里。这样一个前进需要利用班加西为基地港,并动用一部分为希腊赌博所预备的运输船只。这些安排都是可以办得到的。后来充任蒙哥马利参谋长的德甘冈将军(General de Guingand)也曾透露当时在中东的联合计划机构都深信,在春季之前可以攻占的黎波里并把意大利人赶出非洲之外。

瓦利蒙特将军是希特勒统帅部的高级人员之一,也透露出德国最高统帅部的看法正是与此相同。他说:

> "当时我们很不了解为什么英国人不利用意大利人在昔兰尼加的困难而乘胜穷追,直扑的黎波里。没有任何东西挡住他们的前进。留在那里的少数意大利部队是已经惊慌失措,士无斗志,随时都在害怕英国坦克的出现。"

2 月 6 日,也就是格拉齐亚尼在贝达富姆全军覆没之日,一位德国的青年将领欧文·隆美尔(Erwin Rommel),得到希特勒的召见,并被指派指挥一支小型的德国机械化部队,前往非洲援救意大利人——在法兰西战役中,隆美尔是第七装甲师的师长,曾有卓越的表现。这支部队只包括两个小型的师——第五轻装师和第十五装甲师。但前者的运输要到 4 月中旬才能完成,而后者则更要迟到 5 月底,那是一种很慢的计划——所以英国人还是可以畅行无阻。

2 月 12 日,隆美尔飞到了的黎波里。两天之后有一艘德国运输船到达,载来了一个侦搜营和一个反坦克营,这也就是第一批德军。隆美尔马上把他们送上第一线,并使用他所迅速制造的假坦克(Dummy Tank)来虚张声势。这种假坦克是装在福斯汽车或所谓"大众车"(Volkswagens)的上面,那是德国所大量生产的一种廉价汽车。一直到 3 月 11 日,第五轻装师的坦克团才运到了的黎波里城。

在发现英国人已经不再前进时,隆美尔就想凭着他手中所有的这一点兵力来尝试发动一次攻击。他的最初目标只是占领阿盖拉瓶颈。这个目标在 3 月 31 日很轻易地就达到了,于是他决定再继续进攻。他感觉到英国人对于他的实力估计得太高——那也许是受到了假坦克的欺骗。此外,德国人在空中也享有优势,这一方面可以帮助掩饰其在地面上的弱点,使其不易为英国指挥官所发现;另一方面也使英国空军在尔后的战斗中常作错误的报告。

在时机上,隆美尔也是非常的幸运。2月底第七装甲师已经送回埃及去休息和整补。代替它的是新到的和缺乏经验的第二装甲师的一部分——其余的部分则已送往希腊。第六澳洲师也已送往希腊,而代替它的第七澳洲师则训练和装备都很缺乏。奥康纳也正在休假,代替他的人是尼姆(Neame),也是一位尚未经过考验的指挥官。此外,韦维尔后来也承认他并不相信德军即将发动攻击的报告。数字可以证明他的判断并没有错,错就错在他万想不到会有这样一个隆美尔。

上级的命令要他等到5月底再动,隆美尔却不理会,在4月2日就继续前进了,只带领着50辆坦克,后面才缓缓地跟着两个新的意大利师。他利用机动和诡计,来替他这一点弱小兵力虚张声势。在隆美尔的第一次突击使英国人吃了一惊之后,他的影子也就被放得很大,于是他的两支细长的指头,在100英里以外也就显得像巨无霸一样的可怕。

这次大胆的进攻也就产生了像魔术一样的效力。英军仓皇逃窜,于4月3日撤出班加西。在这个紧急关头上,奥康纳被送往前线去帮助尼姆指挥,但在撤退时,他们的没有护卫的座车却冲入了一支德军矛头部队的背面,于是在6日的夜间,他们两位都做了德军的战俘。此时,一个英国装甲旅在长距离的匆忙撤退中已经几乎丧失了其坦克的全部;而在次日,第二装甲师的师长率领着新到达的一个摩托化旅和其他的单位,在梅基利被围,接着也就投降了——隆美尔的人员利用长列的卡车,造成浓厚的尘雾,以来掩饰他们在坦克方面的弱点,使对方不知虚实,以为德军包围兵力是很强大的。意大利的两个师还落后得很远。

4月11日,英军已被逐出昔兰尼加,并且逃过了边界,除了还有一小部分部队被包围在托卜鲁克要塞之内。隆美尔的这个成就正像英军当初征服昔兰尼加一样的惊人,而且时间还要更快。

英国人现在若想再肃清北非,则必须从头做起,而且所将遭遇到的困难是比过去远为重大——尤其是有了隆美尔的出现。由于坐失了1941年2月的良机,英国人所要付出的代价实在是非常的巨大。

印度洋

·按原图译制·

奥比亚

意属索马里兰

亚

比

基斯马尤

亚丁湾

摩加迪沙

2月25日

朱巴河

柏培拉 3月16日

英属索马里兰

亚丁保护国

哈尔格萨

亚丁

图格阿甘山口

季埃加 3月17日

吉布提

阿萨布

哈拉尔

谢贝利河

亚丁

牧宁安将军
第十一非洲师
第十二非洲师
第一南非师

也门

迪雷达瓦

法属索马里兰

迪布瓦

哈拉索

3月29日

米埃索

英亚累

尼

奥斯塔投降
5月19日

亚的斯亚贝巴

多里亚河

红

安巴阿拉吉

德西埃

塞

4月6日

沙沙马纳

亚巴洛

卢多尔夫湖

肯

马萨瓦 4月8日

阿斯马拉 4月1日

厄立特里亚

冈达尔

德布腊塔博尔

塔纳湖

埃

纳

季马

克仑

巴仑图

季加

意军停止抵抗
11月27日

阿戈达特

阿鲁

克萨拉

金比

加拉巴特

柏塔马

至苏丹港 100 英里

曹拉特将军
第四印度师
第五印度师
苏丹防卫部队

尼罗河

阿特巴拉

阿特巴拉河

卡萨拉

青尼罗河

丹

苏

英埃

意属东非帝国覆灭

喀土穆

英里

公里

尼罗河

白尼罗河

0   100   200   300

0   200   400

· 118 ·

第十章　对意属东非洲的征服

当 1940 年 6 月法西斯意大利在墨索里尼主使之下进入战争时,其在意属东非洲(自 1936 年以后已经把被征服的埃塞俄比亚包括在内)的兵力,也正像在北非一样,远比英国人在那方面的兵力多,依照意大利方面的记录,在那个地区中的兵力总计约有白种人部队 91000 人和接近 20 万人的土著部队——不过后者却似乎大部分都是纸面上的数字,所以比较合理的估计,对于上述的数字应该以对折计算。在 1940 年初,即意大利尚未投入战争之前,英国方面在苏丹的实力仅有白人和土著部队共约 9000 人,而在肯尼亚(Kenya)则另有英属东非部队 8500 人。

在这个广大的和双重的战场上,意大利人的迟迟不曾采取主动,也正像他们在北非的情形一样。一个主要的理由就是由于英国的封锁,他们知道很难获得燃料和弹药的补给。不过这个理由实在是很不高明;正因为如此,意大利人就更应该乘着英国人在非洲的兵力尚未能获得适当增援之前,抢先发挥其在兵力上的绝大优势。

7 月初,意大利人才很犹豫地从西北方的厄立特里亚开始行动,进入了苏丹的国界约 12 英里,占领卡萨拉镇。其所使用的兵力为 2 个旅、4 个骑兵团和 24 辆坦克,共约 6500 人,而卡萨拉不过是由一个连(约 300 人)的苏丹防御部队所据守的小型前哨据点。在苏丹负指挥全责的普拉特少将(Major-General William Platt)在此时对于这广大地区一共只有 3 个英国步兵营,分别驻在喀土穆(Khartoum)、阿特巴拉(Atbara)和苏丹港(Port Sudan)。他很聪明,并不立即把它们投入战斗,一定要等到他可以明白地看出意大利人的侵入动向时才来采取适当的对策。意大利人却并不向前推进,在占领了几个边界据点之后,例如在埃塞俄比亚西北方的加拉巴特和肯尼亚北边国境上的莫亚累(Moy-ale),就停止不动。

一直到 8 月初,意大利人才再度发动一个比较认真的攻势行动,而那也是

对着一个最容易的目标——英属索马里兰(Somaliland),那是在亚丁湾方面一条沿着海岸的领土。甚至于此种非常有限的行动也只是具有防御的动机。因为墨索里尼已经命令在东非的意军只准采取守势。不过当时的埃塞俄比亚总督奥斯塔公爵(The Duke of Aosta)并兼任这个地区的意大利军最高指挥官,却认为法属索马里兰的吉布提港(Djibouti)是可以使英国人获得一条进入埃塞俄比亚的捷径,同时他也不信任意法之间的休战协定,所以他决定占领邻近的和较大的英属索马里兰地区。

在那里的英国驻军是在蔡特准将(Brigadier A. R. Charter)指挥之下,一共只有4个非洲和印度营,另有一个英国营则尚在运输途中。意大利的侵入军共有26个营,并有炮兵和坦克的支援。但是小型的索马里兰骆驼部队却很有效地迟滞了敌人的前进,等到侵入者刚刚达到通向海港首都柏培拉(Berbera)的道路上的图格阿甘隘道(Tug Argan Pass)时,高德温·奥斯汀少将(Major General A. R. Godwin-Austen)也就恰好赶到了现场并接管了英军的指挥权。在那个隘道上英军作了非常顽强的抵抗,使敌军在4天的苦战中一点进展都没有。不过由于英军不可能获得进一步的增援,而且除了这个隘道以外,也无险可守,所以决定从柏培拉港由海上撤出——大多数人员都运往肯尼亚,因为英国人正在那里增建兵力。他们使敌军损失了2000人以上,而自己却只付出了250人的成本,并且使意大利人获得一种深刻的印象,这对于他们未来的行动也就足以产生非常远大的战略效果。

1940年11月,坎宁安中将(Lieutenant-General Sir Alan Cunningham)接管了在肯尼亚全部英国部队的指挥权。最初的兵力只有第十二非洲师,师长就是高德温·奥斯汀少将,所包括的有第一南非旅、第二十二东非旅和第二十四黄金海岸旅。不久又获得了第十一非洲师的增援。

到了秋天,在肯尼亚的兵力已经增到了大约75000人——南非人27000,东非人33000,西非人9000,外加英国人约6000。已经成立了3个师——第一南非师和第十一及第十二非洲师。在苏丹境内现在也有兵力28000人,包括第五印度师,至于第四印度师,在参加了初期的北非反击之后,现在也正向苏丹移动。从第四坦克团中也已经送去了一个坦克连,此外还有苏丹的防御部队。

丘吉尔感觉到既然已有这么多的兵力,实在也就有加强活动之必要,所以他一再要求采取过去所从未考虑过的积极行动。充任中东地区总司令的韦维尔就和坎宁安联名建议,从肯尼亚向意属索马里兰的进攻应在春雨之后,即五六月间开始发动。11 月间，普拉特首次在北面进攻，曾经遭遇到意军的顽强抵抗，于是也就使韦维尔更加深了他的疑虑。这次进攻是以加拉巴特为目标，所用的部队是第十印度旅，其旅长为斯利姆(W. J. Slim)准将，以后变成了这次战争中的名将之一。对于加拉巴特的攻击最初是已获成功，但再向邻近据点梅特马(Metemma)进攻时却受到了阻止，对方为实力大致相等的一个意大利殖民地旅。英军未能成功的主因是上级不听斯利姆的忠告，把一个英国营插在这个印度旅中间，以为它可以产生加强作用，结果却适得其反。以后的事实也证明了在这个北部地区中的意大利部队，战斗力是比任何其他地区中的都要更为顽强。

在冬季中惟一有希望的插曲是桑福德准将(Brigadier D. A. Sandford)的活动。他是一位退役军官，战争爆发后才被重新征召，并被送入埃塞俄比亚去设法在冈达尔(Gondar)周围的山区中鼓动酋长们的叛变。接着又有一位非正规的温盖特上尉(Captain Orde Wingate)，率领着一个苏丹营以及他的"特种部队"(Gideon Force)，也参加和扩大这种活动。1941 年 1 月 20 日，流亡出国的埃塞俄比亚皇帝塞拉西(Haile Selassie)经由空运被带回国——仅仅在 3 个月之后，他就在 5 月 5 日，由温盖特护送着，重返他的国都亚的斯亚贝巴(Addis Ababa)——甚至于比丘吉尔所幻想的还要快得多。

在丘吉尔的不断逼迫之下，而且又加上史末兹(Smuts)在南非方面的压力，于是韦维尔和坎宁安遂不得不决定在 1941 年 2 月发动从肯尼亚对意属索马里兰的攻击。基斯马尤(Kismayu)港的攻占出乎意料的容易，这样就使补给问题大为简化。从那里坎宁安的部队就渡过了朱巴河(Juba River)，向大约 250 英里以外的摩加迪沙(Mogadishu)前进。那是意属索马里兰的首府，也是一个较大的港口，仅仅一个星期之后，于 2 月 25 日就把它占领了。在那里他们缴获了大量的汽车和飞机燃料，因为进展得太快，所以意大利人也像在基斯马尤一样，没有来得及照计划实施破坏。良好的空中支援对于此次迅速的前进也是另一重要因素。

坎宁安的部队再转向内陆，进入埃塞俄比亚南部，3 月 17 日第十一非洲师经过 400 英里的前进，占领了季季加(Jijiga)，接近省会哈拉尔(Harar)。这样也就使他们非常逼近旧英属索马里兰的边界，而一支从亚丁(Aden)出发的小型部队也早已于 16 日在那里登陆。3 月 29 日，克服了一些比较顽强的抵抗之后，英军占领了哈拉尔，于是坎宁安遂挥师西进，直趋 300 英里外位于埃塞俄比亚中心的首都亚的斯亚贝巴。仅在一个星期之后，即 4 月 6 日，坎宁安各

部就占领了该城——比塞拉西皇帝在温盖特护送之下的还都,还早了一个月。意大利人之所以如此愿意赶快地投降,与他们所听到的埃塞俄比亚游击队对意大利妇女所作暴行的报道具有密切的关系。

不过在北部的抵抗却远较顽强,那是从一开始就如此。这里的指挥官是弗鲁希将军(General Frusci),他在厄立特里亚地区的前线上约有装备良好的意大利部队 17000 人,在其后方又还有 3 个师以上的兵力。普拉特的进攻是在 1 月的第三周中开始发动,由强大的第四和第五两个印度师来执行。奥斯塔公爵已经命令在厄立特里亚境内的意大利部队在英军尚未进攻之前即自行撤退,所以第一次的认真抵抗是在克鲁(Keru),那是在卡萨拉以东约 60 英里,已经进入了厄立特里亚的边界 40 英里。

在巴仑图(Barentu)和阿戈达特(Agordat)两处山岳阵地上,两个印度纵队遇到了较坚强的抵抗,那是分别在克鲁以东 45 英里和 70 英里的地方。侥幸的是,第四印度师在贝雷斯福德将军指挥之下,首先到达较远的目标(阿戈达特),遂使第五印度师对巴仑图的前进变得比较容易。

韦维尔于是才认清有扩大其目标的可能性,即征服整个厄立特里亚,因此也就给予普拉特将军新的命令,但是首府阿斯马拉(Asmara)距离阿戈达特还在 100 英里以外,而马萨瓦(Massawa)港则更远。中间夹着克仑(Keren)山地要塞,那是东非洲防御最坚强的一处天险,也是到达阿斯马拉和意大利海军基地马萨瓦的惟一门户。

2 月 3 日上午,英军第一次企图冲过这一道难关,结果失败了,以后接着好几天,又是屡次都被击退。在该地的意军指挥官卡尼梅奥将军(General Carnimeo),表现出优异的战斗精神和战术技巧。经过了一个多星期的努力仍然无效之后,英国遂放弃了攻击,于是接着就是一个长期的休息。直到 3 月中旬才又继续进攻,此时第五印度师也已加入了。但依然还是发展成为长期的苦斗,而意大利还发动了一连串的反击,使攻击者一再地被逐退,但最后到了 3 月 27 日,第四皇家坦克团的一个重装甲"步兵"坦克连突破了封锁线并贯穿了意军的正面——这正像第七皇家坦克团一样,同一种因素(即马提达重坦克)在北非的累次战斗中,从西迪巴腊尼到托卜鲁克,都发挥了决定性的作用。

这样就结束了克仑之战,前后共历时 53 天。弗鲁希将军的部队向南退入埃塞俄比亚,而英军则于 4 月 1 日占领阿斯马拉。于是他们再向东对 50 英里外的马萨瓦发起进攻,经过交战,这个港口于 4 月 8 日投降。于是也就结束了整个厄立特里亚战役。

此时,残余的意大利部队在奥斯塔公爵统率之下,已经向南退入埃塞俄比亚,计划在阿斯马拉以南约 80 英里的安巴阿拉吉(Amba Alagi)山地中去作最后的抵抗。他手上一共只有 7000 人、40 门炮和仅够 3 个月之用的补给。此外,意大利人的士气也已经极为低落,这与有关埃塞俄比亚人虐待战俘的报道具有相当的关系。所以奥斯塔公爵虽然是一位很英勇的军人,他也还是宁愿同意在"光荣的条件"之下向英军投降。5 月 19 日,签订了降约,于是使意大利战俘的总数增到了 23 万人。不过在埃塞俄比亚的西南部还有加泽拉将军(General Gazzera)所率领的一部分孤立的意大利部队;而在西北部冈达尔附近也还有纳西将军(General Nasi)麾下的部队。这些残余的意军在 1941 年夏季和秋季也终于受到围剿和肃清。于是墨索里尼的短命非洲帝国遂告完全结束。

第四篇 蔓 延
（1941）

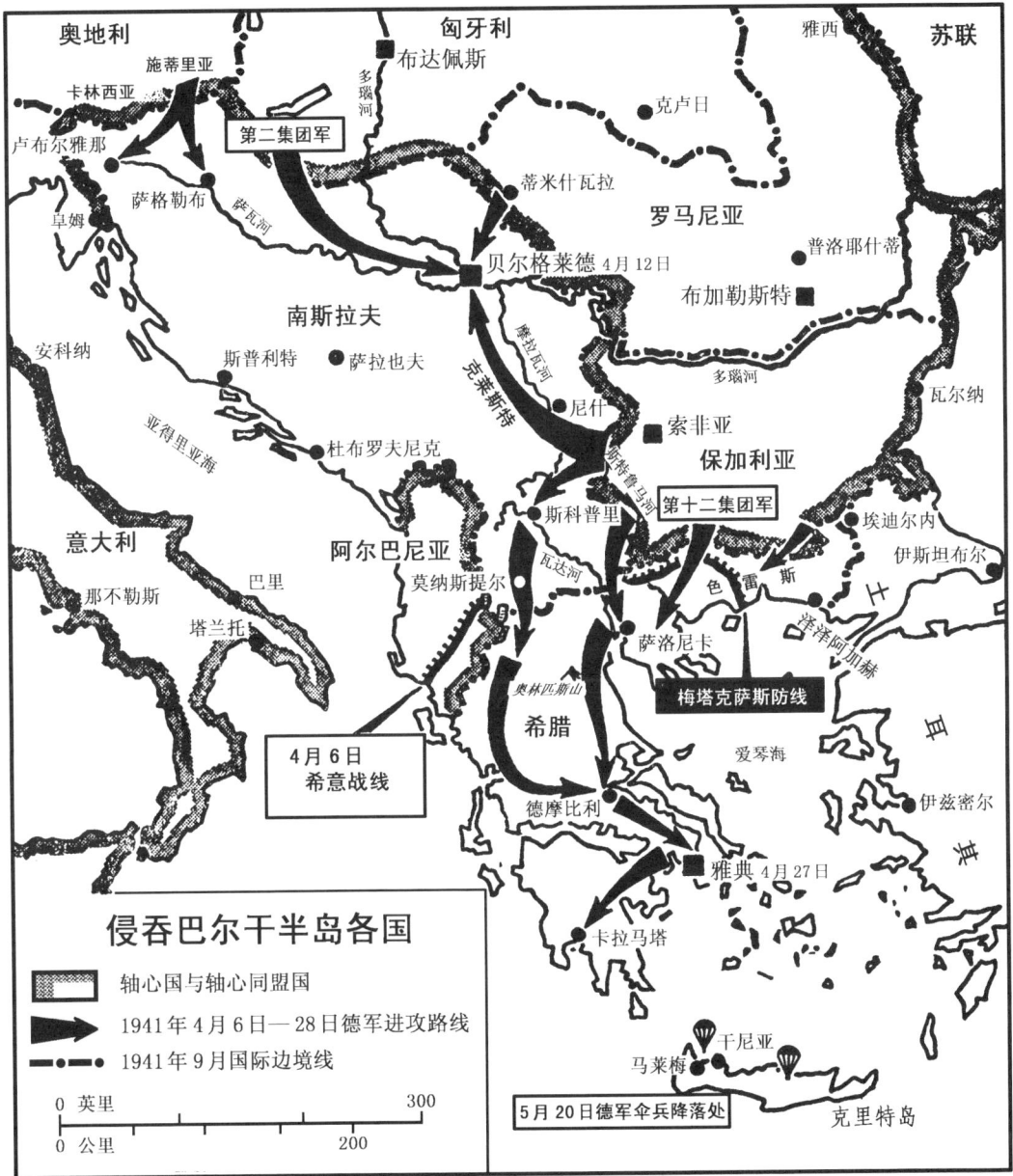

奥地利
匈牙利
苏联
雅西
施蒂里亚
布达佩斯
卡林西亚
克卢日
卢布尔雅那
多瑙河
第二集团军
蒂米什瓦拉
罗马尼亚
萨格勒布
普洛耶什蒂
阜姆
贝尔格莱德 4月12日
布加勒斯特
萨瓦河
南斯拉夫
安科纳
斯普利特
萨拉也夫
摩拉瓦河
多瑙河
亚得里亚海
瓦尔纳
尼什
杜布罗夫尼克
索非亚
克莱斯特
保加利亚
意大利
斯科普里
第十二集团军
埃迪尔内
阿尔巴尼亚
伊斯坦布尔
巴里
莫纳斯提尔
瓦达河
色雷斯
那不勒斯
泽泽阿加赫
塔兰托
萨洛尼卡
奥林匹斯山
梅塔克萨斯防线
土
4月6日
希意战线
希腊
爱琴海
伊兹密尔
其
德摩比利
雅典 4月27日
卡拉马塔

侵吞巴尔干半岛各国

▨ 轴心国与轴心同盟国

➤ 1941年4月6日—28日德军进攻路线

▬·▬·▬ 1941年9月国际边境线

0 英里 ————————————— 300

0 公里 ————————————— 200

干尼亚
马莱梅
5月20日德军伞兵降落处
克里特岛

第十一章 对巴尔干和 克里特岛的蹂躏

有人说英国当局把威尔逊将军的兵力派往希腊,虽然结果只是匆忙的撤出,但这个行动却还是有道理的,因为它已经使侵俄战役的发动延迟了 6 个月。许多熟悉地中海情况的军人——其中最显著的一位就是德甘冈将军,他后来做了蒙哥马利的参谋长,当时正在开罗的联合计划机构中工作——都反对这种说法,并且谴责这次冒险实为一种政治赌博。他们认为由于把不适当的兵力送往希腊,遂牺牲了一个"黄金"机会。英军本应乘意大利人在昔兰尼加惨败机会,一鼓作气在德国人的援兵尚未赶到之前,就把黎波里攻占下来。但他们却坐失良机,反言之,在希腊方面他们根本就没有击败德国人和使该国免受侵入的可能。

事实的经过也可以证明后述的看法不错。不出 3 个星期,希腊就受到了蹂躏,英军也被逐出了巴尔干,同时留在昔兰尼加已经减弱的英国部队,在德国非洲军团(Afrika Korps)在的黎波里登陆之后,也同样很快地被逐出了。这些失败对于英国的威望和前途都是重大的损失,并且也加速使希腊人民受到蹂躏的痛苦。即令后来发现希腊战役的确已经延缓了对苏联的侵入,但这也还是不足以证明英国政府的决定是合理的,因为当他们在作决定时,根本就没有考虑到那个问题。

不过为了历史的兴趣,此次战役是否真正已经产生那样的效果,却又还是值得研究的。足以支持这种说法的惟一最具体证据就是下述事实:希特勒本已命令对于攻击苏联的一切准备,都必须在 5 月 15 日以前完成,但到了 3 月底,这个预定的日期却又被顺延约一个月,然后才决定改为 6 月 22 日。伦德斯特元帅曾经说过,他那个集团军的准备是由于装甲师的迟到而发生了延误,那些装甲师都是巴尔干战役中所使用的,所以这也就是延误的一个主要因素,此外又还要再加上天气的因素。

在伦德斯特之下，直接指挥装甲部队的克莱斯特所说的话就更为明显。他说："诚然，那些用在巴尔干的兵力在我们的总兵力中所占比例并不大，但以坦克的比例而言却很高。由我指挥准备在波兰南部向苏联发动攻击的装甲部队，大部分都是曾经参加巴尔干战役的。那些坦克需要大修，人员也需要休息。他们中间有许多人都是一路长驱南下，远达伯罗奔尼撒（Peloponnese），现在也就必须把他们从原路撤回来。"

伦德斯特和克莱斯特两人的意见自然是受到他们自己地位的影响，因为他们所负责的方面是要依赖这些装甲师来发动攻势。其他的德国将领对于巴尔干战役的影响就比较不那样重视。他们强调指出，对俄攻势的主要任务是指派给在波兰北部的中央集团军，那是由包克元帅指挥，一切成败都是以这一方面的进展为关键。伦德斯特的南面集团军所担负的本是一种次要的任务，所以他的兵力即令减少一点，也还不会影响到胜负的决定，尤其是苏联方面的兵力部署一向缺乏弹性，是很不易调动的。甚至于这一方面的兵力较少还是一种好处，因为那可以阻止希特勒要在侵入的第二阶段把主力移向南面的想法——如我们所知的，德军未能在冬季来临之前，进入莫斯科，实深受他这种决定的影响。总之，不必等到伦德斯特集团军获得巴尔干方面所撤回的装甲师之前，就可以发动对苏联的作战。不过，地面是否够干燥，足以容许提早发动攻势，那的确是一个疑问。哈尔德认为在实际发动侵俄战役之前，天气的条件事实上都是不太适合的。

设若无巴尔干的并发症，则希特勒将作何种决定，仅凭德国将领们事后的看法，并不能获得一项确实的结论。不过若一旦为了这个原因而决定延期，则等到用在那一方面的兵力调回来之后再动手的观念也就自然是比较合理。

但是决定延期的原因却并不是希腊战役。当侵入希腊的观念被纳入1941年的计划中时，希特勒早已考虑到把它当作侵俄行动的一个序幕。改变时间表的决定性因素是3月27日所突然发生的南斯拉夫政变：西莫维奇将军（Gen. Simovich）和他的联邦党人推翻了不久以前刚刚和轴心国家签订了条约的政府。希特勒大为震怒，就在消息传来的同一天决定对南斯拉夫发动一个压倒性的攻势。为了要作这样一个打击，于是所需要的陆军和空军兵力，也就远超过原有的估计。（那是只以希腊为对象，而且假定南斯拉夫是可以假道的。）这样也就迫使希特勒不能不决定延迟其发动对俄攻势的日期。

促使希特勒侵入希腊的原因不是英军登陆的事实，而是他对于这种登陆的畏惧心理，必须把英军逐出他才放心。英军的登陆也并不能阻止南斯拉夫

政府和希特勒签订条约,它却鼓励西莫维奇去发动政变,而终于使巴尔干人民饱受战祸的煎熬。

更具有启发性的是格赖芬贝格将军(General von Greiffenberg)对于巴尔干战役的作战概述。他是李斯特元帅的参谋长,而执行巴尔干战役的就是李斯特的第十二军团。

格赖芬贝格的记载强调说明,由于还记得联军在 1915 年占据萨洛尼卡之后,到 1918 年 9 月终于发展成为一个具有决定性的战略打击,所以希特勒在 1941 年也就很害怕英国人会再度在萨洛尼卡或色雷斯(Thrace)的南岸登陆。那么当南面集团军向东攻入苏联的南部时,他们也就会居于足以威胁其侧翼的地位。希特勒假定英国人还是会像过去一样地尝试进入巴尔干——并且也回忆到在第一次世界大战末期,联军在巴尔干的兵力对于胜负的决定是如何的具有实质贡献。

所以他决定在开始对俄作战之前,应首先占领在萨洛尼卡到泽泽阿加赫(Dedeagach)之间的那一段南色雷斯海岸。第十二军团被指派担负这个任务,并包括克莱斯特的装甲兵团在内。这支部队首先在罗马尼亚集中,越过多瑙河进入保加利亚,然后从那里突破希腊的梅塔克萨斯防线(Metaxas Line)——其右翼指向萨洛尼卡,而左翼则指向泽泽阿加赫。(译注:泽泽阿加赫就是亚历山大城〔Alexandropolis〕。)一旦已经达到海岸线之后,留守的任务就交由保加利亚部队来接替,德国人将只留下极少量的兵力以作支援而已。于是第十二军团的大部分,尤其是克莱斯特的装甲兵团,就应向北撤回,经过罗马尼亚,去参加东战场南区的作战。原定计划并未考虑要占领希腊的主要部分。

当这个计划送给保加利亚国王鲍里斯(King Boris)看的时候,他说他不敢信任南斯拉夫,它也许将会威胁第十二军团的右侧翼。德国代表遂向他保证说,由于南斯拉夫在 1939 年已与德国签订条约,所以他们认为在那一方面不会有危险发生。但他们所获得的印象是鲍里斯并不太相信这种看法。

他的想法被证明出来没有错。当第十二军团正要从保加利亚依照计划开始行动时,政变就突然在贝尔格莱德(Belgrade)爆发,迫使南斯拉夫的摄政王保罗(Prince Paul)退位。

伦德斯特的作战官布鲁门特里特,曾经这样分析说:

"似乎在贝尔格莱德有某些人反对保罗摄政王的亲德政策,并想要加入西方国家那一边。这次政变是否事先曾获西方国家或苏联的支援,我们军人是无法猜度。但无论如何却绝不是希特勒所发动的！反之，那却是一次非常不愉快的奇袭，并且几乎使在保加利亚的第十二军团的全部作战计划都受到破坏。"

举例来说，克莱斯特的装甲部队现在必须从保加利亚向西北前进，以贝尔格莱德为目标。另外一个临时拼凑的行动就是组成一个第二军团，由魏克斯（Weichs）指挥，迅速集中以卡林西亚（Carinthia）和施蒂里亚（Styria）为基地的部队，向南攻入南斯拉夫。在巴尔干这一次突发的政变迫使苏联战役展期，从5月延到6月。所以，就这一点来说，贝尔格莱德的政变是的确影响了希特勒对苏联攻击的发动时间。

不过天气在1941年又还是一个重要因素，但那却是偶然性的。在布格河—桑河之线以东的波兰，直到5月为止，地面上的行动都极受限制，因为大部分的道路都是泥泞不堪，而整个地区则几乎是一个大泥潭。许多无规律的河川造成了广泛的泛滥。愈向东走则情况也就愈恶劣，尤其是以在普里皮亚特（Pripet）和别列津纳（Beresina）的沼泽森林区域中为然。即令在正常的时候，5月中旬以前的运动一向都是非常受限制的，但1941年却是一个很不正常的年头。冬季特别长，一直迟到6月初，布格河都是在泛滥的情况中。

在远北方面，情况也差不多。当时曼施泰因将军正在东普鲁士指挥一个充任先头部队的装甲军，他说5月底到6月初之间，在那里是下着苦雨。所以若是提早发动攻击，其成功机会可能会更差，也许诚如哈尔德所说的，即令没有巴尔干的阻碍，也还是不可能提早的。1940年的天气太有利于对西方的侵入战，但1941年的天气却是对东方的侵入战大为不利。

当德军在1941年侵入希腊时，那是在一支小型英军在萨洛尼卡登陆之后。希腊陆军所防御的主要地区为从保加利亚进入希腊时所必经的山地隘道。但是德军从斯特鲁马河（Struma）下游的前进却正掩护另一个比较间接的行动。德国人的机械化纵队向西从斯特鲁马河上进到与国界平行的斯特鲁米察（Strumitza）河谷，然后越过山地进入南斯拉夫那一端的瓦达河（Vardar）谷。从那里就刺穿了希腊与南斯拉夫两军之间的交点，并用一个向萨洛尼卡的迅速猛冲以扩张战果。这也就切断了在色雷斯地区中希腊军的大部分。

接着在这个打击之后，德军又不采取从萨洛尼卡通过奥林匹斯山（Mount Olympus）直接向南的进攻路线，因为在那里英军设有防御阵地。它们另外转向，从远在西端的莫纳斯提尔（Monastir）缺口南下。这样沿着希腊西海岸的前

进,就切断在阿尔巴尼亚境内的一部分希腊部队,迂回英军的侧翼,并截断所有一切残余联军的退却线,结果也就使希腊境内的一切抵抗都迅速地趋于崩溃。英军及其同盟国部队的残部都由海上撤到克里特岛(Crete)。

纯粹凭藉从空中侵入的兵力以来攻占克里特岛,可以算是战争中的一次最惊人和最大胆的表演。同时这也是大战中最引人注意的一次空降作战。它是用英国人来作为表演中的牺牲品——这也留下了一种极有意义的警告,告诉未来的人类对于任何这一类奇袭的危险都绝不可以轻视。

1941 年 5 月 20 日上午 8 点,差不多有 3000 名德国伞兵从天空降落在克里特岛上。这个岛是由 28600 名英国、澳洲和新西兰部队所据守,此外还要再加上两个师的希腊部队,其总数也几乎与上述者相等。

作为是德军征服巴尔干的尾声,这个攻击是在意料之中,而留在希腊的英国谍报人员对于其一切准备情形也都早已提供了良好的情报资料。但是对于空降的威胁却并不曾受到其应有的重视。在丘吉尔的指示之下,弗里堡将军(General Freyberg)已被指派为克里特岛的指挥官。据丘吉尔的记载,他在 5 月 5 日曾报告说:"大可不必神经紧张,对于空降攻击更是不必忧虑。"他表示比较可虑的还是海上的侵入——但英国海军却已能解除这种威胁。

丘吉尔对于"尤其是从空中来的威胁"却仍然很感忧虑,所以他力主至少应再加送一打"步兵"坦克去增援,因为在那里现有的数量只有一半。而更严重的基本弱点是完全缺乏空中支援——以来对抗俯冲轰炸机和拦截其空降部队。甚至于高射炮也都很缺乏。

到了第一天黄昏时,在岛上的德军人数已经增到不止 1 倍,而且还在继续增强中——首先是利用降落伞和滑翔机,从第二天黄昏起,就开始使用载运部队的运输机了。这些飞机冒险在已经被攻占的马莱梅(Maleme)机场降落,尽管当时还仍受到守军火炮和迫击炮的扫射。最后由空中侵入的德军总数大约达到了 22000 人。许多人在降落时送命或负伤,但所留下来的都是最强悍的斗士,而他们的对手虽然占有数量上的优势,但训练水准却差得很远,而且其中有许多人对于在希腊被逐出的经验尚有余悸。更重要的是他们在装备方面的缺乏,尤以短程无线电通信工具为最。尽管如此,许多部队还是作了艰苦的奋斗,而他们的顽强抵抗也产生了一些重要的效果,那又是到了以后才被人发现的。

有一度,英国高阶层还是继续保持乐观的态度。根据其所接获的报告,丘吉尔在第二天还告诉英国下议院说空降的侵入者"大部分"都已被消灭。而在以后两天之内,中东英军总部仍继续说是正在"扫荡"德军中。

但到了第 7 天,即 5 月 26 日,英军在克里特岛的指挥官却报告说:"照我看,在我指挥之下的部队已经达到了其耐力的极限……我们在这里的地位已经毫无希望了。"弗里堡是一位心如铁石的军人,这些话出于他的口中,也就表示此项判断是毫无疑问的。撤出的行动从 28 日的夜间开始,到 31 日的夜间才结束——因为拼命地想尽可能多撤出一点部队,所以英国海军在敌人优势空军攻击之下受到了严重的损失。一共救出了 16500 人,包括大约 2000 名希腊人在内,其余的人不是死了就是做了德军的战俘。海军死了 2000 多人。一共有 3 艘巡洋舰和 6 艘驱逐舰被击沉。另外还有 13 艘其他的船只受到了重创,包括 2 艘战斗舰和地中海舰队惟一的 1 艘航空母舰在内。

德军也大约死了 4000 人和伤了 2000 人。撇开希腊人和当地克里特岛的民兵不算,德军的真正损失大约还不到英军的三分之一。不过所损失的却大部分都是德国惟一伞兵师的精华,所以对于希特勒产生了一种意想不到的心理影响,而那却又变得是对英国有利的。

不过就目前而言,克里特岛的惨败所产生的心理打击是异常的沉重。对于英国人民而言,因为它是紧跟在上两次惨败的后面,所以其打击也就显得更不好受。在 4 月间,英军已在 10 天之内被隆美尔赶出了昔兰尼加;而在希腊方面,从德军开始侵入之日算起,3 个星期之内,英军也全部被逐出。韦维尔在冬季里虽曾从意大利人手中夺得昔兰尼加,但那个成功却不过是昙花一现而已。当在德国人手下这样再三地吃败仗之后,又加上德国空军在春季里已经对英格兰重新发动空中的"闪击",所以前途的黑暗甚至于比 1940 年还有过无不及。

但是出乎英国方面的一切料想之外,希特勒对于其在地中海地区的第三次胜利却并不曾加以扩张——跃向塞浦路斯、叙利亚、苏伊士或马耳他。一个月之后他就发动了侵俄战役,而从那个时候起,他也就漠视一切可以轻松地把英国人逐出地中海和中东的大好机会。这固然是因为他专心致力于对苏联的作战,但他在克里特岛胜利之后的心理反应也是主因之一。由于所付出的成本太高,使他很感到伤心,于是他对于这次征服的成功也就不那样起劲,他过去的一切成功都是成本远较低廉而收获也远较丰富,所以在对比之下,他就感到相当的失望。

在南斯拉夫和希腊,他的装甲新军也还是像在波兰和法兰西平原上一样纵横无敌,尽管在那里它们曾经遭遇到山地的障碍。它们蹂躏那两个国家像秋风扫落叶一样地顺利。

从以后的记录上显示出来，李斯特元帅的第十二军团一共俘获了9万南斯拉夫人、27万希腊人和13000英国人，而其所付出的成本是死伤总数尚不及5000人。当时英国的报纸估计德军损失在25万人以上，甚至于英国官方的声明也说"大约为75000人"。

希特勒在克里特岛胜利后的遗憾不仅是成本较高，而且也使其手中的这种新型陆上战斗兵力暂时严重地减弱。英国海军虽已受到重大的损失，但却仍继续控制着海洋，希特勒只有使用这种兵力，才能越过海面攻占陆地，而不害怕英国海军的拦截。所以希特勒在克里特岛已经扭伤了他的手腕。

战后德国空降部队司令施图登特将军曾经透露：很令人感到惊奇的，希特勒对于攻击克里特岛的计划本来就不愿意采用。施图登特说：

"在达到了希腊南部之后，他就想结束巴尔干战役。当我听到这个消息之后，就飞往见戈林，并提出仅用空降兵力来攻占克里特岛的计划。戈林这个人是很容易说服的，而且他也很快认清了这种构想的可能性，于是要我去见希特勒。我在4月21日见到他。当我首次向他解释这个计划时，希特勒却说：'那说起来是很有道理，但我认为在实际上是不可能的。'但我终于还是把他说服了。"

"在这个作战中，我们用了一个伞兵师、一个滑翔机团和第五山地师，后者在过去并无空运的经验。"

空中支援由李希托芬（Richtofen）第八航空军（Air Corps）的战斗机和俯冲轰炸机来负责，在1940年打开进入比利时和法兰西的门户时，它们也一再表现出其作为决定性工具的价值。施图登特又说：

"没有任何部队是海运过去的。但原来却有这样的打算，不过所能使用的海运工具就是一些希腊的小船。于是所安排的是把这些小船组成一个船队，载运较重的装备——高射炮、战防炮、其他火炮以及少许坦克——和第五山地师的两个营……据报英国舰队尚留在亚历山大港，但实际上它们是正在前往克里特岛的途中。当这支运输船队驶往克里特岛时，也就正好撞上英国舰队，于是全部都被击沉。德国空军也立即予以报复，使英国海军受到重创。但我们在克里特岛上的作战却因为缺乏重武器而遭到严重的障碍……"

"在5月20日这一天,我们并未能完全占领飞机场。在马莱梅机场上,最珍贵的突击团正在和新西兰的精锐部队苦战。5月20日到21日之间的夜晚对于德军指挥部是一个最紧急关头。我必须作下一个重大的决定,于是我决心使用手中仍控制着的伞兵预备队,去完成对马莱梅机场的攻占。假使敌军在这个夜间或次日的上午发动一个有组织的反击,那么突击团的残部在兵疲久战之余即可能会被击溃——尤其是他们对于弹药感到异常缺乏"。

"但是新西兰部队却只作了一些孤立的逆袭。事后我听说英军指挥部认为在空降攻击之外,一定还会有德军的主力从海上侵入,所以他们把大量的兵力都展开在马莱梅与干尼亚(Canea)之间的海岸线上。甚至于到这样危急的时候,英军指挥官都还不敢冒险把这些部队转用到马莱梅。21日,德军的预备队已经成功地占领马莱梅机场和村落。到了当天黄昏时,第一山地营,也就是第一批空运部队,已经在机场着陆了——于是德国人也就已经赢得这一场克里特岛之战。"

但是胜利的代价却比原先提倡这个计划的人所想像的要高得多——一部分是因为在岛上的英国兵力比所假定的数量多了3倍,但却也还有其他的原因。

"损失的大部分都是由于在恶劣状况下着陆——克里特岛上很少有适当的地点,而一般的风向都是由内地吹向海洋。因为害怕把部队投在海里,所以驾驶员也就有把他们向较深入内陆投下的趋势——有些实际上是落在英军战线之内。包装的兵器往往落在距离部队太远的地方,这只是造成过度伤亡的第一种障碍。在那里有少数的英国坦克,最初曾经把我们吓了一大跳——但很侥幸的,它们的数量并没有超过两打。步兵,大部分是新西兰人,虽然受到了奇袭,但却仍能作顽强的战斗。"

"元首对于伞兵单位所遭受的重大损失大感震惊,并且获得一个结论,以为他们的奇袭价值已经成为过去了。此后,他常常对我说:'伞兵的时代已经过去了……'。"

"当我说服希特勒采纳克里特岛计划时,我同时也曾建议在这个作战成功之后,就应继续从空中攻占塞浦路斯岛,然后再从那里向前跃进,以

攻占苏伊士运河。希特勒似乎并不反对这个观念,但却不曾明确地批准这种计划——因为他内心里所盘算的大事还是即将发动的侵苏战役。自从克里特岛的惨重损失使他吃惊之后,他也就拒绝再企图作另一次大规模的空降作战。我虽然曾一再向他进言,结果却还是无效。"

所以英国人,澳洲人和新西兰人在克里特岛的损失也并非毫无代价的。除非隆美尔在非洲的装甲部队也已经获得强大的增援,否则施图登特的攻占苏伊士运河计划也许是不可能的,但马耳他(Malta)的攻占却是一项轻而易举的任务。在一年以后,希特勒曾被说服采取这个计划,但后来又改变了他的决心而终于把它打消。施图登特说:"他感觉到假使英国舰队一出场,所有的意大利船只都会躲在它们的国内港口中不敢出头,于是将留下德国空降部队在那里孤掌难鸣。"

"巴巴罗萨"：希特勒入侵计划

第二阶段
第一阶段

·按原图译制·

第十二章　希特勒转向苏联

当希特勒在 1941 年 6 月 22 日侵入苏联时，战争的整个局势也就随之而发生了革命性的改变——这恰好比 1812 年拿破仑侵俄纪念日要早一天。那个步骤被证明出来对于希特勒也正像对于拿破仑是同样具有致命的效果，尽管这一天的结束没有上一次那样的快。

拿破仑在年底之前就被迫从苏联撤退，而苏联人在其侵入后次年 4 月就进入了拿氏的首都（巴黎）。希特勒一直过了 3 年才被逐出苏联，而直到第 4 年 4 月苏联人才进入了希氏的首都（柏林）。他曾经侵入苏联达到拿破仑所曾经到达的深度的 2 倍，不过他却不曾进入莫斯科，未能重演拿破仑幻影式的成功。他之所以能够侵入较深，是由于有了较优越的机动工具。但这却还不足以达到其理想目的。空间使他受到了第一次挫折，于是也就造成了他的失败。

在侵略者自杀步骤的副作用方面，历史也是自动地重演，英国的情况从其岛国以外的多数人眼里看来似乎是早已绝望，但此一步骤对于英国却发生了起死回生的作用。从大多数局外人眼里看来，这个挂在欧陆边缘上的小岛，其情况是如何的绝望实至为明显，而这一次比拿破仑时代还要更坏。由于空权的发达，海洋天堑的价值已经大为降低。这个岛国的工业化已使它必须依赖输入才能活命，于是也就增大了潜艇的威胁作用。因为拒绝了一切的和平试探，英国政府似乎也就已经把这个国家带上了一条死路——即令希特勒不想用侵入的手段来达到迅速征服的目的，从逻辑上来看，英国也还是注定了会油尽灯熄，而终于难逃灭亡的命运。不妥协的路线即无异于慢性自杀。

美国也许会"打气"使英国继续浮着不沉，但不过是苟延残喘，而并不能起死回生，尤其是丘吉尔在仲夏时所作的决定，又几乎引起了大祸。他决定要倾英国那一点渺小的全力去轰炸德国。这样的轰炸只能算是"针刺"（Pinpricks），但却有阻止希特勒把注意力移向其他方面的效果。

英国人对于他们情况的真相却是漠不关心。他们在直觉上是顽固的，而在战略上则是无知的。丘吉尔那种慷慨激昂的演说帮助矫正了敦刻尔克所带来的沮丧心理，补充了那些岛国人民所需要的精神食粮。他那种挑战性的口气使英国人如醉如狂，所以也就不会冷静地去考虑是否在战略上有根据。

比丘吉尔的影响更深的还有希特勒的影响。自从他征服法国和接近英国人的海岸之后，其所给予英国人的刺激也就达到了空前未有的程度，其过去的一切暴政和侵略等项证据所能构成的刺激比较说来只能算是渺乎其小。于是英国人也就再度产生了他们那种传统的心理反应——不惜付出任何成本来和希特勒拼命到底。英国人的集体民族性像一只"牛头狗"（Bull dog），若是给它咬着了就会宁死都不松口。此种不可及的"愚行"在此也就获得了最明显的表现。

这是第二次一位西欧的征服者碰到了一个不认为他们自己已经被击败了的民族。从《我的奋斗》这本书上显示出来，希特勒对于英国人的了解要比拿破仑深入，所以他曾经采取非常特殊的步骤以求避免伤害他们的自尊心。但他却相信英国人具有现实感，所以当他看到英国人居然对于其前途的无望完全无动于衷时，也就感到大惑不解。同时他也认为在那样的环境之下，他所提出的和平条件实在是异常的宽大，因此英国人的拒绝也就实出其意料之外。在这种困惑之中，他对于所应该采取的次一步行动也就感到犹豫不决了，于是也就终于像拿破仑一样转向另一方向——想先征服苏联来作为最后解决英国的准备。

他的心理并非突然转向的，而是分了好几个阶段。其原因也极为复杂——比拿破仑的更为复杂——那不是任何一个单纯的因素或理由可解释的。比之1805年法国舰队在芬利斯特角（Cape Finisterre）的受阻，德国空军在英格兰南部上空的重大损失，在战略方面所具有的决定性比较小，尽管在战术方面所具有的决定性却较大。因为维尔纳夫（Villeneuve）的退却在拿破仑的心理上立即产生了巨大的影响，而戈林的失败却并不曾对希特勒的心理产生同样重大的影响。希特勒仍继续努力打击英国的意志，所改变的只是战术的形式而已——本来是企图毁灭英国的空中防御力量，现在就改为对工业城市的夜间轰炸。压力的间歇放松，除了天气的影响以外，就是由于希特勒内心里的举棋不定。假使他还可能说服英国人接受和平条件，则他似乎也就不愿意对英国人下毒手，但他虽然紧抓住这个希望不放，其追求目标时所采取的手段又显得很笨拙，不能得心应手。

同时,受到其经济需要、恐惧和偏见的影响,他的心理又不断地向另外一个方向移动。虽然他和斯大林所签订的条件已经替他在西方的胜利作了铺路的贡献,他在那里的征服也大体都是此种环境的产物,但他却始终在想打倒苏联。对于他来说,思想并不是一种实现野心的工具,反共主义是他最诚挚的信仰。

此种东向的冲动受到英国抵抗的强烈影响,但在他内心里的复活却是从英国拒绝其和平试探之时起就已经开始了。

早在 1940 年 6 月,当希特勒正在忙于法国的战役时,斯大林就抓住这个机会占领了立陶宛、爱沙尼亚和拉脱维亚三个波罗的海小国家。希特勒固然已经同意这些波罗的海国家应属于苏联的势力范围,但却并未同意它们可由苏联实际占领,所以他感觉到他已受到斯大林的一次愚弄,尽管他的大多数顾问都很现实地认为苏联人的进入波罗的海国家是一种自然的预防措施,因为他们害怕希特勒在西方得胜之后就会转过头来对付他们。希特勒对于苏联具有一种深入的不信任心理,在西欧战役的过程中,因为他只留下 10 个师在东线,面对着 100 个师的红军,所以他经常感到不安,即为其一种明证。

于是到了 6 月 26 日,苏联人又事先未通知德国人,就向罗马尼亚提出一份最后通牒,要求它立即归还比萨拉比亚(Bessarabia),并且还要再割让北布科维纳(Northern Bukovina)——其理由是因为罗马尼亚在 1918 年"抢去"了苏联的领土,所以要另外加上这一小块,以作为"补偿"。苏联限罗马尼亚政府在 24 小时之内答复,当后者在此种威胁之下表示同意时,苏联部队就立即从地面和空中涌入这些地区。

对于希特勒而言,这比挨一记耳光还难过,因为那已经使苏联人非常地接近罗马尼亚的油田,现在因为海外补给线已被切断,这个油田也就被希特勒认为是他的惟一补给来源。在以后的几个星期之内,他为了这件事一直神经都很紧张,并且忧虑其对英国空中攻势的影响。同时他对于斯大林的意图也很感到怀疑。7 月 29 日,他曾经和约德尔谈到假使苏联尝试夺占罗马尼亚的油田时,德国就有和它开战的可能性。几个星期之后,作为是一种对抗行动,他又开始把 2 个装甲师和 10 个步兵师调往波兰。9 月 6 日,他在给反情报机构的一项命令中指出:"在未来的几个星期之内,对于东线的兵力要加强。但这种调整却又不可在苏联方面造成一种印象,使他们以为我们准备在东线发动攻势。"德国部队也应经常移动其驻地以伪装其实力。命令中指出:

"一方面,要让苏联人知道我们在波兰、德国东部各省和各保护国中都已驻有强大并训练有素的部队。另一方面,又要使他们相信我们只想保护既得的利益,以防苏联的夺取,而尤以在巴尔干地区为然。"

这个命令的精神是以防御为主。它的目的只想吓阻苏联的侵略,而并非替德国的侵略作先声。因为德军的防线距离其所想要保护的油田太远,所以希特勒认为要给予直接的保护很困难,因此才考虑到在波兰方面作一种牵制性的攻势行动的姿态。此种观念不久就发展成为一种大规模的侵入战——为了预防某一特殊的冒险,反而使全体都面临危险。

9月中旬,从苏联传来的情报说苏联宣传机构已在红军组织之内采取反德的宣传路线。这表示苏联人对德国东线兵力的首次增加已经发生了疑惧的反应,所以开始使其部队作对德战争的心理准备,但从希特勒眼中看来,这也就是他们具有攻势野心的证据。于是他开始感觉到他已经不能再等待——也就是说不能等到完成和巩固其在西方的胜利之后再来对付苏联。他的畏惧、野心和偏见互相发生作用,促使他改变其思路。在这样的心理状况之下,他的疑心也就极易于激发。当他对于英国人的不认输感到大惑不解时,于是也就向苏联方面去寻求解释。在这个阶段中,他曾经一再地向约德尔等人说,英国人一定在希望苏联人的介入,否则他们早就应该投降了。他们之间可能早已有了秘密协定的存在。克里普斯爵士(Sir Strafford Cripps)的奉命访问莫斯科,他和斯大林的谈话都是证据。所以德国必须马上动手,否则就不免要两面受敌了。希特勒似乎不曾想到苏联人也同样可能是在害怕他的侵略。

当保卢斯将军(General Paulus)在9月初接任德国陆军副参谋总长时,对苏联的攻击计划即早已完成了其大纲。他奉命负责研究其可能性。所拟定的目标为:(1)首先消灭在苏联西面的红军;(2)然后向苏联内地推进,其深度以使德国能免于从东面受到空中攻击的危险为限,即大致为从阿尔汉格尔(Archangel)到伏尔加河(Volga)之线。

到了11月份,这个计划的细节即已完成,于是就作了两次兵棋演习来进行测验。希特勒现在对于来自苏联的攻击已经不那样着急,相反的,却对于向苏联发动攻击的问题愈来愈感兴趣,大型战略计划的准备和构想经常可以使他感到陶醉。当他发表他内心的想法时,每逢其将领们表示怀疑,结果就只会使他更坚定。过去当他们怀疑他是否有成功可能时,他不是每一次都证明了他自己的看法是对的吗? 他必须再度证明他自己是对的,而他们都是错

的——因为他们的怀疑表示尽管他们表面上是恭顺有加,但内心里对于他这样一位业余者(外行)总还是不敢信任的。此外,他的海陆军将领对于渡海攻英的行动都颇感惊惧——但他却不能消极无为。他固然也曾计划假道西班牙以攻击直布罗陀(Gibraltar),并封锁地中海的西端,但这个行动却还是太小,不足以满足其狂妄的野心。

10 月底的一项新发展对于他的决定也具有影响作用——而从其最后结果上来看,也是一种很大的影响。那就是墨索里尼并未先行通告,就突然发动了其对希腊的侵入行动。希特勒对于这件事深表震怒,其原因有三点:(1)痛恨他的二流伙伴不听他的指导;(2)这破坏了他自己的计划;(3)意大利有在他有所企图的地区中建立其本身势力范围的可能。虽然由于意大利人的无能和挫败而使最后那一种危险不久就完全消失了,但墨索里尼的轻举妄动却还是促使希特勒不得不加速其本身在巴尔干方面的行动。这也构成了一项新的向东移转的理由。当他在控制巴尔干的竞赛中,后来居上地胜过了墨索里尼之后,他也就决定第二步应先解决苏联问题,而把英国问题留待以后再谈。甚至于直到此时,那还不能算是一个明确的决定,不过这种想法却已在他内心里居于最重要的地位。

11 月 10 日,莫洛托夫来到柏林讨论广泛的问题,包括德国要求苏联也应正式加入轴心组织的建议在内。在会谈结束时发表了一个联合公报,其中有云:"意见的交换是在一种互信的气氛中进行,并且对于一切有关德苏两国利益的重要问题都已获得一种共同的谅解。"那些参加会谈的德国代表们,私下也表示对于结果感到相当满意,那是可以综述如下:

> "就目前而言,暂不签订具体的条约。在几个更进一步的问题获得澄清之后,苏联似乎即将愿意加入三国公约……德国方面曾把将在巴尔干采取行动以支援意大利的计划告诉莫洛托夫,后者并未表示反对。他建议应为苏联在保加利亚的势力创造一种适当的条件,那正和德国在罗马尼亚的势力相似,但德国方面并未把此项建议列入记录。不过,德国方面却表示不赞成土耳其支配达达尼尔海峡,并同情苏联在那里寻求基地的愿望。……"

但是所谓"互信"者却是完全缺乏,而外交词令虽然冠冕堂皇,但毫无内容可言。12 日,希特勒的第 18 号战争命令中曾经这样说:

　　"为了澄清苏联目前的态度,政治谈判已在进行。不论政治谈判结果如何,一切对东线的准备工作,仍应依照过去已经下达的命令继续进行。"

　　当外交家谈判的时候,军事计划仍继续进行。希特勒本人对于谈判的结果并不像其他的人那样感到满意。他认为苏联对三国公约所提出的进一步问题完全是一种遁词,他现在是一心想发动攻势。雷德尔曾在14日谒见他之后记载说:"领袖有向苏联挑战的倾向。"在莫洛托夫离去之后,希特勒曾召见一批高级执行人员,并向他们说明他是正在准备征苏。他们曾企图说服他放弃这种冒险,结果都是徒费口舌。他们说这个意义就是两面战争,在第一次世界大战时已经证明了这种情况足以致德国的死命。希特勒就反驳说:除非英国的抵抗已经崩溃,否则不可能希望苏联永远按兵不动。而要击败英国则必须扩充海军和空军,于是也就必然的要削减陆军,但当苏联威胁仍然存在时,这种削减又是不可行的。在巴尔干国家中的证据已经显示出苏联的不可信赖,所以情况也就已经改变。因此"海狮作战"必须暂时搁置。

　　12月5日,希特勒接受了哈尔德对于东线计划所作的报告书,于是在18日就颁发了"第21号训令——巴巴罗萨计划"(Directive No. 21-Case Barbarossa)。这个训令一开始就采取了下述具有决定性的词句:

　　"德国武装部队应准备在对英战争结束之前,在一个快速的战役中击灭苏联。"

　　"为了这个目的,陆军将使用其所有一切可以调动的单位,惟一的保留就是在占领国家中仍应严防奇袭的攻击。海军的主力仍应集中对付英国!"

　　"假使机会到来,我将在开始行动之前8个星期命令集中部队以发动对苏联的攻击。准备需要较多的时间,若现在还没有开始,就应立即开始工作,并必须在1941年5月15日以前全部完成。(就适合的天气条件而言,这是被认为最早可能的日期。)必须非常地小心以免泄露攻击的企图……"

　　"在苏联西部的红军主力,准备由4辆坦克深入突破所构成的勇敢作战来予以歼灭,并且应阻止敌方有战斗准备的部队退入苏联的广大空间。"

训令中又说假使这些结果还不足以打垮苏联,那么其在乌拉尔山(Ural)区的最后工业中心也可以用空军来予以消灭。红军舰队将由于波罗的海基地的攻占而瘫痪。罗马尼亚将协助牵制在南面的红军,并在后方提供辅助勤务——关于参加对苏攻击的问题,希特勒已在 11 月间向罗马尼亚的新独裁者安东尼斯库将军(General Antonescu)征询其同意。

"假使机会来到"(If Occasion arises)一语虽然具有一种不肯定的语气,但希特勒的意图是已经确定而不容置疑。这句话的解释可以在训令中的一段内找到。它说:"各高级指挥官根据这个训示所颁发的一切命令,都应说明这是一种预防措施,以备苏联改变其现有对我们的态度时之用。"为了掩蔽这个计划,又作了大规模的欺敌计划,很自然地,希特勒本人在这一方面扮演着一个领导的角色。

而且所欺骗的又不仅限于他的敌人,连自己人也在内。当他和他的部下讨论到这个问题时,其中许多人对于征苏的危险都很感到忧惧,而尤以两线作战的威胁为然,所以希特勒也就认为最好表面上装作尚未作最后决定,以免争论的麻烦。同时这样可赋予他们时间好来见风转舵,而且可以让他自己有时间来对苏联的敌对意图提供一些更足以令人信服的证据。希特勒对于其将领们的"心不在焉"感到很焦急。虽然根据效忠的宣誓,那些人对于他是不能不服从,但这却不足以坚定他们的决心,而那却是成功的必要条件。因为他必须把他们当作一种职业性的工具来使用,所以也就有必须使他们心悦诚服的必要。

1 月 10 日德苏之间签订了一项新的条约,那也把 11 月间莫洛托夫会谈中有关疆界和经济等问题的结论都包括在内。所以在表面上已经显得比较平静。但希特勒私下却批评斯大林是一个"冰冷的敲诈者"(Ice-Cold Blackmailer)。同时从罗马尼亚和保加利亚所传来有关苏联人活动的报道也都是令人感到不安的。

19 日墨索里尼来访问希特勒,在这次会晤中希特勒曾谈到他与苏联人之间的困难。他并不会泄漏他自己的攻击计划,但他却很有意义地提到由于德国部队集中在罗马尼亚,他已经接到了苏联的强烈抗议。在下述的一段谈话中也可以暗示出他自己的想法:"在过去,苏联可以说是毫无危险的,因为它根本就不足以威胁我们;但在现在的空权时代中,从苏联对地中海所发动的空中攻击可以把罗马尼亚的油田变成废墟,而整个轴心的生命却是寄托在这些油田之上。"这同时也就是他用来驳斥那些将

领们的理由之一。那些人曾认为即令苏联人有侵略的意图,德国人只要加强边界的防御即可以应付这种威胁,实无发动对俄攻击的必要。

在东线上的德国集团军

名称与指挥官的变换

1941 年 6 月—1945 年 5 月

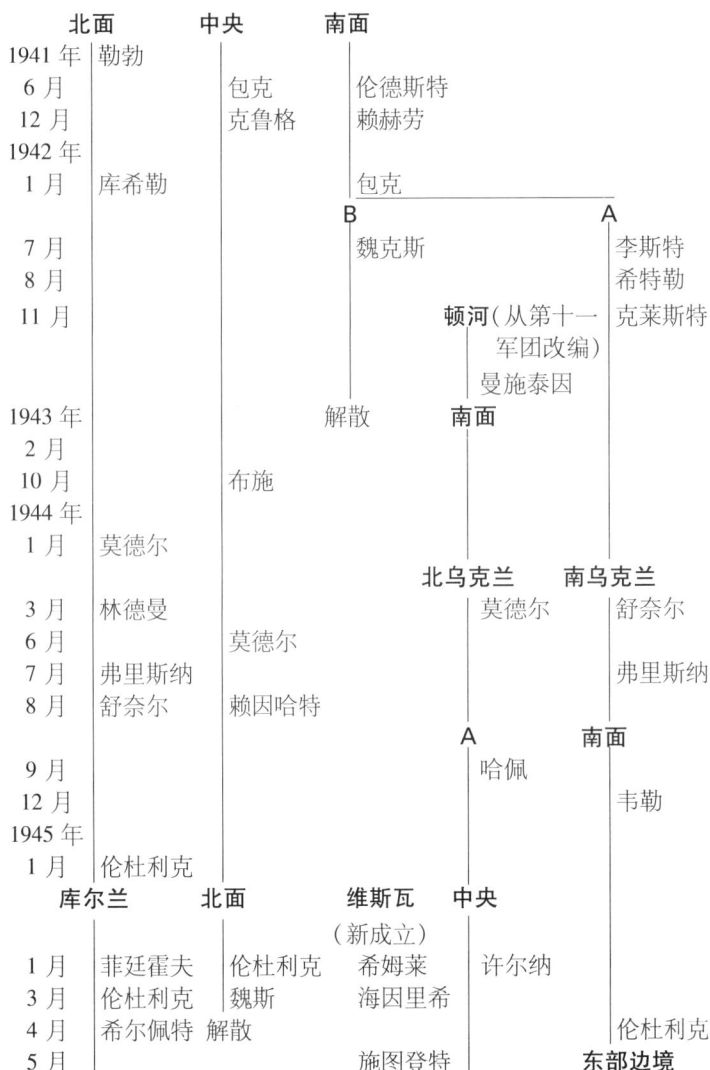

	北面	中央	南面	
1941 年	勒勒			
6 月		包克	伦德斯特	
12 月		克鲁格	赖赫芳	
1942 年				
1 月	库希勒		包克	
		B		**A**
7 月		魏克斯		李斯特
8 月				希特勒
11 月			**顿河**(从第十一军团改编)	克莱斯特
			曼施泰因	
1943 年		解散	**南面**	
2 月				
10 月		布施		
1944 年				
1 月	莫德尔			
			北乌克兰	**南乌克兰**
3 月	林德曼		莫德尔	舒奈尔
6 月		莫德尔		
7 月	弗里斯纳			弗里斯纳
8 月	舒奈尔	赖因哈特		
			A	**南面**
9 月			哈佩	
12 月				韦勒
1945 年				
1 月	伦杜利克			

	库尔兰	北面	维斯瓦(新成立)	中央	
1 月	菲廷霍夫	伦杜利克	希姆莱	许尔纳	
3 月	伦杜利克	魏斯	海因里希		
4 月	希尔佩特	解散			伦杜利克
5 月			施图登特		**东部边境**

2 月 3 日,希特勒在贝希特斯加登(Berchtesgaden)的山中别墅内召开军事会议,向他的高级将领宣布了其计划的概要,然后就对于"巴巴罗萨计划"的最后定稿作出正式的批准。凯特尔在会议中对于在西俄地区中敌军的实力发

表了下述的估计:大约为 100 个步兵师,25 个骑兵师和相当于 30 个机械化师的装甲兵力。这个估计相当地正确,因为当侵入战发动时,苏联人在西部所能动用的兵力实际上是 88 个步兵师、7 个骑兵师和 44 个坦克及摩托化师。凯特尔接着就说,德国兵力数量没有这样大,但素质却较优越。实际上侵入军共有 116 个步兵师(其中 14 个为摩托化步兵师)、1 个骑兵师和 19 个装甲师——此外还有 9 个交通线师(Lines-of-Communication divisions)。此种兵力的比较绝非设计用来安抚那些将领们的不安,因为它明白地指出在发动此一大攻势时,并无他们所一向喜欢的数量优势,而且更显示在决定性因素——装甲部队——方面是居于相当不利的劣势。很明显的,计划作者是把很重要的赌注都押在素质优势之上。

凯特尔又继续说:"苏联人的作战意图是不可知的。在边界上无强大兵力。任何撤退都只会是小幅度的,因为波罗的海国家和乌克兰在补给方面对于苏联有极重大的价值。"这在当时似乎是一种很合理的研判,但后来却证明出来实在是一种过分乐观的假定。

侵入军分为 3 个集团军,它们的作战任务也已概略的规定。北面集团军,由勒勃(Field-Marshal R. von Leeb)指挥,其任务为从东普鲁士,通过波罗的海国家,而攻入列宁格勒(Leningrad)。中央集团军,由包克指挥,以华沙地区为起点,沿着莫斯科公路,攻向明斯克(Minsk)和斯摩棱斯克(Smolensk)。南面集团军,由伦德斯特指挥,要从普里皮亚特沼地以南进攻,并向下伸入罗马尼亚,以第聂伯河(Dnieper)和基辅(Kiev)为其目标。主力是集中在中央集团军方面,所以也给予优势的兵力。预定在北面的实力以和敌人相等为原则,而在南面则将仅以劣势兵力为满足。

在他的报告中,凯特尔又指出匈牙利的态度颇有疑问,并强调说为了保密的原因,和那些国家之间的合作安排应该在最后五分钟才去完成。不过罗马尼亚对于这一条规则却是例外,因为该国的合作实在太重要。(希特勒最近曾与安东尼斯库再度会晤,要求他允许德军假道以支援在希腊的意大利军,但安东尼斯库仍然犹豫不决。他说这样一来可能会促使苏联人侵入罗马尼亚。在第三次会晤时,希特勒向他提出诺言,不仅要把比萨拉比亚和北布科维纳归还罗马尼亚,还让它占有南苏的土地直到第聂伯河之线为止,作为协助攻击的报酬。)

凯特尔又补充说明,直布罗陀的作战已经不再有可能性,因为德国炮兵的大部分都已送往东线。而"海狮作战"也必须暂时搁置,但却应尽可能造成一种印象使"我们"部队认为对英作战仍在进一步的准备中。为了散布这种观念,在海峡海岸上和挪威的某些地区应突然宣布封闭,而作为一种双重的欺骗,向东线的集中应伪装为一种对英国登陆的演习。

与军事计划相配合的还有一个大规模的经济计划:那个被称为"奥尔登堡计划"(Plan Oldenburg)的计划是以对征服后的苏联地区实施榨取为目的。另外成立了一个经济参谋本部,那是与军事参谋本部完全分开的。这个经济参谋本部在研究了它的问题之后,就在5月2日提出一份报告,一开头就这样说:"除非在战争的第3年所有一切的武装部队能由苏联供养,否则战争将无法继续。那是毫无疑问的,当我们从那个国家把我们需要的东西都拿走时,就一定有几百万苏联人民会饿死。"我们不知道这种说法是否仅为一种冷血的科学计划,抑或是故意想对于过分夸大的目标和要求提出一种暗示性的警告。该报告又接着说:"夺取和运走油籽和油饼最重要,谷物还在其次。"以前,OKW的战争经济处长托马斯将军(General Thomas),也曾提出一项报告。并曾指出只要运输问题能够解决,则征服了整个苏联,也许即可以解决德国的粮食问题,但其经济问题中的其他重要部分还是不能解决——像橡胶、钨、铜、铂、锡、石棉和马尼拉大麻等原料的补给,必须在与远东的交通可以有保障时然后才能解决,这些警告对于希特勒并不能产生任何约束作用。但另一个结论,即认为"高加索的燃料补给对于占领区的榨取是必不可少的",这却对于希特勒产生了非常重大的影响作用,遂促使他前冲到了丧失平衡的地步。

一个事先的挫折不仅产生了很大的延误,而且也使"巴巴罗萨"计划受到最重的扰乱。由于受到了英国的支持,希腊和南斯拉夫在外交上给予希特勒以双重的打击,这使他在心理上产生了严重的反应。

在尚未攻击苏联之前,希特勒希望他的右翼能够自由——不受英国的干涉。他希望不必经过激烈的战斗即能确实获得对巴尔干的控制——即使用武力外交(Armed diplomacy)的手段也在所不顾。他感觉到在西欧获得了胜利之后,也就应该比过去任何时期都更容易成功。苏联人的侵略使罗马尼亚自动地投入希特勒的怀抱。第二步很容易,3月1日保加利亚政府接受了他的贿赂,自愿和德国签订一项条约,同意德军可以通过该国领土,并在对希腊的边界上建立阵地。苏联政府的广播指责这是破坏中立行为,但却不曾采取任何更强烈的措施,所以也就使希特勒更相信苏联对于战争尚无准备。

希腊政府对于希特勒的外交攻势反应就比较不合理想,自从希腊遭受其轴心伙伴(意大利)的侵略之后,这也是十分自然的趋势。希腊政府对于他的

威胁也并不屈服。由于抵抗墨索里尼侵略的成功,希腊人民的精神已经大为振奋。在 2 月间又接受了英军增援的安排,后者在德军进入保加利亚之后几天内,也开始在希腊登陆。

这种挑战促使希特勒决定攻击希腊,那是在一个月后发动的。对于他的主要方向而言,这是一种不需要的耽搁。因为英国所能提供的兵力实在小得可怜,对于他的右翼最多也只能产生一点轻微的刺激,至于希腊人,则正在忙于应付意大利的攻击,所以更不足为患。

此种对其征苏计划的不利影响又因为南斯拉夫事件的发生而更形增强。在这里开头很顺利。在德国压力之下,南斯拉夫政府已经同意以一种折衷方式与轴心方面合作,即南斯拉夫可以免除军事上的义务,但根据秘密的条件允许德国的部队可以使用通往希腊国界的贝尔格莱德—尼希(Nish)铁路线。南斯拉夫的代表在 3 月 25 日签署了条约。两天之后,南斯拉夫空军总司令西莫维奇将军,率领着一批青年军官,在贝尔格莱德发动了一次军人政变。他们控制了无线台和电话中心,推翻了政府,在西莫维奇领导之下建立了一个新政权,并拒绝履行德国的要求。英国的特务人员曾经帮助制造这次阴谋,而当其成功的消息传到伦敦时,丘吉尔在其演讲中这样高兴地宣布说:"我有一个重大的新闻要告诉你们诸位和全国同胞,今天清晨南斯拉夫已经寻获了它的灵魂。"他接着就宣布南斯拉夫新政府将接受英国所提供的一切可能的救援和帮助。

这次政变使巴尔干的情况发生革命性的变化。希特勒不可能容忍这样一种侮辱,而丘吉尔的喝彩更使他恼怒。他立即决定侵入南斯拉夫和希腊两国。一切必要的准备进行得极为迅速,所以仅只在 10 天之后,即 4 月 6 日,他就已经能够发动攻势。

这次巴尔干反抗的直接结果非常地凄惨。在一个星期之内,南斯拉夫就遭到蹂躏,而它的首都在一开场的空中攻击之下即化为废墟。希腊一共只支持了 3 个星期多一点的时间,英军经过了很少战斗的长距离退却,匆匆地逃上了它们的船只。在每一个退却阶段,它们都遭受到敌人的迂回。这种结果反映出丘吉尔判断的错误,而在当时还有许多人支持他,宣称这种军事介入行动有成功的可能。事实上,英国人不仅丧失了他们的信用,而且也更对不起南斯拉夫和希腊两国的人民。这种怨恨具有持久的效力。最后南斯拉夫竟以敌视丘吉尔所代表的一切的国家形式而复兴,这也是对历史的一大讽刺。

但是这个插曲的间接效果是尤其重要的,而它们却从希特勒的判断中反映出来,即令用数量乘质量来作为计算的标准,他所享有的优势也还是极为有限,所以当他进行巴尔干战役时,也就不可能同时再发动征俄之役。尤其重要的是他在坦克数量上比苏联人居于劣势。要迅速征服巴尔干,则势必要使用装甲师;所以他必须要等到每一个师都调回来之后,才敢冒险发动对苏联的攻势。因此,在 4 月 1 日不得不决定"巴巴罗萨计划"延期——从 5 月中旬延到 6 月半。

希特勒能够那样迅速征服南、希两国,使他可以赶上新定的侵俄日期,要算是一项惊人的军事成就。的确,他的将领们认为如果英国人能成功地守住希腊,则"巴巴罗萨计划"可能就根本上无法执行。事实上只延迟了 5 个星期,但使他丧失了击败苏联的机会,这却是重要因素之一。除此以外,他在 8 月间的犹豫不决和那年冬季来得特别早也都是重要因素。

到了 5 月 1 日,除了已被切断和被俘虏的人员之外,所有的英军都已从希腊南部滩头上了船。在那同一天希特勒也确定了"巴巴罗萨计划"的日期。他的命令在综述了对方强弱形势之后,又这样补充说:

> "对于作战过程的估计——在边界上将有猛烈的战斗,可能会长达 4 个星期。在以后的发展中,抵抗就会比较减弱。每一个苏联人会在其所指定的位置上死战到底。"

6 月 6 日,凯特尔对于这次冒险行动发布了详细的时间表,除了列举用于侵入战中的兵力以外,它也指出面对着英国,德国人在西欧还留下 46 个步兵师,但其中却只有 1 个是摩托化师,此外还有 1 个惟一的装甲旅。在接获命令 10 天之后,它们还可以有能力执行"阿提拉"(Attila)作战,即攻占法属北非;或"伊萨贝拉"(Isabella)作战,即对抗英国人在葡萄牙的可能行动——但二者却不能同时兼顾。第二航空队已经调往东线,对不列颠空战的执行现在就由第三航空队负其全责。

这些命令也暗示出来,为了寻求它们的合作,在 5 月 25 日已经开始和芬兰参谋本部谈判。罗马尼亚人的合作早已确定,预定在 6 月 15 日才把最后的安排通知他们。在 6 月 16 日也应暗示匈牙利人,要他们对于边界作较坚强的防御。次日在德国东部的一切学校都开始停课。德国商船应离开苏联,但都应尽量避免引起注意,至于准备前往的船只都应一律停驶。从 6 月 18 日起,攻击的企图就毋须再伪装了。因为到那时,苏联人即使想要采取大规模的增

援措施也都会来不及。若欲取消攻击,最近的可能时间定为 21 日 13 时。取消的代号为"阿托拉"(Altona),而开始攻击的代字则为"多特蒙德"(Dortmund)。预定越过国界的时间为 22 日的上午 3 时 30 分。

　　尽管德国人使用一切预防措施,但英国的情报机构在很久以前对于希特勒的企图就已获得相当良好的情报资料,并且也已把它转送给苏联人。它甚至对于侵入的正确日期都能作精确的预测——那是比德国人在作最后决定时还早了一个星期。当苏联人接到这样一再的警告时,他们所表现的是一种根本不相信的态度,反之对于苏德条约则继续表示信任。英国人感到苏联人的不相信并非是假装的——从丘吉尔在希特勒发动攻势之后所作的广播中即曾反映出这种看法。所以当红军在初期遭到惨败时,英国人遂认为那是由于遭受了奇袭之故。

　　若把苏联的报纸和广播加以研究,即可以发现此种印象并不太正确。从 4 月开始,他们的报纸和广播中就经常包含着有预防措施的迹象,并且表示已经注意到德国军队的调动。同时他们又特别提到德国对于条约的严格遵守,并指责英国人和美国人正企图在德苏之间挑拨是非,尤其是故意散播德国准备攻击苏联的谣言。6 月 13 日一项广播曾经以明显的斯大林语气这样说:"德国部队的调入德国东部和东北部地区应假定是由于和苏联无关的动机。"这样一个声明也许又适足以鼓励希特勒假定他的欺敌计划已经相当地成功,足以在苏联人的心中产生理想的效果。对于外国记者所报道的苏联已在召集预备役人员的消息,这同一广播也有解释说,那仅是夏季演习惯例之前的教育召集而已。6 月 20 日,莫斯科对于正在普里皮特沼地附近举行的军事演习曾作一种夸耀的报道,那也许是为了增强国内的信心。它同时也宣称莫斯科的防空组织在 22 日(星期天)要在"现实条件之下"接受测验。尽管如此,外电对于德国即将发动侵入战的报道又还是再度被指为"对苏联不友好的势力所故意散布的谣言"。

　　对于英国人警告苏联人的努力,德国人也都知道。事实上,在 4 月 24 日他们在莫斯科的海军武官曾经这样报告:"英国大使预测 6 月 22 日是战争爆发之日。"但这却并未使希特勒改变日期。他也许以为苏联人对于英国方面所提供的任何情报不会相信,但也更可能是感觉到实际的日期并无太大的关系。

　　究竟希特勒是否相信苏联人对于他的攻击毫无准备,这是很难断言的。谁都不知道希特勒内心里是怎样的想法,因为他对于亲信的人也都不肯说老实话。他派驻莫斯科的观察员曾经报告他,自从春季起苏联政府显然很消极而一心只想安抚他；所以只要斯大林还活着不死，就绝不会有苏联攻击德国的危险。迟到 6 月 7 日，德国驻苏大使还报告说："一切的观察指出斯大林和莫洛托夫（苏联外交政策完全由他们两人负责）正在倾全力以求避免和德国发生冲突。"苏联人对于贸易协定所规定的一切货物，都按期交付，并且又撤销了对南斯拉夫、比利时和挪威三国的外交承认——这都足以表示他们有讨好希特勒和避免冲突的决心。

相反的，希特勒却时常宣称纳粹德国派驻莫斯科的外交官是全世界最恶劣的情报人员。他同时又总是把性质相反的情报告诉他的将领们——苏联人正在准备大举进攻，所以必须先发制人。他也许自己并不相信这一类的情报，而是故意欺骗那些军人，因为他和他们一直都意见不一致，而他们也正在列举各种理由来反对他的侵俄计划。等到以后，希特勒终于认清了苏联人并非像他所希望的那样毫无准备，于是遂又反转过来使他假定苏联人的企图也是和他自己的相似——即故意欺骗一切的人。在越过国界之后，那些将军们发现在战线的附近很少有苏联人作攻击准备的迹象，于是他们也就认清了希特勒已经把他们引入迷途。

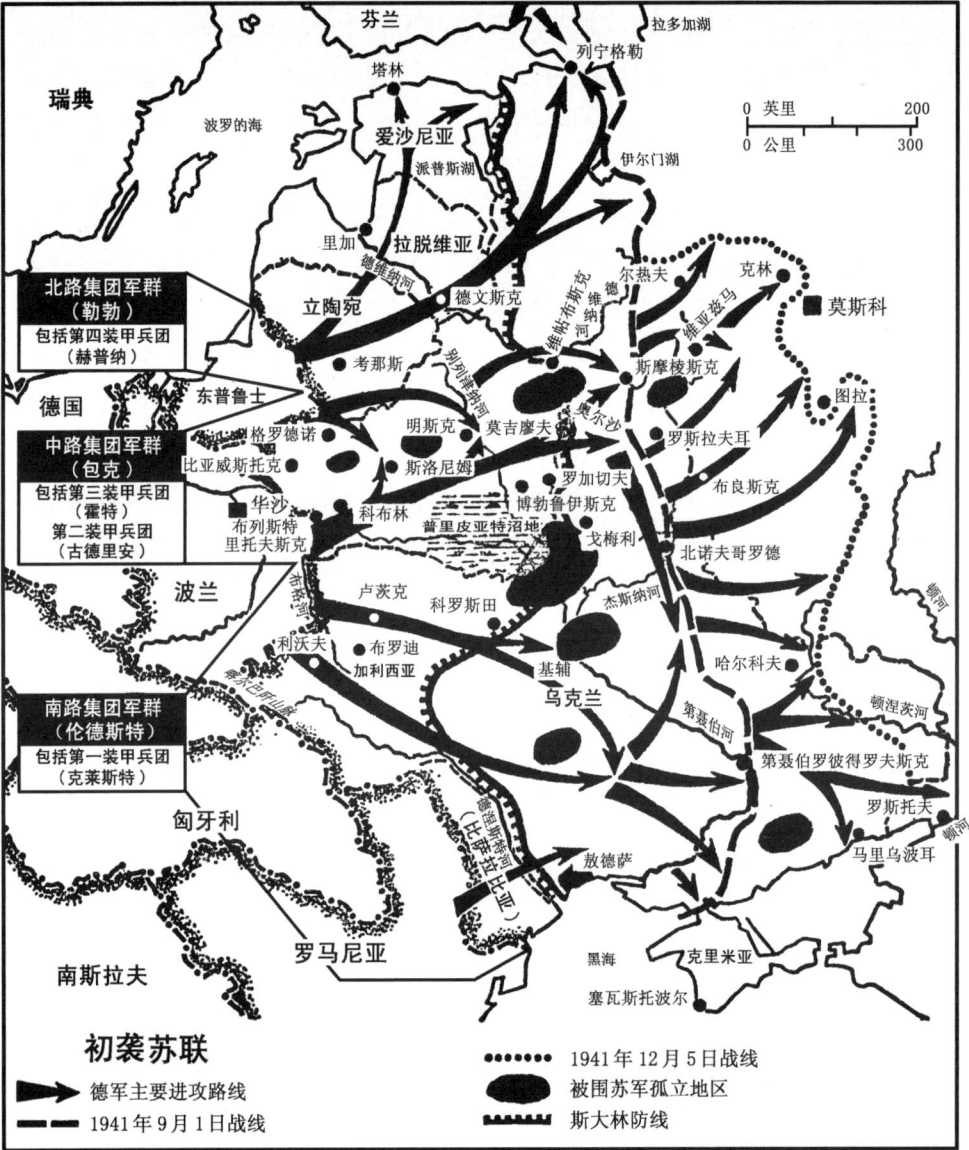

瑞典

芬兰

拉多加湖

波罗的海

塔林

列宁格勒

爱沙尼亚

派普斯湖

伊尔门湖

里加

拉脱维亚

德维纳河

北路集团军群（勒勒）包括第四装甲兵团（赫普纳）

立陶宛

德文斯克

尔热夫

克林

莫斯科

考那斯

东普鲁士

别列津纳河

维帖布斯克

维亚济马

维德纳河

斯摩棱斯克

图拉

德国

格罗德诺

明斯克

莫吉廖夫

奥尔沙

中路集团军群（包克）包括第三装甲兵团（霍特）第二装甲兵团（古德里安）

比亚威斯托克

斯洛尼姆

罗斯拉夫耳

华沙

布列斯特里托夫斯克

科布林

罗加切夫

布良斯克

波兰

卢茨克

科罗斯田

普里皮亚特沼地

博勃鲁伊斯克

戈梅利

北诺夫哥罗德

利沃夫

布罗迪

加利西亚

基辅

杰斯纳河

哈尔科夫

第聂伯河

顿河

南路集团军群（伦德斯特）包括第一装甲兵团（克莱斯特）

匈牙利

乌克兰

第聂伯罗彼得罗夫斯克

罗斯托夫

顿河

马里乌波耳

（比萨拉比亚）

敖德萨

罗马尼亚

黑海

克里米亚

南斯拉夫

塞瓦斯托波尔

初袭苏联

➤ 德军主要进攻路线

— — 1941年9月1日战线

•••••• 1941年12月5日战线

⬛ 被围苏军孤立地区

〰〰 斯大林防线

0 英里 200

0 公里 300

· 按原图译制 ·

第十三章　对苏联的侵入

在苏联决定胜负的因素,战略和战术尚在其次,最主要的却是空间、后勤和机械。虽然某些作战上的决定也非常重要,但它们的影响却还是赶不上机械方面的缺点和广大空间的配合,而它们的效果也必须以这些基本因素的关系来加以衡量。只要看一看苏联的地图,便可以很容易了解空间因素的意义,但对于机械因素却必须作较深入的解释。要想了解一切的发展经过,则这种初步的分析也就是一个必要的基础。

正像希特勒过去所发动的一切侵入作战一样,所有一切的问题都是决定在机械化兵力之上,尽管它们在兵力总数中仅占一个极小的比例。在德国和其附庸所能动员的兵力总数中,19 个装甲师仅为 1/10 而已。在其余的庞大兵力中又只有 14 个摩托化师可以在行动中赶得上装甲矛头。

虽然德国陆军在 1941 年有 21 个装甲师,而在 1940 年却只有 10 个。表面上虽然增加了 1 倍,而实际上却并不如此。在西欧战役中,每个德国装甲师的核心是由 2 个团所组成的坦克旅——每个团有 160 辆坦克。但在发动侵苏战役之前,每个装甲师都被抽去了一个坦克团,新的装甲师就是以抽出的坦克团为核心而组成的。

最有地位的某些坦克专家都反对此种决定,他们指出,这种办法的真正效果只是在所谓装甲兵力之内,增加了幕僚人员和非装甲辅助部队的数量,而真正的装甲部队总数却丝毫没有增加,结果也就减少了每一个师的打击力量。在一个师的 17000 人当中,现在只约有 2600 人是真正的“坦克兵”(Tank men)。但希特勒却非常地固执,面对着广大的苏联空间,他希望能有较多的装甲师番号来虚张声势,同时他也认为苏联兵力的技术劣势足以对这种数量的减少发生补偿作用。此外,他又强调下述的事实:由于新推出的 3 号(Mark Ⅲ)和 4 号(Mark Ⅳ)坦克已经产量大增,所以现在每一个师的装甲兵力有 2/3 都已由中型坦克所组成——不仅火炮较大,而且装甲也加厚了 1 倍——在

西欧战役时，则 2/3 都是轻型坦克。所以尽管数量减少了一半，但打击力却可能还增加了。这种辩论不能说没有理由，不过却有其一定的限度，而且即令适用于目前，但并不一定就能适用于未来。

坦克数量的减少，也强调指出德国"装甲师"的一项基本弱点——即其中大部分单位都是非装甲的，也缺乏越野机动性。坦克在战争中所产生的最伟大发展就是它具有离开路面活动的能力，比恢复装甲的使用还更重要，换言之，它不必依赖光滑和坚硬的现成路面。轮型车辆只能加速行军的速度，用更富有弹性的方式产生火车一样的效果，但坦克却使机动性发生了革命。因为它自备履带，所以也就可以不必跟着固定的道路线行驶，这样也就使一度空间的运动变成了二度空间的运动。

当初在英国提倡机械化战争观念的人早已认清此种潜力的重要性。在第一次世界大战终了时，他们所建议的装甲部队典型是所有一切的车辆，包括载运补给的在内，都应一律是履带越野型的。甚至于在德国的陆军中，他们这种理想也还是没有实现，尽管他们对于装甲观念的应用已经超过了任何其他的国家。

在 1941 年改组后的德国装甲师内，所有一切的履带车辆还不到 300 辆，而轮型车辆却有 3000 辆之多，绝大部分都是只能在道路上行驶的。这一类车辆的数量过多，在西欧战役中并没有引起太多的问题，因为守军防御部署的失当所以产生了全面的崩溃，而攻击者又可以利用良好的公路网来扩张他们的战果。但在东战场上，由于良好的道路非常稀少，所以在长距离的前进中也就产生决定性的困难。德国人实际上比他们所用以制胜的理论要落后 20 年，因此也就受到很大重的惩罚。

他们之所以还能获得有限度的成功，主要原因是他们的对手在装备方面比他们还要落后。因为苏联人在坦克方面虽然享有数量优势，但他们的摩托化车辆总数却是如此的有限，以至于连他们的装甲师都没有充分适当的摩托化运输工具。在应付德军的装甲攻击时，这也就成为行动上的一种严重障碍。

在这次攻势中，德国装甲实力共为坦克 3550 辆，比他们在西欧发动侵入时只多了 800 辆。（但是苏联人却宣称他们在 8 月间已经击毁德军坦克 8000 辆。）依照 1941 年 7 月 30 日斯大林致罗斯福的电文，苏联坦克的总数为 24000 辆，其中有一半以上都是在苏联西部地区。

6 月 22 日（星期天）的清晨，德军分成三道平行的洪流，在波罗的海与喀尔巴阡山脉之间，涌入了苏联的国境内。

左边,勒勃的北面集团军越过东普鲁士的界线,进入红军所占领的立陶宛。在中央偏左的方面,包克的中央集团军向红军战线在波兰北部所构成的突出部分侧面上作一种巨大的钳型攻击。在中央偏右的部分,有一段 60 英里长的平静地带,在那里德军的洪流为普里皮亚特沼地的西端所隔断。在右边,伦德斯特所指挥的南面集团军向喀尔巴阡山脉附近,红军在加利西亚(Galicia)防线上所构成的利沃夫(Lwow)突出部分的北部进攻。

在包克之右和伦德斯特之左故意留下一段空隙,以便兵力可以集中,进展可以加快。在第一阶段,德军的前进固然因此而加速了不少,但因为普里皮亚特地区原封未动,所以也就让红军获得了一个庇护所,其预备队可以在这种掩护之下集中,然后向南发动一连串的侧击,而使伦德斯特向基辅的攻击前进受到阻碍。不过假使包克在普里皮亚特沼地以北的前进能够成功地达到其在明斯克附近捕捉红军的目的,那么这种侧击也就不会有太多的价值。

德军攻击的重心是放在中央偏左的方向上,这是由包克负责的。在西欧战役中,主攻的任务本来也是指定由他担任,以后才决定转交给伦德斯特。因为他的任务是具有决定性的,所以大部分的装甲部队都是分配给他,共为 2 个装甲兵团,分别由古德里安和霍特指挥,而其他两个集团军就都只有 1 个装甲兵团。包克还有第四和第九 2 个军团,每个军团都辖 3 个步兵军。

每一个装甲兵团(Panzer Group)有 4 到 5 个装甲师和 3 个摩托化师——后来才改称为装甲军团(Panzer Army)。

虽然所有的德军将领一致同意认为胜负是由这些装甲兵团来决定,但对于它们应如何使用,却又发生了意见上的冲突。此种"论战"(battle of theories)具有极大的重要性。某些资深的指挥官想要在一种传统包围典型的决定性会战中来击灭红军,并且希望一越过边界就尽可能提早实施这样的会战。在拟定这样的计划时,他们是采取正统的战略理论,那也就是由克劳塞维茨(Clausewitz)所主张,而由毛奇(Moltke)所建立和施里芬(Schlieffen)所发展的理论。因为他们不愿意在红军主力尚未被击败之前,冒险向苏联腹地深入,所以也就特别拥护这种理论。为了确保此种计划的成功,他们坚决地要求在会战中装甲兵团必须与步兵军合作,由它们从两侧向内旋回,构成钳形,切断敌军的补给线来完成合围的任务。

以古德里安为首的坦克专家们却有不同的见解。他们主张装甲兵团应以最高的速度,长驱直入,尽可能向纵深发展——这也就是在法国所曾经用过的老办法,并且已经证明出来那是具有决定性的。古德里安认为他和霍特的两

个装甲兵团应一直朝着莫斯科方向冲去,中途不应浪费一分钟的时间,并且至少要达到第聂伯河之线才可以向内旋转。他们达到那一线的时间愈早,则红军的抵抗趋于全面崩溃的可能性也就愈大(那是和法国人一样的),而利用第聂伯河来当作铁砧(anvil)的机会也就同样地增大(像1940年的英吉利海峡一样)。照古德里安的想法,在两支装甲突击兵力之间的空间内,包围红军的任务应留给步兵军去执行,装甲兵团在一直向前奔驰之际,最多只能容许相当小型的支队向内旋回以来协助它们。

在这个"论战"中,结果是正统派的战略家获得了胜利——这是由于希特勒的决定。因为虽然他相当地勇敢,但却还是不够;他不敢把他的全部命运都赌在一张牌上,尽管这张牌曾经替他赢得上一次的胜利。他对保守主义者的让步所产生的后果比1940年更为不利。虽然坦克专家们的地位已经比1940年提高了不少,但他们却并未能获得实现其理想的机会。影响希特勒决定的因素除了他对于坦克专家们的意见表示怀疑,还由于他本人有一种幻想——对于用大包围的方式围捕大量红军的景象感到非常地有兴趣。

这种幻想也就变成了一种若隐若现的鬼火,引诱着希特勒向苏联境内愈陷愈深。因为最初的两次企图都没有成功。第三次虽然捕获了较多的战俘,但却使他越过了第聂伯河。第四次虽然一网捉到了50万人以上,但冬季天气的来临,又阻止了德军扩大战果。在每一个阶段的会战中,为了放开和紧缩钳形部分,浪费不少的时间——换言之,为了尝试完成这样的战术构想,结果反而失掉战略目的。

古德里安的方法是否比较能够成功,那固然也是一个疑问。但即令在那个时候,在德国参谋本部中也有一些最优秀的分子,尽管他们本身并不是属于坦克学派,还是支持古德里安的意见,而且在事后的回顾中,他们的判断对于古德里安的战略更表示由衷的赞许。他们也承认对于这样孤军深入的前进,增援和补给的确会有许多的困难,不过他们却又认为这种困难并非绝对没有办法克服:一方面对于所能使用的空运能力应尽可能发挥,另一方面尽量减轻装甲部队的包袱——即推进它们的战斗单位,并集中全力来维持它们的攻势前进,至于其他附属的摩托化纵队就让它们慢慢地跟上来好了。但这种谢尔曼(Sherman)式的轻骑疾驶的观念太不合于欧洲战争的惯例,所以在这个阶段也就很难获得普遍的接受。(译注:谢尔曼为美国内战末期北军名将,其用兵以轻快神速为主,曾深入敌后获致大胜。)

在"论战"中既已决定采取正统派的战略,于是计划的设计就是要在达到第聂伯河之前,造成大包围的态势,以求把红军的主力一网打尽。为了增强这种机会,在包克集团军方面的计划是分为内外两个包围圈,第四和第九两个军团的步兵军负责短距离的内圈包围,而装甲兵团则作较长距离的外圈包围,即深入到相当程度再向内旋回。这种像望远镜套筒的形式使古德里安、包克和霍特的想法都可以获得某种程度的满足,但却又都不能尽如理想。

前进的轴线是沿着直达明斯克和莫斯科的大公路。这条轴线通过克鲁格第四军团的地段,而古德里安的装甲兵团也就是配属于这个军团的。其进口受到布列斯特-里托夫斯克(Brest-Litovsk)要塞的阻塞,而这个要塞又受到布格河的掩护。所以第一个问题就是要在布格河的对岸确实占领一个桥头堡,然后再肃清这个要塞的障碍,以便尔后的前进可以利用公路而加速。

在考虑这个问题时就产生了两个方案应加以选择:装甲师是等待步兵师打开缺口之后再前进呢,还是在突破时与步兵师协力,一同前进呢? 结果是采取第二案,这样也就有助于时间的节省。当步兵师用来攻占要塞时,装甲师就位置于其两侧翼上。在强渡了布格河之后,装甲部队就绕过布列斯特-里托夫斯克,而集中在其后方的公路上。另一个简化的措施就是所有一切参加突破行动的部队都暂时由古德里安统一指挥。等到突破完成之后,装甲兵团就独立地向前加速冲进——好像一颗炮弹从炮口中射出一样。

由于正面的宽广和它们所使用的迂回战术,再加上奇袭的作用,包克所部在许多点上都已作深入的贯穿。第二天在其右翼上的装甲部队达到了科布林(Kobryn),距离布列斯特-里托夫斯克已在40英里以外,而它的左翼则已占领格罗德诺(Grodno)要塞和那里的铁路中心。苏联人在波兰北部的突出地区——即比亚威斯托克突出地区(Bialystok Salient)——在形状上已经大变,其腰部已有被折断的危险。在以后几天之内,这种危险更日益严重,因为德军两翼正在向巴拉诺维齐(Baranovichi)集中,使在此前进地区中的所有一切红军部队都受到被切断的威胁。红军坦克部队的数量虽然很强大,但战斗效率却很差,这也使德军的进展受到莫大的帮助。

但是苏联人的顽强抵抗却又还是使德军的进展受到很多的障碍。德国人的机动灵活通常都是其对手所望尘莫及的,但是战斗上却并不那样容易击败他们。被包围的红军虽终于是难免被迫投降,但在投降之前,他们却还是会作困兽之斗,而且要拖延很多的时间才会停止抵抗——他们这种对于明知绝望的战略情况所作的顽固迟钝反应,使攻击者的计划受到严重的延误和扰乱。在一个交通不便的国家中,其关系尤为重大。

在布列斯特-里托夫斯克展开攻击的序幕时,就已经首次看到这样的效果。在其旧城中的守军,面对着强烈的空中轰炸和炮兵射击,还是苦守了一个星期,并使攻击者付出极高的代价。这样的经验在其他的地点也一再重演,真是使德国人有大开眼界之感,这是他们在过去所从未遭遇过的困难。在许多道路中心上,德军都曾经遇到此种顽强的抵抗,其战斗单位固然可以绕道前进,但其补给纵队却受到了道路的限制,仍然无法通过,因此整个作战的速度也就受到很大的影响。

当侵入者一路攻击前进时,周围的景色也就日益加深了他们内心里的忧虑。有一位德国将军对于此种印象曾经作过非常恰当的描写:

> "这个空间似乎是无限的,真是一望无涯。景色的单调,森林、沼泽、平原的广大都使我们在心理上感到压迫。良好的大路极少,到处都是恶劣的小径,一场大雨就把地面迅速地变成了泥潭。村落是既穷又丑,所看到的尽是木屋草棚。天然环境的艰苦也使人类变得麻木不仁——他们对于气候、饥渴,甚至于生死、天灾、人祸都同样地没有感应。苏联人民是坚强的,苏联军人则更坚强,他们似乎有无限的服从性和忍耐力。"

第一次的包围企图在斯洛尼姆(Slonim)附近就达到了高潮,这距离原有的最前线已在100英里以外。当时在比亚威斯托克突出地区中已集结了两个苏联军团的兵力,德军的内钳(步兵)在这里几乎已经把它们包围。但德军行动还是不够快,所以终于未能合围,以至于约有一半的被围部队勉强地逃走了,尽管它们已经溃不成军,分成许多小型而无联络的集团。在德国第四和第九两个军团中,大部分都是非机械化的部队,这也就是计划未能彻底实现的主因。

在两翼上的装甲部队又已深入100多英里,越过了1939年的苏联旧国界,然后才在超过明斯克的地方向内旋回——该城是在6月30日——第九天——被攻克的。那一天夜里,古德里安的一支冲得最远的先头部队在博勃鲁伊斯克(Bobruisk)附近达到了具有历史意义的别列津纳河(Beresina)——那是在明斯克东南方90英里外,距离第聂伯河已不到40英里。但是合围的努力又还是失败了,在他们的大包围计划失败之后,希特勒想要获得迅速决定性胜利的美梦也随之而幻灭。突然的一场大雨救出了重压之下的苏联人——那也正是前一年夏天法国人所没有能够得到的运气。大雨把沙土变成了烂泥。

这在苏联是一个比在法国远较恶劣的障碍,因为它不仅妨碍战术性的越野运动,而且也阻止战略性的道路行动。在这整个地区中只有一条良好的柏油路,那就是通过明斯克直达莫斯科的新公路,但它对于希特勒的计划只有一部分的贡献——因为这个计划的构想并非直捣莫斯科,而是要作大包围运动,所以也就必须要使用两侧的松软道路。在 7 月初的暴风雨之后,这些"流沙"(Quicksands)陷住了侵入者所有车辆的机动性,增加了红军的抵抗力。在这整个地区之内,还有许多由苏联部队所构成的孤立口袋(Isolated Pockets),当德军去扫荡它们的时候,也就会遭遇到极顽强的抵抗。虽然在这个分别以比亚威斯托克和明斯克为核心的双重包围会战中已经捕获了 30 万以上的战俘,但在渔网还没有收紧之前所已经溜走的人数也大致与此相等。对于第二道防线的加强而言,他们的逃脱是很重要的——这一道防线是设在第聂伯河的前面和其后面。

在这个紧要的阶段中,地理情况也变成一个更重要的障碍。在明斯克的东南是一大片森林和沼泽,而别列津纳河并非一条明确的河川线,而是一大堆的溪流从一个黑泥沼地中通过。德国人发现只有两条道路有可以载重的桥梁——一条是通过奥尔沙(Orsha)的主要公路,另一条则通往莫吉廖夫(Mogilev)。在其余的道路上都只有简陋的木桥,使重型车辆无法通过。虽然德军的行动很快,但他们却发现苏联人已经把最重要的桥梁都炸毁了。侵入者同时也第一次碰上了地雷区,并且因此而受到很严重的延误,因为他们现在的前进是受到道路的限制。别列津纳河之阻止希特勒的前进,正像当年阻止拿破仑的后退同样地有效。

德国人的本意是想在第聂伯河以西的地区中完成对红军的包围,但由于这种种因素的阻力,使他们未能如愿以偿。

大包围计划的落空,现在就逼迫德军必须越过第聂伯河继续前进,这却是他们所希望能够避免的。他们进入苏联早已超过了 300 英里的深度。现在为了要想执行一个新的包围计划,所以钳头又必须再度放开,这一次的目的是要在红军第聂伯河防线的后方,并且超过斯摩棱斯克的要点上去合围。但是 7 月 1 日和 2 日,德军并未能继续前进,一方面是为了要封闭明斯克的口袋,另一方面是为了好让第四和第九 2 个军团的步兵军可以兼程赶上。它们为了赶来帮助突破"斯大林防线"(Stalin Line),有些部队每天行军 20 英里,一连走了两个半星期。

但是对所谓"斯大林防线"的攻击却比德军统帅部所预料的远较容易,因为一路溃败的红军没有足够的时间来作适当的重新编组,而对于尚未完成的防御工事也来不及加以改善。第聂伯河本身虽是一个最大的障碍,但古德里安的装甲师在主渡河口之外的若干点上发动了快速的奇袭,在混乱中终于克服了这一道难关。到7月12日,德军已在罗加切夫(Rogachev)和维帖布斯克(Vitebsk)之间的宽广正面上,突破了"斯大林防线",并正在向斯摩棱斯克奔进。这次突破的轻松也暗示出来,若能照古德里安所希望采取的战略,容许装甲部队一开始就尽量地猛攻前进,则其收获可能多于冒险。

骤雨的来临,往往增加了地形的困难,这要比丧失了组织的抵抗更是一种较大的阻力。在这样的环境中,为了过去所浪费的时间也就遭到重大的惩罚。每一次的阵雨都要使侵入者暂时完全丧失其机动性。从空中看来那真是一种奇观——许多车辆大摆长龙,前后距离超过100英里以上。

坦克也许仍能继续前进,但坦克以及其他的履带车辆在每个所谓装甲师中只占一个极小的部分。它们的补给和步兵单位都是用大而且重的轮型车辆来载运,那是不能离开道路活动的,当道路变成泥潭时,它们也就寸步难移。等到太阳再出来之后,这种沙土的道路倒也干得很快——于是大队车辆方可继续前进。不过这种累积的延迟对于战略计划却构成严重的妨碍。

最初尚不为人所注意,因为古德里安装甲兵团沿着通往斯摩棱斯克的主要公路前进,速度还是相当的快——他在7月16日就进入了该城。在第聂伯河与杰斯纳河(Desna)之间的100多英里距离是在一个星期之内就越过了。但北翼方面的霍特装甲兵团在途中就受到了沼泽和暴风雨的耽搁。由于它的进度较慢,也就自然影响到希特勒包围计划的执行,并使苏联人有较多的时间来增强其在斯摩棱斯克周围的兵力。在包围战的最后阶段,两翼方面都遭遇到坚强的抵抗。这次的抵抗真可说是太顽强,据德国人的估计已有50万红军被关入口袋。虽然有许多人逃脱了,但到8月5日还是收容了30万的俘虏。

这个不完全的胜利给德国人留下一个很难解决的难题。莫斯科还在200英里以外,在他们的进路上仍然还有相当强大的苏联守军——并有新近动员的部队不断地前来增援。同时,德军发动新攻势的能力却已经相当地减弱,因为道路太坏,所以援军很难赶上。

这当然会造成一种无可避免的延迟,但德军实际延搁的时间却又远超过应有的限度。因为到了10月它们才继续向莫斯科前进。所以当包克的大军停顿在杰斯纳河上时,夏季中最好的两个月就白白地浪费了。其原因是希特勒本人举棋不定,再加上伦德斯特集团军在普里皮亚特沼泽以南地区的进展。

在南线方面,德军最初并未享有兵力的优势。实际上,从纸面上看来,对方的兵力是非常强大。布琼尼元帅(Marshal Budenny)指挥之下的苏联西南集团军,在波兰南部和乌克兰一共有 30 个坦克及摩托化师、5 个骑兵师和 45 个步兵师。其中有 6 个坦克及摩托化师、3 个骑兵师和 13 个步兵师是驻在比萨拉比亚,面对着罗马尼亚。以装甲兵而论,那是比面对着德军主攻方向的铁木辛哥元帅(Marshal Timoshenko)的西面集团军要多了差不多 1 倍的数量。总计起来,布琼尼共有各种不同型式的坦克约 5000 辆,而构成伦德斯特集团军装甲主力的克莱斯特兵团却只有坦克 600 辆。而且其中有许多都是曾经参加希腊战役,在来不及大修的情况之下,就被匆匆地投入这次更大的冒险。

伦德斯特所依赖的有利因素是奇袭、速度、空间——还有对方的指挥官。布琼尼,虽然是苏联内战时代的著名骑兵老英雄,但诚如他自己部下所云,是一位"胡子很大而头脑很小的人"。苏联高级将领中能力较佳的都已在战前的大清算中被杀光了,所以留下来的几乎都是庸才。这些人虽然在政治方面是很安全的,但在军事方面却很不高明。仅当那些老将在战争的考验下被淘汰之后,年轻的一辈才有出头的机会。

伦德斯特的主力是沿着布格河,集中在其左翼上。这个计划对于其有限的兵力作了最大的使用,而下述的事实也使他坐享很大的地利——他的发起线在加利西亚红军所构成的利沃夫突出地侧面的后方。所以他的攻击是从一块天然的"楔子"(Wedge)上来发动的,只要前进一小段距离,就可以威胁在喀尔巴阡山脉附近所有一切苏联部队的后方交通线。在赖赫劳的第六军团强渡了布格河之后,克莱斯特的装甲部队就从缺口中直趋卢茨克(Luck)和布罗迪(Brody)。

奇袭不仅有助于最初突破的顺利完成,而且也消除了苏联人可能会采取任何对抗行动的潜在危险。因为知道红军有 25 个师面对着匈牙利在喀尔巴阡山方面的国界,伦德斯特原以为当他趋向卢茨克时,这支部队可能会转过身来打击他的右侧背。哪知事实上它们却撤退了。(此种反应,再加上在红军前线地区中所发现的缺乏准备情形,也就使伦德斯特和其他的德国将领都认为希特勒所宣称的苏联人即将发动攻击的说法实在是无稽之谈。)

虽然起步如飞,但伦德斯特的兵力还是不能像包克所部在中央偏左方面进展得那样神速。古德里安认为最重要的就是要使苏联人都在跑个不停,即不容许他们有重新整顿的机会。他深信若不浪费时间,则他一定可以达到莫斯科,而这样一刀刺在斯大林权力的神经中枢上,即可以使整个苏联的抵抗都随之而瘫痪。霍特的意见与他相同,而包克也赞成他们两人的主张。但是希特勒在7月19日为了次一阶段的作战所发布的命令仍坚持其原来的构想。他要从中央包克集团军中抽出装甲部队,把它们分配到两翼上去——古德里安装甲兵团应向南旋回,以帮助打败在乌克兰和伦德斯特对抗的红军;而霍特装甲兵团则应向北旋回,以帮助勒勃进攻列宁格勒。

勃劳希契又再度采取拖延政策,而不敢立即表示反对。他说在任何进一步作战尚未开始之前,装甲部队必须先休息一下,它们的机械需要修护,人员也需要补充。希特勒也同意此种休息是必要的。在这个空当中,高阶层就继续讨论未来的作战线问题,一直到装甲部队可以再度前进时,他们还在争论未决。

在这样的讨论中度过了几个星期之后,陆军参谋总长哈尔德就催促总司令勃劳希契,提出向莫斯科加速前进的建议。希特勒却在8月21日下了一个更明确的新命令以来作为反驳。这个命令一开头就这样说:

　　"我不同意8月1日陆军总部对于东线作战问题所提出的建议。在冬季来临之前,最重要的任务不是攻占莫斯科,而是占领克里米亚,占领顿涅茨(Donetz)盆地的工业和煤矿区,切断红军来自高加索油田的补给线……"

因此,他命令立即向这些南面的目标扫清进攻的路线。包克集团军的一部分,包括古德里安的装甲部队在内,应向南移动,以帮助打败在基辅附近正在和伦德斯特对抗的红军。

当接到了这个命令之后,哈尔德就尝试劝说勃劳希契和他联名辞职。勃劳希契却说这是一种无用的姿态,因为希特勒会干脆地拒绝他们的辞职。至于说到争辩,希特勒会用下述的理由把它推开,这也就是他常说的话:"我的将军们对于战争的经济方面是一无所知。"他所肯让步的就只是在基辅地区的红军被肃清了之后,包克将仍准备继续向莫斯科前进,而古德里安的装甲部队为了这个目的也将再回到他的集团军内。

基辅包围战就其本身而言是一个伟大的成功,并且也引起乐观的期盼。古德里安由上向下打击在红军的后背上,而克莱斯特则由下向上攻击其正面,两个钳头在基辅以东 150 英里的地方会合,依照德国人所公布的数字,一共包围了 60 万人以上的红军。但直到 9 月下旬才结束这场会战,因为恶劣的道路和多雨的天气减缓包围行动的速度。胜利的光辉已被冬季的阴影所遮掩,对于侵入苏联的人这是一种历史性的威胁。由于浪费了夏季中的两个月,对于到达莫斯科的希望也就构成了致命伤。

9 月 30 日德军开始再度向莫斯科前进。当包克的大军在维亚兹马(Vyasma)附近又用大包围俘获了 60 万战俘之时,前途也就显得极为光明。德军在通向莫斯科的道路上几乎暂时是畅通无阻了。但维亚兹马会战一直到 10 月底才完全结束,到那个时候德军也已经疲惫不堪,由于天气越来越坏,所以原野也已经变成泥潭,而苏联的生力军又已在莫斯科的前面出现了。

大多数德国将领都希望能停止进攻,并采取一条适当的“冬季战线”(Winter-line)。他们记得拿破仑大军的遭遇,许多人开始重读高兰考特(Caulaincourt)对 1812 年的冷酷记载。但在较高阶层的看法却又不同。这一次并不能全怪希特勒,他对于日益增加的困难和冬季的情况已经感到有一点动摇。在 11 月 9 日,他很郑重地说:“双方若都承认无法消灭对方,结果就可以获得一种妥协的和平。”但包克却力主德军应继续进攻。勃劳希契和哈尔德也同意他的见解——在 11 月 12 日的一次高级参谋会议中,哈尔德表示有良好的理由可以相信苏联的抵抗已达到崩溃的边缘。

勃劳希契和哈尔德,再加上包克,他们 3 个人自然不愿意在此时叫停,因为当初力劝希特勒应继续向莫斯科前进,而不要追求南面目标的人就是他们。所以当 11 月 15 日天气暂时好转时,德军遂又立即向莫斯科推进。经过了两个星期在泥地雪天中的奋斗,终于停止在距离莫斯科还有 20 英里远的地方。

甚至于包克也都开始怀疑再尝试继续推进的价值,尽管刚刚不久以前,他还在宣称说:“最后的一营将决定胜负。”但勃劳希契因为他本人远在后方,所以仍坚持应不惜一切牺牲继续前进。他已经是一个病夫,对于希特勒因为战果太差而大发雷霆,感到异常的苦恼。

12 月 2 日,德军作了最后一次努力,有些支队已经渗入到莫斯科的郊区,但整个的前进却还是被滞留在莫斯科前面的森林中。

接着红军就发动了一个大规模的反击,那是由朱可夫(Zhukov)所准备和指导的。它们逐退了筋疲力尽的德军,威胁它们的侧翼,并造成了紧急的情况。自将官以下,侵入者的内心里都充满了拿破仑从莫斯科退出的恐怖幻觉。在这个紧急关头上,希特勒毅然禁止任何撤退(除了最短距离的局部性调整以

外），在此种情况之下，他的决定是正确的。虽然由于他的决定，德军停留在面对着莫斯科的前进阵地中，所遭受的痛苦真是难以形容——因为它们缺乏苏联冬季战役中所必需的一切被服和装备——但假使它们一旦开始发动全面的撤退，结果就会很容易变成恐怖的溃散。

因为希特勒在 8 月间决定暂停前进，而转向南部方面，所以也就丧失了攻占莫斯科的机会。尽管德军在南面颇有收获，但因此而没有攻下莫斯科，究竟还是得不偿失。在赢得了基辅大包围会战之后，伦德斯特也就乘胜蹂躏了克里米亚和顿涅茨盆地，但因为没有古德里安装甲部队的协助，在其对高加索油田的前进中终于受到挫折。他的部队虽然已经到达了顿河（Don）上的罗斯托夫（Rostov），但却已成强弩之末，不久终于为苏联人所逐出。他于是希望能够退到米乌斯河上（Mius River）去建立一道良好的防线，但希特勒却禁止作这样的撤退。伦德斯特就回答他说碍难遵命，并要求立即解除其指挥权。希特勒于是立即将其免职，并由赖赫劳来接任集团军总司令。但在伦德斯特一离去之后，整个正面也就破裂了，于是连希特勒也被迫承认有撤退的必要。这是在 12 月的第一个星期——与莫斯科方面的受挫几乎是同时。

在同一星期内，勃劳希契以病为理由要求解职，在次一个星期中，包克也采取了同样的态度，而不久以后，由于希特勒不准在列宁格勒附近的北面战线撤退，勒勃也随之而辞职。于是 4 个最高级的指挥官都已经离去了。

侵入失败的主因之一是德军计算错误，不知道从苏联的大后方斯大林可以动员那样多的预备兵力。就这一方面而言，参谋本部和情报机构都不能辞其咎，它们是和希特勒一样地受骗了。哈尔德的日记在 8 月中旬曾经这样记着："我们把苏联人估计得太低了，我们以为只有 200 个师，但现在却已经发现了 360 个师。"

这样也就把初期的惊人成就都大致抵消掉了。不仅不能肃清前进道路上的守军，而且还要一再地去应付赶到现场的苏联生力军。在德国鞭长莫及的地区中，苏联的巨大动员机构都能够顺利地工作，所以从 1941 年的冬季起，德国人在苏联战场上就经常居于数量的劣势。由于德国人的技术和训练都远较优良，所以才能在一连串的大包围战中击灭了大量的苏军——但终于又被陷在秋季的泥泞中。等到冬季的冰霜冻硬了地面时，它们又发现苏联的生力军正挡住进路，而它们自己却已经太困乏，无力向目标奋斗了。

仅次于它们对苏联人力资源的计算错误，第二个致命的因素就是，希特勒和他的高级将领们为了反复辩论下一个行动的问题，而白白地浪费了 8 月整整一个月的时间——在德国统帅部的最高阶层中,那些人的犹豫不决实已达惊人的程度。

在他们的下层,古德里安对于他所想做的事情特别地具有定见——他一直就希望能向莫斯科用最高的速度前进,而让那些步兵团去扫荡他所已经切开的敌军残部。在 1940 年他就是这样赢得法兰西之战。这固然不免要冒巨大的危险,但却可能赶在红军第二线兵力完成部署之前攻下莫斯科。德国统帅部没有接受他的建议而采取另一种路线,结果是所冒的危险更大,并终于产生了致命的结果。

苏联之所以能幸保其生存,主要的原因是其国家所具有的传统落后情况,而不是自从苏联革命之后所已经获得的技术发展。这又不仅是指其人民和军队的顽强成性而已——他们那种忍苦耐劳的能力都是西方人所不能及的。一个更大的资本就是苏联道路的原始化情况。其中大部分都不过是沙土的小径,只要一下雨,马上就会变成无垠的泥沼,这种情况要比红军的一切英勇牺牲都更足以阻止德军的前进。假使苏联统治者已在苏联建立了一个大致与西方国家相当的道路系统,则它可能就会像法国那样迅速地遭到蹂躏而被征服。

但这个结论又有其相反的一面。希特勒之所以会丧失其胜利的机会,主要是因为其陆军的机动性是以车轮为基础而不是以履带为基础。在苏联的泥路上,轮型车辆会陷入泥潭,但坦克却还是可以继续行动的。假使德国装甲部队备有履带式的运输工具,则尽管是泥泞载道,它们在秋季里也还是可能早已到达苏联的主要心脏部分。

第十四章 隆美尔进入非洲

1941年,战争在非洲的过程经过一连串的惊人变化,轮流打破双方的期待,但却没有决定性的胜负。那是一种快速运动的战争——但却是跷跷板式的运动,不断地上上下下,时高时低。在这一年开始时,首先是英国人把意大利人赶出了昔兰尼加,但接着在隆美尔将军(General Erwin Rommel)领导之下,德军开入了非洲,仅仅在两个月之后,英军也被逐出了昔兰尼加,不过在托卜鲁克那个小港内还保留了一个立足点。隆美尔曾经两次连续进攻托卜鲁克,但均被击退,英军也曾两次连续企图救援被困的守军,但都受到了重大的损失,劳而无功。经过了5个月的沉寂,英军在增强了兵力之后,遂在11月作了一次较大的努力,结果产生了为期一个月之久的拉锯战,双方各有胜负,终于因为久战力竭之故,德军遂被迫再退回到昔兰尼加的西部边境上。尽管如此,在那一年最后一个星期内,隆美尔又还是作了一次边境上的突击,这暗示出英军的前进不久就会受到另外一次戏剧化的挫折。(阅读本章时请参看第九章的地图。)

隆美尔在1941年3月底所作的第一次突击,加上其对于战果的尽量扩大,所产生的心理震荡作用空前地强大,因为英国方面绝未想到敌人有提前反攻的可能。3月2日,韦维尔曾向在伦敦的参谋首长们提出一项情况研判报告。在对于德国部队已经开始到达的黎波里的事实提出了警告之后,韦维尔遂又强调说,它们可能要把兵力增加到2个师以上时才会企图发动一个认真的攻击,于是他的结论就这样地指出,由于这些困难,德军在夏季终了之前,极不可能发动大规模的攻击。相反的,丘吉尔的回信却显示出他担心德国人不会照正统想法,可能不等到兵力充足就会动手打击;他也强烈地主张应采攻击性的对抗行动,不过他对于英军的实力却未免感到太乐观。3月26日,他给韦维尔的电报如下:

　　"我们对于德军向阿盖拉的迅速前进自然是很表关切。它们的习惯是乘虚而入。我猜想你是在等候乌龟把头伸到够远的时候才会一刀砍下去。让它们早一点尝到我们的厉害,似乎是非常的重要。"

　　但是无论就技术或战术而言,英军的素质都不高。虽然位置在前进地区甚为薄弱的第二装甲师有 3 个装甲单位(团),而隆美尔却只有 2 个,并且在"炮"坦克(Gun-Armed Tank)的数量上也是占有优势;但这些坦克中有许多都是缴获的意大利 M13 式。因为英国的巡航坦克(Cruiser Tank)已经极感缺乏,所以不得不利用它们来充数,事实上这些意大利坦克都已磨损得很厉害,情况颇为恶劣。又因为韦维尔的指示是"若受攻击,则应行迟滞作战而退却",所以也就断送了这支残破部队的一切前途。因此在 3 月 31 日当隆美尔一发动攻击时,它们就放弃在阿盖拉以东的瓶颈阵地,于是也就无异于打开大门欢迎他进入广大的沙漠地区。在这个沙漠中隆美尔可以任意选择前进路线和攻击目标,使英军感到莫知所措,而它们自己的能力却不适宜于作这样的灵活运动。在以后的几天之内,隆美尔根本不让它们有喘息的机会。英军丧失了其坦克的大部分,这并不是由于战斗的原因,而是因为在一连串的长时间混乱撤退中,机件发生故障或是燃料耗尽所致。

　　在不到一个星期的时间当中,英军已经从昔兰尼加的西部边境上撤退了 200 多英里的距离。在两个星期之内,它们已经撤退了 400 英里,达到昔兰尼加的东部边境,也就是埃及的西部边境——除了那支在托卜鲁克被围的部队之外。英军决定坚守这个小港,并把它当作一根插在敌人背上的芒刺来看待,这对于以后 12 个月内的非洲战役发展具有很深远的影响。

　　这样迅速的崩溃,在英军方面自然足以动摇指挥官和部队的信心,并且使他们易于夸大敌军的实力。但在距离较远的地方,却比较易于认清敌军的实力限制和战略障碍。在伦敦的丘吉尔于 4 月 7 日用电报把他的判断告诉韦维尔:

　　"你必须守住托卜鲁克,利用意大利的现成永久性防御工事,至少应能守到敌人运来强大炮兵部队时为止。似乎很难相信它们能够在几个星期之内办到这一点。敌人若一面围困托卜鲁克,而一面又向埃及前进,那么也就会冒着极大的危险,因为我们可以从海上增援并威胁其交通线。所以托卜鲁克似乎是一个应该死守的据点,而绝不应考虑撤退的问题。

我很想知道你的意见。"

韦维尔本已决定尽可能坚守托卜鲁克,但他在 4 月 8 日从开罗飞往那里视察之后,却报告说情况已经大为恶化,认为该地的防御可能性已经颇有疑问。丘吉尔在和参谋首长们密商之后,就拟了一个措词比较严厉的复电,其中有一句话是:"认为托卜鲁克要塞应予放弃的想法,似乎是不可思议。"在这个复电尚未发出之前,韦维尔又有报告送来,说明他已经决心对托卜鲁克作一段时间的坚守,并将在边界上集结一支机动兵力以分散和减轻敌人的压力,但同时又企图在 200 英里后方的马特鲁港地区照原定计划建立一道防线。以后应感谢托卜鲁克守军的英勇抵抗,结果遂使英军并未作更进一步的撤退,尽管是差不多又过了 8 个月的时间,托卜鲁克才终于解围。

托卜鲁克守军的主要部队为莫斯黑德将军(General Morshead)所指挥的第九澳洲师,他们是从班加西地区安全撤出的。此外,属于第七澳洲师的第十八步兵旅也已从海上进入该港增援,接着又还有来自第一和第七两个皇家坦克团的几支小部队,一共凑成了一支 50 多辆坦克的小型装甲部队。

隆美尔的攻击开始于 4 月 11 日,也是耶稣受难日(Good Friday),最初仅为试探性的突击。主力攻击则到星期一(复活节)上午才开始,打击在全长 39英里的周边南面中段上,距离港口约为 9 英里。德国突破了单薄的防线,其领先的坦克营向北奔驰了 2 英里远才被守军的炮火所阻,最后终于又从其已经作成的狭窄袋形地区中被挤了出来。在参加战斗的 38 辆坦克之内,一共损失了 16 辆——这个总数可以显示隆美尔的实力是如何的弱小。意大利部队在16 日也企图发动一次攻击,但它们的努力却迅速地崩溃了,当一个澳洲营开始反攻时,几乎有 1000 人投降。

在罗马的意大利最高统帅部对于隆美尔的孤军深入早已感到不安,现在就要求德国最高统帅部制止他的"轻举妄动"以及其想要攻入埃及的意图。德国陆军参谋总长哈尔德对于任何海外的行动,都一律想要加以限制,因为德军现在正在倾全力准备侵苏的作战,所以他不愿意对海外作任何的增援,以免影响到德军在主战场的实力。希特勒对于活力充沛的将领,像隆美尔这一类的人,有一种宠爱的倾向,而哈尔德却非常讨厌他们,因为他们的思想行为都是不合于参谋本部的典型传统。所以哈尔德的副手保卢斯将军(General Paulus),被派前往非洲视察,哈尔德在他的日记上很刻薄地写着:"去阻止这位军人发疯。"保卢斯到了非洲之后,虽然对隆美尔告诫了一番,但却还是批准他再向托卜鲁克发动一次新的攻击。

这次攻击是在 4 月 30 日发动的,到了此时,第十五装甲师的一些先头部队——但并非其坦克团——已经从欧洲运到,可以用来增强第五轻装师。这一次的攻击以防区的西南角为目标,并且利用黑夜的掩护。到了 5 月 1 日拂晓时,德国的步兵已经打开一条宽达 1 英里以上的缺口,于是第一波坦克就从这里冲入,直趋 10 英里以外的托卜鲁克。但前进了 1 英里之后,它们却意想不到地撞进了一个新埋设的雷区,其 40 辆坦克就有 17 辆暂时丧失了行动能力——不过其中除了 5 辆以外,德军终于在敌火之下把履带修好,又都安全地逃脱了。第二波德国坦克和步兵就向西南旋回沿着周边的后部去席卷防御部队。但它们横向前进了约 3 英里的距离时,却又被阻止了。这应归功于下述三种力量的结果:部署在雷区后方的炮兵火力,20 辆英国坦克所作的反攻,以及几个孤立澳洲部队据点的继续抵抗。至于意大利的支援部队进展得很慢而退却得很快,所以毫不发生作用。

次日,最初出动的 70 余辆德国坦克就只剩下 35 辆可以行动,所以攻击只好暂停。3 日夜间,莫斯黑德用他的预备步兵旅发动了一个反击,但却也失败了,于是情况变成了两败俱伤的僵局。周边的西南角仍握在隆美尔的手中,但很显明的他的实力还不足以攻克托卜鲁克,于是保卢斯在启程返国之前,遂禁止隆美尔再作任何新的企图。因此就发展成为围城战的形态,直到年底才结束——韦维尔接着也作了两次努力以求赶走隆美尔和救援被困的守军,但却也都失败了。

第一次努力是在 5 月中旬,其代号为"简短作战"(Operation Brevity),这也适足以表示其行动的简短性。第二次努力是在 6 月中旬,代号为"战斧作战"(Operation Battleaxe),那不仅给予以较大的重视,而且也寄予以较大的希望。为了想确保成功,丘吉尔决定不惜冒重大的危险——这个时候希特勒尚未转向攻击苏联,防御英国本土兵力的装备极为缺乏,但他却仍然把大量的坦克送往埃及增援;而且这些增援所必经的地中海航线,又有受到敌方空军狙击的危险。虽然丘吉尔有孤注一掷的豪情,但所获得的结果却还是令人失望。

为了想在非洲争取成功和确保英国在埃及的地位,丘吉尔不惜冒双重的危险,表现出来的是相当果敢有为。这与希特勒和哈尔德的态度恰好成一强烈对比,因为哈尔德他们是想要限制德军在地中海战场上的作为。10 月间,托玛将军(General von Thoma)奉命前往昔兰尼加作一次考察的访问。他回来报告说,需要 4 个装甲师的兵力,即足够保证侵入埃及行动的成功,但希特勒

却不愿意提供这样巨大的兵力，而墨索里尼也不愿意接受这样大规模的德国援助。隆美尔的小型兵力（仅为2个师）仅在意大利人惨败之后才勉强派往非洲，其目的只是为了保存的黎波里而已。甚至于当他已经用事实证明出来如此小型的装甲兵力都还可以作巨大贡献之后，希特勒和哈尔德还是不愿意再多给他一点少数的增援，否则他也许就可能已经决定胜负了。因为他们拒绝增援隆美尔，结果才坐失了乘着英国实力尚弱时征服埃及和把英国人逐出地中海的良机。这个机会错过之后，德国人在非洲遂终于在将来被迫花费更多的努力和忍受更多的牺牲，而仍然不免于失败。

但在英国，尽管其资源还是十分缺乏，在4月间就已经集中一支护航船队，准备载运大量的装甲部队前往埃及增援。当这支船队正要开航之际，英国当局在4月20日又接到韦维尔所发来的一份电报，电文内容强调情况的严重，并说明他对于较多装甲部队的迫切需要。丘吉尔遂立即提议，并且也获得参谋首长们的支持，命令装载坦克的5艘快船到直布罗陀后即向东转，采取捷径通过地中海——这样也就可以提早6个星期到达。他同时又坚持增援的数量还应增大，并把最新的巡航坦克100辆包括在内，尽管英国的陆军参谋总长狄尔将军（General Dill）力表反对，因为他害怕这样会使英国本土的防御力量过分减弱，以至于将无法应付可能来临的春季侵入。

（原注：丘吉尔在写给参谋首长们的私人便函中曾经这样慷慨激昂地说："中东战争的命运，苏伊士运河的得失，在埃及已经集中的兵力的前途，与美国合作的希望——都完全寄托在这少数几百辆坦克之上。只要可能则应不惜一切的代价将它们送去。"）

自从1月间德国空军在地中海上空出现之后，这个"老虎"行动（Operation Tiger）是想把一支船队送过该水域的第一次企图。由于受到有雾天气的帮助，船队并未受到空中攻击而顺利地通过。只有一艘船，装载着57辆坦克，在通过西西里水道时，因为触雷而沉没。其余的4艘快船在5月12日都安全地进入亚历山大港，带来了238辆坦克。[其中135辆为"马提达"重坦克，82辆为巡航（中型）坦克，21辆为轻型坦克。]这比韦维尔为了埃及的防御而已经搜罗得来的坦克总数要多了4倍。

不过韦维尔却并未等待这一批巨大增援到达，即决定利用其在边境地区所已经集中的残部先来尝试发动一次攻击，其原因有二：一方面是利用隆美尔在托卜鲁克被击退的机会，另一方面是根据情报得知他在补给方面已极感缺乏。这就是上文中所已经说过的"简短作战"，由戈特准将（Brigadier Gott）负责指挥。韦维尔的原始目的只想夺回靠近海岸的边境阵地——他知道敌军的防守兵力非常地单薄——准备在敌人援兵赶到之前，就把那些守兵赶走。不过他所希望的却又不仅此而已，诚如他在 5 月 13 日致丘吉尔的电文中所说的："若能成功，将考虑由戈特部队和托卜鲁克守军立即采取联合行动来驱逐在托卜鲁克以西的敌军。"

为了对戈特的部队提供打击力量，就动用了 2 个坦克单位——第二皇家坦克团，装备着 29 辆改装的旧式巡航坦克；而第四皇家坦克团则只有 26 辆"马提达"式坦克。这种坦克是装甲颇重，行动相当迟缓，英国官方的分类称之为"步兵坦克"。第二坦克团，连同一个由摩托化步兵和炮兵所组成的支援群，绕着敌方阵地在沙漠方面的侧翼前进并直趋西迪阿扎伊兹（Sidi Azeiz），以封锁敌人的增援和退却路线。第四坦克团则在直接突击中作为第二十二近卫旅（Guards Brigade）的矛头。

在黑夜中前进了 30 英里之后，哈勒法亚隘道（Halfaya Pass）顶端由意大利部队所据守的据点，于 5 月 15 日的清晨遭受了英军的奇袭，在攻克之后俘获了几百人，不过有 7 辆"马提达"坦克为守军炮火所击毁。其他两个据点——维德井（Bir Waid）和穆塞德（Musaid），也都相继被攻下，但在到达卡普措要塞之前，奇袭之利即已完全丧失，当一个德国战斗群采取侧击行动之后，英军的攻势即开始顿挫。虽然要塞被攻占了。但不久又还是自动撤出。此时，趋向西迪阿扎伊兹的迂回运动也在敌军反击的威胁之下折回。不过在另一方面，敌军在边境上的指挥官对于此次攻击方面实力的强大也获得了深刻的印象，于是他也开始撤退。

所以到了夜幕低垂之时，双方都在撤退。但是德意军的撤退却立即受到隆美尔的制止，他迅速地从托卜鲁克方面抽出了一个坦克营来增援。另一方面，在较遥远的上级司令部要他固守的命令尚未到达之前，戈特即已决定退到哈勒法亚（Halfaya），而其部队则早已开始行动。等到天亮之后，德军发现战场上已无敌人的踪影，使他们有如释重负之感——因为那个赶来增援的坦克营已经在中途用尽了它们的燃料，一直等到当天下午加油之后才能继续行动。

英军的撤退又并未以哈勒法亚为终点，不过在那里留下了少许守军。德国人迅速地利用其暴露的位置，从几个方面发动向心的攻击，于 27 日收复了这个隘道。这对于他们是一项非常有价值的收获，因为这个隘道对于英军下一次较大的攻击，即"战斧作战"，成为一种严重的障碍。此外，在这个中间阶段内，隆美尔也就在哈勒法亚以及其他前哨据点上为英国坦克安排陷阱，他的办法是把"八八"炮（88mm gun）埋伏在防御工事之内，这种本来是防空用的高

射炮,在这种安排之下,也就变成了一种极有效的战防火器。

此种紧急措施对于即将来临的战斗,被证明出来是一个非常重要的因素。在这个时候,德军所有的战防炮几乎 2/3 还是老式的 37 毫米口径(37mm),那是在战争前 5 年就已经发展成功的,比英国的两磅(2-Pounder)坦克炮和战防炮都要差得太多。它们对英国巡航坦克已不能产生太大的作用,而对于"马提达"则更是毫无办法。甚至较新式的 50 毫米口径战防炮(50mm)也只有在最近的射程才能穿透"马提达"的厚装甲——现在隆美尔一共只有 50 余门。但是轮型的"八八"炮在 2000 码的射程即能穿透"马提达"的前装甲(厚 77mm)。隆美尔现在一共有这样的炮 12 门,他把其中的 4 门(一连)位置在哈勒法亚,另外 4 门则位置在哈菲德山脊(Hafid Ridge)上——这两点也正是英军在一发动攻击时就立即想要攻占的目标。

对于隆美尔来说实在是太侥幸,因为在许多方面,当攻击发起时他都是居于严重的不利地位,尤其是在坦克的数量上——那是在这种沙漠战斗中的主要兵器。由于德国已经不会再有增援来到,当战斗开始时,他手里只有 100 辆"炮"(gun-armed)坦克,其中又约有半数以上是随着围困托卜鲁克的部队,那是在 8 英里远的后方。在英军方面,由于"老虎"船队的到达,已经使它们可以展开大约 200 辆"炮"坦克——所以在开始的阶段,也就享有 4 比 1 的优势。胜负的关键就要看他们能否在隆美尔从遥远的托卜鲁克把其余的坦克(第五装甲团)调来增援之前,就利用此种优势将边境地区的德军先行歼灭。

对于英国人来说,那是很不幸的,因为在对攻击作计划时是深受"步兵心理"(infantrymind)的影响。这种趋势又受到坦克类型混杂的加强,结果终于使数量优势发挥不出来。

"老虎"船队的到达已经使韦维尔能够重编 2 个装甲旅,来发动新攻势。但由于 5 月中旬"简短"攻击的失败,使所剩余的原有坦克已经寥寥无几,所以总数也就只够在每旅 3 团之内装备其中的 2 个团。丘吉尔曾主张,为了使每个旅可以装备其第 3 团,应仍采取地中海航线再送 100 辆坦克去,但是英国海军部却很不想再冒那样的危险。丘吉尔在他的回忆录上很挖苦地说:"若非韦维尔将军对于此一点并不太坚持,而且甚至于还帮对方说话,否则我将会采取内阁决议的方式来贯彻我的主张。他实际上是帮我的倒忙。"结果是船队改道绕着好望角航行,直到 7 月中旬才到达苏伊士。

此外,新到的巡航坦克只够装备 1 个团,而原有较旧式的巡航坦克则勉强够装备第 2 个团。另外一个旅的 2 个团就只好装备"马提达"即所谓"步兵坦克"。这又强烈地影响到指挥官的决心——一开始就用这个旅去协助步兵对敌方边境阵地作直接攻击,而不曾考虑到集中所有一切能够动用的坦克力量来摧毁对方在前进地区内的装甲部队。这个决心的后果对于攻势发展产生了严重的不利影响。

照丘吉尔所假定的,"战斧作战"的目的是具有极大的雄心——在北非赢得一个"决定性"的胜利,并"歼灭"隆美尔的部队。韦维尔对于如此完全成功的可能性表示一种谨慎的怀疑,但却也说他希望这次攻击能够成功地把敌人逐退到托卜鲁克以西去。他下给贝雷斯福德·皮尔斯将军的作战训令中所确定的目标就是如此。后者为西沙漠部队(Western Desert Force)的指挥官,负责攻击的实施。

攻击计划分为 3 个阶段:(1)在开始时,由第四印度师负责进攻哈勒法亚—塞卢姆—卡普措之线的要塞化地区,由第四装甲旅(装备着"马提达"坦克)加以协助。至于第七装甲师的其余部队则掩护在沙漠中的侧面。(2)在第二阶段,第七装甲师应使用其 2 个装甲旅向托卜鲁克扩张前进。(3)在第三阶段,这个师应与托卜鲁克的守军会合,一同向西推进。这是一个含有失败种子的计划。因为在第一阶段就已经把装甲部队的一半用来协助步兵,所以要想乘敌方从托卜鲁克调来援兵之前即先击毁其在边境地区的装甲团,机会也就最多只剩下一半了。这样也就使第二和第三阶段的计划更难有成功的希望。

要想到达敌军在边境上的阵地,攻击军必须先作长达 30 英里的前进运动,那是在 6 月 14 日下午开始的。最后一次的跃进长 8 英里,是在 15 日凌晨的月光之下完成的,于是右翼方面最先开始战斗,攻击敌军在哈勒法亚隘道的前哨阵地。但防御者比在 5 月间已经有较好的准备,因为英军的计划是必须等待炮兵有了足够的亮光能够射击时,坦克始准突击,所以也就坐失奇袭的机会。又因为指派支援哈勒法亚攻击的一个炮兵连被陷在沙土中不能行动,所以这个决定也就更坏了。在光天化日之下,"马提达"坦克连才刚开始领先攻击。第一个传回来的消息就是其指挥官在无线电里说:"他们正在把我的坦克撕成碎片。"这也是他的最后通信。一共 13 辆"马提达",从隆美尔用 4 门"八八"炮所构成的坦克陷阱中生还的却只有 1 辆,无怪乎英国部队把"哈勒法亚隘道"谐音的喊作"地狱火隘道"(Hellfire Pass)。

当此之时,中央纵队正在越过沙漠高原向卡普措要塞挺进,由一整团的"马提达"充任矛头。在这一方面德军没有"八八"炮,所以在如此强大压力之

下守兵的抵抗迅速崩溃。这个要塞被英军攻占之后，接着又还击败了两次反攻的企图。

但是领导左纵队的巡航坦克旅，本想要迂回敌军的侧翼，结果却冲入了隆美尔在哈菲德山脊上所布置的坦克陷阱，于是也就在那里受阻。下午再度进攻，结果只是陷入陷阱更深，所受损失也更重。此时，德军在边境地区的那个坦克团几乎全部都赶到了现场，它们从侧面发动一次反击，迫使残余的英国坦克缓慢地退回到边境线。

到第一天入夜之后，英军已经丧失其坦克总数一半以上，主要都毁在两个坦克陷阱之内，而隆美尔的坦克实力则几乎未受任何损失，再加上其在托卜鲁克的另一坦克团也已经赶到，所以他显然是已经占了优势。

第二天隆美尔就发挥了他的主动精神，使用其第五轻装师的全部从托卜鲁克包围英军在沙漠中的左翼，而其第十五装甲师则对卡普措发动一次强烈的反击以为配合。德军对卡普措的反击被英军所击退——因为它们在那里据有坚强工事和良好掩蔽的防御阵地。但是正面和侧面同时进攻的威胁打消了英军准备在那一天再发起攻击的计划，到了夜间，德军的包围行动也已有重要的进展。

为了扩张这种有利的态势，到第三天清晨，隆美尔就把他的全部机动部队都移动到沙漠侧面上，目的在横扫哈勒法亚隘道，切断英军的退路。当这个威胁在上午还剩一半时间变得非常明显之际，英军较高级指挥官在匆匆会商之后，即下令迅速撤退。在卡普措的先头部分几乎没有能够逃出，但由于英国的残余坦克拼命抵抗，才能获得让卡车载运步兵勉强冲出的时间。到第 4 天上午，英军退回到原有的攻击发起线——即退回了 30 英里。

在这 3 天的"战斧作战"中，生命的损失是很轻微的——英军方面伤亡和失踪的总数还不到 1000 人，而德军方面也差不多。但英军损失了 91 辆坦克，而德军则仅损失 12 辆。因为战场是为它们所控制，所以大部分损毁的坦克也就都可以修复再用。反之，英国人在匆匆撤退时，必须把损毁的坦克都丢在半路上，那些仅因为机件发生故障而不能行驶的坦克，只要有时间都可以修复，但却都完全损失掉了。此种不成比例的坦克损失可以强调这次攻势的失败，对于原有的目标和希望是完全没有达到。

托卜鲁克、"简短作战"和"战斧作战"都一致显示出战争的战术趋势已经有了新的变化。在第一次世界大战时以及以前的半个世纪都是防御居于优势的地位，到了第二次世界大战的初期，此种趋势几乎完全反转。自从 1939 年 9

月在所有的战场上由快速装甲部队所发动的攻击几乎是无战不胜，无坚不摧，于是一般平民和军人的意见遂开始认为防御具有一种先天的弱点，而攻击是必然获胜的。但上述几次经验却显示出来，甚至于在一个像北非沙漠那样开阔的地区中，只要能够了解近代工具的性质，则对于防御仍可巧妙运用而使其发挥极大的效果。从此时起，随着战争的延续和经验的累积，于是也就日益证明了采取较机动化形式的防御已经重获其在第一次世界大战中所享的有利地位，除非有巨大的兵力优势或非常高度的技巧，足以颠覆对方的平衡，否则攻击是绝难获逞的。

很不幸的，当英国人下一次再企图击败隆美尔和肃清北非时，对于"战斧"的教训往往都是误解或忽视，这也就大大地影响了他们的前途。最重要的一点就是，英军较高级司令部的报告中都不曾注意到"八八"炮在防御战中的巨大贡献。一直到秋季，又遭受一次惨重损失之后，才勉强认清了这一点，但他们却仍然坚信像这样庞然大物的兵器只能用在已经挖掘好了的阵地中。所以当隆美尔的防御战术有了新的进步时，即对"八八"炮作机动化的使用，他们又还是受到了奇袭而未能事先预见到这种发展而准备对策。

英国战斗部队和它们的较高级指挥官也忽视了另外一种重要发展——那就是敌人不仅在防御中，而且也在攻击中，对于其正常战防炮与战车的密切配合作了日益勇敢的运用。在未来的战斗中，这种配合是一个决定性的因素，其对于胜负影响之大甚至于还超过了"八八"炮。事实上根据分析，英军坦克损失惨重的主要原因就是由于德国人对于"五〇"战防炮有了一种新的用法：他们把这种相当轻便的小炮推进到距其本身坦克很远的前方，隐藏在有掩蔽的位置上。英国坦克乘员不知道有这样的埋伏，当他们的装甲板被一颗炮弹击穿时，他们也不可能知道那是发自坦克还是战防炮——因此也就很自然地总是归咎于比较容易看见的对手（坦克）。这样也就使他们误以为他们自己的坦克和坦克炮是不如敌人的——于是也就足以造成丧失信心的普遍趋势。

在他们检讨夏季的作战经过时，除了忽视了上述两点以外，又还有一个重要的误解，那对于英军下一次攻击计划也产生了极严重的影响。在"战斧"之后约 3 个月，韦维尔在他的报告中作结论说："我们失败的主因毫无疑问的是巡航坦克和'Ⅰ'（步兵）坦克在行动上的难于配合……"但事实上却根本不曾尝试加以配合，而且也没有测验过其可能性。2 团"马提达"坦克是从装甲师内抽出来，在开始发动攻击时就交给步兵师长直接指挥，而且在整个战斗过程中，他都紧抓住这些坦克不放手，并未依照预定计划在第一阶段之后就把它们

归还装甲师的建制。在合理的配合之下,"Ⅰ"坦克在装甲战斗中也仍可扮演一个很有价值的角色,对于巡航坦克的活动构成一种强力的攻击枢轴。"马提达"的速度比A10旧式巡航坦克差不了多少,后者在第一次利比亚作战中以及这次"战斧作战"中都曾和较快速的新式巡航坦克合作无间。德国人在这一次以及以后的战斗中,对于各种不同类型的坦克常能作巧妙的配合,而不感到太多的困难。那些不同类型的德国坦克之间的速度差异正像英国巡航坦克和"马提达"之间的差异一样巨大。

很不幸的,由于未经试验即假定此种配合太困难,于是在下一次英国的攻击中,巡航坦克旅和"Ⅰ"坦克旅遂被分割为两种完全分开的编组——结果英国人的战斗也就同样地被分割成为两个隔绝的部分。

第十五章 "十字军"作战

1941 年仲夏努力的失败使英国既未能在非洲获得决定性的胜利,又未能把敌人逐出非洲之外,于是也就使丘吉尔更一心想达到那个目的。他决定要在最短期间用更强大的兵力来作再度的努力。为此,他尽量向埃及方面增援。他的军事顾问们提醒他远东的防务决定已经拖延了太久,尤其是新加坡,其重要性仅次于不列颠本土,而远超过中东,丘吉尔却一概置之不理。陆军参谋总长狄尔爵士,曾尝试忠告丘吉尔对于两个区域的利害安危应作慎重合理的考虑,但他这个人的个性太温和,不是丘吉尔那种强人的对手。

但是在远东的危险现在已经变得很严重,而英国人在那一方面的兵力却依然薄弱得可怜。虽然日本一直到此时还不曾投入战争,但罗斯福和丘吉尔在 7 月间所采取的切断日本经济资源的步骤必然会引起它的反噬。日本在行动上的迟疑容许美英两国有 4 个多月的时间可供发展它们在太平洋地区的防务,但它们却并不曾好好地加以利用。在英国方面,主要的原因就是丘吉尔的兴趣和努力都完全集中在北非一隅之地。所以隆美尔间接地造成了新加坡的陷落——一方面是他个人对于英国首相所构成的强烈印象;另一方面是他对于尼罗河谷和苏伊士运河所构成的潜在威胁。

为了在非洲再兴攻势,其代号为"十字军"作战(Operation Crusader),英军数量已经大大增加,装备也已经重换。由 4 个坦克单位(团)增到 14 个,所以已经可以有 4 个完整的装甲旅用作攻击部队,每个旅都是 3 个团。托卜鲁克守军也获得了 1 个旅(包括 2 个坦克团和 1 个额外的连),那是从海上运来,以便突破敌军包围线并和攻击部队相会合。这些装甲旅的主要部分都是装备着新型的巡航坦克,或是新的美国"斯图亚特"(Stuart)式坦克,那是比任何其他已有坦克的速度都要快,但却还是有 4 个单位的"Ⅰ"坦克,即"马提达"式或"法兰亭"(Valentines)式。摩托化步兵师增加了 3 个,使总数一共为 4 个;在托卜鲁克也换了一个新的师——英国第七十师代替了一直在围城中苦撑的第

九澳洲师。

在另一方面,隆美尔从德国所能获得的增援非常地有限,也从未有新的坦克单位被调来扩充其原有的 4 个团。第五轻装师虽然已经改名为第二十一装甲师,但是其坦克数量却并未获增加,他惟一能够用来扩充其兵力的办法,就是把一些额外的炮兵和步兵单位,勉强拼凑编成了一个非摩托化步兵师,最先称之为"非洲师",以后才改称为第九十轻装师。意大利的兵力本为 3 个师(其中 1 个为装甲师),现在又增加了 3 个较小的步兵师——但因为它们的装备太陈旧和缺乏摩托化运输工具,所以价值颇为有限;它们只能用来担负静态的任务,对于隆美尔的战略行动自由是一种莫大的障碍。

在空军方面,英国人现在享有巨大的优势。他们能够立即用来支援攻击的实力已经快要达到飞机 700 架,而对方则仅有德国飞机 120 架和意大利飞机 200 架。

在装甲方面,英国人的优势更为巨大。当攻势发起时,英国人所有的"炮"坦克超过了 710 辆,其中约有 200 辆为"Ⅰ"坦克;而敌方则只有德国"炮"坦克 174 辆,意大利的 146 辆——后者是并无太多价值,因为那都是已经落伍的型式。所以就总量而言,英国人享有远超过 2 比 1 的优势,而专以对德国坦克而言,则更是超过了 4 比 1 的标准。德国的两个装甲师,每个师都有 2个坦克单位(团),被英军总司令认为是"敌军的骨干"。此外,隆美尔除了少数正在修理中的坦克以外,就再没有其他的预备队;而英国方面在预备队中或在航运途中的坦克还有 500 余辆之多——所以他们可以比较经得起长期的消耗。事实上,以后扭转战局的也就终于还是依赖这些预备部队。

隆美尔的最大本钱,足以抵消其在坦克方面严重劣势的,就是到了秋天其一般性的战防炮已有 2/3 都换了新型 50 毫米长筒炮——那比他原有的"37"口径在贯穿能力方面增加了 70%,而比英国的"两磅"炮也占有 25% 的优势。所以他在防御上已经不再像夏季时那样依赖极少数的"八八"炮。

除了把大量的援军和大部分英国新制造的装备都送往埃及以外,丘吉尔也给那里的攻击部队换了一批新指挥官。在"战斧作战"失败后的第 4 天,韦维尔即被解除了指挥权,他的遗缺由印度军总司令奥金莱克爵士(Sir Claude Auchinleck)继任。其他部队指挥官和装甲师师长不久也都换了新人。丘吉尔对于韦维尔的慎重作风早已感到不耐,所以"战斧"的失败也就使他毅然决定换一位新的总司令。但是他不久就发现新总司令奥金莱克又再度地使他感到非常不愉快,因为后者坚决地抗拒其一切压力,不肯提早发起攻势,并认为必须要有充分的准备和足够强大的实力,始足以保证决定性的成功。所以下一次的攻势,即所谓"十字军"作战直到 11 月中旬才开始发动,距离"战斧"已有 5 个月之久。在此阶段内,数量已经大肆扩充的部队就改名为第八军团,其司令一职由坎宁安中将来充任——他曾经肃清意属索马里,并由此攻入埃塞俄比亚,促成了意大利东非帝国的总崩溃。这个新军团分为两个军:第十三军由高德温·奥斯汀中将(Lieutenant-General Godwin-Austin)指挥;第三十军(装甲军)由诺里中将(Lieutenant-General C. W. M. Norrie)指挥。除了诺里以外(他是一位骑兵出身的军官),其他所有的新指挥官都没有运用坦克和对装甲部队作战的经验。本来派往指挥装甲军的人倒是一位坦克专家,但他在攻势快要发动之前,却在一次空难中送了命,所以才临时由诺里来代替他。

第十三军辖有新西兰师和第四印度师,另外加上 1 个旅的步兵坦克。第三十军含有第七装甲师,它又分为两个装甲旅(第七和第二十二)、第四装甲旅群(Brigade Group)、第二十二近卫(摩托化)旅和第一南非师。第二南非师则充任预备队。

这次攻击计划的基础是用第十三军牵制据守边境阵地的敌军,而以第三十军绕过敌方阵地的侧翼去寻找隆美尔的装甲部队而歼灭之——然后再与托卜鲁克(在边境后约 70 英里)的守军会合,守军须同时突围以来迎接第三十军。所以照这个计划,两个军连同其独立的装甲部队,分别在相隔颇远的地区中作战——而并不曾考虑到统一攻击的效果。英国装甲部队中威力最强的部分,即使用"马提达"式和"法兰亭"式重坦克的旅,对于装甲战斗不曾作任何贡献,而只是分成许多小队去帮助步兵作战。等到前进之后这种兵力的分配也就很快地变成了兵力的分散,使英军坦克到处都是,而到处薄弱。

当英军开始作战略性的迂回运动时,敌人已经受到奇袭,并且也暂时发生混乱,但它们却坐失了这个良机。不久英军的攻击即开始脱节——而且大部分都是自己脱节的。诚如隆美尔所讥讽的:"假使你有 2 辆坦克而我只有 1 辆,但你却把它分开好让我有各个击破它们的机会,那么 2 与 1 又有什么差异呢?结果你把 3 个旅逐次送到我的面前。"

这种困难的根源是深藏在古老的准则中,那就是说在一切官方的典令中和参谋大学的教材中,都认为主要的目标即是"在战场上歼灭敌军的主力"。对于一位军事指挥官而言,这也成为一种惟一的合理目标。在两次大战之间的时代,这种传统观念更受到以步兵为中心的指挥官们所激赏:当他们在考虑应如何使用他们所指挥的坦克时就会这样地说:"击毁敌人的坦克,于是我们就可以展开战斗了。"在上级给与第八军团和其装甲军的指示中,对于这种习惯的想法是太明显了:"你们当前的目标就是歼灭敌人的装甲部队。"但装甲部队的本身根本不适合于当作一个眼前目标。因为它是一种机动性的部队,通常不像步兵那样地易于固定。要想达到歼灭它的目的,最好是采取间接路线,即攻击或防守某些要点以来引诱它自投罗网。想尝试用一种太直接的方法来歼灭隆美尔的装甲部队,结果使英军本身的装甲部队不仅延伸和分散得太远,而且更使它们自己太容易落入隆美尔的坦克陷阱。

11 月 18 日清晨英国第三十军的部队越过了边境,然后开始向右旋回奔向 90 英里以外的托卜鲁克。这是在一把"空伞"(air umbrella)的掩护之下前进的,但此种对被敌发现和干扰的掩护在目前却并不需要,因为夜间的一场暴雨已经把敌人的机场变成了沼泽,使其所有的飞机都不能起飞。由于同一原因,前进的迟缓也就没有太多的关系。隆美尔根本就不曾想到英军会大举反击。他一心忙于准备进攻托卜鲁克,他的攻击部队已经调往那一方面,不过他在沙漠中向南面还是留下了一个强大的掩护部队以防英军的干扰。

到了 18 日入夜的时候,英军装甲纵队已经跨越阿卜德小道(Trigh el Abd),次日上午再向北继续推进——在逐退隆美尔的掩护部队时,他们原长 30 英里的正面也就逐渐延伸到了 50 英里。此种过分延伸的不良影响没过多久就发展到颇为严重的程度。

在中央方面,第七装甲旅 2 个领先的团攻占了在西迪拉杰格(Sidi Rezegh)峭壁顶上的敌方机场——距离托卜鲁克的周边只有 12 英里。但是这个旅的其余部分以及师属的支援群都是直到次日(20)上午才赶上来,那时,隆美尔已经派了非洲师的一部分部队,带着大量的战防炮,扼守着峭壁顶部的边缘,并阻塞了道路。没有更多的增援到来以增强英军在那里的兵力。因为其他 2 个装甲旅都出了麻烦,一个在东一个在西,都还相隔得很远,而第一南非师也同样地偏向了西方。

在西面所发生的意外是第二十二装甲旅已经冲入意大利的坦克群,在把它们逐退了之后,该旅就乘胜进攻在古比井(Bir el Gubi)的意军设防阵地。这个第二十二旅是由义勇骑兵团(Yeomanry regiments)所编成,这些部队乘坐坦克的时间并不久,而对于沙漠作战更是缺乏经验。那是一个太英勇的空击,充分表现出在巴拉克拉瓦(Balaclava)"轻骑兵旅冲锋"(Charge of Light Brigade)的不朽精神。结果在意军埋伏炮火之下受到了重创,在他们 160 辆坦克中一共损失了40余辆。第三十军的军长还以为攻击进行得非常顺利,遂命令南非师也向那个方向前进以便占领古比井。(译注:"轻骑兵旅冲锋"是克里米亚战争中的一段故事,充分表现英国军人有勇无谋和视死如归的精神。)

在东面的第四装甲旅群为了追逐一个德军的搜索部队,已经拉开了25英里的距离,却突然发现有一支强大的德国装甲部队在其后方附近出现,在其先头部队中的一两个单位还来不及回头救援时,其殿后的单位即已受到了惨重的损失。这个打击也就是隆美尔第一天对抗行动的尾声,它是由一个强大的战斗群来执行的(包括第二十一装甲师的2个坦克单位)。

很侥幸的,在这个侧面上的英国装甲部队次日上午却并未受到整个非洲师的集中攻击。由于情报的错误,该军军长克鲁韦尔(Cruewell)以为英军的最危险前进是沿着北面的路线,即卡普措小道(Trigh Capuzzo),所以他把该军的2个装甲师都向卡普措移动——但却发现在那个地区中空无一物。(译注:此时隆美尔已升任非洲装甲军团司令,其非洲军的遗缺由克鲁韦尔继任。)

由于缺乏空中侦察,德国人是仍在"战争之雾"(fog of war)中作盲目的摸索。更糟的是,其第二十一装甲师在这次向东的奔驰中已经把燃料烧光,所以暂时不能动弹。在那一天只有第十五装甲师可以调回,下午就遭遇到仍然孤立在贾卜尔萨莱勒(Gabr Saleh)的英军第四装甲旅——所以这个旅在第二天一连受到了德军的反击,损失颇为重大。虽然英国较高级指挥官对于敌人的行动有良好的情报,但他们对于非洲军暂时离开现场而呈现出来的机会却并未能迅速地掌握并加以利用。他们也没有立即采取步骤来把他们3个分散的装甲旅集中在一起。快到中午时,因为第四装甲旅所面临的威胁已经很明显,于是第二十二装甲旅奉命向东前进以来增援,不再照原定计划去和在西迪拉杰格的第七装甲旅会合。但是由于从这个侧面上调到那个侧面上,第二十二旅要行军很长的一段距离,直到入夜才到达目的地,所以已经太迟而对于战斗毫无帮助。

在所有这些时间当中,第十三军的新西兰师和"I"坦克旅却一直都停留在仅仅只隔7英里远的吉卜尼井(Bir Gibni)。它们都渴望前进和热烈地想能助战。但是它们不仅不曾被邀参加装甲战斗,而且自愿助战的好意也都被拒绝。这真是一件奇事,足以显示出在这次会战中"两个战斗划分"(two-compartment)观念的执行之彻底。

到了11月21日上午,在贾卜尔萨莱勒的2个英国装甲旅发现敌人已经在它们的面前失踪了。这一次德军却并没有扑空——因为隆美尔现在对于英军的形势已经有了明白的认识,所以他命令克鲁韦尔集中其2个装甲师,对于在西迪拉杰格的英军前进部队作一次决定性的攻击。

诺里刚刚告诉这支部队应向托卜鲁克挺进,同时也已经通知了托卜鲁克守军准备突围,但当它尚未前进之时就已经出了毛病。上午8时,远望着2支德国装甲纵队,分别从南方和东方驰来。于是在西迪拉杰格的3个英军装甲团就匆匆地分出了2个团去抵挡它们。这样就只留下了1个团(第六皇家坦克团)继续向托卜鲁克进发,它们不久就被德军位置良好的炮火击成了碎片,因为火力能够集中在这个部队之上,所以毁灭威力也就非常地可怕。这又是另一次"轻骑兵旅冲锋"——只是这个旅却实在是太轻了。其他的2个装甲部队则受到了非洲军的痛击。其中的一个——第七骠骑兵团,几乎全部为第二十一装甲师所歼灭。另外一个——第二皇家坦克团,则勇敢地向第十五装甲师反扑,并在运动中巧妙地运用其火力,遂终于迫使敌军自动撤退。但到了下午,德军又再度发起攻击,并巧妙地运用把战防炮推进到坦克前方去的新战术,结果遂使其敌人受到极严重的损失。若非第二十二装甲旅终于从贾卜尔萨莱勒姗姗来迟地赶到了,否则第七装甲旅的残部就会全部被歼灭——至于第四装甲旅是直到次日才赶到。从托卜鲁克突围的英军,在深入德意军的包围阵地4英里之后,因为听到第三十军已经挫败的消息遂暂时停止不进——已经突出的部队就留置在一个狭窄的危险突出地区之内。

到第5日拂晓时,非洲军又再度失踪了——这一次只是为了补充它们的燃料和弹药。甚至于连这样一个短暂的休息,都是隆美尔所不容许的,大约在正午的时候,他到了比较接近战场的第二十一装甲师的师部,命令它发动一个间接路线的攻击:通过西迪拉杰格北面谷地向西前进,然后绕过来攻击英军阵地的西侧面。乘那2个剩余的英国装甲旅措手不及之际,德军冲过了斜坡,攻入机场,并击溃了支援群的一部分。那2个装甲旅的反攻不仅太迟而且也不协调,所以到了天黑时就以一片混乱的情况作为结束。但对于这个不利的一天却还不能算是已经结束。因为第十五装甲师在告假一天之后,到了黄昏又回到了战场,攻击在第四装甲旅的后面,并包围了它的停车场,那是其司令部、预备队和第八骠骑兵团所在的地点。因为受到了奇袭,所以大部分的人员、坦克和无线电联络工具都被俘了。该旅旅长恰好在西迪拉杰格指挥反击,得以幸免于难——但到了23日拂晓时,他却发现他的部队已经残破不堪,而且他也已经没有办法可以把那些残部加以收拾和整顿。所以在这个更紧要的一天当中,他的行动是完全被瘫痪。

不过在 23 日的清晨,非洲军的司令部也遭遇到了类似的命运,这多少是可以产生补偿作用,尽管其效果不是立即可以显示出来。那是由于坎宁安已经命令第十三军开始前进——虽然也还只是有限度的。22 日,新西兰师攻下了卡普措,于是其中的一旅(第六)遂奉命向西迪拉杰格挺进。在 23 日拂晓后不久,它就撞上了非洲军的司令部,克鲁韦尔仅以身免,因为他恰好已经出发去指挥次一阶段的战斗。但由于损失了作战幕僚和无线电联络,以至于在此后几天之内,都使他受到了很严重的障碍——不过英国人却并不太了解这种障碍的严重,因为他们自己的困难太多,所以无暇及此。

11 月 23 日是一个星期天——在英国它是耶稣降临节(Advent)前的第二个星期天,在德国那却是被称为"死亡的星期日"(Totensonntag)。若以沙漠中的战斗情况来说,则德国人的定名似乎是很巧合的。

在夜间,英军在西迪拉杰格的部队已经略微向南撤退,并等待第一南非师的增援。但这 2 支部队却始终未能会合。因为在晨雾之中,德军的 2 个装甲师发动了一个集中的突击,使英国人和南非人都受到了奇袭。他们不仅被分开,而且运输车辆也损失颇重。若非克鲁韦尔在此时发出了叫停的讯号,则英军的损失可能还会更大——克鲁韦尔因为对情况还不太清楚,所以希望与意大利的阿里埃特师(Ariete Division)会合之后再来作决定性的攻击。(译注:意大利师都是用动员地区来命名。)但是意大利部队的前进却是非常谨慎迟缓,所以一直等到下午,克鲁韦尔才开始发动其攻击。那是从南面打击在诺里前进部队的主要部分上,即现在被孤立的第五南非旅和第二十二装甲旅——某些较小的残部则已在这空隙中溜出了陷阱。等到克鲁韦尔攻击时,英军已经组织好了一个良好的防线。他的集中攻击终于突入英军的阵地并压倒了防御者——其中约有 3000 人被俘或被杀。但非洲军所剩余的 160 辆坦克中却损失了 70辆以上。

在这一次对防御阵地作直接攻击时所损失的坦克数量足以抵消在前几天内各种巧妙运动所获得的一切物质利益的总和而有余。这个战术性成功所付出的代价实在太大,在整个"十字军"作战中,在战略上要比任何其他的东西所给予德国人的损害都还更大。诚然,第三十军所受的损失还要惨重——在其开始进攻时的 500 辆坦克中现在只有 70 辆左右还能行动——但英国人有大量的储备物资可以恢复其坦克实力,而隆美尔却没有。

11 月 24 日,战斗又发生了另一次戏剧化的转变。隆美尔现在决定率领其所有的机动部队,越过边境,向第八军团后方深入,以扩张他的战果。为了

节省时间,他不等到全体部队都完成集结的准备,就率领第二十一装甲师先走,告诉第十五装甲师紧跟上来,同时又命令意大利机动军,包括阿里埃特装甲师和的里雅斯特(Trieste)摩托化师在内,为德国装甲师的后援,封闭起环绕英军的包围圈。

从其前一夜对柏林和罗马的报告中所指示出来的,隆美尔最初的意图是只想利用英军的分裂状况,以救出在边境上的德意守军。但到了夜间他的目标又扩大了,依照其主要参谋军官的证词,也就是他们记载在司令部战争日记上的话,那就是:"总司令决定使用他的装甲师,来恢复在塞卢姆(Sollum)前线上的情况,同时也向英军在西迪奥马尔(Sidi Omar)地区的后方交通线前进……这也就是说他们不久就会被迫放弃战斗。"

隆美尔不仅攻击对方部队的后方和补给线,而且也同时攻击对方指挥官的心理。在那个时候,这样一个攻击所能具有的成功希望超过了隆美尔所料想的程度。因为在前一天,看到装甲战斗的结局那样悲惨,坎宁安已经考虑到要退守国境,仅仅由于奥金莱克的赶到才制止了这个行动——他从开罗飞来前方,坚持再继续撑下去。但是由于隆美尔冲向国境,使挡在路上的英军都望风披靡,所以自然在第八军团司令部中产生了更大的惊惶。

到了下午4点,隆美尔已经在谢费尔增井(Bir Sheferzen)到达了国境线——在沙漠中5小时的奔驰已经越过了60英里的距离。一到达之后,他就立即派一个战斗群越过边境上的铁丝网向东北方向前进,以哈勒法亚隘道为目标,以求掌握第八军团沿着海岸走的退路和补给线,并威胁其后方。在领导这个战斗群走了一段距离之后,隆美尔才又折回,但在沙漠中却因为车辆引擎发生了故障而进退不得。总算是非常幸运,克鲁韦尔恰好坐着他自己的指挥车路过此地,就顺便把他带走。但是夜色已深,他们无法找到铁丝网上的缺口。于是两位德军最高指挥官,连同他们的参谋长在一起,就在一个到处都是英国和印度部队的地区中过夜——因为一般士兵在夜里都有懒得找麻烦的天性,所以这也就是他们安全的惟一保障。又因为克鲁韦尔的指挥车是从英国人手中缴获来的战利品,所以天一破晓,也就帮助了他们顺利地溜走,并安全地返回了第二十一装甲师的师部。

经过了12小时的"拘留",当隆美尔一回来之后,就发现第十五装甲师还没有能够到达国境线,至于阿里埃特师则更是早已停在半路上——因为它发现第一南非旅的位置恰好挡住进路,就不敢再向前了。运输燃料补给的纵队也没有到达。这样的延误不仅妨碍了隆美尔的反攻计划的实现,而且也缩小了它的发展。他无法照原定计划派一个战斗群向东前往哈巴塔(Habata),那是英国铁路线的终点。他也不可能另派一个战斗群向南,沿着经过马达累纳堡(Fort Maddalena)的小径,直趋贾拉布卜绿洲(Jarabub Oasis),那也正是第八军团前进指挥所的驻地——这一行动将足以增大那里的混乱和恐惧。甚至于在边境地区之内,这一天也是浪费掉了,除了第二十一装甲师的一个早已减弱的坦克团曾向西迪奥马尔作了一个代价很高的流产攻击之外,更无其他有收获的行动。当较强的第十五装甲师终于到来时,其沿着国境近边向北的攻击也只不过是击毁了英军的一个野战修理工厂——当时有 16 辆英国坦克正在那里修理。

前一天的来势那样凶猛,而这一天的发展却又是如此的轻松,所以也就使英国人获得了一个喘息和恢复平衡的机会。此外,在第 3 天(11 月 26 日)的上午,坎宁安已被免除了第八军团司令的职务,他的遗缺由奥金莱克的副参谋长里奇(Neil Ritchie)继任——这是一种紧急措施,目的就是要保证不惜一切地冒险必须继续作殊死战。对于英国人来说,可以算是运气太好,当敌人前进时并没有发现在阿卜德小径以南的两座巨大补给堆栈对于英军继续战斗和再度前进的可能性,这实在是一个重大的关键。德国装甲师由西迪拉杰格向东南方的前进是从那些堆栈的北面经过,所以不易发现;但是意大利部队的路线却距离那里极近,若是它们继续向前推进,则那些物资即可能早已落入隆美尔的手里。

尽管隆美尔的攻击已经丧失了锐气,但在 26 日的上午,英军的情况依然还是非常地危急。第三十军已经如此地分散,所以在一整天之内,都不曾设法去解除敌人对第十三军后方的威胁——这些部队除了分散得很远以外,而无线电联络的破坏更增强了它们的孤立感。不过德军方面,也同样因为无线电联络的丧失而发生严重的通信困难,这对于它们的危害程度是有过于英军方面。因为它们的前途主要有赖于迅速和协调,必须如此始能威胁英军的后方。而英国人所能采取的最佳对策就是一方面坚守其在边境上的阵地,另一方面让第十三军的前进部分继续向西推进,以与托卜鲁克守军会合,而在隆美尔的后方去造成双重的威胁。此种威胁现在已经开始发生作用,留在阿德姆(El Adem)的非洲装甲兵团司令部已经一再发出电讯,要求调回装甲师来解除这个压力。

这种后方传来令人困扰的呼唤,加上前线地区中的无线电不通和燃料缺乏,遂使隆美尔的反攻计划难于继续执行。在 26 日上午,他曾命令克鲁韦尔

迅速肃清塞卢姆地区——同时使用第十五和第二十一两个装甲师作一次向心的攻击。但使他感到失望的是第十五装甲师一清早就已经返回巴尔迪亚去补充燃料和弹药,等到该师重返战场时,他又发现第二十一装甲师,因为命令的误译,已经从哈勒法亚撤出,而且现在也正在返回巴尔迪亚补充途中。所以那一天是一事无成,而到了夜间隆美尔也只好勉强决定让第二十一师继续向托卜鲁克方面转进。第二天,第十五装甲师发动了一次拂晓攻击,把最后方的新西兰旅司令部和支援单位都捣毁了之后,遂在隆美尔命令之下,也随着第二十一师撤退。这就是轰轰烈烈大反攻的一个最后秋波,临去一瞥。

事后的批评自然是受到已知这次攻击失败的事实之影响。战术心理的批评家认为隆美尔应该集中全力对于其在西迪拉杰格的成功作一种比较局部化的扩张:消灭第三十军的残部,或击灭在前进阵地中的新西兰师,又或是攻占托卜鲁克——于是也就解除了其侧面和补给线的威胁。但这些战术性的路线对于英军产生决定性战略效果的机会都不太大,而且还含有较多的危险,足以使他浪费时间和在无益的攻击中消耗兵力。从一开始起,隆美尔在数量上就居于非常不利的地位,所以在一个长期的消耗战中,他是注定了要吃败仗。假使他尝试追逐和歼灭第三十军的剩余坦克,则后者经常可以逃避战斗——因为英国坦克的速度比较快。其他的路线也就是说必须攻击位置在防御阵地中的步兵和炮兵。因为他根本上不能打消耗战,所以假使还有较好的希望存在时,若采取这些战术性的途径那才实在是太不聪明。他所选择的路线,即集中所有的机动部队来作深入的战略性突击,照理说是颇有希望。尤其是他已经说服了墨索里尼把意大利机动军也交给他指挥,所以机会也就变得更大。

事后的批评常常指责隆美尔好大喜功。但战争的历史却证明出来这一类的攻击已经成功的往例是不胜枚举——透过其对于敌方部队的心理作用,尤其是透过其对于敌方指挥官的心理作用。同时,隆美尔本人的经验也是强力的证据。在4月和6月,他已经两次使英军败退(而第一次简直是崩溃),其所使用的也就是这一类的战略性突击,只不过是兵力较少,而且不曾达到这样威胁的地步而已。2个月后——在1942年1月——他又曾作了第4次的深入突袭,使敌军发生了另一次崩溃——虽然他那一次没有像11月间深入到足以切断英军退却路线的程度。何况当他发动11月的突击时,敌军分裂溃散的程度是要比其他3次成功的情况都更厉害。

隆美尔这次失败的原因在上文的叙述中都已经提到,现在再把它们综述如下:(1)在支援隆美尔所亲自率领的第二十一装甲师的前进时,第十五装甲师的行动迟缓,意大利机动军的畏缩不前;(2)锐气和冲力的逐渐销蚀;(3)在边境上行动的劳而无功,原因为缺乏正确的情报,无线电失灵和命令误译;(4)英军对于其后方所造成的威胁;(5)奥金莱克的决定继续战斗,拼命反击而不撤退;(6)在紧急关头上第八军团的易长。坎宁安的继任者,是在这样的环境中被指派的,也就注定了他必须不惜一切牺牲,冒险抗战到底——而这也证明出来是一种幸运的决定,尽管有时也会误事。(2个月以后,这位后任者对于一个较小的威胁所作的反应却又恰好与其前任在11月间所作的相似。)

在对这段故事及其教训作任何军事性的分析时,又还有另外一个因素特别值得注意和强调。假使隆美尔所造成的溃散现象若是蔓延得更广,则奥金莱克虽有继续战斗的决心也还是没有用处,甚至于只会招致更恶劣的灾难。但是第三十军的大部分"残部"只要不是正挡着隆美尔进路的,就都还是继续留在其原有阵地或其附近,即令是已经被孤立,但却还是没有溃散。第十三军的情形也差不多。因为它们感觉到停在原地比较安全,即令补给能否继续都是没有把握的。

当隆美尔的战略性反攻未能达到其目的之后,于是他就面临着两个问题:(1)他是否能够恢复其元气? (2)他是否仍能卷土重来? 很令人感到惊奇的,尽管他的实力是那样微弱,但他对于这两个问题的答案却都是成功的。不过他对于其所重获的优势又还不能得到真正的利益,最后由于累积的消耗效果,终于还是难免撤退。此种最后的结局也适足以证明他在11月24日尝试使用那种似乎是狂妄的战略性深入突击手段是完全正确的——因为只有那样一个行动才能扭转战局使其变得对他具有决定性的利益。

当非洲军掉头向西进发时,其所剩下来的坦克只有60辆,其中1/3又都是轻坦克。因为自己的情况似乎是已经如此地恶劣,所以采取直接行动以来挽救托卜鲁克方面的机会,看起来实在是很渺茫。新西兰师的向西前进,是有接近90辆的"马提达"式和"法兰亭"式重坦克的支援,并于26日夜间突破了隆美尔的包围圈,而与托卜鲁克的英军会合——后者也有70多辆坦克,不过其中有20辆是轻坦克。此时从基地送来的新装备已经使第七装甲师的坦克实力快要增到了130辆,所以在坦克总数上英军现在已经占有5比1的优势,专以"炮"坦克而论,则更达到7比1。它们若能充分地集中使用,则非洲军要想逃生的机会也就变得十分地渺茫,仅凭第七装甲师的实力即能够粉碎它。

在撤退的第一阶段,非洲军的情况很糟,尤其是第二十一装甲师在途中为一个阻塞阵地所耽搁,所以当 11 月 27 日下午第十五装甲师受到英军第七装甲师的拦截时,它不能给予任何协助。英军的坦克多了 3 倍,其 1 个旅(第二十二)堵住进路,另 1 个旅(第四)则从侧面对德军的纵队进行攻击,使其运输车辆发生了严重的混乱。虽然经过了几小时的搏斗,德军终于制止了这次攻击,但其沿着卡普措小径的西向运动却暂时停顿。入夜以后,英国坦克就向南撤入沙漠中,照它们的惯例围成一个保护圈式的"车阵"(leaguer)过夜。这也就容许德军在黑夜的掩护之下继续西进。次日,英国装甲旅又再度攻击,但却为敌人所布置的战防屏障所阻——到了夜间德军遂又能安全地运动无阻。

到了 29 日上午,非洲军即已与隆美尔其余的部队会合,并解除了它们所受的压力。次日,隆美尔就集中全力来攻击孤立在西迪拉杰格山坡上的第六新西兰旅,并使用阿里埃特师掩护其侧翼,以防位置在南方的英国装甲部队干扰其作战。他的坦克绕到英军阵地的远侧方 ,从西面进攻,而其步兵则从南面进攻。到了 12 月 6 日黄昏时,新西兰旅即已完全被赶下了山坡,不过有一部分残余部队却重新加入了在下面谷地中的贝勒哈迈德(Belhamed)附近的新西兰师主力。英国装甲部队虽然又已经获得了新坦克的补充,并集中在第四装甲旅内,却并不曾努力突破隆美尔的掩护"幕"(Curtain),以来救援新西兰部队。英国装甲部队的指挥官因为已经一再上当,被诱入陷阱,在敌方坦克和战防炮巧妙配合之下受到惨重损失,所以现在行动也就变得过分谨慎。

12 月 1 日清晨,隆美尔的部队开始包围在贝勒哈迈德的新西兰师,并切断其与托卜鲁克部队之间的"走廊"(Corridor)。大约在上午 4 时 30 分,第四装甲旅奉到命令,要它一见天亮就以"全速"向北奔驰,并不惜一切代价以与敌方坦克交战。该旅大约于上午 7 时出发,上午 9 时到达了西迪拉杰格机场,下了山坡之后就和新西兰部队取得联络。于是开始计划对敌方坦克(估计约为 40 辆)发动一次反击。但到了此时,一部分新西兰部队已经被击溃,并且也已经发出全面撤退的命令。新西兰师所剩下来的部队向东撤退到扎法兰(Zaafran),然后再在夜间撤回边境线,至于第四装甲旅则向南撤退 25 英里,到达了贝拉奈卜井(Bir Berraneb)。

这个第三回合会战的结果,对于德军而言的确是一项惊人的成就,因为在这一回合刚刚开始时,其在坦克方面是居于 1 比 7 的劣势,而即令到了结束时,它们仍然是处于 1 比 4 的劣势。

奥金莱克现在又飞往第八军团司令部。他对于隆美尔部队的内在弱点有很正确的研判,并决定再继续战斗,因为他有的是生力军和储备的坦克,足以容许他达到这个目的。在边境上的第四印度师由第二南非师来替换,前者则奉令前进与第七装甲师会合,以求使用一个迂回运动去切断隆美尔的补给线和退路。

当隆美尔听到了有关这个强大新威胁的消息之后,他就决定再向西撤退,并集中其剩余的坦克以求在一击之下瓦解对方的迂回行动。所以在 12 月 4 日的夜间非洲军放弃了其对托卜鲁克的围攻,而向西溜走了。

那天上午,第四印度师的先遣旅已经对西迪拉杰格以南 20 英里处的古比井意军阵地进攻,但是在防御者的火力之下,攻击被击退。次日上午再度进攻,结果又还是被击退。在这些作战过程中,英国装甲部队也已经掩护着攻击者的北方侧面,以防止隆美尔的干扰。但很不幸的,在 12 月 5 日的下午却退回到沙漠中,并企图试验一种构成车阵的新方法。下午 5 点 30 分,隆美尔的装甲部队突然在古比井的战场上出现,击溃了在无掩护状况中的印度旅之一部分——其余的部分则乘着黑夜勉强逃脱。

在这次挫败之后,第三十军的军长诺里将军遂决定暂时放弃向阿克鲁马(Acroma)侧进的企图——这样也就丧失了切断隆美尔退路的机会。在决定再继续前进以前,他先命令第四装甲旅去寻找并击毁敌人的装甲部队。但这个目标却并未能达成,而且根据过去的记录来看,那也是殊少有可能性的,尽管新送来的坦克已经使该旅的实力达到了 136 辆的总数——约为非洲军剩余实力的 3 倍。在以后 2 天之内,这个旅一直在古比井附近徘徊,曾经数度作短距离的运动以来引诱敌人进入第四印度师直接炮火所能射击的地区,但却都未能如愿。

12 月 7 日,隆美尔决定撤退到贾扎拉(Gazala)之线,因为他已经接获通知,知道在年底之前不会再有增援到来。那天夜间非洲军开始脱离接触。英国人很久都不知道是发生了什么事情,一直到 12 月 9 日,他们的装甲部队才开始向"骑士桥"(Knights bridge)追击,那是在阿克鲁马以南的一个道路交叉点。距离"骑士桥"还有 8 英里,他们就受到敌军后卫的阻止——这可以证明英军只注意自保,而并不热心于追击。到了 11 日,隆美尔的部队已经安全地退回到了贾扎拉,作为一条预备防线,在那里早已有了防御工事的准备。

12 月 13 日,高德温·奥斯汀的第十三军,现在已经接替了追击的任务,开始向贾扎拉防线发起攻击。正面的攻击虽被击退,但掩护隆美尔内陆侧翼的意大利机动军团在压力之下就很快地被迫让开,而使英军的左翼达到西迪卜拉吉塞(Sidi Breghisc),那是在贾扎拉防线后方 15 英里处。不过德军作了一次装甲的反击，遂使那个包围行动暂时停顿下来。

14 日，在尚未再度进攻之前，高德温·奥斯汀派遣第四装甲旅去作一次更大的侧面迂回行动——以哈莱格埃莱巴（Halegh Eleba）为目标，那是在贾扎拉与梅基利（Mechili）之间的一个小径交叉点。这个想封锁隆美尔后路的行动在下午 2 点 30 分开始，而这个旅在向南缓慢移动了 20 英里之后，就停下来过夜。第二天上午 7 时才开始再前进，一共走了 60 英里，由于道路太差，直到下午 3 时才达到了哈莱格埃莱巴，比预定的时间表已经迟了 4 个小时——所以也就太迟了，不能够照预定计划诱敌隆美尔的装甲预备队，以帮助正面上的主攻。而且这个旅到了那里之后就按兵不动了，并没有采取任何行动以来施展它的压力，所以敌人甚至于到次日上午才知道它的存在。

此时在 16 日所发动的主力攻击早已失败。英军在海岸附近进攻，并在贾扎拉阵地中占据了一个立足点，但到中午，德军装甲部队发动一次反击，击败了英军的包围企图，并击破了攻击部队的先头部分。

英军较高指挥部仍在希望送到敌人后方去的那个强大装甲旅到第二天应能产生决定性的效果。但到了 16 日上午，这个旅全部又向南退回了 20 英里，以便在完全安全的条件之下补充燃料，等到下午它再返回原地时，就在接近正面的某一点上受到了敌方战防炮阵地的拦截——于是又再度向南撤退，以便在沙漠中围成车阵过夜。根据记录，双方只在远距离互相射击，并无任何伤亡损失。从分析者的眼光看来，这个旅的主要愿望似乎就是只想放敌人逃走——于是敌人也就毫不客气，大摇大摆地走了。

尽管非洲军在 15 日所发动的装甲反击中损失轻微，但它现在却只剩下了 30 辆坦克，而英军在现场上的坦克总数却接近 200 辆。眼看着这样的情况，隆美尔遂认为他不可能在贾扎拉之线作长期的固守，于是就决定向后退一大步，退到敌人所达不到的距离，再来等待增援的到来。他决定退到的黎波里边境上的卜雷加港（Mersa Brega）瓶颈部分，那是一个理想的防御阵地。同时那也曾经是其第一次攻势的跳板，今后也仍可用来达到这同样的目的。所以在12 月 16 日的夜里他就开始撤退——非洲军和意大利机动军采取沙漠路线，而意大利的步兵师则沿着海岸道路退却。

英军的追击发动得太慢。第四装甲旅到次日下午 1 时才开始前进，走了 2 个小时就停下来准备过夜，那距离其原来已经到达了的哈莱格埃莱巴还有 12 英里。18 日它沿着一条沙漠路线前进，到达了梅基利以南的某点，但当它向北旋转时，却已经来不及抓住敌军纵队的尾巴。

　　第四印度师乘着摩托化运输工具,由"步兵"坦克伴随着,通过杰贝阿卡达(Jebel Akhdar)的崎岖丘陵地,向海岸附近压迫。19日上午占领了德尔纳——但敌军徒步行军的纵队却大部分都已安全通过这个瓶颈部分。英军虽企图在更向西进的地方去拦截敌人,但由于地形的困难和燃料的缺乏,所以也未能成功,只不过捉住了少数的残部而已。现在追击部队的大部分都因为缺乏燃料而耽搁在路上。

　　越过班加西大弓形的沙漠弦线上,是由摩托化步兵领先追击。它们在12月22日到了安特拉特(Antelat),发现敌军的装甲部队(只有30辆坦克)还留在贝达富姆附近,以掩护意大利徒步部队沿着海岸路线的撤退。英军就停下来不敢前进,直到26日为止,而隆美尔的后卫又退回30英里,到了阿杰达比亚(Agedabia)。此时,已经再装备的第二十二装甲旅也赶上来增援追击部队。于是近卫旅向阿杰达比亚发起了一个正面攻击(并未能成功),而第二十二装甲旅则通过哈塞亚特(El Haseiat)向沙漠中作了一个30英里的深入迂回。这一个行动受到了意想不到的挫折。在27日,其本身的侧翼突然遭到德军装甲部队的攻击,结果被围困达3日之久。虽然有30多辆英国坦克勉强逃走了,但却已经损失了65辆。在作此一反击时,隆美尔受到了2个新的坦克连(30辆坦克)的支援,这2个连是在19日在班加西上陆,恰好赶在那个港口被放弃之前。这也是自从"十字军"作战开始以来隆美尔所获得的第一次增援。

　　英军在哈塞亚特的挫败,对于这个长距离追击而言,是一个令人感到失望和恼怒的结束。虽然托卜鲁克周围的战斗最后终于成功是值得庆贺,但这种失败却无异于浇一盆冷水。不过由于隆美尔被迫撤退,英国人还是获得了一些实质的收益。被留置的孤立德意守军都已无望。巴尔迪亚于1月2日投降,另有其他两个据点则在17日投降。这样使在边境地区中所收容的战俘总数达到了2万人,包括以前在西迪奥马尔所俘获的在内。至于轴心方面的损失总数则约为33000人,而英国方面却尚不及18000人。不过轴心方面所损失约有2/3都是意大利人,而在13000名德国人当中又有相当部分是行政(后勤)人员。反之,英国人在6个星期的战斗中所损失的大多数均为战斗部队,并且包括许多有高度训练的沙漠老兵在内,那是很难于补充的。

　　依赖没有经验的部队往往是很不利的,而尤以在沙漠中为然,在下一次的战斗中将会获得再度的证明。下一次的战斗是在1月的第3个星期就来临——当大家都以为隆美尔已经被打垮的时候,他突然又出其不意地发动了另一次攻击,而其所获致的成功也正像他在1941年开始攻击时一样地惊人。

太平洋：1941年12月8日

1941年12月日军占领区

苏联

蒙古

中国

印度

日本

澳大利亚

新几内亚

荷属东印度

法属印度支那

泰国

缅甸

菲律宾

婆罗洲

太平洋

印度洋

按原图译制

第 十 六 章　　远 东 的 涨 潮

自从 1931 年起日本人就积极地扩大其在亚洲大陆上的地盘,这不仅是以中国为牺牲,而且也侵犯了美英两国在那个地区中的利益。在那一年他们侵入了中国的东北,并把它改变成一个日本的附庸国。1932 年他们又侵略中国的本土,而从 1937 年就更进一步企图征服那个巨大的地区,结果引起了中华民族的神圣抗战,使他们愈陷愈深不能自拔。最后为了寻求解决中国问题,遂决定再向南作更大的扩张,并以切断中国的外来补给线为目的。

在希特勒征服了法国和低地国家之后,日本人利用法国无能为力的情况,向其提出要求,获得了准许日本对法属印度支那作"保护"占领的默许。

于是罗斯福总统遂于 1941 年 7 月 24 日要求日本从印度支那撤出其部队——为了使其要求更有力量,他又于 26 日下令冻结所有日本人在美国的资产,并禁止石油输往该国。丘吉尔先生也采取了同样的行动,2 天之后,在伦敦的荷兰流亡政府也被说服采取同样的政策——诚如丘吉尔所云:"日本是在一击之下被剥夺了其主要石油供应来源。"

自从 1931 年起,就有许多人在其议论中认清了,像这样一个瘫痪的打击将会迫使日本作困兽之斗,因为日本除了自动放弃其侵略政策之外,就只有坐以待亡。值得注意的是,它还再拖了 4 个多月才动手攻击,而在此期间之内仍继续努力谈判以求解除石油的禁运。美国政府却坚持除非日本人不仅从印度支那而且还从中国撤退,否则决不解禁。对于任何政府都不可能期待它会吞下这样屈辱的条件和如此的丧失面子——而骄横不可一世的日本人则更不在话下。所以自从 7 月的最后一个星期起,就已有一切的理由应认为战争在太平洋方面随时都可能爆发。在这样的环境中,美英两国在日本发动攻击前还能容许有 4 个月的宽限期,那实在可以说是一大幸事。但可惜的是它们并不曾好好地利用这段时间来从事防御的准备。

1941 年 12 月 7 日,一支由 6 艘航空母舰所组成的日本海军兵力对美国在夏威夷群岛上的海军基地珍珠港（Pearl Harbor），作了一次凶猛的空中攻击。这次打击是在正式宣战之前，正像1904年的往例一样：日本人先攻击旅顺港，然后才对俄国宣战。

直到1941年初为止，日本对于美国的战争计划还是准备把它的主力舰队用在南太平洋方面，以配合对菲律宾群岛的攻击，并迎击越洋而来的美国援军。美国人所期待的也正是如此，由于日本最近占领印度支那的行动，也就更增强了他们对于这种研判的信心。

但这个时候，日本的联合舰队总司令山本五十六大将，正在构想一个新的计划——即对于珍珠港作一次奇袭攻击，这支攻击兵力采取一种非常迂回的路线，从千岛群岛南下，在完全不被发觉的情况下到达夏威夷附近，在日出之前，从距离珍珠港约300英里的海面上，用360架飞机发动攻击。8艘美国战斗舰中有4艘被击沉，1艘搁浅，其他的也都受了重伤。在不过1小时多一点的时间之内，日本人已经控制了太平洋。

凭这一击，也就扫清了一切进路的障碍，日本人对于美国、英国和荷兰在太平洋中的一切领土，都可以自由地从海上侵入，而不怕任何的干扰。当日本的攻击主力向夏威夷群岛进发之际，其余的海军兵力也已经纷纷保护着载运部队的船队进入西南太平洋。差不多在空袭珍珠港的同时，日军也已经开始在马来半岛和菲律宾群岛登陆。

前者以新加坡的英国大海军基地为目标，但却并不企图从海上来攻击它——而此种攻击却正是当初作防御计划的人所想象的。日本人所采取的路线非常地间接化。一方面用一支兵力在马来半岛东北海岸上的哥打巴鲁（Kota Bharu）登陆，其目的为攻占飞机场并分散敌人的注意；另一方面其主力却在半岛的暹罗颈部（即马泰两国交界之处）登陆，那是在新加坡北面约500英里以外。在这个极东北的地方登陆之后，日军就沿着半岛的西岸南下，一路势如破竹，并不断地迂回英军所企图建立的防线。

使日本大获其利的，不仅是这种困难路线的选择出乎敌人意料之外，而且一路上都是厚密的丛林，也使他们获得意想不到的渗透机会。几乎连续地撤退了6个星期之后，英军在1月底就被迫从大陆上退入新加坡岛。2月8日夜间，日本人开始越过1英里宽的海峡进攻，不仅在许多点上登陆成功，而且还沿着宽广的正面到处渗透。2月15日，守军投降，于是英国人也就丧失了西南太平洋的锁钥。

在一个较小型的独立作战中，日本人也已于12月8日进攻香港的英国基地,并迫使该殖民地,连同其守军在内,于圣诞节那一天投降。

在菲律宾的主岛吕宋,日本首先在马尼拉以北登陆,接着又迅速地在这个首都的后方登陆。在这样的威胁之下,美军放弃该岛的大部分,在 12 月底以前退入小型的巴丹(Bataan)半岛。在那里它们可以在一条缩短的正面上,接受正面的攻击,因此一直苦撑到来年 4 月底才被击败。

在此以前,甚至于在新加坡都尚未陷落之前,日本的征服狂潮即已经向东印度群岛涌流。1 月 11 日,日军在婆罗洲和西里伯斯(Borneo and Celebes)登陆,24 日又运来了较大的兵力。5 个星期之后,即 3 月 1 日,日本人对爪哇(Java)岛已用迂回行动将其孤立之后,就开始发动直接攻击——这也正是荷属东印度的核心。仅仅在 1 个星期之内,整个爪哇就像一颗熟透的李子落入他们的手中。

对于澳洲所构成的严重威胁,尚未发展下去。日本的主要努力现正指向另一个方向,即向西去征服缅甸。从泰国对仰光的直接宽正面前进,对于其在整个亚洲大陆上的主要目标而言,却又正是一种间接路线——那也就是想瘫痪中国的抵抗力。因为仰光是一个入口港,美英的补给物资都由此经过滇缅公路而运入中国。

同时,这个行动还有另一种微妙的目的,即完成对太平洋西方门户的征服,在那里建立一道坚强的障碍物,即可以切断英美从陆上反攻的主要路线。3 月 8 日,仰光陷落,而在以后 2 个月内,英军被完全逐出缅甸,越过山地而退入印度。

所以日本人现在也就站稳了一种天然形势极为坚强的阵地,任何想要收复失地的企图都一定非常地艰难,而且必然地也是一种非常缓慢的过程。

经过一段很长久的时间,同盟国才建立了足够的力量可以企图收复日本人所已征服的地区——从东南端开始。在这一方面由于澳洲的保存遂使它们大受其利。澳洲的位置接近日本前哨线的边缘,足以对同盟国提供一个大规模的反攻基地。

在欧洲和北美洲之外,日本是唯一的先进工业国家——因为自从 1868 年明治维新以来,日本即已开始迅速地向现代化的途径迈进。但其心地里,日本社会却还是"封建化"(Feudal)的,受人崇拜的是武士,而不是商人。天皇居于神圣的地位,统治阶级握有一切的权力。此外军人的影响势力也极为巨大。他们具有爱国狂热和激烈的仇外心理,希望其国家能够支配整个东亚,尤其是中国。自从 30 年代开始,日本军人利用威胁和暗杀的手段,事实上已经控制

了日本的政策。

自从日本开始现代化以来,它不曾遭受过失败,日本人对政治和战略问题的看法深受这个事实的影响。在1904年的日俄战争中,无论在陆上还是在海上,日本兵力都已显示了它们的优异,并且也证明欧洲人对于世界上其他人民的支配地位是可以推翻的。自从那次战争之后,日本人也就大体都相信日本是无敌的。

自从1902年起,日本就是英国的盟国,在1914年8月,日本也凭这个身份,夺取了青岛和胶州湾(那是德国人在中国的租借地),以及太平洋中的马绍尔(Marshall)、加罗林(Caroline)和马里亚纳(Mariana)等群岛,那也都是德国的殖民地。在第一次世界大战结束之后,1919年的凡尔赛和约对于日本人的这些收获一律予以承认——这样就使日本变成西太平洋的支配者。尽管如此,日本人对于在战争中的收获却并不感到满足,反而觉得日本和意大利一样,同为"资源贫乏"(Have-not)的国家。所以日本才开始对意德两国表示同情。

1915年,日本向中国提出"二十一条",结果由于美国的抗议,遂又不得不撤回。此种想要控制中国的企图失败之后,更使日本人感到恼怒。值得注意的是,自从1895年中日战争以来,中国就一直是日本陆军的一个主要目标。虽然在第一次世界大战结束之后,由于采取了海军的观点,日本帝国的国防政策开始以美国为其主要假想敌,但日本陆军却还是经常对于苏联保持着高度的戒惧心理,它们认为苏联在远东的强大陆军兵力对于日本的大陆政策是一种远较严重的威胁。

1921年到1924年之间,日本在国际关系中遭到一连串的耻辱。首先是英国很客气地拒绝和日本续订同盟条约。此种关系的破裂,一部分是由于受到日本在太平洋地区扩张计划的影响;但最后的决定又还是在美国强大压力之下才作成的。日本人认为这是一种侮辱,并且也相信白种人已经联合起来对付他们。接着美国又采取一连串的立场步骤来限制日本的移民,这更激起了他们的愤怒,等到1924年的法案完全禁止亚洲人入境时,这种怒火也就升到了顶峰。这样双重的面子丧失使日本人感到非常的怨恨。

当此之时,英国人又宣布在新加坡建立一个远东海军基地,其规模足以容纳一支战斗舰队。这显然是具有抑制日本的意图,而日本人则认为那是一种挑战。

所有这一切的反应都是对日本政治领袖不利的,自从他们接受1921年华盛顿海军限制条约,同意把英美日 3 国战斗舰的吨位限制在 5∶5∶3 的比例之后,也就开始不断受到国内各方面的攻击。此外,日本政治家又同意把胶州半岛归还中国,并在 1922 年签署九国公约来保证中国领土主权的完整,所以也就更引起日本人的愤恨。

实际上,很讽刺的,华盛顿条约却帮助了日本尔后的扩张行动。因为这个条约减弱了在太平洋中可以压制它的力量——美英两国原先设计要在那个地区中建立的海军基地,不是延缓了就是只有轻微的设防。但是在日本公开废除这个条约之前的 13 年当中,它却发现要规避那些对于火炮和吨位的限制条款,实在是太容易。

1929 年,世界经济危机发生,也使日本那些比较开明的政治领袖受到另一种打击,因为日本在这个危机中经济损失颇为严重,影响到人民生活,而引起广泛的不满,于是军阀遂乘机鼓吹他们所主张的用扩张手段来解决经济问题的理论。

1931 年,"九一八事变"给予当地日本陆军领袖一种借口和机会,来向中国的东三省地区扩张,并把该地区变成他们的傀儡国家,即伪满洲国。根据条约,南满铁路本是由日本关东军加以保护的,于是他们就以自卫为借口,攻击沈阳和邻近地区的中国驻军并解除其武装。事实完全是虚构的,而日军却继续使用武力,在几个月之内就攻占整个东北。虽然此种占领不曾受到国际联盟或美国的承认,但抗议和批评却促使日本人在 1933 年退出国际联盟。3 年以后,它就和纳粹德国及法西斯意大利共同缔结了反共公约。

1937 年 7 月,"卢沟桥事变"发生,于是日本关东军遂开始侵入华北。在以后 2 年之内,日军虽继续前进,但在蒋介石领导之下的中华民国国军仍能英勇奋战,而使它们在中国大陆上愈陷愈深。尤其在 1937 年夏天当它们进攻上海时,曾经受到严重的挫败。不过就长期的观点来看,这个教训对日本人还是有利的,使它们得以矫正战术错误和发源于日俄战争的过分自信的趋势。此外在 1939 年 8 月它们在一次有关西满边界纠纷的冲突中,也曾在苏联陆军手中受到另一次教训。在诺门坎(Nomonhan)地区,一支人数约 15000 人的日本部队受到包围,全部损失达 11000 人以上,而苏联方面也出动了 5 个机械化旅和 3 个步兵师。

在这同一个月当中,纳粹德国与苏联签订互不侵犯条约的消息也传到了日本,使日本深感惊惧和愤懑,于是日本政府的温和派遂又再度登场。但这种反动却只持续到希特勒于 1940 年征服西欧时为止,到了 1940 年 7 月,在陆军

的支持之下,一个由近卫文麿公爵组成的亲轴心内阁接管了政权。于是日本一方面加速在中国大陆上的扩张,另一方面在 9 月底与德意两国签订了"三国公约"(Tripartite Pact)。在这个条约之下,三国承诺反对任何新加入西方同盟的国家——这个条约的目的显然是以对抗美国的干涉为主。

1941 年 4 月,日本为了再保险起见,又与苏联签订了一项中立条约。这也就使日本人得以抽调兵力来从事南进的扩张作战。不过因为对于苏联始终不敢放心,所以用于南进的兵力只有 11 个师,而在满洲却保留了 13 个师。此外在中国大陆上则有 22 个师。(译注:由这个兵力分配的比例上看来,即可以知道中国的抗战对于同盟国的贡献是如何巨大。)

7 月 24 日,在法国维希政府(Vichy Government)的勉强同意之下,日军进占法属印度支那。2 天之后,罗斯福总统冻结所有日本人在美国的财产,英国和荷兰政府也迅速采取同样的行动。于是这些国家与日本之间的贸易遂均告中断,尤以石油为主。

日本平时的石油消费量有 88% 是仰赖输入。而在美国宣布禁运时,其所保有的储存量还足够正常消费 3 年之用,但以全面战争的消费量来计算,则仅能维持 1 年半的时间。此外,根据日本陆军省的研究,想结束在中国的战争还要 3 年的时间,而在此以前日本的存油早已消耗完毕,所以在那一方面的胜利是极为重要。惟一可供利用的来源就只有荷属东印度的油田,尽管荷兰人有在油田被攻占之前破坏其设施的可能,但那却是可以修复的,而且也可能在国内储存尚未完全用光之前恢复生产。所以只有来自爪哇和苏门答腊的石油才能挽救日本的危机,并使其能早日完成对中国的征服。

征服了这个区域,连同马来亚在内,可同时占有全世界橡胶产量的 4/5 和锡矿产量的 2/3。这不仅对于日本是一种非常有价值的收获,而且对于其敌人的打击也比石油的损失还要厉害。

当日本领袖们面对着石油禁运时,以上所云就是他们所考虑的主要因素。除非能够说服美国解除禁运,否则日本人就只有两种不同的选择:(1)放弃其征服野心,但在国内接着就会发生军人政变;(2)夺取石油并与西方国家作战。这是一种残酷无情的选择。此外,假使日本人仍继续其在中国的作战,但却撤出印度支那并停止南进,则对于禁运问题也许可以获得某种程度的缓和,但日本本身却会变得更软弱,以后对于美国的进一步要求也就更难有抵抗的能力。

要作这样孤注一掷的选择自然是很困难的,所以日本人才会犹豫不决地又拖了 4 个月。同时军事领袖们也有一种自然的本性,希望能有充分的时间来完成准备,并对于所应采取的战略作冗长的辩论。有一派思想甚至于还这样地乐观,希望并认为假使日本的行动仅限于夺取荷兰和英国的领土,则美国也许会继续袖手旁观。

8 月 6 日日本要求美国解除禁运。在这同一个月当中,美国决定一旦战争爆发,美国将据守整个菲律宾群岛;而日本也正在此时要求美国停止对该地区继续增援。结果美国给予它以一个坚定的答复,并警告它不要再企图作进一步的侵略。

经过了 2 个多月的内部争吵,东条英机终于代替了近卫公爵出组新的内阁——这也就可以算是最后的决定。尽管如此,在东条上台之后还是继续作冗长的讨论,一直到 11 月 25 日才终于作了开战的决定。使局势急转直下的因素是由于一份报告书上显示出来,在 4 月到 9 月之间,日本的存油已经消耗了其总量的 1/4。

即令到下令给日本联合舰队总司令山本五十六要他照计划进袭珍珠港时,还说假使在华盛顿的谈判若仍能成功,则此项攻击应立即取消。

1941 年 12 月在太平洋水域中各国海军的实力可由下列附表来加以综述:

	不列颠帝国	美　国	荷　兰	自由法国	同盟国总数	日　本
主 力 舰	2	9	0	0	11	10
航空母舰	0	3	0	0	3	10
重巡洋舰	1	13	0	0	14	18
轻巡洋舰	7	11	3	1	22	18
驱 逐 舰	13	80	7	0	100	113
潜　　艇	0	56	13	0	69	63

值得注意的要点是双方大致上虽接近平衡,但日本人在航空母舰方面却占有巨大的优势,而这也正是最重要的兵种。此外,像这样的表列数字并不能表现双方素质上的差异。日本的兵力是组织严密和具有良好的训练的,尤其以夜间战斗为然;它也不像同盟国方面,没有任何指挥和语言上的困难。在同盟国两大主要基地——珍珠港和新加坡之间,是隔着 6000 英里远的海洋。以物质而论,日本海军也较优。它有许多较新的舰只,而其中大部分都是装备较佳或速度较快。在主力舰方面,只有英国皇家海军"威尔士亲王"号(HMS

Prince of Wales)才有资格和日本较佳的战舰相比拟。

在陆军实力方面,日本的总兵力为 51 个师,但对于西南太平洋的作战,它们却只使用了 11 个师。那就是说战斗部队在 25 万人以下,若加上后勤部队,则总数可能约为 40 万人。同盟国方面的数字则颇难确定。当日本人决定进攻时,其所作的估计是英国在香港有 11000 人,在马来亚有 88000 人,在缅甸有 35000 人——一共为 134000 人。美国在菲律宾有 31000 人,另有菲律宾部队约 11 万人。荷兰在其殖民地有正规部队 25000 人和民兵 4 万人。从表面上看来,以如此渺小的数量发动如此广泛的攻势,似乎是一种冒险的赌博。实际上,那却是一个有良好计算的赌博,因为对海洋和空中的控制通常都可以使日本人获致局部性的数量优势,而经验和优良的训练(尤其是在两栖登陆、丛林战和夜间攻击等方面)对于此种优势更能发挥乘积的作用。

在空中实力方面,其陆军有第一线飞机 1500 架,但却仅使用了 700 架,不过它们却得到了海军飞机的增强——基地设在台湾的第十一海军航空队,有飞机 480 架,另外还有 360 架专供袭击珍珠港之用。最初为了掩护南进作战,准备动用航空母舰,但在 11 月间,仅仅在开战前的 4 个星期,"零"式战斗机(Zero Fighter)的航程已被设法延长了,它们可以从台湾飞过 450 英里达到菲律宾再飞回来。所以航空母舰也就可以完全抽出来去从事于珍珠港的袭击。(零式机的性能在当时超过了所有一切同盟国的战斗机。)

面对着这样强大的日本空中武力,美国在菲律宾有 307 架作战飞机,包括 35 架长程的 B-17 轰炸机在内,至于其他的飞机则质量都较低劣。英国在马来亚有第一线飞机 158 架,大部分都是落伍的旧货。荷兰人在他们的领土中也有飞机 144 架。在缅甸英国人此时只有战斗机 37 架。日本人的数量优势又应乘以质量优势——尤其是以"零"式机的质量为最。

对于这样一个遍布岛屿和港湾的海洋地区,日本人对于两栖战术的发展也使他们自己受惠无穷。他们惟一的严重弱点就是其商船数量较少——只比600 万吨的总数多一点——不过这到战争的后期,才开始变成一种决定性的障碍。

总而言之,日本人在发动战争时是享有无比的全面优势,而尤以在质量方面为然。在开始的阶段,其惟一真正的危险就是美国太平洋舰队有立即采取干涉行动的可能——但是他们对珍珠港的袭击却足以预防此种危险。

情报也是一个重要因素,但是在一般比较双方实力的分析中,对于这一点却很少有足够的考虑。概括言之,日本人在这一方面是很内行的。尤其对于作战地区事先都有长期和缜密的研究——但同盟国方面也享有一种重大的便利,那就是在 1940 年夏季,美国人已经能够破译日本的外交电报密码——这是弗里德曼上校(Colonel William F. Friedman)的一项成就。从那以后,美国人对于日本外务省或大本营的一切秘密电文都能获知其内容,在战前的谈判过程中,甚至于在日本代表尚未提出其最后通牒前,美国人早已完全知道了。只有攻击的正确日期和作战内容日本当局不曾事先告诉日本大使。

虽然美国人在珍珠港还是不免受到了奇袭,但是他们对于日本密码的知识就本身而言还是一项极大的利益,尤其是他们以后对于它的利用越学越精,于是获益也就愈大。

日本人的战略是同时配合防御和攻击双重目的:一方面要获致石油的源源供应以使其能早日击败中国;另一方面又要用切断补给线为手段来减弱中国的抵抗力。由于美国是一个潜力远比日本巨大的国家,当日本领袖决心冒险挑战时,他们私下感到惟一可以对他们发生鼓励作用的就是欧洲情势的发展:轴心国家现在差不多已经支配了整个欧洲大陆,而苏联正受到希特勒的猛烈攻击,根本已经无力过问远东的事务。假使日本人能实现他们的梦想,北起阿留申群岛(Aleutian Islands),南达缅甸,建立起一个同心的防御圈,那么美国人将来在企图突破这个圈子劳而无功之后,就不得不承认日本的征服和所谓"大东亚共荣圈"的建立是一项既成事实。

这个计划与希特勒想在苏联境内从阿尔汉格尔(Archangel)到阿斯特拉罕(Astrakhan)之间,建立一道进可以攻退可以守的防线,其观念是颇为相似的。

最初,日本人的计划是想在攻占菲律宾之后,就坐待美国人的反攻行动。他们料想美国兵力会采取通过托管岛屿地区的前进路线,于是日本人就将集中他们自己的兵力来与之对抗。(在三个阶段的战争计划之下,日本人估计在 50 天之内可以完成对菲律宾的征服,100 天之内可以完成对马来亚的征服,150 天之内可以完成对荷属东印度全部领土的征服。)但在 1939 年 8 月,山本五十六被任命为日本联合舰队总司令,而他却是一个对航空母舰的价值具有热烈信仰的人。他认为美国的太平洋舰队是一把"直指日本咽喉的匕首",必须使用奇袭,首先使其瘫痪,然后才能安全地进行其他的作战。日本海军军令部虽然终于接受了他的意见,但却颇感疑惑和勉强。

开始攻击的问题由于时间表的安排而变得颇为复杂——在夏威夷为 12 月 7 日,星期天,而在马来亚却是 12 月 8 日,星期一。但终于安排好了,即所有一切主要作战都是开始于格林威治标准时间(Greenwich Mean Time)17：15时与19：00时之间,而所有一切的突击都应在当地时间的凌晨发动。

在美国方面,从政治的观点来看,绝对不应该放弃菲律宾,但军人方面的意见却认为菲律宾与珍珠港相距5000英里,要想坚守实无可能。最后还是军人的意见获胜,所以美国的计划只想在那里维持一个立足点——在首都马尼拉的附近,已经要塞化的巴丹半岛上。不过在1941年8月,计划又改变了,仍然决定防守菲岛的全部。

促成此种改变的因素之一就是麦克阿瑟将军(General Douglas MacArthur)的压力,自从1935年起他就出任菲律宾政府的军事顾问,而到1941年7月底,美国陆军恢复他的现役,并任命他为远东区总司令。罗斯福总统对于麦克阿瑟的意见一向颇为尊重,在1934年他曾亲自把麦克阿瑟的陆军参谋长4年任期额外延长1年,可以想见他对这位将军的推崇。另外一个因素是罗斯福总统认为希特勒已在苏联被纠缠得不能脱身,所以他觉得美国对于日本可以采取较坚定的路线——正好像他已经实行石油禁运一样。第三个因素是由于远程B-17轰炸机的出现所带来的乐观想法——希望它不仅能够攻击台湾,甚至于还能够攻击日本本土。可是在任何大量的B-17增援在菲律宾的美国航空部队之前,日本人却已经动手攻击。最后,美国参谋首长也从未认真考虑过日本有袭击珍珠港的可能。

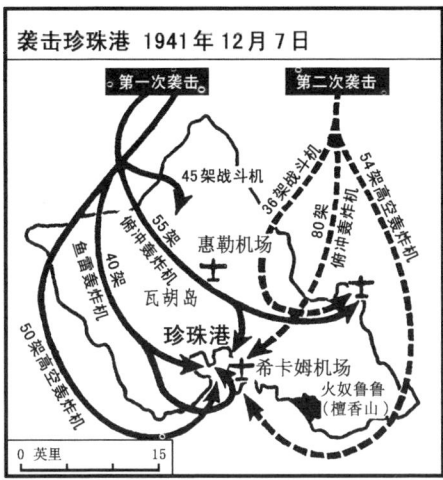

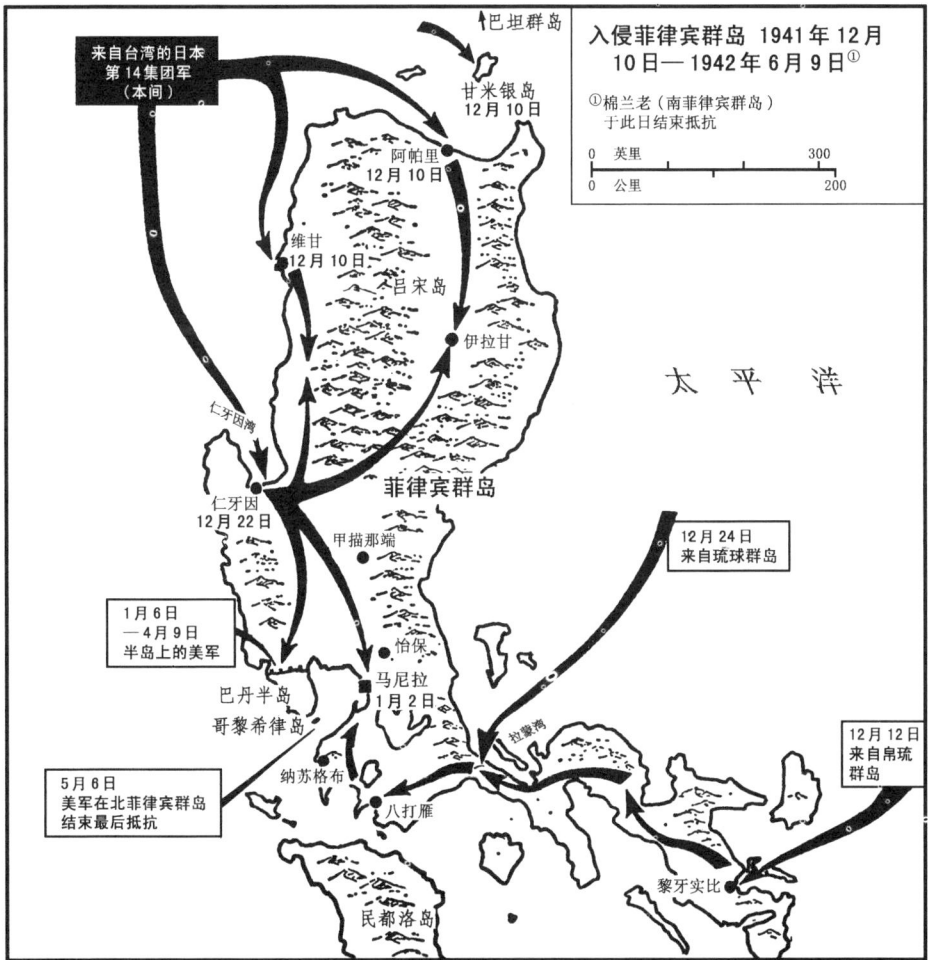

袭击珍珠港 1941年12月7日

第一次袭击

第二次袭击

45架战斗机

36架战斗机

54架俯冲轰炸机

55架俯冲轰炸机

惠勒机场

瓦胡岛

40架鱼雷轰炸机

80架俯冲轰炸机

珍珠港

希卡姆机场

火奴鲁鲁（檀香山）

50架高空轰炸机

0 英里 15

入侵香港 1941年12月8日—26日

中国日占区

新界

酒徒防线

九龙

兰岛

维多利亚

香港

0 英里 10

入侵菲律宾群岛 1941年12月10日—1942年6月9日①

①棉兰老（南菲律宾群岛）于此日结束抵抗

0 英里 300
0 公里 200

来自台湾的日本第14集团军（本间）

巴坦群岛

甘米银岛 12月10日

阿帕里 12月10日

维甘 12月10日

吕宋岛

伊拉甘

太 平 洋

仁牙因湾

仁牙因 12月22日

菲律宾群岛

12月24日来自琉球群岛

1月6日—4月9日半岛上的美军

甲描那端

怡保

马尼拉 1月2日

巴丹半岛

哥黎希律岛

拉蒙湾

5月6日美军在北菲律宾群岛结束最后抵抗

纳苏格布

12月12日来自帛琉群岛

八打雁

黎牙实比

民都洛岛

・按原图译制・

入侵缅甸
1941年12月—1942年5月

入侵马来亚与新加坡
1941年12月8日
—1942年2月15日

· 按原图译制 ·

第十七章　日本的征服狂潮

　　袭击珍珠港计划的执行,也正像该计划的被采纳,同样应归功于山本五十六的推动。一连在许多个月内,许多的资料,尤其是有关于美国军舰调动的情况,都不断从潜伏在日本驻檀香山领事馆内具有高度训练的海军情报军官手中涌入东京的海军军令部。在日本舰队之内,军舰和飞机乘员都在为这次作战而接受最精密的训练,尤其是要在各种不同的气候条件之下进行;轰炸机乘员至少都曾作五十次的训练飞行。

　　上文早已说过,由于"零"式战斗机的航程在最近已经设法增加,所以使这个计划获得很大的帮助,因为它可以使航空母舰舰队不必再分散兵力去协助西南太平洋方面的作战。1940 年 11 月,英国海军在塔兰托(Taranto)的攻击经验也使其获益不少。在那次攻击中,英国海军只使用了 21 架鱼雷轰炸机,就击沉了位置在坚强设防军港中的 3 艘意大利战斗舰。塔兰托港的平均水深不过 75 英尺,当时即已认为不可能使用空投鱼雷的攻击方法,所以水深仅 30 英尺到 45 英尺的珍珠港,对于这一类的攻击更可以说是具有免疫性。但是到 1941 年,英国人利用其在塔兰托的经验,已经能在深度仅 40 英尺的水中施放鱼雷,其方法是在鱼雷上加装木鳍(Wooden fins),以防它撞着浅水的海底。

　　从他们驻罗马和伦敦的大使馆中获得了这些详情之后,日本人也就决定积极从事于类似的试验。此外,为了使他们计划中的攻击更有效,他们的高空轰炸机又装备着 15 英寸和 16 英寸的穿甲炮弹,也装上安定翼,使其可以像炸弹一样地往下投。这种炮弹垂直投下去,任何军舰上的甲板都无法抵抗。

　　美国太平洋舰队还是有办法对抗"塔兰托"式的危险,那就是对于较大的军舰都装上反鱼雷网——这也正是日本人最担心的一种可能性。但是其总司令金梅尔上将(Admiral Husband E. Kimmel)和美国海军部都一致认为那种反鱼雷网太笨重,足以妨碍军舰的迅速调动,以及小艇的来往交通。以后的事实

证明这个决定断送了在珍珠港的美国舰队。

攻击的日期是由许多因素来综合决定的。日本人知道金梅尔总是习惯在周末把他的舰队都调回珍珠港,于是船员也就有一部分休假离船,因此更足以增强奇袭的效果。所以星期天就成为一个当然的选择日期。在 12 月中旬之后,天气条件就变得对在马来亚和菲律宾的两栖登陆行动比较不利,因为那个时候季风将达到最强,同时对于袭击珍珠港的兵力在海上补充燃料的行动也同样不方便。东京时间的 12 月 8 日,在夏威夷为星期天,而且又没有月光,所以黑暗的掩护将有助于航空母舰秘密接近珍珠港。潮汐对于登陆行动也是有利的,这是最初所曾经考虑过的一个想法,不过以后由于部队运输船只的缺乏和这种侵入兵力的接近有被发现的可能,所以终于打消了。

在选择海军袭击部队的前进路线时,有三种不同的考虑。其一是经过马绍尔群岛的南线,另一是经过中途岛的中线。这两条路线虽然都较短,但均未被采用,所采用的却是以千岛群岛为起点的北线;这也就是说必须中途补充燃料,不过其优点是可以避免为其他船只遇见,而且也不易为美国侦察巡逻飞机发现。

日本人也利用了一种所谓"跛腿"(Unequal Leg)的攻击方法。那就是利用黑暗的掩护,航空母舰在最接近目标之点,一见天亮就把飞机送上天空,然后再退驶到一个较远的地点来等候飞机的返航。这就是说日本飞机所飞的路线是一短一长,而追击它们的美国飞机却必须来回都采取较长的航线。这种不利的条件是美国防御计划人员所不曾考虑过的。

以重要性为顺序,日本人所要攻击的目标是:美国的航空母舰(日本人希望在珍珠港内最多可能有 6 艘,而最少也会有 3 艘);主力战斗舰;油库和其他港埠设施;在惠勒(Wheeler)、希卡姆(Hickham)和贝洛兹(Bellows)等主要机场上的飞机。日本人用来作此种攻击的部队为 6 艘航空母舰,载有的飞机总数为 423 架,其中在攻击中使用的为 360 架——104 架高空轰炸机、135 架俯冲轰炸机、40 架鱼雷轰炸机、81 架战斗机。护航兵力有 2 艘战斗舰、3 艘巡洋舰、9 艘驱逐舰和 3 艘潜艇,另外还有 8 艘运油船随行。全部兵力由南云忠一中将指挥。此外又曾计划乘着混乱的情况,同时发动一个袖珍潜艇的攻击。

11 月 19 日,潜艇部队离开日本吴市海军基地,并拖着 5 艘袖珍潜艇。舰队主力于 22 日在千岛群岛的单冠湾集合,到 26 日开航。12 月 2 日,舰队获得了攻击命令已经确定的消息,于是所有的舰只都开始管制灯火;但即令到此时还是决定如果舰队的行动在 12 月 6 日以前被发现,或是在华盛顿的谈判最后一分钟能获得解决,则这次任务还是要放弃。12月4日作了最后一次的海上加油,于是时速也就开始由13节增到25节。

从檀香山领事馆不断有情报由东京转来,其内容非常令人感到失望,因为在12月6日,即袭击的前夕,在珍珠港内并未发现美国航空母舰。(实际上,1艘正在加州海岸,另1艘运送轰炸机前往中途岛,还有1艘刚把战斗机运到威克〔Wake〕岛尚未返回。其他3艘则留在大西洋方面。)不过据报有8艘战斗舰正留在珍珠港,而且并无防雷网,所以南云中将遂决定进攻。飞机预定在次日上午(夏威夷时间)6:00时与7:15时之间起飞,地点为珍珠港正北面约275英里之处。

两次最后的警告都不曾发生效力,否则结果也许会大不相同。第一是日本潜艇的接近,自从3:55时以后,就曾一再被发现;其中有一艘在6:51时为美国驱逐舰所击沉,而另外又有一艘在7:00时为美国海军飞机所击沉。此时美国人在岛上已设有6个雷达站,其中最北面的一个在7:00时不久之后,发现有大批的飞机,超过100架以上,正向夏威夷飞来。但是情报中心却以为这是预定要从加州飞来的一批B-17——事实上,这简直是胡闹,因为那批B-17只有12架,并且是应该从东面飞来,而不可能是从北面飞来。

第一波的攻击从7:55时开始,一直持续到8:25时为止;然后又来了第二波,由俯冲轰炸机和高空轰炸机所组成,在8:40实施攻击。但是决定因素却是第一波内所使用的鱼雷轰炸机。

在8艘美国战斗舰之内,被击沉的有"亚利桑纳"号(Arizona)、"俄克拉何马"号(Oklahoma)、"西弗吉尼亚"号(West Virginia)和"加利福尼亚"号(California),而"马里兰"号(Maryland)、"内华达"号(Nevada)、"宾夕法尼亚"号(Pennsylvania)和"田纳西"号(Tennessee)也都受到了重伤。("内华达"号搁浅,而"加利福尼亚"号以后又被浮起。)此外被击沉的还有3艘驱逐舰和4艘较小的船只,而另有3艘轻巡洋舰和1艘水上机修护舰也受到了重伤。美国飞机被毁者188架,受伤者63架。日本方面的损失仅为29架飞机被毁和70架飞机负伤——至于5艘袖珍潜艇则在一次完全失败的攻击中全部损失。在人员方面,美国人共死伤了3435人;而日本人的数字则不太清楚,死者可能尚不及100人。

返回的日本飞机在10:30时到13:30时之间全部降落在航空母舰上。12月23日,这支舰队的主力回到日本。

此次袭击给日本带来了三大利益:(1)美国太平洋舰队实际上已经暂时

完全丧失活动能力。(2)日本在西南太平洋的作战可以安全地不受美国海军的干扰,而珍珠港任务部队也可以转用来支援那些作战。(3)日本人现在可以有较多的时间来扩大和建立他们的防御圈。

但主要的缺点是这次袭击错过了美国的航空母舰——那本是预定的主要目标,而且对于未来而言也是最重要的关键。它同时也没有击中油库和其他若干重要设施,假使它们被毁灭,就一定能使美国恢复的速度大为减缓,因为珍珠港是美国在太平洋中唯一能容纳整个舰队的基地。以奇袭的姿态来临,并且显然的是在任何正式宣战之前,所以也就在美国引起了普遍的怒火,这样也帮助统一美国的公众意见,使其一致支持罗斯福总统,而要求对日作战到底。

很讽刺的,日本人的原意是想尽量不超出合法的限度之外,而又能同时发挥奇袭的效果——换言之,就是尽量在时间上作精密的计算。他们对于美国在 11 月 26 日所提出的要求之答复是预定在星期六夜间才送达日本驻华盛顿大使手中,并指定他应在次日(星期天)13:00 时正送交给美国政府——那也正是夏威夷时间的上午 7:30 时。这样将只给美国以半小时的时间去通知其在夏威夷和其他地区的军事指挥官说战争已经来到,但却可以使日本有理由宣称其袭击并未违反国际公法。但因为日本复电太长(5000 字),在日本大使馆中译电时发生了延误,直到华盛顿时间 14:20 时,才准备妥当由其大使去亲自递交——那已是在珍珠港攻击发动约 35 分钟之后了。

美国人痛斥珍珠港事件是一种野蛮行为,对于此种奇袭发生极强烈的反应,从历史上看来这实在很令人感到惊奇。因为日本人对于珍珠港的袭击和他们过去攻击在旅顺的俄国舰队实在是极为类似,而且那种行为也早就应能使美国人有所警惕。

1903 年 8 月,日俄两国为了想要解决它们在远东的利益冲突已经展开谈判。但经过 5 个半月之后,日本政府获得了一个结论,认为依照俄国的态度根本不可能获得满意的解决,于是在 1904 年 2 月 4 日,就已暗中决定使用武力。6 日谈判决裂,却并未作任何战争的宣告。但日本舰队在东乡平八郎元帅指挥之下,秘密驶向旅顺港,那也就是俄国的海军基地。2 月 8 日夜间,东乡用他的鱼雷艇攻击碇泊在港内的俄国舰队。在奇袭之下,他使俄国的 2 艘最佳战斗舰和 1 艘巡洋舰丧失作战能力——于是也就使日本从此在远东建立了海军优势。一直到 2 月 10 日,日本才正式宣战,而俄国也在这同一天宣战。

在日俄战争之前两年,英国即已和日本缔结同盟,那个时候它对于日本的态度,与 37 年之后附和美国谴责日本的行为,恰好成一个讽刺的对比。1904年 2 月,英国《泰晤士报》有一段评论可以节录如下:

> "由于日本天皇和他的顾问们所作的英勇决定,日本海军已经发挥主动精神,以一种冒险的行动揭开了战争的序幕……因为俄国舰队停泊在外港中,所以也就自动地暴露在攻击之下。于是我们英勇的同盟国海军就乘机获得了高度的荣誉……这一次胜利的士气影响非常巨大,也许足以影响到整个战争的前途……采取这种勇敢的行动,日本海军已经充分利用其政治家所赋予它们的主动权,并且也已对情况掌握了一种士气的优势。"

1911 年版的《大英百科全书》在"日本"这一条中也称赞该国选择战争的行动,并说它是为了反对"军事独裁和自私政策"而战。

1904 年 10 月 21 日——即特拉法加(Trafalgar)会战的 99 周年纪念日——约翰·费希尔(Admiral Sir John Fisher)做了英国的海军参谋总长(First Sea Lord)。他立即开始向英王爱德华七世(Edward Ⅶ)以及其他有权力的人士展开游说,认为应用"哥本哈根"(Copenhagen)的手段,来解决德国舰队日益强大所带来的威胁——即不必经过任何宣战手续而发动一次突然的攻击。他甚至于到处大肆宣传。他这种态度自然会引起德国政府的注意,而后者对于它的看法远比英国政界人士为认真。

我们很难断言费希尔的这种建议是否受了日本突击旅顺港成功的影响。无论如何,纳尔逊在哥本哈根未经宣战即突袭丹麦舰队的故事是英国海军史中著名的一页,而且也是每个海军军人都知道的往例。东乡曾以青年海军军官的身份在英国学习他的专业达 7 年之久。所以纳尔逊的哥本哈根突击对于1904 年东乡主动的影响,也许不亚于东乡本人对于费希尔思想的影响。

对于美国人而言,尽管有历史教训存在,1941 年的珍珠港袭击还是使他们受到了极大的震动,这不仅使他们对于以罗斯福为首的美国当局发出了广泛的批评,而且也更使许多人怀疑对于这种灾难应负责的不是盲目和混乱而是更深入的阴谋。尤其是罗斯福的批评者和他的政敌更是坚持这种看法,历久不衰。

尽管罗斯福本人的确老早就希望能找到一个借口来把美国投入对希特勒的战争,但是那些爱做翻案文章的美国史学家的看法却还是拿不出有力的证

据。造成此次灾难的主因是美国陆海军当局的夜郎自大和计算错误。罗斯福并不曾设计一个珍珠港事变以来达到把美国投入战争的目的。

香港的沦陷

这个英国在远东的前哨沦陷得那样快,可以当作一个最明显的例证,来说明为了表面的威望,战略和常识会如何地受到徒然的牺牲。甚至于连日本人也都不曾像英国人这样的"死要面子"。香港是英国在战略形势上的一个弱点,就本质而言,远比新加坡更难防守。这个岛港和中国海岸相连接,与日本在台湾的空军基地相隔只有 400 英里,而距离英国在新加坡的海军基地则在 1600 英里以外。

(原注:1935 年 3 月,狄尔将军被任命为"作战及情报处长"〔Director of Military Operations and Intelligence〕,他要我到军政部来和他对于最近和未来的国防问题作一次谈话。这次讨论是以远东为焦点,而尤其是一旦与日本发生战争时应否尝试据守香港的问题。依照我个人在那天夜间对于讨论所作的笔记:"我认为,而他也似乎同意,宁可让防御太薄弱而使它有丧失的危险,而不应对其作太重的增强,使其在精神上变成一个'凡尔登'或'旅顺港',因为那样若再丧失了,则会使我们的威望丧失更大。")

在 1937 年初所作的情况检讨中,英国参谋首长们把日本当作一个仅次于德国的假想敌,认为新加坡和不列颠本身一样的重要,是帝国存亡之所系,所以也就强调表示英国在地中海的任何安全利益都不应影响到派遣一支舰队前往新加坡的决定。在讨论香港问题时,他们认为香港必须要能支持 90 天的时间,才会有援军赶到,而即令增强后的守军能守住这个殖民地①,但港埠本身仍可能会因从台湾飞来的日本飞机而失效。但是他们的结论却比较不现实的,认为基于威望的理由和对于中国抗日战争应给以鼓励的需要,香港守军不应撤退。他们在文字上是这样说的:"香港应视为一个重要(Important)但却并非主要(Vital)的前哨据点,其防御时间应尽可能延长。"这样的结论也就注定了香港守军的命运。

2 年以后,即 1939 年初,一次新的情况检讨还是产生了相同的概括结论,但却是一个非常重要的改变,即认为在优先次序上,地中海安全应放在远东前

---

① 此处作者引用的英国史料,原文如此。需要指出的是,香港在历史上虽受英国殖民统治,但其法律地位始终为中国领土的一部分,而非传统意义上的"殖民地"或"英国属地"。1997 年 7 月 1 日,中国恢复对香港行使主权,标志着英国殖民统治的终结。

面。这也就自然地使香港的防御变得更无希望。尤其是此时,日本的远征军已经控制香港南北两面的中国大陆,所以也就使这个英国属地①在形势上益陷于孤立,并暴露在陆上攻击之下。

1940年8月,在法国沦陷之后,新任的参谋首长们又对情况作再度的检讨——现在代表陆军的就是狄尔,他现在已经荣任陆军参谋总长的新职。这一次他们承认香港无防守可能的事实,并建议撤退驻军。他们的意见也已为战时内阁所采纳,现在的首相已经是丘吉尔先生。但对于这个决定却并未加以执行。而且到了一年以后,他们又改变了态度,劝告丘吉尔接受加拿大政府愿意提供2营兵力以来增强香港守军(原为4营)的建议。此种建议以及政策的反转,是受到某一个人的乐观看法的影响。这个人就是加拿大籍的格拉塞特少将(Major-General A. E. Grasett),他最近曾任香港英军指挥官,当他返回英国时曾顺道谒见加拿大的参谋首长,告诉他说如能对兵力作这样的增加,即可以使香港的防务增强到足以对攻击作长久抵抗的程度。为了劝告丘吉尔接受这种建议,他们在表示意见时又说,即令在最坏的情况下,这样也可以使守军对于该岛维持一种"比较有价值"(More Worthy)的防御——这又是另一种"威望性"的辩论。1941年10月27日,就把这2个加拿大营运往香港,于是也就使冤枉牺牲的人数凭空又增加了50%。

日本人从中国大陆对香港的攻击在12月8日清晨发动,所使用的兵力在1个师以上(12个营),不但训练精良,还享有充分的空中掩护和炮兵支援。到了次日,英军已经退到九龙半岛上的所谓"酒徒防线"(Gindrinkers Line)。而到了10日清晨,在这道防线上有一个重要的堡垒为一支日军所攻占。这也就使英军匆匆地放弃了这一道防线,而撤回到香港本岛。日军甚至于还不知道,所以仍在继续计划如何进攻那一道防线。

当日军最初企图渡过海峡时,它们被击退了,但这样也就分散了守军的兵力。于是到18日至19日之间的夜晚,日军主力开始在东北角上登陆,并集中全力进攻,不久即渗入到南面的深水湾,切断防御部队。其中一部分在圣诞节之夜投降,而另一部分则在次日上午也投降了,尽管已经有了增援,香港还是只守了18天——只相当于预计时间的1/5。日本损失不到3000人,而守军约近12000人均全部被俘。

①　此处为作者引用的英国史料,原文如此。需要指出的是,香港在历史上虽受英国殖民统治,但其法律地位始终为中国领土的一部分,而非传统意义上的"殖民地"或"英国属地"。1997年7月1日,中国恢复对香港行使主权,标志着英国殖民统治的终结。

菲律宾的沦陷

12 月 8 日 02:30 时,日本人攻击珍珠港的消息已经传到在菲律宾的美军总部,并立即开始备战。此时由于台湾有晨雾,所以使日本人对菲律宾的空中攻击计划未能照预定时间进行。但这个阻碍反而使日本人获得一项巨大利益。由于在美国方面为了是否应立即派 B-17 轰炸机前往台湾作报复性轰炸发生意见上的争执,于是那些飞机奉命暂时绕着吕宋岛飞行,以免在地面上为敌人所缴获。到 11:30 时,它们才再降落到地上去准备出击——而起飞延误了的日本飞机此时却恰好到达它们的上空。由于美国的警报系统效率太差,所以美国飞机的大部分都在第一天被击毁,尤其是 B-17 轰炸机和现代化的 P-40E 战斗机为最多。于是日本人遂掌握了空中优势,其 190 架陆军飞机和 300 架海军飞机都是以台湾为基地。17 日,剩余的 10 架 B-17 被征往澳洲,而所谓亚洲舰队的几艘水面军舰也同时撤出,在菲律宾地区只留下 29 艘潜艇。

至于陆军方面,虽然由于麦克阿瑟的坚持,新的决定要求据守整个菲律宾,但事实上,他很冷静地把正规军 31000 人的大部分(包括美军和菲律宾的较优秀部队)都集中在马尼拉附近,至于绵长的海岸线则只用素质低劣的菲律宾部队加以掩护,在名义上他们大约有 1 万人。虽然以战略而言,这是聪明的部署,但它却容许日本人可以在任何地点登陆,而不会遭遇到困难。

这个攻击由日本第十四军负责,其司令为本间雅晴中将。他在最初的登陆和作战中共使用了 57000 人。比较说来,这个数字不算大,所以奇袭和空中支援也就变得更重要。同时日军也需要攻占某些外围小岛和防御薄弱的沿岸地区,以便迅速建筑机场以供其短程陆军飞机的使用。

第一天,它们就攻占了巴坦(Batan)群岛中的主岛,那是在吕宋以北 120 英里;10 日又向甘米银岛(Camiguin)跃进,那是在吕宋正北方。同一天两个其他的支队在吕宋北海岸上,分别在阿帕里(Aparri)和维甘(Vigan)登陆,而 12 日又有一个支队来自帛琉(Palau)群岛,在吕宋最南端的黎牙实比(Legaspi)登陆,几乎完全没有受到抵抗。这些行动都是为主力登陆作准备,那是选定在马尼拉北面距离仅 120 英里的仁牙因湾(Lingayen Culf),开始于 12 月 22 日,由 85 艘运输船载运着本间的 43000 人的部队。24 日又另有一支部队,约 7000 人,来自琉球群岛,在东岸上面对着马尼拉的拉蒙湾(Lamon Bay)登陆。所有这些部队都不曾遭遇到任何严重的抵抗,因为菲律宾的陆军都是训练装备极为恶劣的新兵,一看到敌人就望风而逃,尤其害怕坦克,而美国人对于他们的援助也来得太慢。直到此时为止,日军一共只损失不到 2000 人。

麦克阿瑟原来是希望能在敌军尚未在岸上站稳脚跟之前就把它们击溃,现在知道这个计划已无实现的可能,于是早在 23 日就决定仍照旧有计划,把其所余的兵力全部撤到巴丹半岛上,由于情报的夸张,把日军的兵力加大了 1 倍,而他自己的菲律宾部队又实在太差,所以更加速了麦克阿瑟的决定。26 日,马尼拉本身被宣布为不设防城市。尽管最初阶段混乱不堪,但麦克阿瑟的部队在敌军压力之下,却终能作步步为营的撤退,并于 1 月 9 日在巴丹半岛上建立了阵地——事实上,日军兵力仅为他的一半,也使他获得了很大的帮助。

但是一退入了这个半岛之后——那是长约 25 英里和宽约 20 英里——美军就遭遇到另一种困难,那就是有 10 万人要供养,包括平民在内,而并非如原定计划中所假定的 43000 人。此外在这半岛上疟疾极为流行,所以不要很久的时间,美军留下能战斗的兵力就只为原数的 1/4 了。

日军对于这个半岛阵地的第一次攻击曾被击退,而其所企图采取的两栖迂回攻击也失败了。2 月 8 日,经过一个月的努力,日军遂暂停攻击,因为它们自己的兵力也已经变得太弱——有 1 万人患疟疾,而其第四十八师又已调往协助攻击荷属东印度群岛。到了 3 月初,日军最前线上只留下 3000 人,但美国人却不知道这种情况,所以也就不曾企图转移攻势,同时美军的有效兵力现在也已经降到其总数的 1/5,尤其是自从 3 月 10 日麦克阿瑟被召前往澳洲之后,士气更受到极大的打击。因为他们都知道不可能会有援兵来到——这个决定是华盛顿当局在 1 月初即已作成的。

到了 3 月底,日本人已经获得生力军 22000 人的增援以及较多的飞机和更多的火炮。于是从 4 月 3 日起,它们就再度发动攻击,把美国人向半岛的顶端驱逐。直到 4 月 9 日由美军尚留在半岛上的指挥官金恩将军(General King),向日军作无条件的投降以避免"集体屠杀"。

战斗现在又移到要塞化的科雷希多岛(Corregidor)上,那里有守军约 15000 人,包括邻近三个小岛上的兵力在内。但它和巴丹半岛之间只隔了一条 2 英里宽的海峡,所以日军可以用重炮不断地加以轰击,再加上连续的空中攻击。这样一连打了几个星期,美军的防御工事遂逐渐崩溃,大部分的火炮均已不能发射,而且蓄水库也被击中。5 月 4 日轰击的强度达到了 16000 发炮弹。到了 5 月 5 日午夜之前,2000 名日军渡过海峡并在岛上登陆。他们遭遇到猛烈抵抗,在上岸之前即损失兵力一半以上,但由于坦克的登陆,遂使局势改观,坦克把守军冲散了——虽然实际参加战斗的只有 3 辆坦克。次日(5 月 6 日)上午,科雷希多岛上的美军指挥官温赖特将军(General Wainwright)从广播中宣布投降,以求避免无谓的牺牲。

本间最初拒绝接受此种局部性的投降,因为美国和菲律宾的残余部队还继续在南部各岛上从事游击战,甚至于在吕宋岛上较偏远的地方也是如此。于是温赖特同意下令作全面投降,因为害怕现在已经被解除武装的科雷希多守军会遭受屠杀。但有些部队仍然不服从命令,它们效忠于麦克阿瑟从澳洲所发出的号召,直到 6 月 9 日,所有的抵抗才完全停止。

美国人在这个战役中损失部队约 3 万人,而其菲律宾同盟国则损失了 11 万人。后者中有许多都是逃亡溃散的,在巴丹半岛上投降的美菲部队总数约 8 万人,在科雷希多岛上再加上 15000 人。日本人的损失虽然比较难于确定,但似乎大约仅为 12000 人,患病的人数在外。

尽管如此,虽然最初不免崩溃,但菲岛的守军却要比其他地方支持得较久——在巴丹半岛上抵抗了 4 个月,而全部抵抗长达 6 个月——并且它们不曾从菲律宾以外获得任何的支援和补给。

马来亚与新加坡的沦陷

在日本的计划中,征服马来亚、新加坡的任务是分配给山下奉文中将的第二十五军,该军辖有 3 个师及一些支援部队——战斗部队约为 7 万人,总人数则达 11 万人之多。但所能动用的海上运输船只却只够载运全部兵力的 1/4 直接越过暹罗湾——即战斗部队 17000 人,总数 26000 人。这个先头部队以攻占北部机场为目的。山下奉文全军的主力则从陆上前进,由印度支那经过泰国,进入克拉地峡(Kra Isthmus),以最快的速度增援海运的兵力,并继续沿着马来半岛的西海岸南下。

从表面上来看,对于这样一个遥远的目标,这实是一支太小的远征军——的确比珀西瓦尔将军(General Percival)所率领的马来亚防御兵力还要少一点。后者共为 88000 人,其中英国部队 19000 人、澳洲部队 15000 人、印度部队 37000 人和马来部队 17000 人。它们是一支混合兵力,其装备和训练都很低劣。反之,山下奉文的 3 个师——近卫师、第五师和十八师——都是日本皇军中最精锐的部分。它们有 211 辆坦克,英国人在马来亚却一辆也没有;又有飞机 560 架,差不多比英国人在马来亚所有的总数多了 4 倍,而素质也远较优良。此外,日本人也考虑到从11月到3月之间强烈的季风足以妨碍英军的对抗行动,因为在那样恶劣的天气中,只有较佳的道路才能通过。他们同时也考虑到马来亚的中央山脉高达7000英尺,并且为厚密的丛林所掩盖,足以分割敌人的防御,并帮助他们从东岸转向西岸。

英国方面的部署实在是令人有啼笑皆非之感:其地面部队分散得非常广泛以保护那些飞机场,但是那些机场上并未驻有适当的空军部队,而建立那些飞机场的目的本是为了保护一个海军基地(新加坡),但在这个海军基地中又并无舰队存在。日本人在将来反而变成了这些机场和海军基地的主要受益者。

日本的主要登陆地点是在马来半岛泰国颈部上的宋卡(Singora)和北大年(Patani),另外沿着泰国的海岸再向北上,还有4个辅助登陆点。还有一支部队则在马来亚境内的哥打巴鲁(Kota Bharu)登陆。这支部队的目的是在攻占英军飞机场之后,就继续沿着东海岸前进,以分散敌人的注意力,以便掩护日军主力沿着西海岸进攻。这些登陆行动预定在12月8日(当地时间)的清晨执行——日军5500人在哥打巴鲁的登陆实际上比珍珠港的袭击提早了一个多钟头。经过一个短时间的战斗,那里的机场即为英军所自动放弃。至于那些在泰国境内的行动就更容易达成。英国人本来拟定了一个所谓"斗牛士"作战(Operation Matador)的计划,即准备进入泰国境内来阻止日军的登陆,但因为不愿意在日军破坏泰国中立之前先越过国界,所以也就发动得太迟。12月6日,英国人的空中侦察已经发现一支日本舰队在暹罗湾中出现,但因为天气恶劣,无法辨识其进一步的动向和目标。对于"斗牛士"攻击作战所采取的准备行动结果反而使英军的防御部署受到扰乱。到12月10日上午,日军第五师早已从东岸转移到西岸,并越过了马来亚的边界,沿着两条道路进入吉打(Kedah)。

那一天英国人在海上又遭到一个具有决定性的灾难。在7月间决定跟着美国的后面切断日本的石油补给线之后,丘吉尔慢慢地终于认清了此种禁运行动所具有的"可怕"后果,于是一个月之后,在8月25日,主张派遣一支他所谓的"威慑"(deterrent)海军兵力到东方去。英国海军部的计划是准备派遣"纳尔逊"号(Nelson)、"罗德尼"号(Rodney)和4艘较旧式的战斗舰,连同1艘巡洋战舰和2到3艘航空母舰。丘吉尔则宁愿使用"最少量的最好船只",所以他建议派1艘最新式的"英王乔治五世"(King George V)级战斗舰,连同1艘巡洋战舰和1艘航空母舰。他在8月29日告诉英国海军部说:

"我认为日本不敢对抗美、英、苏等国的联合战线……尤其是若有一艘英王乔治五世级的战舰出现,则必定会使它更感到踌躇。这将是一种真正具有决定性的威慑力量。"

结果是战斗舰"威尔士亲王"号(Prince of Wales)和巡洋战舰"却敌"号(Repulse)一同驶往新加坡——但却没有任何的航空母舰。原来指定的那1艘在牙买加(Jamaica)搁浅,现在已经进入船坞修理。实际上在印度洋中还有1艘航空母舰,驶往新加坡也很近,但却并无命令要它驶往该港。所以这2艘大船都必须依赖陆上基地的战斗机保护,而这种战斗机数量却很有限——即令北部的飞机场不提早丧失也不中用。

"威尔士亲王"号和"却敌"号于12月2日到达新加坡,次日菲利普斯爵士(Admiral Sir Tom Phillips)也到达该地并接管"远东舰队"的指挥权。诚如上文中所说过的,12月6日即已发现有大队的日本运输船只从印度支那向马来亚的方向行驶。到了8日中午,菲利普斯就听到它们已正在宋卡和哥打巴鲁登陆的消息,并至少有1艘战斗舰、5艘巡洋舰和20艘驱逐舰的保护。那一天下午,菲利普斯勇敢地率领着所谓"Z部队"(Force Z)向北行驶——包括他的2艘大船和4艘驱逐舰——以攻击日军的运输船队为目的。不过由于北部的飞机场现在都已丧失,所以连岸上基地的空中掩护也完全没有。

9日夜间天气转为清明,所以菲利普斯也就丧失了天然的掩蔽。他的Z部队已被敌方飞机发现,所以遂转向南方再驶回新加坡。但那天夜间又接获一个错误的报告,说日军正在关丹(Kuantan)登陆,那里也是马来半岛东海岸的中点。因为觉得还是有奇袭的可能,所以菲利普斯认为冒险是合理的,遂又改变航向向关丹行驶。

日本人对于Z部队的任何拦截行动都已有良好的准备,因为它的到达新加坡经过广播已经世人皆知。日本第二十二航空战队,由其海军航空队最优秀的驾驶员所组成,正以西贡附近的机场为基地,担负着空中掩护的任务。此外又有一条由12艘潜艇所构成的巡逻线,掩护着从新加坡到哥打巴鲁和宋卡之间的航路。所以早在9日下午,Z部队的北上行动即已被这一道屏障最东端的潜艇所发现。当时第二十二航空战队正在准备对新加坡发动一次空袭,于是在一接获这个报告之后,即赶紧把炸弹调换鱼雷,并立刻企图对Z部队作一次夜间攻击。但因为菲利普斯已经向南回航,所以它们没有找到目标。次日刚刚在拂晓以前,这支航空部队又再度出击,这一次就在关丹附近找到了Z

部队。日本人一共使用 34 架高空轰炸机和 51 架鱼雷轰炸机,前者在上午 11 时刚过不久就开始攻击,而后者也接踵而来。两种攻击都非常准确——尽管所攻击的船只都是在高速运动中,而并非像珍珠港内的美国军舰是在静止不动的状况中受到奇袭。尤其是"威尔士亲王"号上有 175 门高射炮,每一分钟可以射出 6 万发炮弹,其对空火力不能说不强。但 2 艘大船却都被击沉,"却敌"号沉于 12:30 时,而"威尔士亲王"号则沉于 13:20 时。随护的驱逐舰在 2 艘船上的全体乘员 2800 人当中救起了 2000 多人,但菲利普斯本人却已经失踪。日本人并未干扰救难的工作。他们一共只损失 3 架飞机。

在战前英国海军当局痛恨人家谈论战斗舰可以被飞机击沉的理论,而丘吉尔对于他们的看法也有支持的倾向。这种错误的想法一直被坚持到 1941 年 12 月为止。此外,又诚如丘吉尔所云:"当时我们自己和美国人对于日本人在航空战中的效率实在是估计过低。"

这一个打击也就决定了马来亚和新加坡的命运。日本人现在可以继续登陆而不受到任何的阻力,并且可以在岸上建立他们的空中基地。面对着英国人在马来亚的微弱空军实力,他们空中兵力的优势也就成为一项具有决定性的因素:足以粉碎英军的抵抗,使他们的部队一路向马来半岛长驱而下,并打开了进入新加坡的后门。新加坡的沦陷实为过去疏忽和失策的后果——主要应由伦敦当局负责。

自从 12 月 10 日以后,英军几乎是沿着西海岸连续不断地撤退。一切道路上的阻塞阵地,不是被日本坦克和炮兵直接突破,就是受到日本步兵从邻近丛林中的渗透所迂回。在马来亚北部的英军指挥官希思将军(General Heath)希望能在霹雳河(Perak River)上站定脚跟,但这一线却为从北大年斜进的日军纵队所迂回。以后在金宝(Kampar)的另一个坚强阵地又为从海上用小艇登陆的日军所迂回和攻克。

12 月 27 日,波纳尔中将(Lieutenant-General Sir Henry Pownall)从空军上将布鲁克-波帕姆(Air Chief Marshal Sir Robert Brooke-Popham)手中接替了远东英军总司令的职务。

1 月初英军退到了斯林河(Slim River)上,这一道防线掩护着雪兰莪(Selangor)省,以及通到吉隆坡(Kuala Lumpur)附近南部机场的道路。但在 1 月 7 日到 8 日之间的夜里,1 连日军战车突破了这道组织恶劣的防线,向南直冲去夺占公路上的桥梁——那大概是在防线之后约 20 英里处。在斯林河以北的英军均被切断,损失了约 4000 人,连同其一切装备在内——而日军所付出的成本仅为 6 辆坦克和少数步兵。第十一印度师已完全被击溃。结果遂使英军不得不提早放弃马来亚中部,并且也丧失了对柔佛(Johore)北部作较长期据守以待援军从中东赶到新加坡的机会。

就在这个灾难发生的那一天,韦维尔将军也到了新加坡,他是要前往爪哇去接受 ABDA(即美英荷澳)总部总司令的新职,这是一个新成立的紧急机构。于是波纳尔就变成他的参谋长,而原有的远东总部则被撤销。韦维尔决定今后的防御应以柔佛为基地,一切最好的部队和增援都应保留在那里。那也就等于说应作较迅速的撤退,而不再是照珀西瓦尔将军原先所计划的逐步撤退。吉隆坡在 1 月 11 日被放弃,在淡边(Tampin)的瓶颈阵地则在 13 日被放弃(而不是原定的 24 日)。这也使日本人得以利用在柔佛境内较佳的道路系统,并且也使他们可以同时使用两个师,而不像过去那样必须轮流使用——于是澳洲部队在金马士(Gemas)所建立的坚固防御阵地也被抵消。所以通过柔佛的撤退甚至比原先所想象的还更快。

同时,在东海岸上的英国部队也同样在撤退:1 月 6 日放弃关丹和那里的机场,21 日在一个登陆威胁之下又放弃兴楼(Endau);到了 1 月 30 日,东西两面的英军部队都已退到马来半岛的极南端。其后卫于次日夜间也越过海峡退入新加坡。日本陆军的航空部队,效率比海军航空队较差,并未对英军的撤退加以太多的阻挠,只是对飞机场的攻击表现了它们的效果而已。

日本人在 54 天之内已经征服了马来亚。他们的总损失仅约为 4600 人——而英国则损失了约 25000 人(大部分都是做了俘虏)以及大量的装备。

在 1942 年 2 月 8 日(星期天)的夜间,日本侵入军 2 个领先的师在扫荡了 500 英里全长的马来半岛之后,开始强渡隔在新加坡和大陆之间的狭窄海峡。在 30 英里全长的海峡中,日军选择了 8 英里长的一段作为渡海的位置,那是宽度不到 1 英里的部分。这个地段是由第二十二澳洲旅的 3 个营所负责防守的。

第一波攻击是用装甲登陆艇载运的,但其余的后续部队则使用由征集而来的各种不同船艇,甚至于还有一部分日本兵是游泳过来的——携带着他们的步枪和弹药。有些船只被击沉,但大多数的突击部队都已安全登陆。防御方面有许多莫名其妙的差错,也给他们帮忙不少。滩头探照灯不曾使用,通信工具不是失灵就是未被使用,炮兵也很久都不能构筑其计划中的防御火网。

到日出时,已有日军 13000 人上岸,而澳洲部队则已向内陆阵地撤退。在正午以前,侵入者的人数已经增到 2 万人以上,并已在该岛的西北部建立一个深入的基地。以后第三个日本师也登陆了,使兵力总数增到 3 万人以上。

在大陆上紧接着的地区还有 2 个师,但山下奉文却认为新加坡是一个小岛,对于这么多的兵力无法作有效的展开。不过在以后几天内,他还是抽调一些生力军作为前线部队的补充。

以数量而言,防御者所有的兵力似乎应该是足够拒抗侵入者而有余,尤其是侵入者所攻击的地区正是在大家所意料中的。即令到现在,珀西瓦尔将军所指挥的兵力仍约有 85000 人之多——主要都是英国人、澳洲人和印度人,不过也杂有若干当地马来人和中国人的单位在内。但其中大多数却都是训练太差,而日本攻击军则都是百战健儿,而且曾为马来亚的作战受过特殊的挑选和训练。所以英军在厚密的丛林中或橡树园中一再受到他们的迂回。一般说来,英军的指挥也相当拙劣。

自从战役一开始起,英国空军在数量上和质量上都已落下风,到了最后阶段,其少数残余部队也完全撤走,于是天空中再也看不见它们的踪影。对于敌方空军猛烈和不断的攻击缺乏保护,使那些由于在马来半岛上长期退却而疲惫不堪的部队更是士气不振。

英国政府最初所犯的大错就是不曾提供必要的空中掩护,现在丘吉尔和他的军事顾问们就呼吁部队必须不惜任何代价奋战到底;指挥官应与部队共存亡,并为不列颠帝国的荣誉而牺牲;应执行焦土政策,毁灭一切对占领者可能有关的东西,而不必替部队的安全或人民的生活着想。所有这些呼吁不仅无补于实际,而且适足以显示英国当局对于心理学的知识真是一窍不通。在前线上战斗的人员看到其后方的油库正冒着黑烟起火燃烧,他们的士气绝不可能因此而提高。同样的,当他们知道本身的命运不是战死就是被俘时,当然也绝不会因此而受到鼓励。一年以后,当希特勒命令不惜一切代价死守突尼斯(Tunis)时,连在非洲身经百战的德国精兵也都迅速崩溃了。任何这一类"背水作战"的要求通常都是很难有效地激励士气。

新加坡的末日在 2 月 15 日星期天来临——也就是日军登陆后的一星期整。到那时候守军已经被逐回到新加坡市的近郊,该市位置在该岛的南岸上。粮食已感缺乏,而水源更是随时都有被切断的危险。在那天黄昏,珀西瓦尔将军持着白旗去向日军指挥官投降。对于一个勇士而言,这是一个痛苦的步骤,但投降却已经无可避免,他之所以选择亲自出降的方式,是为了想替他的部队和人民争取较好的待遇。

在新加坡的这两个黑色星期天(一为登陆而另一为投降)也就替大英帝

国敲响了丧钟,许多年来一向为英国人所感到骄傲的"日不落帝国"已经开始成为余音袅袅的尾声。

不过,抵抗日本陆军攻击的失败却并非主因。新加坡的投降实为两个月以前海军失败的后果。

同时那也是一连串错误和失察的终结。这个新基地及其防御的发展缓慢得可怜,舍不得花钱的政治原因也并非唯一的障碍。在决定建立此一基地之后的若干年内,对于其防御的最佳方法在白厅(Whitehall)中曾经引起激烈的辩论。而争论得最激烈的地方却是在参谋长委员会中——那是被假定为"三位一体"的。空军参谋总长特伦查德(Trenchard)是力主飞机的最高优先。而海军参谋总长贝蒂(Beatty)则提倡大炮主义——并痛斥飞机可对战舰构成严重威胁的理论。这两位都是名人,也都是强人。

政府对于他们的意见感到难置可否,一直到他们都已退休后很久,这种争论仍未获解决。大致说来,还是海军略占优势。所以对于新加坡只提供了大炮而没有飞机。很不幸的,当攻击终于来到时,其所进攻的方向并非炮口所指向的,而是在它们的背面。

在30年代里,有许多陆军军人都曾经研究过新加坡的防御问题,他们开始认为攻击的方向可能是走后门,即取道马来半岛。因为海军基地建在新加坡的北边,在该岛与大陆之间的狭窄水道中,此种可能性也就更大。在采取这种观点的陆军军人当中,珀西瓦尔就是一个,在1936年到1937年之间,他是马来亚的首席参谋官。他的意见为当时驻军司令多比将军(General Dobbie)所采纳,于是后者遂于1938年开始在马来半岛的南部构筑一条防线。贝利沙先生那时已经做了陆军大臣,他很快就能了解新加坡的少量驻军有增强的必要——自从他就职以来,他的政策特点就是认为帝国防御应比欧陆行动更为重要。当时与德意两国开战的危险已经迫在眉睫,所以对于地中海防务的增强必然会成为第一要求,但他却仍能说服印度政府派2个旅的兵力到马来亚去,而使那里的驻军一下就增加了3倍。以战前的有限资源而论,这已经可以算是作了最大的努力,因此也就倍觉难能可贵。

当战争于1939年9月爆发时,英国的资源也就开始增加。但由于当时战争只限于西欧一隅之地,所以资源的大部分也就自然地向那里倾注,接着就是1940年5月和6月的大灾难,结果是法国崩溃,而意大利也投入战争。在这个惊人的危机中,第一个要求当然是增建英国本身的防御,其次就是兼顾地中海地区的防御。这两个需要也都很难同时予以满足。丘吉尔最勇敢和伟大的行动就是他敢于在英国本身对于侵入的威胁尚无真正安全的保障之前，就决心不惜甘冒巨大的危险去增强对埃及的防御。

在这个阶段对于英国政府给予马来亚的增援若还认为不满意，那是很不公平的。因为在1940年到1941年之间的冬季，马来亚的驻军已经增加了6个旅，以当时的环境而言，那算是很难得的。所不幸的是空军兵力并未曾作类似的增加——而那却恰好是更重要的。

1940年初，新任司令邦德将军（General Bond）发表意见说新加坡的防御必须以整个马来亚的防御为基础。为了这个目的，他估计至少需要3个师的兵力，并建议防御的主要责任应由空军负起。国内当局在原则上采纳这些建议，但却加上一个重要的修改。当马来亚的指挥官们认为需要一支近代化飞机500架以上的空军兵力，而参谋长委员会却判断300架左右就够了，而且还说连这个数字也须到1941年底才能提供。事实上到日军侵入时（1941年12月），马来亚的第一线空军兵力仅为飞机158架，而且大部分都是落伍的旧货。

在1941年这一年之内，近代化战斗机产量的绝大部分，除了留供英国防空需要以外，都是派往地中海地区去支援那些流产的攻势作战。在下半年又约有600架被派往苏联。而马来亚却几乎一点都没分到。同时也没有一架远程轰炸机派往该地区，但却有好几百架用来对德国作夜间轰炸之用，而在战争的那个阶段，这一类的攻击显然是浪费精力。所以总结言之，马来亚的防御需要并不曾受到适当的注意。

丘吉尔本人在其回忆录中曾经透露过这个难题的答案。5月初英国陆军参谋总长狄尔爵士向首相提出一项报告，其中表示他反对继续增建在北非的攻击兵力而使英国本身或新加坡冒重大的危险。在他的文章中，狄尔这样指出：

> "我认为失去埃及是不太可能发生的灾难……只有英国本土遭到入侵，我们才会最后失败。所以主要的是联合王国而不是埃及，联合王国的防御应属于第一位。埃及在优先次序上甚至还不能列为第二位。因为那是我们战略中的一项公认原因，新加坡的地位是应放在埃及的前面。但目前新加坡的防御却仍然距离标准颇远。"
>
> "在战争中当然必须冒险，但所冒的却又必须是有计算的危险，我们不应犯错误而忽视了战略要地的安全。"

丘吉尔接到了这个文件之后大为震怒,因为那与他所想象的完全相反——即早日对隆美尔发动攻势,并在北非赢得一次决定性胜利的梦想。他认为:"若是接受这种观念即无异于完全回到防御的态势……在手中再没有任何东西可以发挥主动了。"所以丘吉尔遂用尖锐的笔法来反驳狄尔的意见。他说:

> "我觉得你是宁愿准备丧失埃及和尼罗河谷,并让我们已经集中在那里的50万大军投降或毁灭,而不愿意丧失新加坡。我的看法和你不一样,而且我也不认为情况会像你所想象的那样发展……假使日本投入战争,则美国非常可能会站在我们这一方面;而且无论如何,日本都极不可能在一开始就围攻新加坡;因为假使它不把它的巡洋舰和巡洋战舰散布在东方贸易航线上而去执行这样的作战,则对它本身是危险最大而对我们反而是损害较小的。"

很显然的,丘吉尔在激怒之下,故意曲解陆军参谋总长的意见。因为问题并非减弱埃及的防御,而仅为暂缓执行丘吉尔所一心想要发动的攻势,对于这个攻势他是寄以很大的妄想。结果是在北非的6月攻势成为笑柄,而增加更多的兵力在11月间再发动攻势时,又还是不曾获得任何具有决定性的战果。丘吉尔对狄尔元帅的答复同时也证明出他对于新加坡所面临的危险作了如何严重的计算错误。令人感到惊奇的,却是他在事后写回忆录时,还仍然那样大言不惭,而丝毫没有悔恨之感。他说:

> "据我所知,许多政府当面对着此种最高专业权威所作的如此严重宣告时,都会表示屈服的,但我却毫无困难地说服了我的政治同僚使他们不为所动,而且当然的,我又还是受到海空军参谋首长的支持。所以我的意见仍然占了优势,于是向中东的增援也继续不断。"

7月间,美国罗斯福总统派他的私人顾问霍普金斯(Harry Hopkins),到伦敦来传达他的意见。罗斯福对于此种政策的智慧很感到怀疑,他认为在中东尝试做太多的事情,将会在其他的地区引起危险。美国的陆海军专家也都支持这种警告,并认为新加坡应比埃及居于较优先的地位。

所有这一切的辩论都不能改变丘吉尔的观点,他说:"我绝对不容许放弃埃及的斗争,假使马来亚若出了任何差错,我将辞职以谢天下。"实际上,他后来不仅是食言,而且他根本上就不以为那里会有真正的危险发生。他也曾坦白承认说:"我在当时认为比起我们其他的需要,整个日本的威胁似乎都不过是一个遥远的魔影而已。"所以非常明白的,对于马来亚的不适当防御未能加以增强,其主要的责任应由丘吉尔本人负起——也就是因为他固执地要在北非发动一个不成熟的攻势。

新加坡沦陷所立即产生的战略影响是很严重的,因为紧接着在它的后面就是缅甸和荷属东印度的征服——这种分为两股的攻势前进使日本人的威胁一方面接近印度,而另一方面接近澳洲。差不多又继续苦战了 4 年并付出巨大的代价,新加坡才终于收复。但那应归功于日本内在的崩溃和原子弹的震骇,而英国不与焉。

但是新加坡沦陷所产生的较长久和较广泛的影响一直到今天都没有恢复。新加坡一向就是一种象征——它是西方权力在远东的显著象征,因为那个权力是由不列颠海权所建立,而且一直也都是由它来维持的。自从第一次世界大战结束以来,对于在新加坡设置一个巨大海军基地的计划曾经作了太多的宣传,所以其作为象征的重要性甚至于可以说是远超过它的战略价值。在 1942 年 2 月,新加坡那样容易地就被日本人攻占了,这对于英国人和欧洲人在亚洲的威望实为一种莫大的打击。

以后虽然英国人还是回到新加坡,但却已经无法抵消原有印象。白种人的戏法已经不灵了,所以他们也就随之而丧失其优越地位。因为认清了白种人的弱点,所以战后在亚洲也就到处都掀起反殖民主义的怒潮,亚洲人再也不肯接受欧洲人的支配了。

缅 甸 的 沦 陷

英国人的丧失缅甸实为马来亚沦陷的续篇,并且也使日本人得以完成其对中国和太平洋西方门户的攻占——于是也就完成了他们战略计划中所想象的伟大防御圈。虽然它是一个续篇,但缅甸战役却是一项独立的作战。那是由饭田祥二郎中将所指挥的日本第十五军来负责执行的。

这个军只有 2 个师,甚至于加上支援单位,总数也只有 35000 人。其最初的任务是占领泰国,包括克拉地峡的大部分在内;而当第二十五军向马来亚南

进时,也负责掩护其后方。接着第十五军就开始执行其侵入缅甸的独立任务,并且以首府仰光为其第一目标。

由于保护缅甸的兵力,无论在数量或素质上,都极为贫乏,所以日军虽以如此小型的兵力来作如此巨大的冒险,也都应认为是合理的。最初,缅甸的守军在数量上是比一个师略多一点,大部分都是最近所招募的缅甸单位,只有2个英国营和1个印度旅来作为它们的骨干——另有第二个印度旅尚在运输途中,准备作总预备队之用。当危机来到时,凡是能够抽调的援兵大部分都已经调往马来亚,但还是太迟,并不足以挽救新加坡的命运。直到1月底,才有训练半成熟和不足额的第十七印度师开始运到缅甸,这也就是说了很久都没有兑现的增援的前驱。空中的情况更为恶劣,最初一共只有37架飞机来对抗日军的100架——在1月初马尼拉沦陷之后,日本人又调来了1个航空旅,于是使这个数字又增加了1倍。

日军的侵入缅甸早在12月中旬即已开始,从第十五军所派出的一个支队进抵丹那沙林(Tenasserim),那是位置在克拉地峡的两侧,其目的是攻占那里的三个重要机场,以阻塞英国空军增援马来亚的路线。12月23日和25日,日军对仰光作了重大的空中攻击,使那里的印度工人像潮水一样地逃走,阻塞了道路并放弃了尚未完成的防御工事。1月20日,日军展开直接的攻击,从泰国进向毛淡棉(Moulmein),经过了一场激烈的混战之后,在31日被攻占。守军后方就是宽广的萨尔温江的河口部分,所以很难逃脱,几乎全部被俘。

12月底,韦维尔已派其在印度的参谋长赫顿中将(Lieutenant-General T. J. Hutton)去指挥缅甸境内的战事,而后者又派史迈思少将(Major-General J. G. Smyth,VC)去指挥防卫毛淡棉和到仰光的进路的那些杂牌部队。史迈思是新到的第十七印度师师长。

在毛淡棉沦陷之后,日军就向西北挺进,于2月上旬在该地附近和上游约25英里的地方分别渡过了萨尔温江。史迈思曾主张作一个适当的战略撤退,以便达到一个他可以集中兵力的位置,但是其上级直到太迟时才准许撤退,所以他只好勉强在米邻河(Bilin River)上建立一道防线,但那条河本身太窄而且有许多地点可以徒涉。这个阵地不久就受到日军的迂回。于是双方就开始向30英里以外的锡唐河(Sittang River)赛跑——那一条河有1英里宽,距离仰光70英里。因为英军起步太迟,所以终为日军所追及,尽管后者从丛林中的小路迂回前进是非常辛苦。2月23日清晨,锡唐河上的主要桥梁都已被炸毁,把史迈思所部的大部分都留在东岸上。只有3500人勉强逃回,其中有枪的已不及半数。3月4日,日军乘胜追击,到达了勃固(Pegu)并加以包围,那是一个公路与铁路的交叉点,史迈思的残部和少许援兵正在那里集合。

次日,亚历山大将军(General Sir Harold Alexander)来到缅甸并从赫顿的手中接管指挥权。这是丘吉尔所作的紧急决定,在那样的环境中也是非常自然的,尤其是较高阶层根本上不曾想到会垮得这样快。但这对于赫顿本人而言,却是一种不公正的待遇,因为他不仅对于防守仰光的可能性表示怀疑,而且也充分表现出聪明的远见:他曾把补给送往仰光以北400英里远的曼德勒(Mandalay)地区,同时又加速修建一条起自印度曼尼普尔(Manipur)的山地道路,与曼德勒和滇缅公路建立陆上交通。在这个阶段以及较早的阶段,英国国内的观点深受韦维尔个人意见的影响。他对于日本人的技巧未免估计过高——若能采取有力的对抗行动,则这种神话并不难击破。

亚历山大于到差之后首先坚持仰光必须死守,并且命令发动一个攻击以求扭转情况。但尽管新到的第七装甲旅和一些步兵增援单位曾作猛烈的战斗,结果还是没有什么收获,于是亚历山大不久也回过头来采纳赫顿的意见,于3月6日下午命令在次日下午实施爆破之后即撤出仰光。所以在3月8日当日军入城时,他们发现那是一座已被放弃的城市,遂不免吃了一惊。残余的英军从日军包围圈中找到了一个缺口,向北逃到卑谬(Prome)。

现在双方就都暂时休息一下。日本在休息期中获得了2个师(第十八师和第五十六师)的增援,此外还有2个坦克团,而它们的空中武力也增加了1倍——达到了400架以上的数字。英军所获得的增援数量远较微少。在空军方面除了3个已经残缺的战斗机中队以外,蒋介石又借给它们2个中队的美国志愿队(American Volunteer Group)兵力,虽然一共只有44架"飓风"式和"战斧"式(Tomahawk)战斗机,但最初阶段却能有效地击退日本人对仰光的空袭,并且使攻击者受到了不成比例的重大损失。但自从仰光放弃之后,大部分英国飞机就撤入了印度——到3月底才从中东获得第一批增援,约为轰炸机和战斗机共150架。仰光的丧失使警报系统发生混乱,所以剩下来的英国飞机也像以前在马来亚一样,再也不能对日本人作任何有效的抵抗。

4月初,已经增强的日本第十五军向北挺进到伊洛瓦底(Irrawaddy)江上,直趋曼德勒,以求达到其切断滇缅公路的原始目标。现在英军约有6万人,在曼德勒以南约150英里的地方据守着一条东西向的防线——在其东西侧翼上还受到中国部队的支援。但日军却勇敢地绕过其西面,包围了守军,并在4月中旬攻占仁安羌(Yenangyaung)油田。当时任蒋介石参谋长的美国人史迪威

将军（General Joseph Stilwell），曾拟定一项计划想让日军进到锡唐河上，然后再用钳形运动来把它们加以包围。但由于日本人已经绕着东翼作了一个更大的迂回，直趋滇缅路上的腊戌（Lashio），所以他这个计划根本无法实施。在这大侧面上已经发生迅速的溃散，不久就明白显示出腊戌和滇缅公路的补给线都保不住了。

所以亚历山大遂作了一项聪明的决定，不企图据守曼德勒——这也正是日军所希望的——而向印度边界上撤退。这个全程超过 200 英里的长距离撤退开始于 4 月 26 日，由后卫兵力掩护着，在伊洛瓦底江上的阿瓦（Ava）桥于 30 日被炸毁——即日军侧进到腊戌的前一日。

现在主要问题是要赶在 5 月中旬季风季节开始之前，达到印度边界和阿萨姆（Assam），因为此后河水泛滥将使交通断绝。日军也向亲敦江（Chindwin River）赛跑，想拦截英军的撤退，但英军的后卫还是勉强冲过去了，并在季风开始前一个星期到达了达木（Tamu）。在最后一段的狂奔中，它们丧失了大部分的装备，包括所有的坦克在内，但大多数的部队还是保存住了。即令如此，它们在缅甸战役中的损失还是 3 倍于日本人——13500 人对 4500 人。不过在它们的千英里撤退中，英军在缅甸的兵力终于还是逃脱，这大致应归功于第七装甲旅的坦克能一再发起逆袭以减缓敌人的锐气——而自从决定放弃仰光之后，对于退却的执行也都能保持冷静的头脑。

锡兰与印度洋

当在缅甸境内的日本陆军，以俨然无敌的姿态，从仰光向曼德勒推进时，英国人同时也因为日本海军的进入印度洋而大感震惊。因为在印度东南角附近的大岛锡兰（译注：即今之斯里兰卡），是被英国人认为非常重要的——日本海军若以此为基地就可以威胁从英国绕过好望角和南非以达中东的交通线，此外还有到印度和澳洲的海路。自从马来亚丧失以后，从锡兰来的橡胶对于英国也变得非常重要。

英国的参谋首长们告诉韦维尔说，保全锡兰比保全加尔各答（Calcutta）还更重要。因为这个原因，当在缅甸的兵力非常缺乏，而在印度的兵力更是极为微弱之际，用来防守锡兰的兵力却不少于 6 个旅。此外，3 月间在那里又成立了一支新的海军兵力，由海军上将萨莫维尔（Admiral Sir James Somerville）负责指挥，共有 5 艘战斗舰（不过其中有 4 艘都是旧船）和 3 艘航空母舰（而且其中有 1 艘是又老又小）。

　　同时，日本人正准备从西里伯斯（Celebes）攻入印度洋，其兵力远较强大，有 5 艘航空母舰——即曾用于珍珠港袭击中者——和 4 艘战斗舰。所以当这个消息传来时，显得锡兰的前途很不乐观。但这个威胁并不像表面上那样严重可怕，因为日本海军根本上是以攻为守。它们没有载运部队在锡兰登陆的企图。它们的目的不过是作一次突袭，以扰乱英国海军在那里增建的兵力，并掩护其从海上运往仰光的增援部队而已。

　　因为预计在 4 月 1 日会受到攻击，所以萨莫维尔的兵力已经分为两个部分——其较快速和有效的部分，称为 A 部队，负责巡逻，然后再被送往阿杜环礁（Addu Attol）补充燃料，那是设在马尔代夫群岛（Maldive Islands）上的一个秘密基地，在锡兰西南约 600 英里。日本的攻击实际上是在 4 月 5 日，100 多架飞机攻击在科伦坡（Colombo）的港口，造成重大的损失，并击退了空中的反击。下午又来了第二次攻击，共 50 架轰炸机，击沉了 2 艘英国航空母舰。萨莫维尔的两部分部队都行动太迟缓，不能发生任何作用，于是就自动撤退——较旧的军舰撤往东非洲，而较快速的部分则撤往孟买（Bombay）。但在 9 日那一天对亨可马里（Trincomalee）作了一次成功的攻击之后，日本舰队就撤走了，而在这个短短的时间之内，其商船突击支队已在孟加拉湾内击沉了 23 艘商船（共 112000 吨）。

　　对于英国海权这是另一次可耻的失败，所幸没有再进一步。假使英国人不采取挑衅的行动，即不在锡兰尝试建立那样一支落伍的海军兵力，则日本人也许根本就不会发动这次攻击——因为那本来就超出其原有计划的范围。

　　另外一个插曲就是派遣海陆军联合部队去占领法属马达加斯加（Madagascar）大岛北端的迪耶果苏瓦雷斯（Diego Suarex）港——那是为了防止日军的进占。此一行动影响到英法的关系，而又分散了兵力。这个相当浪费的行动始于 5 月间，接着在 9 月又派了一支大型兵力去占领全岛。正与 1940 年在阿尔及利亚奥兰（Oran）军港击沉法国舰队的情形是一样的，从长期的观点来看，"害怕"一词是很容易坏事的。

第五篇　转　向

（1942）

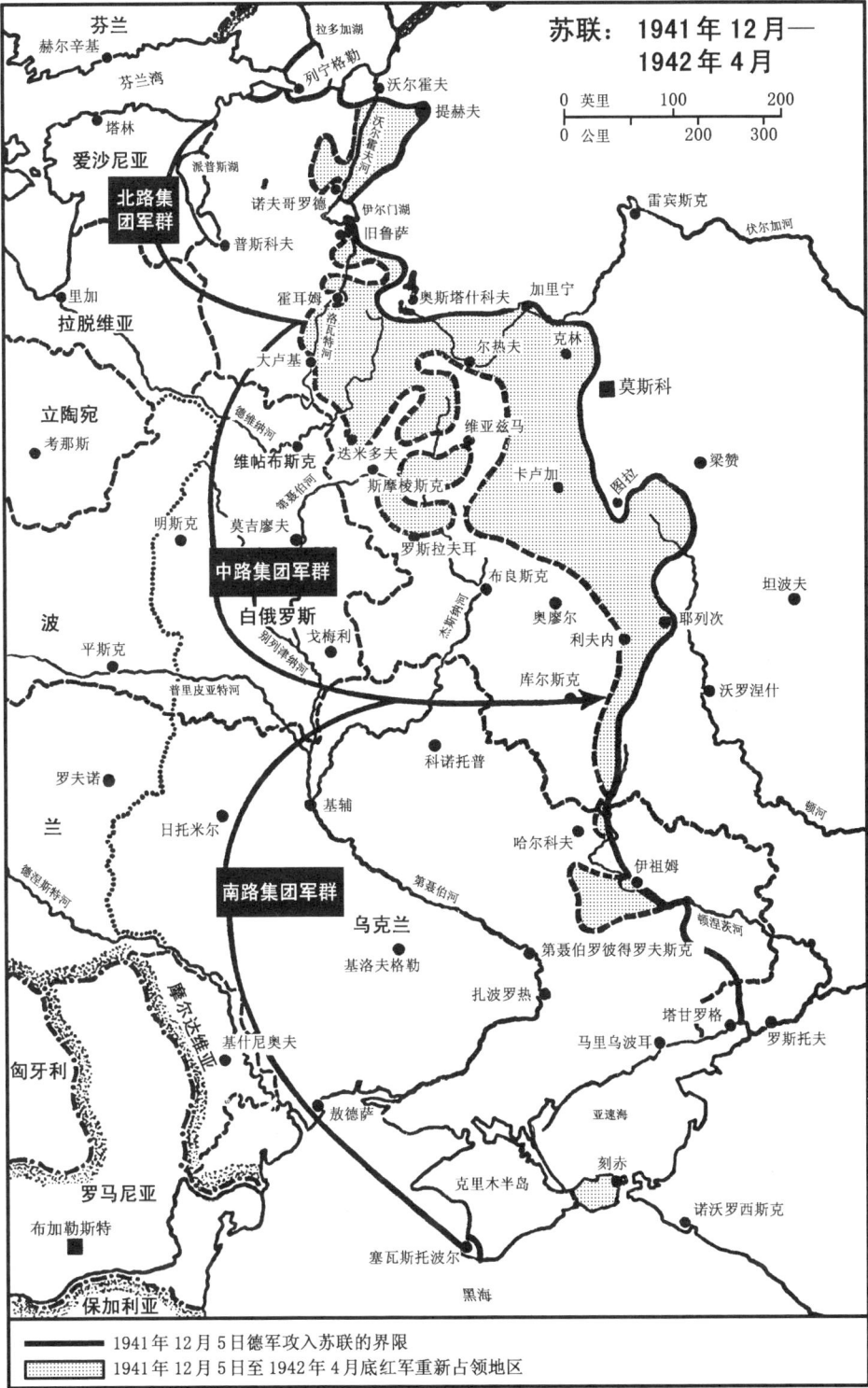

苏联：1941年12月—
1942年4月

芬兰
赫尔辛基
拉多加湖
沃尔霍夫
列宁格勒
提赫夫

0 英里   100   200
0 公里   200   300

芬兰湾
塔林
爱沙尼亚
派普斯湖
沃尔霍夫河
雷宾斯克
伏尔加河

北路集
团军群
诺夫哥罗德
伊尔门湖
旧鲁萨
加里宁

普斯科夫
里加
拉脱维亚
霍耳姆
洛瓦特河
奥斯塔什科夫
尔热夫
克林
莫斯科

大卢基
立陶宛
考那斯
维帖布斯克
第聂伯河
达米多夫
斯摩棱斯克
维亚兹马
卡卢加
图拉

明斯克
莫吉廖夫
梁赞

中路集团军群
罗斯拉夫耳
布良斯克
奥廖尔
利夫内
耶列次
坦波夫

白俄罗斯
波
平斯克
戈梅利
别列津纳河
杰斯纳河
库尔斯克
沃罗涅什

普里皮亚特河
南路集团军群
科诺托普

罗夫诺
兰
日托米尔
基辅
哈尔科夫
伊祖姆
顿涅茨河

德涅斯特河
乌克兰
第聂伯河
第聂伯罗彼得罗夫斯克

喀尔巴阡山
基洛夫格勒
扎波罗热

匈牙利
基什尼奥夫
塔甘罗格
马里乌波耳
罗斯托夫

敖德萨
亚速海

罗马尼亚
克里木半岛
刻赤

布加勒斯特
塞瓦斯托波尔
诺沃罗西斯克

保加利亚
黑海

━━━ 1941年12月5日德军攻入苏联的界限
▒▒▒ 1941年12月5日至1942年4月底红军重新占领地区

·按原图译制·

· 231 ·

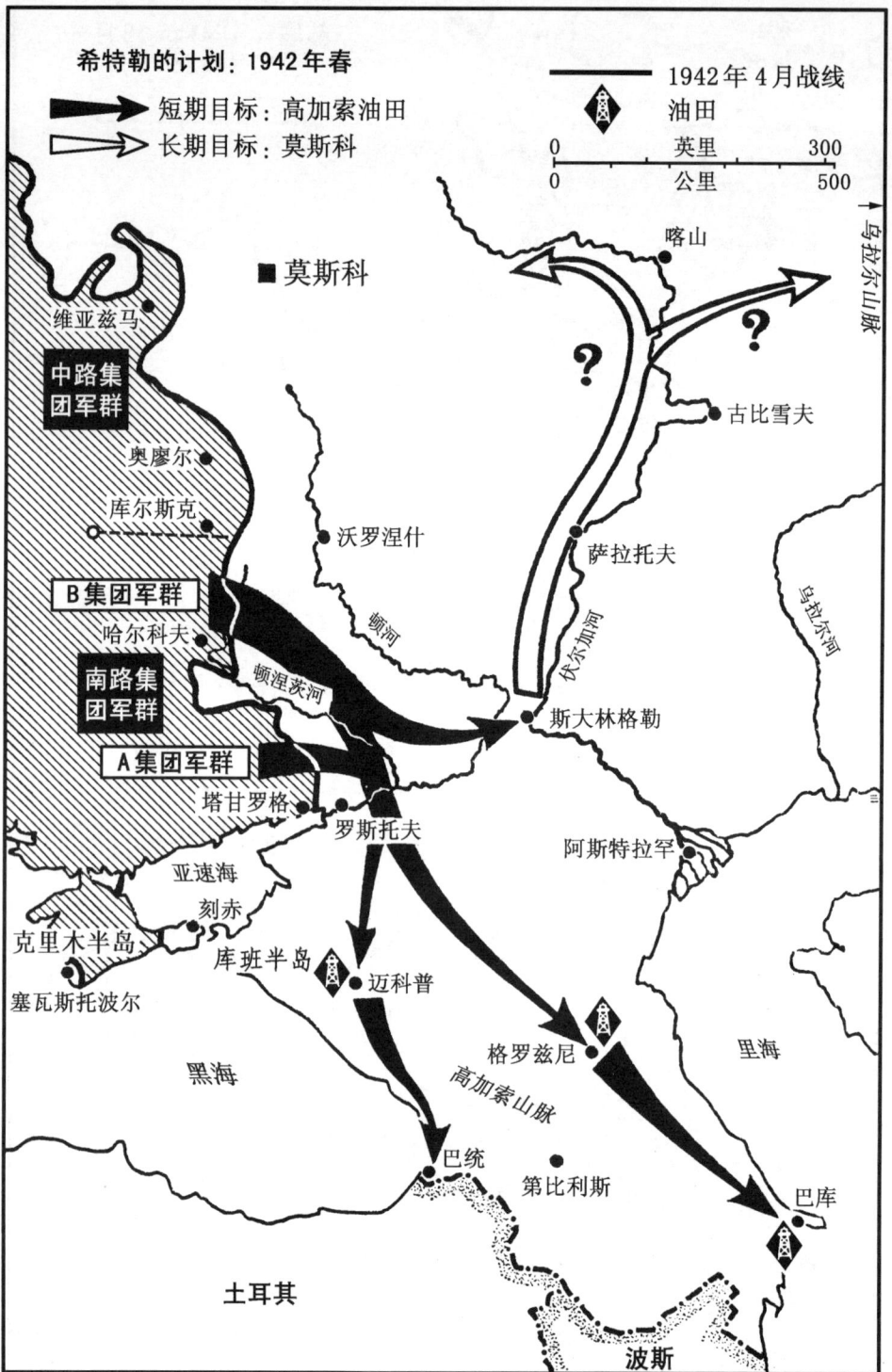

希特勒的计划：1942年春

短期目标：高加索油田
长期目标：莫斯科

1942年4月战线
油田

英里 0 — 300
公里 0 — 500

乌拉尔山脉

喀山

莫斯科

维亚兹马

中路集团军群

奥廖尔

库尔斯克

沃罗涅什

古比雪夫

顿河

萨拉托夫

乌拉尔河

B集团军群

哈尔科夫

伏尔加河

顿涅茨河

南路集团军群

A集团军群

塔甘罗格

罗斯托夫

斯大林格勒

阿斯特拉罕

亚速海

刻赤

克里木半岛

塞瓦斯托波尔

库班半岛

迈科普

格罗兹尼

里海

高加索山脉

黑海

巴统

第比利斯

巴库

土耳其

波斯

·按原图译制·

·232·

德军进攻斯大林格勒

德军装甲部队进攻路线
德军步兵进攻路线
1942年5月28日战线
7月22日战线
11月18日战线

0 英里 200
0 公里 300

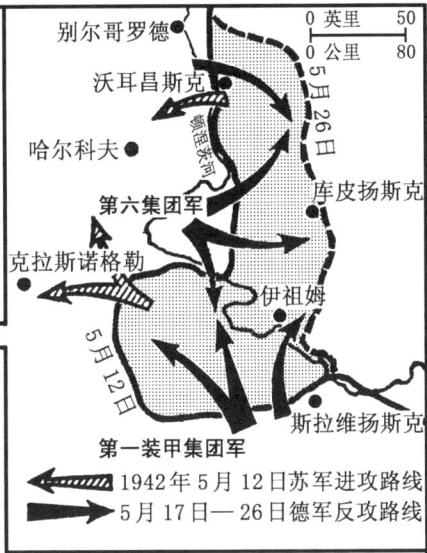

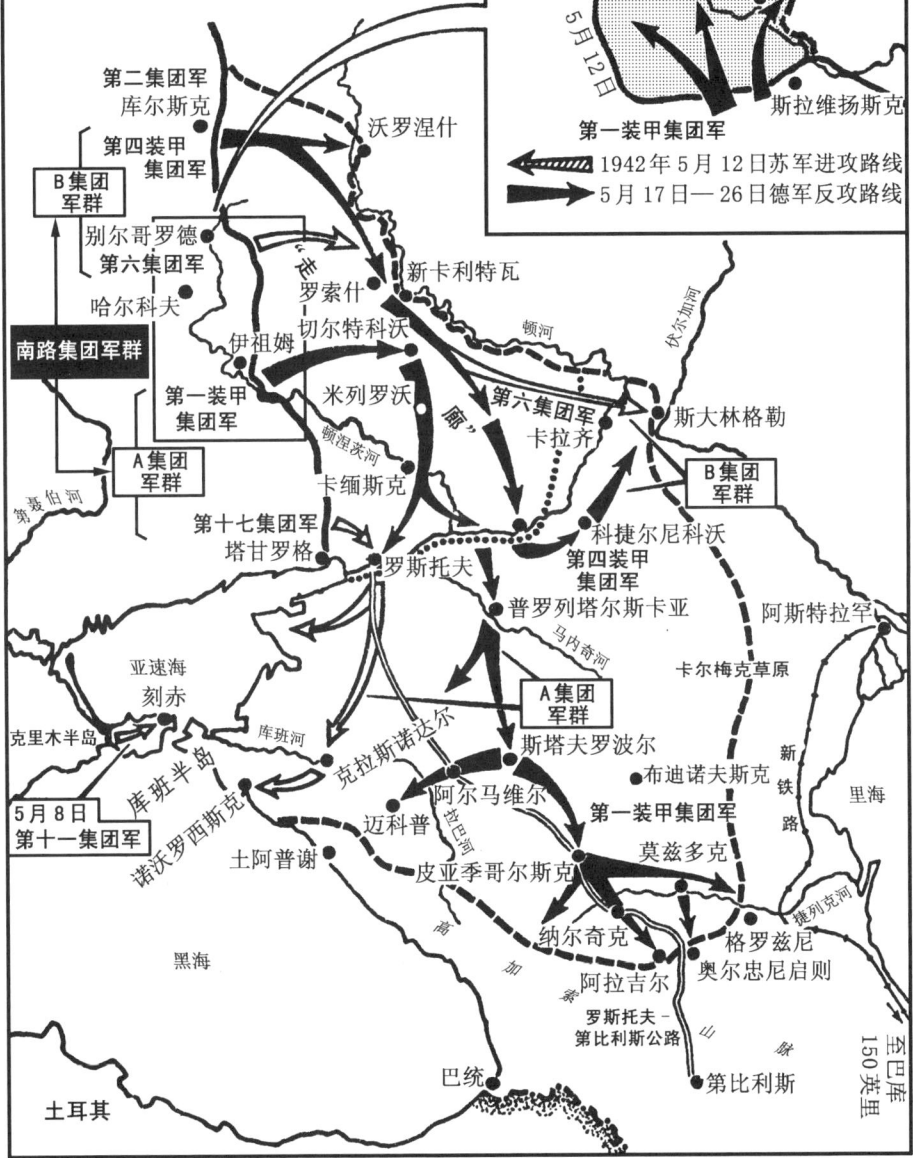

别尔哥罗德
沃耳昌斯克
哈尔科夫
第六集团军
克拉斯诺格勒
斯拉维扬斯克
伊祖姆
库皮扬斯克

0 英里 50
0 公里 80

5月26日
5月12日

第一装甲集团军

1942年5月12日苏军进攻路线
5月17日—26日德军反攻路线

第二集团军
库尔斯克
沃罗涅什
第四装甲集团军
B集团军群
别尔哥罗德
第六集团军
哈尔科夫
南路集团军群
第一装甲集团军
伊祖姆
新卡利特瓦
"老索什"
切尔特科沃
罗索什
米列罗沃
顿河
顿涅茨河
第六集团军
卡拉齐
斯大林格勒
伏尔加河
A集团军群
卡缅斯克
第十七集团军
塔甘罗格
罗斯托夫
B集团军群
科捷尔尼科沃
第四装甲集团军
普罗列塔尔斯卡亚
阿斯特拉罕
马内奇河
亚速海
刻赤
克里木半岛
库班河
卡尔梅克草原
新铁路
克拉斯诺达尔
斯塔夫罗波尔
布迪诺夫斯克
里海
5月8日
第十一集团军
库班半岛
诺沃罗西斯克
土阿普谢
阿尔马维尔
迈科普
库班河
皮亚季哥尔斯克
第一装甲集团军
莫兹多克
捷列克河
格罗兹尼
奥尔忠尼启则
黑海
纳尔奇克
阿拉吉尔
至巴库150英里
罗斯托夫-第比利斯公路
巴统
第比利斯
土耳其

· 按原图译制 ·

· 233 ·

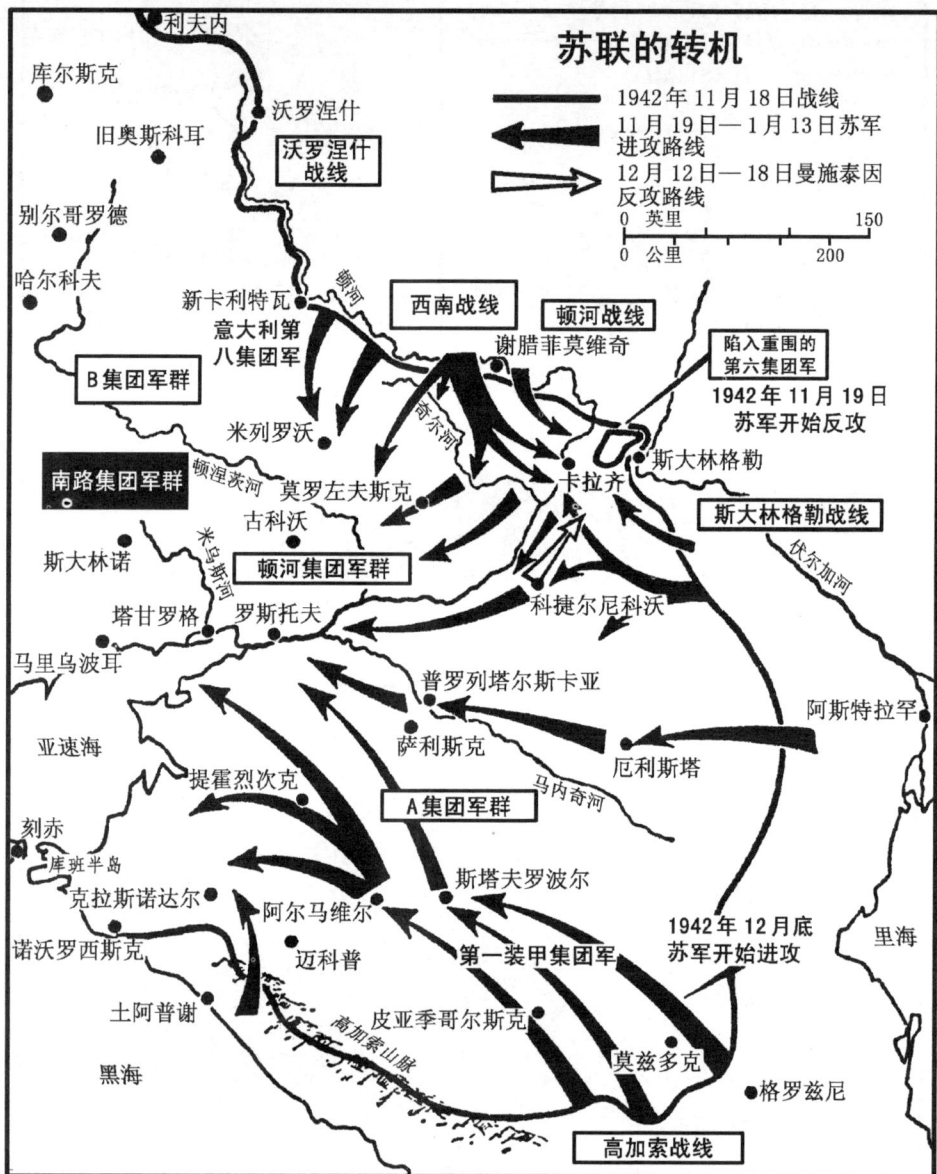

苏联的转机

利夫内
库尔斯克
沃罗涅什
旧奥斯科耳
沃罗涅什战线
别尔哥罗德
哈尔科夫

1942年11月18日战线
11月19日—1月13日苏军进攻路线
12月12日—18日曼施泰因反攻路线

| 0 | 英里 | 150 |
| 0 | 公里 | 200 |

新卡利特瓦　西南战线　顿河战线
顿河
意大利第八集团军　谢腊菲莫维奇
B集团军群　米列罗沃
陷入重围的第六集团军
斯大林格勒
1942年11月19日苏军开始反攻

南路集团军群　顿涅茨河
莫罗左夫斯克
古科沃
斯大林诺
顿河集团军群
罗斯托夫
斯大林格勒战线
伏尔加河
科捷尔尼科沃
塔甘罗格
马里乌波耳
亚速海
普罗列塔尔斯卡亚
萨利斯克
厄利斯塔
阿斯特拉罕
提霍烈次克
马内奇河
刻赤
库班半岛
A集团军群
诺沃罗西斯克
克拉斯诺达尔
阿尔马维尔
斯塔夫罗波尔
1942年12月底苏军开始进攻
里海
迈科普
第一装甲集团军
土阿普谢
皮亚季哥尔斯克
高加索山脉
莫兹多克
黑海
格罗兹尼
高加索战线

·按原图译制·

·234·

第十八章　在苏联的潮流转向

1940 年的春季,德国人在 4 月 9 日开始发动对挪威和丹麦的作战。1941 年的春季,他们在 4 月 6 日开始发动对巴尔干的作战。但在 1942 年却没有这样早开始。这个事实说明德国人在 1941 年为了想对苏联赢得一个迅速的胜利,已经把他们的实力消耗得太多。由此可以证明他们在苏联已经陷入何种程度。因为天气的条件固然是不利于在苏联战场上发动早春的攻势;但是对于英国人在地中海的地盘,无论是在东端还是在西端,德国人要采取行动都是毫无阻碍的。在这个英国海外交通的枢纽地带中,德国还是不曾制造任何新的威胁。

在苏联战场上,红军的冬季反攻,自从 12 月发动以来,一连继续了 3 个多月,不过进展却是日益缩小。到了 3 月,在某些地区中也曾推进了 150 英里以上。但德军对于其冬季战线的主要据点,却都能坚守不动——例如施吕塞尔堡(Schlüsselburg)、诺夫哥罗德(Novgorod)、尔热夫(Rzhev)、维亚兹马(Vyasma)、布良斯克(Briansk)、奥廖尔(Orel)、库尔斯克(Kursk)、哈尔科夫(Kharkov)和塔甘罗格(Taganrog)等城镇——尽管在许多地区中红军已经深入其后方许多英里,但都是从这些据点之间的空隙中通过,而德国的据点却仍然屹立无恙。

从战术的观点来看,这些城镇据点都是一种坚强的障碍物;但就战略而言,它们对于情况具有一种支配的趋势,因为在苏联那种稀疏的交通网中,它们恰好构成了焦点。固然在据点内的德国守军并不能制止红军渗入它们之间的广大空间,但只要这些交通要点屹立无恙,也就足以阻止敌人对他们的渗入作进一步的扩张。所以它们发挥了当初设计马其诺防线的人所想象的功效,只不过是规模还要更大而已——即认为防线上的法国要塞据点可以控制敌人的前进。假使当时法国人能够沿着其全部国境线上都构成那样的要塞防线,而不是只做了一半的长度就停止,则也许真能阻止德军的前进,至少不会让他们有充分的空间可供采取迂回的路线。

因为红军的深入程度并不足以使这些堡垒自动崩溃;所以到了以后,他们的深入反而使他们自己居于不利的地位。因为从中间突出的地区自然不像城镇据点那样易于防守,所以要想守住这些地区也就必须吸收过多的部队;反之,德军若以那些城镇作为发动攻势的跳板,则也就很容易从侧面的攻击来切断红军的补给。

到了1942年的春天,苏联战场上的战线变得如此曲折,就好像是为峡湾所交错的挪威海岸线一样。德国人之所以能够守住那些"半岛"(peninsulas),对于近代防御的威力是一种显著的证明。若能有适当的兵器,再加以技巧的和坚忍的执行,则防御是很不易被击败的。由于在战争初期面对软弱的防御作迅速的攻击很轻松地得到成功,所以也就使人获得了一种表面的结论,以为攻击是强于防御。实际上在那些情况中,攻击者是在兵器威力方面占有决定性的优势,而防御者则都是训练不足和心理失常的。在第一次世界大战中,圣米赫尔(St. Mihiel)突出地的经验显示出来:一个在理论上不可守的地区却维持了4年之久。在苏联的情况就只是把这种经验加以放大而已。1941年冬季作战的经验,也证明崩溃的主因是在心理方面,所以战争初期危险也就最大——等到部队有了心理准备之后,虽然已经部分被围,也还是不会立即崩溃的。

事后看来,希特勒不准作任何大规模的撤退,是大有助于德国部队恢复信心,而且也可能使它们免于全面崩溃。同时他坚持要采取这种"刺猬"(hedge-hog)式的防御系统,也使德军在1942年战役开始发动时,获得了很重大的利益。

尽管如此,为了那种硬性的防御他们还是间接付出了重大的代价。其成功使得希特勒相信在次年冬季更不利的条件之下,也还是可以依样画葫芦再重演一次。一个更具有立即性的效果,就是其空军因为在冬季条件之下,对于那些孤立的城镇守军空运补给受到严重的损失。因为天气恶劣所以失事率很高,而在天气良好的空隙中,又必须使用过多的飞机来补充补给的缺乏——有时为了补给一个军,在一天之内要用到300多架运输机。对于许多孤立据点作这样大规模的空运,使德国空军的运输组织感到力不从心;而有经验的空军单位抽调至其他战场,也减弱了德国空军在红军战线上的战斗效率。

因为军队没有冬季作战的准备,所以损失颇大。在冬季结束之前,许多师都已减弱到只有原来实力1/3的程度。它们的缺额永远都不曾获得补充,甚至于已经进入夏季很久,它们的人数还是不够企图作任何积极的行动。此外,在冬季中,德国后方又增编了许多个师,不过这种数字根本上是骗人的。自从1942年以后,凡是在激烈战斗中几乎被歼灭的师,都仍然继续维持其番号的存在,但缺额并不加以补充,以作为一种虚张声势的伪装。所以这些名义上的师有时只有两三个营的兵力。

希特勒的将领们告诉他,若想在1942年再发动攻势,则必须增加80万人。但军需生产部的部长施佩尔(Albert Speer)却说,从工厂中是不可能抽出这样多的人力来供军队补充之用的。

最后只好在组织上作一种彻底的改变。一个步兵师由9个营减成7个营。步兵连的战斗兵力定为最高80人,而不像过去为180人。这种减员编成有两个理由:由于有训练的军官损失殆尽,新进的年轻连长对于过去那样大型的连有控制不了的趋势;同时又发现连的编制较大则损失也较大,而在效力上却并无太大的差异。

由于人数和营数都减少了,所以以后当同盟国的情报军官在计算德国兵力时,仍然以为德国的师和他们自己的师是大致相等的,遂不免大上其当。实际上,若认为2个德国师相当于1个英国或美国的师,似乎为较好的估计。甚至于到了1944年的夏季末期,这样的比例都不一定可靠,因为德军已经很少有几个师可以达到其已经减少后的编制人数。

在1942年的战役中,也可以看出德国陆军坦克实力的增加,也是表面多于实际。在这个冬季曾增编了2个新的装甲师——其中一部分是把原先所保留的乘马骑兵师改编而成的,这种骑兵师被发现价值极微,所以就决定完全撤销。摩托化步兵师中的坦克数量也作了少许增加,但已有的20个装甲师,却只有一半曾经把坦克真正补充足额。

总而言之,德国的实力对于攻势的继续只能代表一种极为勉强的基础。即令用最大的努力,他们也只能恢复到旧有的数字,而那又必须尽量地利用其盟国的部队,这些部队的素质要比德国部队差得太多。但他们却还是没有足够的余额,来应付另一次大型战役的损失。更大的障碍是他们现在不能发展两种主要的攻击工具——空军和装甲部队,使其达到足以保证优势的程度。

(原注:甚至在西方的遥远旁观者也都可以认清这些缺点。我在1942年3月间所写的一篇评论曾经获得如下的结论:"这似乎是一种合理的预测,德国人在这个夏季中不仅将重演去年秋季的失败,而且整个潮流也将会有确定的转变。")

德国参谋本部对于情况的不利方面是深有认识的,但其首长们对于希特勒作决定时的影响力,却早已十分地微弱。希特勒的压力是那样的强大,所以

他们无法抵抗，而时势所趋，对于希特勒本人所加的压力也是同样地强大。他被迫只有前进再前进，无其他选择的余地。

在1941年11月，甚至于尚在对攻占莫斯科作最后企图之前，有关1942年如何继续进攻的问题即已在讨论之中。据说伦德斯特在11月的讨论中，不仅主张转变为守势，而且认为最好是退回到原来在波兰的攻势发起线。据说勒勃也同意这种见解。至于其他的高级将领虽然并不赞成对战略作如此重大的改变，但大多数对于攻势的继续也已经不太热心，他们对于苏联战役的前途都感到有些渺茫。12月对于莫斯科攻击的失败，再加上严冬的考验，更增强了他们的忧虑。

在1941年的作战失败之后，许多高级将领纷纷去职，于是也就更减弱了军人的反对力量。11月底，伦德斯特建议停止对高加索的南进，并退回到米乌斯河（Mius River）固守一条过冬的防线。当希特勒不予批准时，他就要求辞职并获照准。他的离去就时机和态度而言，都可以算是相当的幸运。等到整个战役的失败成为举世皆知时，勃劳希契的免职在12月19日被公布时所用的语气，也就暗示出他是那个应受责备的人。这个举动有两种目的：其一是替希特勒找到了一头戴罪羔羊，另一是他可以乘机接管对陆军的直接指挥权。包克对于希特勒最后一次的莫斯科攻势本是一位热心的拥护者，在12月中旬就因紧张和忧虑患了严重的胃病，12月20日他的辞职也照准了。勒勃仍暂时留任原职未动，因为他虽未能攻克列宁格勒，但却并无责任。他本拟妥攻击该城的计划，但在将要发动之际，却被希特勒下令撤销了——因为他害怕在巷战中会遭到重大的损失。但以后勒勃想从杰姆扬斯克（Demyansk）突出地区中撤退时，却始终无法说服希特勒同意，于是他也就自动要求解职。

勃劳希契和3位原始的集团军总司令都已先后离职，于是参谋总长哈尔德更是孤掌难鸣，对于希特勒益乏忠谏之力。尤其所有继任的新人，对希特勒都自然有一种比较肯听话的趋势，而不敢多表异议，这也就更提高了希特勒个人的地位。希特勒深通人性和心理之学，他完全了解想升官的希望可以歪曲人们的良知和产生恭顺的态度。职业上的雄心是很难抗拒这一类诱惑的。

代替伦德斯特的是赖赫劳（Reichenau），代替包克的是克鲁格（Kluge）；而以后，勒勃也由库希勒（Küchler）所接替。包克离开中央集团军，是因临时患病之故，以后1月间赖赫劳因心脏病逝世时，他又变成了他的继任者。不过当南面集团军在夏季攻势期中开始改组时，包克在7月间终被冷藏了。在这次改组中,南面集团军被分成了两个部分:一部分改称"A"集团军,由李斯特元帅(Field-Marshal List)指挥,负责向高加索方面的攻势;其余的部分则改称"B"集团军,先由包克继续指挥,不久就换了魏克斯(Weichs)。

发动另一次巨大攻势的计划在 1942 年的最初几个月内即已形成。希特勒的决定是受到其经济顾问压力的影响。他们告诉他说除非能从高加索获得石油的补给,此外还有小麦和矿石,否则德国不可能继续作战——事实证明他们这种判断完全错误,因为尽管德国并不曾获得高加索的石油,但它还是又继续打了 3 年之久。希特勒对于这些经济性的辩论一向是比较信服,因为这和他的直觉冲动比较容易配合——总想采取某些积极性和攻势性的行动。他所最痛恨的就是撤退的观念,不管那是如何地具有潜在利益或是能够帮助渡过难关,他都一律抹杀而不肯加以考虑。因为他不肯后退一步,所以他除了前进就再无其他选择的余地。

这样的直觉使他对于一切不愉快的事实都变得麻木不仁。举例来说,当德国的情报机构报告说,苏联在乌拉尔山等地区的工厂已经每个月能生产六七百辆坦克时,他拒绝予以采信。于是哈尔德把证据送给他看,他却气得大拍桌子,并宣称像这样的生产率根本上是不可能的。总而言之,凡是他不愿意相信的事情他就不相信。

不过,他还是已经承认德国的资源是有限的,所以他也就了解这次新攻势的范围是有加以限制的必要。根据初春的决定,那是应从两个侧翼上去进行,而不是全线都发动攻势。

主要的努力是放在黑海附近的南面侧翼上。那是采取一种沿顿河与顿涅茨河之间的"走廊"(Corridor)前进的方式。在顿河南湾与黑海口之间的下游渡过了该河之后,一支部队将向南直趋高加索油田,而另一支部队则向东以伏尔加河上的斯大林格勒为目标。

在拟定这个双重目标时,希特勒本来还有这样一种想法,认为攻占了斯大林格勒之后,也许可以再向北旋转,而拊保卫莫斯科红军的侧背,他的某些宠臣甚至于还在高谈进军乌拉尔山,但经过了许多的辩论之后,哈尔德终于使他认清了这是一种不可能的幻想,于是实际所拟定的目标仅为前进稍微超过斯大林格勒而已,这只不过是为了使这个战略要点获致战术安全。而且攻占斯大林格勒的目的现在也已经确定,那就是一种掩护向高加索前进的战略侧翼安全的手段。因为斯大林格勒位于伏尔加河上,控制着该河与顿河之间的陆地桥梁,作为一个交通要点也就构成了这个瓶颈的理想瓶塞。

希特勒的 1942 年计划还有其次要的部分，即准备在夏季中攻克列宁格勒城。除具有威望的原因外，这个北面的行动也是一种重要的手段，其目的为打通对芬兰的陆上交通线，并解除该国的孤立。

在东战场的其余部分，德军均将采取守势，主要的任务只是改进它们的防御工事。简言之，德军在 1942 年的攻势只限于两翼方面。这也是由于德国预备兵力已日感缺乏。甚至于当德军向南深入时，其侧翼的掩护尚不能不借重其盟国的部队。前进得愈深，则所需要的掩护部队也就愈多。

这种仅向一个侧翼深入的前进，而不同时对敌方中央施以压力的计划，和德国将领们从小到大，在其半生经历中所学习的基本战略准则完全不合。尤其更恶劣的是，这种侧翼行进又必须从红军主力与黑海之间的一道关口中通过。而更使他们感到内心不安的是那样绵长的侧翼，大部分都要依赖罗马尼亚、匈牙利和意大利的部队来负责掩护。对于他们所忧虑的各种问题，希特勒却给予了一个具有决定性的总答复，那就是德国人必须获得高加索的石油供应来源，否则即无法继续支持其作战。至于说到依赖盟国部队保护侧翼的问题，希特勒认为它们只被用来守住顿河之线，以及在斯大林格勒和高加索之间的伏尔加河之线——由于这些河川本身具有很大的防御价值，所以安全是可以确保无虞。至于攻占斯大林格勒以及据守那个战略要点的责任，则还是必须由德国部队来担负。

作为在大陆上主攻势的前奏，克里米亚的德国部队于 5 月 8 日首先发动了一次攻击，以占领其东部的刻赤（Kerch）半岛为目的——在去年秋天，苏联人曾勉强守住了这块地区，并阻止了德军的前进。在集中的俯冲轰炸机掩护之下，德军以一种有良好准备的攻势，在红军防线上突破一个缺口。德军从缺口中冲入之后，即开始向北旋转，把苏联守军的大部分逼在背靠海岸的位置上，不要好久的时间，俯冲轰炸机就迫使他们自动投降。在肃清了残敌之后，德国即向长达 50 英里的半岛扫荡。距离半岛 12 英里远的地方有一条具有历史意义的防线，即所谓"鞑靼沟"（Tartar Ditch），德军在那里曾暂时稍受阻止，但终于在 5 月 16 日攻占了刻赤城。于是在整个克里米亚境内，除了西南角那个已被孤立很久的塞瓦斯托波尔（Sevastopol）要塞以外，所有的红军都已被肃清。

这一个攻击，在原有的构想上，本是用来作为一种帮助达到主要目标的手段。那就是准备让这一支部队从克里米亚跳过刻赤海峡进入库班（Kuban）半岛，而这个半岛也恰好构成了高加索的西端。换言之，也就是可以与南下的主力构成夹攻的形势。不过事实上,沿着陆路南下的主力却进展得太快,此时早已深入到了高加索的境内,于是这种助攻的手段也就变得完全不必要了。

最有利于德军前进的一个有效因素,即为红军所发动的一项攻势。那是在 5 月 12 日开始的,趋向哈尔科夫攻击保卢斯的第六军团,这个军团正准备消灭红军在伊祖姆(lzyum)的突出地区。这是一种不成熟的努力,面对着德军的防御技巧,在这个阶段而言,是超出了红军本身的能力限度之外。铁木辛哥元帅在其发布的"日令"(Order of the Day)中,曾经这样说:"现在我命令部队开始发动这个决定性的攻势。"由此即可暗示苏联人的目的是如何地具有雄心,以及他们对于这次作战的期待是如何地股切。这个对哈尔科夫的攻势不仅徒劳无功,而且时间也拖得很长,结果反使德国获得意想不到的利益——因为红军预备部队的大部分,都已被这个攻势所消耗,于是一旦当德军反攻时,他们也就感到无法应付了。红军在哈尔科夫地区已经渗入德军的防线,并向西北和西南两个方向作扇形的展开。但是希特勒所命令的,由保卢斯第六军团和克莱斯特第一装甲军团所执行的对伊祖姆的进攻,却比他们的提早了一天。当红军的攻势终为包克所发动的反击挡住之后,于是在三面夹击之下,两个完整的苏联军团,以及另外两个军团的一部分,遂都被分割成碎片,到了 5 月底,一共有 241000 名红军做了俘虏。因此等到德军在 6 月间发动主力攻势时,苏联人在这一方面所剩下的预备部队已经寥寥无几,所以当然挡不住德军向南涌进的狂潮。

德军的攻势,在空间和时间上,都是采取一种"斜面突出"(staggered)的方式。它是计划沿着在南俄的整个德军战线来发动的。这一条战线是起自亚速海海岸的塔甘罗格附近,向北斜行并略往后退,再沿着顿涅茨河到哈尔科夫和库尔斯克。这是一种成梯次(echelon)的作战正面。在左方最后退的部分,预定最先开始行动。而在右方比较突出的部分,则必须等待其左翼部队已经推进到平行位置之后,才开始取攻势前进;而当左翼进攻时,这些在右方的部队就会对敌军的侧翼构成一种威胁,并减弱左翼部队所面对的抵抗。

在右端为第十七军团,以及在克里米亚境内的第十一军团。在第十七军团之左,比较后退一点位置的,就是第一装甲军团。在 7 月 9 日之后,这 2 个军团也就组成了李斯特的"A"集团军,并指定担负侵入高加索的任务。在这个集团军的左面,即为包克所指挥的"B"集团军,它所指挥的部队有第四装甲军团、第六军团、第二军团以及第二匈牙利军团。决定性的攻势还是由 2 个装甲军团来负责执行——都是从德军的后侧面跃出,攻击红军最前进的阵地。

第一装甲军团从哈尔科夫地段出击,而第四装甲团则从库尔斯克地段出击。至于各步兵军团则跟在它们的后面,并作为他们的支援。

作为主攻势的先声,德军于 6 月 7 日对塞瓦斯托波尔要塞发动了攻城战。这是由曼施泰因所指挥的第十一军团来负责执行。虽然红军的抵抗异常地顽强,但德军凭借其优越的数量和技巧(superior weight and skill),终于还是获胜了。不过一直到 7 月 4 日,这个要塞才陷落,整个克里米亚遂完全落入德军手中。因此,苏联人也就丧失了其在黑海的主要海军基地。他们的舰队虽仍继续"存在"(in being),不过事实上已经是消极而无能为力。

在克里米亚展开攻势序幕的同时,德军又发动了另一个分散敌方注意力的助攻,其地点是在预定发动主力攻击的附近。6 月 10 日,德军利用其在伊祖姆的"楔形"位置,强行渡过顿涅茨河,并在该河北岸获得一个立足点。在逐步将其扩大成为一个大型的桥头阵地之后,德军于 6 月 22 日,就从那里向北发动了一个强大的装甲攻击,并在 2 天之内达到该河以北约 40 英里处的库皮扬斯克(Kupiansk)道路交叉点。所以当德军于 6 月 28 日发动主力攻击时,也就构成一种非常有利的侧翼掩护,足以帮助其东进。

在左翼方面,进攻的德军遭遇到红军顽强的抵抗,相持了几天之后,红军的预备队消耗殆尽,于是第四装甲军团才能从库尔斯克与别尔哥罗德(Belgorod)之间的地段实行突破。此后它就迅速地越过了 100 英里宽的平原,在沃罗涅什(Voronezh)的附近到达顿河的东岸。这似乎是暗示德军将要直接渡过顿河上游,并超越沃罗涅什,以切断从莫斯科到斯大林格勒和高加索之间的铁路交通线。但实际上,德军却并无此种企图。它们所奉的命令是到达河岸就停止前进,并构成一道侧面防线,以掩护其他部队向东南方继续前进。接着就由第二匈牙利军团来接替第四装甲军团的防御任务,而后者则向东南旋回,沿着顿河与顿涅茨河之间的"走廊"南下,第六军团就跟在它的后面,并以攻占斯大林格勒为其任务。

左翼方面的整个行动,对于正在右翼方面发展中的威胁,又具有一种掩蔽的趋势。因为正当苏联人的全部注意力都集中在德军从库尔斯克向沃罗涅什的攻势行动之上时,克莱斯特的第一装甲军团,却正开始从哈尔科夫地区发动一个危险性更大的攻击。由于红军在它们自己所发动的攻势失败之后,所占的阵地就一直缺乏良好的组织,而德军在库皮扬斯克的"楔子",又恰好插在红军的侧背上,遂使克莱斯特的行动获得很大的便利。在迅速的突破之后,克莱斯特的装甲部队就沿着顿河到顿涅茨河之间的走廊东进,到达切尔特科沃

（Chertkovo），该城位于从莫斯科到罗斯托夫的铁路线上。于是它们又向南旋回，越过米列罗沃（Millerovo）和卡缅斯克（Kamensk），直趋罗斯托夫和在其以上的顿河下游。

7月22日，在从攻势发起线前进约250英里之后，这支部队的左翼渡过了顿河，并未遭遇任何抵抗。次日，右翼部队到达罗斯托夫红军防线的边缘，并且已经突入了一小部分。这个城市位于顿河的西岸上，孤立无援，而红军在迅速撤退中，也没有来得及作适当的防御部署。德军的梯次斜正面行动（即左翼已经渡河），更增加了它们的混乱，所以该城很快地就落入德国人的手里。该城被占之后，来自高加索的输油管也就被切断。于是红军所仰赖的石油补给就必须改用运油船经过里海运输，或者利用在大草原以西临时赶工所铺设的一条新铁路。此外，苏联人也已经丧失一大块出产粮食的地区。

对于这种壮观的闪击胜利，却有一点重要的遗憾：那就是，虽然有大量的红军被冲散，但是俘虏的总数却远不如1941年那样大。同时，进度虽然相当快，但却还是不够理想。诚然，德军所遭到的抵抗要比过去为广，但这并非主要原因。由于训练最佳的德军坦克部队在过去的战役中已经损失太多，所以就使它们的将领有宁愿采取比较慎重的方法的趋势。此外，1941年的装甲"兵团"（Group），现在都已改组为"军团"（Army），于是其中步兵和炮兵的比例都增大，结果这些支援部队的增加，反足以减低装甲部队的速度。

虽然大量的苏联部队由于德军的前进而暂时被迫处于孤立的地位，但其中有许多都能乘着德军尚未对它们加以围歼之前，就先溜走了。因为德军的前进是采取东南的方向，所以红军的逃走也就自然是采取西北的方向，这就帮助了红军当局在斯大林格勒地区内或其附近收容那些败兵。于是当德军继续向高加索作深入的前进时，在那里的部队也就逐渐发展成为一种足以威胁德军侧翼的隐忧。这对于次一阶段的作战就产生一种非常重要的影响作用。在那个阶段中，德军开始采取分叉的进攻路线——一部分直趋高加索油田，另一部分则指向伏尔加河上的斯大林格勒。

在渡过了顿河的下游之后，克莱斯特的第一装甲军团就向南旋回，进入了马内奇（Manych）河谷——这一条河与里海之间有一条运河连接着。红军把那里的大水坝炸毁之后，洪水立即在马内奇河谷中造成泛滥，于是也就暂时阻止了德军坦克的前进。但只经过两天的延迟，德军还是成功地渡过了这条河，并继续向高加索境内挺进，而且也扩大攻击正面。抵抗的缺乏和地形的开阔给予德军以极大的鼓励。克莱斯特军团的右翼纵队，几乎是采取正南的方向

通过阿尔马维尔(Armavir),直趋在罗斯托夫东南方 200 英里迈科普(Maikop)的巨大石油工业中心,并在 8 月 9 日到达该地。在同一天里,其中央纵队的前锋也已经冲入皮亚季哥尔斯克(Pyatigorsk),该城在迈科普东方 150 英里,并且也位于高加索山脉的山麓上。它的左翼纵队则采取更偏东的方向,趋往布迪诺夫斯克(Budenovsk)。各机动支队被派在先头挺进,所以在 8 月初,德军越过顿河以后的前进速度,的确是很够惊人。

但是这种惊人的速度却不过是昙花一现而已。没有好久,德军的前进就开始遭遇到障碍。最主要的障碍有两个,其一是燃料的缺乏,其次为多山的地形。除此二者之外,斯大林格勒的战斗也产生了很大的牵制作用,由于大部分兵力都消耗在该地区的战斗中,假使能够把他们用在高加索方面,则一定可以产生决定性的作用。

对于这样遥远的前进,若欲维持燃料供应的继续不断,实在是很困难,尤其是运油的火车必须通过罗斯托夫瓶颈,而铁路轨道又必须把苏联的宽轨临时改为中欧的标准轨道——德国人不敢利用海上的补给线,因为苏联的黑海舰队依然继续保持其"存在",空运虽已利用,但是运输量太有限,总运量的绝大部分还是要依赖铁路,专凭空运是不足以维持前进的动量。

对于德军目标的达到,山岳地形是一种天然的障碍,同时由于德军到达此一地区后,其所面临的抵抗也日益顽强,所以也就更增加了山地的阻碍效力。在此以前,德军是不难绕过那些抵抗其前进的苏联部队,后者都有这样一种趋势,即宁愿在被切断之前先行撤退,而不愿像在 1941 年那样作顽固的战斗。此种改变也许是由于苏联人已经采用一种比较具有弹性的防御战略,不过德军当局根据审讯俘虏时所获得的资料,深信那些被迂回的红军都是想找机会逃回老家去,而尤以从亚俄地区前来的人员为然。但当德军达到高加索之后,红军的抵抗就开始增强。这里的守军大部分是由当地人员所组成,他们具有一种保护家乡的观念,而且对于山地的作战环境也极为熟悉。这些因素都增强了防御的力量,尤其是山地的地形使攻击者的装甲部队不能像怒潮一样地涌入,而被限制在那些狭隘的孔道之间。

当第一装甲军团继续从侧翼向高加索攻入时,第十七军团的步兵就跟在后面,通过罗斯托夫瓶颈,然后向南直趋黑海的海岸。

在迈科普油田已经攻克之后,高加索的战线也就开始重新划分,并指定更进一步的目标。第一装甲军团所负责的为主要的一段,从拉巴河(Laba River)起到里海为止。其首要目标就是攻占从罗斯托夫到第比利斯(Tiflis)之间的大公路在山地中的一段。其第二目标则为攻占里海沿岸的巴库（Baku）城。第十七军团负责较窄的一段，从拉巴河到刻赤海峡。其第一任务为从迈科普和克拉斯诺达尔（Krasnodar）向南推进，越过高加索山脉的西端，攻占诺沃罗西斯克（Novorossiisk）和土阿普谢（Tuapse）等黑海港口。其第二目标则为沿土阿普谢以下的沿海公路前进，以打通到巴统（Batumi）的道路。

从土阿普谢向南走的沿海岸公路是在高山悬岩之下通过，但第十七军团的第一项任务却似乎是相当的轻松，因为只要前进不到 50 英里的距离，就可以到达海岸，而山脉的西端也已经趋于平缓，成为一种山麓丘陵地。但这个任务却证明并不容易。德军前进时必须渡过库班河（Kuban River），而在其靠近河口部分的两岸却是宽广的沼泽，再往东走，丘陵地形也就变得很崎岖，足以构成困难的障碍。直到 9 月中旬，第十七军团才攻占了诺沃罗西斯克。但却永远不曾到达土阿普谢。

在主要前进线上的第一装甲军团，比较上有了较佳的发展；但速度却已经日益减缓，而且时常停顿不前。在这个向山区的前进中，燃料的缺乏实为一最严重而具有决定性的障碍。装甲师有时为了等待燃料的补给，而在半路上一等就是几天。这也就使德军坐失最好的机会——乘着奇袭心理影响尚未销蚀和敌军防御尚未来得及增强之前，就先行攻占某些隘道。等到以后在山地中必须进行苦斗时，因为大部分有专长的山地部队都已经分配给第十七军团，企图到达土阿普谢和打通到巴统的沿海公路，所以第一装甲军团也就受到更多的额外阻力。

当德军将要到达捷列克河（Terek River）时，受到第一次严重的阻拦——这条河掩护着越过山地通往第比利斯的道路，以及在山地以北比较暴露的格罗兹尼（Grozny）油田。捷列克河虽然并不像伏尔加河那么大，其宽度也并不惊人，但其流速却使它对德军构成一种重大的障碍。于是克莱斯特企图向东迂回，那也就是向其下游方向走，终于在 9 月的第一个星期，在莫兹多克（Mozdok）附近渡过了该河。但是他的部队又为捷列克河以南布满密林的丘陵地所阻。格罗兹尼距离莫兹多克渡口只有 50 英里，但尽管德军曾作多次的努力，却还是未能使那里的油田落入它们的掌握之中。

德军之所以受挫还有另外一个重要的原因，那就是苏联人突然把一支拥有几百架轰炸机的空军部队，调驻在格罗兹尼附近的各个机场上，这些轰炸机的突然出现，对于克莱斯特的前进构成一种极有效的阻力，因为他的大部分防空单位，以及支援他的空军部队，现在都被撤回去帮助在斯大林格勒方面的德

军。所以苏联的轰炸机可以自由地攻击克莱斯特的军团，而不至于受到任何的干扰。它们同时又把大块森林变成一片火海，使德军无法从中通过。

同时，红军又使用（乘马）骑兵师沿里海南下，以扰乱德军在东面暴露的侧翼。由于德军的掩护兵力很稀薄，所以在这种大草原上，苏联骑兵凭借其特有的素质，也就可以纵横无忌，成为一种很可怕的威胁。他们可以任意地从德军的前哨据点之间渗透过去，切断德军的补给线。又因为苏联人从阿斯特拉罕（Astrakhan）向南已经建筑了一条新的铁路线，所以也就使他们在这个侧翼上的渗透活动日益增强。这一条铁路线是平铺在大草原的旷野中，没有路基，也不需要任何桥梁和堤岸。不久德国人即发现切断这条铁路线的行动，只不过是浪费精力而已，当任何一段被拆毁时，苏联人马上就会重新铺设，很快地又恢复通车。同时，敌人几乎是来无影去无踪，所以侧翼的威胁也变得日益严重。虽然德军的机动支队也曾深入到里海的海岸，但从它们眼中看来，里海却无异于"沙漠中的蜃楼"。

从9月到10月，克莱斯特一直都在尝试继续从莫兹多克向南推进，并在不同的点上作奇袭式的攻击。但每一次的企图都失败了。于是他决定把他的重点从左向右移，对奥尔忠尼启则（Ordzhonikidze）发动一个钳形的攻击——这也就是通到达里亚尔隘道（Daryal Pass）的门户，由此即可直达第比利斯。这个攻击是在10月最后的一个星期才发动，为了帮助他成功，希特勒也给予当时所能抽出的一切空中支援。克莱斯特的右钳头从西面迂回前进，攻占了纳尔齐克（Nalchik），然后再进向阿拉吉尔（Alagir）——这是另外一条通过马米松隘道（Mamison Pass）的军用道路之起点。从阿拉吉尔，德军向奥尔忠尼启则进攻，而左面的钳头也从捷列克河谷方面作向心的会合，雨雪交加的天气在这个最后阶段延误了德军的进展，当克莱斯特几乎一伸手就可以到达其眼前的目标时，红军却开始发动一个在时间上和目标都有良好计算的反击。这使得一个罗马尼亚的山地师立即突然的发生崩溃——这个师在一路前进时，都有很好的表现，但现在却已经支持不住。结果克莱斯特只好撤回其部队，并放弃这个功败垂成的计划。于是双方的战线都稳定下来，而德军仍然面对着它们白花许多气力都还不曾穿过的高加索山地。

红军在高加索中部的这次最后却敌，也与在斯大林格勒大反攻的开始，几乎是在同一时间。

同时，德军在西高加索方面也曾计划作一次最后的努力，但却始终不曾实现。希特勒这一次突然决定使用空降部队，这是他一直都保留着不用的一张王牌。伞兵师——为了伪装起见,仍然被称作第七航空师——已经集中在克里木及其附近,准备从那里空降于土阿普谢到巴统间的公路上,以与地面进攻的第十七军团兵力相会合。但这时红军不仅已在斯大林格勒发动了大反攻,而且接着在尔热夫附近又发动了一个新的攻势。在那里为了想对斯大林格勒作一种间接的援助,朱可夫(Zhukov)所指挥的部队在 8 月间几乎突破了德军的防线。希特勒对于这两方面的威胁大感震惊,于是决定取消对巴统最后一次的攻击计划,并命令把这些伞兵用火车迅速送往斯摩棱斯克,以作为对中央战线方面的增援。

所有这些失败和危险都是德军在斯大林格勒受挫的结果。那里本是一个辅助目标,但却逐步发展成为一种主要的努力,因而把为达到原定主要目标所需的陆军和空军预备部队消耗殆尽,最后遂使德军一事无成。

这似乎是很够讽刺的,德军首先为了遵守正统战略准则已经付出一笔代价;以后又因为不遵守正统战略准则再付出一笔代价。从原有的集中全力的观念,反而产生了分散兵力的致命结果。

向斯大林格勒的直接前进,是由保卢斯所指挥的第六军团来负责执行。它沿着顿河与顿涅茨河之间“走廊”地带的北边前进。由于在南边的装甲兵力已经先发动攻势,所以遂使第六军团获得很多的帮助,而在最初阶段进展得颇为顺利。但是愈向前推进,则兵力也就愈减弱,因为必须分派许多部队沿顿河去掩护那个日益延长的北侧翼。又因为在炎热的天气之下,作长时间的快速行军,再加上一连串的战斗,所以部队也就消耗得非常厉害。在退却中的红军是一路都在作步步为营的抵抗,由于德军兵力的减弱,也就愈难克服这种障碍。每一次的激烈战斗必然会造成重大的损失,因此也就相对地减弱应付下一个危机的能力。

等到第六军团接近顿河的东边大湾时,这种效力遂更为显明。7 月 28 日,其机动矛头部队的一股,在卡拉齐(Kalach)附近到达顿河的近岸——这里距离攻势发起线已达 350 英里,而距斯大林格勒的伏尔加河西湾则仅为 40 英里。但这不过是昙花一现而已,因为其大部分的部队正在顿河湾内遭遇红军顽强的抵抗。由于正面狭窄和机动部队所占的比例较低,所以第六军团的机动能力远不如装甲军团。德军整整花了两个星期的时间,才击破在该河湾中的苏联部队。甚至于又花了 10 天的时间,才能在顿河的远岸建立桥头阵地。

8 月 23 日,德军才完成一切的准备,开始对斯大林格勒作最后阶段的攻势前进。德军仍然采取一种钳形的攻击方式,第六军团从西北方向进攻,第四

装甲军团则从西南方向进攻。在同一夜间,德军的机动单位在斯大林格勒以北30英里处到达了伏尔加河岸,而且也接近该城以南15英里处的伏尔加河湾。但守军却努力使这两个钳头不能立即合围。在次一阶段,德军又再从西面进攻,于是完成了一个半圆形的压力圈,从红军当局号召其部队应不惜一切牺牲战至最后一人的口气中,即可以知道情况的严重。苏联部队以一种惊人的耐力来响应此种号召,在非常艰苦的条件之下,几乎是补给和增援都已断绝,它们仍继续苦战不屈。在它们的后面是一条2英里宽的大河,但这却并非完全不利。有了它们那样的部队,这条河足以帮助增强抵抗并使问题变得更为复杂。

沿着红军的弓形防线上,德军一再地进攻,似乎是永无休止的,尽管进攻的地点和方法时常改变,但是都只有轻微的进展,不足以补偿攻击者所付出的代价。有时,德军虽已突入红军的防线,但深度总嫌不够,所以最多也只能造成局部的撤退。而且攻击通常都是不能贯穿。一再攻击不下之后,这个地区的心理重要性也就随之而增高——正好像1916年的凡尔登一样。这一次地名又更增强了这种心理作用。"斯大林格勒"对于苏联人是一种精神象征,而对于德国人,尤其是他们的领袖,却变成了迷魂汤。它使希特勒陷入催眠的状况,他完全忘记了一切战略的影响,甚至于也不考虑任何未来问题。那是比莫斯科更具有致命的效力——因为这个地名的意义更为重大。

任何头脑冷静的战争经验分析家,都能立即认清这种持续不断的努力是不利的和危险的。除非防御部队已经孤立无援,又或是敌国的预备兵力正在日渐枯竭,否则这样一再地猛攻通常都会得不偿失——而在目前这种情况之下,比较经不起长期消耗的却是德国人,而不是苏联人。

尽管苏联人损失重大,但其人力的储备却远比德国人庞大。然其最大的弱点是在装备方面。这主要是由于他们在1941年受到重大的损失,而在1942年的再度失败也不无关系。他们缺乏各种火炮,大部分都以用卡车载运的迫击炮来代替。坦克以及各种形式的摩托化运输车辆也都极感不足。但到1942年夏季结束时,从后方的新工厂中所生产的新装备就已经开始不断地向前方补充,此外还有来自美国和英国的大量补给。同时,自从战争爆发之后,苏联即大量动员其人力,现在也已经产生效果。从亚洲方面也已经运来许多个师。

斯大林格勒会战地区是位于极东的方面,所以也就比较容易接受从东方来的援助。这对于该城的防御大有帮助,因为该城的位置颇为恶劣(背靠着大河），所以直接的增援不易进入，但是在其北面红军实力的增加，所能产生的间接压力并不亚于直接的增援。假使不是红军缺乏近代战争中的重要武器，否则它们在侧翼上的反攻也许早就可以反败为胜了。不过由于德军现在已经陷入一种局部化的消耗战，其有限的预备人力和物力已经愈用愈少，所以情况也就变得日益对红军有利。在这种战斗中，因为德军是攻击者，所以它们的消耗率经常要比守军为高，同时它们又正是比较经不起这样消耗的。

德军陆军参谋本部不久就认清此种消耗过程的危险。每当哈尔德向希特勒作完每天一度的例行会报之后，他走出来时总是做一个失望的手势，并且告诉他的助手们，他又一次未能说服希特勒使其恢复理性。由于冬季日益接近，所以哈尔德也就争论得益为激烈，于是他和希特勒之间的关系就发展到双方都无法再忍受的程度。在讨论计划时，希特勒还是继续保持其不可一世的姿态，用手指向地图上一划就是一大片地方，所可惜的是，实际的进展却已经小到地图上都找不到的程度。但他既然无法把红军赶出战场，于是不得已而求其次，就一心想把那些老头子赶出他的办公室。他一向就痛恨那些"老将"们，对于他的计划并不真正欣赏，而现在失败得愈厉害，他就愈怪参谋本部不曾替他竭智尽忠地工作。

所以到了 9 月底，哈尔德就离职了——随他一同离职的还有他的几个助手——接替他的人是蔡茨勒（Kurt Zeitzler），他是一个比较年轻的人，现在正在西线充当伦德斯特的参谋长。（译注：此时伦德斯特又再度被起用，在法国出任德军西线的总司令。）在 1940 年，蔡茨勒是克莱斯特装甲兵团的参谋长，对于后勤计划颇有贡献，德军装甲部队之所以能长驱直入，从莱茵河直达英吉利海峡，他这个无名英雄的功劳是很大的。除了这个重要的资历以外，希特勒又感觉与这个比较年轻的军人谈论攻向里海和伏尔加河的长程计划时，困难一定可以少一点——尤其是当他突然被擢升到这种最高位置时，内心里一定会有感恩图报的想法。最初蔡茨勒在这一方面的确不曾辜负希特勒的期望，因为他并没有像哈尔德那样对希特勒保持一种经常反对的态度。但是经过一个极短的时间之后，蔡茨勒本人在内心里就感到烦恼了，等到攻占斯大林格勒的希望已经消失时，他也就开始和希特勒展开辩论，并认为在那样前进的位置上维持德军的战线实际上是不可能的。当以后的事实证明蔡茨勒的警告是一点都没有错时，希特勒遂更恼羞成怒，从此更不愿意听信他的忠告。自从 1943 年起，希特勒就对他采取疏远的态度，所以他的意见也就日益变得没有影响力了。

这些同样的基本因素，不仅使德军对斯大林格勒的攻击受到挫折，而且在红军最后发动反攻时，也使它们遭到一次严重的失败。

当德军愈接近该城时，其本身的活动能力也就愈受限制，由于战线缩短，也使守军易于调动其预备队，来迅速应付任何一点上的威胁。同时德军也丧失其声东击西的利益。自从夏季会战开始以来，直到前进至顿河上为止，德军的目标始终是不确定的，所以也就足以帮助瘫痪对方的抵抗。现在它们的目标却已经变得极为显明——所以红军当局遂敢大胆地使用其预备部队而毫无一点犹豫。尽管攻击者尽量把兵力向斯大林格勒集中，但所获得的效力却反而日益减低——因为集中的攻击已经遇到了集中的防御。

同时，当德军的兵力向斯大林格勒这一点集中时，其两面侧翼上的掩护也自然地日益减弱——而那个侧翼本来就已经拉得太长：从沃罗涅什沿着顿河到斯大林格勒"地岬"差不多长达 400 英里；而从那里，越过卡尔梅克大草原（Kalmuk Steppes）到捷列克河之线，又是一个同样长的距离。虽然在上述的第二地段方面，由于一片荒原，足以限制红军的反攻重量，但这种限制对于顿河地段却并不适用。那虽然是一条大河，但是只要封冻之后就可以到处通行无阻。而且沿着那样漫长的河川线，德军有兵驻守的地点实在是非常有限，所以红军随时随地都有偷渡的机会。此外，它们在斯大林格勒以西 100 英里的谢腊菲莫维奇（Serafimovich）附近，以及在顿河的南岸上维持着一个桥头堡。

自从 8 月以来，红军即作了一些小规模的试探性攻击，这也预兆着这一条绵长翼侧面的危险。这些攻击证明德军的防御是如何的单薄，而且那些防御主要都是由德国的盟国部队来负责——从沃罗涅什往南是由匈牙利部队负责，在新卡利特瓦（Novaya Kalitva）附近往东是由意大利部队负责，在斯大林格勒城的两面则由罗马尼亚的部队负责。中间只是偶然夹着少数的德军部队（通常都是老弱残兵）来作为防御的骨干。一个师所负责的地段常常长达 40 英里，而且也没有适当的防御工事。铁路线距离前线往往在 100 英里以外，这个地区是那样的荒凉，连可以用来构筑工事的木材也很少。

由于认清了这种困难的情况，所以早在 8 月间德国陆军参谋本部就已经报告希特勒：在冬季里，要想守住顿河之线以当作侧翼的掩护，事实上是不可能的。他们的警告根本不曾为希特勒所重视。希特勒一心就只想要攻占斯大林格勒，其他一切的考虑都已经变成次要的，甚至于还可以说是不重要的。

9 月中旬之后，当德军已经先后突入斯大林格勒的郊区和工业区时，此种过于直接的攻击方式更暴露它的弱点。受到巷战的纠缠，对于任何攻击作战而言,都是一种不利的障碍,而当这支部队的主要优点就是其高度的机动力时,这种妨害的程度也就变得更大。同时防御者又可以利用当地的工人团体,他们在保卫自己家园的战斗中,也打得最为英勇。在这样的环境中,本地人力的参加对于守军的实力是一种极重要的补充。当时斯大林格勒的守军为崔可夫(Chuikov)的第六十二军团和舒米洛夫(Shumilov)的第六十四军的一部分,它们在情况最危急时,几乎是完全依赖当地工人的协助。第六十二军团在顿河以西的战斗中曾经受到极重大的损失,而奉派指挥这整个地区的叶廖缅科将军(General Eremenko),却无法替他们觅得立即的补充。

德军进入建筑区之后,也就使它们的攻势自动产生了化整为零的趋势,即变成一连串局部性的攻击,于是也减低了其潮流的动力。这样的情况又促成一种老习惯的复活——那也是一般老派步兵指挥官所崇尚的——即将坦克分成许多小溪流来使用,而不把它们汇成一道洪流。有许多次攻击都只使用20或30辆坦克,只有少数几次较大的努力曾经一次用到100辆坦克,这种数字的意义即为约300人从事于战斗时才能摊到1辆坦克。由于比例是这样的小,所以战防火器自然地占了上风。虽然这种数字是由于恶劣战术所造成,但同时也显示出物资的缺乏。空中支援的日益减少也是同样显著的例证。过去德军之所以纵横无敌,主要就是靠这两种兵器(坦克和飞机)的联合作战,现在却已经都不行了。于是其自然的结果就是步兵的担负变得日益沉重,任何前进的代价也变得日益高昂。

从表面上看来,当防御圈日益缩小,敌人日益接近城市心脏地区时,防御者的地位也就似乎日益恶劣,甚至于可说是日益绝望。最紧急的关头是在10月14日,但德军的攻击却又还是被罗迪姆采夫(Rodimtsev)的第十三近卫师击退。甚至于在这次危机度过之后,情况也仍然是非常严重,因为守军现在已经背靠着伏尔加河,所以很少有伸缩的余地,来实施其吸收震荡(shock-absorbing)的战术。它们已经不再可能用空间来换取时间。但在表面下,基本因素却还是在替它们工作。

由于损失日益增加,心理担负日益沉重,严冬将至,而预备队已经用光,使过分暴露的侧翼几乎已经毫无掩护,所以德军的士气正在日益沮丧。因此对于红军而言,反攻的时机已经逐渐成熟。红军统帅部对于这次反攻准备已久,它们已经集结了充分的预备队,足以对于伸展过度的敌人作一次有效的重大打击。

红军于11月19日和20日开始发动反攻,在时间上是有良好配合的。其发动时间是夹在第一次强霜与第一次大雪之间,前者可以冻结地面,加速部队的运动,而后者却足以妨碍行动。同时,也正是乘着敌人已经疲惫不堪和心理失常之际,来向它们作一次猛烈的反击。德军本以为攻击可以替它们带来胜利,而结果却适得其反,所以内心的失望和怀疑也就成为一种自然的反应。

红军反攻所拟定的目标,在战略和心理上都有很高明的构想——那是利用一种双重意义的间接路线。红军是用一对钳头,每个钳头又分为几股小钳头,从斯大林格勒的两边侧翼上插入,来切断第六军团和第四装甲军团与"B"集团军之间的联络。这些钳头插入的地方是恰当罗马尼亚部队所负责防守的地段。这个计划的拟定是由苏联参谋本部的三大巨头所共同负责,他们就是朱可夫、华西列夫斯基（Vasilevsky）和沃罗诺夫（Voronov）。主要的执行者为西南方面军总司令瓦杜丁（Vatutin）、顿河方面军总司令罗科索夫斯基（Rokossovsky）和斯大林格勒方面军总司令叶廖缅科。

在这里应附带说明的是,苏联人把整个东战场已经划分为十二个"方面军"（front）,而这些"方面军"又都直接在莫斯科大本营的指挥之下。在"方面军"以上就不再设较高级的司令部。它们的惯例是由大本营指派一位高级将领,率领一批幕僚人员,组成一个临时指挥部来负责协调几个"方面军"在某一特殊作战中的行动。这种"方面军"平均是由 4 个"军团"（Army）所组成,但苏联的军团却比西方的要小,通常都是直接控制若干个师,而在师与军团之间没有"军"（Army Corps）这一级的编制。装甲和摩托化部队的基本单位为旅而不是师,几个旅再编成一个"军"（Corps）,实际上是相当于一个较大型的师,而这种军也由"方面军"总司令控制。

（译注:红军的"方面军"与西方的"集团军"〔Army Group〕地位虽大致相当,但每个方面军的人数却较少,而方面军的个数则较多。以德军而论,1 个集团军平均所辖为 3 个军团、9 个军、27 个师,其他支援部队在外。而苏联的方面军所辖不过 10 余个师。苏联方面有 10 几个方面军,而德军的集团军个数最后不过 5 个。）

不过在新的制度尚未有机会充分试验之前,苏联人在 1943 年夏季还是在军团与师之间恢复"军"的编制。就理论而言,苏联的新制比较好,因为减少了指挥系统线上的环节,并使较高级指挥官手中有较多的"次级单位"（Subunits）可供运用,于是作战可以较为迅速,而活动的弹性也可以提高。每增加一个额外的环节,也就会多一层麻烦。情报由下往上传递,命令由上往下分发,也都要多花费一些时间。此外,层数太多又足以减弱高级指挥官的控制力,使他对于真正的情况有"鞭长莫及"之感,而下面的真正负责执行者,也不容易受到其个人性格的影响。总之,中间性的司令部阶层愈少,则行动也就愈有活力。从另一方面来看,指挥官所能调动的次级单位较多,则他在行动上的弹性也就较大。一个比较强性化的组织可以发挥较大的攻击效力,因为它比较易于适合各种不同的环境;并且又可以集中较大的兵力在某一决定点上。假使一个人除了大拇指以外,就只有一两个其他的指头,那么他在用手工作时,一定会比正常的人要困难得多。这样的手所具有的弹性比较少,而也缺乏集中的压力。西方国家的军事组织似乎就是犯了这样的毛病,大多数单位都只有两三个可以运用的部分。

在斯大林格勒的西北面,红军的矛头从顿河的河岸刺到卡拉奇,以及由此通向顿涅茨盆地的铁路线。在斯大林格勒的东南方,左面的部队向西进展到向南通往提霍烈茨克(Tikhoretsk)及黑海岸的铁路线。把这条铁路切断之后,它们也就向卡拉奇前进,于11月23日遂完成合围之势。在以后的几天之内,包围圈日益巩固,被围的德军为第六军团的全部,再加上第四装甲军团的一个军。在这几天之内,由于红军的行动迅速,所以不仅在战略上已经把形势扭转,而且同时又能继续保持其防御性的战术利益——一个间接路线若是使用得当,往往即可以获得这样的双重效果。因为德军现在被迫仍然必须继续攻击——但不是要突入,而是要突出。它们突围的努力正像过去前进时一样的劳而无功。

此时,另一支强大的苏联部队已经从谢腊菲莫维奇的桥头堡中冲出,散布在顿河湾以西的地区内,分为若干股向南攻入顿河—顿涅茨河之间的"走廊"地带,并在奇尔河(Chir)上与从卡拉奇前进的左钳头的部队相混合。这个外圈的行动对于整个计划的成功非常重要,因为它破坏了敌军的作战基地,并放下了一道铁幕,切断了所有可用的路线,使德军无法驰援保卢斯的部队。

德军在12月中旬就从西南面发动了一次反击,达到从科捷尔尼科沃(Kotelnikovo)至斯大林格勒之线。所使用的部队都是临时拼凑的,负责指挥的人即为一代名将曼施泰因(Manstein)。他的第十一军团司令部从中央集团军中匆匆地被抽出,并升格成为"顿河集团军"。这个头衔虽然很够威风,但他所指挥的部队却未免太小,不足以与之相称。为了想要解救斯大林格勒之围,曼施泰因所使用的都是一些七拼八凑的部队,其中只包括1个第六装甲师,那是从法国的布列塔尼利用铁路赶调过来的。

凭借巧妙的战术,曼施泰因对于他那一点极少量的装甲部队,作了最大限

度的运用,终于能够在红军的外围阵地中作一个很深的突入。但当他前进到距被围部队还有 30 英里远的地方就被阻止了,由于其本身的侧翼受到红军的威胁,所以不得不逐渐撤回。自从这一次企图失败之后,德军就更无预备队可供再度尝试之用。不过曼施泰因却仍尽可能留在其暴露的阵地上,甚至于已经超过了安全的限度。其目的是为了掩护某些机场,这对于被围的部队而言,也就是它们的生命线——因为现在这个军团的补给已经完全仰赖空运;尽管数量极为有限,但却仍可苟延残喘。

　　12 月 16 日,红军又向西面作了一个新的迂回运动。指挥沃罗涅什方面军的戈利科夫将军(General Golikov),把其左翼伸过顿河的中游部分。在新卡利特瓦与莫纳斯蒂尔什奇纳(Monastyrshchina)之间一段长达 60 英里的地段中,红军在许多点上分别渡过了顿河——那是由第八意大利军团负责防守的地段。在拂晓时,红军首先发动猛烈的炮击,使许多意大利人闻声而逃,接着红军坦克和步兵就从已经冻结的顿河上顺利越过。风雪帮助减低了守军的视力,但并不能阻止红军的前进。它们很快地向南推进,到达了米列罗沃和顿涅茨河岸。在一个星期之内,红军分头扫荡,几乎已经肃清整个顿河和顿涅茨河之间的“走廊”地带。由于防御太薄弱和溃散太迅速,所以在第一回合很难捕捉大批的俘虏,但到了次一阶段就有许多在撤退中的德军被追及和受到包围,于是到了第二星期终了时——也就是那一年的年终——红军所俘获的德军及其盟国部队总数达到 60 万人。

　　所有在顿河下游和高加索的德军也都受到了背面的威胁。但由于积雪日深,而在米列罗沃和顿涅茨河以北的其他几个交通中心上,德国部队仍能继续作顽强的抵抗,所以此种威胁也就暂时得以缓和。

　　尽管如此,前途还是非常的危险。所以希特勒也终于认清了若是再执迷不悟,不肯放弃征服高加索的梦想,而强迫部队死拼下去,则结果所造成的灾难,将会比斯大林格勒之围还要可怕。于是他在 1 月间命令它们撤退。这个决定在时间上总算还不太迟,使那些德军得以安全撤出而没有被切断。它们的撤退成功有助于战争的延长,但也在斯大林格勒第六军团的实际投降之前,就已经向全世界明白宣告德国的潮流是已经在下退了。

　　在红军反攻的过程中,最大的特点即为朱可夫(他是负指挥总责的人)在攻击点的选择上表现得颇为高明——从心理和地理两方面来看,都是如此。他所攻击的常为敌方部署中的精神弱点。一旦当他的攻击部队丧失了快速的局部效果之后,他又知道如何改变攻击路线,并且也不放过造成敌军全面崩溃的机会。因为集中的攻击,对敌方抵抗能力的消耗是受到效力递减法则的支配,所以他会一再地发动多方面的攻击,以使敌人感到难于捉摸。当反攻发展成为主动的攻势,而不再享有其最初的弹簧冲力时,也就是一种最有利而又能使自己实力不太消耗的战略。

在所有一切因素(物质的和精神的都包括在内)的下面,又有一个基本条件,即为空间与兵力的比例。在东战场上空间是那样地广大,所以一个攻击者只要不过于集中在一个太显著的目标上——例如 1941 年的莫斯科和 1942 年的斯大林格勒——则他总是可以找到足够他作迂回运动的空间。所以德军虽无数量上的优势,但只要它们仍能维持质量上的优势,则还是可以继续获得攻击的成功。反之,由于东战场上的空间不仅广大,而且深远,所以当红军在机械上和机动上还不是德军的对手时,这个因素也就成为它们的救星。

但德军现在一方面已经丧失其技术和战术的优势,而另一方面又已经消耗太多的人力。当它们的兵力缩小之后,红军的广大空间也就开始变得对它们不利了,使它们难于守住如此辽阔的战线。现在的问题就是:它们能否缩短战线以恢复其平衡呢? 抑是它们已经把实力消耗过度,而从此将再无翻身的机会呢?

第十九章　隆美尔的高潮

1942 年的非洲战役要比 1941 年的更激烈和变化无常。当战役开始时,双方是在昔兰尼加的西境上彼此对峙着——其形势正和 9 个月以前完全一样。但等到新年过了 3 个星期之后,隆美尔又发动其另一次的战略反攻,一下就突入 250 英里以上,把英军赶回到距离埃及边境只剩下全部距离 1/3 的地方。然后双方的正面遂又稳定在贾扎拉(Gazala)线上。

将近 5 月底的时候,隆美尔又再度发动攻势,并事先阻止了英国的一次攻击——正好像他自己在 11 月间被阻止的情形一样。这一次,经过了扣人心弦的旋风式战斗之后,英军又被迫撤退——撤退得那样快和那样远,结果一直退回到了阿拉曼(Alamein)之线才勉强站住脚跟,这里也就是进入尼罗河三角洲的最后一道门户。这一次隆美尔的乘胜追击,在一星期之内就前进了 300 余英里。不过到了这样的深度时,他的部队和冲力也就变成了强弩之末。虽然他努力想向亚历山大港和开罗推进,但都劳而无功,战斗在双方都精疲力竭而结束之前,他也几乎接近了失败的边缘。

8 月底,隆美尔在获得一些增援之后,又作了一次求胜的努力。但英国人在此时已经获得更多的增援——在一组新的指挥官领导之下,以亚历山大(Harold Alexander)和蒙哥马利(Bernard Montgomery)为首——所以隆美尔的攻击被击退了,而他也被迫放弃其原已获得的大部分地区。

于是在 10 月底,英国人又开始反攻,其兵力的强大为前所未有,所以这一次也就发生了决定性的效果。经过 13 天的苦斗,隆美尔的资源完全用尽,尤其是他的坦克几乎已经没有一辆可用。于是他的战线终于不免崩溃,但他却还是很侥幸地带着残部逃走了。他的部队已经太弱,所以不可能再作任何认真的抵抗,到了年底,即 8 个星期之后,他被逐回到的黎波里塔尼亚的布埃拉特(Buerat)——从阿拉曼算起已经西退了 1000 英里。但在那里也不过是暂时停顿一下而已。这个撤退是以突尼斯为最后的终点,而到了次年 5 月间,在非洲的德意部队遂终于难逃最后被毁灭的命运。(原注:地图方面请参阅第九章。)

在 1942 年 1 月初,英国人认为他们在阿杰达比亚(Agedabia)的受阻,乃是向的黎波里(Tripoli)进军中的一次暂时中断而已。他们正在忙于这个作战的计划和准备,其代字很巧妙的叫作"走索者"(acrobat)。的确如此,不到这个月的月底,他们就正像走索的卖艺者所表演的那样惊险了。

1 月 5 日,有一支由 6 艘货船所组成的船队,逃过英国的监视网进入了的黎波里港,运来一批新的坦克,于是使隆美尔的坦克实力又增到恰好 100 辆以上。获得这种增援之后,又因为已经获得一项有关英军前进部队弱点的情报,于是他开始计划立即反攻——但却对他自己的企图尽量保密。他在 1 月 21 日发动了这次反攻。23 日意大利的军政部长卡瓦里罗(Cavallero)来到他的司令部,向他表示反对的意见,但到此时,隆美尔的矛头却早已东进了 100 余英里,而英军向东的退却却还要更快。

当隆美尔发动攻击时,英军的前进部队主要是由一个新到的装甲师所组成。在这个第一装甲师中的装甲旅虽拥有巡航坦克 150 辆,但却是由 3 个骑兵团改编而成——不仅对装甲战斗缺乏经验,而且对沙漠作战更毫无经验。又因为隆美尔所获得的一批新 3 号坦克(Panzer Ⅲ tanks),装甲厚达 50 毫米,比各种旧式坦克的威力更大;而德军的战防炮部队对于和装甲配合攻击的战术又有更进一步的发展,所以英军面临的困难也就更多。关于那种新战术的发展,施密特(Heinz Schmidt)在其所著《与隆美尔同在沙漠中》(*With Romnel in the Desert*)一书内,曾有详细的记载:

> "带着我们的 12 门战防炮,我们从一个地点跃进到另一个地点,而我们的坦克却尽可能埋伏不动,并提供火力掩护。等到我们占好了阵地之后,就以火力来掩护坦克前进。这种交换掩护的战术是极有成效的,尽管敌方坦克的火力也很强大,却无法阻止我们的前进。他们不仅一连串的受到损失,而且也不断地被迫放弃阵地。我们也感觉到对方已经不再是那一批在卡普措小径上打得我们好惨的顽强和有经验的部队了。"

更糟的是,这 3 个英国装甲团又是被个别地投入战斗。在第一次交手时,它们的坦克就几乎丧失了一半——那是因为德军在安特拉特附近使它们遭到奇袭。由于意大利国防部长卡瓦里罗的干预,隆美尔的前进暂时停顿下来,他拒绝准许意大利机动军跟着非洲军一同前进。但英国人对于这个机会并未能加以利用,因为看到英国并未作任何强力的对抗行动,所以隆美尔在 25 日遂又再度前进到达姆苏斯(Msus),突破英军近卫旅和第一装甲师所据守的防线,后者连同其剩下的 30 辆坦克向北撤退,远离隆美尔的前进路线。

隆美尔对姆苏斯的深入突破,使英军当局匆忙地命令在班加西的第四印度师,撤出这个现已充满补给物资的港口,退到德尔纳—梅基利之线。不过到了夜间,由于奥金莱克已从开罗飞到第八军团司令部,他制止住军团司令里奇(Ritchie)的仓皇失措,所以撤退的命令遂又被收回,并开始准备反攻。不过奥金莱克这次的干涉行动,却被证明不如上次在 11 月间那样的适当而有效。因为英国人现在想要守住在班加西和梅基利之间的长达 140 英里的防线,所以兵力必然会分散,而且也几乎完全静止不动,丧失其一切的机动和机会。反之,隆美尔站在姆苏斯的中央位置,可以有充分的时间和自由来发展他的计划,并选择适当的攻击目标。

因为隆美尔的威胁变化无穷,所以在以后的若干天之内,在英军指挥体系中所产生的现象就是"命令"、"收回成命"和"紊乱"。其插曲之一就是军长高德温·奥斯汀自请免职,因为他反对军团司令直接命令他的部下。所以结果也就糟不可言。

因为隆美尔的兵力很小,所以他决定以向西进攻班加西为其次一目标,其目的为消除从该方向对其背面的任何威胁,但同时又佯装以向东进攻梅基利为掩护。这种佯攻的姿态使英军司令部受到催眠,于是对梅基利方面匆忙地大事增援,而对于兵力分散得太远的第四印度师,却听其孤立而未给予任何援助。隆美尔突然向班加西所发动的闪击使得英军措手不及,于是立即仓皇地放弃了那个港口,连同累积在该港所有一切的物资在内。隆美尔利用已经产生的心理震骇作用,遂派出两个小规模的战斗群向东追击。它们的勇敢行动使得英军自动放弃一连串可守的阵地,而一直退到贾扎拉之线——尽管非洲军的大部分由于缺乏补给,还是停留在姆苏斯地区附近。2 月 4 日,英国第八军团即已退到贾扎拉之线,而隆美尔直到 4 月初才说服意大利较高当局的犹豫态度,开始推动他的部队逼近英军阵地。

到了这个时候,贾扎拉阵地已经发展成为一条"防线",不仅已经构筑了坚强的野战工事,而且也敷设了广大的地雷区。但是不久英军又不以防御的准备为满足,而开始积极计划反攻。不过,当这一道防线变成了一种适宜发动攻势的跳板时,对于防御的目的也就比较变得不那么适应了——因为那是一条直线,而且缺乏必要的纵深。除了在沿海岸的地段以外,各要塞化据点之间都相隔太远,使它们彼此无法作有效的火力支援。它们是从海岸起,向南延伸50英里,而愈向南延伸,则其间的空隙也就愈大。其左翼的阵地在哈凯姆井(Bir Hacheim),由柯尼希将军(General Koenig)指挥的第一自由法国旅负责防守,它与西迪穆夫塔(Sidi Muftah)英军据点之间相隔为16英里。对于防御而言,为了想要发动攻势,而把前进基地和铁路终点设在贝勒哈迈德(Belhamed),实为另一弱点。因为对于敌军的迂回攻击那是一个太显著的目标,但为了保护那里已经储存的大量补给物资,此种需要也就成为英军指挥官在会战时的一个严重的心理负担,并且也限制了他们在兵力运用上的自由。

提早发动反攻是否实际可行和合乎理想,这个问题在英国方面引起很多的争论,于是使政策和计划也因之受到严重的影响。自从2月份起,丘吉尔先生即力主提早行动,他指出英国有635000人闲置在中东战场上一事不做,而苏联人却正在作拼命的搏斗,位于附近的马耳他岛,在凯塞林不断的空中攻击之下,已经危在旦夕。但是奥金莱克对于英国的技术性和战术性弱点,却比较具有深刻的认识,他主张应继续等待,直到里奇所部的实力增到一种适当的水准,足以确实抵消隆美尔的质量优势时,然后再发动决定性的攻击。最后,丘吉尔还是不理会他所说的一切理由,决定把一项明确的命令送达给他,要他必须服从,否则就撤职。但是隆美尔在5月26日又抢先动手了——这一次又是事先破坏了英国人的计划,他们是准备在6月中旬才开始发动攻击。

由于双方都已获得增援,所以双方的实力都要比11月间发动"战斧作战"时为强大,虽然师的个数还是和过去一样——3个德国师(其中2个为装甲师)和6个意大利师(其中1个为装甲师)对抗着6个英国师(其中2个为装甲师)。照一般政治家和将军们的计算,即以师的个数为标准,那么隆美尔就是以9个师来打6个师,似乎是享有数量的优势——所以这种简单的军事算术也就常被人引用来掩饰英国人的失败。

但实际上,数字的比较却和这种想法相差很远,而这也可显示出所谓的一个"师",其意义是如何地模糊。意大利步兵师不仅编制不足额,而且5个中的4个都是非摩托化的,所以在一个大机动性的运动战中,根本上就不能担负任何积极性的任务——这里所要分析的贾扎拉会战,就是这样的典型。英国第八军团不仅拥有极充足的摩托化运输工具,而且在其6个师之外,还有2个独立的摩托化旅群(Brigade Groups)和2个"军团"直属坦克旅。而其2个装甲师中的1个(第1装甲师),却辖有2个装甲旅而不是1个——那是当时的正常编制。所以总计起来,第八军团在现场上已有14个坦克团,而还有3个正

在前进的途中,至于隆美尔则一共只有 7 个坦克团,而其中只有 4 个德国坦克团是装备着新的坦克。

以坦克数字而论,在第八军团的装甲部队中,英国人一共有坦克 850 辆,另有 420 辆可供增补之用。他们的对手一共有坦克 560 辆,但其中 230 辆为落伍而又不可信赖的意大利坦克,而在 330 辆德国坦克中又有 50 辆是轻型坦克。所以在战斗中真正能用的只有 280 辆德国中型坦克,除了还有大约 30 辆在修理中和在的黎波里港刚到的 20 余辆新坦克以外,也就更无其他的预备坦克。所以根据现实的计算,在会战刚刚开始时,英国人所享有的数量优势为 3 比 1,而等到它变成了消耗战时,此种优势更升高成为 4 比 1。

在炮兵方面,英国人也享有 3 比 2 的数量优势,不过由于他们所有的火炮都是平均分布在各师之内,所以这种优势也就不易发挥。反之,隆美尔却亲自控制着一支机动的炮兵预备队,共为 56 门中型火炮。他对于这种火力曾作极为有效的运用。

在空军方面,双方的实力要比在任何其他会战都更接近平衡。英国沙漠空军的第一线实力约有 600 架飞机(战斗机 380 架、轰炸机 160 架、侦察机 60 架)。德意方面的总数为 530 架(战斗机 350 架、轰炸机 140 架、侦察机 40 架)。但 120 架的德国 Me109,就素质而言,却较优于英国的"飓风"式和"小鹰"式飞机。

双方坦克的素质比较,是一项较难分析的问题。自从第八军团失败之后,英国人很自然地认为他们自己的坦克在素质上是赶不上敌人的,在奥金莱克的正式公文中也曾把这种观念当作是一个事实。但若把双方坦克火炮和装甲的技术和试验资料仔细地分析,就可以显示出这种看法并不一定正确。大多数德国中型坦克所装的都是 50 毫米的短炮管坦克炮,其穿透能力比英国的 2磅炮为差,后者是所有一切英国坦克装用的火炮,其初速比较大。就装甲方面来比较,在 1941 年,大部分德国坦克的装甲保护都赶不上英国较新式的巡航坦克。前者最厚的装甲为 30 毫米,而后者则为 40 毫米。现在(1942 年)它们除了旋转炮塔的部分以外,已经有了较好的保护;某些新到的坦克车身装有50 毫米的装甲,而其余的旧坦克也在外壳最暴露的部分加上了额外的护甲。不过若与"马提达"和"法兰亭"等英国重型坦克相比较,则所有的德国坦克都是比较容易击毁的:前者装甲厚 78 毫米,后者也厚达 65 毫米。

一种新型的德国中型坦克也参加了这次会战,那就是 3 号坦克 J 型坦克(Panzer Ⅲ〔J〕Special),装有和德国战防炮相似的 50 毫米长炮管坦克炮。但已经到达第一线的总共只有 19 辆,另外还有一批(也是 19 辆)还只刚刚运到的黎波里港。在英国方面已有 400 多辆新式的美国"格兰特"(Grant)坦克运到了埃及,相形之下,更显得德国人的这一点增援是微乎其微。到这次会战开始时,在贾扎拉的 2 个英国装甲师已经差不多装备了 170 辆这种"格兰特"坦克。它们装有 75 毫米的火炮,其穿甲能力又比德国的 50 毫米长炮管坦克炮更大,其装甲保护也较佳——57 毫米对 50 毫米。总而言之,一般人所常说的话,即英国人所用的坦克在素质上比德国人所用的差,实在是并无太多的根据。反之,英国人除了享有非常巨大的数量优势以外,实际上也还享有相当的质量优势。

在战防炮方面,由于英国人的 6 磅炮(57 毫米)已经到达,所以现在已经重获优势,这种 6 磅炮的穿甲能力要比德国人的 50 毫米战防炮高出 30%。现在已经运到的新型 6 磅炮,已经足够装备所有的摩托化步兵旅和装甲旅的摩托化步兵营。虽然德国的 88 毫米火炮仍为最可怕的"坦克杀手",但隆美尔却一共只有这样的火炮 48 门,而它们的高炮架也使其比双方任何一种标准的战防炮都更容易被摧毁。(译注:八八炮本是为高射目的而设计的,用来平射充作战防炮使用,是隆美尔临时想到的变通办法。)

对于第八军团在贾扎拉的失败,有关技术因素的分析并不能提供任何适当的解释。事实的证据却指出,最基本的原因是德军的一般战术较优,尤其是它们对于坦克和战防炮配合运用的战术。

已经要塞化的贾扎拉防线是由第十三军负责防守,军长是戈特中将(Lieutenant General Gott),在第一线并列着两个步兵师——第一南非师在右,第五十师在左。第三十军仍由诺里(Norrie)任军长,那大部分都是装甲部队,负责掩护南面的侧翼,同时也还要对抗在中央地段的任何德军装甲突击——很奇怪的,英军指挥官们都相信隆美尔最可能采取这条路线。这种双重的任务也使英国装甲部队作了一种非常恶劣的部署:第一装甲师被保留在卡普措小径的附近,而第七装甲师(它只有一个装甲旅)则置于南面约 10 英里远的地方,其兵力分散得很开,以掩护和支援据守哈凯姆井的法国旅。奥金莱克曾写信告诉里奇,应该对兵力作紧密的集中,但不幸在现场的人并不曾遵从他的指示。

在 5 月 26 日的月明之夜,隆美尔亲自率领他的 3 个德国师和意大利机动军中的 2 个师,迅速地绕过英军侧翼迂回前进——而他的 4 个非摩托化的意大利步兵师,则向贾扎拉防线作正面的佯攻。虽然他的迂回运动(全部车辆在

1 万辆以上)在入夜之前即已被发现,而在黎明时当他绕过哈凯姆井的时候又再度被发现,但是英军指挥官仍然相信隆美尔的主力攻击会来自中央方面,和他们所料想的一样。英军的装甲旅行动得极慢,都是零星地投入战斗,所以在侧翼外围上的 2 个摩托化旅首先在孤立无援的状况下被击溃。第七装甲师的师部被冲散,师长梅塞维少将(Major-General Messervy)被俘——不过以后还是勉强地逃回来了。在几个月之内,这是他第二次出丑,因为当他指挥第一装甲师时,1 月间曾在安特拉特受到隆美尔的奇袭,被打得落荒而逃。

尽管隆美尔最初是非常的顺利,但是却始终不曾达到一直切入到海岸为止的目的——他希望这样就能够把贾扎拉防线上的全部部队都切断。当他的装甲师第一次遭遇装有 75 毫米炮的美国"格兰特"坦克时,不禁骇了一跳。他发现自己受到敌人强大火力的威胁,因射程太远,使他们无法还击。以后他们把战防炮运来,包括 3 个连的"八八"炮在内,才击退了这种坦克,而德军自己的坦克则改取侧翼迂回的进攻方式——因为英军各单位之间往往相隔颇远,所以也就最容易感受到这种侧翼的威胁。即令如此,到入夜时,德军装甲师在卡普措小径以北一共只前进了 3 英里远的距离,并且仍然付出了重大的代价——到海岸线还要差 20 英里。隆美尔本人在他的日记上这样写着:"我们想从贾扎拉防线的后面席卷英军部队的计划已经不能成功……美国新坦克的出现,在我们行列中撕开了一些大洞……在这一天之内德军坦克的损失,已经远超过了 1/3 的比例。"

隆美尔第二天又再度作到达海岸的努力,结果是前进少而损失多。到入夜时,他那速战速决的企图早已失败,但是英军却没有乘他丧失平衡的机会来作反击的尝试——否则隆美尔也许就会一败涂地。尽管如此,他的情况还是异常的危急,因为他的补给纵队必须绕过哈凯姆井,并经过遥远的距离始能达到他的战斗部队,中途经常有受到英国装甲部队和空中袭击的危险。当他自己乘车赴前线时,就几乎为敌人所俘虏,而当他回到战斗指挥所时,却发现他不在的时候,英军曾在那里蹂躏一番后退走。非洲军现在留下来可供战斗的坦克仅为 150 辆,意大利军则只有 90 辆,而英军却仍有 420 辆。

又过了一天还是毫无进展,于是他命令他的攻击部队采取防御。这是一种非常危险的态势,因为他现在的位置是在贾扎拉防线的后方,夹在其攻击部队与其余部队之间,不仅有英国的守军,而且还有一大片地雷区域。"背水而战"已经是够紧张了,背着雷区作战,则更可以说是前所未闻的奇事。

在以后的几天当中,英国空军就把炸弹像雨点一样地投在隆美尔所占领的阵地上,它们给它取了一个很妙的名称,叫作"大釜"(cauldron),而第八军团也从地面向他进攻。报纸上都充满了胜利在望的报导,说隆美尔现在已经堕入陷阱,而在英军司令部中则显出一片安详的气氛,确信可以慢慢地来收拾他,因为他已经注定非投降不可。

但是到了 6 月 13 日的夜间,全部情况却突然改观。6 月 14 日,里奇放弃了贾扎拉防线,开始迅速向埃及边界撤退,并且把在托卜鲁克的部队留在孤立的位置上。到了 6 月 21 日,隆美尔就攻占了这个要塞,俘获其全部守军 35000人,还有在那里所储积的大量补给物资。除新加坡的沦陷以外,这算是英国人在战争中所遭受到的最大灾难。次日,第八军团的残余兵力又放弃了它们在塞卢姆(Sollum)附近的边境阵地,开始继续向东仓皇逃窜,而隆美尔则跟在它们的后面穷追不舍。

到底是什么原因才造成这样戏剧化的转变呢?像这种纠缠不清的战例本来就很少,所以其间的线索从来不曾有过适当的整理。对于想从英国方面尝试发现事实真相的人,"大釜的神秘"始终使他们感到困惑,尤其是有许多"神话"都从这里产生,所以也就使神秘变得更为神秘。

除了认为隆美尔在坦克方面享有优势的神话以外,另一种神话则认为在6 月 13 日那一天,英军坦克损失过重,所以形势才会突变,实际上,那个损失数字不过是一连串消耗的累积而已。要想了解"大釜的神秘",其根本线索可以在隆美尔的日记中找到。在 5 月 27 日夜间,隆美尔曾经这样写着:

> "尽管面对着危急的情况和困难的问题,我对于会战的前途仍然感到充满希望。因为里奇总是把他的装甲部队零碎的投入战斗,所以每一次都使我们获得以大吃小的机会……他们根本不应该这样分散自己的兵力……"

当隆美尔决定据地而守的时候,他对他那个似乎是极端暴露的防御态势也有所解释,他这样写道:

> "根据某种假设……英国人是绝不会使用其装甲部队的主力去攻击留在贾扎拉线上的意大利部队(强大的德国装甲部队所在的位置足以威胁其背面)……所以我可以断定英军的机械化旅,仍将继续不断地把他们的头撞在我方有良好组织的防御阵地上,而把它们的实力这样地消耗

殆尽。”

一切都不出隆美尔之所料。英国人不惜付出重大的代价，一连串地向他的阵地作那种零碎的攻击，此种直接攻击可以算是最坏的一种方式。当隆美尔把敌人击退之后，又乘胜攻克第一○五步兵旅在西迪穆夫塔所据守的一个孤立“盒子”（box〔据点〕），该“盒子”位于他的后方，从那里他又在雷区之间扫清了一条通道，以供补给纵队之用。

4天之后，即6月5日，里奇向隆美尔的阵地发动了一个较大规模的攻击。但所采取的方式还是分批进攻的老办法。所以防御者可以利用其间隙的时间来重组和加强防御部署。这种过分复杂的攻击计划到处都脱节，所以变成一连串的零碎突击，每一次都被击退。到了第二天黄昏时，英国人的坦克实力已经融化，由于战斗的损失和机件的故障，从原有的400余辆减到170辆。隆美尔利用攻击者的混乱状况，又突然发动一个钳形的反击，在第一天黄昏，击溃了第五印度师的一个旅，并且也迂回到另一个旅的背面，次日又把它击溃，还连同支援该师的一切炮兵在内。一口气俘获了4团炮兵，还有4000名战俘，的确要算是一项非常重要的收获。

当这个会战正在进行时，英军的各装甲旅却仍然一筹莫展。它们的救援努力都是各自为战，毫无协调可言——由于前一夜德军坦克冲毁第五印度师的师部时，第七装甲师的师长梅塞维也被逐离了战场，这是他在此一战役中第二次临阵脱逃，所以也就使英军方面几乎完全丧失控制。

此时，隆美尔正在动手切断第八军团阵地的另一个重要部分。在6月1日夜间，当西迪穆夫塔“盒子”被攻克之后，他立即派遣一个德军战斗群和意大利的里雅斯特师（Trieste Divsion），去攻击在南侧翼上由第一自由法国旅所据守的哈凯姆井，那是一个更较孤立的“盒子”。法军的抵抗异常顽强，迫使隆美尔只好赶去亲自督战，他说：“在非洲我还从来没有经历过这样的恶战。”一直到第10天他才突入防线，而法军的大部分仍能乘着黑暗的掩护安全地撤走了。

隆美尔现在可以自由地去作一次新的长程跳跃了。虽然有了新的补充，英军装甲部队现在又已经有了总数330辆的坦克——比非洲军所剩下的实力要多1倍以上——但它们的信心却已经动摇，而德国人则正嗅着胜利的香味。6月11日，隆美尔又向东进攻，次日就把英军3个装甲旅中的2个困在他的装甲师之间——迫使英国人在一个狭窄的地区中接受战斗，而他却可以运用集中的火力加以痛击。假使不是师长开了小差,使他们感到群龙无首,则英国人是可以比较容易地脱离险境——当敌军前进时,梅塞维恰好去谒见他的军团司令,这是3个星期中的第3次,他擅自离开了战场。到了12日中午,已有2个装甲旅被关入陷阱,一直等到第3个旅来救援时,其残余的部队才勉强挣扎逃出,但后者却已经从严阵以待的德军手中受到极重大的损失。6月13日,隆美尔又转向北方,一方面把英军挤出"骑士桥盒子"(Knightsbridge Box),另一方面又继续攻击英军装甲部队的残余部分。到了入夜时,英军剩下来的坦克只有100辆。现在隆美尔是第一次在坦克实力上享有优势——因为战场是在他的控制之下,所以德军被损毁的坦克有许多都可以立即修复使用,而英军则不能。

据守在贾扎拉防线的2师英军,现在的确有了被切断和被包围的危险,因为在6月14日,隆美尔已经派遣非洲军向北经过阿克鲁马(Acroma)直趋沿海岸的公路。但在那里因受到地雷区的延误,直到快近黄昏时才勉强通过,这些装甲部队已经疲惫不堪,所以一到入夜时,它们就停下来睡觉,再也不前进了——尽管隆美尔曾经要求它们一路不停直到切断公路时为止。这对南非部队来说真是太侥幸,它们的摩托化车队就乘着黑夜利用这条公路像水一样地迅速撤退。等到第二天上午,德军装甲部队继续向海岸奔驰时,所能拦截的只不过是其后卫的一部分而已。在贾扎拉防线上的另一个师——英国的第五十师,就困难得多了,它们勉强从意大利部队所守的战线上向西突破一个缺口,然后绕向南方再回到东方,经过遥远的距离才到达埃及的边境。第一南非师沿着海岸公路溜走之后,也继续退向边境线——超过了100英里以上的距离,而且也超过了托卜鲁克70英里。

一口气退这么远,完全是违背了奥金莱克的意图,他给里奇的指示是,第八军团应在托卜鲁克以西的某一线上收容残部,并站住脚跟。但是里奇却并不曾把在贾扎拉防线上的部队已经向边境线撤退一事告诉他的总司令,等到奥金莱克知道此项事实时,已经太迟,而且也无法再阻止他们。尤其更糟的是,英国部队又恰好"落在两个凳子之间"。

因为在6月14日,当英军正在后撤时,丘吉尔却严令"无论如何均不得放弃托卜鲁克"。他在15日和16日两天又一再地重申前令。这个远从伦敦后方来的命令造成了一个极大的错误,因为匆匆地把第八军团的一部分留在托卜鲁克,而其余的部队则完全撤回到边境线,这样遂使隆美尔有机会在防御部署尚未完成之前,击灭这一支孤立在托卜鲁克的英国部队。

　　隆美尔又再迅速地向东转,在他们冲向海岸之后,德国的装甲部队就环绕着托卜鲁克的周边扫过,攻占或孤立某些已经建立在第八军团后方的"盒子",并攻占托卜鲁克以东的甘布特(Gambut)机场。在这一路前进时,它们是从英军装甲部队的残余部队中间冲过——那些部队仍在向埃及边境撤退。隆美尔暂时放过它们不加以追击,当他在占稳了甘布特飞机场之后,乃立即把部队向西调回头来,并以惊人的速度向托卜鲁克发动攻击。此时在托卜鲁克的守军,有由克洛珀将军(General Klopper)所指挥的第二南非师(其中包括第十一印度旅)、近卫旅和第二十三军团的坦克旅——共有70辆坦克。当它们看到隆美尔的装甲部队已经向东前进之后,以为暂时不会受到攻击,所以也就一点准备都没有,6月20日上午5时20分,德军的炮兵和俯冲轰炸机,对周边上东南的某一地段作了极猛烈的轰炸,接着步兵即进行突击。到了上午8时30分,德军坦克遂开始从防线上的缺口涌入,隆美尔身先士卒加速这种扩张行动。到了下午,德国的装甲部队已经克服混乱守军的一切抵抗,并冲入托卜鲁克城。第2天早上,守军司令克洛珀将军认为继续抵抗已毫无希望,而撤退又已不可能,所以他就决定投降。虽然也有少数人员勉强逃出,但被俘的总数仍达35000人之多。

　　这个灾难的后果,就是里奇的残破部队再继续向埃及境内溃退,而隆美尔则乘胜穷追不舍。对于维持此种追击的冲力,隆美尔在托卜鲁克所缴获的大量补给物资曾经给予不少的帮助。依照非洲军参谋长拜尔莱因将军(General Bayerlein)的说法,此时隆美尔的运输工具有80%都是缴获的英国车辆。尽管这样巨大的收获可以供给他以车辆、燃料和粮食来维持其机动能力,但却不能重建他的战斗实力。当非洲军于6月23日退到埃及边境线上时,它一共只有44辆尚可用于战斗的坦克,而意大利军则只剩下14辆。尽管如此,隆美尔却还是遵照"打铁趁热"的古训,决定继续穷追不舍。

　　在托卜鲁克陷落后次日,凯塞林元帅从西西里飞到前线与隆美尔会晤,他认为在非洲不应再继续前进,并要求依照过去的约定,收回他的空军单位以便向马耳他发动总攻击。意大利在非洲的最高指挥部也反对继续前进,在6月22日那一天,巴斯蒂科(Bastico)还认真地下了一道命令给隆美尔要他停止前进。隆美尔回答他说"不能接受这种劝告",并且向其名义上的顶头上司开玩笑,邀请他到开罗来共享祝捷之宴。在这次大胜之后,他似乎可以有这开玩笑的自由,尤其是从希特勒统帅部发来的电讯,已经带来了元首论功行赏,把他升为元帅的好消息。在踌躇满志之余,隆美尔同时也就直接向墨索里尼和希特勒请求,希望批准他的继续前进。希特勒和他的军事顾问们对于进攻马耳他的计划一向抱着怀疑的态度,他们相信面对着英国的海军,意大利的海军是绝无拼死一战的决心,于是当它们望风而逃之后,投掷在马耳他岛上的德国伞兵也就会因缺乏补给和增援而被迫处于绝境。1个月以前,即5月21日,希特勒已经这样决定:如果隆美尔能够攻克托卜鲁克,则对马耳他的攻击——"大力士作战"(Operation Hercules)——应予取消。墨索里尼一方面感觉到对马耳他的作战,意大利人所负的责任太艰巨,另一方面又感觉到进军开罗是一种更大的光荣。所以在24日上午,隆美尔就收到墨索里尼发来的电报,其内容为:"领袖(墨索里尼)已批准装甲军团向埃及追击敌军之企图。"几天之后,墨索里尼亲自飞到德尔纳,而另一架飞机还运来了一匹白色的名马,他是准备骑着这匹白马,以罗马古英雄的姿态去参加胜利者进入开罗的入城大典。甚至于凯塞林,依照意大利方面的记载,他在此时似乎也已经同意向埃及的追击要比攻击马耳他更为重要。

在隆美尔尚未来到之前,英军即已自动迅速地从边境线再向后撤退,这对于他的勇敢是同时可以构成一种理由和证明。对于战争中的精神效果,这是一个最显著的示范表演——诚如常为人所乐于引述的拿破仑名言:"在战争中精神对物质是3比1。"当里奇决定放弃埃及边境上的阵地时——他发电报告奥金莱克想用空间来换取时间——但实际上他手中还有3个几乎是完整无缺的步兵师,而第4个新来的师也正在途中,至于以坦克而论,能够作战的坦克总数要比非洲军所有的多了3倍。

但是从托卜鲁克传来的消息使得里奇惊慌失措,于是遂决定放弃据守边境线的任何企图——他在6月20日夜间即已作了这个决定,比克洛珀决定投降还早6个小时。

里奇的企图是准备退到马特鲁港(Mersa Matruh)才站住不动,然后使用从边境上撤回的部队,再加上从叙利亚调来的生力军——第二新西兰师,来和隆美尔作一次"背城借一"的决斗。但在6月25日夜间,奥金莱克赶到前线,从里奇手中亲自接管了第八军团的指挥权。在与他的参谋长多尔曼·史密斯(Fric Dorman-Smith)对问题作了一次全面检讨之后,就决定撤销据守马特鲁要塞化阵地的命令,而准备在阿拉曼地区中打一次较机动化的仗。这是一个很艰难的决定,因为不仅在撤退这样多的部队和物资时会遭遇到许多困难,而且也必然会在国内,尤其在白厅(White Hall)中,引起新的惊呼。在作这个决定时,奥金莱克显出他是具有冷静的头脑和坚强的意志。虽然以物质力量的

对比而言,再进一步的撤退似乎是没有理由,但是因为马特鲁阵地具有易于受到迂回的先天弱点,而英军的士气又已经低落到了极点,所以这种决定还是比较明智的。所有从边境线上退下来的部队都已经是信心动摇,而且也混乱不堪。基彭贝格少将(Major-General Kippenberger)是一位新西兰的指挥官,也是一位战史学家,他曾亲自在马特鲁地区看见那些部队,他说:"那是如此的混乱和没有组织,无论是步兵、装甲兵或炮兵,都已经找不到一个完整的战斗单位。"隆美尔不让他们有重行编组的时间,他的追击速度已经取消了里奇所说的"以空间换取时间"的理由。

在获得了罗马的"放行"之后,于6月23日的夜间,隆美尔就开始越过埃及与利比亚之间的边境线,在月光照明之下向沙漠中挺进。到了24日的黄昏时,他已经走了100多英里,到达了西迪巴腊尼以东的海岸公路,紧跟着英军的后面,不过他只捉到一小部分的后卫部队。到了次日(25日)黄昏,他已经接近英军在马特鲁和其南面所据守的阵地。

因为马特鲁阵地太容易被绕过,所以(戈特)第十三军的机动部队已经部署在其南面的沙漠中,并由新西兰师担负支援的任务,至于马特鲁防线则由(霍姆斯)第十军的2个步兵师负责防守。在这2个军之间有一个宽约10英里的缺口,只用一个布雷地带来加以掩护。

因为实力太不充足,所以隆美尔必须依赖速度和奇袭。他根本就没有时间可以用来发动一次有良好准备的攻击。当英军的装甲部队又已经增加到了160辆坦克的总数时(其中约有一半为"格兰特坦克"),他只有60辆德国坦克(其中有1/4为轻型的2号坦克)和少数不足道的意大利坦克。其中3个德国师的步兵总兵力只有2500人,而6个意大利师加起来也只有6000人。以如此微弱的兵力企图发动任何攻击,可以说是十分的大胆(audacity)——但是在精神加速的帮助之下,大胆的人往往能够获胜。

3个非常小的德国师领先前进,在26日下午发动它们的攻击。其中2个师已经到达面对着上述那个缺口的位置。第九十轻快师比较幸运,它恰好碰到布雷地带中最浅的一部分,所以到午夜时,已经越过了12英里的距离。到了次日黄昏,再度到达海岸公路,并阻塞了马特鲁英军的直接退却线。第二十一装甲师碰到了双层的地雷地带,所以花费了较多的时间,但到了拂晓时,也已经突入20英里的距离,于是钻到在明夸奎门(Minqar Qaim)的新西兰师的后方,在尚未受到阻止之前,就击溃了其运输单位的一部分。第十五装甲师则位于较远的南方,和英国装甲部队恰好相遇,所以在一天的大部分时间之内都没有什么进度。但是由于第二十一装甲师的迅速突入,已经威胁到英军的退路,所以到了下午,戈特即命令撤退——不久就发展成为一种非常没有秩序的溃逃。新西兰师被孤立地留下,但它在黑夜却成功地突破敌方单薄的包围而顺利地逃脱。几乎直到第二天拂晓,在马特鲁的第十军才知道第十三军已经撤退了——此时它自己的退路早已被切断达 9 小时之久。不过在次日的夜间,马特鲁的英军约有 2/3 还是勉强地逃脱,它们分为许多小股,在黑夜掩护之下向南突围。不过被俘的人数仍有 6000 之多——比隆美尔的整个攻击部队的总数还要多。此外,英军也留下大量的装备和补给,使隆美尔大获其利。

此时隆美尔的装甲矛头又继续向前挺进,它们的速度是那样的快,所以也就打消英国人想在富卡(Fuka)暂时立足的念头。在 28 日黄昏,它们已经到达该处的海岸公路,并击溃留在那里的一个印度旅的残部,次日上午它们又俘虏几支从马特鲁逃出来的纵队。负责肃清马特鲁地区的第九十轻快师,在完成任务之后也沿着海岸公路继续东进,到午夜时已经前进了 90 英里,并赶上了装甲矛头。次日(6 月 30 日)上午,隆美尔写信给他的夫人说:“到亚历山大港只有 100 英里了!”到了当天黄昏就只有 60 英里,埃及的锁钥似乎已在他的掌握之中。

西北非

希腊

贝尔格莱德 ■
南斯拉夫
阿尔巴尼亚
塔兰托
那不勒斯
意大利 罗马 ■
西西里
马耳他岛
中 海
班加西（意）
诺菲利亚
阿盖拉
班加西
利比亚
布埃拉特
的黎波里 胡姆斯
塔尔胡纳
热那亚
科西嘉
撒丁
土伦
马赛
法国
巴塞罗那
地 中
比塞大
突尼斯
波尼
塔巴尔
季杰利
贝贾亚
菲利普维尔
阿尔及尔
苏克阿尔巴
苏萨
加贝斯
斯法克斯
马雷特
图古尔特
君士坦丁
比斯克腊
卡斯蒂利奥内
塔法拉维
卜利达
阿夫卢
白杰勒法
拉格瓦特
奥尔良
加夫萨
西班牙
马德里 ■
阿耳黑西拉斯
直布罗陀
丹吉尔
西属摩洛哥
葡萄牙
里斯本 ■
麦赫迪亚
卡萨布兰卡
拉巴特
非斯
利奥特港
马拉喀什
摩洛哥（法）
萨菲
艾因塞弗拉
加尔代亚
科隆－贝沙尔
阿尔及利亚（法）

✝ 机场与简易机场

英里
公里
0 400 300

· 按原图译制 ·

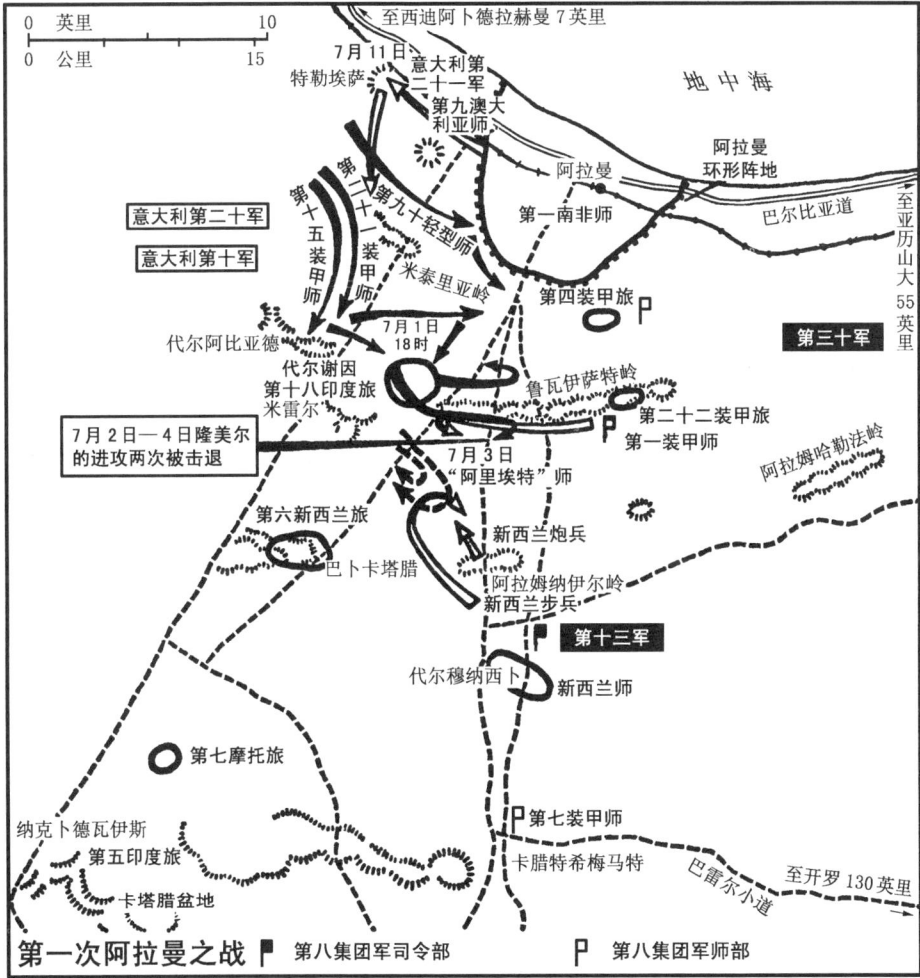

第一次阿拉曼之战

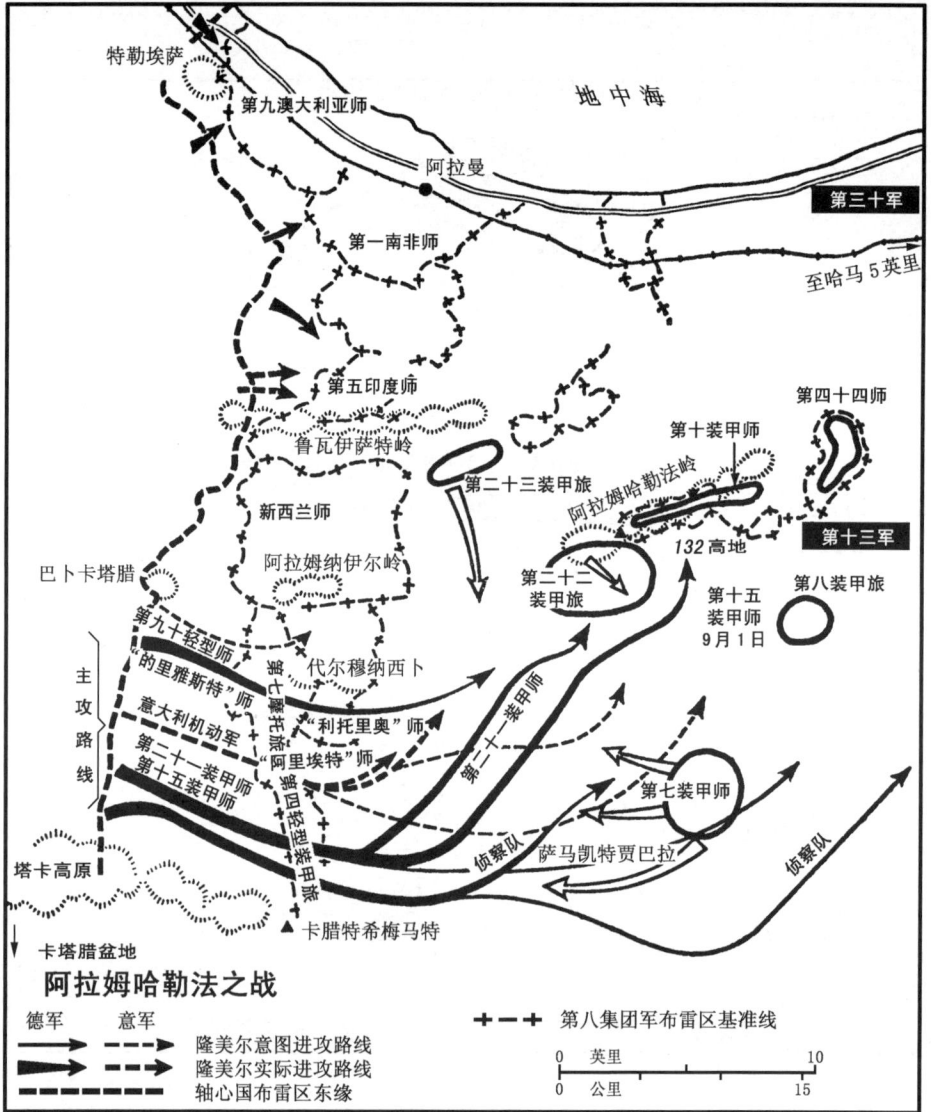

特勒埃萨

第九澳大利亚师

地 中 海

阿拉曼

第三十军

第一南非师

至哈马5英里

第五印度师

鲁瓦伊萨特岭

第四十四师

第十装甲师

第二十三装甲旅

阿拉姆哈勒法岭

新西兰师

132高地

第十三军

阿拉姆纳伊尔岭

第二十二装甲旅

第八装甲旅

巴卜卡塔腊

第十五装甲师

第九十轻型师

9月1日

"的里雅斯特"师

第七装甲师

主
攻
路
线

意大利机动军

代尔穆纳西卜

第七摩托旅

"利托里奥"师

第二十一装甲师

第二十一装甲师

"阿里埃特"师

第二十一装甲师

第十五装甲师

第四轻型装甲旅

第七装甲师

侦察队

萨马凯特贾巴拉

侦察队

塔卡高原

卡腊特希梅马特

卡塔腊盆地

阿拉姆哈勒法之战

德军	意军	
→	- →	隆美尔意图进攻路线
⟹	- ⟹	隆美尔实际进攻路线
█	█	轴心国布雷区东缘

┼─┼ 第八集团军布雷区基准线

0	英里	10
0	公里	15

·按原图译制·

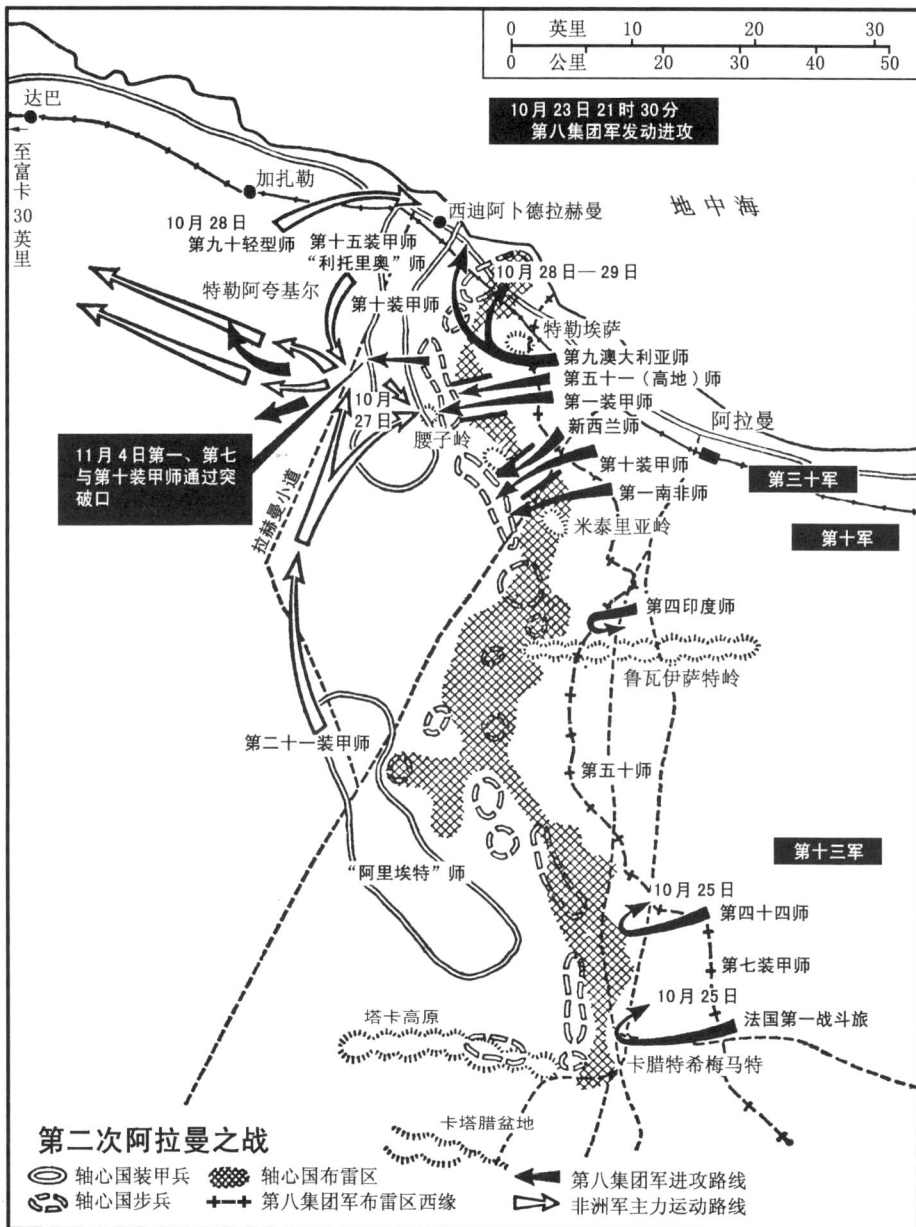

第二次阿拉曼之战

地图标注：

达巴
至富卡 30 英里
加扎勒

10月23日21时30分
第八集团军发动进攻

地 中 海

西迪阿卜德拉赫曼

10月28日
第九十轻型师　第十五装甲师
　　　　　　　"利托里奥"师
特勒阿夸基尔　　10月28日—29日
　　　　　　　第十装甲师

特勒埃萨
第九澳大利亚师
第五十一（高地）师
第一装甲师
新西兰师

阿拉曼

第三十军

腰子岭

10月27日

11月4日第一、第七
与第十装甲师通过突
破口

拉赫曼小道

第十装甲师
第一南非师
米泰里亚岭

第十军

第四印度师

鲁瓦伊萨特岭

第二十一装甲师

第五十师

第十三军

"阿里埃特"师

10月25日
第四十四师

第七装甲师

10月25日
法国第一战斗旅

塔卡高原

卡腊特希梅马特

卡塔腊盆地

比例尺：
0　英里　10　　20　　30
0　公里　20　30　40　50

图例：
轴心国装甲兵　轴心国布雷区
轴心国步兵　　第八集团军布雷区西缘
第八集团军进攻路线
非洲军主力运动路线

·按原图译制·

· 273 ·

第二十章 在非洲的潮流转向

6月30日,德军接近了阿拉曼之线,因为要等待意大利部队赶上来,所以只前进了一小段距离。这一次为了集中兵力而作的短期休息,终于耽误了隆美尔的成功机会。因为在那一天上午,英国装甲部队的残部还留在海岸公路以南的沙漠中,而不知道隆美尔的装甲部队已经赶上了它们。仅仅由于追兵实力的单薄才使它们免于被俘,而终于逃回到阿拉曼防线的庇护之下。

隆美尔的暂时停顿,也许是由于对英军防御阵地的实力获得一项错误的情报所致。实际上,那是由4个"哨所"所组成,在海岸线与卡塔腊(Qattara)盆地之间,一共延伸达35英里长。这个盆地是由咸水沼泽和松软沙地所构成,因此也就限制了迂回的运动。最大和最强的"哨所"是位置在海岸上的阿拉曼,由第一南非师负责据守。第二个"哨所"也是在南面,那是新近在代尔谢因(Deir el Shein)设立的,由第十八印度旅负责据守。第三个与第二个之间相距为7英里,称为"巴卜卡塔腊盒子"(Bab el Qattara Box),那是由第六新西兰师所据守。然后又隔了一个14英里宽的缺口,才是由第五印度师的一个旅所据守的"纳克卜德瓦伊斯盒子"(Naqb el Dweis Box)。中间的空隙由一连串小规模的机动部队负责掩护,那是由上述的3个师和曾经据守马特鲁的那2个师的残部共同组成。

7月1日,当隆美尔在拟定他的攻击计划时,他不知道在代尔谢因已经有了一个新的"哨所",他也不知道英国装甲部队还只是刚刚退回到阿拉曼。他以为那些部队已经部署在南面,以掩护英军的侧翼。根据这样的判断,他就计划首先在南面发动攻击,把英国的装甲部队钉在原地不动,然后再把非洲军迅速向北调动,准备在阿拉曼与巴卜卡塔腊之间的地段实施突破。但非洲军却碰到事先所不曾知道的"代尔谢因盒子",一直苦战到黄昏才攻克这个"哨所",并俘获其守军的大部分。但它们却已经守得够久了,足以打消隆美尔想作迅速突破与迅速扩张的一切希望。英国装甲部队赶到现场时已经太迟,不能挽救这个"哨所",但却仍能帮助阻止非洲军的继续前进。隆美尔命令利用月光继续挺进,但英国飞机也利用月光实施轰炸,击散了德军的补给纵队,并使隆美尔的企图受到了挫折。

这一天——7月1日,星期三——在非洲的争夺战中要算是最危险的一天。比起8月底隆美尔再度攻击的被击退,以及10月会战使隆美尔的终于撤退,这要算是一个更实质性的转折点。由于所产生的戏剧性结果,所以这一战对于"阿拉曼"这个地名也就获得了专利权。实际上,是有一连串的"阿拉曼会战",不过这个"第一次阿拉曼"却是最重要的。

隆美尔已经到达阿拉曼的消息,乃促使英国舰队离开亚历山大港,经过苏伊士运河向红海撤退。在开罗的军事机关都已匆忙地焚烧它们的档案,浓烟从屋顶的烟囱中升入天空。军人们很幽默地称这一天是"纸灰星期三"(Ash Wednesday)。第一次世界大战中的老兵,还记得那是1916年索姆河攻势开始的纪念日——在那一天英军损失了6万人——为英国有史以来第一次最严重的损失。看到烧焦了的纸片像黑色的雪花一样飞来,开罗的人民也就自然感觉到英国人是要从埃及逃走了,于是老百姓也纷纷作逃避的准备,火车站上挤得水泄不通。全世界其他地方的人听到这些消息,也都以为英国人在中东的战争已经失败。

但到了入夜的时候,前线的情况却变得很有希望,防御者也开始逐渐产生了信心——与后方的惊慌失措恰好成一强烈的对比。

隆美尔在7月2日那一天仍继续不停地攻击,但是非洲军所留下来适于战斗之用的坦克已经减到40辆以下,而部队也早已疲惫不堪。他的再度攻击一直打到下午才略有进展,但马上就因为看见2支强大的英国坦克纵队而又停顿下来——一支正挡住他的进路,而另一支则正在迂回其侧翼。奥金莱克对于情况已作冷静的计算,他对于隆美尔攻击部队的弱点深有认识,所以他也正在计划发动一次决定性的反击。他的计划未能如愿以偿,是由于执行时错误百出,所以破坏了他的一切希望,尽管如此,却还是使隆美尔不能达到他的目标。

隆美尔在7月3日又作了第三度的努力,但到此时,非洲军已经只剩下26辆可用的坦克,他在上午向东的进攻受到英国装甲部队的抵抗,下午再度进攻,也只前进了9英里就停止了。阿里埃特师所作的向心前进同时也被击退,而在这次战斗中,一个新西兰的营(第十九师)在侧面发动一次突然的反击,把阿里埃特师的全部炮兵都俘虏了——于是其余的部队也就在恐惧中四散奔

逃。这种崩溃是紧张过度的明显表现。

次日(7月4日),隆美尔在他的家书中曾经这样悔恨地写道:"很不幸的,事态的发展完全不如理想。敌人的抵抗力太强大,而我们的实力则已经耗尽。"他的攻击不仅被挡住,而且还受到反击。他的部队已经太疲倦,而且人数也太少,所以暂时不能再作新的努力,隆美尔被迫只好暂停进攻,好让他们可以喘一口气,即令明知这样将使奥金莱克有时间来获得增援,但也还是没办法。

奥金莱克到此时已经夺回了主动,甚至于在增援尚未到达之前,他就几乎已经开始转败为胜。他的计划依然不变——即用诺里的第三十军来阻止德军的攻击,同时再用戈特的第十三军从南向北威胁敌军的背面。不过这一次,装甲部队的大部分却是集中在北面,归第三十军来控制。至于第十三军现在所包括的则仅有最近改组的第七装甲师,那是号称"轻装甲师",其所包括的部队为一个摩托化旅、装甲汽车和"斯图亚特"(Stuart)坦克。它们固然缺乏打击力,但其机动性却能容许快速的行动。当强大的新西兰师攻击敌军的侧翼时,这个师就可以迅速的用大迂回的方式推进到敌人的后方。

很不幸的,由于缺乏无线电保密之故,遂使德国方面的"窃听"单位得以事先知道奥金莱克的计划,并向隆美尔提出警告。所以隆美尔也就早已把第二十一装甲师从第一线调回来应付此种包围攻击,尽管奥金莱克具有决定性的企图,但其部下在执行时却是犹豫不决,而隆美尔的此种对抗措施更使他们踟蹰不前。在北面地区的情形亦复如此。当德军第二十一装甲师撤回之后,有一些属于英国第一装甲师的"斯图亚特"坦克遂开始向前推进,而这种不重要的行动却产生非常重要的效果——德军第十五装甲师的警戒部队突然发生了恐惧现象(这个师现在的战斗实力只有15辆坦克和200名左右的步兵)。如此身经百战的德国精兵都会发生恐惧现象,可以显示他们是过分紧张到了何种程度。但是英军并未能抓住这个机会发动全面的攻击——否则也许即能产生决定性的战果。

那一天夜里,奥金莱克用空前所未有的强调语气,命令他的部下加紧反击。他在命令中这样说:"我们的任务是要尽可能在朝东的方向上去击毁敌人,而不让他们有全师而退的机会……应不让敌人休息……第八军团应把敌人击毁在其现有的位置上。"但他无法把他自己的这种勇敢精神,从指挥系统中传达到第一线。他虽然已经把他的战术指挥所移到和第三十军军部很接近的地点,但那里距离第一线还有20英里,而到南面的第十三军军部也差不多一样远。隆美尔的军团司令部距离第一线只有 6 英里,而他本人更是经常出入于最前线,身先士卒地在重要的点上发挥其个人的感召力。比较正统化的军人,包括德英两方面在内,都经常批评隆美尔离开其司令部的时间太多,而且过分爱好直接控制战斗。但是这样直接的控制,固然曾经产生一些困难,但却正是其伟大成功的主要原因。隆美尔是使古代名将的遗风在近代战争中获得重演的机会。

在 7 月 5 日这一天,对于奥金莱克的新命令之执行而言,第十三军所获得的成就极为有限,而第三十军则更差。新西兰师的各旅本预定在对隆美尔后方的攻击中担负领先的任务,但事先却并不曾把总司令的企图和对于他们的期待告诉每一位负责执行任务的指挥官。有许多人批评奥金莱克不应把装甲的主力留在第三十军方面,而应用它来增强第十三军所准备进行的后方攻击。这种说法固然是相当合理,不过我们却不敢说装甲兵用在哪一方面会比用在中央地区更具威力和有效——由于敌军的脆弱,在这里若能作猛烈的攻击,那是非常容易成功的。英国第一装甲师现在已经有 90 辆坦克的实力,而面对着它的德国第十五装甲师,则一共只剩下 15 辆坦克,整个非洲军一共也只有 30 辆坦克。

最好的借口,而且也确是真正的解释,就是兵力疲惫——由于长期紧张的结果,使这个重要的第一阶段作战,终于以僵局结束的主要原因即在此。

比较言之,德意方面眼前还是居于较为有利的形势,但最后还是对它们不利。英国人的真正情况要比表面所显示的好得多。到了 7 月 5 日,隆美尔的部队即已接近总崩溃的边缘。

在以后的短期休息阶段中,意大利步兵师的其余部分都赶到了第一线,它们接管了北区的静态防线,而使德军可以抽出来向南面作一次新的攻击。但在 7 月 8 日,当隆美尔正拟发动这个攻击时,他的 3 个德国师的战斗力已经略有增加,但坦克总数仍不过 50 辆,步兵也大约只有 2000 人。至于那 7 个意大利师,包括新到达的利托里奥(Littorio)装甲师在内,一共也只有 44 辆坦克和大约 4000 名步兵。英国方面已经到达的援军有第九澳洲师,这个师在 1941 年对托卜鲁克的防御作战中,曾有极英勇的表现,另外还有 2 个新的坦克团,使坦克总数已经增加到 200 辆以上。澳洲师被送往北面加入第三十军,该军也换了一位新的军长,那就是由第五十师的师长拉姆斯登中将(Lieutenant General W.H.Ramsden)继任。

隆美尔想把他的努力方向向南移动,这也正好配合奥金莱克的理想和新计划——就是准备用澳洲部队沿着海岸公路向西进攻。当德军向南前进时，新西兰部队就向东撤退，放弃了"巴卜卡塔腊盒子"，所以德军在 7 月 9 日的攻击中，所收获的就只是这一个空盒子而已。

次日清晨，澳洲部队在海岸附近发动了它们的攻击，很快地就冲过了意大利师所防守的地区。德军立即赶往救援，不仅阻止了英军的前进，而且还收回了一些失地，但因为海岸公路为隆美尔的惟一补给线，所以这次威胁也就迫使他必须放弃其在南面的攻击。于是奥金莱克立即想到一个扩大战果的新办法，在鲁瓦伊萨特岭（Ruweisat Ridge）对着现在已经减弱的隆美尔战线中段作一次突击。这个计划的构想很不错，但由于下级指挥官的无能和装甲部队与步兵之间缺乏协调，终于劳而无功——而德军许多次的成功，也正是由于此种协调的良好。

英军各兵种之间不仅缺乏良好的战术配合，而且步兵根本不相信装甲兵可以给予他们支援，步兵相信当他们前进之后，就会暴露在敌方装甲部队的反击之下，而英国的装甲单位就会先行开溜或坐视不救。基彭贝格（Kippenberger）在其所著的《步兵旅长》（*Infantry Brigadier*）一书中曾经这样说：

> "这个时候，在整个第八军团之内，并不仅限于新西兰师，对于我们的装甲部队都怀有一种非常强烈的不信任心理，甚至于可以说是仇视。到处都可以听到其他兵种上当吃亏的故事，这几乎已经变成一条公理，每当最需要坦克支援的时候，它们却不知去向。"

即令如此，英军的这个突击和威胁，还是足以牵制隆美尔的微弱兵力。当他企图在北面再发动一次反击时，也就未能成功。英国的坦克虽然不是德军的对手，甚至于也不能保护自己的步兵，但却可以帮助威胁意大利步兵，促使他们大批地投降。隆美尔在 7 月 17 日的家书中这样写着：

> "目前的情况至为恶劣。敌人利用其优势，尤其是在步兵方面的优势，把意大利部队逐一加以击灭，而德军部队已经太弱且无法独力支持。这种情形已经足够令人痛哭。"

次日，第七装甲师又向隆美尔的南面侧翼构成一个新的威胁，而奥金莱克则在此时准备使用最近到达的更多援兵，来发动一次较大的新攻势，目的还是想从中央突破,但这次却在鲁瓦伊萨特岭的南面并趋向米雷尔(El Mireir)。一个刚刚到达的新装甲旅(第二十三)被用于担任这次攻击,它有"法兰亭"式坦克 150 辆——不过其 3 个团中的 1 个被派往帮助澳洲部队,在北面对米泰里亚岭(Miteiriya Ridge)担任助攻。

这次的攻击似乎极有希望,因为第八军团现在在整个战场上已经有总数接近 400 辆的坦克。隆美尔的坦克实力却远比其对方所估计的要低——非洲军所剩下来的已经不足 30 辆。但由于幸运和判断的结合,它们的位置恰好正挡住英军的主攻路线——而英军的坦克,实际上在那里参加战斗的又仅占其总数中一个极小的比例。

奥金莱克这次的计划,是要用步兵发动一个宽正面的夜间攻击,以突破敌方战线的中央地段。新西兰师向北先作一次侧面攻击,于减弱敌军抵抗力之后,第五印度师就应沿着鲁瓦伊萨特岭向前直接进攻,进入其南面的谷地。到拂晓时,新到的第二十三装甲旅就应长驱直入,到达谷地的顶点米雷尔,接着第二十二装甲旅应超越那一点作扩张战果的行动。这是一个构想极为巧妙的计划,但在执行时有许多细节必须事先有相当精密的安排。在军部开会时,对各个连续的步骤还是未能作成适当的协调,换言之,戈特的部下对于彼此所扮演的角色还是搞不清楚。

这次攻击是在 7 月 21 日的夜间发动,新西兰部队首先到达了它们的目标。但德国坦克接着也就赶到了,并在黑夜里向它们反击,造成了混乱。到天明时,它们已经把领先的新西兰旅完全击破,而本应负责保护新西兰部队侧面的第二十二装甲旅,却在机场上看不见它们的踪影。因为它的指挥官认为坦克在黑夜里是无法行动——这与德国人的行动恰好成一强烈对比。

此时,第五印度师的夜间攻击也未能到达其预定目标。更糟的是它未能替跟随在后面前进的第二十三装甲旅在布雷区中清扫一条进路。当后者的第四十和第四十六 2 个坦克团在上午发动攻击时,途中遇着正在向后撤退的印度部队,但对于其前进途中的地雷是否已经扫清,却找不到确实的资料。它们大胆地前进,不久就陷入敌军的雷区中,同时又受到敌军坦克和战防炮的猛烈射击。结果只有 11 辆坦克退回。这次损失惨重的攻击所得到的惟一效果,就是使步兵恢复了对装甲兵的信心(尤以新西兰人为然),觉得他们也还可以打硬仗。这个旅的另一个团在北面的攻击中也表现了类似的冲劲,但所付出的代价却非常地重大——这一天一共损失坦克 118 辆,而德军只损失了 3 辆。即令如此,英军坦克实力还是大于隆美尔 10 倍。不过这次的出师不利已经产

生严重的心理作用，所以英军一时不再想继续进攻，只想凭藉其巨大的潜力来压倒敌人。

经过了4天的重组和整顿，英军又再度企图突破隆美尔的战线——这次是从北面进攻。最初进展得很顺利，澳洲部队在月光下攻占了米泰里亚岭，在其南面的第五十师也有了好的开始。但是应跟在后面进攻的第一装甲师，其师长却认为在布雷地带所开辟的通道还不够宽，所以拒绝前进。他这样一拖延，就把整个攻击的前途断送了。一直到上午过了一半，领先的坦克才开始准备通过雷区前进，但是立即被迅速北调的德军坦克所钉牢而进退不得。于是已经达到布雷地带后方的步兵遂被切断，并为德军的反击所歼灭。同时澳洲部队也被赶下米泰里亚岭，并有一部分被围困。

奥金莱克现在只好勉强决定暂停进攻。在长期苦战之后，他的许多部队都已显得疲惫不堪，凡是被孤立的部队也都轻易地向敌人投降。很明显的，在这样一个狭窄的正面上，防御是比较有利，同时隆美尔也终于获得了一些增援，所以这种有利的形势也就日益增强——到8月初，隆美尔的坦克实力已经比7月22日的数字增加了5倍以上。

虽然会战的结果对英国人而言很令人感到失望，但他们的情况却比会战开始时要好得多。隆美尔对于这次会战所作的最后判决有如下的叙述："虽然在这次阿拉曼的战斗中，英国人的损失比我们严重，但对奥金莱克而言，这种损失却不算太重，就他的观点而言，最重要的就是阻止我们的前进，而很不幸的，这一点他却已经做到了。"

在阿拉曼的7月会战中，第八军团的损失超过了13000人，它一共收容了7000多名的战俘，其中包括1000多名德国人。假使计划的执行能够比较认真和勇敢，则代价可以较低，而收获也可以较高。即令以现有的数字而论，双方的损失总数相差并不太大，而隆美尔却比较吃不消这种损失。由于英国方面的增援目前仍在大量地投向埃及，所以隆美尔的前途也就一天比一天更加黯淡。

他自己的记载曾经明白指出，在7月中旬他是如何将要接近失败的边缘。他在7月18日写给他夫人的私信中曾经这样说："昨天是特别艰难和紧急的一天，我们总算是拖过了。但却不可能长久如此，总有一天战线会崩溃。就军事方面来说，这是我有生以来第一次经历最困难的阶段。当然并非没有救，不过我们能否等得到，却是一个问题。"4天之后，他的兵力又进一步地减弱，但却仍能击败另一次较重大的攻击，这未尝不是一种侥幸。

隆美尔事后的记载中,对于英军总司令曾经给予高度的评价:"奥金莱克将军在阿拉曼亲自接管了指挥权之后,对于兵力的调度具有相当高明的技巧……他对于情况似乎保持着一种绝对冷静的看法,因为不管我们如何的行动,他从不丧失理智而采取一种'次等'的解决办法。"

在其智谋卓越的参谋长多尔曼-史密斯的协助之下,奥金莱克虽然能够拟出了一连串的"头等"计划,但是替他执行计划的部队长却全是"三等"货色,所以结果也就是毫无成就可言。另外还有一个重要的原因,那就是在这个战场上的兵力是由英联邦所分别提供的。在如此困难的情况中,各国政府对于它们自己部队的安全也就特别关心,所以经常警告其指挥官应特别慎重,这样也就使整个作战的效率大打折扣,并增大了战争的摩擦。

同时那也是非常自然的,由于 7 月会战的结果如此令人感到失望,于是大家都一致指责英军的领导实在太差,所以也就使人感觉到较高级的指挥组织有彻底改组之必要。照一般的惯例,批评总是集中在最高级指挥官一个人的身上,至于其部下的顽劣和失职却反而很少有人注意。由于奥金莱克反攻的失败,使英军的信心又开始发生动摇,所以为了恢复信心,撤换他也是不无理由的。在那种情况之下,调换主将是激励士气、振奋人心的最简单办法——至于对被撤换者是否公平则又另当别论。

丘吉尔决定亲自飞往埃及以稳定情况,他在 8 月 4 日到达开罗——这也正是英国加入第一次世界大战的纪念日。诚如丘吉尔本人所承认的,奥金莱克是已经"力挽狂澜",但在当时看来,潮流是否已经真正转向,却远不像事后所知道的那样明显。隆美尔所站立的地方距离亚历山大港和尼罗河三角洲还是只有 60 英里远——这样近的距离足以令人提心吊胆。丘吉尔早已有换人的打算,当他与奥金莱克会晤之后,又发现奥金莱克坚决拒绝他的压力,不肯提前再发动攻势。奥金莱克坚决主张至少应到 9 月才能再度进攻,因为他认为新来的增援部队,必须要有相当时间才能适应当地的生活条件,接受一些有关沙漠作战的训练。于是丘吉尔感到非常不耐烦,遂作了最后的决定。

他的决定同时也受到南非首相史末兹元帅(Field Marshal Smuts)的影响和支持,后者是应丘吉尔的邀请,飞到开罗来和他作一次会谈。丘吉尔最初所属意的人是非常能干的陆军参谋总长艾伦・布鲁克将军(General Sir Alan Brooke)——但布鲁克却由于礼让和策略的动机,不愿意离开陆军部去接替奥金莱克的职务。于是经过进一步讨论,丘吉尔遂用电话通知在伦敦的战时内阁,说他们已决定指派亚历山大为中东总司令,至于第八军团司令一职则决定由戈特升任——这是一个很令人感到惊奇的选择,因为戈特以军长身份在最近战斗中的表现实在不很高明。但是次日,当戈特飞往开罗时,却因为飞机失事而断送了性命。于是由于命运的安排,蒙哥马利遂从英国调往埃及补了这个空缺。军长也同时换了两个新人——第三十军为利斯中将(Lieutenant-General Sir Oliver Leese),第十三军为霍罗克斯中将(Lieutenant-General Brain Horrocks)。

但是很讽刺的,这次人事改组的结果,却使英军发动攻势的日期比奥金莱克所建议的还要迟。因为蒙哥马利下了一个最大的决心,必须等到所有一切的准备和训练都完成之后才动手。尽管英国首相性情急躁、缺乏耐性,对于他这种坚定冷静的态度也只好表示让步。这也就无异于把主动权让给隆美尔,容许他有另一次追求胜利的机会,这就是所谓"阿拉姆哈勒法之战"(Battle of Alam Halfa)——但结果不过是使他"爬得高跌得重"而已。

在8月间,隆美尔只获得了2个新单位的增援——1个德国伞兵旅和1个意大利伞兵师。这2个单位现在都已经被当作步兵来使用。不过其原有的各师由于已有人员和装备送来,所以损失已经获得相当的补充——虽然送来的充员是意大利人要比德国人多得多。隆美尔计划在8月底发动他的攻击,在此前夕,他的2个装甲师已经约有200辆中型坦克,而那2个意大利装甲师也还有240辆坦克。意大利坦克还是那些旧货,现在相形之下,也就变得更为落伍了。德国的3号坦克中有74辆是装有50毫米长炮管坦克炮,而27辆4号坦克则装有新的75毫米炮,这要算是一个重要的质的进步。

但是英军第一线的坦克实力却早已增到700辆以上,其中约有160辆是"格兰特"式。实际上,在这个装甲战斗中只使用500余辆坦克——因为时间是短暂的。

要塞化的防线还是和7月间一样,仍然由那4个步兵师负责据守,不过它们的实力都已补充足额。第七(轻)装甲师留在原地不动。第一装甲师则调回后方整补,接替其防务的是第十装甲师,师长为盖特豪斯少将(Major-General A. H. Gatehouse)。下辖2个装甲旅——第二十二旅和新到的第八旅,而已经再装备的第二十三旅,在会战开始之后已交由该师控制。一个新到的步兵师已奉命在阿拉姆哈勒法岭上占领着后卫阵地。

这里的防御部署本是多尔曼-史密斯所设计,而由前任总司令奥金莱克所批准的,现在也并没有任何剧烈的改变。由于这一战役获胜之后有许多的报道都说在指挥人事改变之后,全部的计划也有了完全的改变,好像认为这就是胜利的主因一样。所以必须强调指出，亚历山大在他的正式公文书中曾经忠实地说明事实的真相，那是足以粉碎那些无稽之谈。亚历山大说当他从奥金莱克手中接管了指挥权之后，发现：

> "这个计划是尽可能对从海岸到鲁瓦伊萨特岭之间的地区作坚强的防御，同时在阿拉姆哈勒法岭上另设一个坚强的防御阵地，当敌军企图在鲁瓦伊萨特岭以南进攻时，从这里即可以威胁其侧面。现在指挥第八军团的蒙哥马利将军，在原则上是采纳了这个计划，而我也完全表示同意，并希望敌人若能给予我们足够的时间，则他也就能够增强左（或南）翼，来改进我们的地位。"

在隆美尔发动攻击之前，阿拉姆哈勒法阵地已经予以增强，但其防御能力却还不曾受到认真的考验——因为经过了良好的判断，英国装甲部队的位置部署得非常巧妙，而其防御行动也极为有效，所以也就决定了这场会战的胜负。

由于防线的北段和中段有极坚强的设防，所以只剩下在新西兰部队所据守的阿拉姆纳伊尔岭（Alam Nayil Ridge）"哨所"与卡塔腊盆地之间的 50 英里缺口，是可以容许迅速地突破而有获致成功的可能性。所以要想作突破的尝试，隆美尔就注定必须采取这一条前进路线，这是至为明显的。在奥金莱克任内所拟的防御计划，也就是以此种观念为基础。

既然在目标方面已经不可能获致奇袭，所以隆美尔只好在时间和速度方面去想办法。他希望假使他能够迅速突破英军的南段防线，并到达切断第八军团交通线的位置，那么就可以使敌人丧失平衡而无法固守不动。他的计划是准备用夜间攻击来攻占布雷地带，此后"非洲军团"就率领着意大利机动军的一部分向东奔驰，在天明之前应越过约 30 英里远的距离，然后再向东北旋回，指向海岸附近的第八军团补给地区。他希望此种威胁将能引诱英军装甲部队起而追逐，于是也就使他有了用埋伏狙击的方式来毁灭它们的机会。同时，第九十轻快师和意大利机动军的其余部分，则应构成一条在侧面的屏障线，其强度应能挡住英军从北面发动的反击，直到他已在敌人的后方赢得那一场装甲战斗时为止。根据他自己的记载，他认为英军指挥官的反应一向都是颇为迟缓，所以这也就是他可以希望获胜的惟一理由。他说："经验告诉我们，他们要想作成决定再付诸实行，一定需要相当长久的时间。"

但在 8 月 30 日夜间发动这个攻击时,却发现英军的布雷地带要远比所料想的更深。到了天亮时,隆美尔的矛头只越过它 8 英里远,而非洲军团的主力直到上午 10 时才开始向东运动。到了此时,其大量集中的车辆已经受到英国空军的猛烈轰炸。非洲军军长内林将军(General Walter Nehring)在这个阶段即已负伤,非洲军在以后的阶段中,都是由其参谋长拜尔莱因上校(以后升任到中将)来负责指挥。

由于已经明知任何奇袭的效果都已丧失,而前进的速度也和预定的时间表差得太远,所以隆美尔遂考虑停止进攻。但他和拜尔莱因讨论了一番之后,还是决定仍然继续前进——不过改变了原有的路线,而换了一个比较有限的目标。因为英军装甲部队已经有时间来完成其战斗部署,所以他若再向东深入,则侧面也就必然会很快地受到威胁。因此他感觉到有提早向北旋回的必要。于是命令非洲军立即向北旋回,结果它就冲向"132 点"(Point 132),那也就是阿拉姆哈勒法岭的最高峰。此种方向的改变,使该军趋向英军第二十二装甲旅所在的地区——同时也趋于一个足以妨碍行动的软沙地区。原先所计划的路线则可以不经过这个地区。

第八装甲旅的战斗位置在第二十二装甲旅的东南方,而不准备从侧面来作间接的威胁。这两个旅在位置上隔得这样远,当然是一种冒险,不过蒙哥马利敢于如此却是不无理由,因为事实上,他的每一旅所拥有的坦克实力,都可以和整个非洲军相比,所以它应能独立作战维持一长久的时间,以等候其他单位的支援。

不过,第八装甲旅直到上午 4 时 30 分才到达指定的位置——但很侥幸的,敌人的行动亦同样的迟缓。依照隆美尔原定的计划,非洲军应在拂晓之前即已到达这个地区。假使当第八装甲旅还没有完成部署之前,即在黑夜发生冲突或者是受到拂晓攻击,其结果一定会十分的狼狈,尤其是这些部队还是第一次参加战斗。

由于隆美尔的向北旋回比原来所预料的早,所以全部的攻击都直接落在第二十二旅的头上,但时间却已在那一天下午很晚的时候。连续不断的空中攻击,加上燃料和弹药运输车队到达过迟,都足以使非洲军的前进受到很大的阻碍,所以一直到下午才开始向北旋回。当它们接近阿拉姆哈勒法时,英军早已严阵以待。这个旅已经换了一个年轻的新旅长罗伯茨('Pip' Roberts),他对于战斗的指挥很在行。坦克和炮兵的火力一再把敌方的装甲纵队击退。到入夜时,双方结束了战斗。守军当然很高兴,而攻击者却很沮丧。

不过这次攻击的流产不完全是由于英军的英勇善战。因为燃料是那样的缺乏,所以在下午过了一半的时候,隆美尔曾经取消发动全面攻击以夺取"132点"的命令。

甚至于到 9 月 1 日上午,燃料仍然还是非常缺乏,使得隆美尔不得不放弃在那一天内想作任何大规模行动的念头。他所能企图的最多也不过是一个局部有限性的攻击:以 1 个师(第十五装甲师)的兵力去攻占阿拉姆哈勒法岭。非洲军现在的处境非常恶劣:英国轰炸机彻夜攻击,而第十三军的炮兵也整天射击,所以它们的损失不断地增大。守军兵力也已经增强,所以德国装甲部队的攻击也就很轻松地被击退——在那天上午,蒙哥马利确信敌人已经不能从东面趋向他的后方,于是就命令另外 2 个装甲旅把兵力都集中到阿拉姆哈勒法岭这一个地区来。

到了下午,蒙哥马利遂命令开始计划一个反击,以求夺回主动。这个构想是从新西兰师所占领的阵地向南进攻,以切断德军的退路。他同时也安排由第十军军部来统一指挥追击部队。这支部队将由所有一切能够抽出的预备队来组成,以挺进到达巴(Daba)为目标。

隆美尔现在手中所剩下来的只有一天的油料——那也就是只够他的部队行动 60 英里的距离。所以经过英军在第二夜的连续轰炸之后,隆美尔遂决定中止攻击,并作逐渐的撤退。

在次日(9 月 2 日),面对着阿拉姆哈勒法的德军遂开始抽出其部队,并分批向西移动。英军要求允许它们追击,但未获蒙哥马利的批准——因为蒙哥马利的政策是绝对不愿冒险:过去英国装甲部队常被诱入隆美尔所布置的陷阱,所以他决定不再上当。同时,他也命令新西兰部队在其他部队增援之下,于 9 月 3 日夜间向南面发动攻击。

但到了 9 月 3 日,隆美尔的部队已经开始全面撤退,英军只派了少许搜索部队跟踪在它们的后面。那天夜间,新西兰师发动攻击,打击在敌军后方的侧面上,那是由第九十轻快师和意大利的港师负责防守的。双方混战了一场,结果使英军受到重大损失,而停止进攻。

在以后的两天内(9 月 4 日和 9 月 5 日),非洲军仍继续缓慢撤退,英军却并未企图再作拦截,同时也只有少许部队,非常谨慎地跟在后面替它们"送行"。9 月 6 日,德军停止在一线高地之上,那是在其原有战线的东面约 6 英里处,很明显的,是准备留在那里不走。次日,蒙哥马利遂决定结束这次会战,而亚历山大也立即照准。所以隆美尔总算是略有收获,占了这一点少许的地盘。但事实上,他却是得不偿失,尤其是他原有的目的已经受到决定性的挫折。

对于第八军团的部队而言,当它们看到敌军撤退,即令是只退后了几步,也还是足以使它们感到兴奋无比。至于美中不足的是没有能够把敌军切断,但对于它们而言,这种失望却并不严重。很明显的,潮流是已经回转了。蒙哥马利一直都努力要在其部队中创造一种新的信心,现在它们对于他个人的信心总算已经建立起来了。

不过蒙哥马利究竟还是错过了一次伟大的机会,如果他能够切断非洲军的退路,则可以一举而击毁敌军,或使其丧失抵抗能力。这样不仅可以免除未来的许多麻烦,而且也不必再付出重大的代价来进攻敌军坚强的设防阵地。以上的分析固然不错,但专就阿拉姆哈勒法会战而言,英国人仍算是获得一次伟大的成功。当这个会战结束时,隆美尔也已经确定丧失了主动——由于英国方面的增援正像潮水一样地涌入埃及,所以下一次会战对于隆美尔而言,诚如他自己所说的,注定是一次"无希望的会战"(Battle Without Hope)。

到了战后,我们对于双方的兵力和资源已经获得较详细的资料,所以就可以看出当隆美尔向埃及的进攻最初被阻时,即已注定其最后失败的命运,因此在 7 月间的第一次阿拉曼会战,应该算是一个真正的转折点。尽管如此,当他在 8 月底再度发动攻击时,却仍然显出是一个巨大的威胁,由于双方在此时的兵力比以前或以后更接近平衡,所以他仍然有胜利的可能——假使对方还是像过去那样的糊涂和畏怯,则他也许早已胜利了(过去英军所享有的优势比目前还更确实)。但经此一战之后,隆美尔遂从此丧失了一切卷土重来的希望。"阿拉姆哈勒法会战"的特殊重要性可以用下述的事实来说明:尽管它不过是在同一地区内所打的多次"阿拉曼会战"中的一个,但它却被赋予一个独立不同的名称。

就战术而言,这一战役也有其特殊的意味。因为它的胜利不仅是由防御一方所赢得,而且也是靠纯粹防御来决定胜负,没有任何的反击——甚至于连任何认真的反击企图都没有。这是和古今战史中大多数"转折点"(Turning Point)的会战都不相同。当蒙哥马利在防御成功之后决定不再进攻,这固然是放弃了捕捉和击毁隆美尔兵力的机会(就眼前而言,那也的确是一个极好的机会),但并不因此而影响到这次会战作为战役转折点的决定性。从此以后,英国部队开始对最后胜利具有信心,所以士气也日益高昂,而其对方则开始感到前途毫无希望,无论如何地努力或牺牲,也不过是把最后的失败暂时延迟而已。

　　同时在战术上的技巧方面,也有许多值得学习的教训。英国兵力的部署以及对地形的选择,对于战斗的胜负都具有很大的影响。还有其调动的弹性也是如此,最重要的应首推空权与地面部队计划的密切和良好的配合。这次会战的防御典型也足以增加此种配合的效果。英军地面部队围成一个圆圈,而空军则继续不断地轰炸被围在圈子内的敌军。因为凡是在圈内的一切部队都是敌人,都可以当作目标,所以空军的作战也就可以比较自由和有效。反之,在敌我混杂的较流动型态的战斗中,空军的行动也就会受到许多限制,而使其效果大打折扣。

　　再过了 7 个星期英军才开始发动它们自己的攻击。尽管那位没有耐性的首相对于这样的延迟极感不满,但是蒙哥马利的态度却非常地坚决,他认为必须等到他的准备完成并有合理的成功把握之后才可以动手,而亚历山大也支持他的这种主张。因为自从这一年开始以来,英国人已经遭遇到一连串的灾难,所以丘吉尔的政治地位在此时也已经动摇不稳,因此他的气焰也就不像过去那样逼人,只好勉强听从他们两位的辩论,同意到 10 月底再发动攻势。

　　正确的 D 日是要由月亮的位置来决定。这个攻击计划是准备以一个夜间突击为起点,其目的是为了减弱敌火的效力,但同时又必须有适当的月光可供照明之用,这样才能便于在敌方的布雷地带中扫清一些通道。所以突击的发动定在 10 月 23 日——因为 24 日即为满月。

　　丘吉尔之所以希望能够提早攻击是受到另一重要因素的影响,那就是号称“火炬作战”(Operation Torch)的英美联军在法属北非登陆的伟大计划,现在已经预定在 11 月初发动。若能在阿拉曼对隆美尔赢得一次决定性的胜利,也许即能鼓励法国人欢迎盟军的登陆,同时也可以帮助增强佛朗哥拒绝德军进入西班牙和西属摩洛哥的决心——假若西班牙给予德军此种便利,则联军的登陆计划即可能会受到破坏。

　　但亚历山大却认为他的攻击——代字为“捷足作战”(Operation Lightfoot),若能在“火炬作战”之前两个星期发动,那么中间这一段时间,其长度既足以毁灭面对着英军的轴心兵力的大部分,又可以使敌人来不及对非洲作大规模的增援。无论如何,他感觉到要使北非另一端的登陆能产生良好的结果,则首先必须使他这一端的攻击能有成功的确实把握。所以他说:“我确认决定性因素就是必须准备妥善以后才可以进攻,否则不仅是甘冒失败的危险,而且更足以招致灾难。"这些辩论终于占了上风,虽然他现在所建议的日期要比丘吉尔过去向奥金莱克所要求的日期几乎迟了一个月,但是丘吉尔最后还是同意延期至 10 月 23 日为止的意见。

到了那时,英国人所享有的优势——无论数量或素质——都已经增大到空前所未有的程度。若照惯用的计算"师"数的老办法来比较,则双方在表面上似乎恰好势均力敌——因为每一方面都有 12 个"师",其中 4 个为装甲师。但以实际的人数而言,则双方相差很远,第八军团的战斗实力为 23 万人,而隆美尔则只有 8 万人,其中又只有 27000 人是德国部队。同时,第八军团一共有 23 个装甲团,而隆美尔的装甲兵力则只有 4 个德国坦克营和 7 个意大利坦克营。至于实际坦克数量的比较则更为惊人。当会战开始时,第八军团一共拥有炮坦克 1440 辆,其中有 2229 辆是可以立即参加战斗——而在一个长期消耗战中,目前在埃及的仓库和工厂中还有 1000 辆左右的数字可供补充之用。隆美尔则仅有 260 辆德国坦克(其中又有 20 辆在修理中,30 辆为轻型的 2 号坦克)和 280 辆意大利坦克(全部都是落伍的)。只有那 210 辆德国中型炮坦克有资格在装甲战斗中和对方交手——所以实际上,就适合于战斗之用的坦克数量而言,英国人在开始时是占了 6 对 1 的优势;而且还拥有大量的补充能力,所以他们就可以不必害怕消耗的损失。

以坦克对坦克而言,英军在战斗力方面所享有的优势更为巨大,因为在"格兰特"坦克之后又有大批的"谢尔曼"(Sherman)坦克从英国继续运到,那是一种更新型和更优越的坦克。到会战开始时,第八军团所拥有的"谢尔曼"和"格兰特"已经超过了 500 辆,而且还有更多的数量正在运输途中;隆美尔只有 30 辆新式的 4 号坦克,那是装有初速较快的 75 毫米炮,有资格和美国新式坦克对抗——比阿拉姆哈勒法会战时只多了 4 辆,此外,隆美尔也已经丧失其过去在战防炮方面的优势。他的"八八"炮固然已经增到了 86 门,而且又获得了 68 门从苏联俘虏来的"七六"炮(译注:应为 76.2 毫米 ZIS-3 战防炮),但是其标准的德国 50 毫米战防炮,除了在近接距离之外,已经不能够穿透"谢尔曼"、"格兰特"或"法兰亭"等型坦克的装甲。又因为新式的美国坦克备有高爆弹头,可以在远射程击毁对方的战防炮,所以德军这种弱点也就变成一种非常严重的障碍。

在空中,英国人也享有空前所未有的巨大优势。中东空军总司令泰德爵士(Sir Arthur Tedder)现在手中所能运用的作战部队已经达到 96 个中队之多——包括 13 个美国的,13 个南非的和 1 个罗得西亚的,5 个澳洲的,2 个希腊的,1个法国的和1个南斯拉夫的中队在内。它们一共构成第一线飞机1500架以上。在这个总数中,有1200架是以埃及和巴勒斯坦为基地,可随时准备用来支援第八军团的攻击。反观在非洲能用来支援隆美尔装甲军团的空军实力,把德意两国的都加在一起也只有可用的飞机大约350架。英军的这种空中优势具有极大的价值,它可以妨碍德军的行动,切断其补给线,并同时保护英军补给线畅通无阻。但对于整个会战的胜负而言,更重要的因素还是空军间接的和战略性的行动,它与英国海军的潜艇合作,切断了隆美尔的海上补给线。在9月间,差不多有1/3的轴心国补给船只都在越过地中海时被击沉,此外还有许多船只被迫驶回。10月间补给的减少变得更为严重,送往非洲的数量能够达到目的地的还不及一半。炮兵的弹药变得那样的缺乏,所以已经无法对抗英军的轰击。而最重大的损失则为油轮的被击沉,在英军发动攻击之前的几个星期内,几乎没有一艘能到达非洲——所以当会战开始时,非洲军团手中所剩下来的只有3个配发量(issues),而通常被认为最低的储备量应该有30个。这种燃料的严重缺乏,也就妨碍了它们所采取的任何对抗行动:迫使它们对大机动部队不能分割使用,阻止它们迅速集中在某一点上,而在战斗继续发展时,也使它们日益丧失机动能力。

粮食补给的损失也是一个重要因素,它足以使部队营养不良,疾病流行,堑壕中的恶劣卫生条件更加强这种作用,而尤以意大利部队所据守的地段为甚。甚至于在7月会战时,英国人在攻占了意大利人所据守的堑壕之后,往往会因为那里的肮脏和臭味使他们受不了而必须撤出,以至于在堑壕尚未挖好之前,常为德国装甲部队乘机击败。但是这种不卫生的情况终于有一天会产生严重的后果,使痢疾和肝病广泛的传染,那也不仅限于意大利部队,连其德国盟友也跟着遭殃——装甲军团中的若干重要军官也都在劫难逃。

一个最重要的"病患损失"(Sick Casualty)就是隆美尔本人。于8月间在阿拉姆哈勒法发动攻击之前,他早已卧病。以后恢复了一点,所以才能在那一次会战中勉强亲自指挥,接着就病得更厉害,于是在9月间遂不得不回欧洲治疗和休养。他的职务暂时由施图姆将军(General Stumme)代理,而非洲军军长的空缺则由托马将军(Ganeral von Thoma)接任——这两位指挥官都是从东战场调来的,他们对于非洲情况颇为隔膜。由于隆美尔的离开,加上这两位新任指挥官缺乏沙漠战场的经验,所以对即将来临的英军大攻势,德军方面也就没有适当的应付准备。会战开始后的次日,施图姆驱车往前线,突然受到英军的重大火力狙击,他从车上掉下来,接着因为心脏病突发而死亡。隆美尔此时

尚在奥地利休养,希特勒立即用电话问他能否回非洲。次日,10月25日,他飞回了非洲,当天黄昏时到达了阿拉曼的附近,亲自接管指挥权——此时轴心国军队的防线已经有多处造成了裂口,而且在毫无效果的反击中又几乎损失一半可用的坦克。

最初,蒙哥马利的计划是准备同时在左右双方都发动攻击——利斯中将的第三十军在右(北端),霍罗克斯中将的第十三军在左(南端)——然后再把他的装甲主力,集中在第十军内,由拉姆斯登(Herbert Lumsden)指挥,从缺口中送到敌人的后方来切断它们的补给线。但到了10月初,他又开始感觉到这个计划未免太"好大喜功",因为他的部队在训练上还是不够标准,于是他改采一个比较有限制性的计划。在这个新的计划,即所谓"捷足作战"中,攻击的主力集中在北端靠近海岸,夹在特勒埃萨与米泰里亚岭之间4英里宽的地段之内——同时,第十三军以牵制敌军为目的,在南端发动一个助攻,除非那一方面的敌军防线完全崩溃,否则不得压迫得太厉害。这种谨慎的有限性计划,结果带来一次长时间的苦斗,假若仍能采取原有的计划,则由于第八军团的兵力雄厚,这样的苦斗也许即可避免。这次会战变成了一种消耗的过程——都是硬攻而没有巧妙的运动——而且有一度似乎已经到了失败的边缘。但由于双方实力相差得太悬殊,所以即令是这样的消耗,结果也还是对蒙哥马利有利——而他又能以无比坚定的决心硬撑下去,这也是他的最大特长。不过在他的计划限度之内,蒙哥马利还是善于调换其攻击方向,他的战术弹性足以帮助倾侧敌人的平衡。

在1000多门大炮作了15分钟飓风式的轰击之后,步兵在10月23日(星期五)夜间10时开始发动突击,这次的突击有一个成功的开始——由于对方缺乏炮弹,所以施图姆制止他的炮兵轰击英军的集结位置。但是地雷区的大纵深和密度却形成极大的障碍,扫雷的时间要比预计的延长了很多,所以到天明时,英国的装甲部队有的尚滞留在雷区的通道内,有的则尚未进入。直到第二天上午,即经过步兵再作一次夜间攻击之后,英军的4个装甲旅才全部通过了布雷地区,距离原有的战线只进展了6英里,而在通过那些狭窄的通道时也受到了很大的损失。同时,第十三军在南端的助攻也遭遇到类似的困难,而且也在次日——10月25日,放弃了他们的努力。

但是英军在德军防线北端所插入的那个"楔子",却显得颇富威胁感,所以守军的指挥官在那一天内为了努力阻止这个"楔子"的扩大,也就把他们的坦克零碎地投入战斗。此种行动恰如蒙哥马利所计算的,并且使他的装甲部队(现在已经据有良好的位置)能够对此种零星的反击部队造成重大的损失。到了10月25日黄昏,德军第十五装甲师留下来尚堪一战的坦克,仅为其原有总数的1/4——至于第二十一装甲师则仍留在南端地区之内。

次日(10月26日),英军仍继续攻击,但它们想要向前推进的企图却已经受到阻止,为了这个流产的努力,其装甲部队也付出了重大的代价。想把"突入"(break-in)发展成为"突破"(breakthrough)的机会已经丧失,集中在一起的英国装甲部队已经陷入强大德国战防炮单位的包围圈中。在第二天夜里,拉姆斯登和他的师长们对于把装甲部队作如此的用法早已提出严重的抗议。他们认为把装甲兵的行动局限在这样狭窄的通道内,只不过是徒然增加人员的伤亡,而很难达到突破的目的。

蒙哥马利虽然在外表上仍然保持着一种高度自信的姿态,但他在内心里已经很清楚地承认这个最初突击的失败;敌方的缺口已经被封住,所以他必须另拟新计划,并同时让他的攻击主力有一个休息的机会。在这次以及以后的许多次攻击中,他都表现出他能够随机应变,愿意根据环境来改变他的目标。蒙哥马利有一种爱说大话的习惯,当事后追述战况时,总是说一切的发展都不出其神算之外,实际上,他的这种弹性对于士气是远比那种大话更有裨益,而对于他为将之道也是一种较佳的表现。但是很够讽刺的是,他的那种坏习惯却反而使人忽视他这种适应能力的价值。

新计划定名为"超重作战"(Operation Supercharge)——这个名称对于执行者的精神应能产生振奋作用,表示它与过去的作战具有决定性的差异,并且也具有较佳的成功希望。第七装甲师被移到北面来准备增援,但隆美尔也已经乘这个暂息的机会对他自己的部队作了一番整顿。第二十一装甲师早已奉命北调,跟在它后面的即为意大利阿里埃特师。英国第十三军在南面所发动的助攻,并未能达到分散敌人的注意力并将其一部分装甲部队继续牵制在南方的目的。这些部队的北调,结果使两军的兵力都变得较为集中。就战术而言,那是对隆美尔比较有利,它使得英军必须依赖强攻和消耗。所侥幸的是,英军的数量优势实在太大,所以即令是以非常不利的比例来继续消耗,只要它们能有坚定的决心,则结果还是会由它们获得最后胜利。

蒙哥马利的新攻势是在10月28日夜间发动——以那个已经插入敌线的大楔子为起点,向北对海岸线进攻。蒙哥马利的意图是要切断敌人沿海岸这一段的部队,然后向西沿着海岸公路突进,直趋达巴和富卡。但是这个新的攻

击还是被陷在雷区中，进退不得，隆美尔非常迅速地把第九十轻快师调到这个侧翼上来，这一个对抗措施也就抵消了蒙哥马利的成功希望。隆美尔虽然很侥幸地又逃过了一关，但他的资源却已经愈用愈少。非洲军只留下了90辆可用的坦克，而第八军团在这一点上却仍有可用的坦克在800辆以上——所以尽管英军已经付出了4辆换1辆的代价，但它们的优势比例却反而增高到11比1。

隆美尔在29日写信给他的夫人说："我已经没有太多的希望。夜间两眼张开不能入睡，因为感觉到肩头上的责任实在太沉重。在白天里我也感觉疲倦得要命。假使在这里出了差错，结果将会是怎样？这个思想日夜都在我的脑海里盘旋。假使是那样，我真想不出有什么补救的办法。"从这封信上可以明白地看出这种情况不仅在消磨部队，而且也在消磨其指挥官，隆美尔本人还是一个病人。在那天清晨他本已决定退到西南60英里远的富卡阵地，但他却不愿意采取这样的步骤，因为那无异于要牺牲其大部分非机动化的步兵，所以他还是压制了那个重要的决定，而希望蒙哥马利再受阻一次就会自动结束他的攻击。事后看来，英军向北海岸攻击的受阻，对于英军反而是一种利益。因为假使隆美尔在这个时候溜走了，则英军方面的一切计划也都将随之而脱节。

当蒙哥马利看到其向海岸的攻击已经被阻止之后，他马上决定再回到其原有的进攻路线——希望由于敌军少量预备队都已经北调而可以有助于成功。这种判断的决定都是很正确的，也足以表现其脑筋的灵活。但是他的部队却并不具有这样高度的弹性，为了重组而花了不少的时间，所以一直到11月2日才能发动新的攻击。

由于英军一再的被击退，接着又加上这样一次暂停，也就加深了伦敦方面的失望和忧惧。丘吉尔对于攻势进展如此的迟缓十分地不满意，所以他非常勉强地没有对亚历山大发出痛斥的电报。这种维护之责完全落在陆军参谋总长布鲁克一个人的身上——他尽量向内阁保证，但在内心里也很感到疑惑，他自己反问自己说："假使蒙哥马利真被打败了那又怎么办呢？"甚至于蒙哥马利本人也已经不再那么深具信心，他外表上虽然仍力持镇静，但私下也承认他已经焦急不堪。

11月2日清晨，当新攻击发动之时，情况又是很令人感到沮丧——于是也更使人认为这次攻势应该彻底结束。这一次又是在雷区产生许多困难，而敌军的抵抗也比预料的远为坚强。当天明时，英军领先的装甲旅发现在拉赫曼小道上已经有强大的战防炮阵地正挡住它们的进路。在这种局促的位置上,又受到隆美尔剩余装甲部队的反击,于是在这一天的战斗中,就损失其坦克实力的 3/4。但英军的残部仍坚持不退,于是也就使后续的各旅也能继续推进,但当它们推进到拉赫曼小道的附近时还是被阻止了。等到入夜双方暂停战斗时,英军坦克因为战斗和机械故障而损失的总数已有 200 余辆之多。

经过这一次挫折,情况遂显得更为黯淡——尤其从遥远的后方看来更是如此——但实际上,乌云却已经开始升起了。因为到那一天结束时,隆美尔手里的资源也已经告一结束。此次防御能够支持这么久,也实在是一种奇迹。防御的核心即为非洲军的 2 个装甲师,甚至于在会战开始时,它们的战斗实力一共也只有 9000 人,经过如此的消耗,现在剩下来的已经只有 2000 余人。更糟的是非洲军现在全部可用的坦克只剩下 30 辆,而英军则还有 600 余辆——所以它们的优势已经增到了 20 比 1。至于薄装甲的意大利坦克,除了被英军火力所击毁者之外,其余的大部分都已经向西逃走,在战场上早已看不见它们的踪影。

第一天夜间,隆美尔作了决定,准备分为两个步骤向富卡阵地撤退。这本已进行得很顺利,但在 11 月 3 日中午不久后,希特勒来了命令,坚持必须不惜一切代价死守阿拉曼阵地。隆美尔过去还不曾受过希特勒的干涉,所以也就不知道有不服从的必要,于是立即停止撤退,并召回已经上路的纵队。

这样的往返拖延,一方面丧失了在后方作有效防御的机会,另一方面也不可能再守住阿拉曼之线。3 日清晨英国空军即已发现德军向西撤退的行动,这个报告自然也鼓励蒙哥马利继续加强他的努力。虽然两次绕过敌方战防炮防线的企图在白天都失败了,但步兵(第五十一高地师和第四印度师)在夜间所发动的新攻击,却向西南方作成了突破,并打击在德意两军的邻接部位上。在 11 月 4 日拂晓不久,英军 3 个装甲师都已通过缺口,并奉命向北旋回,以阻塞敌军沿海公路的退却线。摩托化的新西兰师,加上在其指挥之下的第四装甲旅,也加入了这个战果扩张的运动。

切断并毁灭隆美尔全军的最佳机会现在已经来到。又因为非洲军的军长托马将军,在上午的混乱中已经被俘,所以这个机会也就更大。撤退的命令直到下午才发出,而希特勒的批准迟到次日才收到。不过当隆美尔的撤退命令发出之后,德国部队的行动却非常地迅速。它们立即挤在所剩下来的摩托化运输车辆上,有秩序地向西撤退。而英军扩大战果的行动又是犯了老毛病——过分小心,犹豫不前、速度太慢和运动的范围太狭窄。

在通过缺口之后,英军 3 个装甲师向北的行动只以加扎勒(Ghazal)为目

标，那是在已经破裂的防线后方约10英里处。这样狭窄的转动使非洲军的残部有了阻塞它们的机会，只要迅速向侧面移动一点即可以挡住它们的进路。它们只前进了几英里路，就被这极少数德军后卫部队所阻止，一直停到下午才能再前进，而非洲军团却早已顺利地作有秩序的撤退。接着天就黑了，小心过度的英军又还是照例停下来过夜。这实在是很不幸的，因为它们的位置已经超前，有大批的敌军可以很方便地加以捕捉。

次日（11月5日），英国的拦截行动还是太窄和太慢。第一和第七2个装甲师首先指向达巴，距离加扎勒只有10英里，其先头部队到中午才到达——发现敌军早已在它们的前面溜走了。第十装甲师奉命指向贾拉勒（Galal），那是更向西约15英里，在那里它们抓到了敌人的尾巴，俘获了40余辆坦克——大部分都是燃料用完了的意大利坦克。直到黄昏时，才开始企图追击敌人的主力，但只前进了11英里，又停了下来过夜，距离其新目标——富卡，只差6英里。

配属给新西兰师的装甲旅，本是奉命在突破之后即应向富卡前进的。但它在随着那3个装甲师的后面通过缺口时，就已经耽搁了很多时间——一部分是由于交通管制不良——接着在路上为了扫荡残余的意大利部队，又浪费了更多的时间。所以当它在11月4日歇下来过夜时，距离富卡还有一半的路程。5日中午才到达其目标附近，但却又停顿在一处可疑的雷区之前——事实上，那是过去英军所布的疑阵，以掩护它们自己向阿拉曼撤退的。等到新西兰部队搞清楚之后开始通过那个地区继续前进时，天又快要黑了。

此时，第七装甲师在其过早的向内转直指达巴之后，现在又被送回沙漠中，要它再向富卡后方15英里的巴库什（Baqqush）前进。但它在越过新西兰部队尾部时，又耽搁了很久的时间，接着也受阻于可疑的雷区——最后就停在那里过夜。

次日上午，这3个追击的装甲师都集中在富卡和巴库什附近——但敌军却早已溜过这里继续向西撤退。它们捕捉到的就只有200名落后的人员，以及少数由于燃料用尽而被放弃的坦克。

现在捕捉隆美尔纵队的主要希望，就寄托在第一装甲师的身上——这个师在达巴落空之后，即奉命从沙漠中采取一条更长的迂回路线，以切断马特鲁港以西的海岸公路。但它的前进也因为燃料缺乏而两度被迫停顿——第二次是在距离海岸公路已经只有几英里的地方。这使那位师长感到非常地恼怒，因为他和一些其他的人员都曾主张至少应有一个装甲师要作长程追击的准备,即应以塞卢姆为目标,所以应该把运输车辆上的弹药卸下一部分,而换装额外的补充燃料。但他们的这种建议并未被采纳。

11月6日下午,在海岸地带开始下雨,到了夜间下得很大。于是所有一切的追击行动都被迫停止,隆美尔也安全地脱险了。此后,这一场大雨也被英国人用来当作掩饰其追击失败的主要借口。但只要略加分析,即可以明了在这场雨还没有落下之前,最好的机会即早已错过了——英军的行动范围是太狭窄,太谨慎小心,太缺乏时间观念,太不愿意在黑暗中前进,尤其是太把精神集中在会战方面,而忽视了作决定性扩张行动时的一切必要条件和准备。假使追击行动能够从沙漠方面更深入,以较远的拦截点为目标,例如在塞卢姆的险坡,则敌军的抵抗和天空的变化也就不会产生妨碍作用——因为在沿海岸地带,大雨是一种可能遭遇到的危险,而在沙漠中这种机会却很稀少。

11月7日的夜间,隆美尔从马特鲁港撤退到西迪巴腊尼,在那里稍微停留了一下,因为他的运输纵队是鱼贯而行地通过在塞卢姆和哈勒法亚等地的山中隘道继续向西行驶。他们曾经受到英国空军的猛烈轰炸,一度引起严重的交通阻塞,车辆大摆长龙达25英里之长,但由于交通管制组织得良好,到次日夜间大部分都已通过。所以到了9日上午,虽然还有1000余辆车辆尚未通过这个瓶颈,隆美尔却已经命令他的后卫向昔兰尼加的边境线撤退。

此时蒙哥马利又组成了一支特殊的追击部队,由第七装甲师和新西兰师所组成,其他的部队则一律留在原地不动。这支追兵于11月8日出发,但新西兰师直到11日才到达了边境线,至于从沙漠中前进的第七装甲师虽然走得比较快一点,也还是不曾抓到敌人的尾巴,后者在11日已经通过了卡普左。

虽然隆美尔已经逃出了蒙哥马利的掌握,并且一路成功地躲过了连续不断的拦截威胁,但是他的兵力却已经太弱,无法在边境上甚或在昔兰尼加境内重建一条新的防线。此时他的战斗实力只剩下大约5000名德军和2500名意军,德国坦克11辆和意大利坦克10辆,德国战防炮35门,野炮65门,以及少数意大利的火炮。虽然约有15000名德国战斗部队已经安全逃脱,但其中2/3已经丧失一切装备,至于意大利人则大部分已经是手无寸铁。第八军团除了击毙敌军几千人外,还俘房了德军约1万人、意大利部队超过2万人——包括行政人员在内——连同大约450辆坦克和火炮1000门以上。对于其自己的损失13500人,这是一个非常巨大的补偿——不过令人感到失望的还是隆美尔终于溜走了,使他仍有"卷土重来"的机会。

经过一个短期的休息与整补之后,英军继续前进。但那却只是"跟踪",

而不是"追击",隆美尔过去的反击已经留下了如此深刻的印象,所以英军前进时是小心翼翼地沿着海岸公路走,而不敢从沙漠中越过,采取班加西弧形的弦线方向。英军的先头装甲部队直到11月26日才到达卜雷加港(Mersa Brega),从越过昔兰尼加东方边境之目标起,已经走了两个星期——此时隆美尔早已站在那个瓶颈阵地的掩护之下。在通过昔兰尼加的撤退全程中,隆美尔所遭遇到的惟一危险和困难就是燃料的缺乏。隆美尔在卜雷加港获得了少许的增援,有一个新的意大利装甲师——森陶罗师(Centauro Division),以及3个意大利步兵师中所抽出的若干单位——不过后者由于是非摩托化的,所以对于他只能算是一种麻烦而不能算是资本。

现在又暂停了两个星期,因为英国人为了进攻卜雷加港阵地,势必又要集中他们的兵力和物资。蒙哥马利又拟定了一个计划想要把敌人毁灭在其防御阵地之中——即一方面用一个强大的正面攻击将隆美尔拘束在原地不动,另一方面再派一支强大的部队采取宽广的迂回运动,以切断他的退却线。正面攻击预定在12月14日发动,在11日到12日之间的夜里,又先作了一次大规模的突袭以分散敌人的注意力,好掩护迂回部队的出发。但是隆美尔在12日的夜间就见机溜走了——于是也就使英军的计划又落了空。他用一个迅速的跳跃,退回到布埃拉特(Buerat)附近的一个阵地,那是在卜雷加港以西相距达250英里——而距第八军团在班加西的新前进基地则更在500英里之外。

直到这一年结束时,隆美尔还是留在布埃拉特阵地之上,因为这一次有一个月的暂停,蒙哥马利需要那样久的时间才能完成其继续前进的一切准备。尽管如此,但很明显地可以看出,在非洲的战争潮流确实已经在转向了。因为隆美尔军团现在不可能再有机会达到可以与第八军团对抗的实力标准,而由于英美联合组成的第一军团又已经由阿尔及利亚向东进入了突尼斯,所以其后方也开始受到威胁,而有腹背受敌的危险。

但是希特勒的幻想不久又复活了,而墨索里尼也拼死地紧抓住他们自己的幻想不肯松手,因为他在精神上不能忍受眼看着意大利的非洲帝国化为乌有。甚至于当隆美尔能否摆脱追兵和救出其残部都还成问题时,他们的幻想即已变得无可理喻。所以当隆美尔安全到达卜雷加港时,他也就立即接到命令,要他不惜一切代价死守这个阵地,并阻止英军进入的黎波里塔尼亚。为了加强此种不可能要求的压力,隆美尔又再度被置于巴斯蒂科元帅的指挥之下,即恢复其进入埃及以前的安排。当隆美尔在11月22日谒见巴斯蒂科时,他曾经十分不客气地告诉他的顶头上司说,这个在沙漠边境上抵抗到底的命令,是必然地会使这个军团的残部面临同归于尽的命运——"我们不是在4天以前失去这个阵地但却救出了这个军团,就是在4天以后把两者都丧失掉。"

于是在11月24日,卡瓦里罗和凯塞林一同来看隆美尔,隆美尔就告诉他们,因为现在他的德国部队只有5000人是有武器的,所以若要命令他坚守卜雷加港阵地,则他要求应赶在蒙哥马利发动攻击之前,迅速地送来50辆装有新式75毫米长管坦克炮的4号坦克和50门同样种类的战防炮,此外还须有适当的燃料和弹药补给。对于他的需要来说,这实在是一种很克己的估计,但非常明显的,连这样的要求也没有满足的可能,因为一切可以到手的装备和增援,大部分都早已送往突尼斯方面。尽管如此,他们两位还是力促隆美尔必须遵守在卜雷加港死守不退的命令。

所以,为了希望能说服希特勒使其认清当前的真实情况,隆美尔遂飞赴东普鲁士森林深处,在腊斯登堡(Rastenburg)附近的希特勒大本营。在那里他受到冷遇,当他建议最聪明的办法就是撤出北非时,希特勒立即大怒,并拒绝再听他所作的任何进一步解释。这一次的爆炸比过去任何事件都更足以动摇隆美尔对其元首的信心。诚如隆美尔在他的日记中所写的:"我开始认清了希特勒根本就不想承认现实,对于其理智所应该了解的事实,他却发生了情感性的反应。"希特勒坚持认为由于政治上的需要,在非洲必须守住一个主要的桥头堡,所以不准许退出卜雷加港之线。

但当隆美尔返回非洲时,他中途又转往罗马晋见墨索里尼,他却发现这位意大利的领袖还比较讲道理,后者认清了把足够补给经由的黎波里转送卜雷加港的困难。所以他终于从墨索里尼处获得了允许,可以在布埃拉特准备一个中间阵地,并且先把非摩托化的意大利步兵撤回到那里,于是等到英国人再发动攻击时,他就可以比较容易撤退其余的部队了。根据这个允许,隆美尔立即迅速采取行动,所以当英国人一开始表现出有进攻的征候时,他就乘着黑夜溜走了。而且他也已经下了决心,不准备在布埃拉特或的黎波里的前面停留下来,好让蒙哥马利有捕捉他的机会。他的计划早已拟定好了,准备一直退到突尼斯的边境和加贝斯(Gabes)瓶颈地带,在那里他可以比较不易于受到迂回,而且也可能利用在手边比较接近的增援,再作有效的反击。

第二十一章 "火炬"作战

盟军在法属北非的登陆是在 1942 年 11 月 8 日。这个对西北非洲的进入,要比英军在非洲东北端向隆美尔在阿拉曼的阵地发动攻击的日期晚了 2 个星期,而比那个阵地的崩溃则只晚了 4 天。

在 1941 年圣诞节于华盛顿召开的"阿卡迪亚会议"(Arcadia Conference)中——那是自日军偷袭珍珠港美国参战以来的第一次同盟国会议——丘吉尔先生提出其所谓的"西北非洲计划"(North-West Africa Project),作为"缩紧对德国包围圈"的一个步骤。他告诉美国人说,早已有一个代号为"体育家"(Gymnast)的计划,那就是说假使第八军团在昔兰尼加获得一个决定性的成功,足够使它向西推进直趋突尼斯的边境,则英军即拟在阿尔及利亚登陆。他又建议:"假定法国同意,美国部队在被邀请的名义之下,也应同时在摩洛哥海岸登陆。"罗斯福总统对于这个计划深表赞同,因为他很快就认清其在大战略领域内的政治利益,但是他的三军首脑对于这个计划的实际可行性却表示怀疑。他们一心想早日对希特勒在欧洲的根据地发动一个较直接性的攻击,所以害怕这个计划会对那个观念产生干扰作用。他们所能同意的最多仅为对这个作战计划——现在已经改名为"超级体育家"(Super-Gymnast)——应继续加以研究而已。

在以后的几个月内,一切的讨论都集中在一个越过海峡的进攻计划上,那是准备在 8 月或 9 月间开始发动,以应付斯大林开辟"第二战场"的要求。科汤坦(Cotentin)半岛,即瑟堡(Cherbourg)半岛,被认为是一个最有利的地点。首先作这种主张的人是美国陆军参谋总长马歇尔将军(General Marshall),而艾森豪威尔少将也是附和者之一。他已被选派前往伦敦出任欧洲战场美国部队的指挥官。英国人强调使用不适当的兵力在欧洲作过早的登陆是有害无益的,因为这样一个桥头堡很容易被封锁或被摧毁,对苏联人也并不能产生真正有效的救助。但是罗斯福总统现在却用他的全力来支持这个计划,当 5 月底莫洛托夫访问华盛顿时,罗斯福曾经向他保证说,他"希望"并"期待"1942 年在欧洲开辟"第二战场"。

6 月间,当隆美尔对贾扎拉防线发动先制攻击之后,英国在东北非洲的地位发生意想不到的崩溃,于是在西北非洲登陆的计划反而因受此种刺激而复活了。

当丘吉尔于 6 月 17 日率领他的参谋首长们飞往华盛顿参加一次新的会议时,贾扎拉之战早已开始逆转。一到达华盛顿之后,丘吉尔就立即前往海德公园罗斯福在哈德逊河的私人别墅中,去作一次私人性的谈话。在这次谈话中,丘吉尔又再度强调在法国作不成熟登陆的危险和弊害,并认为恢复"体育家"计划不失为一个较好的代替品。英美两国的参谋首长们于 6 月 21 日在华盛顿正式集会,对于瑟堡计划的意见虽不一致,但很奇怪的,他们却一致认为北非计划是不健全的。

他们对于这个计划虽然一致反对,但不久由于局势的压迫,遂不得不改变其立场。罗斯福要求在 1942 年必须采取某种积极行动,即令不像原先所希望的那样直接化,但也总还是多少可以使其对于苏联人的诺言不至于完全交白卷。6 月 21 日,消息传来说,托卜鲁克要塞已被隆美尔攻陷,而第八军团的残部则正在向埃及仓皇逃走。

在以后的几个星期内,英国人的情况日益恶劣,于是要求美国对非洲战事作直接或间接介入的辩论,也日益变得理直气壮。6 月底,隆美尔跟着英军败兵的后面,已经到达阿拉曼之线并开始发动攻击。7 月 8 日,丘吉尔用电报向罗斯福说明"大槌"(Sledgehammer)作战,即在法国登陆的计划,必须放弃,并再度要求执行"体育家"计划。此时,狄尔元帅(Sir John Dill)正在华盛顿担任联合参谋首长会议的英国代表团长,丘吉尔遂又通过他把一项解释文件向罗斯福提出:"体育家"计划可提供惟一的途径,使美国能在 1942 年打击希特勒。否则,西方同盟国在 1942 年又只好无所作为地度过了。

美国参谋首长们对于这种要求依然是一致反对。马歇尔说"体育家"是既浪费又无效。海军军令部长金恩(Admiral King)则认为:"如果要提供这个作战所必要的船只,即不可能在其他战场上执行海军的任务。"同时他们又一致认为,英国人之反对在 1942 年对法国作登陆的企图,足以证明即令在 1943 年他们也还是不想作这样的冒险。所以在金恩的热烈支持之下,马歇尔遂主张对战略作一种彻底的改变——他说:"除非英国人接受美国的提早渡过海峡进攻法国的计划,否则我们就应转向太平洋先对日本发动决定性的攻击;换言之,除空中作战之外,对德国应采取防御的态势;而把所有一切可用的力量都投在太平洋方面。"

不过罗斯福总统却反对向他的英国盟友发出此种最后通牒的办法,他表示不批准这种改变战略方向的建议,并且告诉他的参谋首脑说,除非他们能够说服英国人同意在 1942 年发动越过海峡的作战,否则他们就只有下述两种选择:对法属北非发动一个攻击,或把强大的增援送往中东。他更强调指出,由于政治上的需要,必须在这一年结束之前采取某种显著的行动。

面对着总统的决定,在意料之内的是,美国参谋首脑们应该宁愿对中东的英军提供暂时性的增援,而不愿采取他们一直坚决反对的"体育家"计划。尤其是在对这条路线作了一番检讨之后,马歇尔的参谋人员已经得出了结论,认为前者要算是两害相权取其轻。但和一切的预料相反,马歇尔和金恩却又突然改变了态度,开始对"体育家"计划表示支持。当他们在 7 月中旬与总统私人代表霍普金斯(Harry Hopkins)一同飞往伦敦时,发现英国参谋首脑们正强烈反对艾森豪威尔所拟的在瑟堡附近登陆的计划,于是他们遂决定站在英国人那一边。

马歇尔之所以宁愿选择西北非洲,而不愿意把增援送往中东,根据霍普金斯的说法,其主要原因是认为美国部队和英国在埃及的部队混合在一起会引起困难。诚然,在西北非洲的联合作战中,两国部队也还是混合在一起,但很明显的,美国若派部队前往中东,则将会在一位英国总司令之下作战。

7 月 24 和 25 两日,英美两国的参谋首脑们在伦敦举行了两次会议,终于决定采取"超级体育家"计划——这又立即受到罗斯福的赞许。此外,他又在电报中强调指示,计划登陆的日期不应迟过 10 月 30 日。由于丘吉尔的主张,这个作战的代号遂又改为"火炬"(Torch),这是一个比较具有灵感的名称。同时大家又同意这个作战的最高指挥官应由美国人来充任——这正是丘吉尔的手段,用来安抚那些美国参谋首脑们不愉快的心情。7 月 26 日,马歇尔就告诉艾森豪威尔,这个职位将由他担任。

"火炬"的决定现在固然已成定案,但是时间和地点的问题却还没有解决。于是对于这两个问题遂又引起了一些新的争论。

关于时间的问题,在丘吉尔的催促之下,英国参谋首脑们主张把目标日定为 10 月 7 日。但美国参谋首脑们却建议定为 11 月 7 日,因为根据装载专家的计算,这将是部队登陆合理的最早日期。

关于地点的问题,双方的意见相差得更远。美国人主张应在非洲北岸登

陆,即在地中海之内,这样才可以尽快地向突尼斯前进。但是美国方面却坚持
"体育家"计划的有限目标,即是一个纯粹美国人的作战,他们希望把登陆地
点限制在摩洛哥西岸(即大西洋方面)的卡萨布兰卡(Casablanca)地区之内。
他们不仅害怕法国人会反对,而且更害怕西班牙会帮助德国,假使他们容许德
国人攻占直布罗陀,就会封锁进入地中海的门户。英国人认为对于战略问题
不应采取如此过分慎重的态度。他们认为这样将容许德国人有时间得以抢先
占领突尼斯,增强或代替法国人在阿尔及利亚和摩洛哥的抵抗,这样也就会破
坏盟军的作战目的。

　　(原注:6月28日,当西北非洲计划的复活正在华盛顿会议中展开激辩之后,有人询问我
个人对于这个计划的意见。当有人告诉我主要的登陆点准备定在卡萨布兰卡时,我即指出这
个地点距离比塞大〔Bizerta〕和突尼斯〔Tunis〕两个战略要地在1000英里以外,因而提早成功的
最佳机会就是必须尽快地攻占这个要地,换言之,登陆地点应尽可能地接近这两个要地。同时
我也强调有在阿尔及利亚,即非洲北岸登陆的必要,因为那是骑在法国人的背上,这样就可以
减轻反抗的危险。如果从卡萨布兰卡登陆,再缓缓向东推进和作正面的攻击,那么势必会引起
强烈的反抗。)

　　艾森豪威尔和他的幕僚们,比较倾向于接受英国人的意见。他在8月9
日提出的第一个纲要计划就是采取折衷的观点。它主张同时在地中海的内外
登陆,除在波尼(Bône)作一个小规模登陆,以夺占该地的机场为目的以外(波
尼在阿尔及尔以东270英里,但距比塞大有130英里),其他一切行动都以向
东不超过阿尔及尔为原则——因为有受到敌方空军从西西里(Sicily)和撒丁
(Sardinia)发动攻击之威胁。这种折衷案并不能使英国计划作为者感到满意,
而且照他们看来,也似乎不能够符合成功的主要条件——那就是如他们所说
的,"我们在通过直布罗陀后26天之内,即应占领突尼斯的要点,而最好是能
在14天之内。"依照他们的想法,在波尼,甚或更向东去的地点作一个主要的
登陆,实为对突尼斯迅速进展的必要条件。

　　这些辩论打动了美国总统,他指示马歇尔和金恩对计划加以研究。同时
它们也打动了艾森豪威尔,他向华盛顿报告说,他幕僚中的美国人员现在已经
认为英国人的理由比较正确,所以他现在正着手拟一新计划,其中将取消对卡
萨布兰卡的登陆,并提早其他登陆行动的日期。

　　艾森豪威尔的幕僚于8月21日提出第二个纲要计划,大体上是遵照英国
人的意见。取消在卡萨布兰卡的登陆,预定美军将在奥兰(Oran)登陆(在直
布罗陀以东250英里),而英军则分别在阿尔及尔和波尼登陆。但艾森豪威尔
个人对于这个计划的赞许却很冷淡,而且还强调这样一个远征行动,是完全位

于地中海之内,所以其侧面是十分的暴露。他的这个结论与马歇尔的意见颇为接近。

美国参谋首长们之不愿意接受第二个纲要计划,正像英国人之不愿意接受第一个纲要计划一样。马歇尔告诉美国总统说:"只有一条单独的交通线通过直布罗陀海峡实在是太危险",他反对任何在地中海内登陆的地点,选择比奥兰更东(那距离比塞大尚有600英里)的地方。

丘吉尔率领布鲁克访问埃及和莫斯科之后,回到伦敦才知道又有了许多变化。当他们访问莫斯科时,曾受到斯大林的冷嘲热讽。斯大林对于西方国家迟迟未能开辟"第二战场"深感不满。他这样地责问说:"难道你们是存心让我们单独苦战而自己在一旁坐视吗?你们是否永远都不想开始打仗呢?假使你们一经开始之后,你们将会发现那并不会太坏!"这些话当然使丘吉尔很不好受,不过他却还是勉强地设法引起斯大林对"火炬"潜在价值的兴趣,并且也很生动地说明了它是如何可以间接地解除苏联所受的压力。所以当他现在发现美国人正在设法破坏这个计划时,遂不免大感震惊。

8月27日,他发了一个长电给罗斯福,对美国参谋首长们所暗示的改变表示强烈的抗议,他说那足以"断送整个的计划",他又说:"如果我们不能在第一天同时拿下阿尔及尔和奥兰,则这个作战计划的全部精华也就成为泡影。"他又强调如果把目标缩小,则对于斯大林将会产生极恶劣的印象。

8月30日,罗斯福却在其回电中坚持:"在任何环境之下,我们必须有一个登陆是在大西洋方面。"所以他建议在卡萨布兰卡和奥兰的登陆都由美国人负责,而让英国人去负责较东面的任务。此外,因为想到了英国人在北非、叙利亚等地对维希法国所曾采取的军事行动,所以罗斯福又提出了一个新的问题:

> "我坚决地认为,最初的攻击必须完全由美国地面部队来执行!我甚至于可以这样有把握地说,如果是英美两国的部队同时登陆,则将会引起在非洲的法国人全面抵抗;如果最初登陆时只有美军而没有英军,则很可能法国人将不会抵抗,或仅作象征性的抵抗……我相信至少在最初攻击后的2个星期内,德国的空军或伞兵部队都还不可能大规模的进入阿尔及尔或突尼斯。"

美国人认为在西面登陆之后,可以隔一个星期再作东面的登陆,这个观念使英国人大感惊讶,因为作为战略性的目标,东面远比西面重要而紧急。此外,美国人以为在 2 个星期之内德国人不可能作有效的干预,英国人也认为这是一种过分乐观的想法。

丘吉尔非常愿意利用美国驻维希的大使李海上将(Admiral Leahy)的影响力,作为政治性和心理性的开路工具。他固然也愿意尽量保持这个远征行动的"美国性",并同意尽可能把英军保留在幕后,但他却相信大部分的船只、空中支援和海军部队都是属于英国的事实是很难掩饰——在地面部队尚未出场之前,这些单位早已被人发现了。他在 9 月 1 日回答罗斯福的电文内,对于这一点曾经暗示地提到。他强调说:"我也和你一样,相信政治性的不流血胜利是有很好的成功机会,但假使不成功的话,则其后果将是一个巨大的军事灾难。"丘吉尔又继续这样反复地辩论说:

> "最后,尽管有一切的困难,照我们看来,阿尔及尔仍应与卡萨布兰卡和奥兰同时加以占领。这是一个最友善和最有希望之点,其政治反应对于整个北非将具有最大的决定性。为了实际颇有疑问的卡萨布兰卡登陆之故而放弃阿尔及尔,照我们看来,似乎是一种非常严重的错误。假使因此而促使德国人不仅在突尼斯而且也在阿尔及利亚对我们采取先发制人的措施,那么结果对于整个地中海的局势将产生不利的影响。"

以上所说对于应该把在阿尔及尔的登陆列入计划之内的理由,可以算是分析得极为透彻,但可惜的是却没有提到在更东的方面和在比塞大附近登陆的重要性——这是一种省略,也是一种让步,对于提早战略成功的机会也就产生了重大的后果。

9 月 3 日,在回答丘吉尔的电文中,罗斯福同意把阿尔及尔的登陆包括在计划之内,并建议由美国部队首先登陆,在一个小时之后英国部队再跟着上来。丘吉尔立即接受了这种解决,但要求减少指定在卡萨布兰卡登陆的兵力,以使阿尔及尔的登陆可以变得更为有效。罗斯福对于这一点也表示同意,他建议把在卡萨布兰卡和奥兰的登陆兵力各减一个"团战斗群"(Regimental Combat Team),以使在阿尔及尔有 1 万人可用。丘吉尔在 9 月 5 日的回电中说:"我们完全同意你所建议的军事部署。我们有大量的部队均已完成高度的登陆训练。如果方便的话,他们可以穿着你们的军服。他们会因此而感到骄傲。船只也已经准备就绪,绝无问题。"罗斯福在当天也回了一份只有一个字

的电报:"Hurrah!"(意即"好哇"!)

于是在罗斯福和丘吉尔的这种来往的电报之中,一切的问题终于都获得解决。3 天以后,艾森豪威尔确定以 11 月 8 日为登陆日期,同时他也拒绝了丘吉尔所提的让英国陆战队(Commandos)穿着美国军服的建议,因为他非常希望最初的登陆能够保持一种完全美国化的表象。丘吉尔对于这样的延迟和计划的改变只好尽量地忍耐。的确,他在 9 月 15 日致罗斯福的电文中更曾如此委屈地说:"在整个'火炬'作战中,无论在军事或政治方面,我都把我自己当作是你的助手(lieutenant),只要求把我的观点坦白地呈现在你的面前。"

罗斯福"好哇!"的电报,在 9 月 5 日结束了这回"越过大西洋的论文竞赛"(the transatlantic essay competition)——这是一种很够讽刺的说法。虽然马歇尔继续表示怀疑,而他的顶头文职上司陆军部长史汀生(Henry Stimson)也曾对罗斯福总统这个登陆北非的决定作了一次认真的诉苦(那也是代表美国陆军的意见)。但是罗斯福的决定已无改变的余地,这不过是促使细部计划加速完成,以补救拖延太久的毛病。但诚如美国官方史学家所认识和强调的,这个计划仍然具有一种"折衷"的两面不利的影响:一方面减低了在北非迅速获得决定性成功的机会,另一方面又使盟军在地中海方面的努力必然要拖得更久。

在最后的计划中,大西洋方面的登陆是以夺占卡萨布兰卡为目标,所使用的全部为美国部队,由巴顿少将(Major-General George S. Patton)指挥,共约24500 人,载运他们的为西方海军特遣部队(Western Naval Task Force),由美国海军少将休伊特(Rear-Admiral H. Kent Hewitt)指挥。它从美国直接驶往非洲,包括各种舰船 102 艘,其中 29 艘为运兵船。

攻占奥兰的任务则由中央部队负责,共为美军 18500 人,指挥官为弗雷登德尔少将(Major-General Lloyd R. Fredendall)。但负责护航的却是由特鲁布里奇海军准将(Commodore Thomas Troubridge)所指挥的英军海军部队,它从英国克莱德(Clyde)河口驶出,这些部队都是在 8 月初运到苏格兰和北爱尔兰的美国单位。

对于阿尔及尔的登陆作战,东方海军特遣部队完全是英国的部队,指挥官为海军少将巴勒斯(Rear-Admiral Sir Harold Burroughs),但突击部队则有英美部队各 9000 人,其指挥官则为美国陆军少将赖德(Major-General Charles Ryder)。此外,也有美国部队编在 2000 多名英国陆战队单位之内。这种奇异的混合编组,是希望能把美国人放在橱窗的前面,好让法国人相信所有的攻击部队完全是美国人。11月9日，即登陆的次日，在阿尔及利亚境内的一切同盟国部队，都被置在一个新成立的英国第一军团的指挥之下，这个军团的司令为安德森中将（Lieutenant-General Kenneth Anderson）。

前往奥兰和阿尔及尔的部队都是从英国出发，共分为2个大船队，较慢的一个在10月22日发航，较快的一个迟了4天才启碇。此种时间的安排是为了要使它们能够同时在11月5日的夜间通过直布罗陀海峡，从那里起它们遂受到坎宁安海军上将（Admiral Sir Andrew Cunningham）所指挥的英国地中海舰队一部分的掩护。这个舰队的出现足以威慑意大利舰队的干扰，甚至于在登陆之后也是如此——所以，诚如坎宁安很感遗憾的说法，他那样强大的兵力却在那里闲荡无所事事。但事实上，他手上的工作却真不少，作为一个海军总司令，位在艾森豪威尔之下，他也负责主管"火炬"作战中一切海洋方面的事务。包括在10月初先到的补给船在内，一共有250艘以上的商船从英国驶出，其中约有40艘为运兵船（包括美国的3艘在内），至于在此次作战中用来护航和掩护用的英国海军兵力，一共有各式不同的军舰160艘。

在登陆之前所作的外交准备活动，简直就像是间谍小说，穿插在正式的历史领域之内。美国在北非的首席外交代表墨菲（Robert Murphy），早已在积极地为这次登陆作战进行准备，他对那些他感觉到可能会对这个计划表示同情和愿意给予协助的法国官员们作一种非常慎重的试探。他特别信赖马斯特将军（General Mast），他是在阿尔及尔地区中的法军指挥官，过去曾任法军总司令余安（General Juin）的参谋长。此外还有贝陶将军（General Béthouart），他现在正指挥着在卡萨布兰卡地区的法国部队——不过那整个地区也是在米什利埃将军（Admiral Michelier）指挥之下，这个事实却是美国人所没有注意到的。

马斯特曾力主同盟国应派一高级军事代表，秘密到阿尔及尔和余安等人进行幕后的谈判，并讨论行动的计划。于是刚刚奉派为"火炬"作战盟军副总司令的克拉克将军（General Mark Clark），即率领4位重要的参谋军官飞到直布罗陀，然后由一艘英国潜艇"天使"号（HMS. Seraph），艇长为洁威尔上尉（Lieutenant N. A. A. Jewell），把他们载往北非。预定和对方会面的地方是阿尔及尔以西约60英里，一所在海岸的别墅。潜艇在10月20日清晨到达海岸附近，但已经太迟，无法在天亮以前把克拉克这一群人送上岸去，于是它只好终日潜航在水中等待，而那些困惑和失望的法国人也只好各自回家。从潜艇上发电报到直布罗陀，再经过秘密的无线电通信网转到阿尔及尔，才使墨菲和几位法国人在次日夜间又回到那所别墅中去等候。克拉克等人分乘4艘帆布

小艇登岸,其中有一艘在上船时翻覆。引导他们前往会晤地点的是一盏灯,用白布放在后面帮助反射,从窗口发出亮光。

克拉克用一种概括的方式告诉马斯特,有大量的美国部队准备进入北非,并由英国海空军供给支援——这是一种缺乏坦诚的说法。此外,由于保密之故,他并不曾把盟军登陆的时间和地点明白地告诉马斯特。这个人的帮助既然是极为重要,所以对他如此过分保密实在颇为不智,因为这样使他和他的同谋者缺乏必要的资料和时间,来计划和采取合作的步骤。克拉克授权墨菲在登陆之前可以把时间告诉马斯特,但地点仍要保密。这也就太迟了,使马斯特来不及通知其在摩洛哥的同志。

由于有某些感到怀疑的法国警察前往搜查,也就使会议发生了戏剧化的暂时中断。克拉克和他的同伴们在警察搜索这所别墅时,都匆匆地躲进一个空的酒窖。很巧的有一位驾驶小艇的英国陆战队官员开始要咳嗽,这也就使危险变得更为严重,于是克拉克给了他一小块口香糖作为止咳药。不久之后,他又向克拉克再要一点,并且说那一块已经没有什么味道了,克拉克回答说:"一点不奇怪,因为那一块我已经嚼了两个钟点了!"等到警察走了之后,克拉克等人也就赶紧离去,因为他们怀疑警察还有再回来的可能。在上船时又遭遇到新的困难,因为海潮高涨,克拉克的小艇被冲翻,他也几乎被淹死。在天刚要亮之前他们再作了一次尝试,才安全回到潜艇上,但全身都已经湿透。次日,他们换乘一架水上飞机,回到了直布罗陀。

在这次会议时曾经谈到一项重要的问题却未获结论,必须另作更进一步的商讨,那就是为了号召在北非的法国部队加入同盟国方面,必须选择一个最适当的领袖人物。他们的总司令余安将军,虽曾私下表示一种支持的倾向,但他却希望尽可能保持"骑墙"的态度,愈久就愈好,而不愿意采取主动的行动。他的下级指挥官们,不仅缺乏足够的威望,而且也都不愿采取违抗维希政府命令的任何具体步骤。达尔朗上将(Admiral Darlan)是法国的三军总司令,也是其年老的国家元首贝当元帅的预定继承人。他在 1941 年曾向李海表示,最近又曾再向墨菲表示,他愿意摆脱与德国的合作,而把法国拉到同盟国这一方面来,不过其条件为美国必须保证给予足够大规模的军事援助。不过这个人与希特勒合作的时间太久了,所以他的话并不能令人信服。此外,达尔朗又具有一种反英的偏见,尤其是自 1940 年法国投降之后,英国人曾在奥兰等地攻击法国的舰队,所以就更自然地增强了他这种敌视的态度。由于事实上在"火炬"作战中,英国人是扮演着一个重要的角色,这是很难伪装的,所以他的态度将会如何变化也就很难断言。

因为相反的理由,戴高乐将军(General de Gaulle)也不在考虑之列——他在 1940 年背叛贝当,此后又和丘吉尔合作,在达喀尔(Dakar)、叙利亚和马达加斯加等地采取夺取法国殖民地的行动,所以仍然效忠维希政府的法国官员是绝对不愿意接受他的领导,即令他们很希望能够早日摆脱德国人的枷锁。这是墨菲所强调的事实,而且也恰好符合罗斯福的态度——他不信任戴高乐的一切判断,而且也讨厌他那种傲慢的态度。

丘吉尔最近对罗斯福既以"助手"自居,所以对其"老板"所说的话当然也"不敢不"服从,直到登陆已经开始时,对于这个计划,丘吉尔都不曾向戴高乐透露任何信息。

在这种情况下,自总统以下的美国人,也就都愿意接受马斯特将军和他的同志们的意见,认为最适当的人选也许还是吉劳德将军(General Giraud)——因为在北非的法国人可能比较最愿意接受他的领导。在这次会议之前,墨菲也曾将这种意见传达美国当局。吉劳德在 1940 年是一位军团司令,曾是德军的战俘,但在 1942 年 4 月却居然逃出了战俘营,并到达了法国未被占领的地区。他被允许可以自由居留,其条件则为他答应支持贝当的政权。他住在里昂附近,显然是在监视之下,他暗中与许多法国军官都有联络,包括在法国本土和北非的在内,他们的共同愿望即为在美国援助之下,组织一个反对德国支配的叛变。吉劳德的观点在写给其支持者之一奥狄克将军(General Odic)的信件中曾有明白的表示:"我们并不想要美国人来解放我们;我们所想要的是他们能够帮助我们解放自己,这是两件并不相同的事情。"此外,在其与美国人的私下谈判中,他也曾郑重声明他的条件,在法国的领土内作战时,他应被任命为盟军的总司令,而法国部队也应包括在盟军之内。从他所接获的一项文件中,他认为罗斯福已经同意接受他的条件。11 月 7 日,即登陆的前夕,吉劳德到达直布罗陀与艾森豪威尔会晤。他的这些条件使得艾森豪威尔大吃一惊,因为他一无所知。

吉劳德从法国的南部海岸秘密地登上一艘英国的潜艇,那就是送克拉克前往阿尔及利亚的"天使"号潜艇。吉劳德曾指定要一艘美国船来接他。为了政治上的理由,他这个要求是被接受了,但办法却很巧妙:"天使"号在名义上暂时由一位美国海军军官指挥,他就是赖特上校(Captain Jerauld Wright),并且携带着美国旗,以便必要时可以展示。随同吉劳德前往的人有他的儿子和两位青年参谋军官——其中有一位即为薄富尔上尉(Captain Andre

Beaufre），他在计划如何使法国陆军对德国采取倒戈行动的工作中，曾经发挥很大的影响作用。（原注：赖特和薄富尔两个人以后都官拜至上将，成为北大西洋公约组织中的重要人物。）（译注：薄富尔更成为李德·哈特之后，第一个当代伟大的西方战略家。）

从潜艇再换乘水上飞机，然后飞到直布罗陀。到达之后，许多消息使吉劳德大感愤怒：盟军在北非的登陆预定在次日上午就要发动——而之前人家告诉他的是要到下一个月才发动——总司令一职也早已由艾森豪威尔充任，而并非虚位以待他的到达。这样也就引起了激烈的辩论，他所根据的理由不仅是他的位级较高，而且也事先曾获得保证。他一再表示他若接受比总司令较低的位置，即无异于自贬其国家和个人的威望。但到了次日(11月8日)再继续会谈时，吉劳德的态度已经自动软化，在明白保证他将出任法军总司令和北非行政首长之后，他也就欣然同意——很不幸的，这个诺言不久还是落空了，因为盟军有了利用达尔朗的机会，而后者的利用价值又远高于吉劳德。

在把自由的"火炬"送入北非时，美国人所获致的奇袭效果是太完全，结果使他们的朋友和协助者都陷入混乱中——这比敌方所造成的混乱更为严重。他们的法国合作者是毫无准备，所以也就未能有效地从事开路的工作，在突然侵入的震惊之下，大多数法军指挥官在这样的环境之下，都采取了一种顺乎自然的反应，并仍然继续效忠于合法的权威，其代表即是维希的贝当元帅。所以这些登陆行动最初都受到了抵抗，不过在阿尔及尔地区所受到的抵抗，却又比在奥兰和卡萨布兰卡两地所受到的要轻微些。

在卡萨布兰卡的法军师长贝陶将军，在11月7日黄昏收到一个信息，告诉他登陆行动已经定在11月8日的上午2时，他立即派他的部队去拘捕德国休战监察人员，并派了一些军官前往拉巴特(Rabat)的滩头欢迎美国人。拉巴特在卡萨布兰卡以北，两地相距约50英里，他假定美国人一定会在那里登陆，因为那里没有海岸防御要塞，而且又是法国在摩洛哥的政府所在地。

采取了这些预备步骤之后，贝陶本人就率领了一营部队去占领在拉巴特的军团司令部，并派兵把那位军团司令送走。贝陶同时也发信给罗古斯将军(General Noguès)，他是法国驻摩洛哥的总督(兼全国总司令)和米什利埃将军，告诉他们美国人即将登陆，吉劳德将来接管整个法属北非，而他本人则已奉吉劳德的命令负责接管在摩洛哥的陆军。他的信要求罗古斯和米什利埃支持他所发布的命令，即对美军的登陆不作任何抵抗；否则他们也可以暂时置身事外，等到情况较方便时再来承认既成事实。

在接到这封信之后,罗古斯决定暂时采取"骑墙"的态度,以等待局势的澄清。虽然罗古斯犹豫不决,但米什利埃却立即采取行动。在入夜之前,他的空军和潜艇在巡逻中都不曾发现舰队接近海岸,所以他立即获得结论,认为贝陶是在招摇撞骗耍弄花枪。米什利埃遂向罗古斯保证在海岸附近绝无强大兵力出现,这样也使罗古斯深信不疑,所以当上午5时不久有关登陆的第一批报告达到他的面前时,他还相信那最多不过是突击队的偷袭而已。所以他立即跳下了墙,站在反美的那一方面,命令法军抵抗登陆的行动,并以卖国罪名下令拘禁贝陶。

巴顿的主要登陆点是在费达拉(Fedala),位于卡萨布兰卡以北约15英里,补助性的登陆点分别在麦赫迪亚(Mehdia)和萨菲(Safi),前者在更向北的方向上,距费达拉为55英里;后者则在卡萨布兰卡以南,相距140英里。对于卡萨布兰卡城和它那有坚强防御的港口(那是摩洛哥在大西洋海岸惟一有良好设备的大港)而言,费达拉要算是一个最近的适当登陆滩头。选择麦赫迪亚为登陆点的理由是那里距离利奥特港(Port Lyautey)机场最近,在那里有摩洛哥境内仅有的一条水泥跑道。选择萨菲的理由是一支左翼部队若从那里登陆,即可阻止驻在内陆城市马拉喀什(Marrakesh)的法国重兵对卡萨布兰卡方面采取干预行动。此外那里还有一个港口可供中型坦克卸载之用——因为当时新型的LST(坦克登陆舰)还在生产中,来不及赶上"火炬"作战。

当11月6日美国登陆舰队正在接近摩洛哥海岸时,还是风平浪静,但气象报告却说在摩洛哥附近海面已经起了风浪,气象预测11月8日海浪还会更大,将使登陆变为不可能。但是休伊特少将的气象专家却相信风暴马上就会过去,所以他决定冒险继续执行在大西洋海岸的登陆计划。11月7日,海浪开始平息,到了8日又恢复了风平浪静的情况。比起这一个月的任何一天,风浪都可以说是最轻微的。尽管如此,由于缺乏经验,还是发生了许多差错和延误。

在上船之前的最后一次会议中,巴顿曾经用他那种"慷慨激昂"的习惯姿态,半开玩笑半认真地告诉那些海军人员们说:"他们的伟大登陆计划在'第一个五分钟'内就会完全破裂。"他甚至于还这样地宣称:"在历史上从来没有一个海军能够使陆军在计划中的时间和地点登陆。假使你们能够让我们在距离费达拉50英里以内的任何地点登陆,而时间不超出D日后的一星期,那我仍然可以勉力争先并赢得胜利。"事实上,登陆计划的执行固然是很差劲,但比巴顿所预料的还是要好一点。

很侥幸的,由于法国人的混乱和犹豫,所以在防御者的火力开始变得严重以前,突击登陆部队已经一批批都安全上岸了。而到此时,天色已经破晓,足以帮助英国海军舰炮来制压岸上的炮台。但在滩头却发生了新的困难,由于陆军人员也一样地缺乏经验,所以巴顿现在就开始不骂海军而骂陆军了。虽然在第二天向卡萨布兰卡前进时,并未遭遇到任何严重的抵抗,但不久却突然停顿了下来,此乃由于装备缺乏——由于它们都还堆在滩头,赶不上前进中的战斗部队。第三天进展仍然有限,而抵抗却日益增强,所以前途显得颇不乐观。

假使不是第一天即解除了法国海军的威胁,则情况将会变得更为恶劣。那是在卡萨布兰卡附近一次饶有古风的海战中所获得的成果。这次的战斗于上午7时开始,在汉克角(Cape El Hank)的炮台和在港内的"让·巴尔"号(Jean Bart)(那是一艘最新型的法国战舰,因为尚未完成所以不能离开它的碇泊所)向吉芬少将(Real Admiral R. L. Giffen)所指挥的掩护舰队开火。这支舰队包括美国战舰"马萨诸塞"号(Massachusetts)、2艘重巡洋舰和4艘驱逐舰。这些军舰都不曾受到损伤,虽然有几炮几乎击中,但是它们的还击很有效,使法国的炮台和"让·巴尔"号都暂时沉寂无声了。不过当那些美国军舰打得起劲的时候,它们却忽视了另一项任务,即监视在港内的其他法国舰船。到了上午9时,1艘轻巡洋舰、7艘驱逐舰和8艘潜艇都已经溜走了。法国驱逐舰向费达拉驶去,而美国的运输船只都停在那里不能动弹。很侥幸的,休伊特少将派了1艘重巡洋舰、1艘轻巡洋舰和2艘驱逐舰去拦截它们。同时,他又立即通知掩护舰队去切断它们的退路,由于它们操纵技术的精良,对烟幕使用的技巧,加上潜艇的扰乱功效,所以虽在压倒的火力之下,法军只损失了1艘驱逐舰。于是它们又再度冲向运输舰船的停泊区,但在第二次交战时,又被击沉了1艘,其他的8艘法国军舰虽然逃回了港内,但只有1艘不曾负伤。在港内又有2艘被炸沉,而其他各舰也都不能再行动了。

但是结果还不能算是就此决定,因汉克炮台和"让·巴尔"号上的15英寸炮又再度开火了,而美国军舰却已经把弹药消耗得太多,如果以达喀尔为基地的法国军舰再来进攻,则它们就可能没有力量将其逐退。这也正是它们所最害怕的事情。

很侥幸的,在卡萨布兰卡方面以及在大西洋海岸方面的整个情况,由于阿尔及尔的政治发展有利,已经开始有了决定性的改变。在10日下午,罗古斯将军间接地听到在阿尔及尔的法国当局,以达尔朗将军为首,已经在这一天发布了停止战斗的命令。罗古斯也就立即根据这个尚未经过证实的情报,命令其部下立即停止积极抵抗,听候休战的安排。

此时,美军在奥兰登陆所遭遇到的抵抗,要比在卡萨布兰卡地区强烈得多。但在那方面,美国陆军部队与英国海军部队之间的合作却至为良好,而且联合计划作为也远较周详。此外,其先头部队——由艾伦少将(Major General Terry Allen)所指挥的美国第一步兵师,也是一支具有高度训练的部队,已经获得第一装甲师一半兵力的支援。

计划是使用两面包围的方式来攻占奥兰的港口和城市——艾伦的 2 个团战斗群在阿尔泽湾(Gulf of Arzeu)的滩头登陆——在奥兰以东约 24 英里;而第 3 个团战斗群,由罗斯福准将(Brigadier General Theodore Roosevelt)指挥,则在莱桑达卢塞(Les Andalouses)滩头登陆,在该城以西约 14 英里。接着一支轻装甲纵队将从阿尔泽滩头向内陆推进,另外还有一支较小的装甲部队从更远的一个登陆点,奥兰以西 30 英里的布扎贾尔港(Mersa Bou Zedjar)前进,以攻占奥兰以南的飞机场,并从后方切断该城与内陆的交通线。这个行动的迅速完成是非常的重要,因为据估计,在奥兰城内约有法国驻军 1 万人,但在 24 小时之内,来自内陆各地的援军即可使其实力几乎增加 1 倍。

这个作战的开始颇为顺利。11 月 7 日黄昏,护航舰队故意驶过奥兰,向东进发,然后又在黑暗中加速驶回。上午 1 时,美军准时在阿尔泽湾登陆,而在莱桑达卢塞和布扎贾尔港登陆也都迟了半小时。奇袭效果很好,在滩头上完全没有遭遇到抵抗。虽然这一段海岸有 13 座炮台掩护,但直到天明之后,它们才开始发炮射击。但也只是造成极轻微的损失,这应归功于有效的海军支援和烟幕所供给的掩蔽。人员的下船和装备的卸载,就全体而论,要算是相当的顺利。不过由于部队的负荷过重——每一个人几乎要携带 90 磅重的装备——所以行动颇为迟缓。中型坦克是装在运输船内,在阿尔泽湾已经被攻占之后,才从码头上卸下。

惟一严重的挫折是在企图用直接突击的方式来攻占奥兰港时所遭遇到的——此种企图的目的是为了想要阻止该港设备和留在港内的船只受到破坏。2 艘英国小型军舰,载着 400 名美国士兵,被用来执行这个冒险的计划——美国海军当局指责那是过分的鲁莽,结果诚如他们所料,变成了一次"自杀的任务"(Suicide Mission)。尤其不聪明的是,发动突击的时间是定在 H 时后的 2 小时,那也正是法国人已经被到处登陆的消息惊醒之后。在船头上挂着一面大型美国旗的预防措施,并不能对法国人产生威慑作用。在强烈火力之下,2艘船都被击毁,其乘员和部队的一半当场被击毙,其余大多数都已负伤,也都做了俘虏。

美军从滩头向前推进从上午9时开始,甚至于还要更早,上午11时以后不久,瓦特尔上校(Colonel Water)的轻装甲纵队就已从阿尔泽湾进入了塔法拉乌伊(Tafaraoui)机场,1小时之后来的报告说,该机场已可接受从直布罗陀来的飞机了。但当这支纵队再向南前进时,却在尚未达到拉塞尼亚(La Sénia)机场前就受阻了,由罗比内特上校(Colonel Robinett)所指挥,从布扎贾尔港前进的另一支纵队,也是一样。从阿尔泽湾和莱桑达卢塞分别作向心前进的步兵部队,也被挡在半路上——当它们接近奥兰城时也遭遇到抵抗。

次日仍然没有任何发展,因为法军的抵抗已更增强,而它们对于阿尔泽湾侧面所发动的一个反击,更使整个作战计划受到了扰乱。下午虽然攻占了拉塞尼亚机场,但所有的法国飞机都已飞走,而机场受到强烈火力的破坏也已不能使用。在夜间绕过了一些孤立的据点后,到第3天上午遂对奥兰城又发动另一次向心的攻击。从东西两面进攻的步兵均被阻止,但他们却发挥了吸引敌人注意力的作用,于是两支轻装纵队遂得以乘机从南面进行奇袭,除了偶然的狙击以外,几乎就没有其他的抵抗,所以他们在中午以前即到达了城内的法军司令部。法国指挥官才同意投降。在3天陆上的战斗中,美军的损失在400人以下,而法军的数字则更少。这种轻微的损失,尤其是在最后一天,抵抗也逐渐减弱,那是因为法军指挥官已经获知在阿尔及尔正在进行谈判的消息。

在阿尔及尔的登陆更是顺利,也更迅速,那应该归功于当地的法军指挥官马斯特将军,以及其同志们的协助。除了想尝试提早进入港口以外(像奥兰的情形一样),在任何其他的地方都不曾遇到严重的抵抗。

11月7日拂晓,在距离阿尔及尔150英里的海上,一艘德国潜艇发射了一颗鱼雷,使一艘美国运输舰"汤玛士·斯东"号(Thomas Stone)暂时不能行动。但此后就一帆风顺,没有再碰到其他的麻烦。虽然曾为少数敌方侦察机所发现,但在天黑以后,船队向南转向,驶向登陆滩头之前,就不曾遭受空中攻击。一个船队在马提福角(Cape Matifou)附近登陆,在阿尔及尔以东约15英里;另一个船队在西迪费鲁希角(Cape Sidi Ferruch)附近登陆,在阿尔及尔以西约10英里。此外,第3个船队则在卡斯蒂利奥内(Castiglione)附近登陆,那是更在费鲁希角以西10英里远的地点。为了政治上的伪装,在靠近阿尔及尔城的登陆是以美国人为主,但混杂着英国的陆战队人员,只有在卡斯蒂利奥内附近的滩头,才由英军充任主力。

在这个地区的登陆准时在上午 1 时开始,尽管滩头的地形很险恶,但一切都进行得很顺利,没有什么差错。在稍进内陆之后就遇到了法国部队,他们说已经奉令不抵抗。大约在上午 9 时就达到了卜利达(Blida)机场。在阿尔及尔以东的登陆要略为迟了一点,并且也发生了一些混乱,但由于没有抵抗,所以情况也就很快地恢复正常。

在上午 6 时以后不久,即已经到达重要的白屋(Maison Blanche)机场,在放了几枪作为象征性的抵抗之后,它就被顺利地占领了。不过向阿尔及尔城的前进却曾受到两次阻碍:第一次是一个村落据点拒绝让美军通过;第二次是有 3 辆法国坦克造成了攻击的威胁。在马提福角的海岸要塞炮台也拒绝招降,直到下午受到了军舰和轰炸机两次攻击后才放弃了抵抗。

企图冲入阿尔及尔港所造成的结果就更坏。2 艘英国驱逐舰"布罗克"号(Broke)和"马可门"号(Malcolm),飘扬着大幅美国旗,载着 1 个美国步兵营来从事此种冒险——计划是要在登陆后 3 小时才冲入港内,希望到了此时防御部队纵不同意投降,也可能已经被调开。哪知道当驱逐舰一接近港口,即遭到猛烈的射击。"马可门"号被击重伤立即退出。"布罗克"号作了四次尝试,终于冲到了码头边,让它所载的部队下船。最初他们占领了一些设施而未遭到反抗,但是到了上午 8 时左右,法国人开始集中炮火轰击"布罗克"号,迫使它必须赶紧退出。于是已登陆的美军也受到法国非洲部队的围困,由于他们的弹药已经快要用尽,同时主力也无来援的消息,所以到了下午遂被迫投降。不过,法军火力却只是用来围困他们而并无意将他们消灭。

在阿尔及尔以西西迪费鲁希角附近的登陆发生了更多的延误和混乱,有一部分登陆艇驶错了方向,到达了更西面的英军滩头。每一个营的部队都分散在长达 15 英里的海岸上,有许多登陆艇在海浪中撞毁,或由于机件故障而迟到。所幸的是这些部队一开始就受到了友好的欢迎。马斯特本人和他的一些军官亲自前来迎接他们,替他们排除困难——否则这次登陆一定会变成一场惨败。不过在匆匆改组之后,当他们继续向阿尔及尔城推进时,却曾在几处地方遇到了抵抗。因为马斯特现在已经被解除了指挥权,其与美国人合作的命令也已被撤销,所以他的部队遂开始阻止盟军的前进。

在阿尔及尔和同盟国合作的法国人,可以说是已经尽了他们最大的努力,因为他们接获登陆行动的通知太迟,而且又不曾把登陆的目标详细地告诉他们,所以困难也就非常地多。但他们仍然依照他们自己所拟定的计划立即采取行动。一些军官分别位于海岸上，欢迎美军并充任向导。各控制点都由有组织的人员去加以夺占，电话线大都被切断，警察局和派出所也都分别加以占领，不同情的较高级官员均被监视，而无线电台也被接管，以使吉劳德或他的代表可以发表广播，并且希望那是可以产生决定性的效果。总而言之，当盟军开始登陆时，这些法国合作者已经产生了足够程度的瘫痪作用，而他们一直控制这个城市到上午 7 时为止——这已经超过了必要的限度，实在是难能可贵。所可惜的是从登陆滩头的前进实在太慢，不能配合这种需要。

当美国人到上午 7 时尚未出现时，法国合作者对于其国人的影响力也已达到了极限。尤其是当他们在无线电广播中以吉劳德的名义来作为号召时（他同时也没有能如所期待的赶到），结果发现他的号召力被他们自己估计得太高了。不久，他们对于情况就失去了控制，不是被置之不理就是被拘禁。

此时，决定命运的讨论又在较高的阶层进行。在午夜后的半小时，墨菲前往晋见余安将军，把具有压倒优势的强大兵力即将登陆的消息当面告诉他，要求他合作并立即下令命法军不要抵抗。墨菲说美军之来是应吉劳德的邀请，以协助法国自求解放为目的。余安表示并无接受吉劳德指导的意念，同时也不认为他的权威是足够的，所以他说这种请求应向达尔朗提出——很巧合的，达尔朗此时恰好在阿尔及尔，他是飞来该城探望他正在重病中的儿子的。于是达尔朗在睡梦中被电话铃声吵醒，要他立即前往余安的别墅去接受墨菲的要求。当达尔朗来到之后，他听到美军即将发动攻击的消息时，不禁大怒地叫着说："我老早就知道英国人是笨蛋，但我总相信美国人是比较聪明的。我现在才开始知道你们是和他们一样的笨。"

经过了一番讨论之后，达尔朗终于同意发电报给贝当元帅报告此间的情况，并要求授权可以代表元帅自由作紧急的处理。此时，余安的别墅已被反维希的法国人所组成的武装部队所包围，所以达尔朗实际上已被看管。不久之后，那些人又被一队"机动卫队"赶走，他们并拘捕了墨菲。于是达尔朗和余安一同前往在阿尔及尔的司令部，但是他们彼此也在互相猜疑。在司令部中，余安开始采取步骤来恢复控制，他释放了马斯特等人所拘禁的柯尔兹将军（General Koeltz）和其他的军官，反过来又把马斯特等加以拘禁。但是在上午 8 时以前，达尔朗又再发了一份电报给贝当元帅，其中强调说："情况正在恶化，防御不久即将被压倒。"——这也就是暗示向较大的势力投降不失为明智的措施。贝当的回电给了他所要求的授权。

刚刚过了上午 9 时，美国驻维希的代办塔克（Pinkney Tuck）前往晋见贝当,面交罗斯福要求他合作的函件。贝当把一份早已准备好的回信交给塔克,其中的内容是对于美国的"侵略"表示"失望和遗憾",并且宣称即令是老朋友攻击它的帝国,法兰西也仍将抵抗——"这就是我所给予的命令。"但他对于塔克的态度却至为愉快,丝毫看不出他有不满意的表情。很明显的,他的态度是要使对方明了这种官式的答复,其真正的意义就是为了减轻德国人的疑惑,使他们不至于出来干涉。但几个小时之后,法国的总理赖伐尔(Pierre Laval),在希特勒的压力下已经接受了德国人所提供的空中支援——到了当天黄昏,轴心国家即已在准备派兵前往突尼斯。

此时,达尔朗由其自己负责,已经下令凡在阿尔及尔地区的法国部队和军舰,一律停止战斗。虽然这个命令并不适用于奥兰和卡萨布兰卡地区,达尔朗却授权余安去对整个北非作成一种安排。此外,在同一天下午,又决定在晚间8时把阿尔及尔的控制权移交给美国人接管,而到了次日(11月9日)拂晓,盟军也就可以使用那里的港口。

11月9日下午,克拉克和安德森都来到了阿尔及尔,前者的任务是要主持进一步的必要谈判,而后者则将负责指挥盟军以便向突尼斯推进。吉劳德也来了,比他们两位到得较早一点,但当他发现北非的法国人对他并不太表示欢迎时,就立即暂时躲在一家偏僻的住宅内去避一避风头。克拉克开玩笑地说:"他实际上已经是隐入地下了。"——不过在次日上午,克拉克与达尔朗、余安和其他高级人员举行第一次会议时,他又还是从地下钻了出来。

在这次会议中,克拉克压迫达尔朗下令要求法属北非全部地区内立即停火。达尔朗对于此种要求表示犹豫,他说他已经把停火条件的节略送往维希,希望能等候那里的答复。克拉克就开始拍桌子,并且说他将让吉劳德代替他来发布此项命令。此时,达尔朗即指出吉劳德缺乏必要的合法权力和足够的个人威望。他同时又宣称这样一个命令将会促使德国立即占领整个法国南部——他这个预言不久就真的不幸而言中。又经过了更多的辩论,再加上不断的拍桌子,克拉克终于不客气地告诉达尔朗说,除非他立即下命令,否则他就要受到监护——克拉克早已有准备,在房屋的周围已经部署了武装警卫。于是达尔朗又和他的僚属简短地商讨了一番,然后接受了这个最后通牒——他的命令遂在上午11时20分发出。

当这个命令报告到维希时,贝当本人的反应是批准它,但此时赖伐尔正应希特勒的紧急召唤前往慕尼黑,他在半途听到这个消息,就用电话劝告贝当拒绝批准。下午克拉克即获知维希拒绝休战的消息。当克拉克把这个消息告诉达尔朗时，后者沮丧地说："那没有办法，我只好收回我上午所签署的命令。"克拉克说："不行，你不能这样做，这些命令不能收回，为了确保安全起见，我将对你加以监护。"达尔朗早已想到这个办法，遂表示欣然接受监护——他回电话给贝当说："我撤销了我的命令，并自愿被俘。"——这完全是为欺骗德国人。次日，在希特勒压迫之下，贝当宣布在北非的一切权力都应由达尔朗移交给罗古斯，但他却又早发了一个密电给达尔朗，说明对休战的否决是由于受到德国人的压力，实在是违背了他个人的愿望。这种两面应付的办法当然是受迫于法国那种危险的情况而不能不如此，但却使阿尔及尔以外的北非情况和法国指挥官们，仍然处于混乱之中。

很侥幸的，希特勒却帮助澄清了这种情况和解决他们的疑惑，因为他命令其军队侵入法国尚未被占领的部分，那是根据 1940 年的休战协定仍留在维希政府控制之下的地区。在 11 月 8 日和 9 日，维希政府曾一再拒绝接受希特勒所欲提供的军事援助，这也就引起了他的疑虑。当 11 月 10 日赖伐尔来到慕尼黑与希特勒和墨索里尼见面时，希特勒在那天下午就坚持在突尼斯的港口和机场，必须立即交由轴心国家的军队使用。赖伐尔还尝试拖延，说法国人不能同意让意大利人进入，而且不管怎样，还是只有贝当一个人才能作决定。于是希特勒也就丧失了他的耐性，在会谈结束后不久，即命令其部队在午夜进占法国尚未被德国占领的部分——那个行动早已在准备之中——并立即夺占突尼斯的海空军基地，这些行动意大利人也被准许参加。

法国南部很快地就为德国的机械化部队所占领，而 6 个师的意大利部队也同时从东面开入。11 月 9 日的下午，德国飞机即开始飞抵突尼斯附近的一个机场，带来了一些保护它们的地面部队，不过法国部队却在机场外构成了一道包围圈，把他们限制在机场之内。自从 11 日起，空运遂更频繁，机场附近的法军都被解除了武装，而坦克、火炮、运输车辆和补给物资也开始由海上送往比塞大。到 11 月底，已有 15000 名的德军到达了突尼斯，他们携带大约 100 辆坦克，不过其中有相当大量的人员是负责组织基地的行政人员。同时也有 9000 余名意大利部队到达，他们大部分都是从的黎波里的陆路进入的，以掩护南面的侧翼。这时候轴心国的兵力正在到处受到重大的压迫，而在仓促拼凑之下能有这样的成就，的确要算是很高明的。但这样多的部队，若与盟军已经进入法属北非的兵力作一比较，则依然还是渺乎其小；假使"火炬"计划曾经准备用较大的兵力向突尼斯推进，或者是盟军当局能够前进得比较迅速一点，则他们还是少有能够作有效抵抗的机会。

德国人的侵入法国南部,使在非洲的法国指挥官们大感震惊,于是也就对同盟国的情况产生了极有利的影响。11日上午,在这个消息尚未传到之前,在阿尔及尔又正在进行第一回合的谈判拉锯战。克拉克去见达尔朗,压迫他采取两项紧急措施——命令在土伦的法国舰队前来北非的港口;命令突尼斯总督艾斯提伐将军(Admiral Esteva)拒绝德国的进入。达尔朗最先是婉言推诿,他说因为维希的广播已经宣布解除了他对法国武装部队的指挥权,所以他发出的命令也不见得会有人服从——以后在继续逼迫之下,他还是拒绝接受克拉克的要求。当克拉克告辞时,他顺手使劲把门关上来发泄他心里的怒火。但到了下午,达尔朗却自动打电话要求再和他见面,由于法国方面的情况发展,达尔朗现在愿意接受克拉克的要求——不过他发给土伦舰队司令的电报在形式上没有说是命令,而只说是一种紧急的劝告。另一个有利的转变,为罗古斯将军(维希指定接替达尔朗的人)也同意在次日来阿尔及尔参加一次会议。

但在12日的清晨,克拉克又受到了一次新的震惊,因为他听说达尔朗要突尼斯总督不抵抗的命令又被撤回了。他马上把达尔朗和余安请到他所住的旅社中来,以便当面查清真相,结果发现这是余安所干的好事,他辩论说那并非撤销前令,而只是暂缓执行,以等待罗古斯的到达,因为就法理而言,罗古斯现在是他的顶头上司。这种对于细节的拘泥,固然是法国军人的老毛病,但从克拉克眼里看来,则简直是开玩笑。由于他的坚持,这个命令遂又立即再度发出,而没有等候罗古斯的到达。接着他们又一致拒绝让吉劳德参加会议,所以结果也就使克拉克大为光火,他愤怒地宣布说,除非他们在24小时内作成一个满意的决定,否则他就要拘捕所有的法国领袖人物,把他们锁在港口内的一艘船上。

此时,达尔朗对于在非洲的其他法国领袖们的地位又已经获得了增强,因为他已经收到贝当发来的第二次秘密电报,其中重申他个人对达尔朗的信任,并且强调他个人与罗斯福总统私交甚笃,但由于有德国人的监视,所以他无法公开地表明心迹。这份电报给予达尔朗很大的帮助。比起许多其他的法国人,达尔朗具有一种较敏锐的现实感,于是他终于设法使罗古斯诸人对于如何与同盟国合作的问题,作成一种可行的协议,包括承认吉劳德的身份在内。由于克拉克又一再地威胁,所以他们终于在13日结束了一切的争论。当天下午,一切的安排都已获得解决,并立即获得艾森豪威尔将军的赞许,他是刚刚从直布罗陀飞到了阿尔及尔。在他们的约定之下,达尔朗做了高级专员(High

Commissioner)兼海军总司令;吉劳德任陆空军总司令;余安任东部地区司令;罗古斯任西部地区司令,仍兼法属摩洛哥总督。与同盟国积极合作以解放突尼斯的行动也就立即开始。

艾森豪威尔非常愿意批准这个协议,因为他也像克拉克一样,完全了解只有达尔朗这个人才能够把法国人带回到同盟国方面来。尤其是他还记得在刚刚离开伦敦时,丘吉尔曾经这样地向他说过:"达尔朗是我所最痛恨的一个人,但他若能够把他的舰队带到同盟国方面来,则我将很高兴地膝行1英里路去迎接他。"

但是在新闻报道中,达尔朗早就已经是一个十恶不赦的纳粹帮凶,所以这种"和达尔朗谈生意"的消息,在英美两国也就都引起了抗议的风潮——其程度的严重更远超过了丘吉尔或罗斯福的料想。在英国是尤其闹得更厉害,因为戴高乐在那里,而支持他的人也都在倾全力来煽动群众的怒火。罗斯福为了想平息这种风潮,遂公开发表了一项解释,并引用了丘吉尔在给他的私人电文中所说的一句话,那就是说和达尔朗的安排只是"一种权宜之计",其惟一的理由即为战争的需要。此外在一个不作记录的记者招待会上,罗斯福又引用了天主教会的一句古老格言:"我的孩子们,在严重的危险时允许你们和魔鬼同行,直到你们已经过桥时为止。"

罗斯福这种所谓"权宜之计"的解释,自然使达尔朗大感震怒,他觉得他已经受到了愚弄。在一封写给克拉克的抗议信内,他很尖刻地指出从罗斯福的公开声明和私人谈话中,似乎已经显示出美国人是把他当作一颗柠檬,等到把汁榨干了就可以顺手丢掉。那些支持达尔朗并达成与同盟国合作协议的法国将领们,对于罗斯福的声明也一致深感不满。这也就使艾森豪威尔感到非常的烦恼,他去电华盛顿特别强调说:"现在法国人的感情,与事先所料想的大不相同,希望不要采取任何刺激行动,来破坏我们已经勉强建立起来的平衡,这极为重要。"史末兹元帅由伦敦飞回南非时,恰好路过阿尔及尔,他也电告丘吉尔说:"关于达尔朗的问题,所发布的声明对于当地的法国领袖们已经造成了不安的影响,这条路线绝不可以再走,否则即将引起严重的危险。罗古斯已经提出辞职的威胁,由于他控制着摩洛哥的人民,此种步骤也就会产生极复杂的后果。"

此时,达尔朗又已经和克拉克就合作的行动,作成了一个具体的和详细的协议。同时他也已经说服了西非洲的法国领袖们跟他一致行动,并使盟军得以利用重要的达喀尔港以及附近的空军基地。但是在圣诞节的前夕,他却突然为人所刺杀。凶手是一个狂热的青年人，名叫查培里（Bonnier de la Chapelle），他是属于保皇党和戴高乐派，后者是一直都在希望消灭达尔朗的权力。这样一个突变帮助解决了同盟国的困难政治问题，扫清了戴高乐上台的障碍，而且同盟国在他们和达尔朗的交易中也早已大获其利。诚如丘吉尔在他的回忆录中所评论的："达尔朗的被害，不管是如何地罪过，但却使同盟国解除了一项巨大的麻烦，同时他在盟军登陆的紧要阶段所作的一切贡献，却仍然继续为同盟国所保留。"在吉劳德的命令之下，刺杀达尔朗的凶手立即受到军法审判，并迅速执行死刑了事。次日，法国领袖们同意推选吉劳德继达尔朗出任高级专员。他补了这个空缺——但也只有一个短期间。

假使不是获得达尔朗的帮助，则同盟国将会发现他们的问题较预料的艰巨。因为在北非的法国部队总数接近12万人——摩洛哥约55000人，阿尔及利亚约5万人，突尼斯约15000人。虽然分散得很远，但若他们决心继续抵抗，则对盟军即足以构成很大的行动障碍。

只有在另一个重要的方面，达尔朗的协助和权力未能发挥预期的效果：那就是没有能够把法国的主力舰队从土伦拖到北非来。法国舰队的指挥官拉波德将军（Admiral de Laborde），在没有获得贝当的认可前，不敢听从达尔朗的召唤，而达尔朗派往说服他的一位特使又被德国人中途拦住了。拉波德遂继续按兵不动，同时他也并不紧张，因为德国人很机灵，只在海军基地的外围加以监视，听任这支舰队留在一个仅由法国部队驻防而未经占领的地区内。但他们同时却准备用突袭的办法，以求完整的夺取这支舰队，这个行动在11月27日发动，首先用水雷把港口封锁。虽然由于时间的延误，使法国舰队丧失了突围逃走的机会，但他们还是依照预定计划迅速地把船只炸沉，而使德国人的企图完全落空——这也诚如11月10日达尔朗在与克拉克初次会商时所保证的："无论在任何环境之下，我们的舰队绝不会落入德国人的手里。"这支舰队未能前来北非固然使同盟国感到失望，但由于它的沉没，也使敌人无法利用，所以也感到如释重负。

在这个紧急阶段，尤其是最初几天，另外还有一件事也更使同盟当局感到轻松，那就是西班牙人并不曾企图作任何的介入，而希特勒也不曾企图通过西班牙以求攻击进入地中海的西面门户。西班牙陆军只要从阿耳黑西拉斯（Algeçiras）用炮火即可使直布罗陀的港口和机场变得无法利用。此外，西班牙陆军也可以很容易切断巴顿的部队与在阿尔及利亚联军之间的交通线，因为从卡萨布兰卡到奥兰之间的铁路线，是紧靠着西属摩洛哥的边界——有的地点只相距 20 英里。当"火炬"作战还正在计划中时,英国人就早已明白表示,如果佛朗哥要介入的话,则直布罗陀也就不可能守住和继续被利用。同时,艾森豪威尔的计划作为人员也认为,必须要用 5 个师的兵力才能占领西属摩洛哥,而此种任务的完成又可能需时 3 个半月。很侥幸的,佛朗哥却宁愿维持其作为轴心方面的"非交战"(non-belligerent)同盟者的地位,而并无见猎心喜、跃跃欲试的意图——尤其是因为美国继续购买西班牙的产品,同时又允许它从加勒比海方面获得石油的供应,所以佛朗哥也就更感到满足而不愿意轻举妄动。此外,从轴心方面的档案中显示,在战争的初期,希特勒虽曾企图假道西班牙进攻直布罗陀,但自从受到佛朗哥的巧妙拒绝之后,在 1942 年 11 月却并不曾认真地考虑利用西班牙来发动反击的问题。仅仅到了次年 4 月间,当在突尼斯的轴心国军队正受到重大的压力,而盟军又有提早侵入意大利的威胁时,墨索里尼才向希特勒提出此种构想。但希特勒又拒绝了墨索里尼的这种请求。其原因可能有两点:他怕遭到他那个"非交战"同盟国的激烈和顽强的抵抗;同时他仍然确信轴心国军队能继续守住其在突尼斯的立足点。在 1942 年 11 月底被派往突尼斯的轴心兵力虽然极为单薄,但它们却仍能挡住盟军的前进。这种优异的成就也就更增强了希特勒的信心。

第二十二章　向突尼斯的赛跑

向突尼斯和比塞大的前进,是以一个海上的运动为其开端,但却只是一个非常短的航程——以贝贾亚港(Bougie)为目的地,该港在阿尔及尔之东相距约百余英里,而在从阿尔及尔到比塞大的全部距离则仅占 1/4 而已。这只是一个原定计划的缩小,那个计划是假定在法国人的立即和充分合作之下,准备在连续 3 天之内——即 11 月 11 日至 13 日——使用伞兵和海军陆战队去攻占在波尼、比塞大和突尼斯的飞机场,另外用一支机动的预备队(对已在阿尔及尔登陆的兵力而言)直赴贝贾亚港,并从那里进占 40 英里外的季杰利(Djidjelli)机场。但由于在阿尔及尔登陆之后,情况变化不定,所以这个计划被认为太危险,于是较远的行动也就被取消。乃于 11 月 9 日决定改为只占领贝贾亚港和机场,然后再派一支部队赶往突尼斯边境的苏克阿赫腊斯(Souk Ahras)铁路车站,同时另派第二支海运和空运部队去占领波尼。

11 月 14 日的清晨,两支有良好保护的船队驶出了阿尔及尔港,载运英国第七十八师一个先头的旅群(第三十六旅)以及一些补给品,前往作远征的冒险。这个师的师长为伊夫利少将(Major-General Vyvyan Evelegh)。次日清晨船队到达了贝贾亚港外,但由于害怕敌意的接待,于是在大浪之中从邻近的滩头登陆,因而浪费了许多的时间——尽管事后证明那里的接待是颇为友善。因为风浪太大,又放弃了原定在季杰利附近登陆的企图,以至于未能立即占领机场,所以直到两天之后才能提供新的战斗机来保护。在此以前曾有几艘船因受敌方空袭而被击毁。不过到了 12 日清晨有一支陆战队溜进了波尼港,而一个伞兵支队也同时降落在机场上,它们都受到了法国人的欢迎。

到了 11 月 12 日,在贝贾亚港的旅群遂开始向前推进,而这个师的其他单位也从阿尔及尔沿着陆路进发,后面紧跟着的即为"布拉德部队"(Blade Force),那是一支刚刚上陆的装甲纵队,由第十七和第二十一"枪骑兵"(Lancers)团和其他配属部队所组成,由赫尔上校(Colonel R. A. Hull)率领——它是

第六装甲师的先头部分。(原注:在这个师的第十七和第二十一"枪骑兵"团以及其他的装甲团中,每一个连〔中队〕都有两个排配备着新型快速的十字军3式〔Crusader III〕坦克,装有威力强大的6磅炮;而其他两个排则配备着只有2磅炮的〔法兰亭〕式坦克,后者虽然速度较慢,但却较为可靠而且装甲也较厚。)

为了替这个前进开路,又计划在15日把一个英国伞兵营首先投在苏克阿尔巴(Souk el Arba),该城在突尼斯境内,距离突尼斯城80英里;另一个美国伞兵营则降落在特贝萨(Tebessa)附近,以求掩护南面的侧翼并占据那方面的一个前进机场。美国伞兵的降落能够照预定计划执行——两天之后,这个营在拉夫上校(Colonel E. D. Raff)指挥之下,向西南方作了一个80英里远的跃进,确实占领了加夫萨(Gafsa)机场,那里距离加贝斯湾和从的黎波里来的道路瓶颈仅为70英里。因为受到天气的影响,英国伞兵的降落比预定计划迟了一天,而先头的地面部队却前进得极快,所以他们在16日也同时到达了苏克阿尔巴。此时,另有一支纵队沿着海岸公路前进,也已经到达了通往比塞大道路上的塔巴尔卡港(Tabarka)。

次日,即11月17日,安德森将军命令第七十八师在完成其前进集中之前,以摧毁轴心部队为目的,即应向突尼斯进攻,为了集中而暂停一下,就理论而言固然是必要的,但由于当时已经到达的轴心兵力非常地微弱,所以这种耽误不仅是不需要,而且也是很可惜的——在突尼斯只有一个不足额的伞兵团所属的2个营,它们是在11月11日由意大利空运来的,此外在比塞大也只有2个营(1个伞兵工程营和1个步兵营)。11月16日,内林将军——前非洲军的军长,在阿拉姆哈勒法会战中曾负重伤,现在刚刚康复——带了一个孤单的参谋军官来到了突尼斯,他是奉令来指挥这一点核心部队,一共不过3000人,现在已经定名为"第九十军"。甚至到了11月底,其兵力也还只有1个师。

德国人不等候其兵力的集中,就迅速地向西面进攻,并用这种勇敢的姿态来掩饰其弱点。在突尼斯的法国部队,虽然数量远较巨大,但却在他们的前面闻风而退,因为在盟军援兵未来到之前,他们是不愿过早的和德国人发生冲突。11月17日,一个德国伞兵营(大约仅有300人)在克罗赫上尉(Captain Knoche)指挥之下,沿着突尼斯至阿尔及尔的公路向前挺进,沿线的法军向迈杰兹巴卜(Medjez el Bab)的道路中心撤退(那是在突尼斯以西35英里),在那里有一座跨越迈杰尔达(Medjerda)河的重要桥梁。18日夜间,法军在这里获得一部分"布拉德部队"的增援,包括1个英军伞兵营和1个美国野战炮兵营在内。(第十七和第二十一"枪骑兵"团连同它们的坦克尚未到达;其先头连已在 18 日到达了苏克阿尔巴,但却不曾开往前方。)

上午 4 时,在突尼斯的法军指挥官巴雷将军(General Barré),在那里接见了德方的军使,他带来了内林将军的最后通牒,要求法国部队应撤退到靠近突尼斯边境的一线上。巴雷尝试和他进行谈判,但德国人却已了解那只是拖延时间,因为其清晨的空中侦察早已发现了盟军部队的行踪。所以在上午 9 时,他们停止谈判,再过了一刻钟接着就开火了。一个半小时之后,德国以俯冲轰炸机飞临现场助长攻击者的威势。在轰炸攻击之后,防御者的心理受到恶劣的震荡,德国伞兵接着又作了两次小规模的地面攻击,他们那种高昂的斗志、勇猛的作风,足以使人对他们的实力产生一种夸张的印象。对方的指挥官们感到除非是有更多的援兵赶到,否则他们就会守不住了——但安德森将军的指示是必须先完成盟军对攻击突尼斯计划的兵力集中,所以也就断绝了增援的希望。

天黑之后,克罗赫上尉派出一小股部队用游泳的方法渡河,这使盟军误以为攻击兵力又增强了。于是盟军从桥上撤退,并且保持该桥的完整,未予破坏。在午夜之前,当地的英军指挥官又把法军指挥官找到他的指挥所来,坚决要求应再立即撤退到后方 8 英里远的一座高地上,以便在那里建立一个较安全的阵地。法军当然照办,于是德军占领了迈杰兹巴卜。这是一个极显著的例证:不及对方 1/10 数量的小型部队,凭借其英勇冒险的精神,终于能够获得胜利。

在较北的方面,维切格少校(Major Witzig)的德国伞兵工程营,携带着少数坦克从比塞大出发,沿着海岸公路向西推进,在阿比奥德山(Jebel Abiod)遭遇到英军第三十六步兵旅群的先头部队,也就是第六皇家西肯特营(Royal West Kents)。虽然德军冲散了该营的一部分,但他们却仍然守住了阵地,以待该旅后续部队的增援。

此时,被派往南面的若干小型德军支队,也已经在通往的黎波里的道路上攻占了一些重要的村镇——苏萨(Sousse)、斯法克斯(Sfax)和加贝斯。差不多有 50 名德国伞兵从空中降落,就骇倒了法国驻军使他们撤出加贝斯。11 月 20 日,才有 2 营意大利步兵从的黎波里徒步行军赶来增援,他们到达的时间恰好足以挡住拉夫上校所指挥的美国伞兵对加贝斯的攻击。11 月 22 日,一支小型的德军装甲纵队把法军逐出了斯贝特拉(Sbeitla)中央道路的中心,把一支意大利支队留在那里驻防,然后才再撤回突尼斯——不过那些意大利部队不久还是为拉夫伞兵营的另一支队所赶走。

　　尽管如此,内林的这一个仅有骨架子的军,不仅是守住了在突尼斯和比塞大的桥头堡,而且还把它们扩大成为一个非常巨大的桥头阵地,包括了突尼斯北半部的大部分。

　　安德森计划进攻突尼斯的作战,是直到 11 月 25 日才开始发动。在这个空隙中,微弱的德军兵力已经增加了 3 倍,不过其能够作近接战斗的兵力,还是只有 2 个小型伞兵团(每团 2 个营)、1 个伞兵工程营、3 个步兵补充营和 1 个坦克营(第一九〇营)的 2 个连,共有坦克 30 辆。其中包括一些新型的 3 式坦克,装有长管 75 毫米火炮,要算是一项重要的资本。因此,由于安德森为了完成其兵力的集中,在边界上逗留得太久,遂使轴心与同盟国部队之间极端悬殊的差距已经逐渐缩小。

　　11 月 21 日,安德森对其兵力是否足够达成目标表示怀疑。于是在艾森豪威尔的命令之下,又匆匆派了更多的美国部队前来为他增援,其中还包括第一装甲师的 B 战斗群(Combat Command B),那是从 700 英里以外的奥兰城一路赶来的——其轮型的半履带车辆沿着公路行驶,而其坦克则利用铁路运输。不过在作战开始发动时,只有一部分兵力勉强赶到了战场。

　　(原注:在这个阶段,美国的装甲师包括 2 个装甲团,每个团有 1 个轻型坦克营和 4 个中型坦克营;1 个装甲步兵团下辖 3 个营和 3 个装甲野战炮兵营。照编制有坦克 390 辆——轻型158 辆,中型 232 辆。在作战时分为 A 及 B 两个战斗群。以后又增加了第三个群。)

　　(译注:在原书中有三种临时的编组,即"Team"、"Group"和"Command"。第一种是美军所用的,以一个团为基干,再加上其他的单位;第二种是英军所惯用的,以一个旅为基干;第三种为美国装甲师所独有的。译文均统称之为战斗"群"。)

　　在一个分三路进攻的作战中,第三十六步兵旅群在左,靠近海岸线;实力强大的布拉德部队在中央,而第十一步兵旅群在右,沿着主要公路——每一路的部队又都受到美国装甲部队和炮兵部队的增强。

　　左翼的部队在丘陵起伏的海岸公路上,比预定日期迟了一天才发动攻击,而在最初两天中每天只前进了 6 英里,行动非常地慎重——维切格的那个小型伞兵工程营就在它的前面向后撤退。于是到了 11 月 28 日,它推进了 12 英里,但却在吉夫纳(Djefna)车站附近的隧道中受到德军伏兵的狙击,其先头营损失颇重。30 日,对于德军已经增强了的防御作了一次较大的攻击,在失败之后,这一方面的攻击遂被放弃。次日清晨,有一支英美军混合组成的陆战队,在吉夫纳以北的海岸登陆,并在马特尔(Mateur)以东封锁德军后方的道路。他们在那里苦撑了三天,却还不见援军来到,由于补给已经用尽,遂自动撤退。

中央的一路是由布拉德部队所组成,由于加上一个美军轻坦克营,所以其坦克实力早已超过了 100 辆以上(美军第一装甲团的第一营,配备着"斯图亚特"坦克)。在突破了由少数德军所据守的前哨线之后,这支部队于 25 日前进了 30 英里,到达了乔伊吉(Chouigui)隘道。次日,德军的一个支队,包括 1 个 10 辆坦克的坦克连和 2 个步兵连,从马特尔向南发动了一个攻击,遂阻止了英军的继续前进。德军的 10 辆坦克被击毁了 8 辆,大部分都是美制 37 毫米战防炮的功劳,但是他们的牺牲精神使英军高级指挥官望而生畏,由于他们害怕这种侧翼的威胁,遂中止了布拉德部队的前进,并把这支部队展开来掩护右翼部队的攻击。

双方部队都是在"战争之雾"中摸索,但是在这个紧要关头上,英国人的过分谨慎与德国人的勇敢形成一个对比,那就显然是不智。尤其是因为在前一天下午,布拉德部队的一个小型支队已经使德国的高级指挥官也骇了一大跳,赫尔曾命令瓦特尔中校(John K. Waters)指挥一个美国轻战车营去侦察在特布巴(Tebourba)和吉德达(Djedeida)附近跨越迈杰尔达河上的桥梁。在巴罗少校(Major Rudolph Barlow)指挥之下的 C 连,偶然地到达了吉德达机场的边缘,那是新近才使用的机场。巴罗就抓住这个机会,率领他的 17 辆坦克扫荡机场,击毁了 20 余架德国飞机——在报告上被夸大为 40 架。这个深远的突穿,在内林所接获的报告中也同样地被夸大了,所以遂使他大感震惊,开始命令其部队后撤,以便对突尼斯作严密的防守。

盟军的右翼部队,沿着主要公路前进,在进攻迈杰兹巴卜时,即已受到了阻挡,接着德军发动了几个小规模的反击,更使英军无组织地溃逃。但是到了 25 日的夜间,吉德达由于受到突袭而震惊,内林遂命令守军后撤,害怕他们会被一个新攻击所压倒。盟军跟在敌军后面前进,于 27 日清晨占领了 20 英里以外的特布巴。次日又前进了一小段距离,就在吉德达(距离突尼斯 20 英里)为一个混合营所组成的德军战斗群所阻。29 日再度进攻又被击退。于是伊夫利将军遂建议暂停前进,以等待更多的援兵,同时为了要对付德国俯冲轰炸机,还要求提供较严密的战斗机掩护,因为德军飞机正在日益加重对同盟国部队的扰乱,使他们在精神上感到吃不消。

他的建议为安德森和艾森豪威尔所接受。当艾森豪威尔在两天后到前线地区视察时,美国军官一看见他无不抱怨地说:"我们那些倒霉的空军到哪里去了?为什么我们所看见的尽是德国的飞机呢?"在他的回忆录《欧洲十字军》一书中,他这样记载着:"沿途所听到的一切谈话,都是对损失作惊人的夸

大,尽管如此,当听到像'我们部队必然要撤退,在这样的条件之下任何人都不能生存'这一类的话时,还是令人很感到忧虑。"

此时,凯塞林元帅也正在突尼斯视察,他谴责内林太谨慎和缺乏攻击精神。他不理会有关盟军兵力远较强大的辩论和由于盟军对机场的轰炸已使轴心援兵的空运受到严重阻碍的事实。凯塞林在批评了不应从迈杰兹巴卜撤退之后,就命令内林立即设法收复失地,至少应回到特布巴为止。所以,在12月1日,德军遂用了3个坦克连,共约坦克40辆,再加上少许支援单位,包括1个3门炮的野炮连和2个连的战防炮在内,发动一次反击。这次反击的目标,并非针对已在进攻吉德达的盟军部队,而是从北面趋向乔伊吉隘道,再钻到盟军在吉德达附近的后方。(原注:德国第十装甲师的先头部队是刚刚到达突尼斯的,其中包括1个新坦克营的2个连——拥有32辆3号坦克和2辆新型4号坦克。这2个连与以前所到达的另一坦克营中的1个连,被立即用于此次反击作战。)

德军分成两个纵队,首先集中攻击布拉德部队,这支部队是奉派保护侧翼,所以兵力分散得很远,因此其中的一部分被冲散和被击破。于是到了下午,德军遂向特布巴挺进,但在尚未达到目标和切断主要公路之前,即为盟军的炮火和轰炸所阻。

但是他们的继续压迫,对于这一条大动脉构成了相当严重的威胁,以致使盟军在吉德达的矛头被撤回到特布巴附近。12月3日,这个压力继续增大,同时内林也只留下极少量的兵力在突尼斯城中担负警卫任务,而把所有能够集中的部队都用来作向心的攻击。那一天夜间,盟军的矛头部队终于被挤出了特布巴地区,他们利用一条沿着河岸的小径,勉强逃出了重围,大部分装备和车辆都被抛弃。在德军的反击中,共计捕获了1000多名俘虏,而他们这个"袋"中还包括50多辆坦克在内。

值得一提的是,最近德军的增援中包括5辆新出产的56吨重的"虎"式(Tiger)坦克,装有长炮管的88毫米炮。这种"巨怪"本是当作一种"秘密武器"来看待,但希特勒决定送几辆到突尼斯来接受战斗的试验,其中有2辆配属给吉德达战斗群参加了这次特布巴的会战。

在以后的几天内,盟军指挥官们计划使用已经增强的兵力,提前重新发动攻势。但由于内林的扩张行动来得太快,所以他们的成功希望不久也就变得极为微弱了。内林现在计划使用其小型装甲部队,从迈杰尔达河之南作一个大迂回,以达到收复迈杰兹巴卜的目的。美国第一装甲师的B战斗群刚刚部署在这里,一方面准备再继续前进,另一方面也想和英军分开,以便能以一个完整的单位来从事战斗。其中的一个前进支队系位于盖萨（Jebel el Guessa），那是在特布巴西南面的一片高地，正俯视着其南面的平原。作为其迂回运动的序曲，德军于 12 月 6 日清晨首先攻击这个观察哨，冲散了那里的守军，美军被迫匆匆撤退，溃不成军。美军虽派兵前往增援，但行动太迟缓，等他们赶到现场时，又遭到德军的攻击，损失颇为惨重。

这次德军新的攻击，加上其所造成的威胁，使得新到的英国第五军军长奥尔弗里中将（Lieutenant General Allfrey）命令在迈杰尔达河以北的部队，从他们在特布巴附近的阵地撤退到 290 高地附近的一个新阵地，这里比较接近迈杰兹巴卜——这座山被英国人命名为"长停山"（Longstop Hill）。此外，他又建议作一个更远的撤退，到达迈杰兹巴卜以西的一线为止。这个建议虽然得到安德森的赞同，但却被艾森豪威尔所否决。不过，"长停山"却又还是撤出了。

艾森豪威尔在 12 月 7 日曾经写了一封私信给他的朋友汉迪将军（General Handy），其中有一段颇为有趣，现将其引述如下："对于我们目前的作战，我想最好的形容就是说它们已经违反一切公认的战争原则，并与教科书中所规定的一切作战和后勤的方法发生了冲突，在今后 25 年之内，所有一切美国指参学院和战争学院的学员们，都会把它们骂得体无完肤。"

12 月 10 日，德军又继续侧进，其兵力包括大约 30 辆中型坦克和 2 辆虎型坦克，但前进到距离迈杰兹巴卜还有 2 英里远的地方，就为一个位置良好的法国炮兵连所阻。当他们离开道路企图迂回时，又暂时被沙坑陷住了，接着美国 B 战斗群又派了一支部队来威胁他们的后方，于是他们就自动撤退。但他们却获得一个意想不到的间接成功：到了天黑之后，B 战斗群开始从其暴露的位置撤退，当他们听到德军来袭的谣言之后，却发生了混乱，沿着一条靠近河岸的泥土小径行动，致使许多坦克和车辆都陷在那里不能移动而只好放弃。这一次灾难也就断送了盟军早日向突尼斯推进的希望，因为此时，B 战斗群剩下来能适于战斗之用的坦克已经只有 44 辆——即仅为其编制的 1/4。所以这两次德军的反击，的确已经有效地破坏了盟军的一切计划和希望。

此时，希特勒又派阿尼姆上将（Colonel-General Jurgen von Arnim）来接任突尼斯轴心国军队的最高指挥官，这支军队现在已改名为第五装甲军团。他在 12 月 9 日从内林手中接管了指挥权，由于已有更多的增援到达，他现在就着手把掩护突尼斯和比塞大的两个环形，扩大成为一个完整的桥头阵地，用 100 英里长的防线将其包围，那也是由许多据点所构成的一条锁链，由比塞大以西约 20 英里的海岸上起,到东岸上的昂菲达维尔(Enfidaville)为止。这个完整的桥头阵地又分为 3 个地区:北区由一个拼凑而成的"布罗伊希"师(Division von Broich)负责防守,这个师是以其师长的姓名来命名的;中区(从乔伊吉隘道以西起到蓬杜法赫[Pont-du-Fahs]以东为止)由第十装甲师负责,这个师是分成许多小单位陆续运来的;南区则由意大利"苏佩尔加"师(Superga Division)负责。迄 12 月中旬,盟军的情报判断是,轴心兵力约为战斗部队 25000 人,行政人员 1 万人,坦克 80 辆——此种判断未免偏之过高。盟军方面的有效战斗部队接近 4 万人——英军 2 万余人,美军 12000 人,法军 7000 人——其总人数当然更多,因为他们的行政组织远较庞大。

部分由于天气恶劣的影响,盟军实力增建得很慢,使安德森不得不展缓其再度进攻的日期。但是到了 12 月 16 日,他终于决定应在 24 日发动攻击,以便利用满月来作步兵的夜间突击。这次攻击中所使用的兵力为英军第七十八师和第六装甲师,以及美国第一步兵师的一部分。

为了获得便于展开的空间,最初的攻击是以收复"长停山"和特布巴以北的 466 高地为目标。但在恶劣天气之下发生了严重的混乱,结果发展成为长期的拉锯战,于是主力的攻击只好又暂时停顿。到了 12 月 25 日,德军完全收复了其原有的阵地——很自然的,他们现在把"长停山"又改名为"圣诞山"(Christmas Hill)。

早在圣诞节的前夕,艾森豪威尔和安德森即已勉强地决定放弃这次攻击——因为一再遭遇挫败,而倾盆大雨又把战场变成泥淖。盟军已经丧失了"向突尼斯的赛跑"。

但是很讽刺的,由于命运的安排,这次的失败反而因祸得福。因为若非盟军这次的失败,希特勒和墨索里尼也许就不会获得时间和鼓励,来继续把大量的援军送入突尼斯,而终于达到 25 万人以上的实力。为了守住这个桥头阵地,这些人必须背靠着敌人所控制的海洋作战,换言之,一旦失败之后,也就绝无逃脱的希望。所以在 1943 年 5 月间,当突尼斯的轴心兵力终于被压倒时,在欧洲的南部,敌人几乎是已经无兵可用,所以盟军在 7 月间侵入西西里岛时,自然也就感到非常的轻松。但假使不是 12 月的失败,则也许就不可能有 5 月间的大胜,于是当盟军进入欧洲时,也就可能会受到严重的阻力。丘吉尔所爱说的"软下腹"(soft under-belly),实际是一个到处多山,地形极为艰险的地区,仅仅由于缺乏防御兵力之故,才会变得如此柔软。

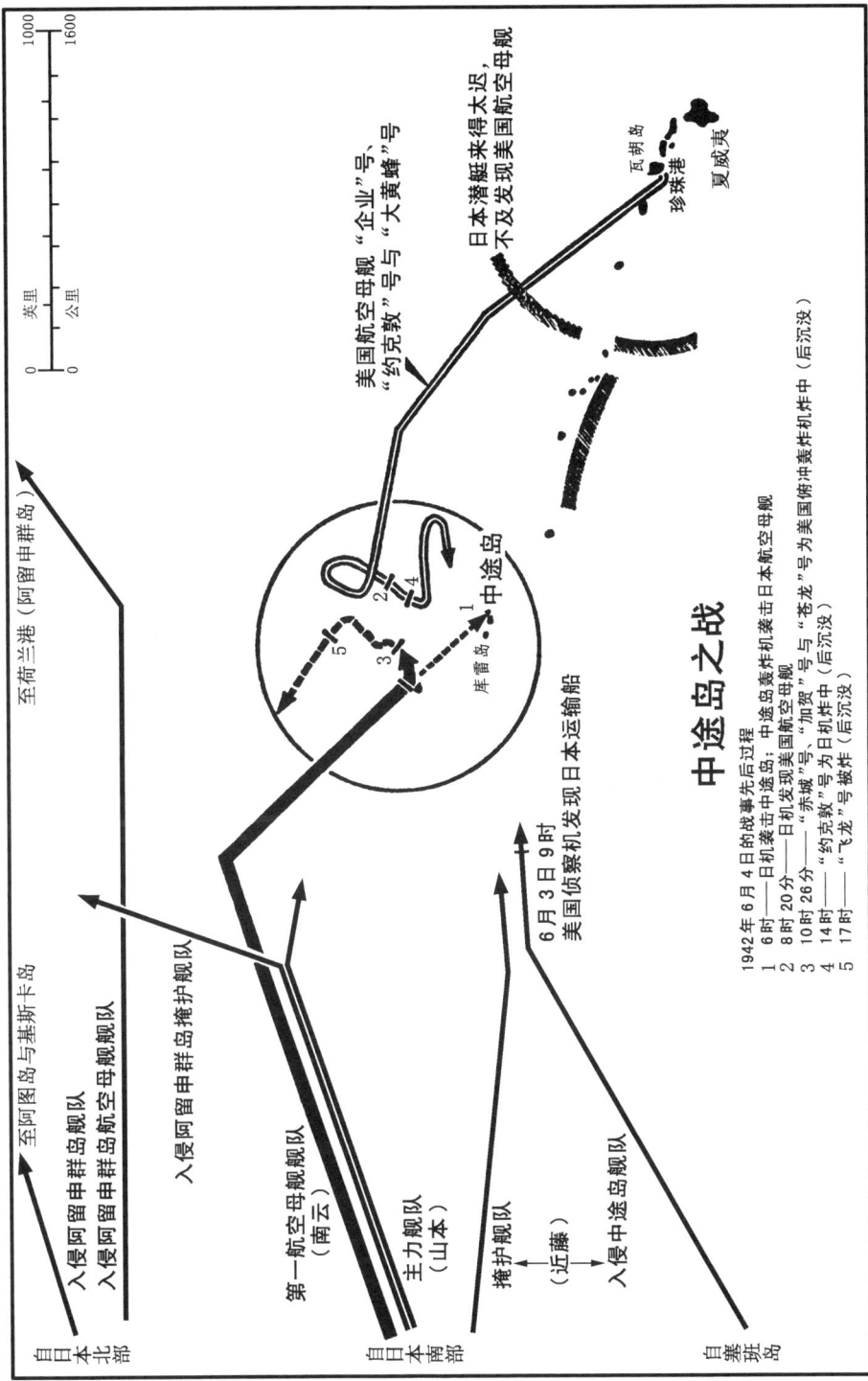

中途岛之战

1942年6月4日的战事先后过程
1 6时——日机袭击中途岛；中途岛轰炸机袭击日本航空母舰
2 8时20分——日机发现美国航空母舰
3 10时26分——"赤城"号、"加贺"号为美国俯冲轰炸机炸中（后沉没）
4 14时——"约克敦"号与日机炸中（后沉没）
5 17时——"飞龙"号被炸，"苍龙"号为美国俯冲轰炸机炸中（后沉没）

美国航空母舰"企业"号、"大黄蜂"号、"约克敦"号

日本潜艇来得太迟，不及发现美国航空母舰

瓦胡岛
珍珠港
夏威夷

至阿图岛与基斯卡岛
至荷兰港（阿留申群岛）
入侵阿留申群岛舰队
入侵阿留申群岛航空母舰舰队

中途岛
库雷岛

第一航空母舰舰队
（南云）
主力舰队
（山本）
掩护舰队
（近藤）
入侵中途岛舰队

6月3日9时
美国侦察机发现日本运输船

自日本北部
自日本南部
自塞班岛

英里
公里
0   0

1000
1600

·按原图译制·

· 329 ·

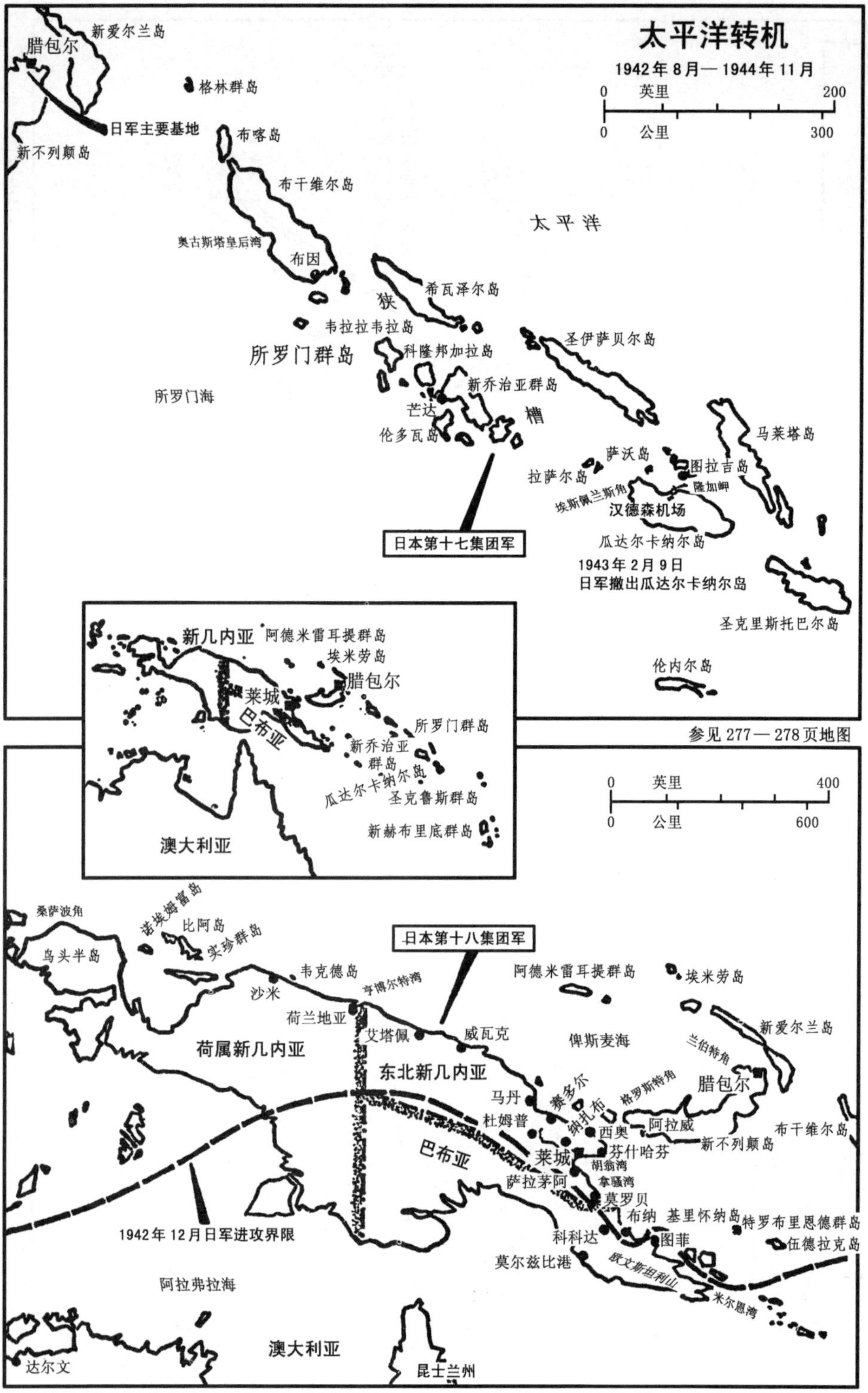

太平洋转机
1942年8月—1944年11月
0 英里 200
0 公里 300
腊包尔
新爱尔兰岛
格林群岛
日军主要基地
新不列颠岛
布喀岛
布干维尔岛
奥古斯塔皇后湾
布因
太平洋
希瓦泽尔岛
狭
韦拉拉韦拉岛
所罗门群岛
科隆邦加拉岛
圣伊萨贝尔岛
新乔治亚群岛
所罗门海
芒达
槽
伦多瓦岛
马莱塔岛
萨沃岛
拉萨尔岛
图拉吉岛
埃斯佩兰斯角
隆加岬
汉德森机场
日本第十七集团军
瓜达尔卡纳尔岛
1943年2月9日
日军撤出瓜达尔卡纳尔岛
圣克里斯托巴尔岛
伦内尔岛
新几内亚
阿德米雷耳提群岛
埃米劳岛
腊包尔
莱城
巴布亚
所罗门群岛
新乔治亚
群岛
瓜达尔卡纳尔岛
圣克鲁斯群岛
新赫布里底群岛
澳大利亚
0 英里 400
0 公里 600
桑萨波角
诺埃姆富岛
比阿岛
鸟头半岛
实珍群岛
韦克德岛
亨博尔特湾
日本第十八集团军
阿德米雷耳提群岛
埃米劳岛
沙米
荷兰地亚
艾塔佩
威瓦克
俾斯麦海
新爱尔兰岛
兰伯特角
荷属新几内亚
东北新几内亚
格罗斯特角
腊包尔
马丹
赛多尔
纳扎布
杜姆普
西奥
阿拉威
布干维尔岛
新不列颠岛
巴布亚
莱城
芬什哈芬
胡翁湾
萨拉茅阿
拿骚湾
莫罗贝
布纳
基里怀纳岛
特罗布里恩德群岛
科科达
图菲
伍德拉克岛
1942年12月日军进攻界限
莫尔兹比港
欧文斯坦利山
米尔恩湾
阿拉弗拉海
澳大利亚
达尔文
昆士兰州

参见277—278页地图

·按原图译制·

第二十三章　在太平洋的潮流转向

日本在太平洋的攻势目的,就是要建立其所谓的"大东亚共荣圈",在4个月之内,这个目的实际上几乎可以说是已经达到了。那时,马来亚和荷属东印度已经完全被征服,此外还有香港,而菲律宾的全部与缅甸的南部也已经差不多如此。在次一个月之内,科雷希多岛(Corregidor)要塞的投降,遂使美国人丧失了在菲律宾的最后立足点。一个星期之后,英国人也被逐出了缅甸,退回到印度,而中国与其同盟国之间的陆上交通线也从此完全被切断。对于这样巨大的征服成果,日本人所付出的代价一共仅约为人员15000名、飞机380架和驱逐舰4艘而已。

在这样一连串的轻松胜利之后,日本人自然很不愿意依照其原定的战略计划,再回转到防御的态势。他们害怕这样的转变可能会导致战斗精神的逐渐衰退,同时也会使经济基础远较强大的西方敌国获得一个恢复的喘息机会。尤其是日本海军,急于想消灭美国人在太平洋方面可能卷土重来的两个基地——夏威夷和澳洲。诚如他们所指出的,美国海军的航空母舰仍可在夏威夷从事作战,而澳洲更是明显地已经变成一个反攻的跳板和防御的堡垒。

日本陆军,由于其心理还是以中国大陆(包括东北在内)为焦点,所以不愿意再派遣更多的部队来满足这种远征的要求,尤其是想侵入澳洲的话,则所需的作战时间可能很长,而所需的兵力也可能很大。陆军在联合舰队所草拟的攻占锡兰计划中,即早已拒绝合作。

日本海军的领袖们,希望能在两个方向中的一面再作一次成功的攻击,于是凭借这种成功也许能够克服陆军领袖们的反对,足以说服他们提供部队来完成这种远征作战,但是究竟何者为最佳的一面,他们自己之间又有了不同的意见。山本大将和联合舰队司令部方面,是主张采取攻击中途岛的计划(该岛在珍珠港以西1000英里)——用这个行动为饵以吸引美国太平洋舰队出而应战,于是再将其击灭。海军军令部(即参谋本部)则主张通过所罗

门群岛（Solomon Islands）以攻占新喀里多尼亚（New Caledonia）、斐济（Fiji）和萨摩亚（Samoa）等岛屿，其目的为切断美国与澳洲之间的海上交通线。后者的计划，即孤立澳洲的计划，在辩论上是比较有重量，因为在对澳洲构成包围圈的任务上，日本人早已有相当的进展。到 3 月底他们已经从腊包尔（Rabaul）进入了所罗门群岛以及新几内亚的北岸。

1942 年 4 月 18 日，美国飞机空袭东京，遂使此种有关海军计划的争辩暂时发生了中断，并改变了方向。

东 京 空 袭

这个对日本国都（其本土的心脏）的空中攻击，是具有替珍珠港报仇的意义，从 1 月起就开始进行策划。由于在太平洋中任何尚存的美国基地都距离日本过远，所以这次空袭必须由海军航空母舰来执行。但由于日本人已在距离其本土 500 英里以外的海洋上建立了一道由哨戒船（Picket Boat）所构成的警戒线，所以攻击的飞机必须要在大约 550 英里远的距离起飞，包括来回在内，则航程至少应为 1100 英里——那对海军航空母舰上的飞机而言，实在是太远了。而且美国海军现在所有的少数几艘航空母舰可以说是非常的珍贵，要它们在原地等候飞机返回，也是一种不敢轻言尝试的冒险。所以就决定使用美国陆军的飞机，那不仅是航程较长，而且在轰炸了东京之后，它们也就可以向西飞到中国的机场去降落。

这也就要求 2000 英里以上的航程，及在航空母舰上起飞的能力。于是选定了 B-25 米切尔（Mitchell）式轰炸机，此种轰炸机加上额外的油箱，可以携带 2000 磅炸弹，飞行 2400 英里。在杜立德中校（Lieutenant-Colonel James H. Doolittle）领导之下，驾驶员熟练了短距离起飞和长程水面飞行的技术。由于 B-25 的体型太大不能储藏在母舰甲板之下，而须放在甲板上，同时还必须留出足够的空间以供它们起飞之用，所以航舰上一共只携载了 16 架飞机。

4 月 2 日，选定执行此项任务的航空母舰"大黄蜂"号（Hornet），在巡洋舰与驱逐舰护航之下，从旧金山启程。4 月 13 日，第十六特遣部队和它们会合在一起，后者是以航空母舰"企业"号（Enterprise）为基干而组成的，其任务为提供空中支援——因为"大黄蜂"号本身的飞机都已被藏入甲板之下。在 4 月 18 日的清晨，这支航空母舰部队已被一艘日本巡逻艇所发现，而此时距离东京尚在 650 英里以外。海军指挥官海尔赛中将（Vice-Admiral Willam F. Halsey）遂与杜立德商议,他们所获得的一致结论是,宁可让轰炸机立即起飞,而不考虑所要飞过的额外距离,以后证明这是一个聪明而幸运的决定。

在 8:15 时到 9:24 时之间,轰炸机在波涛汹涌的海面上起飞,这些轰炸机于 4 个小时之内到达了日本,使防御者受到了奇袭,并在东京、名古屋、神户等地投下了它们的炸弹(包括燃烧弹),然后在一种顺风(tail wind)帮助之下向中国飞行。很不幸的,由于误会,衢州机场却并未作接受它们的准备,结果使那些机员只好迫降或跳伞。在 82 个人当中,有 70 人安全归来——其中有 3 个没有回来的已被日本人所杀害,其所持的理由是轰炸非军事性目标。2 艘航空母舰都安全地撤退,并于 25 日回到了珍珠港。

另一件幸运的事情是,尽管日本已经获得其巡逻艇的警告,但日本人却以为空袭的来临将会迟一天——即在 19 日。因为照他们估计,航空母舰必须达到够近的位置始能使其轰炸机起飞。到了那时,日本的空军也就有了准备,而南云中将的航空母舰也会赶到指定的地点来向美国舰队发动一个反击。

这次空袭的主要成就乃为激励美国人的士气,因为自从珍珠港事变之后,美国人的心理已经发生了严重的动摇。不过它也同时迫使日本把 4 个陆军的战斗机大队保留在国内,以供东京及其他城市防空之用。此外又促使日本人动用 53 个营的兵力,来对中国的浙江省作一次惩罚性的作战,因为美国人的轰炸机是在那里降落的。可是更重要的效果是,使日本除了企图切断澳洲与美国之间的联系以外,为了预防下一次的空袭,遂又决定进行对中途岛的作战。这种分散兵力的两面进攻,显然是违反了集中的原则。

在修改后的日本计划中,其第一方面的行动又再分为两部分:一方面向所罗门群岛深入,攻占图拉吉(Tulagi),并企图利用它来作为一个水上飞机的基地,以便掩护再向西南方进一步的跃进。另一方面企图攻占新几内亚南岸的莫尔兹比港(Port Moresby),以使澳洲的昆士兰(Queensland)进入日本轰炸机的航程之内。于是在山本指挥之下的联合舰队,接着就要去执行攻占中途岛以及西阿留申群岛的若干要点。如果能如愿地把美国太平洋舰队予以击灭,则第三个行动就是继续再向东南方前进,以切断美澳之间的海上交通线。

这些行动中的第一个引起了珊瑚海(Coral Sea)会战,第二个引起了中途岛会战,而第三个则引起了长期而激烈的瓜达尔卡纳尔岛(Guadalcanal)争夺战,该岛是靠近图拉吉的一个大岛。

这种兵力分散的日本计划所产生的一个讽刺的和间接的效果,正好弥补了美国计划作为和指挥安排中的一个裂缝。

在 4 月初,美国已经负起了对整个太平洋的作战责任,只有苏门答腊例外,而苏门答腊和印度洋地区则仍由英国负责,中国是另成一个独立战区,但却受到美国的援助。美国本身所负责的地区又划分为两大分区——西南太平洋战区由麦克阿瑟将军负责,其总部设在澳洲;中太平洋战区由尼米兹上将(Admiral Chester W. Nimitz)负责,其总部设在夏威夷。他们两位都是强人,很可能会发生冲突。日本人的计划却使他们各有用武之地,所以可以不必争功。而他们双方领域的分界线又恰好在所罗门群岛附近,日军在那里的两栖威胁,要求麦克阿瑟的陆军和尼米兹的海军必须联合运用,于是他们之间也就必须发展出一种合作的安排。

珊 瑚 海 会 战

准备进行第一个行动的日本地面和空中兵力,都集结在新不列颠(New Britain)的腊包尔,而海军则集结在加罗林群岛中的特鲁克岛(Truk)附近,该岛位于北面 1000 英里的地方。在被指定担任两个攻击任务的两栖作战部队的后方,又有一个航空母舰攻击部队,准备随时击退美国人的干涉行动。这支部队以航空母舰"翔鹤"号和"瑞鹤"号为基干,加上护航的巡洋舰和驱逐舰,一共搭载着 125 架海军飞机(42 架战斗机和 83 架轰炸机)。在腊包尔另有飞机 150 架可以用来支援。

美国的情报(这是同盟国方面的主要优点)已经发现了日本计划的主要线索,于是尼米兹将军也把他所有一切能动用的兵力都向南方运送——2 艘航空母舰——"约克敦"号(Yorktown)和"列克星敦"号(Lexington)从珍珠港出发,载有飞机 141 架(战斗机 42 架,轰炸机 99 架),另有两批巡洋舰担任掩护的任务。(另外两艘航空母舰"企业"号和"大黄蜂"号在空袭东京之后刚刚回来,也奉命向珊瑚海赶去,但是到达太迟未能赶上会战。)

5 月 3 日,日军在图拉吉登陆,在无抵抗的情况下占领了该岛——岛上少量的澳洲守兵已经事先闻风撤走,那时"列克星敦"号正在海上加油,而在弗莱彻海军少将(Rear Admiral Fletcher)指挥之下的"约克敦"号则距离现场更远。但在次日,当它距离图拉吉约 100 英里时,还是向该岛发动好几次攻击。除了击沉 1 艘日本驱逐舰以外,便无其他的成果。而"约克敦"号本身未受到报复只能归之于侥幸。因为 2 艘日本航空母舰为了运送一批战斗机已经前往腊包尔——那是为了省事而离开了图拉吉。这是双方所犯一连串错误或误解的开端,美国人最后在兵力平衡上获得了利益,也应归功于这些错误和误解。

现在井上所指挥的日本航空母舰群向南驶来,经过了所罗门群岛的东方,而绕道进入了珊瑚海,希望能从后面偷袭美国的航空母舰部队。此时,"列克星敦"号已和"约克敦"号会合,正在往北驶,企图拦截前往莫尔兹比港的日本侵入部队。5月6日——即科雷希多岛投降的黑暗日子——双方航空母舰部队都在搜寻对方却并未发生接触——虽然有一度它们之间仅隔了70英里的距离。

7日清晨,日本的搜索机群报告它们已经发现了1艘航舰和1艘巡洋舰,于是井上立即命令对这2艘敌舰加以轰炸,并迅速予以击沉。但实际上,它们不过是1艘油轮和1艘护航驱逐舰,所以时间和努力都是浪费了。同日黄昏,井上又尝试另一次较小规模的攻击,但结果却使他所用的27架飞机损失了20架。此时,弗莱彻的母舰飞机,也同样被一件错误报告引入歧途,把力量用来攻击日军掩护莫尔兹比港侵入军的舰队。在这次攻击中,它们击沉了轻型航空母舰"祥凤"号,一共只花了10分钟——这在整个战争记录中要算是最快的一次。一个比较重要的战果是,日本人因此而暂时放弃了侵入行动,并命令其部队撤回。这是由于攻击错误所得的意外收获。

5月8日上午,双方的航空母舰部队终于交手了。双方的实力十分接近,日本人有飞机121架,而美国人则有122架。双方的护航兵力也几乎是势均力敌——日本方面为4艘重型巡洋舰和6艘驱逐舰,美国方面则为5艘重型巡洋舰和7艘驱逐舰。不过日本人却进入了一个云带,而美国人则在晴空之下作战。这使得"瑞鹤"号始终未受到美国飞机的注意。不过,"祥鹤"号却中了三弹,负伤颇重而必须撤离战场。在美国方面,"列克星敦"号中了两枚鱼雷和两颗炸弹,接着发生了爆炸而不得不放弃这艘有历史意义的名舰——美国水兵们一向尊称它为"列夫人"(Lady Lex)。"约克敦"号只中了一颗炸弹,安全地逃脱了。

下午,尼米兹命令航空母舰部队撤出珊瑚海——由于对莫尔兹比港的威胁至少是暂时已经解除。日本人也退出了现场,并相信美国的2艘航舰均已沉没。

以绝对损失而言,美国在飞机方面损失较轻:74架对80余架。美军在人员方面的损失为543人,而日军则超过了1000人,但美国却损失了1艘舰队重型航舰,而日本则仅损失了1艘轻型航舰。不过比较重要的是,美国人还是阻止了敌人达成其战略目标——攻占新几内亚的莫尔兹比港。而现在美国人

凭借其优异的技术,迅速修复"约克敦"号,使其能够勉强如期赶上次一阶段的太平洋大战,而日本方面在珊瑚海会战中负伤的 2 艘航舰,却未能在第二次更具有决定性的会战中登场。

珊瑚海会战是有史以来第一次双方舰队在彼此不见面的情况下交战,其距离从战舰的最大极限约 20 英里,伸展到航空母舰彼此相距约 100 余英里。不久,我们就可以再看到一次更大规模的海战——那就是中途岛会战。

中 途 岛 会 战

日本的大本营在其 5 月 5 日的命令中,即已决定了这个次一阶段的作战。联合舰队司令部所拟定的计划是异常的宏大而详尽,但却缺乏弹性。几乎整个日本海军都被用在这次作战中。一共差不多动用了 200 艘舰艇,其中包括 8 艘航空母舰、11 艘战斗舰、22 艘巡洋舰、65 艘驱逐舰、21 艘潜艇。协助它们的还有 600 多架飞机。尼米兹上将一共只勉强集中了 76 艘舰艇,而其中有 1/3 是属于北太平洋的兵力,根本就不曾参加会战。

对于主要的中途岛作战,日本人一共使用了:(1)一个先遣潜艇部队,分成三线巡逻,具有击灭美国海军对抗行动的意图;(2)一支侵入部队由近藤中将指挥,用 12 艘有护航的运输船,载运着部队 5000 人,担负密切支援的为 4 艘重型巡洋舰,而一支较远距离的掩护部队则有 2 艘战斗舰、1 艘轻航空母舰和另外 4 艘重型巡洋舰;(3)南云中将的第一航空母舰部队,包括 4 艘舰队重型航舰——搭载飞机 250 架以上——由 2 艘战斗舰、2 艘重型巡洋舰和 1 队驱逐舰担负护航的任务;(4)山本大将所直接指挥的主力舰队,包括有 3 艘战斗舰,加上驱逐舰的屏障和 1 艘轻型航空母舰。其中有 1 艘战斗舰为最近建造完成的巨无霸"大和"号(Yamato),排水量 7 万吨,装有 18 英寸炮 9 门,为山本的旗舰。

对于阿留申的作战,日本人所分配的兵力有:(1)一支侵入兵力由 3 艘有掩护的运输船组成,搭载部队 2400 人,加上一个由 2 艘重型巡洋舰所组成的支援群和一支包括 2 艘轻型航空母舰的航舰部队;(2)一支掩护部队则有 4 艘较旧的战斗舰。

这次会战的发起是在阿留申方面,以 6 月 3 日对荷兰港(Dutch Harbor)的空袭为起点,接着日军应于 6 月 6 日在 3 个地点突击登陆。6 月 4 日,南云的航空母舰飞机也应攻击中途岛上的机场;而次日即应占领库雷环礁(Kure

Atoll）（在中途岛以西 60 英里），并用它来当作一个水上飞机的基地。6 月 6 日，巡洋舰将炮击中途岛，而部队也开始突击登陆，这整个侵入行动则由近藤的战斗舰担负掩护之责。

日本人所料想的是在日军登陆之前，在中途岛地区是不会有美国军舰出现，因为他们希望美国太平洋舰队在听到阿留申已经受到空袭之后，就会兼程向北面赶去，于是也就可能使它陷落在日本两大航空母舰部队之间。但在追求此种战略目标（即击灭美国航空母舰）时，日本人的战术安排却使他们自己受到妨碍。由于 6 月初有比较有利的月光条件，所以山本不愿意等候"瑞鹤"号将其在珊瑚海所损失的飞机补充完全就决定先发动攻击，否则那些飞机即可用来增援其他的航舰。至于在一共可用的 8 艘航空母舰中，有 2 艘已经阿留申方面，2 艘用来配合战舰群，所以只剩下 4 艘可充任攻击的主力。同时，舰队的行动在速度上已受到缓慢运兵船的拖累。此外，假使日本人的主要目的是击灭美国的航空母舰，而并非仅为攻占中途岛，则对于阿留申方面采取分散的行为，似乎也就很难说得上是有理由。而最糟的还是为了在固定时间内攻占固定的点，遂使他们自己的行动备受拘束，而丧失了一切的战略弹性。

在美国方面，尼米兹的主要烦恼即为日本人的兵力优势。自从珍珠港事变之后，他已经没有战斗舰可用，而在珊瑚海会战之后，又只剩下 2 艘适合于战斗之用的航空母舰——"企业"号和"大黄蜂"号。不过依赖一种惊人的努力，它们又终于增加到了 3 艘——因为"约克敦"号只花了两天的时间就修好了，而据正常的估计应该需要 90 天。

不过，尼米兹也有一个巨大的利益，足以抵补兵力的劣势，那就是在情报方面的优势。3 艘美国航空母舰，连同它们的 233 架飞机，是位在中途岛以北相当远的地方，所以也是在日本侦察机的视线以外，但以中途岛为基地的长程"卡塔林那"式（Catalina）飞机，却可以提早把日军的行踪报告它们。这样它们也就希望能对日本海军作一个侧面的攻击。6 月 3 日，即为美国航空母舰就位后的一天，空中侦察即已在中途岛以西 600 英里的海面上，发现了缓慢行动中的日本运输船。日本飞机在搜索时所采取的典型是有相当大的空隙，所以容许美国航舰从东北面接近而不被发现。同时，山本和南云都相信美国太平洋舰队不在附近的海上，这也使他们在行动上获得很多的方便。

6 月 4 日清晨，南云以其飞机中的 108 架对中途岛发动一次攻击，另外还保留相当数量的飞机，以便发现任何敌方军舰时即可立即加以攻击。第一波攻击即使中途岛上的设施受到了重大的损毁，而日机的损失极为轻微，但他们

向南云的报告却认为有再度攻击的必要。因为他们自己的航空母舰正受到从中途岛起飞的美机轰炸，所以南云也认为有彻底摧毁该岛机场的必要，遂命令其控制的第二波飞机全部将鱼雷换成炸弹，以执行此项任务；因为截至此时为止，还没有发现美国航空母舰的踪影。

不久之后，就有报告传来说，约在 200 英里之外已经发现一群美国舰船；不过最初还只认为是一些巡洋舰和驱逐舰。但到了 8:20 时，又来了一个比较精确的报告，说其中包括有 1 艘航空母舰。这实在使南云处于一种极为狼狈的情况，因为他的大多数鱼雷轰炸机现在都已换装了炸弹，而他的大多数战斗机又都在空中巡逻。同时他又正在收回第一波出击中途岛的飞机。

尽管如此，由于接获这个消息之后，南云就改取东北的航向，所以也就逃过了美国航空母舰派来攻击他的第一波俯冲轰炸机。以后在 9:30 时到 10:24 时之间，虽又有三批鱼雷轰炸机（那是速度很慢的飞机）连续向日本航空母舰进攻，但在 41 架飞机中，就有 35 架被日本战斗机和高射炮击落。在这个时候，日本人感觉到他们已经赢得了这一次的会战。

但在两分钟之后，从"企业"号上来的 37 架俯冲轰炸机，在麦克劳斯基少校（Clarence W. McClusky）率领之下，从 19000 英尺的高空冲下来，那是完全出乎日本人的意外，所以也就没有遇到任何的抵抗。日本战斗机刚刚才击落了第三波的鱼雷轰炸机，所以也就没有机会来得及爬高和反击。南云的旗舰"赤城"号首被攻击，那些正在甲板上换装炸弹的飞机均被炸中，而许多鱼雷也都发生爆炸，迫使舰上的官兵弃船。"加贺"号的舰桥也被炸毁，从头到尾都成了一片火海，黄昏时终于沉没。"苍龙"号被从"约克敦"号上飞来刚刚赶到现场的俯冲轰炸机命中了 3 颗半吨重的炸弹，于是在 20 分钟后也被迫弃船了。

现在日本方面所仅存无恙的一艘航空母舰"飞龙"号就集中全力向"约克敦"号反击，在那天下午使其受到重创而终被放弃——该舰在珊瑚海会战时即早已负伤颇重，虽经抢修后赶来参加这场会战，其实力早已大为减弱。但是到下午会战将结束的时候，24 架美国俯冲轰炸机，包括从"约克敦"号上飞来的 10 架在内，又抓住了"飞龙"号，使其受到严重的打击。于是到了 5 日凌晨，日本人只好将其放弃，而到 9:00 时它也终于沉没。

这个 6 月 4 日的会战，是海军历史上所仅见的一次，其命运的变化是如此地奇特而迅速，同时也证明在此种运用远程海空战斗的新型会战中，机会的因素是相当地大。

山本听到其航空母舰部队惨败的消息之后，其第一个反应是一方面命令

他的战斗舰前进,另一方面召回其在阿留申方面的 2 艘轻型航空母舰——他仍然希望打一次比较旧式的海战来挽回命运。但由于"飞龙"号丧失的消息继续传来,再加上南云的悲观报告,遂使山本也改变了决心。6 月 5 日清晨,山本决定中止对中途岛的攻击。他仍然希望能够把美国人引入陷阱,所以他向西撤退,以等待敌人的追击。但是在这个紧要的一战中指挥 2 艘美国航空母舰"企业"号与"大黄蜂"号的斯普劳恩斯少将(Admiral Raymond A. Spruance),却是勇敢和慎重兼而有之,所以山本的妙计遂未得逞。

此际,日本人在北太平洋方面对阿留申群岛的攻击,已在 6 月 3 日清晨按预定计划实施。分配给这个作战的 2 艘轻型航空母舰,对荷兰港派出了 23 架轰炸机和 12 架战斗机。这是一支太小的兵力,除非是运气特别好,否则绝难产生重大的效果;实际上由于地面为云雾所遮掩,所以几乎没有什么损毁。次日天气较佳,日军再度攻击,虽然能命中若干目标,但效果极为有限。于是到了 6 月 5 日,这 2 艘航舰又被召南下去协助主力作战。不过在 6 月 7 日,日本的小型海运部队还是照计划登陆,在无抵抗的情况之下,占领了三个岛中的两个——基斯卡(Kiska)和阿图(Attu)——这也是他们的指定目标。对于这一点成就,日本人却大事宣传,以求抵消他们在中途岛的惨败。从表面上看来,这两个点的被攻占似乎是一种重要的收获,因为阿留申群岛是横跨着北太平洋,靠近旧金山与东京之间的最短航线。但事实上,这些荒凉的小岛经常为云雾和积雪所封锁,根本就不适宜作为空军或海军基地,以从事越过太平洋的前进。

总之,1942 年 6 月的作战对于日本人而言是一次惨重的失败。他们在中途岛战斗中丧失了 4 艘舰队航舰和大约 330 架飞机,大部分都是和航舰一同沉没的,此外还有 1 艘重型巡洋舰——而美国人的损失则仅为 1 艘航空母舰和大约 150 架飞机。在美国方面,主要的兵器即为俯冲轰炸机——成为强烈对比的是,鱼雷轰炸机有 90% 被击落,而陆军的巨型 B-17 轰炸机,证明对舰船的攻击是没有太大的效果。

除了上文中所提到的那些基本战略的错误外,日本人同时也因为其他各种毛病而吃了很大的亏。在"指挥"方面最大的毛病是山本五十六实际上是被孤立在其旗舰"大和"号的舰桥上,对于作战未能作全盘的控制;南云则已经丧失了他的理智,而海军的传统使山口和其他的将领们宁愿和他们的船只一同沉到海底,而不设法去恢复主动。反之,尼米兹因为始终留在岸上,所以能够对战略情况保持着严密的全面控制,这和山本的情形恰好成一强烈对比。

一连串的战术错误更增加了日本人的困难——搜索飞机飞行的架次不够,所以未能提早发现美国的航舰;在高空缺乏战斗机的掩护;舰上救火的设备太差;4艘航舰上的飞机同时出击,这也就是说所有的飞机将要同时收回和再装备,所以有一段时间整个舰队完全没有攻击力。当正在作这些换装(由炸弹改换鱼雷)时,舰队又同时向敌军前进,这也就使美国飞机更易于发现其位置,而且在其战斗机尚来不及自卫时就将其击中。造成这些错误的大部分原因,乃是由于过度的自信。

一旦当日本人丧失了这4艘舰队航舰,连同其有良好训练的飞行人员之后,虽然他们在战斗舰和巡洋舰两方面仍继续保有优势,但那已无太多的价值。因为只有在他们自己陆上基地的飞机可以掩护的地区内,这些军舰才敢于冒险出动——而日本人在长期的瓜达尔卡纳尔争夺战中之所以终归失败,其主因又正是缺乏制空权。这次中途岛会战给予美国人一次无价的喘息机会,因为一直到这一年的年底,他们的新型"埃塞克斯"级(Essex Class)舰队航舰才开始能够参加战斗。所以可以很合理地说,中途岛会战实为一个重大的转机,并终于决定了日本最后败亡的命运。

中途岛以后的西南太平洋

虽然中途岛一战的结果严重地妨碍了日本人在西南太平洋的前进,但却还是不曾完全阻止它。尽管日本人已经不再能使用其舰队来推动侵略,但他们却仍要继续前进,而且还分为两个方向——一在新几内亚,越过该岛东部的巴布亚半岛(Papuan Peninsula)作陆上的进攻;另一在所罗门群岛,采取一种逐岛跃进的方式,并沿着岛链建立机场以掩护连续的短程跃进。

新几内亚和巴布亚

当日本人在1941年12月投入战争之时,澳洲作战部队的大部分都在北非加入英国第八军团的序列——虽然在紧急时,这些部队是可以召回的。尽管新几内亚是那样地接近澳洲本土,但在那里比较强大的兵力却只有一个旅级的部队,驻在位于南岸的巴布亚首府莫尔兹比港。在新几内亚的北岸,以及在俾斯麦群岛和所罗门群岛上的少许澳洲驻防部队,都是在看到日本人要来时就先行撤退了。但对于莫尔兹比港却认为有防守的必要,因为如以那里为基地,日本人的空中攻击即可以达到澳洲大陆上的昆士兰。很自然的,澳洲人民对于这样的威胁是十分地敏感。

早在 1942 年 3 月,日本人以腊包尔为基地,已经在新几内亚北岸的莱城(Lae)登陆,那里已经很接近巴布亚半岛。但如上文所说,由于 5 月间珊瑚海无决定性会战的结果,日本的海运远征部队在尚未达到莫尔兹比港之前又退回了原处。此时,麦克阿瑟将军已奉派为西南太平洋地区的盟军总司令。在 6 月初中途岛会战之后,盟军的地位,无论为直接的或间接的,都已经变得比过去远较安全,因为澳洲部队的大部分现在都已经回国,而新的师也正在编组中;同时美国也已经把 2 个师和 8 个航空大队(Air Group)置于澳洲。在巴布亚,澳军的实力也已经增强到 1 个师以上——在莫尔兹比港驻有 2 个旅,在该半岛东端的米尔恩湾(Milne Bay)又驻有第三个旅;另有 2 个营则沿着科科达(Kokoda)小径向在北岸的布纳(Buna)推进,其目的是想要在那里建立一个空军基地,以便掩护计划中沿新几内亚海岸向西的两栖前进。

但到了 7 月 21 日,这个行动就受到了阻止,而显然正在销蚀中的日本威胁,又死灰复燃。作为其企图再度攻占莫尔兹比港行动的一部分——这回是准备采取陆上进攻的方式——日军 2000 余人已在布纳附近登陆。接着在 29 日,盟军又受到进一步的震惊,日本人又已经攻占科科达,在横越半岛的距离上是差不多去了一半。到了 8 月中旬,日军的兵力已经增加达 13000 人以上,他们正在压迫澳军沿着丛林小径向后撤退。虽然在这里半岛的宽度不过 100 多英里,但因为小径必须越过欧文斯坦利山脉(Owen Stanley Mountains),其中有一处高达 8500 英尺,所以补给运输日益困难——这自然是对攻击者不利——而盟军的空中攻击又更增大了此种困难。在一个月之内,日军前进终于停顿,距离其目标只差 30 英里左右。同时,一支小部队的日军(1200 人,以后增到 2000 人),于 8 月 25 日也在米尔恩湾登陆,经过 5 天的激烈战斗之后,到达该处机场的边缘,但受到澳军的反击而被迫退回到船上。

到 9 月中旬,麦克阿瑟已经把第六和第七 2 个澳洲师的主力,外加 1 个团的美军,集中于巴布亚境内准备发动攻势。23 日,西南太平洋盟军地面部队总司令,澳洲籍的布拉梅将军(General Sir Thomas Blamey)到达了莫尔兹比港,开始指挥这次作战。当盟军反攻科科达和布纳时曾受到日军猛烈的抵抗,不过由于大量使用空运之故,盟军的补给困难却可以获得解决。日本人在山脉最高峰附近的坦普尔顿路口(Templeton's Crossing),本已构筑三道连续的防御阵地,但到 10 月底,其最后一道防线也还是被盟军攻克。11 月 2 日,澳军收复科科达并重新开放那里的机场。日本人尝试在库穆西河(Kumusi River)上再建立一个新的立足点,但由于盟军不仅用空投的方式获得了架桥的器材,而且另外一批美澳部队也用空运到达北岸,构成侧面威胁,所以日军的防御很快就被击破。

尽管如此,日军在布纳附近还是作了长期的固守,直到 1943 年 1 月 21 日,在盟军援兵纷纷从海上和空中到达之后,日本人在海岸的最后据点才终被消灭。在 6 个月的作战中,日本人一共损失了 12000 人以上。澳军的战斗损失为 5700 人,美军为 2800 人,一共为 8500 人——但在热带湿热和疟疾流行的丛林中,他们患病的人数却高达此数的 3 倍。但他们却已经证明,即令在如此恶劣的丛林条件之下,他们还是能够成功地与日本人战斗,而以各种不同形式来表现的空权,也可以提供一种决定性的利益。

瓜达尔卡纳尔

由于麦克阿瑟和尼米兹两位将军同样都希望能利用中途岛的胜利,以使在太平洋的作战迅速转守为攻,因此瓜达尔卡纳尔战役遂成为其自然发展的结果。他们的愿望也分别受到在华盛顿的上级马歇尔和金恩的支持,不过其条件却是这种攻势必须与美英两国共同协议的大战略相配合,那就是"首先击败德国"的构想,对于任何提早的反攻来说,惟一可行的领域即为西南太平洋,这也是一致同意的。但同时也非常自然的,究竟应由谁来指导和指挥这次反攻的问题,却不免引起争论。现在由于敌人在中太平洋,对于夏威夷群岛的压力不仅减轻而且已经消除,所以海军对于这个本质为两栖性的作战,当然非常希望能充分表现其能力。仅仅是非常勉强的,金恩才同意接受"先击败德国"的大战略构想和为了这个目的而在英国增建美国兵力的政策。在 1942 年,由于英国人反对提早发动越过海峡的攻击,遂使马歇尔反过来想对太平洋方面的作战予以第一优先,金恩对于这种观点的转变大为高兴,虽然那不过只是暂时性的昙花一现而已——因为罗斯福总统是不可能赞成对政策作这样肯定的改变。

但是,当有关在西南太平洋地区转守为攻的问题达成协议之后,至于由谁负责指挥的辩论也就立即尖锐化,在 6 月底是最为激烈。结果又还是一种折衷的解决,那是由马歇尔所提出,而在 7 月 2 日用参谋首长联席会议指令的形式来发布的。这个攻势被分为三个阶段来执行。第一个阶段为占领圣克鲁斯群岛(Santa Cruz)和所罗门群岛的东部,尤其是图拉吉和瓜达尔卡纳尔。为了这个目的,陆海军的境界线也要移动,以便使这个地区落在尼米兹的辖区内,所以这个攻势的第一阶段自然由尼米兹负责指导。第二阶段为攻占所罗门群岛的其余部分,以及新几内亚的海岸直到胡翁半岛(Huon Peninsula)为止,即刚刚超过莱城的地区。第三阶段为攻占日本人在西南太平洋的主要基地腊包尔,以及俾斯麦群岛的其余部分。这两个阶段在修改了境界线之后,也就都落入麦克阿瑟的指导之下。

此种折衷的计划使麦克阿瑟深感不满,自从中途岛胜利之后,他就主张对腊包尔发动一个迅速和大规模的攻击,他深信他能够很快地攻击该地,并连同俾斯麦群岛的其余部分在内,而把日本人赶回特鲁克(位于700英里外的加罗林群岛中)。但他却认清了不可能获得所要的兵力——除了他现在所有的3个步兵师以外,再加1个海军陆战师和2艘航空母舰——所以他也只好同意采取这种折衷性的三阶段计划。结果其完成的时间,又比这些领袖人物中任何一位所料想的都还要长。

就攻占所罗门东部的部分而言,正像在巴布亚的情形一样,盟军的计划在尚未发动前就为日本人的抢先行动所阻。7月5日,据侦察机的报告,日本人已经把一些部队从图拉吉调到附近另一较大的岛屿——也就是瓜达尔卡纳尔(90英里长和25英里宽),并且已在隆加岬(Lunga Point)建筑一个机场,以后它就被美军称为"汉德森机场"(Henderson Field)。以那里为基地,日本轰炸机将构成一种显著的威胁,所以也就促使美国方面对战略立即再作检讨,一开始就使瓜达尔卡纳尔岛成为一个主要的目标。这个岛以森林密布的山地为其背脊,加上多雨和不卫生的气候,对于任何作战而言,都不是一个有利的目标。

在尼米兹之下,对于这个作战的全盘战略指导,是由这个地区的司令葛美里中将(Vice-Admiral Robert L. Ghormley)负总责,而由弗莱彻少将负战术指挥之责——他同时也控制着以"企业"号、"萨拉托加"号(Saratoga)和"黄蜂"号(Wasp)3艘航舰所分别组成的3个掩护部队群。至于陆上基地的空中支援,则分别来自莫尔兹比港、昆士兰和其他若干岛上的机场。登陆部队由范德格里夫特少将(Major-General Alexander A. Vandegrift)指挥,包括第一陆战师和第二陆战师的一个团,共约19000人,分乘19艘运输船,再加上护航军舰。当这支庞大的舰队接近海岸时,看不见岛上任何敌人的踪迹,8月7日清晨海空火力开始轰炸,部队于9时登陆。到黄昏时,在岸上已有11000名陆战队官兵,在次日上午占领了机场,那是差不多已经完成了。在瓜达尔卡纳尔岛上本来共有 2200 名日军,但大部分都是建筑工人,现在都已经逃入丛林中。在图拉吉有日军 1500 人,曾作较顽强的抵抗,直到第二天黄昏时,才被在那里登陆的 6000 名美国陆战队所肃清。

日本人的反应亦来得非常迅速——而最可笑的是由于情报的错误,日本人相信美军登陆的人数很少(只相当于其实际人数的一个零头),所以反应也就来得更快。他们并不准备作一次适当的攻击,而只是把兵力零星地投入和逐次地增援。结果尽管双方都想象是进行一次迅速的攻击和反击,但实际上却发展成一种拖延的作战。

不过,日本海军的护航部队却比较强大,他们的一再前进也就产生了一连串的重大海军冲突。其中的第一次,对美国人而言也是最糟的一次,即所谓萨沃岛(Savo)会战,那是靠近瓜达尔卡纳尔西北岸的一个小岛。8 月 7 日黄昏,日军在腊包尔的第八舰队司令三川中将,集中了一支 5 艘重型巡洋舰和 2 艘轻型航空母舰的兵力驶往瓜达尔卡纳尔。次日偷偷地溜进了所罗门群岛两行岛链间的狭窄水域,即所谓"狭缝"(slot)地区。在黄昏时就接近了萨沃岛——而恰好在这个时候,弗莱彻已经命令美国航空母舰撤退,因为它们的燃料和战斗机都急待补充。虽然盟军的巡洋舰和驱逐舰在夜间也采取了戒备的措施,但合作和瞭望的工夫都很差。在凌晨的时候,三川的部队先后使其南北两群岛都受到了奇袭,在一个小时之内,它又迅速退回"狭缝"里。结果美军的 5 艘重型巡洋舰有 4 艘沉没或正在下沉中,而另 1 艘也受重伤——真是所谓全军覆没——而三川的部队几乎完全没有受任何损伤。

使日本人大受其利的因素有:他们对夜战的优良技巧,优秀的光学仪器,尤其是 24 英寸的"长枪"(Long Lance)鱼雷。这是美国海军在战争中所遭遇到的一次最恶劣的失败。对于美军而言可以说是非常的侥幸,三川在完成其任务之后,并未进一步去摧毁停在隆加泊地那些毫无防御能力的运兵舰和补给船——因为不知道美军的航空母舰已经撤走,以为如果不迅速退回到"狭缝"中比较有掩蔽的位置,则天明之后可能会受到空中的攻击。此外,三川也不知道美国人对瓜达尔卡纳尔的登陆具有那样巨大的规模。所以对于一位指挥官的优劣是必须根据其作决定时所获得的情报来判断。

当天下午,为了避免再度的攻击,美国海军的剩余部分遂向南撤退,尽管陆战队的补给品(粮食和弹药)还有一小半尚未卸载。于是部队的口粮减为一天两餐,而在以后的两个星期内,陆战部队也都是处于完全孤立的地位——既无海军的支援,复无空中的掩护。直到 8 月 20 日才有第一个中队的陆战队飞机到达,汉德森机场方开始启用。即令如此,这样的空中掩护也还是极为有限。

日本人之所以错过机会,其主因还是由于他们对已在瓜达尔卡纳尔登陆的美国海军陆战队的兵力始终估计过低——估计只有2000人,并假定只要用6000人的兵力即足以击败他们而收复该岛。于是他们派了两个先遣支队,共1500人,用驱逐舰载运,在8月18日,分别在隆加岬的东西两侧登陆。这些部队一登陆之后就立即进攻,而并不等候其后续部队的到达,结果就立即为美国陆战队所歼灭。后续的部队——也只有2000人——于19日从腊包尔启程。虽然兵力很小,但却有强大的海军支援——这又是在中途岛所曾经用过的老办法,用登陆为饵以引诱美国舰队进入陷阱。这次前进以轻型航空母舰"龙骧"号为前导,其本身也是香饵的一部分,接着后面就是近藤中将所指挥的2艘战斗舰和3艘巡洋舰,在它们的后面则为南云中将所指挥的舰队航舰"翔鹤"号及"瑞鹤"号。

这次诱敌计划导致了所谓东所罗门会战,但美军却并未如日军所愿的被引入陷阱。因为葛美里中将对于它们的接近,从"海岸监视哨"方面已经获得了适时的警告——"海岸监视哨"这个组织是由澳洲海军情报军官和当地的农夫所组成,分布在各小岛上,对于情报搜集颇有贡献。他把3支海军特遣部队集中在瓜达尔卡纳尔的东南方海域,那也就是以"企业"号、"萨拉托加"号和"大黄蜂"号3艘航空母舰为基干。24日上午,日军航舰"龙骧"号首被发现,到下午即为美国航舰上的飞机所击沉。此时,2艘日本舰队航舰也已被发现,所以日军飞机来袭时,美国航舰上的全部战斗机早已升空备战,结果把来袭的80架日机击落了70架,而自己则仅损失17架。唯一受到比较严重创伤的舰只即为"企业"号。在此次不具有决定性的会战之后,日本舰队遂乘黑夜逃走,而美国的舰队也是一样。

在这次无效的海军努力之后,遂有一个休止的段落,不过在陆上则为例外——因为在瓜达尔卡纳尔岛上的微弱日军部队,正在汉德森机场作无效的进攻。每次都被美军所击退,又因为他们是如此死拼到底,所以几乎总是全部被歼灭。但是他们又不断地获得补充,分成小队的援军,由驱逐舰很规律地按时送达——所以美国人戏称之为"东京快车"(Tokyo Express)。因此岛上的日军数量仍在不断地增加,到9月初又有6000人正在向该岛输送。在9月13日的夜间,这支部队对美国陆战队的阵地发动了猛烈的攻击——这个阵地因此而获得了"血岭"(Bloody Ridge)的命名——但是所有的攻击终于还是被击

退,日军损失超过 1200 人。

不过此时,在该地区中的美国海军部队已经元气大伤,因为 2 艘航空母舰"萨拉托加"号和"大黄蜂"号都受到日本潜艇的攻击——前者重创而后者沉没。由于"企业"号尚在修理,所以现在只剩下 1 艘"大黄蜂"号可以提供空中掩护。

在前次日军企图重占瓜达尔卡纳尔失败之后,日本帝国大本营曾在 9 月 18 日颁布一道新训令,把这个战役的优先次序列在新几内亚之前。但日本人对于在瓜达尔卡纳尔岛上的美国陆战队兵力还是继续估计过低,认为最多不会超过 7500 人,照这样计算,他们相信派遣 1 个师的兵力,再加上联合舰队的协力,即足以达成任务。第一批增援的先期海军行动,又导致了在瓜达尔卡纳尔海岸附近的另一次海战。这次会战发生在 10 月 11 日的夜间,被称为埃斯佩兰斯角(Cape Esperance)会战。双方损失都不重,但平均说来是对美国人比较有利——所以对于士气可以产生振奋作用,不过乘着这次海战,日本已经使其援军完成登陆,使其兵力总数达到 22000 人。同时,美军的兵力也已增到 23000 人——在图拉吉岛上还另有 4500 人。

尽管如此,对美军而言 10 月中旬仍然是这个战役的最紧急阶段,尤其是 2 艘日本战斗舰曾用巨炮猛轰汉德森机场,使储存的燃料发生大火,并把机场上的 90 架陆战队飞机击毁了 48 架,只剩下 42 架——而同时也迫使美国陆军的重型轰炸机飞回新赫布里底(New Hebrides)群岛。日本飞机的不断轰炸虽是一种痛苦,但使美军人力消耗得最厉害的还是湿热的气候和不良的食物。

日本人受到倾盆大雨和浓密森林的一再耽搁,其陆上攻势终于在 10 月 24 日发动。主力攻击是在南面,但美国陆战队据守着非常坚强的防御阵地,而他们的炮兵也运用得非常良好。日军终被击退,其损失达数千人,而美国方面却只有几百人。到了 10 月 26 日,日军被迫撤退,留下死尸约 2000 具。

此时,在山本统率下的联合舰队也来到了所罗门群岛的东北方水域,正在等候陆军攻占汉德森机场的好消息。他的兵力有 2 艘舰队航空母舰、2 艘轻型航空母舰、4 艘战斗舰、14 艘巡洋舰、44 艘驱逐舰。而在美国方面,尽管已有新战斗舰"南达科他"号(South Dakota)和几艘巡洋舰来到,但全部海军实力却仅及日方的一半。以战斗舰而论则为 1 对 4。但修复的"企业"号已前来增援"大黄蜂"号,从近代海军的观点来看,这却是较为重要的。海尔赛已奉派代替过度疲劳的葛美里,同时他也带来了新的朝气。10 月 26 日,2 支舰队开始交战,此即所谓"圣克鲁斯群岛会战",这次战斗又是再度受到双方空中行动的支配。"大黄蜂"号被击沉,"企业"号负伤。日军方面,航舰"翔鹤"号和轻型航舰"瑞凤"号均受重伤。双方的舰队在 27 日均退出战场。以飞机损失而言,则日军方面远较惨重——70 架飞机没有回航,而在以此次会战为顶点的 10 天内,一共损失了 200 架飞机,此外从 8 月最后一个星期算起,他们一共损失了 300 架。美国人不久又获得 200 多架新机的增援,还有陆战第二师的其余部分以及一个陆军师的一部分。

尽管如此,日本人也已同时获得足够的增援,使他们可以作继续的努力——一方面是受到荣誉心的驱使,另一方面也是由于对敌方损失作了过分乐观的估计,这些努力遂导致两次冲突,合称为"瓜达尔卡纳尔海战"。

第一次冲突是发生在 11 月 12 日(星期五)的清晨,虽然为时只有半小时之久,但美国方面有 2 艘巡洋舰被击沉,而日本的战舰"比睿"号也受到了重伤,并于次日沉没——这是日本方面在此战争中所丧失的第一艘战舰。

这次海战的第二部分是发生于 11 月 14 日的夜间,11000 名日本援军从海上运往瓜达尔卡纳尔,由骁勇不屈的田中少将所领的大批驱逐舰护航,并由近藤的重型军舰担任掩护。在美军截击之下 7 艘运输船中途沉没,其他 4 艘虽能到达瓜达尔卡纳尔,但在次日上午又为空中攻击所击毁,所以一共只有 4000 人能够登陆,连同极少量的紧急补给在内。

在这次海战中,美国驱逐舰的损失很重,但近藤所剩下的 1 艘战斗舰"雾岛"号也被击伤。在午夜时,装有火控雷达的美国新战斗舰"华盛顿"号,在 8400 码的射程开火,其火力是如此地精确和猛烈,在 7 分钟之内就使"雾岛"号丧失了行动能力,不久即告沉没。

此时,在陆上的美国海军陆战队以及其他的部队,在获得补给上的优势之后,现在也就开始反守为攻,正在扩大他们的滩头阵地。到了 11 月底,美国在岛上的空军实力增加到飞机 188 架,所以日本人已经不再敢用行动缓慢的运输船队来运送增援或补给。在 12 月间,兵员与补给都只能依赖潜艇输送,其数量简直不过是聊胜于无而已。

日本海军已经损失惨重,所以其首脑们力主放弃瓜达尔卡纳尔,但陆军首脑们由于在腊包尔已经集中了 5 万人的部队,所以仍希望找机会把他们送往该岛增援——在那里他们也已经有了 25000 人。不过此时,美国人也早已增强他们的实力,到 1943 年 1 月 7 日,总数已超过 5 万人,而且补给状况极为良好。反之,日本人的口粮却已经减到正常量的 1/3,饥饿和疟疾已经使他们变得极为软弱,因此也就不可能再采取攻势——尽管在防御中它还在继续作顽强的抵抗。

所以在 1 月 4 日,日本大本营遂不得不面对现实,命令岛上的残部逐步撤出。因为不知道已有这个决定,美国人在推进时仍然是非常地谨慎,所以日本人得乘机把部队分为三批撤退,从 2 月 1 日夜间开始,到 2 月 7 日夜间完成——在全部过程中仅损失了 1 艘驱逐舰。

不过总结算起来,在瓜达尔卡纳尔的长期苦斗,对于日本人实为一次非常严重的失败。它已经丧失大约 25000 人,包括死于饥饿和疾病的 9000 人在内,而美国人的损失则要小得多。更糟的是它至少已经损失了 600 架飞机,连同其有训练的人员在内。同时,美国在所有各方面的实力都继续增强,因为其人力和工业的动员正在加速的推进中。

缅甸:1942 年 5 月—1943 年 5 月

到 1942 年 5 月,由于英军已经从缅甸撤入印度,所以日本人在东南亚的扩张也就已经达到其计划中的极限。因此他们开始转取守势,并企图巩固其征服的地区。同时英国人也开始准备反攻的计划,以等待次一个旱季的来临(在 1942 年 11 月)。这些计划没有一个是可行的——由于后勤上的困难。其中只有一个曾经勉强尝试,那就是非常有限的若开(Arakan)攻势,而其结果则为一场惨败。(原注:可参阅第二十九章中的地图。)

就后勤而言,最重要的地区就是阿萨姆(Assam)和孟加拉(Bengal),但它们从未被认为或计划为一个军事基地。机场、仓库、道路、铁路和油管一律都得现做,港口也要扩大,而整个区域也必须改组。

印度指挥当局所面临的第一项重大困难就是船只,因为大部分的需要都必须来自海外。但因为所有其他的战场都具有较高度的优先,所以给印度留下来的船只在数量上也就非常地少。要想把这个地区变成一个反攻的跳板当然是需要很多的物资,但分配给印度的东西却尚不及其所需量的 1/3。

内部的运输也同样是一个重大的困难。在印度东北部的公路和铁路系统,都已年久失修。要想把补给物资从加尔各答和其他港口运往前线,则这些运输系统首先必须加以巨大的改进。但各种不同物资的缺乏又妨碍了此种工作的进度。此外,季风雨也是一种严重的障碍,它造成山崩与冲走了桥梁。日本人的空袭也颇有贡献,但更严重的障碍却是劳工纠纷和政治不安——自 1942 年夏季克里普斯访问团(Cripps Mission)的任务失败之后,印度国大党就开始发动一种非暴力的不服从运动,所以国内的秩序很难维持。这又受到一部分亲日分子的利用和日益恶劣的经济情况的刺激。不过在所有一切的障碍中,最恶劣的又首推铁路机车(火车头)的缺乏——韦维尔曾要求至少应供给185辆,但他却只获得了4辆!

由于已经决定要把印度建设成为一个基地,使其能容纳34个师的兵力和100个航空中队,所以后勤问题也就变得更为复杂和艰巨。为了修建220个新机场,就要动用100万人以上的劳工,于是也就使其他各种计划所能动用的人力受到很大的限制——其中需要人力最急的是建筑道路。此外又有40万难民从缅甸逃入印度,供养他们也成为一种严重的补给负担。

虽然现在的印度总部已控制了很多个师的兵力,但那都是一些新成立的部队,不仅缺乏装备和训练,而且更缺乏有经验的军官和士官。那少数已有若干战斗经验的部队,不仅由于缅甸战役,也因为疟疾的肆虐而变得疲惫不堪,而且在撤退的过程中也已丧失其大部分的装备。所以虽然名义上是有15个师,但在最近的将来,勉强能够作战的最多不过3个师而已。

除了行政问题之外,还有指挥问题,尤其是一部分中国部队已经撤入印度,和他们一同来的还有美国陆军的第十航空军和性情乖僻的史迪威将军(General Stilwell)。

另一个紧急因素即为空中优势的需要——为了保护印度本身和确保对中国的补给,以及对任何收复缅甸的企图提供必要的空中掩护。所幸的是,当季风在1942年5月来临之后,日本人就把他们大部分的飞机抽调去帮助西南太平洋方面的作战,于是也就使印度方面获得一个短时期的休息。这也就使同盟国可以在比较平静的环境中来增加其空军实力。到了1942年9月,在印度已有了31个英国和印度中队。不过在它们之中,有6个中队尚不适于作战,9个中队专供保卫锡兰之用,5个用在运输和侦察方面——因此只留下7个战斗机中队和4个轰炸机中队可以参加印度东北部的作战。不过,从英美两国送来的飞机数量却是每月都有增加,所以到1943年2月,即将有52个中队。此外,飞机本身也都逐渐更换较新的型式——有"米切尔"式、"飓风"式(Hurricane)、"解放者"式(Liberator)等。它们中间大多数都是直接飞往在阿萨姆和孟加拉的新机场,因为自从珊瑚海和中途岛等地的海战之后,印度受到海上侵入的危险已经变得很微小了。

1942年4月,韦维尔已经改组了印度的指挥体系。其中央总部设在亚格拉(Agra),并负训练和补给之责,另设3个区域性的陆军指挥部:西北、南区和东区,后者才是作战性的。

对于收复缅甸的计划作为,又包括与中国军队合作的问题在内,这是分别指驻在印度阿萨姆和中国云南省内的部队而言。在 1942 年 10 月,中国计划从云南出兵 15 个师,加上在阿萨姆的 3 个师,再加上 10 个左右的英国或印度师,对缅甸作一次两面夹攻。在中国人的计划中,后者的任务不仅要侵入缅甸北部,而且还应对仰光发动一个海上的攻击。韦维尔在原则上虽然同意这个计划,但他却怀疑他所认为必要的两个条件是否能够满足——足够强大的空军兵力以控制缅甸的上空和一支强大的英国舰队,包括 4 至 5 艘巡洋舰,足以控制印度洋并掩护对仰光的攻击。第二个要求事实上是不可能的——因为英国海军在其他方面的任务已经使它分身乏术。蒋介石对于韦维尔的这些考虑却认为是英国人根本无意作任何认真努力的证明,所以在一怒之下,也就在1942 年底放弃了这种计划。

若开攻势:1942 年 12 月—1943 年 5 月

尽管如此,韦维尔却还是决定发动一个有限性的攻势:一方面向梅宇(Mayu)半岛前进 100 英里,以收复若开沿岸地区;另一方面对次一半岛顶端的阿恰布岛(Akyab)作一个海上侵入,以便攻占那里的机场——因为日本飞机从那里可以攻击印度东北的大部分地区。假使盟军飞机能以那里为基地,则也就可以掩护缅甸的整个北部和中部。不过,这个计划的此一重要部分,因为缺乏登陆艇,终于还是被取消。

即令如此,韦维尔还是坚持其对若开的陆上进攻计划,他认为总比一事无成要好一点。第十四印度师在 1942 年 12 月开始前进,但行动极为迟缓,所以使得日本第十五军的司令饭田将军,能够把援军调往该地区,并在 1 月底阻止了英军的前进——以后在 2 月间他增援更多的部队。此时印度东区司令欧文将军(General Noel Irwin),已经提出警告,认为由于疟疾之故,部队已经很不完整,士气更为低落,但韦维尔却不听忠告仍坚持继续前进。于是日军遂向该师的后方进攻,于 3 月 18 日达到梅宇河(Mayu River)上的蒂兹维(Htizwe),并迫使该师撤退。接着印度第二十六师又接替了第十四师的防务,但日军继续进攻,越过了梅宇河,于 4 月初在因丁(Indin)到达了海岸。然后日军再继续向北推进,其目的希望在 5 月季风季节来临之前,占领孟都—布帝洞(Maungdaw-Buthidaung)之线,这样即可以在下一个旱季来临时(1943 年 11

月—1944年5月），使英军无法再向缅甸发动攻势。

4月14日，第十五印度军的军长斯利姆中将（W. J. Slim），接管了在若开地区的指挥权，他发现部队的物质和精神状况都极为恶劣，一方面是由于疟疾的肆虐，另一方面是由于对日军阵地的正面攻击使他们受到重大的损失。尽管仍希望守住孟都—布帝洞之线（在海岸与梅宇河之间），但他又计划如必要时再向后退，撤到科克斯巴扎（Cox's Bazar）之线，那也就是再向北退50英里，恰好达到国境线上。在那里的地域比较开阔，要比在梅宇半岛上的丛林和沼泽中更能发挥英军在坦克和火炮方面的优势，而同时也可以使日军的交通线拉得更长，更易摧毁。

但所有一切的计划都未能生效。因为日本人在5月6日黑夜把英国人逐出了布帝洞，而侧面的威胁又使他们自动放弃了在海岸的孟都。于是日本人决定停止在新攻占的线上，因为季风即将来临。总而言之，英国人企图从陆路（没有海上的协助）收复阿恰布及其机场的企图，已证明是一场完全的惨败。日本人所表现的是他们擅长侧面迂回的行动和通过丛林的渗透行动。反之，英国人却完全忽视了间接路线，只知蛮攻硬打，不仅付出了巨大的代价，而且更使部队的士气受到极严重的挫折。到了1943年5月，他们只得退回到在前年秋天所据守的旧有战线。

缅北游击战

在这种一片漆黑的环境中也还有一线光明出现，那就是缅北游击队已经第一次立功。这个部队有一个非常古怪的名称，叫作"擒敌"（Chindit），这是其创始者——温盖特（Orde Wingate）所命名的。"擒敌"是一种半狮半鹰的神兽，在缅甸的佛塔上时常可以看到它的雕像。温盖特认为在这种作战中最需要地面和空中的密切合作，所以他就想到用这种神兽来作为象征。事实上，这支部队的第一次作战就是在缅甸北部亲敦江流域——这也可以帮助大家把这个"队名"记在心里。（译注："亲敦江"的英文为"Chindwin"恰好把"Chindit"和"Wingate"这两个字的头部包括在内，所以原作者才会这样说。）

在1938年秋天，温盖特当时还是一位上尉军官，他从巴勒斯坦请假回英国，曾经会晤了一些有影响势力的人士，并使他们对他产生强烈的印象——正好像他在那一年稍早的时候，曾使当时在巴勒斯坦任英军司令的韦维尔将军和负责北区的埃维茨准将（Brigadier John Evetts）产生良好印象一样。（原注：他曾经来看我几次并和我讨论"特别巡夜队"〔Special Night Squads〕的训练问题——那是他在春季里被允许组织的，队员是从犹太人的地下自卫队哈格拉〔Hagana〕中挑选的，以对付在巴勒斯坦扰乱治安的阿拉伯武装匪徒。他告诉我说，他已经把我的战术观念应用到此种游击式的作战上，并且把他对于这个问题所写的一套论文送给我看。在那个时候，他又特别强调他是"阿拉伯的劳伦斯"〔T. E. Lawrence〕的远房亲戚，并且还很显然的以此自豪；尽管他成名之后，对劳伦斯有同行相轻的趋势。由于温盖特的要求，我也曾致书丘吉尔替他作介绍。）

但是当温盖特在 12 月间回到巴勒斯坦时，他发现他在犹太人圈内的政治活动，已经引起了当地英国当局的疑忌。韦维尔的后任海宁将军（General Haining）——他原先也曾批准"特别巡夜队"的组织——就决定不再让他控制那个部队，而把他调到自己的司令部中当一个闲差事。接着在 1938 年 5 月，海宁又要求把他送回英国，回国之后他就在高射炮司令部中充任一项低级幕僚的职位。

但在 1940 年秋季，温盖特又从这个冷藏库中被救出，送往埃塞俄比亚去组织游击队，以对抗控制东非洲的意大利人。他这个任命是由刚刚入阁不久的利奥·艾默里（Leo Amery）所推荐，而韦维尔对于此项建议也立即表示欣然接受。1941 年 5 月东非洲战役成功的结束，就温盖特个人的命运来说，是又再度地陷入低潮。在这种不如意的环境之下他又为疟疾所困，以致企图自杀。但他在家中休养时，新的机会又来临了，这一次是英国人在远东吃了大败仗。这个机会又是韦维尔所提供，他本人自从北非的夏季攻势失败之后，遂被免除了中东总司令的职务，而被送往印度。到了 1941 年年底，由于日本人连续的侵入马来亚和缅甸，于是又使韦维尔面对一个更大的危机。1942 年 2 月，当缅甸的情况显得没有希望时，韦维尔遂要求把温盖特送来印度，以便在缅甸发动游击战。

当温盖特到达后，遂力主创立一个所谓"远程穿透群"（Long Range Penetration Group），训练它能在缅甸丛林中作战，以袭击日本人的交通线和前哨据点。他的理论是认为这支部队应该相当强大，使其袭击行动能发挥强大的效果；同时又应该相当精干，使其可以躲避敌人。旅级的兵力被认为最为适合，于是第七十七印度旅被改组来配合此种目的。这些"擒敌"战士要比日本人更擅长丛林战，他们拥有各种不同的专家，尤其是要有精通爆破和无线电通讯的人才。同时他们又必须发展良好的地面与空中之间的合作关系，因为其补给是仰赖于空投。由于这个原因，每个纵队又都配属了一个皇家空军人员的小组。此外，纵队的运输工具即为驮骡。

温盖特要求提早采取行动，一方面是想用表现其破坏敌军士气的能力为手段,来恢复英国人的士气;另一方面也是想对于此种"远程穿透群"的工作作一次试验。韦维尔本来是认为应该在英军发动全面攻势之前和同时,来使用这支特种部队,但他还是同意实现温盖特的愿望,因为一个提早的试验可以获得经验和情报资料,所以这个冒险也还是值得一试的。

这个旅分为 7 个纵队,对于计划中的作战,又合编为 2 个群——北群 5 个纵队,总计兵员 2200 人,骡马 850 匹;南群 2 个纵队,总计兵员 1000 人,骡马 250 匹。这两个群在 1943 年 2 月 14 日渡过了亲敦江,而一部分正规军也采取行动以分散敌人的注意。在向东前进的途中,这两个群又分成预先安排的纵队,然后对日本的前哨据点作一连串的攻击,并切断铁路线,炸断桥梁,在公路上采取伏击的行动。3 月中旬,这些纵队已经越过了伊洛瓦底江,伊洛瓦底江在亲敦江之东,彼此相距约 100 英里。不过到了那时,日本人已经为此种威胁所惊醒,开始使用其 2 个师的大部分兵力进行对抗——日军在缅甸一共只有 5 个师。在对抗压力和其他的困难之下,这些纵队乃被迫撤退,到 4 月中都回到了印度,已经损失 1/3 的实力,并丢弃了大部分的装备。

这个作战并无太大的战略价值,而日本人的损失也颇为轻微,但它证明了英国和印度部队也一样能在丛林中作战,并且对于空投补给的技术获得了实用的经验,同时也指出空中的优势甚为必要。

此外,它也使日本的新任十五军司令牟田中将,认清了他不能把亲敦江当作一个安全的屏障。要想预防英国人的反攻,则他必须再继续前进。所以这样才使日本人在 1944 年又越过印度的边界进攻,并引起了重要的英帕尔(Imphal)会战。

未 来 的 计 划

由于行政的困难和资源的缺乏,所以在 1942 年到 1943 年间的旱季中,英国人还是没有希望发动任何真正的攻势。主要的计划都是为下一个旱季(即 1943 年 11 月到 1944 年 5 月)来设想的,依照 1943 年 1 月卡萨布兰卡会议的决定,中英两国军队在缅甸北部发动攻势,并在海岸攻占某些要点之后,接着就应向仰光发动一个海上的突击——它被命名为"阿纳金作战"(Operation Anakim)。要达到这些目的则又必须获得空中优势,集中强大的海军兵力,包括充足的登陆船只在内——此外对于行政问题和陆上运输问题也都必须寻求解决。

很明显的,要想满足所有这些要求是非常困难的,所以到了 1943 年春天,韦维尔也就有了放弃对缅甸作战的企图,而主张进攻苏门答腊,来作为一种击败日本人的间接路线。4 月间他前往伦敦述职时,曾经与丘吉尔及参谋首长们会谈,并向他们说明"阿纳金作战"必须放弃或暂缓的理由。代替它的苏门答腊计划有一个动人的代字,叫作"寇飞宁"(Culverin)(译注:"寇飞宁"原意为 16 世纪所通用的一种长管炮)。丘吉尔对于此种间接路线颇为欣赏,不过最后还是因为相同的理由,像"阿纳金"计划一样的被放弃了。同时又因为美国人坚持必须尽快地重新打通到中国的陆上补给路线,所以这些南面的作战遂均被搁置,尽管计划作为仍在继续进行。在这个战区内若有任何真正的行动,那就是在缅甸的北部。

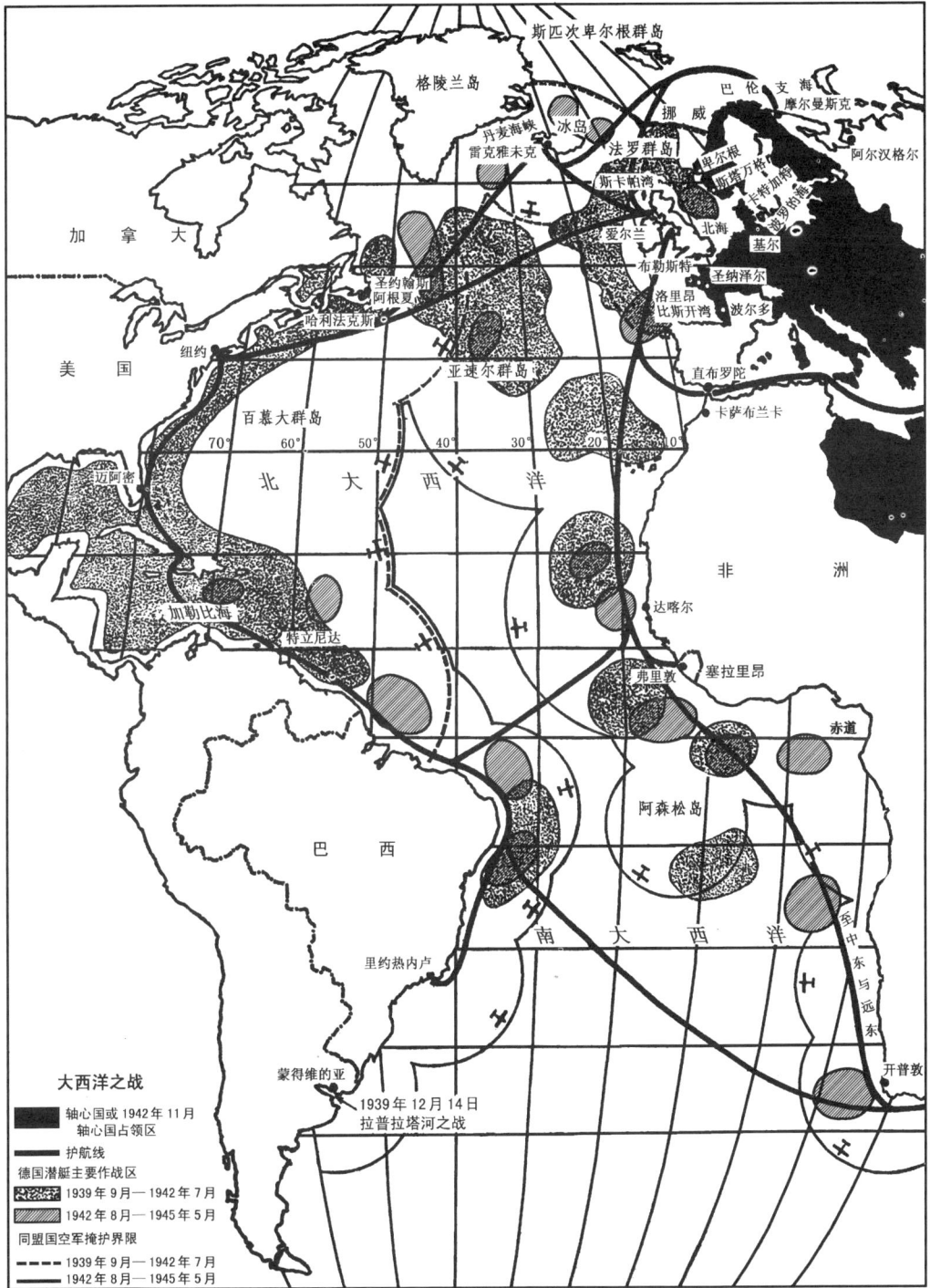

大西洋之战

地图标注：

斯匹次卑尔根群岛
格陵兰岛
巴伦支海
摩尔曼斯克
挪威
阿尔汉格尔
冰岛
法罗群岛
卑尔根
丹麦海峡
雷克雅未克
斯卡格拉克
斯塔万格
卡特加特
奥斯陆峡湾
北海
基尔
爱尔兰
布勒斯特
圣纳泽尔
洛里昂
比斯开湾
波尔多
直布罗陀
卡萨布兰卡
加拿大
圣约翰斯
阿根夏
哈利法克斯
纽约
美国
亚速尔群岛
百慕大群岛
迈阿密
非洲
北 大 西 洋
70° 60° 50° 40° 30° 20° 10°
加勒比海
特立尼达
达喀尔
塞拉里昂
弗里敦
赤道
巴西
阿森松岛
里约热内卢
南 大 西 洋
至中东与远东
蒙得维的亚
1939年12月14日
拉普拉塔河之战
开普敦

图例：

大西洋之战

■ 轴心国或1942年11月
轴心国占领区

━━ 护航线

德国潜艇主要作战区
▨ 1939年9月—1942年7月
▨ 1942年8月—1945年5月

同盟国空军掩护界限
---- 1939年9月—1942年7月
━━━ 1942年8月—1945年5月

· 按原图译制 ·

· 355 ·

第二十四章 大西洋之战

在大西洋之战中最紧要的阶段,是在 1942 年的下半年和 1943 年的上半年,但其长久变化的过程却与整个 6 年的战争同其终始。的确,甚至于还可以说在战争本身尚未开始时它就早已发动,因为德国的第一艘远洋潜艇是在 1939 年 8 月 19 日离开德国驶往大西洋的作战位置。到 8 月底,即德军侵入波兰的前夕,已有 17 艘这样的潜艇进入了大西洋,而另有 14 艘左右的近海潜艇也已经留在北海水域。

尽管在德国重振军备的过程中潜艇的生产在时间表上开始得很晚,可是当战争爆发时,德国人却已有 56 艘的实力(虽然有 10 艘尚未完成作战准备),换言之,只比英国海军所有的总数少 1 艘。不过其中又有 30 艘为"北海之鸭"(North Sea Ducks),不适宜在大西洋作战之用。

首开记录的为 9 月 3 日夜间,击沉了从英国驶出的邮轮"雅典"号(Athenia),这也就在和英国宣战的同一天,以及德军侵入波兰后的两天。实际上,那是未经警告即被德国潜艇的鱼雷所击中,显然是违背了希特勒的明令,即规定潜艇战的执行必须遵照海牙公约;那艘潜艇的艇长对于他自己的行动所提出的辩护理由是,他确信那艘邮轮是一艘武装商船。在以后的几天内,又有几艘船被击沉。

到了 9 月 17 日,德国人获得一次更重要的战果:在不列颠群岛的西端,其第二十九号潜艇(U-29)击沉了英国航空母舰"勇敢"号(Courageous)。3 天以前,另一艘航空母舰"皇家方舟"号(Ark Royal)也曾几乎被第三十九号潜艇(U-39)所击中——不过在护航的驱逐舰反击之下,那艘潜艇却立即被击沉。这种显明的危险遂使英国人不再敢用舰队航空母舰来参加猎杀潜艇的工作。

潜艇对商船的攻击,同时也获相当成功。在战争开始的第一个月(9月)内,同盟国和中立国商船被击沉的总数为 41 艘,其总吨位达到 15.4 万吨之多。而到那一年(1939)结束时,共损失商船 114 艘,总吨位超过 42 万吨。

此外在 10 月中旬,由普林上尉(Lientenant Prien)所指挥的第四十七号潜艇(U-47),曾深入英国舰队在斯卡帕湾(Scapa Flow)的碇泊区,击沉了战斗舰"皇家橡树"号(Royal Oak),使英国人在其防御尚未改进之前,只好暂时放弃这个主要基地。

不过值得注意的是,在 11 和 12 两个月内,商船的损失要比前两个月减少了一半,而损失于水雷的船只又多过损失于潜艇的。此外,英国海军已经击沉 9 艘德国潜艇——即相当于其总实力的 1/6。至于对商船的空中攻击只能算是一种扰乱,并无更厉害的效果。

在战争的最初阶段,德国海军是把巨大的希望寄托在其水面军舰上,而并不太重视潜艇,从经验上看来,这种希望是不现实的。当战争爆发时,德国袖珍战斗舰"斯比上将"号(Admiral Graf Spee)正位于中大西洋,而其姊妹舰"德意志"号(Deutschland)则在北大西洋——该舰以后又改名为"吕佐夫"号(Lützow)。但直到 9 月 26 日,希特勒才准许他们开始攻击英国的船只。他们的成绩都并不太好——而"斯比上将"号被困在拉普拉塔(Plate River)的河口内,终于在 12 月被迫自沉。新建的巡洋战舰"格耐森劳"号(Gneisenau)和"香霍斯特"号(Scharnhorst),在 11 月间曾作短时间的出击,但在冰岛—法罗群岛(Iceland-Faeroes)水道中击沉 1 艘武装商船之后,即匆匆返回德国。根据在 1917 年到 1918 年的经验,同盟国的船只在航行时早已组成船队,虽然护航的军舰还不够,而且还有许多的船只未能纳入组织,但这种办法即已经产生相当有效的威慑作用。

在 1940 年 6 月法国沦陷后,英国船只的航线所受到的威胁也变得比较严重。所有一切经过爱尔兰南方的船只现在都暴露在德国的潜艇、水面和空中攻击之下。除了甘冒巨大危险以外,所剩下来惟一的进出路线就是绕过爱尔兰的北面,即所谓"西北路线"。甚至于这一条航线德国的远程轰炸机也还是能够达到。这种四引擎的福克—伍尔夫"鹰"式(Focke-Wulf FW-200 "Kondor")飞机,以挪威的斯塔万格(Stavanger)和法国的波尔多(Bordeaux)附近的梅里涅克(Merignac)为基地。在 1941 年 11 月间,这种远程轰炸机曾经击沉 18 艘船只,共计 6.6 万吨。此外,潜艇的成绩更大形增加——在 10 月间达到 63 艘的总数,超过了 35 万吨。

此种威胁变得如此的严重,所以大量的英国军舰已从反侵入任务中抽回,被派往西北水道去担负反潜护航的工作。尽管如此,水面和空中的护航能力还是非常地薄弱。

6 月间，即战略情况改变的第一个月，被德国潜艇击沉的商船数字上升到
58 艘和 28.4 万吨，虽然在 7 月间略为下降一点，但在以后的月份中平均都是
在 25 万吨以上。

在英国东岸航线上，德国空投的水雷在 1939 年最后几个月内所造成的损
失超过了潜艇，而在 1940 年春季德军侵入挪威和低地国家之后，这种威胁也
随之益形增加。

此外在秋季里，袖珍战斗舰"希尔上将"号（Admiral Scheer）又偷偷地溜进
了北大西洋，在 11 月 5 日攻击一个从新斯科夏的哈利法克斯港（Halifax，Nova
Scotia）返回英国的护航船队，击沉了 5 艘商船和惟一的 1 艘护航船，这艘武装
商船"杰维斯湾"号（Jervis Bay）为了想使船队中其余船只能获得逃走的时间，
而不惜牺牲其自己。"希尔上将"突然在这一条主要航路上出现，使得越过北
大西洋的整个航运都暂时为之停顿，所有其他的船队都暂停航行达两星期之
久，直到知道"希尔上将"已经进入南大西洋之后才敢开始行动。在南大西洋
方面所能找到的攻击目标较少，但当它于 4 月 1 日"巡航"了 46000 余海里，安
全返回基尔（Kiel）时，一共击沉了 16 艘商船，共计为 9.9 万吨。重型巡洋舰
"希伯上将"号（Admiral Hipper）在 11 月底也冲入了大西洋，但在圣诞节的拂
晓，当它攻击一支船队时本身却受到奇袭，因为这是一支运输部队前往中东的
船队，拥有强大的护航部队。护航的英国巡洋舰把"希伯上将"赶走，以后它
的机件又发生故障，遂逃往法国的布勒斯特港（Brest）。2 月间，它从那里又作
了第二次出击，这次比较成功，在非洲海岸附近击沉了一个无护航的船队中的
7 艘商船，但它自己的燃料也将用尽，所以其舰长遂决定再返回布勒斯特。3
月中旬，德国海军参谋本部命令它回国作一次彻底的整修，于是它恰好赶在
"希尔上将"之前回到基尔港。这艘船的耐航力是如此之低，不仅表示其机件
有毛病，而且也证明这一类军舰不适宜于担任突袭商船的任务。

德国人在海洋战争中最有效的武器，仅次于潜艇和水雷的，证明是改装供
突袭之用的伪装商船。这些船只从 1940 年 4 月起，开始被派出去作长时间的
巡航，到同年年底，第一批 6 艘船已经击沉 44 艘商船，共 36 万吨——大部分
是在遥远的海上。它们的出现，或其可能出现，都足以造成许多困扰，其威胁
几乎是和实际击沉的数字一样地重大。又因为德国能够利用一些秘密基地，
来使它们不断地获得燃料和其他的补给，所以这种威胁也就更加扩大。这些
突袭船有很巧妙的运用，其所攻击的目标也都经过良好的选择——其中只有
1 艘曾陷入战斗，但它还是逃脱而并未受到严重的损伤，除了一次例外。他们

这些舰长在行为上都能合于人道的原则,容许那些被攻击的商船船员有时间放下救生艇,并对他们的战俘给予适当的对待。

面对着多方面的威胁,尤其是在从大西洋到不列颠海路上的潜艇威胁,英国海军的护航能力早已感到应接不暇。德国潜艇以法国的大西洋港口为基地——布勒斯特、洛里昂(Lorient)和拉罗舍(La Rochelle)附近的拉帕利斯(La Pallice)等——最远可以达到西经25度,而在1940年的夏季,英国人所能提供的护航最多却只能达到西经15度,即爱尔兰以西约200英里,出了这个范围之外,商船经常就只能采取疏散的方式,在无护航之下前进。甚至于在10月间,护航的限度也还只能延伸到西经19度——即爱尔兰以西约400英里,而且通常担任护航的也不过是1艘武装商船而已,直到1940年的年底,才能够增加到每个船队平均2艘。只有前往中东的船队才能获得较强大的掩护。

这里应该特别提到的是,在新斯科夏的哈利法克斯港,实为大西洋航道西端的主要起点,凡是从美洲载运粮食、石油和军火返回英国的船队,在最初三四百英里的航程中,是由加拿大的驱逐舰来护航,然后再由大西洋护航部队来接替,直到不列颠西端保护较佳的地区为止。

在1940年春季,有一种专用的"护航舰"(Corvette)出现,于是使护航问题的解决获得了非常有价值的帮助。这种小型军舰,排水量只有925吨,在恶劣天候之下舰上官兵的体力很难支持,而且船的速度也不够快,甚至于赶不上在水面行驶的德国潜艇,但是它们在任何的天候中,都曾非常英勇地来执行护航任务。

1940年9月,经过两个月的说服努力,丘吉尔终于和罗斯福达成一项协议:美国以50艘旧驱逐舰(第一次大战的剩余物资),来交换对大西洋彼岸8个英属基地的99年租借权。这对于英国人是一个极大的帮助。虽然这些驱逐舰都是旧船,并且必须装上侦测潜艇的测音仪器始能使用,但是不要好久,它们就能对护航和反潜的工作提供重要的贡献。同时,这种基地的租借也使美国得以开始准备其本身对于航运的保护,这也是使那个伟大的中立国家被卷入大西洋之战的第一步。

冬季来临,天气开始转劣,自然使护航的困难益形增加,但同时也减少了德国潜艇的活动。到1940年7月,德国的数字显示潜艇的实力已经增加50%,已被击毁的为27艘,但仍余留51艘。到次年2月,其有效兵力的总数降到21艘。但自从有了法国的基地之后,德国人从已减少的总数中,却仍可以把较多的潜艇维持在海上,同时也可以使用较小的近海潜艇来参加攻击远洋航运的工作。

在另一方面,意大利海军对于此种斗争的贡献却非常地有限。虽然它们的潜艇从8月起即开始参加大西洋中的作战,但到了11月,在大西洋中活动的艇数已不少于26艘,但其收获却几乎等于零。

虽然主要是由于恶劣天气的影响,德国潜艇的压力在冬季已经减弱,但到1941年初,它又开始恢复了。同时又因为邓尼茨上将(Admiral Donitz)采取了一种新的"狼群"(Wolf-Pack)战术,所以威胁也就为之倍增——这种新战术是把几艘潜艇集中在一起活动,而不是单独的作战。此种战术在1940年10月间首次试用,在以后的几个月内遂逐渐发展成为一种完善的典型。

他们作战的方式大致如下:当一个护航船队的位置大致确定后,岸上的潜艇总部就通知距离最近的一个潜艇群,先派一艘潜艇去寻找这个船队并形影不离地跟踪,然后再用无线电引导其他潜艇驶向目标。当它们在现场集合之后,就在夜间发动水面攻击,通常都是居于上风的方向,这样的攻击将连续达数夜之久。白天里,潜艇都退到护航船所达不到的位置上。此种夜间水面攻击的方法在第一次大战时即已用过,邓尼茨本人在第二次大战前曾写过一本书,叙述他个人在这一方面的经验和意见。

此种新战术使英国人受到了奇袭,因为他们所考虑的主要为水下的攻击,并且把一切信心都寄托在测音仪器上,这种水底侦测工具的有效距离大约为1500码。但当潜艇浮出水面像鱼雷艇那样地接近船队时,测音仪器却丧失其效力,而在夜间,护航船只实际上也和瞎子差不多。所以德国人对于夜间攻击的利用,遂使英国人对于潜艇战的一切准备都落了空,因此也就使他们丧失平衡。

要想对抗此种新战术,最佳的机会即为提早发现跟踪的潜艇,也就是由"接触保持者"(Contact-Keeper)将它赶走。假使护航舰能使潜艇潜入水中,则这种狼群战术就会发生困难,因为它们的潜望镜在黑夜里是无用的。对抗夜间攻击的一种非常重要的措施,即为在海上实施照明,最初所使用的为照明炮弹和火箭,但以前即采用一种更有效的照明工具,叫作"雪片"(Snowflake),它简直能够把黑夜变成白天。另外还有一种叫作"莱光"(Leigh Light——系以发明家的姓名来命名)的强力探照灯,可以装在担任护航驱逐任务的飞机上。以后还有更重要的发展即为雷达,可以用来补助视觉的不及。和这些新工具之发展相配合的,就是加强护航船只和人员的训练,以及改进情报组织体系等。

不过所有这一切的改进都需要时日,而非在短暂时间之内可以收效,但很侥幸的,在这个阶段的德国潜艇数量还太少,足以限制此种"狼群"战术的使用。战前邓尼茨曾作这样的估计:假使英国人采取一种全球性的护航系统,则德国需要 300 艘潜艇始足以产生决定性的战果。但在 1941 年春季,德国所有的作战实力却只及此数的 1/10。

尤其侥幸的是,因为在 3 月间其他军舰和飞机所作的商船突袭行动也达到了新的高潮。袖珍战斗舰"希尔上将"号和巡洋战舰"香霍斯特"号及"格耐森劳"号,曾击沉和缴获 17 艘商船;远程轰炸机曾炸沉 41 艘,而潜艇所击沉的数字也相同——总共曾经毁灭商船 139 艘,超过了 50 万吨。

不过当巡洋战舰于 3 月 22 日回到布勒斯特之后,在 4 月间由于英国人对该港作了一次猛烈攻击,遂使巡洋战舰受到重创而陷在那里不能行动。

刚刚过了 5 月中旬,一艘新的德国战舰"俾斯麦"号(Bismarck),由一艘新的巡洋舰"犹金亲王"号(Prinz Eugen)随伴着,驶入大西洋以增强此种威胁。英国人的情报工作这次做得很好,当他们在卡特加特(Kattegat)海峡出现时,5 月 21 日清晨伦敦即已接获警告,以后英国的海岸巡逻飞机,同一天又在卑尔根附近发现其行踪。英国巡洋战舰"胡德"号(Hood)和战舰"威尔士亲王"号,在霍兰德中将(Vice Admiral L. Holland)指挥之下,从斯卡帕湾驶出,想在绕过冰岛北方的航线上去加以拦截。次日黄昏,当空中侦察证明它们已不在卑尔根地区后,英国主力舰队在托维上将(Admiral Tovey)率领之下,也从斯卡帕湾向同一方向驶去。23 日黄昏,英国 2 艘巡洋舰"诺福克"号(Norfolk)和"苏福克"号(Suffolk),在冰岛西方和格陵兰东方之间的丹麦海峡中看见了那 2 艘德国军舰,斯时,霍兰德的部队正在接近海峡的南端。

表面看来,英国舰队是拥有巨大的优势,因为 42000 吨的"胡德"号,在名义上是英德双方海军中最大的军舰,并装有 15 英寸炮 8 门,而和它在一起的"威尔士亲王"号是一艘新建的战舰,排水量 35000 吨,装有 14 英寸炮 10 门。但"胡德"号是在 1920 年建造的,也就是在华盛顿条约签订之前,而且从未加以彻底的近代化——1939 年 3 月,英国海军部已决定给予该舰以较佳的装甲保护,包括垂直和水平的在内,但由于战争的爆发,这个计划遂被打消。至于"威尔士亲王"号是一艘新舰,所以它的武器都还没有来得及作充分的试验——事实上,当它这次出海时,还有一些工人在船上赶做未完的工程。虽然华盛顿条约曾经限制德国战斗舰不得超过 35000 吨,重型巡洋舰不得超过 1

万吨,但实际上,这 2 艘德国新船却分别具有 42000 吨和 15000 吨的排水量,这也就使它们享有比表面上看来还要重的装甲保护。此外,虽然它们的主炮居于劣势的地位——"俾斯麦"号为 8 门 15 英寸炮,"犹金亲王"号为 8 门 8 英寸炮——但因为"威尔士亲王"号的炮有毛病,而德国方面的观测仪器比较精良,同时英国战舰在进入战斗时的方式不妥,因而产生了抵消作用。

3 月 23 日,上午 5 时 35 分(即日出前 1 小时),双方已经互相望见;5 时 52 分,4 艘船一同开炮——大约射程为 25000 码(14 英里)。在英国方面是由"胡德"号领先,所以 2 艘德国军舰的火力遂集中在它的身上。除了它是旗舰以外,它也是最易击毁的,尤其是运用"瞰射"火力(Plunging fire)为然——因为这个原因,所以德国人也就尽快地企图缩短射程。(译注:所谓"瞰射"即居高临下之意。)结果双方紧逼在一起,以至于英国人无法使用其后炮塔,而德国人却可以使用其整个侧舷火力。他们在第二次和第三次齐射就产生了效果,于是在上午 6 时"胡德"号发生爆炸,并于几分钟内沉没——全舰官兵 1400 余人只有 3 人生还。对于英国巡洋战舰在 1/4 世纪前的日德兰(Jutland)会战中的命运,实在是一个太沉痛的追忆。

现在 2 艘德国军舰就可以把火力集中在"威尔士亲王"号的身上,在几分钟之内,它被"俾斯麦"号击中了几炮,而"犹金亲王"号也命中了 3 弹。所以在上午 6 时 13 分,"威尔士亲王"号的舰长决定脱离战斗,并在烟幕掩护之下实行退却。现在射程已经减到了 14600 码。指挥着 2 艘巡洋舰的威克-沃克少将(Rear Admiral Wake-Walker)——自从霍兰德阵亡后,整个部队遂由他指挥——认可了这个决定,而他自己也决定仅和敌人保持接触,以等候托维上将所率领的主力舰队赶到现场。那时托维上将还在 300 英里以外,所以抓住德国人的希望并不太大,因为在那天上午能见度已经愈变愈坏。到了下午,当托维听到"俾斯麦号"已经改变航向,并把速度减低到大约 24 节时,他不禁感到放心了。

因为在早晨那场短促的战斗中,"威尔士亲王"号也曾使"俾斯麦"号被命中了两发炮弹,其中一弹已经使它漏油,所以也就减低了它的耐航力,于是使德军指挥官卢金斯将军(Admiral Lütjens)决定向法国西部的港口进发,而放弃进入大西洋的企图——因为他知道已有几艘英国军舰正企图拦截他,所以他不敢退回德国去。

当天下午,托维派遣柯蒂斯(Admiral Curties)率领的第二巡洋舰支队,保护航空母舰"胜利"号(Victorious)——它载运着一批战斗机正拟前往中东——前进到距离"俾斯麦"号100英里内的位置。这样近的距离使"胜利"号可以使用其9架鱼雷轰炸机。它们在下午10时后即全部起飞,冒着非常恶劣的天候,很困难地才找到了"俾斯麦"号,并在午夜后不久连续对它发动攻击,但是只命中一颗鱼雷,对于这艘重装甲的战舰却未能造成任何严重的损害。25日清晨,"俾斯麦"号摆脱了追兵而不知去向。在那一整天内,英国人白花了许多气力,还是没有能够找到它。

直到26日上午10时半,它才又被英国海岸司令部的一架巡逻机再度发现,其位置距离布勒斯特约为700英里。可是托维的部队现在分散得太远,而且燃料也开始感到缺乏,所以很难在它逃入庇护所之前将其抓住。但是从直布罗陀前来的H部队,在萨莫维尔将军(Admiral Somerville)指挥之下,现在却正好居于可以拦截的位置。这支部队包括1艘大型航空母舰"皇家方舟"号。第一次攻击毫无效果,但在下午9时左右所作的第二次攻击却比较成功。所发射的13颗鱼雷有2颗命中,其中一颗击中"俾斯麦"号的"装甲带"(armour belt),没有发生作用,但另一颗却命中其右后方,损毁了它的螺旋桨、操纵系统和舵。这才是具有决定性的意义。

费安上校(Captain Vian)的驱逐舰队现在构成了一个包围圈,并在夜间继续作鱼雷攻击。英国战斗舰"乔治五世"号(King George V)和"罗德尼"号(Rodney)也已赶到现场,并以它们的重炮发射穿甲弹,痛击已经跛足的"俾斯麦"号达1个半小时之久。到10时15分,它已经只剩下一个尚在燃烧中的残骸。此时,在托维命令之下,英国的战斗舰开始撤退,以防德国的潜艇和重型轰炸机前来报复,只留下巡洋舰来替这艘正要下沉的德国军舰送终。"多赛夏"号(Dorsetshire)再发射3颗鱼雷,于是到了10时36分,"俾斯麦"号遂消灭在碧波之下。

在"俾斯麦"号没有沉没之前,它至少命中了8颗鱼雷,也可能为12颗,再加上更多的重炮弹。这说明了该舰结构设计者的工作,实在是非常的优异。

"犹金亲王"号于24日和"俾斯麦"号分手,在中大西洋补充燃料后,即发现主机有故障,所以其舰长遂决定放弃巡航而返回布勒斯特。虽然中途也曾被英国人发现,但终于还是在6月1日回到了该港。

不过总结言之,1941年5月的这一场戏剧化的海战,终于证明德国人想用水面军舰来赢得大西洋之战的计划和努力是完全失败了。

德国潜艇的作战却持续了较长的时间,而且也变成一种严重的威胁,尽管其过程是起伏无常。

5 月间,德国潜艇击沉商船的数字急剧地上升,到 6 月间又再度达到了 30 万吨以上的高水准——说得更精确一点,是 61 艘商船,共计 31 万吨。这也相当于一个大型船队的全部商船数量。值得称述的是,海员们并不因此而受到吓阻,对于船员的补充是从未感到缺乏。

不过那年春季也出现了一些有利的因素。3 月 11 日,美国的租借法案完成了立法程序,而在同一个月内,包括驱逐舰和飞艇的美国"大西洋舰队支援群"(Atlantic Fleet Support Group)也已组成。4 月间,由美国海军负责巡逻的美洲"安全地带"(Security Zone),也从西经 60 度向东伸展到西经 26 度。

同时在 3 月间,美国在格陵兰东岸上建立了空军基地,在百慕大(Bermuda)也有设施,而在 5 月间,其海军也接管在纽芬兰东南部的阿根夏(Argentia)租借基地。7 月初,美国海军陆战队在冰岛的雷克雅未克(Reykjavik)接替英国驻军的防务,而从那时起,来往于冰岛与美国间的美国商船也由美国海军负责保护。所以美国在大西洋的"中立",已经日益变得不中立了。英国船在美国船坞中的修补在 4 月间就已获得批准,而利用租借的方式在美国建造军舰和商船也已经开始。

此时,加拿大在大西洋的斗争中也给予英国强大的援助,6 月间已经创立一支加拿大护航部队,基地设在纽芬兰的圣约翰斯(St. John's)。加拿大海军现在接管了在大西洋中的护航责任,由此往东直到冰岛以南的会合点为止。于是英国海军部所计划的连续护航才变得有其可能性。

1941 年夏季,加拿大和英国的护航部队在大约西经 35 度的"中洋交点"(Mid Ocean Meeting Point)会合,并互相交换其所护送的船队。而冰岛和西线(Western Approaches)两支护航部队(均由英国人负责),则在大约西经 18 度的"东洋交点"(Eastern Ocean Meeting Point)会合和交换船队。

自 7 月以后,从英国到直布罗陀的船队,在全程中都有密切的保护,而对于沿着西非洲海岸到塞拉利昂(Sierra Leone)为止的船队,也给予连续的保护。

现在每一个船队平均可以分配到 5 艘护航军舰。一个总数 45 艘商船的船队,有长过 30 英里的圆周需要保护。即令如此,每一艘护航军舰上的听音侦测仪,却只能扫过 1 英里长的弧线——所以空隙仍然很大,足以容许德国潜艇穿透圆周而不被察觉。

至于说到空中的掩护,租借法案增加了卡塔林那式水上飞机的数量,所以从 1941 年春季起,这种掩护以不列颠群岛为起点,向海洋推进到约 700 英里的距离,所以迫使德国潜艇不得不远离西面的进入路线。以加拿大为起点的空中掩护距离已达 600 英里;从冰岛向南伸展也达到 400 英里。但在中大西洋仍留下一个大约 300 英里宽的缺口,只有航程较长的美国"解放者"式飞机才可以提供掩护。直到 1943 年 3 月底才能有经常的巡逻,而到 4 月中旬仍只有 41 架飞机担任勤务。

此时,德国潜艇的数量也在不断增加。到 1941 年 7 月已有 65 艘在执行作战任务,到 10 月间即增为 80 艘。在 9 月 1 日,德国潜艇总数为 198 艘——而到此时商船损失的总数共为 47 艘。总而言之,参加服役的新潜艇是要比击沉的多。此外,德国潜艇的构造也加强了。其外壳要比英国的潜艇坚固,一颗深水炸弹必须在非常接近之处爆炸,始能将其击毁。

9 月间有 4 支船队曾遭受重大的损失——所有的损失又都是由于缺乏适当的空中掩护。

不过在那个月,紧接着罗斯福和丘吉尔 8 月间会晤之后,两国海军的合作又因为美国总统批准了计划良好的美国"第四号西半球防御计划"而获得更进一步的加强。在这个计划之下,美国海军同意保护由非美国船只所组成的船队,于是对于某些东行的大西洋船队,美国海军开始提供护航部队直到"中洋交点"为止,而这个交点又已经向东移到大约西经 22 度的位置。

此项行动也帮助减轻英国人的困难,这样使他们对于英国与"中洋交点"间的一段距离可以提供比较适当的护航部队。到 1941 年底,在该地区中的护航部队已经增到 8 个群,每个群有 3 艘驱逐舰和大约 6 艘护航舰。另外还有 11 个群,每个群有 5 艘驱逐舰,名义上它是充任预备队以便增援任何发生困难的护航舰队,或应付大量集中的德国潜艇,但实际上却多为例行性的任务所占用了。

10 月间,德国潜艇所击沉的商船数字减到 32 艘,共 156000 吨。尤其值得注意的是,在任何海岸司令部基地周围 400 英里以内的水域并没有商船被击沉。这可以证明德国潜艇不愿冒险进入远程侦察机和轰炸机所能掩护的地区。不过沉船数字的下降还另有一个原因,就是有一部分德国潜艇被派往地中海方面去支援隆美尔在北非的作战。

11 月间,沉船的数字又再度下降——只比 10 月间总数1/3略多一点——而在 12 月间,在北大西洋方面的数字仍然继续减少。但在日本参战之后,在远东方面的损失大增,使船舶沉没的总数达到 282 艘,接近 60 万吨(包括各种原因在内)。

在西方，1941 年下半年内，德国的远程轰炸已经变成一种比潜艇更要巨大的威胁，尤其以到直布罗陀的航线为甚。这也就令人认清对任何船队都有提供战斗机密切支援的必要。所以在 6 月间，遂采用了第一艘护航航空母舰（Escort Carrier）——英国的"无畏"（Audacity）号，该舰还是使用弹射起飞（Catapult Launched）的战斗机。在 12 月间，这艘航舰在一次成功的防御战中（保护一支从直布罗陀返回英国的船队）曾经扮演重要角色，虽然它本身在 9 天的苦战中终于沉没。

在 1941 年年底，德国作战潜艇总数为 86 艘，而正在训练和试航中的约有 150 艘之多。但因为当时有 50 艘是分布在地中海内或其进出口的附近，所以留下来可用于北大西洋方面的只有 36 艘。6 月间，由于大举进攻补给船只之故，而使其中有 9 艘被猎杀，于是残余潜艇乃暂时退往南大西洋。从 1942 年 4 月到 12 月这 9 个月之内，德意两国的潜艇一共击沉商船 328 艘，计 157.6 万吨，但其中仅 1/3 是结队航行的。反而言之，在德国所损失的 30 艘潜艇中，有 20 艘是被护航部队所击毁。这似乎可以证明，以较大的护航部队和闪避曲折的航线来对付德国的潜艇，已经暂时占得了上风。

在这里对 1942 年初的护航兵力部署情况，先作一个概述。西方航线司令部都是由诺贝尔将军（Admiral Sir Percy Noble）主持，其三大作战基地分别设在利物浦、格里诺克（Greenock）和伦敦德里（Londonderry），一共控制着 25 个护航群——总共约有 70 艘驱逐舰和 95 艘较小型军舰。

它们共分为 4 类：（1）短程驱逐舰，保护中东和北极航线的第一段和运输美国部队的邮船；（2）远程驱逐舰和护航舰，保护从"西洋交点"到不列颠之间的北大西洋航线和直布罗陀航线；（3）远程炮舰（Sloops）、驱逐舰和巡逻艇（Cutters），保护塞拉利昂航线的主要部分；（4）凡在德国轰炸机所能达到的地区内，各防空群支援护航部队和随护北极和直布罗陀两航线上的船队。

同时，在直布罗陀也有相当于 2 个群的兵力来负责局部性的护航任务，而在弗里敦（Freetown）的护航部队则有 1 个驱逐支队和大约 24 艘的护航舰。纽芬兰护航部队主要是由加拿大海军来提供，共有 14 艘驱逐舰、大约 40 艘护航舰，以及 20 多艘专供局部性护航之用的其他舰艇。

但是在 1942 年的初期，大西洋之战仍然还是没有起色，其原因之一即为缺乏飞机。当费尔特爵士（Sir Philip Joubert de la Ferté）在前年夏季接管海岸司令部时，他曾经估计需要各式飞机共 800 架，而尤其特别强调远程轰炸机的重要性。但至 1942 年时,海岸司令部所属的轰炸机奉命全部移交给轰炸机司令部(Bomber Command),而所有一切新生产的轰炸机也都完全予以分配,以便对德国发动空中攻击。这种优先次序上的冲突变得非常地严重。此外,舰队航空方面要想为自己订造的 31 艘新护航母舰获得战斗机,也遭遇到很大的困难。

另一障碍是因为由美国替英国建造的新巡防舰(Frigates)未能如理想的那样迅速加入服役——由于美国人优先建造越过海峡作战所需的登陆艇,因为美国人仍然希望能在 1943 年发动那样的作战,即使在 1942 年已无希望。此种优先次序的决定,对于英国在大西洋中无法改善其弱点和商船继续受到重大损失,都应负极大的责任。

第三种障碍是在 1942 年初,美国海军本身也遭遇到了重大的困难——不仅是在太平洋方面由于珍珠港灾难所引起的各种困难,而且在大西洋方面由于德国潜艇活动的扩大,也使美国本身的船只遭遇严重的损失。

在 1942 年 5 月,邓尼茨和他的幕僚们估计,要想击败英国,则他们每个月应平均击沉 70 万吨的商船。他们知道在 1942 年并不曾达到这个数字——不过他们却并不知道实际上每月的平均数并未超过 18 万吨。他们认为美国的参战对他们是有利的,因为那样可以在西大西洋中给予他们以较大的行动自由和较多寻获无保护目标的机会。

德国能派往美洲海岸附近作战的潜艇数量是非常的有限,但其收获却大到了不成比例的程度。因为美国海军将领们对于开始实施护航制度是十分的迟缓和勉强——正像第一次世界大战时的英国海军将领们一样。同时,美国对于其他戒备措施的采取也是同样的迟缓。发光的水道标志和船舶无线电的无限制使用,都可以使德国潜艇获得其所需的一切帮助。海岸的游乐场,例如在迈阿密海滩,夜间还是照样地灯火辉煌,使海上的船只在几海里以外就会显出很清楚的阴影。德国潜艇白天就潜伏在海岸附近的水面下,到了夜间就浮出水面,使用火炮或鱼雷任意攻击船只。

虽然在美洲海岸附近作战的德国潜艇从未超过一打之数,但它们到 4 月初,即已击沉约 50 万吨的船只——其中 57% 都是油轮。

这种损失对于英国的情况也就造成了一种非常严重的反应。美国海军必须撤回其护航的军舰和飞机,以巩固其本身沿岸水域的防务;同时美国商船在安全地越过了大西洋之后,在驶进美国水域时反成为德国潜艇送上门的肥羊。

这种结果使得邓尼茨大感兴奋,于是他希望能够把所有的德国潜艇都尽可能派往美国的沿海。对于同盟国真可以说是太幸运,在这个紧要关头上,希特勒的"直觉"却救了他们的老命。在 1 月 22 日的一次会议中,他突然宣布他深信挪威是一个决定命运的地区,所以他坚持把所有一切的水面军舰和能够动用的潜艇,都应送往那一方面以预防盟军的侵入。3 天之后,邓尼茨接获一个完全出乎其意料的命令,要他立即派遣第一批 8 艘潜艇去掩护通往该国的海上进路,新战斗舰"铁比制"号（Tirpitz）也同时在 1 月间前往挪威,跟在它后面的还有"希尔上将"号、"尤金亲王"号、"希伯上将"号和"吕佐夫"号等舰。

这不能说希特勒没有先见之明,因为在 4 月间丘吉尔的确曾经要求英国参谋首长们考虑在挪威登陆的可行性,其目的是想要减轻德国人对北极航线的压力——但他们却表示怀疑,而美国人也支持他们的态度,所以这个计划遂始终不曾成熟。

对于同盟国而言,还有另外一件幸事,那就是由于 1941 年和 1942 年之间的冬季特别寒冷,延误了德国潜艇在波罗的海的训练进度,结果使德国在 1942 年的上半年内一共只有 69 艘新潜艇可供作战之用。其中 26 艘终于被派往挪威北面水域,2 艘前往地中海,12 艘补充损失,所以在大西洋方面的净增数字仅为 29 艘。

尽管如此,轴心国潜艇击沉商船的数字却仍然每月都有增加——2 月间增加到接近 50 万吨,3 月超过 50 万吨,4 月间虽曾降到 43 万吨,但是 5 月却又升到 60 万吨,而在 6 月间却达到空前的 70 万吨。到 6 月底的总计,半年来一共击沉商船 41.4740 万吨（原文如此。——编者）,其中为德国潜艇所击沉的则超过了 300 万吨——差不多 90% 都是在大西洋和北冰洋被击沉的。直到 7 月间,由于反潜方法有了全面的革新,同时美国也已采用了护航办法,所以被潜艇击沉的数字才又降回到 50 万吨以下。

1942 年夏季情况的改进,只不过是昙花一现而已。到 8 月间由于德国新建的潜艇纷纷出场,使其全部实力增加到 300 艘以上,而其半数以上均可供作战之用。它们区分为许多群,分别在格陵兰、加拿大、亚速尔群岛（Azores）、西北非洲、加勒比海和巴西等地区附近的水域中活动。8 月间德国潜艇击沉船只的数字又再度超过了 50 万吨的大关。在以后的几个月内,它们在特立尼达（Trinidad）附近的收获特别丰富,因为在那里有许多船只还是单独地航行。8 月中旬有 5 艘巴西商船被击沉,可是立即促使巴西向德国宣战,此一举动就政治和大战略的观点来看,对于德国都是得不偿失。同盟国使用巴西基地,对于整个南大西洋可作较严密的控制,并从此使德国水面突袭船只无法在那里躲藏。

不过,这已经不像过去那样重要,因为德国现在已经可以不用武装商船在远洋中从事突击了,他们改用一种新型和较大的潜艇——即所谓"水底巡洋舰"(U-Cruisers),排水量 1600 吨,行动半径为 3 万英里。

新型德国潜艇能够潜入较深的水中,可达到 600 英尺的深度,在紧急时甚至于还可以更深——不过这种优点不久即为深水炸弹也可在较大深度爆炸的事实所抵消。此外,德国潜艇的产量也正日益增大。新的潜水油轮可以使它们在大洋中补充燃料,其无线电情报的效率也已经提高。最后,德国人对于英国人控制护航船队所用的许多密码也都能予以译出,正好像他们在 1940 年 8 月以前的情形一样。

在另一方面,新的 10 厘米波长雷达——它的讯号是潜艇所无法拦截的——为英国科学家所有一切成就中最重要者。在 1943 年初,它才在飞机上普遍的采用,与"莱光"探照灯配合运用,遂使同盟方面恢复了在夜间和低能见度时的主动,并击败德国潜艇在 1.5 米波长范围上工作的雷达搜索接收器。

在邓尼茨这个阶段的战时日记中显示,他对于英国人的此种侦察工具的效果,以及英国飞机在东大西洋中的数量增加是如何地感到忧虑。

在整个战役中,邓尼茨一直表现出他是一个非常能干的战略家,他经常能探寻敌人的弱点,并集中其全力打击在这些弱点上。从开始时他就一直掌握着主动,同盟国的反潜部队总是要比他慢一步。

在 1942 年的下半年,他的计划是以格陵兰以南的空中护航缺口为焦点,他的目的是在同盟国船队尚未达到这个地区之前就先将其钉牢,等到它们通过这个缺口时就集中全力来加以攻击,等到它们进入有空中掩护的地区就马上撤退。

此外到秋天时,邓尼茨已有足够的潜艇,所以只要一有机会出现,即可以容许他随心所欲地使用其"狼群"战术来进行主动的攻击。

自从 7 月起,德国潜艇的压力即开始增加,11 月间击沉船只的数字增到了 119 艘,共 72.9 万吨。不过其中有一大部分是在南非和南美水域中脱离了船队而单独行动的船只。

1942 年秋天,美英盟军开始在西北非洲登陆,即所谓"火炬作战"。这对护航部队形成了一种巨大的额外要求。所以直布罗陀、塞拉利昂和北极等航线都只好暂时停止。为了保护美国运兵船从冰岛到英国这一段航程,也需要

更多的护航部队。对于这种快速的船队,至少要有 4 艘驱逐舰才能保护 3 艘运兵船。

惟一例外的就是那 2 艘被改装为运兵船的巨型邮轮——8 万吨的"玛丽王后"号(Queen Mary)和"伊丽莎白王后"号(Queen Elizabeth)。它们每艘能搭载 15000 人甚至于还可以更多——一个师的大部分。其时速超过 28 海里,那实在是太快了,除了航程的两端之外,任何驱逐舰都无法护航。所以此种巨型邮轮的安全就只能依赖其高速,再加上曲折多变的航行路线。此种冒险政策居然获得了完全的成功,自从 1942 年 8 月起,它们曾多次穿越大西洋航行,从未受到任何潜艇的拦截。

概括言之,海军护航兵力和空中掩护兵力的增长,是无法赶上日益增多的潜艇数量。平均每个月有 17 艘德国新潜艇加入服役,而到 1942 年的年底,总数达到 393 艘,其中有 212 艘已经参与作战——而在同年的年初总数为 249 艘,参加作战的仅为 91 艘。这一年之内,被击毁的德国潜艇为 85 艘,意大利潜艇 22 艘——这个数字显然是不足以抵消新增加的产量。

在这一年内,轴心国家的潜艇,在全世界各水域中所击沉的船只为 1160 艘,共计 626.6 万吨——再加上敌方其他兵器所造成的损失,总数应为 1664 艘,共计 779 万吨以上。

虽然同盟国方面约有 700 万吨的新船参加服役,但自从开战以来,每年结算起来总还是亏损,以 1942 年而论,仍然还是亏损了约 100 万吨。在这一年之间,英国的输入减到了 3400 万吨——尚不及 1939 年数字的 1/3。尤其是英国的商业燃料(煤)的存量已经降到最低额,只有 30 万吨,而每个月的消耗量则为 13 万吨,显然必要时须动用海军的存煤,不过,除非是在极端紧急的情况下,否则这种措施还是应该尽量避免。

所以当 1943 年 1 月间同盟国的领袖们在摩洛哥海岸的卡萨布兰卡集会,以决定次一阶段的大战略时,他们对于商船吨数的逆差情况感到非常地烦恼。除非能够克服德国潜艇的威胁和赢得大西洋之战,否则对于欧洲实际上也就不会有进行有效攻击的可能。这一战的重要性不亚于 1940 年的不列颠之战。胜负的决定主要看哪一方面在物质上和心理上能有较长久的耐力。

这个斗争的胜负又受到指挥人事改变的影响。11 月间,诺贝尔上将奉派出任英国海军驻华盛顿代表团的团长,也就是英国海军参谋总长在两国联合参谋首长组织中的常任代表。在他充任"西方航线"地区司令的 20 个月任期当中,对于反潜措施的改进颇多贡献,他也能使海上和空中的护航人员都保持高昂的士气,因为他了解他们的问题,并经常和他们保持密切的个人接触。不过很侥幸的,接替他的人也经过非常良好的选择。此人即为霍顿爵士(Admiral Sir Max Horton),在第一次世界大战时,他已是一位杰出的潜艇指挥官。自从 1940 年初起,他就负责指挥所有一切以不列颠为基地的潜艇部队。所以他把一切有关潜艇和潜艇人员的专家知识带入了反潜作战,再加上他个人的推动力和想象力。这些素质的结合使他成为一个有资格和邓尼茨作一次较量的理想人选。

霍顿的计划是想对潜艇发动比较强大和集中的反击。护航舰和其他小型舰艇的速度不够快,所以在德国潜艇之间的战斗中不能够穷追不舍,因为假使它们追得太远,也就无法再赶上其所保护的船队。因此必须要有更多的驱逐舰和轻型巡洋舰,它们分开工作,并协助护航部队,当它们一和敌方潜艇发生接触,就必须拼命穷追不舍直到将其击沉为止。为了这种目的,在 9 月间即已开始组成支援群,而霍顿上任之后,对于这种工作的推动遂更不遗余力,他甚至于不惜减少密切护航的兵力,来加速完成这种组织。他的目的是想在中大西洋内奇袭敌人;统合使用几个新组成的支援群和母舰飞机的战力来作有协调的反击,同时也和护航部队及远程飞机协力攻击敌潜艇。他强调支援群不应浪费时间去对德国潜艇作广泛的搜索——这是过去所常犯的错误。潜艇出没的地方就在船队的附近,所以支援群必须与保护船队的护航群保持密切的合作。当船队进入格陵兰附近的空中掩护缺口时,就应派一个支援群去增援每一个护航群,只要情况可能还应加派飞机。他相信,德国潜艇所惯于应付的是来自护航船队方面的攻击,所以支援群若从四面八方来攻,则一定会使它们受到奇袭和丧失平衡。

在德国方面,希特勒却正在大发雷霆,因为在 1942 年的除夕,德国军舰"希伯上将"号、"吕佐夫"号和 6 艘驱逐舰,从阿尔滕峡湾(Altenfiord)出发,攻击一支通过北冰洋的船队,结果毫无所获。这个事件具有非常重要的后果。他在一怒之下,表示决心遣散这些大船。于是在一个月之后,雷德尔元帅(Grand Admiral Raeder)辞去海军总司令的职务,接替他的人即为邓尼茨,但邓尼茨仍然兼任潜艇部队司令的职务。邓尼茨对于如何应付希特勒是另有一套,他终于说服了希特勒同意把"铁比制"号、"吕佐夫"号和"香霍斯特"号等舰,仍继续保留在挪威,作为一支相当强大的任务部队。

在 12 月和 1 月,大西洋是比较平静无事,德国潜艇只击沉了 20 万吨的商船。这主要是由于恶劣天候所致。但是在船队中的商船也因此受到重大的损

失,尤以动力较弱的船只为甚。

1943 年 2 月间,德国潜艇所击沉的数字又几乎增加了 1 倍,到 3 月间,击沉的商船总数为 108 艘,共计 62.7 万吨——又再度接近了 1942 年 6 月和 11 月的最高峰数字。最令人感到烦恼的是,其中将近有 2/3 的商船是在船队中被击沉的。3 月中旬,38 艘德国潜艇集中攻击两支返回英国的船队,很巧合的,这两支船队靠近在一起,在 3 月 20 日恢复空中掩护之前,被击沉了 21 艘,共 14.1 万吨。德国只损失 1 艘潜艇。这是整个战争中一次最大的船队护航会战。

事后,英国海军部的记录上说:"1943 年 3 月的前 20 天内,德国人几乎已经切断了新旧两世界之间的交通线。"此时,英国海军参谋本部甚至于已经开始怀疑以护航船队作为一种有效防御体系的价值。

但在 3 月份最后的 11 天内——即这个决定命运之月的最后 1/3 阶段——又发生了一种巨大的改变。在北大西洋一共只沉没了 15 艘商船,而在前 2/3 的阶段内,却被击沉了 107 艘。4 月间的数字仅及 3 月的一半,而到 5 月则更少。霍顿统合战力的反击已经生效——在一个极短的期间内,已经达到其理想的目的。

在 3 月间最紧急的时候,美国人曾要求退出北大西洋的护航系统,以便专心负责南大西洋航线,尤其是以通到地中海者为然。同时他们也挂念着太平洋方面的作战。不过实际影响却并不大。美国政府把其第一艘支援群航空母舰交给英国人指挥,并且还提供重要的远程"解放者"式飞机。所以从 4 月 1 日起,在美洲与英国之间的一切航程,都是由英加两国共同负责保护。

在 1943 年的春季中(即 3、4、5 三个月),德国潜艇在一连串的护航战斗中遭遇失败,并且受到惨重的损失。5 月中旬,邓尼茨已有预感地向希特勒提出报告说:"在潜艇作战中,我们正面对着最巨大的危机,因为自从敌人利用新的侦察工具之后,已使战斗变为不可能,并正在使我们蒙受重大损失。"在 5 月间,德国潜艇的损失已经不止增加 1 倍,升到其全部海上兵力的 30%——像这样高的损失率是绝难持久的。所以在 5 月 23 日,邓尼茨把他的潜艇完全撤出北大西洋,以等待有新兵器可资利用。

到 7 月间,同盟国商船的增建数字已经多于被击沉的数字。这是一件大事,也证明德国潜艇的攻势已经失败了。

但事后回顾,很明显地可以看出,美国本身在 3 月间的逃过失败,其机会的狭窄也是间不容发。同时,也明白显示其危险的主因即为船队缺乏远程飞机的掩护。从 1 月到 3 月,当有空中掩护的时候,在大西洋的船队中一共只被击沉了 2 艘船只。一旦对船队能提供适当的空中掩护,尤其是远程的"解放者"式飞机,则德国潜艇在"狼群"战术的运用上也就日益困难。它们现在在任何时候都可能会突然发现有一架飞机出现在其上空,并正在指示一个支援群中的军舰各就其适当的战斗位置。

但是,雷达使用德国潜艇所不能拦截的 10 厘米波长的脉波,也诚如邓尼茨所认清和强调的,确是一种非常重要的因素。新型兵器,例如一种叫作"刺猬"弹(Hedgehog)的反潜火箭,和较重的深水炸弹,也都颇有贡献。还有负责研究最佳战术体系的"西方航线战术单位"(Western Approaches Tactical Unit)以及布拉特教授(Professor P. M. S. Blackett),对于护航部署所作的作业分析(Operation analysis)——也都是功不可没。此外,在 1943 年 5 月底,对于船只的控制又改用了一套新的密码,所以使德国人又丧失其最有价值的情报来源。

不过对于胜利而言,也许最重要的因素还是护航军舰和飞机在训练标准上的改进,以及海空军双方人员的合作无间。

以个人而论,霍顿上将对于击败德国潜艇的战斗所作的杰出贡献,是上文中所早已强调过的。此外,斯莱塞空军中将(Air Marshal Sir John Slessor)的功劳也是同样地重大,他于 1943 年 2 月出任海岸空军司令,那也正是最紧急的阶段。在许多优秀的护航群指挥官当中,最值得称赞的有两个人——沃克上校(Captain F. J. Walker)和格雷敦中校(Commander P. W. Gretton)——他们都是最善于扩大战果的。

在 1943 年 6 月整个一个月之内,北大西洋中没有一支船队曾受到攻击,而在 7 月间,德国潜艇的损失却极为重大,尤其是以在比斯开湾(Bay of Biscay)中为最,在那里,英国海岸司令部的空中巡逻曾经有极丰富的收获。在该月内有 86 艘德国潜艇企图越过海湾,其中有 56 艘被发现,17 艘被击沉(有 16 艘是被飞机击沉的),另有 6 艘被迫退回其基地。诚如邓尼茨对希特勒的报告中所说,他们在比斯开湾的惟一出路就只剩下沿西班牙海岸的一条窄线。不过,反潜巡逻队对于他们的成功也曾付出相当的代价,一共损失了 14 架飞机。

在 1943 年 6 月到 8 月之间的 3 个月内,除地中海外,德国潜艇在一切其他水域中总共只击沉 58 艘同盟国的商船,而其中又差不多有一半是在南非洲附近和在印度洋中击沉的。他们为这种平常的战果一共付出了 79 艘潜艇的

代价——其中为飞机击沉的不少于 58 艘。

为了希望能重获优势,邓尼茨坚决要求希特勒在大西洋上给予较多的远程空中搜索和对必经的要道提供较强的空中掩护。戈林是很不愿意提供空中的协力,为了克服此种困难,邓尼茨也就必须反复辩论,而比起雷德尔,希特勒对于他的话要算是比较能够言听计从。邓尼茨同时也获得了批准,把潜艇的生产量从每月 30 艘增加到 40 艘,并且优先建造一种新型潜艇,那是具有较高的潜航速度。但是这种非常有前途的"沃特"(Walter)式潜艇——其动力来源为柴油(Diesel fuel)和过氧化氢(hydrogen peroxide)混合——但却发生许多试验上的困难,以至于直到 1945 年战争结束时,都还没有一艘能够参加服役。不过另有一种重要的新发展却比较可以应急,那就是所谓"修诺克"(Schnorkel),那本是 1940 年以前由荷兰人所原始设计的一种潜艇呼吸管,其功用为吸入新鲜空气和排除柴油引擎的废气。它也能使潜艇在保持潜望镜的深度时仍可继续为其电池充电。到 1944 年的中期,已有 30 艘德国潜艇装置了此种呼吸管。

在 1943 年的中期,德国人还有两种其他的新武器:追踪鱼雷(homing torpedo),即鱼雷利用船只螺旋桨的音响来导航;滑翔炸弹(glider bomb)。但在 9 月和 10 月间,也就是德国潜艇再度发动攻击的两个月,同盟国一共只损失了 9 艘商船——在 46 个北大西洋船队中总共有 2468 艘船只——而德国潜艇反而被击沉了 25 艘。经过此种进一步的重大失败之后,邓尼茨遂不再把潜艇组成大型机动群了。

10 月 8 日,英国和葡萄牙签订了一项协定,接管在亚速尔群岛上的两个空军基地,于是整个北大西洋从此都已置于空中掩护之下。

在 1944 年的最初 3 个月内,德国潜艇所受到的损失更为重大。在越过北大西洋的 105 个船队中,共计 3360 艘船只,只被击沉了 3 艘,而德国潜艇反而损失了 36 艘。现在邓尼茨就决心停止一切进一步对护航船队的作战,并且坦白地报告希特勒说,除非能有新型的潜艇、新的防御工具和较佳的空中侦察,否则他们即不可能再行作战。

1944 年 3 月底,邓尼茨奉命用 40 艘潜艇组成一个群,以便在盟军侵入西欧时从事近海的作战。到 5 月底,他已经把 70 艘潜艇集中在比斯开湾的各港口内,在北大西洋中则只留下 3 艘,而其任务又仅是报告气候的变化而已。

德国人放弃北大西洋潜艇作战,遂使英国的海岸司令部有如释重负之感。在长达 41 个月的反潜作战中,该司令部所属的飞机(第十九联队)共计击沉德国潜艇 50 艘,击伤了 56 艘(出入比斯开湾基地的次数为 2425 次)。在此同一期间之内,第十九联队在比斯开湾也损失了飞机 350 架。如果英国当局对于海岸司令部能够分配以较多的飞机——从其任务的重要性上看来,那也许是应该的——则其损失可能较小,而效果也可能更大。

在这个阶段还有一件值得一提的事,即对碇泊在挪威北部的德国战斗舰"铁比制"号所作的两次攻击——第一次是在 1943 年 9 月,它受到 3 艘英国超小型潜艇(midgetsubmarine)的攻击,第二次是在 1944 年 3 月,又受到英国舰队飞机的攻击——但都不过使其受到相当创伤而已。最后到 11 月间才终为英国空军的重型轰炸机所击沉。在对斯匹次卑尔根(Spitzbergen)的一次突击时,它的主炮才有过一次射击的机会——但它累经重创而仍不沉没的事实,却可以证明德国海军造舰工程技术的优良。此外,仅仅由于其存在的威胁,也已经对英国的海军战略产生一种重大的影响,并且也牵制英国海军相当大的一部分实力。

"香霍斯特"号的威胁是在上年 12 月里被解除的:当它企图截击一支北极的船队时,受到英国本土舰队一支强大部队的包围而终于被击沉。

在 1944 年的上半年,英国在国内水域中的主要烦恼,是来自一种称为"E艇"(Eboats)的小型摩托鱼雷艇。虽然它们的总数从来未超过 30 余艘,但因为它们在各航线之间可作迅速的调动,而且又能选择适当的机会,所以也就构成了一种很难应付的扰乱。

德国的潜艇均已集中在法国西岸的港口内,准备对抗盟军的渡海行动,但结果却证明殊少效果。不过它们也乘着这个机会在 6 月间诺曼底登陆之前装配了"修诺克"呼吸管,于是对于空中攻击也就变得不那样容易被摧毁了。

当美国第三军团在 8 月中旬从诺曼底冲出,达到法国西岸的那些港口——布勒斯特、洛里昂、圣纳泽尔(St. Nazaire)——附近时,大多数的德国潜艇都被调往挪威。自从那时起,出入不列颠的船只遂开始可以再度使用绕着爱尔兰南岸的旧有正常航线。

从 8 月下旬起,又有一连串的德国潜艇从挪威和德国出发,绕过苏格兰和爱尔兰北面,到达接近不列颠海岸的位置,但在这次近岸作战中它们的战果却非常地有限——不过由于它们经常潜伏在水面下并使用"修诺克"之故,所以损失也比过去为少。在 1944 年 9 月到 12 月之间,它们在不列颠沿岸水域中一共只击沉 14 艘商船。

北 极 航 线

从 1941 年 9 月底起,英国人即开辟了到苏联北部的航线。在冬季阿尔汉格尔(Archangel)港被冰封时,就改用摩尔曼斯克(Murmansk),那是苏联惟一重要的不冻港。德国人没有能从陆上攻占该港,就战略而言,实在是一项严重的错误,使他们在苏联最危险的时候丧失了切断这一条北面补给路线的机会。

等到德国人知道英国船只(以后又加上美国的)已在大规模利用这条航线援助苏联时,他们才开始匆忙地增强其在挪威的海空兵力,并在 1942 年 3 月至 5 月的 3 个月内,对同盟国的北极船队加以一连串的强力攻击。尤以 6 月底向东行驶的 PQ17 号船队所受到的损失最为惨重。英国海军部相信这支船队和其护航部队已快要被德国军舰全部掳获,于是在 7 月4 日命令所有船只在巴伦支海(Barent Sea)分散逃走。这些毫无抵抗力的商船在德国飞机和潜艇攻击之下,全部 36 艘只逃出了 13 艘。这支船队所载运的飞机只送到了 87 架,损失了 210 架,坦克只送到了 164 辆,损失了 430 辆,非战斗车辆只送到了 896 辆,损失了 3350 辆——加上其他物资的 2/3,大约损失了 99316 吨。

在这次灾难之后,直到 9 月才有第二次的船队驶往苏联,并有远较强大的部队护航,而德国方面因为早已获得无线电情报的警告,所以雷德尔上将为了慎重起见,也就没有使用其较大型的军舰——如果使用了也许仍能击败英国的护航部队。结果 PQ18 号船队中的 40 艘商船,有27 艘安全地到达阿尔汉格尔,而德国的飞机和潜艇却受到极惨重的损失。从此以后,德国人遂再也不曾在遥远的北方部署如此巨大的空军兵力。

经过了另一段时间之后,在冬季中英国又曾派遣少数几支较小的船队前往苏联。尽管苏联人一再强烈要求多派船队来援助他们,但是对于绵长的远洋航线却从未派遣部队协助护航,即令到了他们的港口附近,所提供的掩护也都极为有限。自从 1943 年 3 月起,由于白昼已经开始延长,所以英国国内舰队总司令托维上将,遂不愿意再派护航船队前往苏联。在大西洋方面的紧急情况遂决定了此种辩论。一切用在北极航线上的护航部队都转移到大西洋方面,而他们对于那年春季德国潜艇所遭受的决定性失败,也曾有很大的贡献。

到 11 月间,北极航线方面的船队才又继续航行,却有了远较过去强大的护航部队,并包括新建的护航航舰在内。这些部队使已经减弱的德国空军和其潜艇都受到重大的损失,而同时也使大量的物资得以安全地运达苏联港口。

从 1941 年起，经由北极水域驶往苏联的船队一共有 40 个，包括船只 811 艘，除其中 58 艘被击沉，33 艘因为各种原因而中途折回以外，其他的 720 艘都安全通过——并已把大约 400 万吨的物资运抵苏联。这些物资中包括 5000 辆坦克和 7000 架以上的飞机。为了运输这些大量的援苏物资，同盟国曾损失 18 艘军舰和 28 艘商船，包括回程者在内。至于德国人为了阻止它们的通过，也丧失 1 艘巡洋战舰"香霍斯特"号、3 艘驱逐舰和 38 艘潜艇。

最 后 阶 段

在 1945 年最初几个月内，德国潜艇的数量仍在继续增加——由于新潜艇仍在继续生产，而损失则已减轻，这又是由于"修诺克"呼吸管的采用和在大西洋中的远程作战已经停止之故。1 月间，有 30 艘新潜艇加入服役，而过去每个月平均都仅为 18 艘。其中有些是新的改良型，具有较长的巡航距离和较高的潜航速度——1600 吨的 U 艇 21 型（Type ⅩⅪ）远洋潜艇和 230 吨的 U 艇 23 型（Type ⅩⅩⅢ）近海潜艇（其中约有 2/3 为较大型）。在 3 月间，德国潜艇队达到了其实力的最高峰，总数为 463 艘。

直到 3 月以后，盟军的轰炸作战才开始对潜艇的生产产生严重的影响。对于同盟国而言，很侥幸的，在波罗的海中的空投布雷，虽然所造成的物质损失极为有限，但却带来了一项重要的意外收获——甚至于是他们的海军将领们都不曾认清的——那就是妨碍了德国潜艇的试验和训练，所以也使那些新型潜艇不能大量地加入作战。如果不是这样，当大量新型潜艇加入战斗之后，即可能使潜艇的威胁又回升到 1943 年那样的高峰。

不过一旦当同盟国陆军在 3 月里渡过莱茵河之后，并且又与红军东西并进向柏林会师，于是对于德国人而言，所有一切的希望也就随之而消失。

在战争的最后几个星期中，德国潜艇的活动主要是在不列颠的东海岸和东北岸附近。虽然它们并无什么收获，但值得注意的却是在这些水域中，从来没有一艘新型潜艇被击沉过。

德国于 5 月间投降之后，有 159 艘潜艇随之投降，但却有 203 艘为艇上的官兵自己所凿沉。这可以表现德国潜艇人员的传统精神和不屈不挠的士气。

在前后 5 年半的战争期中，德国人曾建造和使用 1157 艘潜艇，同时还接收了 50 艘外国潜艇。其中一共损失了 789 艘（包括 3 艘外国的在内）。此外，他们也使用了大约 700 艘超小型潜艇。在海上被击沉的共有 632 艘，其中极大部分(500艘)都应归功于英国或英国所控制的部队。反之,德、意、日三国的潜艇一共击沉船只 2828 艘,总计约 1500 万吨。其中极大部分为德国人所击沉——其潜艇同时也击沉了同盟国军舰 175 艘,其中大部分是属于英国的。在同盟国方面为德国潜艇所击沉的商船数字中,有 61% 是单独航行的船只,9% 为船队中的落伍者,而只有 30% 才是船队中的船只——而在有空中掩护的情况之下,在船队中的损失可以说是极为轻微。

德国人占用了比斯开湾沿岸的法国海军基地达 4 年之久,而爱尔兰人又一直拒绝允许同盟国利用其西面和南面的海岸线,尽管他们自己的补给也还是有赖于护航船队的供应。上述两项因素对于同盟国在大西洋中的损失应负很大的责任。反之,同盟国的保有北爱尔兰和冰岛对不列颠所剩余的惟一航路的畅通,实具有极大的贡献。

第六篇　退　潮
（1943）

第二十五章　非洲的肃清

盟军的最初战略观念是一方面由追击的英国第八军团西进,另一方面由在突尼斯的第一军团向东推进,把隆美尔包围在两大军团之间。由于1942年12月盟军未能攻占突尼斯,于是这个观念也就只好放弃。(原注:参看第二十八图。)现在盟军的这两个军团必须分别同时来应付两支德国部队:在的黎波里塔尼亚的隆美尔和在突尼斯的阿尼姆。另一方面,由于隆美尔的部队正逐渐靠近阿尼姆的部队,于是也就使他们得以享有中央位置的战略利益——即他们可以集中全力来打击任何一个对手。

由于在圣诞节时被阻于突尼斯城之前,并且雨季尚未结束,地面的泥泞情况也仍将继续不会改善,所以艾森豪威尔就想发起一个更偏向南方的攻击,以在斯法克斯(Sfax)附近到达海岸线为目的,这样即可以切断隆美尔的补给线和退路。对于这个代字为"沙丁"(Satin)的作战,计划使用美国部队为主,把他们集中在特贝萨附近,给这支部队定名为美国第二军,由弗雷登德尔少将指挥。

在1月中旬,罗斯福和丘吉尔都来到非洲,准备在卡萨布兰卡举行一次新的同盟会议,以讨论未来的目标,两国的参谋首长们也都随同前往。于是艾森豪威尔就把他的这个新计划向他们当面提出报告。当他们在开会讨论时,有人认为隆美尔的百战精兵不久即将达到这个地区,如果以毫无经验的新编部队去作这样的进攻,似乎是未免过分冒险。尤其是英国陆军参谋总长布鲁克反对得最为激烈,他力主打消这个计划。

这样的决定遂把次一行动留给蒙哥马利,12月中旬他仍在诺菲利亚(Nofilia)附近徘徊,想等其兵力增强之后,再来攻击西面140英里远的布拉特阵地——自从退出埃及之后,隆美尔即率领他的残军在那里整顿。

1月中旬,蒙哥马利才发动他的新攻势。其计划又还是采取过去一样的模式——对敌正面发动一个牵制攻击,另从沙漠的内陆作一个迂回运动以切

断敌人的退路。不过这一次他没有采取任何试探性的准备行动,以免泄露他的企图和事先把敌人吓跑。此外,他也只用一个由装甲车所构成的搜索幕来监视敌军阵地,其主力则控制在这后方的位置上。直到攻击发动的前一天,他们才开始作长距离的接敌前进,并在 1 月 15 日上午直接投入战斗。第五十一师在装甲兵支援之下沿着海岸道路进攻,而第七装甲师和新西兰师则执行计划中的迂回行动。但一开始即不曾遭遇德军抵抗,等到在布埃拉特以西遭遇德军时,那已经是敌人的后卫了。隆美尔又已经从布埃拉特阵地溜走,使蒙哥马利的企图又再度落空。德军的溜走似乎很容易,因为新西兰师和第七装甲师的行动过于谨慎和迟缓。

　　隆美尔的主要敌人不是蒙哥马利而是轴心国的最高当局。墨索里尼回到安全遥远的罗马之后,又再度和现实脱节,在圣诞节前的那个星期内,他已经下了一道命令要求隆美尔在布埃拉特阵地上抵抗到底。于是隆美尔用无线电向意大利最高统帅部参谋长卡瓦里罗元帅提出询问:如果英国人不理会这个阵地,因为那是非常容易绕过的,而直接向西进发,那么又应怎样应付呢?卡瓦里罗避免直接作答,但他却强调表示意大利部队不可再像在阿拉曼会战时那样的被留在口袋之内。

　　隆美尔遂向巴斯蒂科指出,在墨索里尼的命令和卡瓦里罗的指示之间,有显明的矛盾存在。像专制王朝的大多数臣仆一样,对于任何与其主上的希望和梦想不符合的路线,他都力求避免选择和负责。但是经过苦苦纠缠之后,隆美尔终于获得他的同意,并下了一个命令允许非摩托化的意大利部队撤到塔尔胡纳—胡姆斯之线(Tarhuna-Homs Line),即比布埃拉特要退后 130 英里,并非常接近的黎波里城。于是,在 1 月的第二个星期里,卡瓦里罗又要求把一个德国师调回加贝斯隘道,俾预防美军在那方面的威胁——上文中早已说过,那个威胁并未成熟。隆美尔对于这样的要求当然欣然同意,因为那恰好和他构想中的计划相配合,所以他立即派第二十一装甲师前往。于是他手里所留下的就只有第十五装甲师的 36 辆坦克,以及意大利森陶罗师的 57 辆旧式坦克,以对抗蒙哥马利在新攻势中的 450 辆坦克。面对着如此压倒性的优势,隆美尔自然无意去作一次毫无希望的战斗,所以当他透过其无线电监听单位获知英军将在 1 月 15 日发动攻击的消息之后,他马上就不客气地自动溜走了。

　　把英军滞留了两天之后,隆美尔遂于 1 月 17 日将其摩托化部队撤回到塔尔胡纳—胡姆斯之线,并立即命令本来留在那里的意大利步兵再退往的黎波里。而在那两天战斗中,英军由于受到分布极广的雷区所阻,并且损失了 50

辆坦克,所以行动也就变得比过去更为谨慎。塔尔胡纳—胡姆斯之线已经有比较坚强的设防,应该是可以比布埃拉特阵地多守几天,但隆美尔知道蒙哥马利拥有强大的装甲部队,随时都可以从内陆方面采取迂回运动,所以他若在这一线上长期据守,结果必然会使自己的退路被切断,而被迫处于毫无希望的态势。因此他在 19 日的夜间,即开始撤退其剩余部队,而的黎波里的港埠设施也在此时加以破坏。

次日清晨,卡瓦里罗有急电来说明墨索里尼绝不准许撤退,并坚持这条防线至少应守 3 个星期。当天下午,卡瓦里罗亲自赶到前线来监督隆美尔执行这个命令。隆美尔很不客气地指出,由于根本上已无适当的增援,所以任何这一类的时限只好由敌人的行动来决定。最后他就把责任加在卡瓦里罗的头上,他这样说:"你可以在的黎波里多守几天,但结果却是全军覆没;或者是提早几天丧失的黎波里,却可以保留这一点部队以供防守突尼斯之用。现在就请你下决心。"卡瓦里罗避免作具体的决定,但他却间接地暗示隆美尔说,这个军团的实力必须保存,不过的黎波里应尽可能地坚守。隆美尔遂立即开始撤退非摩托化的意大利部队,以及大部分可以移动的补给物资。于是在 22 日的夜间,他就率领其剩余的部队从塔尔胡纳—胡姆斯之线撤退,一直退到的黎波里以西 100 英里以外的突尼斯的边境上,然后又再退后 80 英里,到达了马雷特防线(Mareth Line)。

越过布埃拉特之线以后,英军的追随行动诚如蒙哥马利所形容的,已经呈"黏着"(sticky)状态。这不仅是由于地雷和道路被爆破之故,而更是由于英军在对付敌人的后卫警戒幕时总是过分慎重。蒙哥马利在他的回忆录中,曾经强调在沿海公路上的前进"一般都缺乏主动和冲力",为了加重这种评论,他又引述在其日记中 1 月 20 日所记录的一份手令,表示他曾经如何催促第五十一师迅速前进。但事实上,隆美尔早已退到塔尔胡纳—胡姆斯之线,而他在 22 日之所以迅速放弃该线而继续退往突尼斯边境上的主因,又并非由于沿着海岸公路线方面压力的加强,而是害怕英军强大装甲部队从内陆方面以迂回行动来切断他的退路。当第五十一师在月光之下前进——其领先的步兵则坐在坦克上——他们发现敌人已经撤退。到 1 月 23 日拂晓时,英军纵队的矛头已经在无抵抗的情况下进入的黎波里。

自从 1941 年以来,这个城即为英军累次攻击的目标。从阿拉曼开始追击隆美尔起,一路上已经前进了 1400 英里。这个目标的到达也就是这一段里程的终点。那是在攻势发动之后整整 3 个月才到达的。对于蒙哥马利和他的部

队而言,这是一项令人感到兴奋的成就,但就他本人而言,也有如释重负之感——因为他在日记中曾这样的写着:"自从我接管第八军团指挥权以来,这是我第一次真正感到焦急。"在 1 月初,有一场风暴使班加西港口受到极大的破坏,使那里补给物资的接收量从每日 3000 吨减到 1000 吨以下,于是也就迫使他必须利用远在后方的托卜鲁克港,从那儿到的黎波里的距离约为 800 英里,换言之,也就是要把那条已经够长的公路线更拉长不少。为了想获得较多的补给,他已经把第十军留在原地不动,以便利用它的运输车辆。当他发动这次新攻势时,他认为必须在 10 天之内到达的黎波里,否则他也许就必须中止他的前进。

不过对于蒙哥马利而言,又算是相当地侥幸,因为敌人对于他的时间和补给问题并不太清楚,他们所知道的仅以为他是挟着一种在坦克数量上的优势来向他们进逼——他们所能使用的坦克就只有第十五装甲师的那 36 辆,所以蒙哥马利享有的优势为 14 对 1。假使第二十一装甲师不被召回去应付美军对加贝斯瓶颈地区所可能形成的威胁——在这个师被派往该地区之后的两天,即 13 日,美军的那个攻击计划即已撤销——那么德军在塔尔胡纳—胡姆斯防线上也就比较有坚守的可能。假使是那样,蒙哥马利也许即将自动停止前进,而退回到布埃拉特阵地去等候解决其补给问题,因为诚如他自己所说的,他这次进入的黎波里是在他自定的时限尚差两天满期之前。

蒙哥马利又在的黎波里逗留了好几个星期,以清理和修补该地被破坏的港口。直到 2 月 3 日才有第一艘船进入该港,到了 2 月 9 日才有第一支运输船队开到。蒙哥马利只派了少许轻装部队去追踪敌军的撤退,而其领先的一个师是直到 2 月 16 日才越过突尼斯的边境线——隆美尔的后卫则已于前一夜撤入马雷特防线的前进阵地,那一条防线本是法国人所建筑的,其目的是阻止意大利人从的黎波里侵入突尼斯。该防线系由一连串旧式的碉堡所组成,隆美尔认为还是在它们之间的空间中新近所挖掘的野战工事比较可靠。的确如此,当他视察了马雷斯防线之后,他建议最好是退守阿卡里特干河(Wadi Akarit)之线,该线还要退后 40 英里,恰好在加贝斯以西 15 英里,它不仅可以掩护通往突尼斯的进路,而且由于在内陆方面有杰里德盐湖(Chott el Jerid)的掩护,可以不必害怕受到迂回的威胁——因为那种盐质沼泽地是装甲部队所不易通过的。但他的建议并不曾被遥远的独裁者所采纳,他们虽已明知毫无希望,但却仍不肯放弃其空中楼阁的幻想。至于隆美尔自己的资本也已经降到最低点了。

由于的黎波里的失守,墨索里尼遂迁怒于他的部下,把巴斯蒂科召回,把卡瓦里罗免职——后者则由安布罗西奥将军(General Ambrosio)来接替。同时,隆美尔在1月26日也接到一份电报,其内容是说由于其健康欠佳,所以已被解除指挥权,并应在马雷特新阵地巩固之后即办理移交,其军团将改名为第一意大利军团,由梅塞将军(General Giovanni Messe)接任司令。不过,他却仍被允许有权自行选择移交和离去的日期——对于这一点权利,隆美尔曾加以充分的利用以使盟军受到很大的损害。

隆美尔早已是一个病人,而最近3个月的忧劳紧张生活,当然不会使他的情况有所改善。但在2月间他仍然表现出他还是具有强大的活力。

当美军通过突尼斯南部逐渐接近隆美尔的退却线时,他不但不感到忧虑,反而认为那是一个良好的机会,可以让他在蒙哥马利再度进逼之前先在那方面打一个胜仗。虽然马雷特防线的防御力量非常有限,但对于坦克的攻击仍可构成一种阻碍,而至少能把蒙哥马利的前进延迟一段时间。此外,隆美尔的实力也已经略有增加。当他向西撤退时,他也就日益靠近其补给基地的港口,所以也就获得了一些补充,足以抵补其在远程撤退过程中的损失。以部队的人数而言,他现在所有的与去年秋季阿拉曼会战开始时差不多。当他进入突尼斯境内时,他的军团差不多有3万名德国人(约为其编制人数的一半,但却与阿拉曼会战开始时的数字相等)和大约4.8万名意大利人——不过其中又包括已经派往加贝斯和斯法克斯地区的第二十一装甲师,以及正要派往防守盖塔尔(El Guettar)隘道的意大利森陶罗装甲师在内。后述的隘道正面对着美军在加夫萨的阵地。不过在装备方面,情况却似乎并不那样良好——德军部队的坦克只约相当于编制数的1/3,战防炮为编制数的1/4,而一般火炮则仅及1/6。此外,在大约130辆坦克中,能够合于战斗之用的又还不及半数。尽管如此,但在蒙哥马利尚未能充分利用的黎波里港和在突尼斯边境上集中优势兵力之前,一般情况的确可说是已获相当的改善,所以隆美尔对于这样一个空隙是急欲加以利用的。

他现在就计划发动一个拿破仑式的两面攻击,以发挥战略家所谓的"内线"理论——即利用处于两支向心前进的敌军兵力之间的中央位置,趁其中有一方面尚来不及救援之前,即首先击败另一方面。假使他能够击败在其后方的美国部队,那么隆美尔也就可以空出一双手来对付蒙哥马利的第八军团,而后者又因为补给线的拉长,所以其实力也已经相当地减弱。

这是一个卓越的计划,但隆美尔的最大困难却是在执行此项计划时,他大

部分都必须依赖并非他自己所能控制的部队。他从马雷特防线所能抽出的兵力,只够组成一个大型的战斗群,尚不及一个师的一半,由利本施泰因上校(Colonel von Liebenstein)负责指挥。他手下著名的和可靠的第二十一装甲师早已调回突尼斯,现在也正位于他所要想打击的地点上,但这个师却已经改受阿尼姆军团的指挥。所以从开始起就变得要由阿尼姆来决定主要打击的目标和所应使用的兵力,而隆美尔的任务却只限于从旁协助而已。

美国第二军(其中包括一个法国师)被预定为此次反击的目标。其战线长达90英里,但实际上其兵力是集中在从山地通过海岸的三条道路之上,其先头则在加夫萨、费德(Faid)和丰杜克(Fondouk)等地附近的隘道上——在那里又与柯尔兹将军所指挥的法国第十九军连接在一起。这些隘道都是如此地狭窄,所以占领它们的部队感到相当地安全,而盟军较高指挥部的注意力则被轴心国军队在丰杜克以北地区中所作的一连串试探性攻击所吸引。

但在1月底,身经百战的第二十一装甲师突然跃进在费德隘道上,在美军迟来的援兵赶到之前,就已经在那里击溃了装备恶劣的法国守军,于是也获得了一个作为下次较大攻击的立足点。这次突击使盟军较高级指挥官可以猜到敌人是在计划发动怎样的一种攻击,但他们却仍然没有猜到即将来临之攻击的地点。因为他们把这个在费德隘道上的攻击,当作是一种分散盟军注意力的行动来看待,所以他们相信主要的攻击将会在丰杜克的附近。诚如布雷德利将军(General Omar Bradley)在其回忆录中所说:"这种想法几乎变成了一种致命的假定。"不仅在艾森豪威尔总部中是如此,在安德森的英国第一军团司令部中亦复如此——在亚历山大尚未来到之前,突尼斯境内全部盟军的作战现在还是由安德森负责指挥。在卡萨布兰卡会议时,亚历山大已被指派为新成立的第十八集团军总司令,其位置是在艾森豪威尔之下。等到第八军团进入突尼斯之后,它就要和第一军团联合组成这个新的集团军。为了防守这一条期待中的攻击路线,安德森遂把美国装甲部队的一半,即其第一装甲师的"B"战斗群,保留在丰杜克的后方充当预备队。这一个错误的计算也就帮助减轻德军在前进时的困难。

到2月初,突尼斯的轴心国兵力总数已经增加到10万人——其中7.4万人为德军,2.6万人为意军——比在12月间对盟军的兵力是占有一种较良好的比例。约有30%为行政人员,至于在装甲兵力方面则几乎是完全依赖德国人的贡献,其坦克数量刚刚超过280辆——第十装甲师110辆,第二十一装甲师91辆(以现有的编制而言恰好为足额的一半),另有12辆虎式坦克编成一个特种单位,而隆美尔也在利本施泰因战斗群内增加一个营的 26 辆坦克,以增强在加夫萨公路上的森陶罗师,它还有残余的意大利坦克 23 辆。这个总数还是比盟军的实力差得很远,即令全部都集中在突尼斯南部企图的攻击正面上,也仍不足以构成数量上的优势。因为支援这个地段的美国第一装甲师虽然也并未足额,但却约有 300 辆坦克可供作战之用——不过其中有 90 辆为"斯图亚特"轻型坦克——此外还有 36 辆驱逐坦克(Tank Destroyer),而在火炮方面则更比德国装甲师要强大得多。不过使隆美尔深感失望的是,阿尼姆还是只派了第十装甲师的一部分(一个中型坦克营和一个 4 辆虎式坦克的连)来帮助第二十一装甲师,而且还只限于攻击开始的阶段,因为阿尼姆正计划使用第十装甲师在远较北面的地区去作一次攻击。

(原注:以上这些数字都是引自原始的记录,可以非常有意义地显示,若以"师"的数目为标准来比较同盟国和轴心国两方面的实力,其错误将是如何的巨大——但盟军的指挥官,以及许多官方的史学家却正是这样计算的。在这个阶段,一个美国装甲师的编制坦克数量为 390 辆,而一个正常的德国装甲师则为 180 辆,所以前者的数量要比后者多 1 倍而有余。但实际的差距还要更大,因为德国人对于缺额的补充比较困难。如上文中所说,即令是一个已经残缺不全的美国第一装甲师,其所拥有的坦克数量仍然还是要比德国装甲师的平均数量几乎大了 3 倍,一个英国装甲师的编制最近已经减为 270 辆,但特种坦克例外;而美国装甲师,除了某些例外,在这一年内也改组成为类似的形态。但在 1944 年,英国装甲师的坦克数量又升到 310 辆,因为其搜索单位的装甲车也换装为坦克。总而言之,一个盟军装甲师所能实际用来作战的坦克数量,通常要比德国装甲师多出 2 倍到 3 倍。要想维持平衡,则德国人必须依赖其在素质方面的优势。)

2 月 14 日,德军真正的攻势开始,第二十一装甲师再度从费德跃出,连同第十装甲师所派来的援兵在内。直接负责指挥攻击的是阿尼姆的副手齐格勒将军(General Ziegler)。由第十装甲师所派出的两个小型战斗群从费德隘道中冲出,像钳臂一样的张开,把美国第一装甲师的先头部队——"A"战斗群——紧紧地夹住;于是第二十一装甲师也派出两支兵力(每支都是以一个战斗营为基干),乘着黑夜向南面作较大的迂回以包围美军。虽然当德军在西迪布齐德(Sidi Bou Zid)合围之前,还是有许多美军化整为零地逃走了,但装备的损失却极为惨重。战场上到处都是起火燃烧的美国坦克,在这一次战斗中一共损失了 40 辆。次日上午,美军的"C"战斗群匆匆赶上前线发动一个反击,结果却恰好中了敌人的埋伏,一共只有 4 辆坦克逃回。因为德军擅长从劣势资源中集中优势兵力的技巧,所以两个精锐的美国中型坦克营就在这样连续的战斗中被歼灭了。不过对于盟军而言,却又算是很侥幸,因为德军在追击

时行动颇为迟缓。

在14日那一天，隆美尔即已力促齐格勒趁着黑夜奔驰，对于这个成功的开端作尽量的扩大。隆美尔告诉他说："美国人尚无实际战斗的经验，所以我们必须一开始就给他们一个下马威，好让他们产生一种深入的自卑感。"但齐格勒却认为他必须获得阿尼姆的批准才可以前进。所以直到2月17日他才开始向前推进25英里到达了斯贝特拉（Sbeitla），而美军已在那里集结。因此，德国人遂遭遇较顽强的抵抗，因为现在由罗比内特准将（Brigadier-General Paul Robinett）所率领的"B"战斗群也已经匆匆南调。直到下午快要结束时为止，这个战斗群尚能挡住德军的前进，并帮助掩护其他两个战斗群的残部退却之后才自己开始撤退——这也是盟军左翼全面退却的一部分，在安德森命令之下，该部队要撤到西多萨尔山脉（Western Dorsal）之线。虽然德军进入斯贝特拉的时间曾遭延迟，但他们的全部收获却增到100辆以上的坦克和近3000名的俘虏。

此时，隆美尔所带来的战斗群，直向盟军在加夫萨的南面侧翼顶点进攻，当美军于15日撤出后，即早已进入那条道路的中心。现在遂加快速度并转向西北，到17日又前进了50英里，穿过富里亚奈（Feriana），并攻占美军在泰勒普特（Thelepte）的机场。所以现在其到达的位置几乎和第二十一装甲师平行，不过要更向西偏35英里，因此也更接近盟军的交通线。亚历山大也正在那一天到达现场，并在19日接管这两个军团的指挥权。在他的通报中曾经这样指出："在退却的混乱中，美国、法国和英国的部队都已经混在一起，糟不可言，既缺乏有协调的防御计划，又无坚定确实的指挥。"隆美尔听说盟军已经放火焚烧在特贝萨的补给仓库——那是在40英里以外，而且还隔了一道山脉——所以照他看来，那是他们已经丧失斗志的证明。

现在就到了真正的转向点——虽然盟军的指挥以为那是3天以后。隆美尔希望能集中所有一切可以动用的机械化兵力，作一个通过特贝萨的全面追击来扩张此种混乱和恐怖的效果。他感觉到这样深入的一刀若切在盟军的主要交通线上，则一定可以强迫盟军把他们的主力撤回到阿尔及利亚——这也正是那些内心焦急不堪的盟军指挥官们所想到的前途。

但隆美尔却发现阿尼姆不愿发动这样一个冒险——他也早已把第十装甲师收回。所以隆美尔就只好把他的建议呈送给墨索里尼——他相信墨索里尼迫切希望能获得一次胜利，以增强其在国内的政治地位。同时，拜尔莱因（隆美尔最亲信的参谋长）也说服了在突尼斯的空军指挥官，使他们同意支援这个

1943年2月14日—22日隆美尔试图包围第一集团军

计划。

时间一个小时又一个小时溜过去,直到 18 日的午夜,罗马才来复电准许继续进攻,并指派隆美尔负责全面指挥,把两个装甲师都交给他,以求达到此种目的。不过这个命令却规定应向北进攻塔莱(Thala)和勒凯夫(Le Kef),而不应向西北穿过特贝萨。照隆美尔看来,这样的改变是代表一种"惊人和令人难以置信的近视"——因为这样的攻击与正面太接近,也必然会遭到敌方强大预备队的阻挡。

所以攻击的地点完全合于亚历山大的料想,因为他早已命令安德森应集中其装甲部队防守塔莱——不过亚历山大所根据的却是一种错误的计算,因为他以为隆美尔宁愿追求"战术性的胜利",而并不想追求较间接性的战略目标。这种错误的假定结果却又变得对盟军有利,那实在是很侥幸,主要的应归功于墨索里尼的命令——但隆美尔若能被允许随心所欲地去追求其理想中的目的,则盟军就一定会受到他的奇袭而变得极为狼狈。因为盟军援兵的大部分(包括英美两国的部队在内)都集中在塔莱和塔莱以东的斯比巴(Sbiba)地区内,至于在特贝萨却只有美国第一装甲师的残部担负掩护的任务。

英国援兵的主力为第六装甲师。其装甲部分的第二十六装甲旅即驻在塔莱,而刚刚到达的美国第九步兵师的步兵和炮兵,也都被送往该地充作支援。第一近卫旅,即第六装甲师的摩托化步兵部分,则驻守斯贝特拉北面的斯比巴缺口,和他们在一起的还有从美国第一和第三十四 2 个步兵师中所抽出的 3 个战斗群。

在接获墨索里尼的批准之后的几个小时内,隆美尔即在 2 月 19 日的清晨发动攻击。但由于一再的延误和阿尼姆召回第十装甲师的行动,已使其成功的机会大为降低——这个师已经北上,现在再把它调回来,在时间上也就无法赶上新攻击的第一阶段,而这正是最重要的阶段。于是隆美尔决定只好使用其非洲军的战斗群来引领穿过塔莱向勒凯夫的进攻,而第二十一装甲师则从斯比巴方面也趋向于同一目标,所以这两路兵力之间遂又可以互相呼应支援。

指向塔莱的路线必须经过卡塞林隘道(Kasserine Pass),该隘道位于斯贝特拉与富里亚奈之间的中点上,这个阵地现在是由一支美国的混合兵力据守,其指挥官为斯塔克上校(Colonel Stark)。德军最初的企图是想用奇袭的方式冲过这个隘道,但未能如愿;而到下午由于各种不同的援兵到达,遂使斯塔克的兵力远超过非洲军战斗群的兵力(它一共只有 3 个小型的营——1 营坦克和 2 营步兵)。但由于防御方面缺乏良好的协调,所以到黄昏时德军已在某些点上渗入，而到了天黑之后，渗入的人数也就更多。此时向斯比巴前进的第二十一装甲师也为一道雷阵所阻，在雷阵之后盟军又部署着重兵——11 个步兵营对抗攻击者的 2 个营，而在火炮和坦克两方面也都享有数量的优势（因为第二十一装甲师现在用于作战的坦克已经不到 40 辆）。所以在夜间隆美尔遂决定集中兵力来突破卡塞林隘道，因为那里的防御似乎已经动摇，同时也把迟到的第十装甲师用在那一方面。但因为第十装甲师所赶到的兵力只有 1 个坦克营、2 个步兵营和 1 个机车营，所以成功的希望遂又随之而降低。阿尼姆所扣留的兵力几乎还有半个师，并连同配属的虎式坦克营在内，而隆美尔却正想把这种坦克当作他手里的王牌。

直到 20 日的下午，他才能对卡塞林隘道发动集中的攻击，因为第十装甲师的单位直到那个时候才勉强赶到——这样的延误使他非常地愤怒。上午的一次攻击已被守军的火力所击退，但到了下午 4 时 30 分，隆美尔亲冒矢石，率领着所有一切可用的步兵——共 5 个营，包括 1 个意大利营在内——发动全面的突击，并迅速地突破敌方阵地。但是一支兵力非常小的英国支队，却又对攻击者展开极顽强的抵抗。那一共只有 1 个装甲连、1 个步兵连和 1 个野炮连，由高尔中校（Lieutenant-Colonel A. C. Gore）所率领，本是派来支援这个隘道的防御。结果德军使用了一个坦克营才把这个支队压倒，而它自己的坦克也被击毁了 11 辆。美国官方的战史是比任何国家都要较忠实和公正，它不仅强调这个支队的抵抗特别顽强，而且非常有意义地指出德军在其他地方的突破却是相当容易。它说：“敌军对于所缴获的美军装备的数量和素质深感惊异，那些装备几乎都是完整无缺的。”

隆美尔在攻占这个隘道之后，即派出搜索支队，一方面沿着塔莱的路线前进，另一方面也抵达前往特贝萨的岔路上，其目的是要使盟军在其预备队的调动上感到困难，而同时还想夺取在特贝萨的美军巨大补给仓库——这本是他自己原定的目标。隆美尔节节胜利的消息早已产生第一种效果。因为弗雷登德尔在上午命令罗比内特“B”战斗群从极右翼调向塔莱之后，又已经再度命令它去掩护从卡塞林到特贝萨的岔路。此时，英军的第二十六装甲旅群在邓费准将（Brigadier-General Charles Dunphie）率领之下——共有 2 个装甲团和 2 个步兵营——已经从塔莱向南移动，在距离卡塞林隘道约 10 英里的地方占领阵地，并期待“B”战斗群前来支援。对于盟军而言总可以说是很侥幸，因为攻击者的实力远比他们所想象的要弱得多。

次日（2 月 21 日）上午，隆美尔首先待在原地不动以等候盟军的反击。他

这样按兵不动反而使对方大感惊异,因为他们并不知道隆美尔的兵力比他们所集中的数量差得太多。但是隆美尔发现敌人也静止不动并不企图发动反击时,遂率领第十装甲师的一部分兵力向通往塔拉的道路挺进——其数量不过是相当于一个战斗群,包括30辆坦克、20辆自走炮和2营装甲榴弹兵(panzer-grenadier,即摩托化步兵)。邓费的旅群在德军的前面逐步后退,在连续的山脊上留着不走,直到受到迂回和侧击为止。但当它的坦克在黄昏退入在塔莱既设阵地时,一连串的德国坦克就紧跟在后面——德军使用巧计以一辆缴获的英国"法兰亭"式坦克领先前进,遂使英军还以为它们是英军方面的落伍单位。于是德军冲入阵地,击溃一部分步兵,并向许多车辆射击,遂使到处都发生混乱。虽然经过3个小时的混战之后才被阻止,但德军在撤退时却已带走700名战俘。从卡塞林隘道出发,在这一连串的战斗中德军也已损失12辆坦克,但它们所击毁的英军坦克则已接近40辆,包括1个迷失方向而冲入敌阵的坦克连在内。

因为预计将会遭遇较大的反击,隆美尔遂决定等待,以便在击败敌人的反击后再乘势追击。但在上午,空中侦察却指明盟军的增援已经到达现场,而且还有更多的部队正在不断地前来。所以想通过塔莱作更进一步扩大的机会似乎已经不大,而轴心国军队左翼方面的危险也正在不断地增加。在前一天的下午,非洲军团曾经推进到特贝萨岔路上,占领了那方面的隘道并掩护对塔莱攻击的侧翼,但由于美军在高地上已建立炮兵阵地,并集中强大的火力,所以未能得逞。22日上午,德军又再度进攻,结果所得甚微,而损失的严重则已经使它们有吃不消之感——因为在这个地区中,美军所集中的兵力远比它们强大,除了罗比内特的"B"战斗群以外,还有艾伦(Terry Allen)所指挥第一步兵师的一部分。

那天下午,隆美尔与飞来视察的凯塞林获得一致的结论,认为再继续作向西的反击已无利可图,所以应迅速摆脱这一方面的战斗,而把攻击部队转向东方以对付英国第八军团。根据这个决定,轴心部队遂奉命在黄昏时开始撤退——第一步先退到卡塞林隘道。

在另一方面,艾伦从一清早起就想对轴心国军队的侧翼发动一次反击,但由于通讯上的困难,始终和罗比内特联络不上,所以直到下午很晚的时候才能开始行动。它促使非洲战斗群匆匆地向卡塞林隘道撤退,而意大利部队在撤退中遂变成了溃退。隆美尔对于这个地区中的美军颇有好评,它们的战术技巧日有进步,炮兵火力的精确,以及装备的丰富都使隆美尔获得深刻印象,假使一旦发展成为较大规模的反击,则他那支比较微弱的兵力也就会遭遇到严重的危险。

但是隆美尔的弱点和已经改变的情况,却仍然不曾为盟军高级指挥阶层所认识。诚如美国官方战史所记载的,弗雷登德尔面对撤退中的敌军,对地面作战的指挥已经变得极端犹豫不决,而在这个时候敌人却正是最易被摧毁的。安德森也同样地只是在考虑防御的问题。事实上,在斯比巴的大量盟军兵力,那一天夜间曾向北撤退约 10 英里的距离,因为他害怕隆美尔会从塔莱突破并威胁他们的后方。在类似的恐惧之下,另一个侧翼上的特贝萨也曾有撤出的考虑。甚至于在 23 日上午已经发现德军从塔莱地区撤退之后,也不曾采取任何追击的步骤,直到那天夜间才下达发动总攻击的命令——而预定发动的日期则为 25 日。到那个时候,敌军早已撤走并安全通过卡塞林瓶颈地带,盟军计划"歼灭"敌军和"夺回"隘道的努力完全变成马后炮,它们所遇到的只不过是敌人所留下来的炸弹和地雷而已。

由于双方兵力的悬殊和盟军抵抗的日益增强,轴心国军队结束攻势的决定可以说是非常恰当。面对着盟军方面现已集中的巨大优势兵力,若再坚持不退实为一种愚行,从物质方面来说,这次攻击的收获若与成本相比较,可以说是很大——俘虏的敌军超过 4000 人,而德军的损失却不过 1000 多人,盟军被击毁的坦克在 200 辆左右,而德军的损失几乎不成比例。但却未能达到迫使盟军退出突尼斯的战略目标,尽管其危险已经间不容发。如果第十装甲师的全部兵力都能投入战斗,并从开始就由隆美尔统一指挥,并且还一切都由他自由决定而不加干涉(例如照他的想法应倾全力直趋特贝萨),则这个战略目标也许可以达成。若是能够迅速夺占美军的主要基地和机场中心,连同其累积的大量补给物质在内,则盟军将不可能继续保持它们在突尼斯的地位。

最足以表现命运的讽刺者,是 2 月 23 日从罗马发来的一道命令,指派隆美尔为新成立的"非洲集团军"总司令,并给予指挥突尼斯境内所有一切轴心部队的全权。这可以反证这次反击的心理效果是多么巨大,它又暂时恢复了墨索里尼和希特勒对隆美尔的信心。但对于隆美尔而言,这种滋味实在不好受,因为当命令来到时,德军已经在开始撤退——而且也实在太迟,无法挽救已经丧失的机会。

同时它也来得太迟,已经来不及打消阿尼姆在北面所想要发动的攻击,因为他一心想要独建奇功,所以才扣留预备队不放手,那些兵力若早日交给隆美尔运用,则对轴心方面的贡献也将远为巨大。照原定的计划,是以攻占迈杰兹巴卜（Medjez el Bab）为一个有限性的目标，这个攻击是预定在26日发动，所使用的兵力为2个装甲营和6个其他的营。但在24日拂晓，当阿尼姆派了一位参谋军官把这个有限性的计划送给隆美尔看了以后，自己却飞往罗马去晋见凯塞林，并在他们的讨论中产生一个更为野心勃勃的新计划。在这个新计划中，德军要沿着从北海岸到蓬杜法赫（Pont-du-Fahs）之间70英里长的战线上分别在8个点上进攻。其对手为英国第五军（包括第四十六师、第七十八师、Y师，加上海岸附近的一个法国团级战斗群）。德军的主攻部队为一个装甲群，其目标为贝贾（Beja）的道路中心（在突尼斯以西约60英里），与其配合的则为一个较短程的钳形攻击，以攻占迈杰兹巴卜为目的。虽然把所有一切能用的兵力均已用尽，但由于攻击的范围太大所以仍然不够支配。为了对贝贾的攻击，该装甲群的2个坦克营的坦克总数已经增强到77辆，并包括14辆虎式坦克在内。但为了凑足这个并不太大的数量，德军即已经感到罗掘俱穷，甚至刚刚运到突尼斯预定补充第二十一装甲师的15辆坦克也都被截留下来充数。等到隆美尔获知这个新计划的内容时，他不禁吓了一跳，他形容该计划是"完全不切实际的"。他以为那是墨索里尼的过错，殊不知当墨索里尼获知这个计划的内容时，所感到的震惊也不亚于隆美尔本人。

阿尼姆的作战计划是在25日发出，而攻击则定在次日发动——所以还是保留着较小型原始计划中所规定的时间。德国人在计划作为上所表现的速度和弹性是素有定评的，但对于如此巨大的改变还是不免感到太匆忙。即令如此，曼陀菲尔（Manteuffel）所率领的一个师在最北端地区所作的（新加的）助攻，仍然还是能够作成最佳的表现，它几乎在阿比奥山（Djebel Abiod）到达盟军的主要横路，并从据守该地区的英法两国部队中俘虏了1600人之多。但是由德军装甲战斗群所发动的主攻，在西迪恩西尔（Sidi Nsir）冲过英军前进阵地之后，就在距离贝贾还不到10英里远的一个狭窄的沼泽隘道中钻入了英军的陷阱，于是英军的野战炮和战防炮遂发挥了巨大的威力。除了6辆以外，所有德军的坦克全部被击毁，这个攻击也就自然地熄灭。以迈杰兹巴卜为目标的助攻，也是以失败为结束，虽然最初曾获得少许的成功，其他在较南面的攻击也都莫不如此。总结计算，阿尼姆的攻势俘虏了敌军2500人，而所付出的代价则只刚刚超过1000人，但远较严重的事实，却是其坦克已有71辆被击毁或丧失行动能力，而英军的损失尚不及20辆。因为德军对于坦克早已感到极端缺乏，所以损失的坦克也极难迅速获得补充。

更坏的是，这次流产的攻势又耽搁了隆美尔第二次攻势所需的兵力调度——那是准备打击蒙哥马利在梅德宁（Medenine）面对马雷特防线的阵地，因为凯塞林曾要求隆美尔应让第十和第二十一两个装甲师留在美军侧面附近够长的时间，以牵制他们使其不能调遣预备队去帮助应付阿尼姆的攻势。这种延迟对于隆美尔东向反击的成败，也就足以产生重大的差异。直到 2 月 26 日为止，蒙哥马利还只有 1 个师的兵力进入梅德宁阵地。他自己承认那时他很感到忧虑，而其幕僚也正在加紧工作以求能在隆美尔发动攻击之前重新建立平衡态势。等到 3 月 6 日隆美尔发动攻击时，蒙哥马利的兵力即已增加 4 倍——即相当于 4 个师的兵力，坦克接近 400 辆，火炮 350 门，战防炮 470 门。

所以，在这一段时间之内，隆美尔也就丧失了以优势兵力进行攻击的机会，他的 3 个装甲师（第十、第十五和第二十一）一共只能集结 160 辆坦克——尚不及一个足额的师——而支援这个攻击的火炮又不及 200 门及步兵 1 万人，但驻在马雷特防线沿线的脆弱意大利部队则并未列入。此外，蒙哥马利现在又有 3 个战斗机联队从前进机场起飞作战，可以确保空中优势，于是隆美尔想要获致奇袭效果的机会也从此丧失。3 月 4 日，即在发动攻击的前两天，英国飞机即已发现德国装甲师的前进行动。

在这样的情况之下，蒙哥马利也就自然能够发挥其一切的能力，来计划一个有良好组织的防御，所以其效力也比 6 个月之前的阿拉姆哈勒法会战时还要更高。前进中的德军不久即被钉牢，接着英军的集中火力就使他们受到重大的损失。隆美尔知道已无获胜的可能，遂于黄昏摆脱英军的攻击。但到了那时，他已经损失 40 多辆坦克，虽然人员的伤亡只不过 645 人。英军的损失则远较轻微。

这一次的失败也证明了数量和兵器均居于劣势的轴心国军队，是绝无希望击败盟军两个军团中的任何一个。换言之，只能坐视它们会合并发展一种联合的压力。早在一个星期以前，隆美尔曾经把一份郑重和冷静的情况判断呈送给凯塞林，那不仅代表他个人的意见，而且也是他的两位军团司令——阿尼姆和梅塞所一致同意的看法。在这份文件中，他指出轴心兵力现在是据守着一条长约 400 英里的战线，而且面对着远较强大的敌军——他估计敌军的兵力多过 2 倍，而坦克数量则多过 6 倍——所以防御的单薄已经到了非常危险的程度。他主张把防线缩短为一条长仅 90 英里的弧线，仅以掩护突尼斯和比塞大两城为限，但他又说若想守住这样一道防线，则每个月的补给量必须要增加到 14 万吨。于是他直率地要求高级指挥部，对突尼斯战役的长程计划有加以解释的必要。经过了几次的催问，他所获得的是很简单的答复："元首完

全不同意他所作的情况判断。"并且还附列一张表,其中只列出双方部队的数字,但完全不曾考虑到实际的兵力和装备——这与盟军指挥官们所常犯的错误如出一辙。

（原注:隆美尔估计盟军兵力为 21 万人,拥有坦克 1600 辆,火炮 850 门,战防炮 1100 门。这个估计还是偏低。在 3 月间盟军的实际人数已经超过 50 万人,虽然其中仅有半数为战斗部队。坦克总数约 1800 辆,火炮超过 1200 门,战防炮则超过 1500 门。而轴心方面的战斗部队约为 12 万人,堪用的坦克则仅为 200 辆。）

隆美尔在梅德宁遭遇失败之后,遂获得一个结论,认为德意两国的兵力若再留在非洲,则实在无异于"明显的自杀"。所以在 3 月 9 日,他请准了拖延已久的病假,把集团军的指挥权交给阿尼姆代理,然后飞返欧洲,想亲自努力使他的上级了解实际的情况,结果却结束了他个人与非洲战役的关系。

到罗马一下飞机之后,他就去见墨索里尼。据隆美尔的记载,墨索里尼似乎已经完全丧失了现实感,把整个时间都花在找理由来替他自己的观点作辩护。于是隆美尔又去见希特勒,希特勒对隆美尔的要求感到不耐烦,并坦白地认为隆美尔已经变成一个悲观主义者。他不让隆美尔在此时返回非洲,要他安心养病,俾康复之后还可以来得及去指挥对卡萨布兰卡的作战。由于卡萨布兰卡位于遥远的大西洋海岸,所以可以反证希特勒仍在幻想着以为他可以把盟军赶出非洲——这也可以表示他是如何地沉醉在自我催眠的状态之中。

此时,盟军正欲以巨大优势的兵力来发动一个向心的攻势,以求攻占进入突尼斯的南面门户,好让第八军团和第一军团会师,并粉碎梅塞的"第一意大利军团"——即前隆美尔的"非洲军团"。（拜尔莱因虽然在名义上是梅塞的德国参谋长,但该军团的一切德国部队却都由他作直接的和完全的控制。）

蒙哥马利在梅德宁击退德军的反击之后,并不尝试利用他这次防御的成功,乘着敌军在混乱中的情况,来立即跟踪追击。他仍然有耐心地去继续增建其兵力和补给,以准备对马雷特防线发动一次有计划的攻击。这个攻击是计划在 3 月 20 日发动,换言之,也就是在梅德宁战斗之后的两个星期。

驻在突尼斯南部的美国第二军,为了帮助蒙哥马利并打击敌军的背面,在 3 天之前（即 3 月 17 日）也要发动一个攻击。其目的是由安德森所指定并已获得亚历山大的赞许——可分为三方面:（1）牵制敌方兵力使其不能用于阻塞蒙哥马利的前进;（2）收复在泰勒普特附近的前进机场,以便利用它来帮助蒙哥马利的前进;（3）在加夫萨附近建立一个前进补给中心,以便在蒙哥马利前进之后可以帮助获得给养。但攻击部队却并未允许继续向海岸公路挺进去切断敌军的退路。此种对目标的限制，乃由于安德森和亚历山大对美军有无此种深入攻击的能力（从攻击发起线到海岸的距离为 160 英里）感到怀疑所致，同时也不愿意再让美军像 2 月间那样再暴露在另一次德军反击之下。但是这种限制却使具有进取精神的巴顿深感不满，他已经被指派为军长代替那位懦弱无能的弗雷登德尔。美国第二军现在辖有 4 个师，共有兵力 88000 人，那比对抗他们的轴心国兵力大概多出了 4 倍。此外在目标地区内，据估计只有 800 名德国人和 7850 名意大利人，后者主要是属于在加夫萨附近的森陶罗师。（原注：甚至于这个数字也还是估计过高——在 2 月战斗以前，森陶罗师就只有 5000 人的实力，现在当然只有更少了。）

美国人的攻击准时开始。3 月 17 日，艾伦的第一步兵师未经一战即占领了加夫萨，意大利部队撤退了 20 英里左右，改守盖塔尔以东的一个隘道阵地，该阵地横跨在通向沿海城镇加贝斯和迈哈莱斯（Mahares）的岔路上。20 日，华德（Ward）的第一装甲师从卡塞林隘道南下，直趋加夫萨到海岸之间第三条路的侧面上，第二天上午占领了塞内德站（Station de Sened），然后再向东通过米克纳西（Maknassy）以达前面的隘道。

在那一天，亚历山大也放松对巴顿的控制，要他准备作一个强力的装甲突击以切断海岸公路，并认为这大大地有助于蒙哥马利对马雷特防线所刚刚发动的攻势。但一支极小兵力的德军支队，在朗格上校（Colonel Rudolf Lang）指挥之下，对这个隘道和周围的高地却作了极顽强的防御，所以使巴顿一时无法前进。3 月 23 日，美军为了想占领三二二高地，曾作了一连串的攻击但都被击退，而守军却只有 80 余人，他们过去都是隆美尔的卫士。次日美军再度攻击——用了 3 营步兵，而支援他们的又有 4 个营的炮兵和 2 个连的坦克——但却仍被逐退，而守军的兵力也只不过增到 350 人而已。25 日，由华德师长亲自率领，再作新的企图——事先巴顿曾有严厉的电话命令，要求这次攻击必须成功。但结果仍未成功，而且面对着敌方援军益形增多的情势下非放弃不可。巴顿早已抱怨认为这个师是领导无方，所以华德遂被免职。巴顿本人虽有强烈的攻击精神，但他却不了解防御的内在优点——甚至于对抗远较强大的兵力也一样能够成功，尤其是当防御是由具有高度技巧的部队来担任，而攻击者又缺乏经验时，则更是如此。

此时在盖塔尔地区，这种优点又获得另一次表现的机会。这次负责防御的部队虽然比较缺乏经验，但却有极良好的训练——那就是美国的第一步兵师。在这一方面，艾伦的部队于 21 日突入了意大利部队的阵地，次日又作了

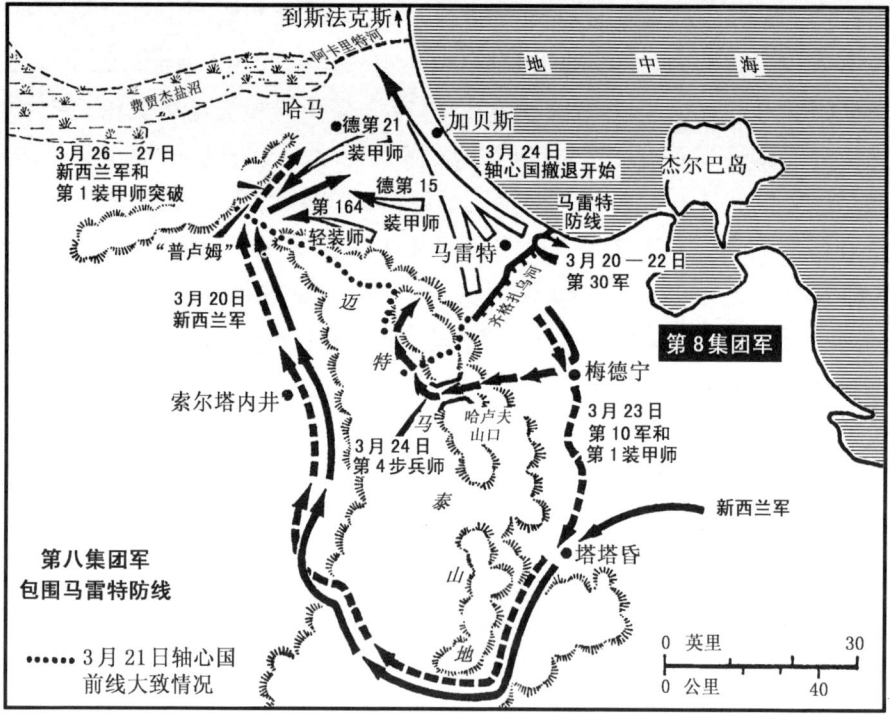

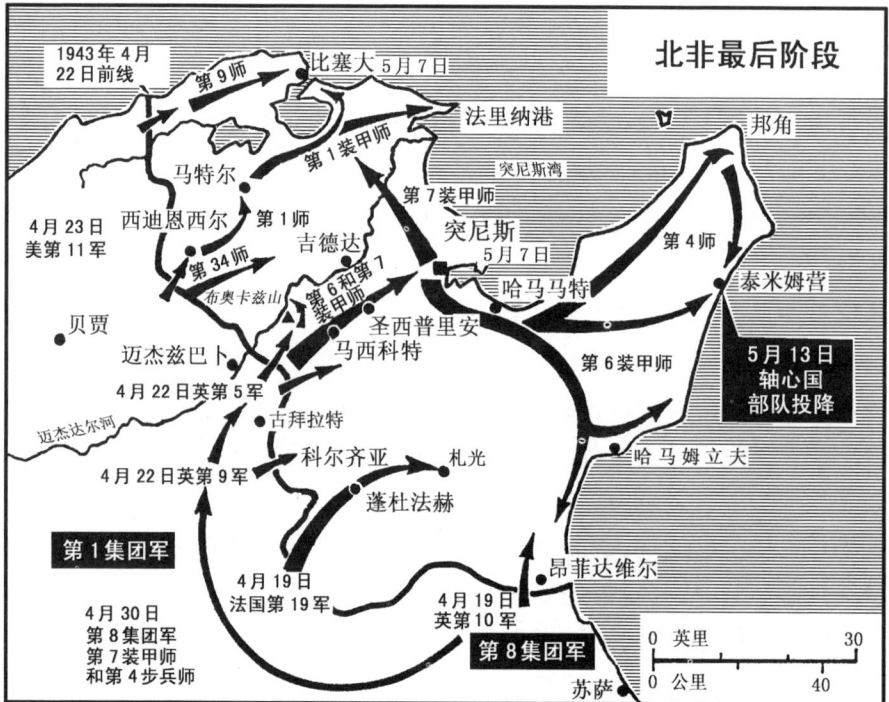

到斯法克斯

地　中　海

费贾杰盐沼

哈马

3月26—27日
新西兰军和
第1装甲师突破

德第21
装甲师

加贝斯

3月24日
轴心国撤退开始

杰尔巴岛

第164

德第15
装甲师

马雷特
防线

"普卢姆"

轻装师

马雷特

3月20—22日
第30军

迈

3月20日
新西兰军

特

索尔塔内井

马

哈卢夫
山口

梅德宁

3月23日
第10军和
第1装甲师

第8集团军

3月24日
第4步兵师

泰

新西兰军

第八集团军
包围马雷特防线

山

塔塔昏

地

0　英里　　　　　30

●●●●●3月21日轴心国
　　前线大致情况

0　公里　　　　　40

北非最后阶段

1943年4月
22日前线

第9师

比塞大　5月7日

法里纳港

邦角

第1装甲师

马特尔

突尼斯湾

第7装甲师

4月23日
美第11军

西迪恩西尔

第1师

吉德达

突尼斯
5月7日

第4师

泰米姆营

第34师

第6和第7
装甲师

哈马马特

贝贾

布奥卡兹山

圣西普里安

第6装甲师

迈杰兹巴卜

马西科特

5月13日
轴心国
部队投降

4月22日英第5军

古拜拉特

迈杰达尔河

科尔齐亚

札光

哈马姆立夫

蓬杜法赫

第1集团军

昂菲达维尔

4月19日
法国第19军

4月19日
英第10军

4月30日
第8集团军
第7装甲师
和第4步兵师

第8集团军

0　英里　　　　　30

苏萨

0　公里　　　　　40

·按原图译制·

一些新的进展,但到了 23 日却受到德军的强烈反击。这是由非洲集团军的主
要预备队——已经残缺的第十装甲师来执行的。该师从海岸匆匆调来,一共
只有 2 个坦克营、2 个步兵营、1 个机车营和 1 个炮兵营。攻击者冲过美军的
前进阵地,但却为一个雷阵所阻,然后就受到艾伦的炮兵和驱逐坦克的痛击。
在攻势顿挫之后,下午又再作一次攻击,但仍然未获成功——如一位美军步兵
所报道的:"我们的炮兵用高爆弹猛轰,而他们就像苍蝇一样地落下。"虽然德
军的损失并不像所形容的那样重大,但在这一天之内,毁于火力和地雷的德军
坦克却有 40 辆左右。

美军把敌方主要预备队吸进这样一个代价高昂的反击之中,使这个有限
性的进攻替他们自己在米克纳西的失败获得可供补偿的成就。它不仅减轻对
蒙哥马利前进的阻力,而且更把敌军最珍贵的坦克实力消耗掉不少。对于盟
军的最后胜利而言,敌军三次不成功的反击,对于盟军实在可以说是贡献良
多,那比盟军自己的攻击更有价值。只有当敌军把他们的实力过度消耗之后,
盟军才有获得胜利的可能。此后,敌人虽然仍能把战争再拖长,但不过是把剩
余的实力都消耗完毕而已。

蒙哥马利对马雷特防线的攻击,是在 3 月 20 日夜间发动的。对于这个攻
势他使用第十和第三十两个军,大约有兵员 16 万人,坦克 610 辆,火炮 1410
门。虽然在名义上梅塞的军团有 9 个师,而蒙哥马利却只有 6 个,但梅塞所能
集中的人数还不到 8 万人,一共只有坦克 150 辆(连同在加夫萨附近的第十装
甲师所有的坦克在内)和火炮 680 门。所以攻击者在人员和火炮两方面所享
有的优势已超过 2 比 1——在飞机方面也是一样——而在坦克方面则更高达
4 比 1。

此外,马雷特防线长达 22 英里,从海岸起到迈特马泰山地(Matmata
Hills)止,而超过那道山脉之后又还有一个开放的沙漠侧翼。在当前的环境
中,对于相当微弱的轴心兵力而言,比较聪明的部署是在马雷特防线上仅使用
机动部队来作一种迟滞防御,而把主力放在加贝斯以北的阿卡里特干河阵地
上——那是一个宽度仅为 14 英里的瓶颈地带,夹在海岸和盐水沼泽(即所谓
盐湖)之间。自从隆美尔在 10 月间从阿拉曼撤退之后,就一直主张防守这一
道防线。当他在 3 月 10 日晋见希特勒时,也已经成功地获得希特勒的同意,
并已指示凯塞林把马雷特防线上的非机动性意大利部队,调回到阿卡里特干
河上去建立一个防御阵地。但意大利将领们却宁愿据守马雷特防线,而凯塞
林赞成他们的意见,遂又说服了希特勒收回成命。

蒙哥马利的原始计划是以"拳师急驰"（Pugilist Gallop）为其代号。在这个计划之下，主力攻击指向正面，由利斯（Oliver Leese）第三十军的 3 个步兵师来担任，其目的想在靠近海岸的地段造成一个突破口，好让霍罗克斯（Brian Horrocks）的第十军可以从缺口中冲出去扩大战果。同时，临时组成的新西兰军由弗里堡（Bernard Freyberg）指挥，将作一个大迂回运动直趋哈马（El Hamma），该城在内陆方面距离加贝斯 25 英里，以扰乱敌人的后方并牵制敌人的预备队。

这次正面攻击又告失败。所使用的一个步兵旅和一个 50 辆步兵坦克的装甲团，在接近海岸的一个狭窄地段内，对敌军阵地曾作一个很浅的突入——该地区前面受到 200 英尺宽和 20 英尺深的齐格扎乌干河（Wadi Zigzaou）的掩护，而在干河的前方还有一道战壕。河中松软的河床，加上河床中所布置的地雷，阻止了坦克和支援炮兵的前进，而在干河彼岸的敌军阵地中为英军步兵所已攻占的少数立足点，遂变成德军侧射火力的集中目标。次日夜间，英军再增兵继续进攻，使这个桥头阵地获得少许的扩大，而也有许多意大利部队乘机向英军投降。但由于受到沼泽地形的障碍，英军的战防炮始终迟迟未能送到第一线，于是在下午，由于仍然缺乏适当的支援，这些前进的英国步兵遂为德军的一次反击所击溃，于是在黑暗掩护之下退过了齐格扎乌干河。到 22 日的夜间，英军的正面攻击不仅未能造成一个适当的突破口，而且也放弃其在敌方防线上所已获得的立足点。（原注：德军反击兵力为第十五装甲师所属不到 30 辆的坦克和 2 个步兵营。）

此时，迂回运动虽然开始颇为顺利，但也已经停滞下来。新西兰军在 20 日的夜间（即正面攻击开始之时）从第八军团后方地区出发，率领其 27000 名人员和 200 辆坦克，经过长距离的行军，越过一片艰难的沙漠，推进到一个名叫"普卢姆"（Plum）峡谷的前面——该峡谷在加贝斯西方约 30 英里，在哈马西南方约 15 英里。他们在扫清了进路之后，即在这个峡谷中遭受到长期的阻滞。那里的意大利守军曾不断地获得增援，首先是从总预备队中派来的第二十一装甲师，接着又有从马雷特防线右端抽出的第一六四轻型非洲师的 4 个营。

到了 3 月 23 日的清晨，蒙哥马利认清沿海岸的攻击已无成功的希望，遂决定改变他的计划，准备把全部的战力都集中在内陆侧翼方面，因为在那里似乎是比较有希望，若用较大的兵力再度发动攻击，则也许能达到突破哈马的目的。他命令霍罗克斯率领其第十军的军队，以及由布里格斯少将（Major-General

Raymond Briggs)所指挥的第一装甲师(有160辆坦克),在当天夜里开始向内陆方面前进,通过沙漠作一个大迂回以增援新西兰军。同时,第四印度师在图克少将(Major-General Francis Tuker)指挥之下,也从梅德宁向内陆斜跨一步,以肃清通过迈特马泰丘陵中的哈卢夫隘道(Hallouf Pass)。因为若能利用这个隘道,则对从沙漠侧翼前进的大军来说,至少可以使其补给线缩短100余英里。在肃清了隘道之后,图克又应沿着山脊向北推进,并越过马雷斯防线的近侧翼,这样又可以对敌军侧翼构成一个额外的新威胁,而且一旦穿过"普卢姆"峡谷的迂回运动被阻时,又可以从这一方面开辟一条新的预备进攻路线。

这个新计划算得上是一个杰作,其构想很高明,其变化也很适当。这可以充分表现蒙哥马利思想的弹性。他一向是善于改变其攻击点,并且在攻击受阻时善于创造新的路线,他这一次的表现似乎比在阿拉曼时更好——尽管一如他的老习惯,他在事后总是说一切的情况都和其"原始计划"符合,而不肯归功于弹性,实际上这却正是将道的表征。就许多方面来看,马雷特防线之战要算是他在第二次世界大战中的最佳战斗表现,尽管其原始计划尚具有下述两大弱点:(1)试图在靠近海岸的狭窄沼泽地段作勉强的突破;(2)泄露了沙漠迂回行动的潜在价值,未能一开始就用足够强大的兵力使其迅速成功。

此种过早的泄露对于新的计划也变成一种主要的障碍。这个新的作战现在所用的代字为"超重2号"(Supercharge Ⅱ)——这个代名足以令人回忆起阿拉曼最后获致成功的计划。因为新西兰军在20日即已到达"普卢姆"峡谷附近,所以也就提高了对方的警觉。当23日和24日位于丘陵地的观察人员先后发现英军的行踪时,轴心国军队的指挥官们也就立即认清了蒙哥马利的计划已经改变,其主力已经移向沙漠侧翼方面。因此,第十五装甲师遂从马雷特方面抽回,调到哈马附近,以准备支援第二十一装甲师和第一六四轻装师。这要比英军援兵到达该地区的时间早了两天——英军照计划是要在3月26日下午发动攻击,第十军的到达就时间而言只是刚刚赶上。

因为丧失了奇袭的机会,所以"超重2号"的成功希望也随之降低,但由于其他四个因素的结合,遂又使这种损失获得了补偿。第一个重要的因素是,阿尼姆已在24日决定把梅塞军团撤回到阿卡里特干河阵地上,尽管梅塞本人仍然希望留在马雷斯防线上不走——所以在"普卢姆"峡谷方面的守军只要支撑够长的时间,足以容许在马雷斯防线上的非机动化师安全撤退。第二个因素是英国空军发动了连续的低空攻击,在前进的道路上构成一个"空中弹幕"(air barrage);一共有16个中队的战斗轰炸机,每次由2个中队以炸弹和

炮火来执行攻击,每隔15分钟换一班。这是模仿德国人的"闪击"方法,那是由沙漠空军指挥官布罗霍斯特少将(Air Vice-Marshal Harry Broadhurst)所组成的,并且发挥了非常良好的效果——不过英国空军高级将领们对于他的这种方法却颇不满意,认为那是破坏了英国空军的传统思想。第三个因素是一种勇敢的决定,即强迫英军装甲师部队在夜晚继续前进——对于德国人而言这是一种常例,并且也使他们获益匪浅,而英军却一向不愿意作这样的尝试。第四个因素是一股好运气——恰好吹起了一阵沙暴(sandstorm),使英国装甲部队在集结时和行动的第一阶段(正要通过两侧都布满敌人战防炮的峡谷),都能获得天然的掩蔽。

英军在26日下午4时发动攻击,此时太阳正落在他们的后方,所以也就足以帮助影响对方的视线。第八装甲旅和新西兰步兵领先前进。于是布里格斯的第一装甲师大约在下午6时从他们中间通过,在尘雾和黑暗的掩护下突入了5英里远,于是当7时30分天已完全黑暗时,他们也就暂停不动,到了午夜将至月光出现时,遂又以一个"实心方阵"的态势继续前进。到3月27日拂晓,这个师已经安全通过瓶颈地段,并到达哈马的边缘。

但英军在这里却滞留了两天之久,因为前方有德军所设的战防屏障,而第十五装甲师也曾用30辆左右的坦克向其侧面作了一次攻击。这个耽搁的时间已经够长,足以容许马雷特防线守军的大部分,即令以徒步行军的方式,也都能够安全撤到阿卡里特阵地,而不致有被切断的危险。大约有5000名意大利人做了战俘,那主要是在作战的较早阶段中,另有1000名德军在哈马附近的战斗中被俘——但是他们的牺牲却具有很大的价值,因为他们掩护沿海岸的退路不至于被切断,使大部分轴心部队都能安全撤退,而且在装备方面也只有轻微的损失。假使英军能迅速转换攻击线,则也许能够冲到海岸切断敌军,不过这种机会已经错过了。蒙哥马利休息整顿一个多星期后,才开始准备进攻敌军的新阵地。

此时,巴顿又已再度发动趋向海岸和敌军后方的攻击,并且已获得美国第九和第三十四两个步兵师的增援。主力的进攻方向是从盖塔尔直趋加贝斯,由第一和第九两个步兵师来替第一装甲师开路。此外,第三十四步兵师则攻占北面100英里以外的丰杜克隘道,并从那里另辟一条进路以进入沿海平原。但是对丰杜克的攻击于3月27日发动之后,不久即为一道单薄的防线所阻,并且在次日就放弃了这个企图。于是第三十四师遂向西退却4英里,因此使敌方在战斗报告中获得一个结论说:"美国人只要一受到攻击,马上就会自动放弃战斗。"

从盖塔尔所发动的主攻是从 28 日开始的,但在经过较激烈的战斗和向前推进了一点之后,也同样遭到阻挡。此时,蒙哥马利已经在哈马实行突破并到达加贝斯,所以亚历山大乃指示巴顿不必等候其步兵扫清进路,即可放出他的装甲纵队直向海岸奔驰。因为敌人的战防炮已经构成有良好组织的防御阵地,所以这种企图颇难得逞,经过 3 天的徒劳无功之后,仍然只好再用步兵去担当开路的工作——但尽管有巴顿的督促,成绩也还是不太好。不过由于在敌人的后方已经形成这样一个突破的威胁,遂使敌军当局把第二十一装甲师调到这个地区中来支援第十装甲师,因为敌方的装甲预备队本来就很单薄,这种额外的牵制,对于蒙哥马利将在阿卡里特干河所作的正面攻击也就有很大的帮助——为了这次攻击,有 570 辆坦克、1470 门火炮可供蒙哥马利任意使用。

就天然形势而言,这个阵地是很坚固的,因为平坦的沿海地带只有 4 英里宽,而其前方尚有阿卡里特干河的深谷作为掩护,当过了某点之后,虽然干河变得逐渐浅窄,但在平原上却有斜度颇陡的丘陵起伏,一直延伸到盐水沼泽地带的边缘为止。不过由于轴心部队撤出马雷特防线的决定太迟,所以已经没有充分时间来增强工事和扩展阵地的纵深。而更糟的是守军极端缺乏弹药——因为他们在过早的和太前进的马雷特防线战斗中,已经把有限的补给消耗了大部分。

蒙哥马利的最初构想,也还是和在马雷特一样,准备先从靠近海岸的一个狭窄地段突入敌军的阵地,然后再把装甲部队投入这个缺口以扩大战果。第五十一(高地)师负责打开缺口,而图克所指挥的第四印度师,则攻占丘陵地带的东端以掩护其侧翼。但图克却主张攻击正面再予以放宽,并向西延伸以占领中央的最高主峰为目的——因为根据山地战的原则:"次高峰并无价值。"他深信他的部队对山地战和夜战都已有高度训练,能够解决这样一个困难的障碍物。蒙哥马利采纳了此项建议放宽攻击的正面,并同时使用第三十军的 3 个步兵师来打开缺口。此外,他也决定不再配合月光的周期再等待一个星期,而作了一个勇敢的决定,即在黑暗中发动此次攻击,并相信隐蔽的利益可以抵得过混乱的危险。

4 月 5 日入夜以后,第四印度师开始前进,在 4 月 6 日拂晓以前他们早已深入丘陵地,俘获 4000 多名敌军,大部分都是意大利人。上午 4 时 30 分,在约近 400 门火炮的支援之下,第五十和第五十一两个师同时发动它们的攻击。

虽然第五十师为一道战防壕所阻，但第五十一师不久即在敌军防线上打开了一个缺口，不过却没有第四印度师所开的那样大。这样两方面的突破，遂使霍罗克斯第十军的装甲部队有了迅速扩张的机会，他们的位置是紧跟在步兵的后面。

上午8时45分，霍罗克斯来到图克的司令部，一份官方的文件曾经这样的记载着：

> "第四印度师的师长向第十军的军长指出，我们已经突破敌军，已经替第十军打通了出路；只要立即进攻即能结束北非战役。现在时机已经来到，所以应该不惜一切地把人员装备都投注下去。第十军的军长用电话向军团司令要求允许立即使用第十军来维持攻击的力量。"

但是在行动开始时即发生不幸的延误，而在扩张战果时又耽搁得更久。亚历山大的通报上说："蒙哥马利在12时投入第十军。"到那个时候，德军第九十轻装师的反击，已经从英军第五十一师手里收复了一些失地，并把缺口封闭了一部分。于是到了下午，当第十军的先头装甲部队开始向缺口推进时，遂立即受到德军第十五装甲师的阻挡和反击，这也是敌军现在所仅有的一支预备队。而此时，对于第四印度师所打开的缺口，根本上就始终不曾加以扩大。

蒙哥马利还是保持着他那种好整以暇的老习惯，慢吞吞地计划在次日上午再来作他的突破，并拟依赖大量的炮兵和空军的火力来帮助其顺利通过。但等到第二天上午，敌人却早已遁去，他所计划的决定性打击遂又变成另一次替敌人送行的马后炮。

但尽管蒙哥马利已经丧失一次决定性胜利的机会，但是他的对手也已经丧失封锁缺口和维持在阿卡里特干河阵地的机会，因为他们那3个装甲师中的2个（第十和第二十一），已经调回去应付美军对其后方的威胁。所以在前一天的黄昏，梅塞即曾告诉阿尼姆想在阿卡里特阵地多守一天已不可能，因为没有援兵可派，所以阿尼姆乃同意他撤退到北面150英里以外的昂菲达维尔（Enfidaville）阵地——因为只有在此一线上沿海平原才比较狭窄，而且也有丘陵障碍的掩护。

在4月6日天黑之后不久，轴心国军队即开始撤退，于11日安全到达昂菲达维尔阵地，尽管他们中间大多数人都是徒步行军的。可是第八军团的先头部队，采取两军齐头并进的形式，又隔了两天才到达那里——他们完全是摩托化的,而且保有压倒性的优势足以一路扫开那些微弱的德军后卫部队。

为了要想切断敌军的退路,亚历山大遂命令第一军团的第九军去攻占丰杜克隘道,并由那里向东前进 50 英里,通过凯鲁万(Kairouan)直趋海岸的苏萨(Sousse)镇,该镇在昂菲达维尔以南约 20 英里。这个新组成的军由克罗克(John Crocker)担任军长,辖有英国第六装甲师、第四十六师的一个步兵旅和美国第三十四步兵师,共有坦克 250 辆。步兵的任务为攻占丰杜克隘道两侧的高地,以便扫清进路好让装甲部队顺利前进。这个攻击匆匆地在 4 月 7 日的夜间发动。但第三十四步兵师的部队在发动攻击时却差不多延误了 3 个小时,所以不久即丧失了黑暗的掩蔽而为敌方火力所阻止。因为仅仅在 10 天之前他们在这同一地区内的攻击中曾经有过失败的经验,所以士兵们都显得很害怕,只想躲在掩蔽物的后面不动。因为他们不敢前进,遂使敌人可以集中其火力向北面去阻止第四十六师的那个旅——它在对隘道北面高地的攻击中已有较佳的进展。于是克罗克乃决定驱使其装甲部队强行冲过隘道,而不再等候步兵扫清进路,因为整个攻击的要点即为迅速突破并到达沿海的平原。

次日(4 月 9 日),在凯特莱少将(Major-General Keightley)指挥之下,第六装甲师开始执行此项突破任务。他损失了 34 辆坦克(但却只损失 67 名人员)——这个损失虽然似乎很重,但若与该师所克服的困难相比较,则实在可以说是异常的轻微。他们除了要通过雷区以外,还要在狭窄的隘道中,一路闯过十五道战防炮防线,那都是必须要予以击毁的。一直到下午,装甲师才全部通过,于是克罗克决定暂停前进,把部队集合在一起,就在隘道口上结成一个有掩护的车阵过夜。此种决定的过度慎重与他在冲过隘道时的勇敢,恰好形成强烈的对比。但是雷阵仍然使轮型运输车辆的行动感到困难——同时情报也已经指出,在拜尔莱因控制之下,从南面撤回的德军装甲部队已经接近凯鲁万。4 月 10 日拂晓,第六装甲师又继续东进,但等它到达凯鲁万时,敌军的纵队早已安全的通过此一道路的中心。坚守丰杜克地区的小型德军支队(2 个步兵营加上 1 个战防炮连),同时也已经溜走,他们已经达成拜尔莱因的命令,迟滞第九军到 4 月 10 日的上午为止,并掩护梅塞军团的撤退。在前后都受到巨大优势兵力的威胁下,他们仍能从如此危险的情况中安全撤出,实在应该赞誉为一种惊人的成就。

现在轴心方面的两个军团已经会合在一起,共同防御一条 100 英里长的弧线,从北海岸直达昂菲达维尔。虽然他们的情况暂时得到改善,但由于所受的损失太重,尤其是在装备方面更是如此,所以尽管战线已经缩短,但就他们

的实力来说仍嫌太长。同时其面临的盟军，在数量和兵器方面的优势更有增无已，现在也都集中在一起，来进攻这一条弧形防线。此外，阿尼姆2月间反击时在迈杰兹巴卜附近和北面所获得的地区，当英国第五军在军长阿弗里中将（Lieutnent-General Allfrey）指挥之下，于3月底和4月初发动反击时，也大部分为英军所收复——所以盟军现在是居于一种有利的态势，可以对突尼斯和比塞大发动一次新的东向攻击。

盟军应在哪一方面作决定性的攻击以结束北非战役，这个地区的选择是受到政治和心理考虑的强烈影响。艾森豪威尔在3月2日曾有一封信给亚历山大，主张主攻应在北面，即属于第一军团的地区，而巴顿的军应转移到那里参加决定性的攻击，因为对提高美国人的士气而言，这是一种必要的措施——以后他又曾一再地写件给亚历山大坚持此项要求。所以当亚历山大草拟计划时，也就接受了此种建议，并于4月10日指示安德森准备在4月22日左右发动主力攻击。亚历山大同时也向巴顿屈服，由于巴顿强烈抗议再把他置于第一军团的指挥系统之下，所以现在就安排让美国第二军仅在其本人指导之下继续独立作战。同时他也拒绝蒙哥马利的要求，把刚刚已经与第八军团衔接在一起的第六装甲师，拨给他指挥——并且也告诉蒙哥马利，第八军团现在的任务是担任助攻，所以他应抽出其两个装甲师中的一个（第一装甲师）来增援第一军团。

在这里，政策和战略的利益又合而为一，北面地区是一个比较可以发挥盟军优势兵力的地区，因为在这一方面的攻击道路比较宽广，补给线也比较短，而取道昂菲达维尔的南面路线，则比较不利于展开有效的行动，尤其是妨碍装甲部队的运用。

现在美国第二军的部队必须按计划从突尼斯的南区调到北区，包括每天有2400辆左右的车辆从英军的后方越过——这是一种很复杂的参谋作业，也很值得欣赏。此时布雷德利已经接任这个军的军长，至于巴顿则已升任第七军团司令，专门负责计划美军在西西里岛的登陆作战。英国第九军同时也要北调，不过其行动距离比较短，它将插在英国第五军和法国第十九军之间的中心偏右点上——它现在是与盟军右翼的第八军团衔接在一起。

根据亚历山大于4月16日所颁发的"最后计划"，这个攻击将由4个向心的攻击分别组成。第八军团预定在4月19日的夜间发动攻击，以霍罗克斯的第十军为先头，穿过昂菲达维尔向北直趋哈马马特（Hammamet）和突尼斯，并以切断邦角（Cape Bon）半岛的颈部为目的，以阻止其余的轴心国军队退入这个半岛去作长期的抵抗。这项任务必须通过一个非常困难的瓶颈地区,作至少 50 英里远的行军。其次为法国第十九军,它应保持一种威胁的姿态,并准备扩大其邻军前进时所造成的任何有利机会。再向北就是英国第九军,它有 1 个步兵师和 2 个装甲师,预定在 4 月 22 日清晨从古拜拉特(Goubellat)与蓬杜法赫之间发动攻击,其目的为开辟一条可供装甲部队突破的道路。其左面为英国第五军,有 3 个步兵师和 1 个坦克旅,应在 22 日夜间在迈杰兹巴卜附近发动一个主力的攻击,其目标为德军第三三四师的 2 个团所据守的一个 15 英里长的地段。美国第二军应迟一天在北区发动攻击,这个 45 英里长的地段是由曼陀菲尔师的 3 个团和第三三四师的 1 个团所据守——但它们的实力尚不足 8000 人,而美国第二军则有 95000 人之多。

　　这样一个几乎是同时从各方面发动的全面攻势,看起来是非常有利的。盟军方面现在一共是 20 个师,拥有超过 30 万人的战斗部队和 1400 辆坦克。沿着 100 英里长的弧线,构成防御骨干的为 9 个德国师,根据盟军情报的正确估计,一共只有 6 万人,而所有坦克的总数尚不及 100 辆——有一份德国的报导说,适合战斗用的仅有 45 辆。此外,在 4 月 20 日的夜间,阿尼姆在迈杰兹巴卜以南又发动了一个不成熟的攻击,虽然在黑暗中曾突入差不多 5 英里远的距离,但天亮之后即被逐退,而且也未能阻止英军在该地区准时发动计划中的攻击。

　　盟军的总攻势虽能准时发动,但却并未能依照计划进行。德国人在防御上仍然是极端地顽强,并且善于利用困难的地形来阻挡优势的盟军。所以亚历山大的"最后"计划,实际上并非真正是最后的,而必须重新加以修改。

　　第八军团在昂菲达维尔的攻击是用 3 个步兵师来执行的,在沿着海岸地带边缘的丘陵中遇到坚强的抵抗,并遭受严重的损失——最初蒙哥马利和霍罗克斯都存着乐观的想法,以为可以一鼓破敌,现在才知道这种幻想又已落空。在这里意大利人也和德国人一样地奋战不屈。在内陆较远的地方,英国第九军所集中的大量装甲部队,虽然在蓬杜法赫西北的科尔齐亚(Kourzia)地区对敌方的战线突入 8 英里的深度,但由于阿尼姆把其惟一尚具实力的机动预备队第十装甲师用来反击,所以使得第九军进到这里就不能再越过雷池一步。第十装甲师早已残破不堪,其坦克实力尚不及英国第九军的 1/10(该军可用的坦克有 360 辆)。英国第五军所发动的主攻也同样进展极慢,负责防守中央地区的 2 个德国步兵团所作的抵抗非常顽强,经过 4 天的苦战,英军只超过迈杰兹巴卜六七英里而已。尔后由于敌人把非洲集团军残余的战车又临时

编成一个装甲旅用来反击，结果使英军不能再前进，甚至在某些地方还被迫后退。在北面地区，美国第二军越过非常崎岖的地形进攻，在最初两天内也是殊少进展。到 4 月 25 日，德军却早已偷偷地撤到几英里路以外的另一道防线上，继续坚守不屈。总而言之，盟军的攻势是到处碰壁，未能达成任何实质上的突破。

不过为了对抗此种全面的攻势，轴心国军队也已经把他们的残余力量用到最后的极限。到了 4 月 25 日，2 个军团的燃料补充量只剩下一次补给单位的 1/4——换言之，仅够行驶 25 公里之用——而剩下的弹药估计也只够再战 3 日之用。现在几乎已经没有任何补给送来，所以他们已经是弹尽援绝，毫无希望。这也就是盟军下一次攻势中的决定因素。甚至于粮食也已经日感缺乏——以后阿尼姆曾经这样说过："即使盟军不再进攻，我至迟到 6 月 1 日也还是非投降不可，因为我们已经没有什么东西可吃了。"

2 月底，隆美尔和阿尼姆早已提出报告说，假使最高当局决定要死守突尼斯，则为了维持轴心国军队的战斗力，每月至少需要补给 14 万吨。罗马当局是深知船舶运输的困难，所以把这个数字暂定为 12 万吨，并估计其中又有 1/3 会在海运途中沉没。但实际上，在 3 月间运到的补给仅 29000 吨，其中又有 1/4 是空运的。对比之下，仅只是美国人，在那一个月内就已经把大约 40 万吨的补给安全地送入北非港口。4 月间，轴心方面的补给减至 23000 吨，而在 5 月的第一个星期内更降到只有 2000 吨了。这是同盟国空权和海权（主要是英国的）的贡献，而对于敌方船只行动的优良情报研判，也居很大的功劳。以上的数字即可充分说明轴心国军队的抵抗突然崩溃的原因——较同盟国领袖们所作的任何解释都还要清楚。

亚历山大的新"最后计划"，是从昂菲达维尔瓶塞中间接产生出来的。4 月 21 日，3 个师的攻击失败已成无可掩饰的事实，由于损失的不断增加，遂迫使蒙哥马利不得不暂停攻击——这个暂停也就帮助阿尼姆得以把其所有残余的装甲部队北调，以阻止英军在迈杰兹巴卜以东的主力突破，其经过已如前述。蒙哥马利则已经计划在 4 月 29 日再度发动攻击，其构想是把部队集中在狭窄的海岸地带内，而不再企图攻占内陆方面的高地。这个计划虽然已为霍罗克斯所接受，但却遭到最前线两个师长——图克和弗里堡的强烈反对。当新攻势发动之后，很快就受到阻挡，所以也就更增强他们两人反对的气焰。次日，4 月 30 日，亚历山大亲自到这方面来和蒙哥马利讨论情况，终于决定把第八军团的两师精兵转用到第一军团方面去，俾在迈杰兹巴卜地区发动一个新的强力攻势。在昂菲达维尔的流产攻击尚未发动之前,图克即早已作过这样的建议。这项建议的确早就应该采纳的,因为在昂菲达维尔的攻击,甚至于连牵制敌方兵力使其不能向中央地区增援的有限目标也都不曾达到。

这种兵力的转移一经决定之后,也就立即迅速地付诸实施。这两个精锐的师——第四印度师和第七装甲师,在当天断黑之前,即已开始其长距离的西北行军。因为第七装甲师位于后方充任预备队,所以必须经过恶劣的道路,绕行约 300 英里的路程,但是却在两天之内就完成其转进——坦克都是用汽车来载运的。这两个师被移交给第九军,并准备用于决定性的攻击,而第九军本身则应向北斜跨一步,以便在第五军据守地段的后方去集中兵力。霍罗克斯本人也跟着过去接任第九军的军长,原来的军长克罗克则因为在参观一种新迫击炮的表演时意外负伤,已不能行动——在如此伟大的机会即将来临之际,对他个人而言,实在是极大的不幸。

4 月 26 日的夜间,美国第二军又已经在北面地区再度发动攻击。经过 4 天的苦战,其通过丘陵地区的前进还是为敌军的顽抗所阻。但此种不断的压迫已使敌人的实力消耗殆尽,由于德军感到严重的缺乏弹药,遂不得不撤退到马特尔(Mateur)以东一道比较易于防守的新战线上。这次撤退是在 5 月 1 日和 2 日夜间进行的,其执行非常有技巧,而且完全没有受到美军的干扰。但新防线距离比塞大港仅 50 英里,所以防御也就极端缺乏纵深——正与面对突尼斯的迈杰兹巴卜地区的情形一样。

此种缺乏纵深的防御,对防御者而言是一种致命伤,并且也保证了盟军新攻势的决定性——那是预定在 5 月 6 日发动。因为一旦防线的外壳被突破之后,即不可能使用弹性防御的手段来延长抵抗。虽然轴心国军队过去曾经累次顿挫盟军的攻势,但所付出的代价就是使储存的资源愈用愈少。现在所剩的弹药只够对盟军压倒性的火力作短时间的对抗;所剩的燃料只够部队作极短距离的调动。此外,他们现在已经没有空中的掩护,因为突尼斯的机场已无法再维持,剩余的飞机均已撤往西西里。

新攻击的来临对于轴心国军队在这方面的指挥官并未能产生奇袭的效果,因为他们早已从无线电窃听中知道有大量部队从第八军团调到第一军团。但是对于他们而言,事先知道攻击将要来到已经毫无意义,因为他们根本没有可以应付的工具。

在亚历山大号称"火神"(Vulcan)的新计划中,突破是由第九军充任主力,通过第五军的阵地,在迈杰达尔河(Medjerda River)南面的河谷中,攻击一

个非常狭窄的正面——还不到 2 英里宽。突击主力是由第四英国师和第四印度师共同担任，它们联合组成一个巨大的方阵，支援它们的有 4 个"步兵"坦克营，紧跟在后面的即为第六和第七 2 个装甲师，装甲师的实力约有坦克 470 辆。当 2 个步兵师已突入敌军防线约达 3 英里的深度时，2 个装甲师即开始从缺口中冲入，在其第一次跃进之下，即应到达圣西普里安（St. Cyprien）地区，距离攻击发起线约为 12 英里，而到突尼斯则还有一半的路程。亚历山大在其训令中特别强调说："主要目标为攻占突尼斯"，所以装甲部队一路不准停留，至于尚在负隅顽抗的局部性残敌，可以留待以后再去扫荡。

作为第九军突击的前奏，第五军奉命应于 5 月 5 日夜间攻占在布奥卡兹山（Djebel Bou Aoukaz）侧面的高地——经过一番激战之后，这个任务终于达成。此后，第五军的主要任务即为保持"通道"的畅通，以便第九军可以顺利地通过。事实证明那是毫无问题的，因为敌人已经没有能力来作有效的反击。

在原定计划中，由于第一军团缺乏夜间攻击的经验，所以第九军的突击准备在白天发动。假使是这样，则保持"通道"的畅通也就比较困难。但由于图克的坚持，原计划遂被修改，攻击临时改定为上午 3 时，以便可以利用无月之夜所提供的黑暗作为掩护，对他的主张，习惯性的弹幕射击也不再使用，代替的却是一种中央控制的连续集中射击，对所有已知的敌方据点予以打击，而炮兵的弹药补给量也已加倍，达到每门炮 1000 发的标准。这样的集中射击使每两码的正面就要摊到一颗炮弹，所以火力的密度比前年秋季阿拉曼会战时高出 5 倍。除了用 400 门火炮来支援这次攻击以外，从拂晓起又辅以猛烈的空中攻击，总共出动了 200 架次以上，使此种集中火力的瘫痪效力更形增强。

到上午 9 时 30 分，第四印度师已经打开了一个深洞，所付出的代价仅为 100 余人的伤亡，并报告在前面已无任何严重抵抗的迹象——它告诉军部说："装甲部队现在已经可以前进，无论多快和多远都不成问题。"在上午 10 时以前，第七装甲师的先头部队已经开始通过步兵所占领的一线向前奔驰。在右翼方面，第四英国师的攻击发动较迟，而前进也较慢，但由于受到左翼邻军的帮助，所以在正午以前也达到其目标。于是装甲师才终于可以全面地前进。不过到入暮以前，它们即在马西科特（Massicault）附近停下来过夜——但距离攻击发起线还只有 6 英里，而距离步兵所攻占之线则只有 3 英里，就到达突尼斯的全部距离而言，则仅及 1/4 而已。这种过分小心谨慎的态度，在第七装甲师的队史中曾有所解释：该师师长认为最好是把每个旅控制得紧紧地而不要放松它们，以免使补给的问题变得过分复杂——这种解释可以证明他们完全不了解扩张战果的基本原则,也缺乏必要的勇迈精神。正像在阿卡里特干河时一样,霍罗克斯和各装甲师的师长们,对于机会的召唤都是迟迟不敢答应,并且始终是以步兵行动的速度前进,而对机械化部队机动性的潜力完全没有充分地发挥。

这样的慎重实在大可不必。在迈杰达尔河南岸 8 英里长的地区中,敌人在 2 英里长的攻击正面上的守军,只有 2 个脆弱的步兵营和第十五装甲师的 1 个战防炮营,支援它们的则为一支拥有不到 60 辆坦克拼凑起来的部队——那也正是所有轴心装甲部队的剩余部分。巨大的集中火力把这样单薄的防线打得千疮百孔。而燃料的缺乏使阿尼姆不能依照计划把第十和第二十一装甲师非装甲的残余部队北调助战。这种燃料的致命缺乏使德军完全丧失了机动性,那比英国人所设计的伟大欺敌计划更足以发挥牵制德军的效力。

5 月 7 日拂晓,第六和第七 2 个装甲师再继续前进,但又还是过分地谨慎。驻在圣西普里安为数极小的德军,使用 10 辆坦克和少数火炮,把它们一直迟滞到下午为止。直到午后 3 时 15 分,才发出向突尼斯前进的命令。半小时之后,第十一骠骑兵团的装甲车才进入该城——在北非战役中,3 年来这个团曾多次担负领先的任务,而这时也就达到其功业的最高峰。第六装甲师的装甲车团也几乎同时到达。接着即由坦克和摩托化步兵完成对该城的占领。当地的居民欢欣欲狂,用鲜花和香吻来欢迎盟军,使他们感到手足无措,这比残余德军的零星抵抗还要难以应付。当天夜里已经收容相当数量的战俘,次日上午又俘获不少,但却有更多的敌军纷纷自该城向南北两方逃命。而在外围周边上的残余敌军,也在突尼斯陷落后开始向不同的方向落荒而逃。

此时,美国第二军也在北区继续进攻,以配合英军的行动。5 月 6 日的进展很慢,敌军的抵抗似乎很顽强,但到次日下午,第九步兵师的搜索部队发现道路已经开放,遂于下午 4 时 15 分冲入比塞大。此时敌军已经自动撤出该城向东南方撤退。正式的入城式保留给法国的非洲军,他们在 5 月 8 日才到达。美军第一装甲师从马特尔前进,在最初的两天内曾受到阻挡,殊少进展。在南端的第一和第三十四 2 个步兵师也是一样。但到了 5 月 8 日,第一装甲师发现敌军的防御已经崩溃,于是进展也就非常顺利,因为敌人的弹药和燃料都已耗尽,而英军第七装甲师又已经从突尼斯北上,沿着海岸到达德军的后方。

轴心国军队夹在美英两军之间,此时已无抵抗和撤退的工具,于是开始集体投降。在黄昏前,第十一骠骑兵团的先头部队已经收容 1 万多名战俘。次

日(9日)上午,部分英军进至比塞大东面20英里处的法里纳角(Cape Porto Farina)附近的法里纳港,并接受9000多人的投降。这些人都挤在海滩上,有些人甚至于正在尝试建造木筏。不久之后,美国装甲部队到达,英国人把众多的俘虏交给美军接管,真有如释重负之感。上午9时30分,指挥德国第五装甲军团和北部地区的法斯特将军(General von Vaerst)致电给阿尼姆说:"我们的装甲部队和炮兵均已毁灭,弹药和燃料都已用完,我们仍将战斗到底。"最后一句话实为荒谬的壮语,因为部队若无弹药当然也就不可能继续战斗。法斯特不久即知道他的部队早已认清此种英雄主义的命令是如何地毫无意识,并纷纷自动放弃抵抗。所以到中午时,他也同意其残余部队正式投降,遂使这个地区的战俘人数差不多增到4万人之众。

轴心国军队的大部分都退至突尼斯以南的地区。这个地区有较易防御的天然地形,所以盟军当局以为敌人会在那里作较长久的抵抗。但事实上,由于弹药和燃料都已用尽,所以经过短促的抵抗之后,即迅速地崩溃。因为敌军都已自知绝望,所以也就使其崩溃加速——他们不可能再获得补充和增援,而且也不可能逃走。

现在亚历山大的目的就是要阻止梅塞军团——即轴心国军队的南面部分——退入较大的邦角半岛,并在那里建立一个坚强的最后堡垒。所以在突尼斯被攻占之后,第六装甲师即奉命转向东南方,迅速攻取哈马姆立夫(Hamman Lif)——即半岛底线的左角,而第一装甲师也向这一方向集中。哈马姆立夫山地非常接近海岸,所以沿岸平坦地带只有300码的宽度。这个隘道由一个德军支队所据守,并得到机场中撤出的八八炮的支援。盟军虽曾努力攻击,却被他们阻止达两天之久。但是这个障碍物也终于还是被盟军克服。第六装甲师的步兵首先攻占可以俯瞰该镇的高地,炮兵则依次沿着街道扫射,而一个纵队的坦克则沿着海滩在悬岩掩护之下前进(因为德军还有1门炮仍在继续发射)。到5月10日入夜时,盟军即已完全封锁半岛的底线,并到达哈马马特,于是也就切断了敌军的残余部队。由于缺乏燃料,他们早已不能向半岛撤退。次日第六装甲师向南推进,到达曾在昂菲达维尔附近阻止第八军团北上的敌军后方。虽然那些敌军手中还保有若干弹药,但因为他们已经知道前后都是盟军,绝无逃出的希望,所以也就很快地投降了。

到5月13日,所有剩余的轴心国军队官兵都已投降。只有少数几百人曾从海上或空中逃往西西里——不过其9000名伤患却从4月初即开始后送。至于最后的战俘总数则缺乏确实的计算。5月12日,亚历山大总部向艾森豪威尔的报告中说：从 5 月 5 日起已增到 10 万人，并估计将达 13 万人。以后一份报告又说总数约为 15 万人。但在其战后的报告中，亚历山大却说总数为 25 万人。丘吉尔在其回忆录中也持此同一概数，不过加上一个"接近"的形容词。艾森豪威尔则说是 24 万人，其中约有 12.5 万为德军。但非洲集团军在 5 月 2 日对罗马的报告中指出，在该月内的配给口粮份数介于 17 万份到 18 万份之间——这也就是在战役最后一个星期前的数字。所以很难令人相信战俘的总数会比这个数字多出 50%左右。一般说来负责给养的行政机构对于人数是绝不可能以多报少的。这里值得一提的是，到了战争的最后阶段，盟军所宣称的俘虏人数与最后已知的德军口粮配给人数，其间的差异还要更大。

但不管正确的数字如何，盟军在突尼斯所俘虏的人数总是非常巨大的。其最重要的效果即为使轴心方面在地中海战场已再无可用之兵。这些在非洲丧失的百战精兵，本可用来阻止盟军侵入西西里——这是他们重返欧洲的第一阶段，同时也正是最重要的阶段。

第二十六章　再度进入欧洲

在非洲肃清轴心国军队之后,1943年盟军征服西西里岛似乎是轻而易举。但实际上,这一次的重返欧洲是一个危险的跃进,充满了许多不确定的因素。它之所以能够成功,大部分应归功于一连串长期潜伏的原因。第一是希特勒和墨索里尼两人的盲目骄傲心理,他们联合起来尝试在非洲挽救他们的面子。第二是墨索里尼对其德国盟友存有一种嫉妒的害怕心理,不愿意让他在意大利领土的防御中居于领导的地位。第三是希特勒的想法和墨索里尼不一样,他不相信西西里岛是盟军的真正目标——英国人所使用的一项欺敌巧计,对于这种错误的判断也颇有贡献。

最重要的还是第一个因素。在整个战争中最大的讽刺之一,就是希特勒和德国的参谋本部经常因为害怕英国的海权,遂不愿作海外的远征行动,所以始终不肯给予隆美尔以充足的兵力使其有扩张胜利的机会;但是到了最后的阶段却又不惜把大量的部队送往非洲,结果反而断送了他们防守欧洲的前途。

尤其更讽刺的是,因为在1942年11月,当艾森豪威尔首次向突尼斯进攻时,他们意想不到地将其击退,遂更增长了他们的骄气,以为可以守住北非的最后据点。当盟军的矛头非常谨慎地从阿尔及利亚指向东方时,德国人却迅速地采取行动,把部队空运越过地中海,以求阻止突尼斯和比塞大两个港口落入盟军的手中。他们终于守住了山地中的隘道,而产生了一种长期的僵局。

但是这个成功却鼓励希特勒和墨索里尼以为他们可以永久据守突尼斯,遂决定投入大量的援军,使其足以对抗艾森豪威尔手中日益增大的实力。他们投下的赌注愈多,也就愈感到不能撤退,否则即将使他们的威望受到严重的损失。同时,由于同盟国的优势海空军兵力,开始对西西里与突尼斯之间的海峡构成严密的封锁。于是无论据守或撤退,也都同样变得日益困难。

德意军在突尼斯所建立的桥头阵地,曾使盟军在整个冬季里无法前进,同时也对从阿拉曼越过2000英里距离撤退回来的隆美尔残军提供了掩护。尽

管如此,盟军之未能早日攻克突尼斯,从长期的观点来看,对于他们还是因祸得福。因为希特勒和墨索里尼再也不听信任何主张把德意两国部队撤出突尼斯的意见,尽管当初还是有时间和机会来把他们撤走。

为了想作一次最后的努力,隆美尔于 1943 年 3 月 10 日飞往东普鲁士的希特勒大本营,企图说服他使其明了撤退的必要,他在自己的日记上曾经记载这次努力是如何地徒劳无功。他说:"我曾尽量地强调主张这些'非洲'部队应在意大利加以再装备,使他们可以用来保卫我们在南欧的侧翼。我甚至还当面向他保证——那是我通常所不愿意做的事情——假使有这样的部队,则我可以负责击败盟军在南欧的任何侵入行动。但结果却是一切都毫无希望。"

当盟军逐渐逼近这个桥头阵地准备作最后的一击时,轴心部队却怀着绝望的心情在那里坐以待毙——假使他们能获准撤退的话,则 4 月间多雾的天气也许还能帮助掩护他们的上船和运输。在 4 月 20 日到 22 日之间,他们勉强地击退了盟军第一次进攻的企图,但到 5 月 6 日,当盟军再度大举进攻并突穿他们的防线之后,接着就全面崩溃了。造成全面崩溃的原因有二:(1)桥头阵地太浅,兵力运用无回旋的余地;(2)守军自知是背水作战,感到希望已经断绝。

轴心国军队在突尼斯的 8 个师完全被俘,包括隆美尔老兵的大部分和意大利陆军的精华在内,遂使意大利及其附近的岛屿几乎完全暴露在无防御的状况之下。这些部队本可以对从意大利进入欧洲的门户提供非常坚强的防御,则盟军侵入的成功机会也就会随之减低。不过,同盟国当局并不曾立即利用这种大好机会——虽然在 1 月间他们即已决定在西西里的登陆应为次一步骤,而突尼斯的攻占也和预定的时间十分接近。对于轴心方面而言,可以说是很侥幸,因为盟军各个司令部的意见分歧和争论不休,遂使时间日益拖长。

在这里我要提到另一项证据,那是由韦斯特法尔将军(General Westphal)所提供的。他当时是意大利南方总司令、凯塞林元帅的参谋长。由于意大利已经没有机动的机械化部队,所有的军事首长遂要求德军增援强大的装甲部队。在那个时候,希特勒认为应满足这种紧急需要,所以他致墨索里尼一份私人函件,表示愿意提供 5 个师。但墨索里尼却并未事先告诉凯塞林,即回答希特勒说他只需要 3 个师——那也就是除了把那些已在意大利的零星部队拼凑编成 2 个师以外(那些德国部队本是准备经过意大利送往非洲增援的),再从德国调 1 个师的生力军而已。他甚至于还表示不再需要更多的德国部队。

这是 5 月中旬的事情,墨索里尼之所以不愿意接受希特勒提供的援助,其

重返欧洲

原因是骄傲和恐惧兼而有之。他不愿让全世界以及他自己的人民，认为他是依赖德国人的援助。诚如韦斯特法尔所说："他希望由意大利人来保卫意大利，但事实上他的兵力已经残破不堪，然而此种观念已无现实的可能。他并非不知道此项事实，但却闭起眼睛不敢正视现实。"此外还有一个更进一步的原因，那就是他不想让德国人在意大利获得一种支配的地位。他固然希望能够不让同盟国进入他的领土，但也同样希望不让德国人进来。

新任的意大利陆军参谋总长罗塔将军（General Roatta），曾经出任西西里的指挥官，终于说服了墨索里尼使其了解必须有较大的德国援助，然后意大利及其岛屿前哨始有防御成功的机会。于是他才同意让更多的德军入境——不过条件却是必须接受意大利指挥官的战术控制。

意大利在西西里的守军只有 4 个野战师和 6 个静态的海岸防御师，其装备和士气都极为低劣。在非洲作战崩溃之后，那些准备前往增援的德国部队就在西西里编成 1 个师，虽然被称为"第十五装甲步兵师"，但它却只有 1 个坦克单位。用同样方式所编成的"戈林"装甲师也在将近 6 月底时开往西西里。墨索里尼却不允许让这 2 个师在一个德国将领指挥之下组成 1 个师。它们被置于意大利军团司令古佐尼将军（General Guzzoni）的直接控制之下，并被分为 5 个群，沿着该岛 150 英里长的直径展开，作为机动预备队。资深的德国联络官辛格尔中将（Lieutenant-General von Senger und Etterlin）只有一个小型的幕僚单位和一个通信连，以便他可以行使紧急的控制。

等到墨索里尼愿意接受较多的德国援助时，希特勒对此种援助的提供又开始感到狐疑不决，而同时对于危险点的位置也具有不同的意见。一方面他怀疑意大利人将会推翻墨索里尼，并单独与盟军媾和——这种怀疑不久也获得事实的证明——因为这个原因，他就不希望让更多的德军陷入意大利境内，以免一旦该国崩溃或转向时，会受到被切断的危险。另一方面，墨索里尼与意大利统帅部以及凯塞林都一直认为，盟军在非洲的次一行动将是向西西里岛跃进；但希特勒却不以为然，认为他们的看法是错误的。就这一点而言，事实证明希特勒还是错了。

在应付盟军的重返欧洲时，希特勒最大的战略弱点即为他已征服的地区实在太大——西起大西洋方面的法国海岸，东达爱琴海方面的希腊海岸。所以他要想推测盟军将在何处发动攻势，实在是非常困难。反之，盟军方面的最大战略优点，就是透过海权，他们对于任何一个目标都能作广泛的选择，同时也享有牵制分散的能力。希特勒一方面必须经常提防从英伦海峡而来的渡海

攻击,另一方面又害怕在北非的英美联军将在从西班牙到希腊之间的南侧翼上选取任何一点登陆。(原注:可参看第二十八图。)

希特勒相信盟军在撒丁(Sardinia)登陆的机会要比在西西里岛为大。撒丁可对进攻科西嘉岛(Corsica)提供一块容易的踏脚石,同时对于跃上法意两国的大陆也是一块位置良好的跳板。此外,盟军在希腊的登陆也是另一种期待,希特勒希望能保留一些预备队,以便在紧急情况时可以赶往那个方向。

希特勒的这种想法,又受到下述事故而予以增强:驻西班牙的纳粹情报人员,曾经在被海浪冲到西班牙海岸的一位"英国军官"的尸体上找到一批文件。除了身份证件和私人信件外,其中有一封由这个死者传送的亲启密件——那是由英国陆军副参谋总长奈伊中将(Lieutenant-General Sir Archibald Nye)写给亚历山大将军的。这封信件中提到最近有关未来作战的电报,并暗示盟军意图在撒丁和希腊登陆,却想欺骗敌人使他们相信登陆的地点为西西里。

这具尸体和这封密信都是假造的,是英国情报机构某一小组所设计的欺敌计划中的一部分。这种设计非常的精密,所以使得德国情报组织的首长们都深信不疑。虽然它并未能改变意大利领袖们和凯塞林的看法——他们仍坚信西西里将为盟军的次一目标——但对希特勒却似乎已经产生了强烈的印象。

根据希特勒的命令,第一装甲师已经从法国调往希腊——去支援那里的3个德国步兵师和意大利第十一军团——而新成立的第九十装甲步兵师,则用来增强在撒丁岛上的4个意大利师。由于补给上的困难,使对该岛进一步的增援受到阻碍,因为那里只有极少数的几个港口,而大部分码头均已被轰炸所毁。但为了作额外的保证起见,希特勒又把施图登特将军的第十一空降军(包括两个伞兵师)移驻到法国的南部,以便准备对盟军在撒丁的登陆执行空降的反击。

此时,盟军方面的计划作为却以一种较缓的步调推进。在西西里登陆的决定是以折衷的方式来作成,而对进一步的目标并无任何结论。当美英两国的参谋首脑在1943年1月的卡萨布兰卡会议中碰头时,他们在意见上的分歧恰好和他们的共同名称——"联合参谋首脑会议"(Combined Chiefs of Staff)成一强烈对比。美国人(金恩、马歇尔和阿诺德〔General Arnold〕)是希望把地中海这一幕插曲赶紧结束,以便早日回到对德国的直接行动路线。而英国人(布鲁克、邦德〔Admiral Pound〕和波特尔〔Air Chief Marshal Portal〕)则认为直接越过海峡的侵入作战,时机尚未成熟;假使在 1943 年内作这样的企图,其结果不仅是徒劳无功,甚至于还要招致严重的灾难——今天从历史性的回顾中看来,这种研判似乎是殊少疑问的。但是大家却一致同意必须采取某种进一步的行动,以便保持压力和牵制德军使其离开苏联战场。在英国方面,虽然联合计划参谋主张在撒丁登陆,但英美两国的参谋首脑都宁愿选择西西里,同时这也是丘吉尔所赞成的,于是很快地就达成了协议。最有力的理由是,占领西西里可以有效地肃清通过地中海的航路,也就可以节省许多的航运成本——因为自从 1940 年以来,大部分前往埃及和印度的运输船队都被迫必须绕过南非行驶。

在决定进攻西西里之后,1 月 19 日,联合参谋首脑会议遂确定其目标如下:(1)使地中海的交通线变得更安全;(2)分散德军在苏联方面的压力;(3)增强对意大利的压力。至于如何扩张战果的问题则暂且不论。因为任何决定次一目标的企图,必然会再度引起意见上的分歧——但是在这一类问题上若采取此种避重就轻的手段,其结果又将引起战略上的迟缓。

在攻击西西里的计划作为过程中,也缺乏紧迫感。虽然对突尼斯的征服假定可以在 4 月底完成,但是两国参谋首脑们却把 7 月里满月的一天,定为登陆西西里的目标日。对于这个代号为“爱斯基摩”作战(Operation Husky)的行动,英国人在 1 月 20 日曾提出了一项大纲——盟军兵力将分别来自东西地中海,并作集中的海上前进和侵入。他们同意由艾森豪威尔出任统帅,而亚历山大则为其副手。(这是一件值得重视的大事:尽管英军的总司令比较资深,而且经验也丰富得多,同时在这个战役中英国也提供较大部分的兵力,但却仍承认美国为同盟中的首席伙伴。)2 月初成立了一个特种计划参谋群,其总部设在阿尔及尔,但其分支机构却分散得很远。而在空军方面,不仅在空间上,而且在思想上也都有很大的距离——其后果即为在西西里战役中,空军的行动并不能密切配合陆军的需要。当这些计划还在公文旅行时,时间已过去了不少。艾森豪威尔、亚历山大,以及两个被选定的军团司令蒙哥马利和巴顿,也都在忙于结束北非的战役,所以对于次一行动也都未能给以适当的注意。一直到 4 月底,蒙哥马利才有时间来研究这个计划草案。他对计划作了许多的修改,并于 5 月 3 日修改定稿,到 5 月 13 日才获得英美参谋首脑的联合批准——这也就是在突尼斯轴心国防线崩溃后的一个星期和最后敌军残部投降的那一天。

这种在计划阶段的延误实在是非常的可惜,因为准备用来进攻西西里的

10个师,其中只有 1 个曾参加北非战役的最后阶段作战,而另外 7 个师都是新加入的生力军。假使能在非洲轴心国军队崩溃之后,即紧接着在西西里登陆,那么就会发现该岛几乎是处于毫无防御的状况下。而且,若非丘吉尔在卡萨布兰卡会议期间和以后,一直要求应在 6 月间登陆,否则容许敌人在西西里增强防御的时间可能就会拖得更长。他的主张虽曾获得两国参谋首脑的支持,但在地中海地区的指挥官们,却在 7 月 10 日以前无法完成发动登陆作战的一切准备。

计划中的主要改变,就是预定要在西西里西端巴勒莫(Palermo)附近登陆的巴顿的军团(西面任务部队),现在改在靠近蒙哥马利军团的东南海岸登陆,而后者的登陆地点也变得远较集中,由于拖延的时间已经很长,所以敌人的增援也可能已经加强。此种把入侵部队比较密集在一起的办法,对于敌方发动强大反击的危险,不失为一种合理的预防措施——尽管以后的事实证明无此必要。但这样却牺牲在登陆开始时即攻占巴勒莫港的机会——若非新型的两栖车辆(DUKW)与坦克登陆舰(LST)的合并使用,解决了维持滩头补给的问题,则此种机会的丧失可能就会引起严重的后果。修改后的计划也丧失了原有计划所具有的分散敌人注意力的效果,所以也就帮助敌人在盟军登陆之后,可以集中其分散的预备队,来阻挡盟军越过该岛中央山地的前进。假使巴顿仍在西北岸的巴勒莫附近登陆,那么他也许很快就可以到达墨西拿海峡(Strait of Messina)——不仅切断敌军的增援或退却线,而且实际上也使在西西里岛上的全部敌军都被关入陷阱之内。事实证明那些德国部队的逃出,对于盟军进一步的行动曾经产生深远的不利影响。

不过,因为这是盟军第一次重返欧洲,而且也是对敌军据守的海岸第一次作庞大的突击,所以过分谨慎也是一种很自然的趋势。此处值得一提的是 8 个师的同时登陆,其规模甚至于比 11 个月后的诺曼底登陆还要大。在第一天和以后的两天内,差不多有 15 万人的部队已经登陆,而最后的总数则约为 47.8 万人——英军 25 万人,美军 22.8 万人。英军登陆的地点是在该岛的东南角上,海岸线长达 40 英里。美军则在南岸登陆,所占的海岸线也是 40 英里。在英军左翼与美军右翼之间相隔仅为 20 英里。

参加这次作战的海军,是在坎宁安海军上将(Admiral Sir Andrew Cunningham)指挥之下计划和执行的,其中包括非常复杂的行动典型,并以夜间登陆为其终结。但一切进行自始至终却异常地顺利,这应该归功于计划和执行人员的称职。作为一个两栖作战,这一次远比"火炬"作战进行得高明,换言之,在那一次作战中已经获得不少的教训。

东面的海军特遣部队（英国）是由雷姆赛海军中将（Vice-Admiral Sir Bertram Ramsay）指挥，共有船只 795 艘，另有登陆艇 715 艘供滩头登陆转运之用。英军第五和第五十两个师（以及第二三一步兵旅）是从地中海的东端乘船前来——即来自苏伊士、亚历山大和海法等港口。它们预定的登陆点是在西西里东岸上，夹在锡腊库扎（Syracuse）与帕塞罗角（Cape Passero）之间的南端地段。第五十一师乘坐登陆艇从突尼斯出发，其中一部分来自马耳他岛，预定在西西里的东南角登陆。预定在该角西面登陆的第一加拿大师，则直接从英国分用两个船队运来。其第二个船队（也是较快速的一个）载运着部队的主力，在 D-12 日（即 6 月 28 日）从克莱德（Clyde）湾出发。它在美军船队之前通过比塞大附近有水雷保护的水道。

西面的海军特遣部队（美国）由休伊特海军中将（Vice-Admiral H. Kent Hewitt）指挥，包括船只 580 艘和登陆舰 1124 艘。右翼方面准备在斯科格利蒂（Scoglitti）登陆的第四十五步兵师，是分载于两个船队越过大西洋从美国直达奥兰港，略为休息一下，再在比塞大附近接收它的坦克登陆舰和其他小艇，然后驶往西西里。第一步兵师和第二装甲师预定在杰拉（Gela）登陆，分别从阿尔及尔和奥兰上船。充任左翼的第三步兵师预定在利卡塔（Licata）登陆，它从比塞大出发，并完全用登陆舰艇载运的。

在海空军掩护之下，如此巨大的船队在通过和集结的过程中，都不曾受到任何严重的干扰。由于遭受潜艇之攻击，一共损失了 4 艘运输船和 2 艘坦克登陆舰。在接近西西里时也不曾因空中的攻击而受到任何损失，敌军的飞机都被阻于战场之外，所以有许多船队根本就不曾被敌机发现。在这个战区中，盟军的空中优势是如此的巨大——共有作战飞机 4000 架以上，而轴心方面则仅有 1500 架左右——所以敌军轰炸机在 6 月间即已撤退到意大利北中部的基地上。从 7 月 2 日起，在西西里岛上的机场即不断地受到猛烈攻击，所以当 D 日来临时，尚堪使用的就只剩下少数几条辅助跑道，而大多数尚未损毁的战斗机也都撤回大陆或撒丁。不过在整个战役中被盟军击毁的敌机实际数字并未超过 200 架，但是盟军当时却宣称有 1100 架之多。

7 月 9 日下午，所有的船队都到达它们在马耳他岛东西两面的集结水域，但此时却风浪大起，使一些较小的舰艇感到威胁，而有使登陆行动受到妨碍的危险。不过很侥幸的，到午夜时风浪开始逐渐平静，所以延迟到达滩头的突击艇仅在总数中占一个很小的比例。

在海上突击登陆前的空降作战,却受到最恶劣的影响——那是由英军第一和美军第八十二两个空降师的一部分来执行的。这也是盟军企图发动的第一次大规模空降攻击,由于缺乏经验而且又要求在夜间执行,所以即令不受到风力的影响,也会感到非常困难。狂风增加了运输机和拖曳机的航行困难,使其不易到达目标,并且再加上高射炮火力妨碍降落的行动,美国伞兵遂被分成许多小股,散布在一片广达 50 英里的地区内。英国滑翔机载运的部队也被散布得很广,在 134 架滑翔机中有 47 架坠落在海里。尽管如此,这种并非故意的散布,却帮助空降部队在广大的敌后地区内造成普遍的惊扰和混乱,同时也有一部分伞兵攻占了重要的桥梁和道路交叉点,因此也产生了一些较有利的效果。

突然发生的风暴虽然使攻击者遭遇到一些困难,但同时也使防御者疏于戒备,所以平均说来,对攻击者而言,还是利多于害。虽然在那天下午德军就已经发现有 5 个船队从马耳他向北航行,而在天黑之前,又接获一连串的报告,但是上级司令部所发出的警告不是未曾到达下级单位,就是未曾受到他们的重视。所有一切充任预备队的德军部队,虽在接获第一次报告后的一小时即已开始戒备,但驻在海岸的意大利部队却相信这样大的风浪至少可以保证他们获得一夜安眠——坎宁安上将在他的报告书中曾经作过下述生动的描写:"那些意大利部队已经戒备了许多夜晚,所以早已感到十分疲惫,当恶劣天气来临时,他们睡在床上高兴地说:'无论如何他们今夜一定不会来。'哪知道他们就真来了。"

但是意大利人的疲惫却是精神多于实质。他们之间大多数的人对战争都已极感厌倦,而更少有人对墨索里尼表示同情。此外,海防部队大部分都是西西里人,选择他们担任海防任务的理由,是假定他们将会为了保卫自己的家园而努力奋战。但这种假定却忽视了下述的事实:他们对德国人具有传统的厌恶心理,同时他们的现实心理也完全了解打得愈厉害,则他们的家园所受到的破坏也会愈厉害。

到 7 月 10 日天亮之后,他们就更不想再勉强抵抗,因为他们看到巨大的舰队把眼前的海面都塞满了,一直到海平线都看不见的尽头,大批的登陆艇川流不息地把增援兵力向滩头输送,以支援在凌晨早已上岸的突击部队。

滩头防线很快地即被冲破,虽然晕船病使许多突击部队感到颇为苦恼,但是上岸后发现敌方火力使他们所受到的损失是那样的轻微,遂又精神大振。亚历山大对侵入战的第一阶段曾经用两句话来概述:"意大利海防师的价值本来就不曾为人重视,现在几乎是未放一枪即完全溃散;至于野战师,当他们遭遇我军之后,也就像风扫落叶一样地被赶跑了。集体投降已成常事。"所以自从第一天起,整个防御担子就完全落在那两个临时拼凑编成的德国师的肩膀上,以后它们才又获得了两个师的增援。

当盟军尚未在岸上站稳脚跟之前,德军曾趁这个紧急的机会发动一次危险的反击。那是由"戈林"师来执行的,该师连同一个新型 56 吨重的虎式坦克支队,驻在卡尔塔吉罗内(Caltagirone)的周边地区,该城位于俯瞰杰拉平原的山岳地带上,距离海岸线仅 20 英里——而美军第一步兵师则已在该平原登陆。所幸的是这个反击到第二天才发动。在第一天上午,一小群意大利旧式轻坦克曾经作过一次英勇的小规模反击,实际上他们也曾突入杰拉镇,但终被击退。至于德军的主力纵队却在路上耽搁了,直到次日上午才到达战场。甚至于到那个时候,已经登陆的美军坦克数量也还是屈指可数——因为风浪太大所以卸载困难,而且滩头上又拥塞不堪。同时在岸上也缺乏战防炮和一般的火炮。德国坦克三五成群地越过平原,冲过美军的前哨,一直到达滩头边缘的沙丘地带,若非指导良好的美国海军舰炮在此千钧一发的时候帮助击退来袭的德军,则美军即有被驱逐下海的危险。另一支德军纵队,连同一连虎型坦克,也曾对第四十五步兵师的左侧翼作同样的威胁,但也同样地被击退。

次日,德军第十五装甲步兵师的两个战斗群,也从西西里岛的西部匆匆赶来,到达面对美军的战线上,但此时"戈林"师却又被调往英军地区,因为那边的情况显得更为紧急——英军早已迫近东岸中点的卡塔尼亚(Catania)城,而美军的三个滩头阵地还是很浅,并且也尚未联结起来。

英军在登陆时所遭遇的抵抗,比美军所遭遇的要轻微些,而且在最初阶段也未遇到任何反击,所以进展也就远较顺利。虽然在卸载过程中也曾发生一些困难和延迟,但就全部而言,还是比西面滩头的成绩为佳,因为那一方面较为暴露。在第一天之后,德军空袭的次数比较频繁,但空中掩护的效力也同样的有了改进,所以船只的损失几乎完全与美军方面一样轻微。诚如坎宁安上将所说:"那样巨大的船队停泊在敌方的海岸边,而在空中攻击方面所受到的损失是那样的轻微,对那些过去曾在地中海参与作战的人们而言,几乎有奇迹出现之感。"此种空中保护的程度对于两栖攻击的成功实为一个主要因素。但在次一阶段,其进展却因为另一种不同的空中行动而遭遇到阻碍。

在最初三天之内,英军已经肃清西西里岛的整个东南部分。蒙哥马利遂决定作一次"伟大"的努力,从伦蒂尼(Lentini)地区突入卡塔尼亚平原,并命

令在 7 月 16 日夜间发动一个大规模的攻势。主要的问题就是要攻占在锡美托河（River Simeto）上的普里马索莱（Primasole）桥，该桥在卡塔尼亚城以南只有几英里路。为了这个目的使用了一个伞兵旅，虽然只有一半的兵力降落在正确的着陆区，但这一部分兵力即能确实占领该桥，使其不致受到任何破坏。

次一阶段的作战可以用施图登特将军的记载来加以综述。他是德国第十一空降军的军长，他的两个师被希特勒置于法国的南部。假使如希特勒所预料的盟军是在撒丁登陆的话，它们就准备立即飞往增援。但诚如施图登特的故事所显示的，空降部队是一种非常具有弹性的战略预备队，极易转用于应付不同的情况。以下即为施图登特的记载：

"当 7 月 10 日盟军在西西里登陆时，我即建议使用我的两个师发动一次空降反击。但希特勒拒绝接受我的建议——而约德尔尤其表示反对，所以初次只有第一伞兵师从法国南部飞往意大利——一部分到罗马和一部分到那不勒斯——第二伞兵师则仍和我在一起留在尼姆（Nîmes）。但是第一伞兵师马上又被送往西西里——被用作地面部队来增援该地薄弱的德军兵力，因为意大利部队早已开始大批地投降了。这个师的一部分是从空中运去，分为连续的几个梯次，降落在卡塔尼亚以南的东部地区我军防线的后方。我原希望能把它们降落在盟军战线的后方。第一批伞兵是降落在我军战线后方约 3 公里的地方，可以说是一种奇怪的巧合，他们几乎是同时和英军伞兵降落在一个地方，后者是降落在我军的后方，以占领锡美托河上的桥梁为目的。我们的伞兵击败了英国伞兵，从他们的手里夺回这座桥梁。这是 7 月 14 日的事情。"

等到英军主力赶上，经过 3 天的苦斗，才再度占领这座桥梁和打通进入卡塔尼亚平原的道路。但他们继续北上的企图又还是受到阻碍，德军的预备队现在都集中起来，作日益强烈的抵抗，以掩护直接到达墨西拿海峡的东岸道路——墨西拿海峡的位置还在 60 英里以外，那是在西西里岛的东北角上，紧靠着意大利半岛的趾头。

这使迅速肃清西西里的希望成为泡影。蒙哥马利被迫只好把第八军团的主力向西移动，采取一条通过内陆丘陵地区和绕过埃特纳山（Mount Etna）的迂回路线，并与第七军团的东进相呼应——后者已经到达北面海岸，并已在 7 月 22 日占领巴勒莫，不过还是太迟了，未能阻止敌方机动部队向东撤退。这个新计划使巴顿军团的任务有了重大的改变。本来是指定由第八军团对墨西拿作决定性进攻的，以第七军团掩护其侧翼，并分散敌人的兵力。现在七军团却逐渐变成了攻击的主力。

新的挺进计划在 8 月 1 日开始，为了这个目的又从非洲调来两个新的步兵师（美国第九师和英国第七十八师）——使总数增到 12 个师。此时，德军也获得第二十九装甲步兵师的增援，和它一同前来的还有胡比将军（General Hube）的第十四装甲军司令部，现在全部的战斗也改由他负责指挥。他的任务已经不再是维持西西里的防御，而是要执行一种迟滞行动，以掩护轴心国军队的撤出——在 7 月 25 日墨索里尼被推翻后不久，以及在盟军再度发动攻击之前，古佐尼和凯塞林独立地作成了此种决定。

西西里东北部的形状和地形，对于这种迟滞行动可以给予很多的帮助——那是一个多山的三角形地区。不仅地形有利于防御，而且每向后退一步，战线也随之缩短若干英里，于是所需的防御兵力也可随之减少很多，反之，盟军则由于地形的局促，无法充分发挥其兵力的优势。巴顿为了想加速进展，曾经三次企图作小规模的两栖迂回——第一次是 8 月 7 日到 8 日之间的夜里在圣阿加塔（Sant'Agata）登陆；第二次是 8 月 10 日到 11 日之间的夜里在布罗洛（Brolo）登陆；第三次是 8 月 15 日到 16 日之间的夜里在斯帕达福拉（Spadafora）登陆——但每一次都是太迟不足以切断敌军的退路。蒙哥马利在 8 月 15 日到 16 日之间，也曾尝试作一次小规模的两栖迂回登陆，但那时敌军的后卫却早已退到其登陆点斯卡莱塔（Scaletta）的北方去了——而敌军的大部分也都早已越过海峡退入意大利本土。

德军这次组织良好的撤退行动，其主要部分的执行一共只花了 6 天 7 夜的时间，几乎没有受到任何严重的拦截或损失——尽管盟军拥有强大的海空军兵力。接近 4 万人的德国部队和超过 6 万人的意大利部队都已安全地撤出。虽然意大利人只带走 200 余辆车辆，其余的都丢弃了，但德军却带走了差不多 1 万辆车辆，以及 47 辆坦克、94 门火炮和 17000 吨的补给和装备。大约在 8 月 17 日上午 6 时 30 分，美国的巡逻队先头部队进入了墨西拿，不久之后，一支英国的巡逻队也随之而来——美国人向他们高兴地欢呼说："你们这些观光客跑到哪里去了？"

这个计划良好撤退的成功，可以反映出亚历山大在战役结束之日向英国首相所作的报告是如何的不实在："到本日（1943 年 8 月 17 日）上午 10 时为止，最后的德国部队均已逃出西西里：可以假定该岛上的全部意大利部队均已

被歼灭,虽然仍有少许残部可能已经逃入大陆。"

从一切记录上来推算,在西西里岛上的德军总数只比6万人多一点,而意大利部队为19.5万人(亚历山大的估计为9万名德国人和31.5万名意大利人)。在德军中有5000人被俘,1.35万人负伤,他们是在撤退之前即已送回意大利本土,所以被杀死的德国人最多不过是几千人而已(英国人估计为2.4万人)。英军的损失为阵亡2721人,失踪2183人,负伤7939人——总计12843人。美军的损失为阵亡2811人,失踪686人,负伤6471人——总计9968人。所以盟军总共的损失约22800人。对于这次战役巨大的政治和战略效果而言,并不能算是一项过分重大的代价——它促使墨索里尼被推翻和意大利投降。但假使盟军若能对两栖迂回行动作较充分的利用,那么所俘获的德军人数也许比较多,并且也能使进一步的行动变得更为顺利。这也正是坎宁安上将的意见,在他的公报上曾经指出:

> "自从战役开始之日起,第八军团即不曾对两栖机会加以任何的利用。为了这种目的,小型的步兵登陆舰(LSI)经常保持备用的状况,而其他登陆艇也可以随呼即到。毫无疑问的,不使用这种工具也自有其理由。不过照我个人看来,海权实在是一种无价之宝,可以带来战略运用的弹性。即令只作极小规模的迂回行动,都足以使敌人发生动摇,节省很多的时间和成本。"

使凯塞林感到如释重负的,是盟军当局并不曾企图在卡拉布里亚(Calabria)登陆,那也就是意大利半岛的"趾头",恰好位于西西里的背后——如果能在那里登陆即足以使在西西里的军队不能退过墨西拿海峡。在整个西西里战役中,凯塞林都在着急地等待这样的一个攻击,而他手中又没有兵力可用来应付它。据他的看法:"一个在卡拉布里亚的助攻,就能使西西里的登陆发展成同盟国一次压倒性的胜利。"直到西西里战役结束和4个德国师安全地逃出时为止,凯塞林一共只用了2个德国师来掩护整个意大利南部。

意大利南部登陆

1943年9月3日至12月28日同盟军推进

- 英美军进攻
- 德军反攻
- 第1伞兵师
- 9月3日德军部队情况
- 同盟军控制范围
- xxx 英里

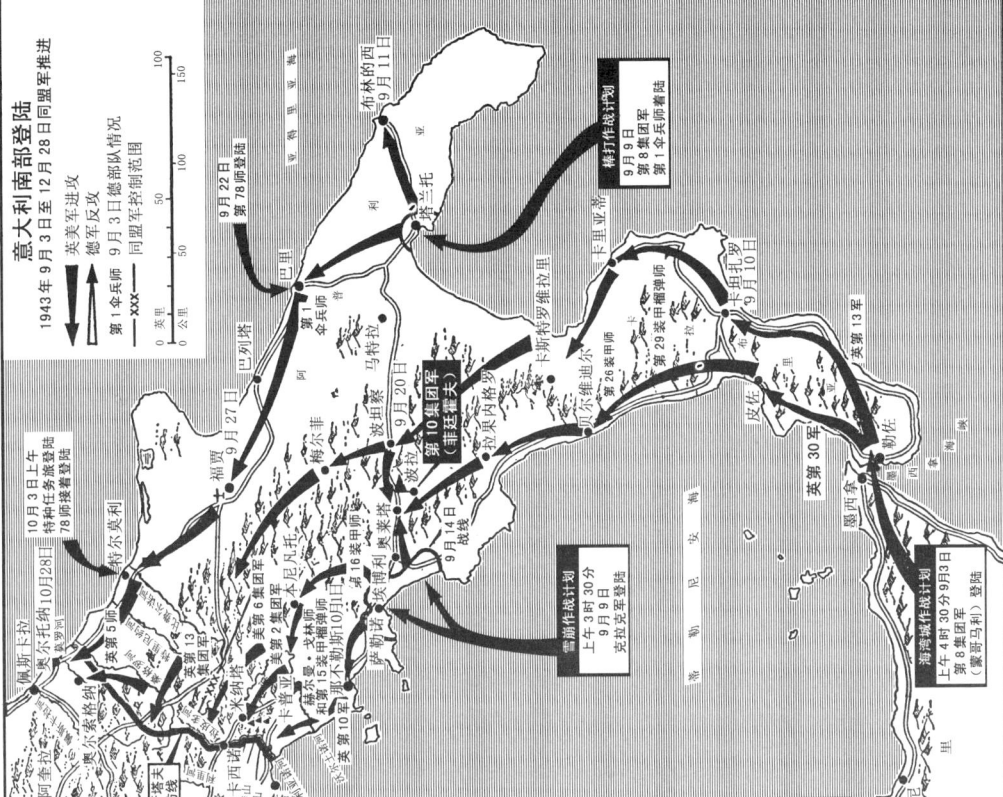

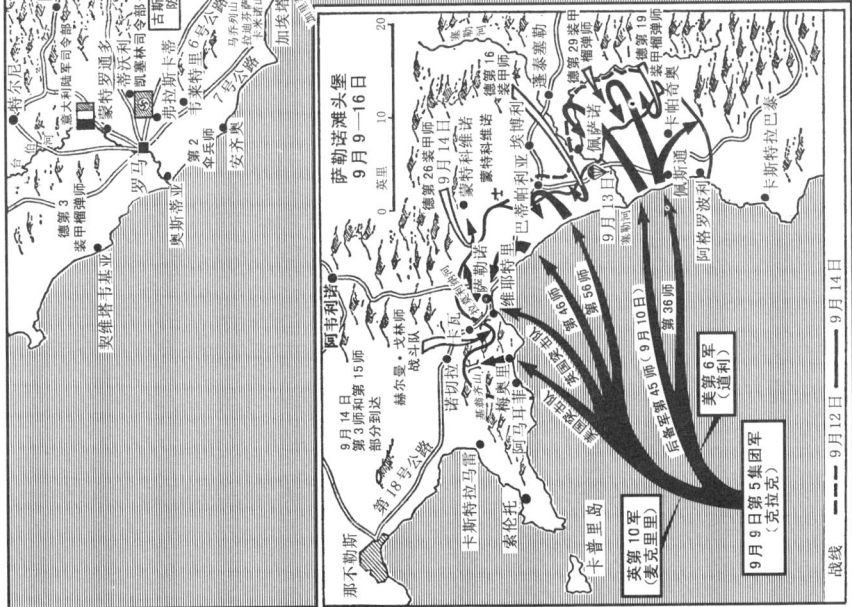

100 150
50 100
英里
公里

棒打作战计划
9月9日
第8集团军
第1伞兵师着陆

布林的西
9月11日

塔兰托
9月22日
第78师登陆

巴里
第1伞兵师

10月3日上午
特种任务尔托纳10月28日
78师接替着登陆

卡里亚蒂

奥特朗托

卡斯特维迪尔
第26装甲师

卡斯拉
马特腊
9月20日
波坦察
拉古内格里
第29装甲掷弹师
第10集团军
(菲廷霍夫)
卡斯特罗维拉里
9月14日
战线
9月27日
福贾
巴利塔

雪崩作战计划
上午3时30分
9月9日
克拉克军登陆

克拉托内
9月10日

布里亚蒂科
英第13军
英第30军

勒佐

海雾城作战计划
上午4时30分9月3日
第8集团军
(蒙哥马利)登陆

特尔米尼

巴勒莫
佩斯拉

英第5集团军
英第13师
第16装甲师
和第15装甲掷弹师
第10军
古斯塔夫
防线
加埃塔湾
罗马

德第3
装甲掷弹师
奥斯蒂亚

安齐奥

那不勒斯
蒙特罗通多
弗洛斯诺内
凯瑟林陆军司令部
第2
伞兵师

萨莱诺滩头堡
9月9-16日
9月14日
第26装甲师维诺
第16装甲师
蓬泰莱
德第29装甲掷弹师
豪特科利维利
卡帕奇奥
巴蒂帕利亚
佩斯图姆
阿格罗波利
卡斯特拉巴托

9月14日
第3师和第15师
部分到达
赫尔师
诺切拉
基蒂利
阿马尔菲
第18号公路

蒙特科维诺
维耶特里
萨勒诺
帕埃斯顿
第46师
第56师
后备第45师
第36师

英第10军
(麦克里)
美第6军
(道利)
9月9日第5集团军
(克拉克)

9月12日
9月14日
战线

卡普里岛

第3
装甲掷弹师

阿齐奥

马

普利亚

西西里

地

中

海

第汉里亚

按原图译制·

427

第二十七章 进 入 意 大 利

"没有任何东西比成功更有成就",这是一句以法国古谚为基础的名言。但在较深入的意识中,却又往往证明出来,"没有任何东西比失败更有成就"。被当时的权威所粉碎的宗教和政治运动,就长期的观点来看,往往在其领袖人物获得了殉道者的圣光之后,又会复活和出头。钉在十字架上的基督就远比生前的活人更具威力。败军之将往往能获不朽的英名——例如汉尼拔、拿破仑、李将军和隆美尔。

在国家的历史中也可以看到这同样的效果,不过其形式却更微妙。大家都知道有这样一种说法:"在一个战争中英国人只赢得一次会战——最后的一次。"这句话表示他们所具有的一种特有趋势,以失败为开始但以胜利为结束。这种习惯充满了危险,而且所付出的代价也很高。但很讽刺的,事实却往往的确如此,因为英国和它的同盟最初遭受到失败,才会养成敌人的骄气,使其感到过分的自信,作过度的扩张。

此外,甚至于当战争的重心已经开始转向之后,又往往由于未能获得立即的成功反而变得更为有利,足以使成功的程度更为增大和使最后的成功更确实。令人更感到惊异的是,在第二次世界大战的地中海战役中,这种情形就一连出现了两次。

因为在 1942 年 11 月,盟军从阿尔及尔向突尼斯所作的原始前进遭到挫败,遂鼓励希特勒和墨索里尼把大量的援军继续不断地送入非洲,于是 6 个月之后,当盟军发动最后攻击时,才一下就俘虏了两个轴心国军队的军团——由于此种主要的障碍被扫除了,所以盟军以后从非洲跃入南欧时,犹如进入无人之境。

第二件因祸得福的事例即为对意大利本土的进攻。在西西里迅速被攻占和墨索里尼被推翻之后,第二个和较短的跃进也似乎是一件比较容易的工作。因为意大利已经背弃德国在与同盟国秘密地接洽投降,并准备在盟军主力登陆的同时公开宣布,所以前途也就显得益为光明。在那个时候,意大利南部一共只有 6 个微弱的德国师,在罗马附近另有 2 个师,负有双重的任务:一方面要应付盟军的侵入,另一方面还要控制其旧盟友意大利人。

但是凯塞林元帅却能一方面解除了意大利人的武装,一方面又阻止了盟军的前进——当它们到达距离罗马还有 100 英里远之时,就停顿不前了。8 个月之后,盟军才终于进入意大利的首都,然后又被迫停顿了 8 个月,才能够从狭窄多山的半岛中突入意大利北部平原。

但是这样长久的耽搁——在 1943 年 9 月看来似乎是马上就可以结束的——对于同盟国的整个前途而言,又还是带来了重要的补偿。希特勒本来是准备把他的兵力撤出意大利南部,而只在北部建立一道山地抵抗线。但是凯塞林意外防御的成功引诱着希特勒,遂不听隆美尔的忠告,把资源向南面倾注,其目的是想在意大利尽量守住较大的面积和守到最长的时间。因为作了这样的决定,希特勒遂浪费了其珍贵的资源。不久红军从东面,西方同盟国从诺曼底两路夹攻时,他也就更感到应付乏力了。

就希特勒的实力而论,在意大利的盟军所吸住的德国资源,其比例之高超过了所有其他的战线。而且只有在意大利战场上,德军是比较可以放弃土地而不至于引起太多的危险,但他们却偏要不惜消耗实力来勉强坚守过长的战线。这样拖得愈久也就愈不利,终于难免最后的崩溃。在意大利境内由亚历山大所指挥的盟军,因为它们早日获得胜利的希望迟迟不能实现,固然不免感到沮丧,但上述间接的收获还是可以帮助它们获得安慰。

尽管挫折到最后反而变得有利,但我们必须认清当发动巨大的远征行动时,一定是相信胜利在望的。人类的天性是不希望也不会寻求失败的。至于为什么会失败,以及其经过情形还是很值得研究。

造成盟军挫败的第一个重要因素,即为它们对意大利人推翻墨索里尼的反战政变所提供的机会未能迅速地加以利用。这次政变是发生于 7 月 25 日,但过了 6 个多星期,盟军才开始进入意大利。此种延迟的原因是军事和政治兼而有之。5 月底当英美两国参谋首脑在华盛顿集会时,美国人曾反对从西西里进入意大利的构想,因为他们害怕此一步骤将妨碍进攻诺曼底和在太平洋方面击败日本人的计划。一直到 7 月 20 日,当在西西里的意大利部队已表现出急于要投降的态度时,英国的参谋首脑们才同意继续向意大利推进。

罗斯福和丘吉尔在 1 月间卡萨布兰卡会议时所决定的"无条件投降"的政治要求,也构成一种障碍。在巴多格里奥元帅(Marshal Badoglio)领导下的

意大利新政府,自然是希望能从对同盟国政府的谈判中获致比较有利的条件,但他发现很难与他们取得接触。英美两国驻梵蒂冈的公使是一条明显的途径,而且也是最容易达到的,但是由于一种非常奇怪的官僚短视作风,使这种接触变得毫无用处。根据巴多格里奥的记载:"英国公使告诉我们,很不幸的他所有的密码都是非常旧的,而且也几乎完全是德国人所知道的,所以他不能让我们利用它去和他的政府作秘密通信之用。美国代办则回答说他根本就没有密码。"所以意大利人只好等待,一直到8月中旬他们才找到一个借口,派遣一位特使到葡萄牙去访问,在那里他才能和英美的代表见面。即令如此,这种迂回的谈判方式还是使问题难以获得迅速的解决。

恰好成一强烈的对比,希特勒却不浪费一分钟的时间,他立即采取各种步骤来制止意大利新政府寻求和平,而放弃与德国之间的同盟关系。在7月25日,即罗马发生政变之日,隆美尔已经前往希腊接掌在该国的指挥权,但刚刚在午夜之前,他接到一个电话告诉他墨索里尼已被推翻,要他立即飞回东普鲁士森林中的希特勒大本营。次日正午他到达那里,遂立即奉命在阿尔卑斯山地区集中部队,并准备进入意大利。

此种进入的行动不久即开始,采取一部分伪装的方式。因为他害怕意大利人会藉盟军伞兵部队的协助,突然地封锁在阿尔卑斯山中的隧道,所以隆美尔于7月30日命令领先的德军部队越过国界占领那些隧道,其借口是为了保护进入意大利的补给路线,以防破坏者或伞兵的袭击。意大利人表示抗议,曾经一度以阻止德军通过威胁,但还是害怕和德国人发生公开的冲突,所以只是空言而并未开火。接着德国人又以替意大利人负责北部的防御,好让他们可以抽调兵力向南部增援为理由,而把更多的军队送入意大利。从战略上来说,这种说法是很合理的,所以意大利的领袖们遂难以拒绝,否则即无异表示他们怀有异志。所以到了9月初,在隆美尔指挥之下,8个师的德军已经在意大利阿尔卑斯边境建立了稳定的基础,对于凯塞林在南部的兵力,构成一种潜在的支援或增援能力。

此外,德国第二伞兵师——一支特别精锐的部队,也已从法国飞到罗马附近的奥斯蒂亚(Ostia)。德国空降部队的最高指挥官施图登特将军也随同前往。战后他回答我的询问时,曾经这样说:

"对于该师的到达意大利,最高统帅部事先并未获得任何消息,只被告知这个师是准备用来增援西西里或卡拉布里亚的。但希特勒给我的命

令,却是要我留在罗马附近,同时从北部南下的第三装甲步兵师也由我指挥。有了这两个师之后,我也就随时都可以准备解除罗马周围意大利部队的武装。"

盟军本来也计划把他们的一个伞兵师——李奇微将军(General Matthew Ridgway)的美国第八十二空降师,投在罗马附近以支援据守首都的意大利部队。由于这些德军的到达,盟军的计划遂自动打消。假使美军果真照计划实施,则凯塞林的总部可能就会首当其冲,因为它位于弗拉斯卡蒂(Frascati),在罗马东南面相距 10 英里之处。

即令如此,施图登特的任务依然还是非常困难。巴多格里奥元帅已经把 5 个师的意大利部队集中在罗马附近,尽管德国劝他把其中的一部分送往南部增援,但他却阳奉阴违,置之不理。除非能够解除这些部队的武装,否则凯塞林所处的地位也就会十分狼狈,因为当他面对着英美的两个侵入军团时,这支含有敌意的意大利部队却早已位于补给线上,同时也足以切断意大利南部德军 6 个师的退路。那些部队刚刚组成一个所谓第十军团,由菲廷霍夫(Vietinghoff)指挥,其中包括从西西里逃出的 4 个师在内,此乃由于在该次战役中所受到的损失已经相当残破。

9 月 3 日,盟军展开进攻战的序幕:蒙哥马利的第八军团从西西里越过墨西拿海峡,在意大利的趾头上登陆。在这同一天,意大利的代表也秘密地和盟军签订休战条约。不过双方却又同意暂时保密,要等到盟军作第二次主要的登陆时才公布——那是计划以在那不勒斯以南的萨勒诺(Salerno)湾为目标。

9 月 8 日午夜,由英美两国军队混合编成的第五军团,在克拉克将军指挥之下,开始在萨勒诺湾登陆——几小时之后,英国广播公司即正式宣布意大利投降。意大利的领袖们不曾料想到盟军的登陆会来得这样快,而且到次日下午很晚的时候,盟军方面才告诉他们已经广播的事实。巴多格里奥抱怨说他们的准备尚未完成,所以感到措手不及,无法与盟军合作,他的这种说法也并非没有理由。艾森豪威尔曾派泰勒将军(Genaral Maxwell Taylor)秘密进入罗马担负联络的任务,他对于意大利人的毫无准备和张皇失措的情况深有认识,所以他向艾森豪威尔发出警告认为前途颇不乐观,艾森豪威尔在当天(9 月 8 日)上午接到了这项警告,就立即取消李奇微在罗马空降的计划。原定的计划是准备让李奇微的部队在那不勒斯的北面,沿着沃尔吐诺河(Volturno River)降落,以阻止敌军从南面向萨勒诺增援。现在因为时间已经太迟,所以在罗马降落的计划虽已取消，但原有计划还是来不及恢复。

假使意大利人的"行动"（Action），能够像他们的"演技"（Acting）一样好，则结果即可能完全不同。意大利人的演技的确是不平凡，他们不仅能够长时间隐藏其企图，而且在前些日子当中，也已经使凯塞林的疑虑消释了不少。凯塞林的参谋长韦斯特法尔将军所作的记载对此曾有生动如画的描写：

> "9 月 7 日，意大利的海军部长柯尔顿伯爵（Admiral Count de Courten）来访，他当面告诉凯塞林元帅，意大利舰队将于 9 月 8 日或 9 日从斯培西亚（Spezia）出海，以求与英国地中海舰队决一死战。他眼眶中含着热泪说，意大利舰队将宁为玉碎不愿瓦全。于是他就接着叙述他企图中的会战计划。"

这样慷慨激昂的态度造成一种令人深信不疑的印象。次日下午，韦斯特法尔又与另外一位德军将领陶桑特（Toussaint）一同驱车前往设在蒙特罗通多（Monterotondo）的意大利陆军总部（在罗马东北约 16 英里之处）。

> "罗塔将军对我们的接待非常友善。他和我讨论意大利第七军团和德国第十军团，在意大利南部联合作战的若干细节问题。当我们正在谈话之际，华登堡上校（Colonel von Waldenburg）来了一个电话，告诉我意大利投降已由英国广播宣布的消息……罗塔将军当时即向我保证那不过是一种恶劣的宣传伎俩。他说：双方的联合作战仍将继续，一切都照我们原有的安排进行，没有任何改变。"

韦斯特法尔对于这种保证当然并不完全相信，当他在黄昏时回到设在弗拉斯卡蒂的德军总部时，他发现凯塞林早已向所有下级单位发出了代号为"轴心"（Axis）的命令——这是一种事先安排好的密语，其意义即为意大利已经脱离轴心，应立即采取适当的行动解除意大利部队的武装。

各下级指挥部都分别依照其所面临的情况和本身的兵力部署，采取威胁利诱兼施的手段。施图登特在罗马地区所采用的为突袭战术，因为他所面临的双方兵力众寡之势实在太悬殊，以下就是他的记载：

> "我企图用空降的方式来攻占意大利陆军总部，但只获得部分的成

功。虽然有 30 位将官和 150 位其他军官已经被俘,但其他的人员都坚守不屈。意大利陆军参谋总长已在前一夜随着意大利国王和巴多格里奥元帅先行溜走了。"

尽管施图登特一共只有两个师的兵力,但意大利的指挥官们并不企图设法去击败他,而只想赶紧退走,他们把部队都撤到东面的蒂沃利(Tivoli),而把首都让给德国去接管。这样也就使谈判的进行变得非常顺利,凯塞林采取了一种非常宽大的劝诱措施,建议只要意大利部队放下他们的武器,就可以立即回家。这种办法是与希特勒的命令相抵触的,因为他要把所有的意大利军人都收容为战俘,但是凯塞林的这种独断专行不仅被证明非常有效,而且也节省了不少时间和生命的代价。其结果可以用韦斯特法尔的记载来加以综述:

"当意大利军队的指挥官们完全接受了德国人的投降条件之后,罗马附近的情况也就变得非常的安静。这也就消除了对第十军团补给上的危险……

使我们感到更放心的是,罗马已经不再有成为战场的必要。在投降协定中,凯塞林元帅已经承诺视罗马为一不设防城市。他也承诺只用警察单位来占领该城,一共只有两连的兵力,并保护电话通信署,这种承诺一直遵守到德军结束占领之日止都不曾破坏。由于投降的结果,现在与德军最高统帅部之间又可以恢复无线电的通信联络,那是从 9 月 8 日起即告中断的。此种对意大利军队不流血消灭的另一后果,是可以立即使用公路把援兵从罗马地区运送到南部的第十军团……所以在罗马附近的情况,尽管最初有许多令人感到忧虑的问题,而其解决后的结果却几乎比任何人所希望的都还要良好。"

直到此时为止,希特勒和他在最高统帅部中的军事顾问们,都早已认为凯塞林的部队是毁定了。韦斯特法尔对于这一方面曾经提供重要的证据。他说:

"……自从 8 月以后,我们的人员补充和武器装备的补给即已完全断绝。所有一切的要求都被最高统帅部签注'缓办'而被搁置在一边。把隆美尔的 B 集团军部署在意大利北部,也是受了这种过分悲观态度的影响。它们的任务是占领阿尔卑斯山区中的阵地，假使我们的部队在盟军和意大利人联合攻击下尚有残余部分勉强逃出时，就由它们来负责收容。

同样的，凯塞林元帅对于情况也是采取一种严重的看法。但他认为在某种环境之下，局势仍有被控制的可能——若期待中的大规模登陆地点愈向南偏，则此种机会也就愈大。但假使敌人从海上和空中直接在罗马附近登陆，那么要想救出第十军团使其不被切断的希望就会变得十分渺小。我们在罗马附近所有的两个师，是绝对不足以担负一方面消灭强大的意大利军队，而另一方面又要抵抗盟军登陆的双重任务——而且还要设法保持第十军团的后方交通线不被切断。早在9月9日，我们就听到意大利部队正在封锁通往那不勒斯的公路，以期切断第十军团补给线的不愉快消息。在这样的情况之下，第十军团也就不可能支持太久。所以在9月9、10两日，盟军空降部队没有在罗马周围的机场上着陆，总司令这才吐了一口长气，有如释重负之感。在那两天里，我们无时不在期待这样的情况发生。假使盟军作了这样的空投行动，将毫无疑问的会使意大利的部队，以及态度对我们颇不友好的人民，在精神上受到重大的鼓励。"

凯塞林本人对于当时的情况也曾扼要地综述如下："一个对罗马的空降突击着陆，再加上一个在附近的海上突击登陆（而不是在萨勒诺），即很可能迫使我们自动撤出整个意大利南部。"

即令盟军并未直趋罗马，但在萨勒诺登陆之后，也还是有一段时间使德国人感到非常的紧张，尤其是对于那里的实际情况缺乏情报，所以更使他们在精神上深受刺激。所谓"战争之雾"从来就很少像这样浓密的——主要的是因为德国人本来是在一个同盟国境内作战，而现在这个同盟国却突然地背弃了他们。此种事实的影响最好还是引述韦斯特法尔的记载来说明：

"总司令最初对于萨勒诺的情况所知道的真是非常有限。电话通信早已中断——因为那是依赖意大利的邮政通信网。而且那也很难恢复，因为在过去是不准我们考察意大利的电话技术。最初无线电通信也很难安排，因为在新成立的第十军团司令部中的通信人员，对于意大利南部的特殊气候条件还不熟悉。"

对于德国人来说可以说是很侥幸，因为盟军的主要登陆地点都是他们所预料的,而且也正是凯塞林最便于集中其薄弱兵力来应付此种威胁的地方。英国第八军团向意大利趾头部分的前进,也完全在他的意料之内,而且那里太遥远,不足以对其部队构成立即的危险。由于盟军的指挥官们都不愿意冒险超越空中掩护的极限,这一点遂使凯塞林获得了很大的利益——而在他的计算中也可以有把握的假定他们决不会改变这种传统的想法。结果盟军在萨勒诺的登陆,虽然是很乐观地被定名为"雪崩作战"(Operation Avalanche),但事实上却遭遇到严重的挫败。诚如克拉克将军本人所说的,那简直是一个"近似的灾难"(Near Disaster)。(原注:语见克拉克所著回忆录《有计划的冒险》〔*Calculated Risk*〕一书。)登陆的兵力在德军反击之下没有被赶下海去,那真是间不容发。

在原始的计划中,克拉克曾建议应在那不勒斯北面的加埃塔(Gaeta)湾登陆,因为该地区比较开放,而且也不像萨勒诺有山地足以妨碍从滩头向内陆的推进。但是当盟军的空军总司令泰德告诉他,假使伸展到加艾大地区,则空中支援就不会那样良好,于是克拉克乃放弃其个人的意见,而同意选择萨来诺。

在盟军方面,也有某些人认为要使德国人受到奇袭并丧失平衡,最有效的方法即为超越此种极限去作一次登陆。有人主张应在意大利"靴跟"方面登陆,即塔兰托(Taranto)和布林的西(Brindisi)地区,这将是"期待最小的路线"(The Line of least expectation),所以所冒的危险也会最小——而又可以提早获得良好的港口。

到最后一分钟,这样的一个登陆才被列入计划作为一种辅助行动。但进攻塔兰托的兵力却仅有一个师,即英国第一空降师。这个师本来在突尼斯整补,现在匆匆的集合起来,装上海军的船只立即送上前线。虽然在登陆时并未遭遇任何抵抗——但他们到达时也没有携带任何坦克,而炮兵和摩托化运输工具也几乎完全没有。事实上,他们缺乏一切的工具,根本就无法扩张其已经获得的战果。

对于盟军进攻作战作了上述概括的检讨之后,现在就要对作战的经过作比较精密的分析。其出发点即为蒙哥马利的第八军团在 9 月 3 日越过狭窄的墨西拿海峡。

这个代号为"湾镇作战"(Operation Baytown)的卡拉布里亚登陆,直到 8 月 16 日才正式下达命令,那时最后的德军后卫正从西西里撤退。甚至于那时,在命令中也并无确定的"目标"——诚如 19 日蒙哥马利在他发给亚历山大的一份电文中所刻薄地指出的。亚历山大终于在回电中把目标确定,他告诉

蒙哥马利说：

> "你的任务是要在意大利的趾头上确实占领一个桥头阵地，以利我们的海军部队可以通过墨西拿海峡作战。一旦当敌军从趾头部分撤退时，你应尽可能集中所能运用的兵力跟踪追击，并请记住你在意大利南端所牵制的敌军兵力愈多，则你对于雪崩作战（在萨勒诺的登陆）的帮助也就愈大。"

对于身经百战的第八军团而言，这真是一个不够胃口的任务，也是一个近似开玩笑的目标。蒙哥马利在他的回忆录中指出："对于我的作战与第五军团在萨勒诺登陆作战之间的关系，并未作任何协调的企图……"对于给予该军团援助的次要目标而言，第八军团的登陆地点可以说是极不适当——距离萨勒诺300英里，一切的前进必须沿着一条非常狭窄的山路行军，而那正是敌人设伏拦阻的理想位置。一共只有两条良好的道路可以通到这个"趾头"地区，一条沿着西海岸，另一条沿着东海岸，所以只能同时用两个师，而每个师又都只能以一个旅领先，并且，在两条前进线上想要展开一个营以上的兵力都会感到困难。敌人在此一地区绝无保持庞大兵力的必要，尤其是他们明知盟军兵力的较大部分将在其他地区登陆，所以也就更不会如此。一旦当第八军团在卡拉布里亚半岛登陆之后，第五军团的奇袭机会也就更为减少，因为敌人所要防备的可能途径已经只剩下更少的几条了。为了想有效地分散敌方的兵力，这个趾头地区也可以说是最坏的选择。敌人可以安全地把他的部队从那里向后撤退，而让侵入军在那里饱尝作战束缚之苦。

尽管遭遇强烈抵抗的机会极为渺小，蒙哥马利对于这个"趾头"的登陆攻击部署，却还是保有其习惯性的谨慎和彻底作风。集中了将近600门炮，在第三十军的指挥之下，从西西里的海岸越过海峡向对岸构成一道压倒性的弹幕，以掩护登普西将军（General Miles Dempsey）所指挥的第十三军在勒佐（Reggio）附近的滩头登陆。为了集中如此大量的炮兵，遂又使发动突击的日期比预定的延迟了好几天。此外，又有120门海军舰炮也参加了轰击的工作。

在前几天，情报资料即已显示德国留在"趾头"附近的兵力不会超过两个步兵营，甚至于这一点兵力的位置也还是在距离滩头10英里以外，他们的任务是掩护通往该半岛的道路。这些有关敌军已经退走的情报，使得某些刻薄的观察家认为那样大规模的攻击准备实在是小题大做——所谓"杀鸡焉用牛刀"。这种批评虽很恰当,但并不正确——因为当时根本就无鸡可杀。那完全是浪费大量的弹药。

9月3日上午4时30分,执行突击任务的两个师——英军第五师和加拿大第一师,在空无一物的海滩登陆,甚至于连地雷和铁丝网都没有。一位加拿大士兵开玩笑说:"那一天所遭遇的最激烈的抵抗,是一头从勒佐动物园中逃脱的美洲狮,我们的旅长似乎对它很感兴趣。"突击步兵中没有任何的损失,到黄昏时这个旧岛的趾头部分即已完全被占领,其深度已经超过5英里,仍未遇到任何抵抗,3名德军的落伍者和3000名意大利人已被收容为战俘。那些意大利人很高兴地志愿参加替英国登陆艇做卸载的工作。在以后的几天内,当盟军向北推进时,也还是不曾遭遇任何严重的抵抗,仅只和敌军的后卫有简短的接触。不过德军在一路撤退中,沿途作了许多巧妙的爆破,使第八军团的前进不断的发生迟滞。到9月6日,即登陆后的第4天,距离登陆的滩头还只有30英里,而直到9月10日才到达半岛狭窄的部分,即所谓"趾头关节"之处。就距萨勒诺的全部距离而言,尚不及1/3。

但据蒙哥马利的记载,当亚历山大在9月5日访问第八军团时,态度却非常地乐观,他带来了意大利人已经在前两天秘密签订休战协定的消息。蒙哥马利感觉到亚历山大显然是准备用意大利人所作的一切承诺来作为其计划的基础。他对于这种信心颇感怀疑,所以就对亚历山大说:"只要德国人知道这些事情,他们马上就会把意大利人制服住。"事实证明蒙哥马利的看法是正确的。

亚历山大对于"雪崩作战"的前途所表示的信心尤其令人感到惊异,因为在两个星期以前,笔名"沙托纳"(Sertorius)的德国军事评论家,即曾在广播中预测盟军的主力登陆将在那不勒斯—萨勒诺地区,而在卡拉布里亚半岛上将另有一个辅助性的登陆。

一个星期之前,即在8月18日,希特勒即已下令指示如何应付此种威胁。其命令的要点如下:

(1)在敌人的压力下,意大利迟早一定会投降,这应认为是意料中事。

(2)为了准备应变,第十军团必须保持意大利中部退路的开放,尤其是罗马地区,必须予以固守。

(3)从那不勒斯到萨勒诺之间的海岸,是最感受威胁的地区,应从第十军团中抽出一个强大的战斗群,至少应包括 3 个机动单位,集中在该地区内。该军团一切非机动的单位也都应该迁入这个地区。完全机动的单位最初应留在卡坦扎罗（Catanzaro）和卡斯特罗维拉里（Castrovillari）之间的地区,以参加机动的作战。第一伞兵师也将用来保护福贾（Foggia）。当敌军登陆时,那不勒斯——萨勒诺地区必须固守,并应在卡斯列维隘道以南的地区中进行迟滞作战……

　　凯塞林把他的 8 个师中的 6 个部署在南面,由菲廷霍夫将军的第十军团指挥——其司令部设在萨勒诺东南方的波拉（Polla）城内。因为希特勒曾于 22 日亲自告诉菲廷霍夫说,应把萨勒诺当作"重心"（此语曾记在该军团的作战日志上）。凯塞林的其他两个师则保留在罗马附近充任预备队,准备一旦意大利叛变时,即可接管该国首都,并保持第十军团退路的开放。在南面的 6 个师,其中有 2 个是新来的,即第十六和第二十六装甲师,另外 4 个则是从西西里逃出来的。其中损失较重的 2 个师,即"戈林"师和第十五装甲步兵师,已经撤回到那不勒斯地区中整补,第一伞兵师则撤往阿普利亚（Apulia）,只有第二十九装甲步兵师留在"趾头"上对抗蒙哥马利的前进。为了帮助该师阻止蒙哥马利起见,第二十六装甲师也暂时被送往卡拉布里亚——该师并未携带任何坦克即开入意大利南部。（原注:像那时候大多数的德国装甲师一般,它一共只有两个坦克营——一个营装备豹式〔Panther〕坦克,另一个营则装备较轻的 4 号坦克——前者不曾送入意大利,而后者则留在罗马附近以便帮助镇压意大利人。）第十六装甲师为所有各师中装备最佳者,被用来掩护萨勒诺湾,那也就是盟军最可能作大规模登陆的地区,同时它还可以迅速地获得其他各师的增援。即令如此,该师也只有 1 个坦克营和 4 个步兵营,不过其炮兵实力却相当强大。（原注:该坦克营约有 80 辆 4 号坦克。其所欠缺的一个豹式坦克营,则由一个装甲突击炮〔assult-gun〕营来替补,一共有 48 门自走炮——在较远的距离会被人误认为坦克。即令如此,我们还是很难了解克拉克将军在其回忆录《有计划的冒险》一书中会认为"德军在萨勒诺可能有 600 辆坦克"的计算。那比实际数量几乎多出了 8 倍。）

　　当盟军方面的庞大舰队浩浩荡荡地驶向萨勒诺湾时,德军用来迎击的就只有这一点微弱的兵力。差不多共有 700 多艘船只和登陆艇,载运着第一批登陆部队约 5.5 万人,接着还有 11.5 万人跟随而来。

　　这一次登陆是美国第三十六步兵师在右,英国第四十六和第五十六两师在左,另有美国第四十五步兵师的一部分在侧翼上充任预备队。这些师分别属于美国第六军和英国第十军,两个军的军长分别为道利将军（General Dawley）

和麦克里里将军(General McCreery)。英国第十军要在萨勒诺正南方滩头上一段 7 英里长的海滩登陆,也就是靠近通往那不勒斯的主要道路,这条道路虽然险峻,但不很高,通过卡瓦隘道(Cava),再越过多山的索伦托(Sorrento)半岛颈部。所以这个军的登陆必须使其尽早成功,这也正是全部作战的总关键,因为它一方面可以打通到北面大港那不勒斯的道路,另一方面又可以阻塞德军从北面来的增援。为了使这个军的任务比较易于达成,又决定使用 2 个营的英国突击队(Commandos)和 3 个营的美国突击队,迅速攻占卡瓦隘道以及在邻近另一条道路上的基翁齐隘道(Chiunzi Pass)。

英军的主力船队于 9 月 6 日从的黎波里发航,美军的主力船队则在前一天黄昏离开奥兰港。其他的船队则分别从阿尔及尔、比塞大和西西里北部的巴勒莫和特尔米尼(Termini)等港口发航。虽然它们的目的地被视为一项高度的机密,但事实上根据下述两项因素即不难猜出这个谜底。一方面是受到空中掩护的实际限制,另一方面则为有早日攻占一个大港的需要——这两个因素加在一起即能提供一种非常明显的线索。在的黎波里一艘船上的中国籍厨师向送别的人高呼“那不勒斯再见”,曾经引起了一阵骚动。但实际上他不过是听到一般士兵和海员的谈话都是这样说而已。另外还有一个很触目的暗示,即南北两支攻击部队分别命名为“S 部队”和“N 部队”。不过这却又不仅是猜想而已,有一份流传很广的行政命令上,也公开地提到萨勒诺地区附近的一些地名。

因为目标既已如此显明,于是军团司令克拉克希望依赖奇袭的想法也就构成一种巨大的行动障碍。尽管保护和支援登陆部队的海军舰队指挥官休伊特中将曾提出强烈的反对,但克拉克仍禁止对岸上的防御作任何攻击准备的海军炮击——休伊特曾经明白地指出,“认为我们可以获致战术奇袭的想法简直是荒唐”。不过当然也可以这样说,如果用海军炮火去软化岸上的防御,则将会促使敌军预备队集中得更快,因为这将使他们更能确定盟军企图中的登陆地点。

船队的前进是绕过西西里的西岸和北岸,在 9 月 8 日的下午德军司令部即已获得报告,于是下午 3 时 10 分德军就严加戒备,等候盟军的到来。下午 6 时 30 分,艾森豪威尔在阿尔及尔无线电台宣布与意大利签订休战协定的消息,到下午 7 时 20 分,英国广播公司的新闻节目中又将这个消息重播一次。在船上的盟军部队也都听到这些广播。很不幸的,这些广播使他们产生过分乐观的印象,以为这次登陆一定非常轻松——尽管有些军官曾向他们提出严重的警告,要他们记住还有德国人要应付。不久,这种乐观就变成严重的失望。对于盟军的计划作为人员而言也是一样,他们事先曾乐观的估计在第三天即可以攻占那不勒斯——结果经过三个星期的苦战,才勉强达到这个目标,而且还几乎遭受到惨败。

在 9 月 8 日下午,盟军的船队曾经数度遭受到空中攻击,到天黑以后,德国轰炸机投下照明弹以利攻击,但很侥幸的,盟军的损失仍极轻微。午夜后不久,领先的运输船已经到达距离海岸 8 英里至 10 英里的位置,乃开始放下登陆艇。在预定的上午 3 点 30 分的 H 时附近,他们到达了滩头。两小时以前,一个已由德军接管的海岸炮台曾向接近北面侧翼的登陆艇开火,但却被护航驱逐舰的还击所制压。在最后阶段,海军的炮火和"火箭艇"曾对海岸防御作短时间与极猛烈的轰击——火箭艇是一种第一次使用的新武器。但在南区滩头却没有这种火力支援,因为美军的师长坚持其军团司令的"不射击"指示,仍然希望静悄悄地登陆以获致局部性的奇袭。结果当登陆艇快要接近滩头时,马上就遭遇岸上火力的猛烈迎击,使部队受到惨重的损失。

因为能否迅速向那不勒斯前进,主要关键要看能否夺占从萨勒诺通过山地向北走的道路,所以对于登陆经过的叙述最好是从左到右,以北翼为起点。在这一方面,美国的突击队在梅奥里(Maiori)的一个小滩头登陆,没有受到任何阻拦,在 3 小时内即已占领基翁齐隘道——他们在俯视萨勒诺至那不勒斯主要公路的山脊上建立了阵地。英国突击队也很轻松地在维耶特里(Vietri)登陆。但敌人的反应却很快,使他们未能肃清那个小镇,就被阻止在卡瓦谷口处较低的拉莫里纳(La Molina)隘道上。

在萨勒诺以南几英里的滩头上,英军主力的登陆从开始即受到猛烈的抵抗,同时,第四十六师的一部分在上岸时又发生错误,挤入其右邻第五十六师的滩头,因此引起很大的混乱,于是也就使他们的进展受到更多的延误。虽然某些领先的部队已经向内陆挺进达 2 英里之深,但是却受到重大的损失,而仍未能达到第一天颇具重要性的预定目标线——萨勒诺港口至蒙特科维诺(Montecorvino)机场,以及在巴蒂帕里亚(Battipaglia)和埃博利(Eboli)的道路交叉点。尤其是到这一天结束时,在塞勒河(Sele)北岸的英军右翼,与在该河南岸的美军左翼之间仍然隔着一个宽达 7 英里的缺口。

美军的登陆分为四个滩头,靠近在佩斯通(Paestum)附近的著名希腊神庙。因为没有海军火力的支援,所以在强烈的敌火下接近海岸时受到很大的损失,抢滩之后又继续冲入敌军的火网,并且在滩头上不断地受到德国空军的攻击。尤其是第三十六师的部队过去毫无战斗经验，所以更感到难以忍受。不过总算是侥幸的，现在已经开始由海军炮火给以良好的支援，那些驱逐舰奋勇地通过布雷水域来援助他们。在这里以及在英军地区中，这种援助可说是具有特别的价值，因为对盟军的最大威胁即为三五成群的德国坦克所作的反击，而海军的炮火却恰好是它们的克星。到入夜时，美军左翼已经向内陆推进约 5 英里，到达卡帕奇奥（Capaccio）的丘陵小镇，但右翼仍被困在距离滩头不远的地方。

第二天，9 月 10 日，在美军方面是比较平静的一天，德军的第六装甲师已经把其微弱兵力的大部分，调往北部英军地段的方面，因为从战略上来说，那对于他们在萨勒诺地区的防御是一个比较重大的威胁。美国人遂利用这个机会来扩大他们的滩头阵地，并把他们的海上游动预备队第四十五师的大部分，也都送上岸来。此时，英军第五十六师已在清晨攻占蒙特科维诺机场和巴蒂帕里亚镇。但德军以两个摩托化步兵营和一些坦克，发动了一次反击，遂又把英军逐出该镇——并且产生局部性的恐慌现象，甚至于在英军的坦克尚未来得及救援之前，连近卫旅的一部分也都闻风溃逃。

当天夜里，第五十六师使用 3 个旅的兵力发动一次攻击，以夺占埃博利山地的最高峰，但只获得轻微的进展，并再度进入巴蒂帕里亚镇。第四十六师占领了萨勒诺城，并派遣一个旅去接替突击队，却未能继续向北推进。在美军方面，新加入的第四十五师已向内陆挺进 10 余英里，通过佩萨诺（Persano）达到塞勒河的东岸，并接近在蓬泰塞勒（Ponte Sele）的道路中心，这也就是理想中滩头阵地第三线的顶点。但推进到此地即开始受阻，并且终于被迫撤退，因为有一个德军摩托化步兵营，加上 8 辆坦克，已经从英军方面调回，越过塞勒河发动一次反击。所以到第三天结束时，盟军的 4 个师都已登陆，一些额外的部队加起来也还可以相当于一个师的兵力，但仍然还是局限在两个很浅而又分离的滩头上，至于周围的高地和通向沿岸平坦地带的通道，却都控制在德军的手中。盟军想在第三天达到那不勒斯的希望已经幻灭。以战斗实力而言，德军第十六装甲师仅相当于盟军一个师的一半，但却已经成功地阻止了盟军，并替德国的增援争取到了必要的时间余裕。

第一个赶到的是第二十九装甲步兵师，它早已在从卡拉布里亚向后撤退的途中；此外正在整补中的"戈林"师，也勉强抽出了一个战斗群（2 个步兵营加上 20 辆左右的坦克）。这个战斗群来自那不勒斯地区，突破英军设在拉莫利纳隘道上的防线，进至维耶特里附近。到 9 月 13 日，由于突击队再投入战斗,才将其击退。尽管如此,隧道现在已经被德军完全封锁。非常明显的,英军第十军已经被局陷在萨勒诺附近狭窄的沿岸地区内,而周围的高地则都控制在德军手中。此时,在南面地段中所发生的情况,却更使克拉克原有的信心产生更严重的动摇。因为第二十九装甲步兵师和第十六装甲师的一部分,已经冲入英美两军之间的缺口。在 9 月 12 日黄昏,英军的右翼又再度被逐出巴蒂帕里亚,并受到重大的损失,尤以被俘者为甚。9 月 13 日,德军利用英美两军间之空隙益形扩大的机会,开始对美军左翼发动一次反击,将其逐出佩萨诺,并造成全面的退却。德军在混乱之中已在好几个地方突入美军战线,其中某一点距离滩头大约只有半英里之遥。

那天夜间的情况已经显得如此严重,所以在南区的所有商船都已停止卸载的工作。此外,克拉克已向休伊特发出紧急要求,要他准备接运第五军团司令部上船,并集中一切的登陆艇以便把第六军的部队撤出滩头,再将他们送往英军地区登陆;或是把第十军(英军)调到南面地区来。这样大规模的紧急调动实际上是不可能的,所以这种建议也就引起麦克里里和其海军同僚奥利佛代将(Commodore Oliver)的激烈抗议。当这个消息传到高级指挥部时,也使艾森豪威尔和亚历山大大为震动。但这也帮助加速增援部队的到来,有 18 艘坦克登陆舰本来是要前往印度的,现在中途被留下来参加救援的工作。第八十二空降师也已拨交克拉克指挥,在下午接到他的紧急要求之后,在当天黄昏,李奇微即已勉强使第一批伞兵降落在南面滩头之内。9 月 15 日英国第七装甲师开始在北面滩头登陆。但到此时,危机却早已过去,这大部分应该感谢同盟国海军和空军的迅速紧急救应。

在 9 月 14 日那天,所有一切在地中海战区的飞机,包括战略和战术空军在内,都倾全力来攻击德国部队及其近后方的交通线。在这一天之内,它们总共出动 1900 架次。阻止德军冲入滩头更有效的手段是海军的炮火。菲廷霍夫事后曾对此追述如下:

> "这天上午的攻击受到强烈的抵抗,但最厉害的还是前进的部队必须忍受他们从未经验过的强大火力——至少有 16 艘到 18 艘战斗舰、巡洋舰和大型驱逐舰,一字排开在海上发射他们的炮火。此种火力是惊人的准确和灵活,任何目标一经发现就很难逃避毁灭的命运。"

有了这种强力的支援,美国部队终于守住其最后一道防线,那也就是他们在前一夜所退回的位置。

15 日暂时休息一天。德军正在忙于重组其被炮弹和炸弹所击破的单位以图再举,同时也有一些援兵到达。仍然没有坦克的第二十六装甲师已经从卡拉布里亚赶来,在盟军登陆萨勒诺的那一天,就奉到菲廷霍夫的命令要它从蒙哥马利的正面上溜走。第三和第十五两个装甲步兵师的支队,也同时分别从罗马和加埃塔地区赶来。但即令有了这些增援,德军现有的兵力也还只是相当于 4 个师和总数 100 多辆的坦克。反之,到了 9 月 16 日那一天,第五军团在岸上的兵力已经相当于 7 个较大型的师,而坦克则为 200 辆左右。除了在他们的优势兵力尚未发生效力之前其士气即将崩溃的可能危险以外,盟军当局似乎已经没有什么其他值得烦恼的。而且第八军团现在也已经近在咫尺,所以更增强了此种优势,并进而威胁敌人的侧翼。

那天(15 日)上午,亚历山大来到克拉克司令部视察,他是乘坐一艘驱逐舰从比塞大前来的,并巡视了各个滩头。他使用其特有的圆滑手段,打消了撤退任何滩头的建议。前一天下午,英国战斗舰"战恨"号(Warspite)和"英勇"号(Valiant),率领着 6 艘驱逐舰也从马耳他赶来助战——并于上午 10 时到达,构成一个新的奥援。由于舰上和前进观察员之间的通信联络发生迟误,所以他们一直到 7 个小时之后才开始行动,但是舰炮一经发射之后,其 15 英寸口径舰炮的重型炮弹能够击中深入内陆 12 英里的目标,在精神和物质上都足以产生摧毁的效力。

那天上午,又有一批战地记者从第八军团方面赶来。他们感觉到第八军团的前进实在是太慢,而且也没有那样慎重的必要,所以他们在前一天决定单独前进,分别乘坐两辆吉普车,利用偏僻小路以避免通过主要道路上已被破坏的桥梁,这样在"敌方"地区中走了 50 英里并未遇到任何德国人。又过了 27 个小时,第八军团的先头搜索部队才和第五军团取得联系。

9 月 16 日的上午,德军再度从英军地区开始发动反击,一支部队从北指向萨勒诺,另一支部队则指向巴蒂帕里亚。这些攻击都被盟军的炮兵、海军和坦克的协同火力所击退。这一次的失败再加上第八军团的到来,遂使凯塞林认为把盟军赶下海去的可能性已经不再存在。所以,在那一天黄昏,他命令"摆脱海岸战线",并逐渐向北撤退。第一步是撤退到那不勒斯以北 20 英里的沃尔吐诺河之线——他并且规定这一条防线应守到 10 月中旬为止。

由于在击退德军的反击时,海军的炮火提供极大的贡献——虽然是在大型军舰尚未到达之前即已如此——但使德国人感到安慰的,却是在那天下午,

英国战斗舰"战恨"号被新型的 FX 1400 无线电导引滑翔炸弹直接命中，而丧失了行动能力。当德国前同盟意大利的主力舰队于 9 月 9 日从斯培西亚驶出，准备前往加入盟军的海军时，他们也使用同样的新武器作了一次送别的打击——击沉了意大利的旗舰"罗马"号（Roma）。

从分析上看来，一旦当德军想把盟军赶下海去的努力失败之后，其从萨勒诺的撤退也就势所必然。因为凯塞林虽然已经尽量利用他所谓的"蒙哥马利非常谨慎地前进"所容许的一切机会，但很明显的，当英国第八军团已经从狭窄的卡拉布里亚半岛钻出到达现场，并且已能从内陆前进迂回其阵地时，他也就不可能再孤悬在这一条西海岸之线上了。他的兵力太少，无法掩护如此日益加宽的正面。但是此种威胁的发展又还是不够快，所以并不能妨碍或加速德军的撤退。因为直到 9 月 20 日下午，第八军团才有一支加拿大的先头部队进入波坦察（Potenza）——那是意大利"脚踝"部分主要的道路中心，从萨勒诺湾向内地深入约 50 英里。在前一天下午，有 100 名德国伞兵匆匆赶到波坦察设防，他们使加拿大部队停顿了一夜。第二天为了克服他们的抵抗，加拿大部队用一旅兵力发动攻击——即差不多超过德军 30 倍的实力，这证明在混乱情况中，有技巧的防御是具有如何巨大的迟滞能力。这个攻击固然迫使德军那小型的支队撤退，并俘虏了 16 名德国兵，但在对该镇发动攻击前的空中攻击中，却冤枉杀死了将近 2000 名的意大利平民。在尔后的一个星期内，加拿大的搜索部队很谨慎地推进到梅尔菲（Melfi），只向北前进了 40 英里，并且也只与敌军后卫有极短暂的接触。此时第八军团的主力则早已停滞不前，因为其补给已经感到缺乏，而其补给线又正向意大利东南角的塔兰托和布林的西两个港口移动。

在意大利"脚跟"部分的登陆，不曾遭遇任何抵抗。在 6 月间，当联合参谋首长会议已经命令艾森豪威尔准备拟定在西西里被攻占后的计划时，塔兰托本是列为优先考虑的目标之一。但它却被剔除了，主要是因为它不合乎艾森豪威尔手下那些幕僚人员所杜撰的基本原则：即在战斗机掩护极限外绝不可企图作有抵抗的登陆。喷火式战斗机的作战半径为 180 英里，若以西西里东北部的机场为基地，塔兰托和那不勒斯都恰好位于这个半径之外，而萨勒诺却刚刚在其半径之内。仅当 9 月 3 日同盟国已与意大利签订休战条约之后，塔兰托的计划才又旧调重弹。于是才被加在整个侵入作战计划之内作为一种临时的辅助行动——其代号为"击板作战"（Operation Slapstick）。采取这个行动的理由系根据情报，德国在意大利"脚跟"地区只驻有极少量的部队，以后才又认清了,即令能够占领和利用那不勒斯港,也还是不足以同时支持在亚平宁山脉(Apennines)东西两侧的前进。

坎宁安上将曾经主动建议采取此项行动,他告诉艾森豪威尔说,假使为了这个目的能够筹出必要的兵力,则他愿意负责提供载运他们的船只。那时候,在突尼斯能够动用的兵力就只有英国第一空降师,因为缺乏足够的运输机来执行空降作战,所以就决定使用该师来执行这个助攻计划。这些部队匆匆地装上5艘巡洋舰和1艘布雷艇,在9月8日黄昏从比塞大发航驶往塔兰托。次日下午,当这支舰队接近塔兰托时,它遇到以塔兰托为基地的意大利海军支队,该支队正在驶往马耳他向盟军投降的途中。在天黑时舰队进入港口,发现大部分的设施都完整无恙。两天之后又连续占领布林的西(意大利国王和总理巴多格里奥元帅均已由罗马逃至此地)和60英里以外的巴里(Bari)——那是在意大利"脚踝"的背面上,所以在这个地区中已经获得三个大港,足够支持在东海岸方面的任何前进。而在西海岸方面却还是一事无成——同时这也是至为明显的,由于从萨勒诺的进攻,迟迟未能到达那不勒斯,所以也就给德国人以充分的时间,在放弃该港之前先加以彻底的破坏。

由于事先缺乏远见,事后又未能作适当的补救努力,所以尽管在东海岸上有这样奇异的机会出现,而盟军当局却还是失之交臂。"击板"这个代号似乎是未免太适当。因为最初所考虑到的目标就是占领港口,所以当第一空降师出发时,除了几辆吉普车以外,并未携带任何其他的运输车辆。这样的情况一直维持到9月14日为止。在这5天之内,少数乘坐吉普车和征集来的车辆的搜索部队,曾经一直向北推进到巴里,都不曾在这个广大的海岸地带内发现任何敌踪。因为在这个地区中本来就只有一个已经残破的德国第一空降师,它的一部分已经奉命开入萨勒诺地区增援,而其余的部分则奉命撤到塔兰托以北120英里处的福贾,以掩护凯塞林的东面纵深翼侧。但甚至于当运输工具已经运到足以恢复英国部队的机动时,他们也还是被扣留在那里不准自由行动,以便等待对东海岸方面作大规模前进所作的计划和准备,可以一板一眼地慢慢地进行。坚持这种小心翼翼的老毛病,在这个时候可以说是极为不幸,因为它把一切最好的机会都错过了。此时德国第一伞兵师的位置已经太退后,不能作有效的反击,而其全部战斗实力也只有1300人;反之,英国人已有的兵力比他们大4倍,而且还有更多的援兵正在增援的途中。但这一切都是空话,因为上述的老毛病还是改不掉。

这一方面的作战指导,是由第五军的军长阿弗里将军(General Allfrey)负责——去年12月间对突尼斯那次太谨慎和流产的前进就是由他指挥的——他现有的任务经亚历山大确定如下："在意大利脚跟上确保一个基地，以掩护塔兰托和布林的西两个港口，如果可能，则巴里亦应包括在内，并同时注意对尔后前进的准备。"9月13日，第五军又归入第八军团的指挥系统之内，于是任何超越此种限度的提早攻击也就更无可能，因为蒙哥马利更是一生谨慎，在尚未集中充分的资源前是绝不肯冒险前进的。

9月22日，第七十八师开始在巴里下船上岸，接着第八印度师也在布林的西登陆，而登普西的第十三军也正开始向东海岸方面转移。但直到9月27日，才有一支小型的机动部队，奉命从巴里前进去搜索敌情。他们轻松地占领了福贾——因为德军知道英军来到时就立即自动撤退——所以那个非常有价值的机场遂未发一弹即被占领。甚至于到了这时，蒙哥马利还是坚持其原有的命令，在10月1日以前不准任何主力部队前进。而等到他开始前进时，所用的兵力又只限于第十三军的2个师，而把第五军的3个师都留在后方，以求确保一个"稳固的基地"，并保护其对内陆方面的侧翼。

德国第一伞兵师现在所据守的是一条沿着比费尔诺河(Biferno River)的防线，并且也掩护着在特尔莫利(Termoli)的一个小型港口——以其单薄的兵力而言，实在是一个非常宽广的正面。蒙哥马利对于此一线的攻击颇有良好的计划，他使用一支海运部队去进袭敌军后方。10月3日的清晨，一个特勤旅(Special Service Brigade)在特尔莫利的北面登陆，利用黑夜的奇袭，在大雨中迅速地攻占港口和市镇，并与正面攻击部队在河岸上所建立的桥头阵地连成一线。在此后两天之内，又有属于第七十八师的两个步兵旅，陆续从巴列塔(Barletta)以海运送达特尔莫利，以增强桥头阵地并支持继续的前进。但德国军团司令菲廷霍夫，利用英国人行动迟缓的机会，早已在10月2日从西海岸沃尔吐诺河防线上抽出第十六装甲师，以增援单薄的伞兵防线。这支部队迅速地越过意大利的中央山脉，于10月5日清晨到达特尔莫利附近，并立即发动攻击，把英军赶到该镇的边缘上，并几乎切断其向南面的交通线。但当第七十八师把它从海上运来的援兵投入战斗，再加上英国和加拿大坦克的强大增援之后，德军又终于被击退。

德军于是摆脱战斗，撤退到掩护次一道河川线的阵地上，那就是北面12英里外的特里尼约河(Trigno)。德军这一次的猛烈反击，对蒙哥马利产生了极深刻的印象，使他暂停了两个星期的时间，来重新部署兵力和集中补给，然后才敢进攻特里尼约防线。

此时,克拉克的第五军团也慢慢地从萨勒诺沿着西海岸向北推进,并试图促使菲廷霍夫的德国第十军团加速撤退。第一阶段颇为胶着,因为德军的右翼顽强的据守着萨勒诺以北的丘陵地带,以掩护其左翼的撤退,后者则正在从巴蒂帕里亚和佩斯通附近的南端海岸作车轮式的回转。在此种撤退开始后约一星期,英国第十军才在 9 月 23 日发动攻击,想要打通从萨勒诺到那不勒斯的道路。在这次攻击中,第十军不仅使用了第四十六师和第五十六师,而且还有第七装甲师,再加上一个额外的装甲旅。至于德军据守那些隘道的兵力则不过三四个营而已。一直到 9 月 26 日,英军还是没有什么进展,后来才发现德军已于前一夜安全地撤走了——他们已经完成争取时间以掩护其南翼友军撤退的任务。自此以后,盟军的前进就只有被炸毁的桥梁构成主要的障碍。9 月 28 日,第十军进入诺切拉(Nocera)附近的平原,但直到 10 月 1 日,其先头部队才进入那不勒斯城,其间的距离不过 20 英里而已。

此时美国第六军沿着一路为爆破所阻塞的内陆道路缓慢前进,亦已到达和第十军平行的位置——它平均一天只前进 3 英里——并于 10 月 2 日进入本尼凡托(Benevento)。这个军现在已由一位新的军长卢卡斯少将(Major-General John P.Lucas),接替了道利的职务。

第五军团自从登陆之日算起,一共花了 3 个星期的时间才到达其原定目标——那不勒斯城。其付出的代价为约1.2万人的损失——其中英军约 7000 人,美军约 5000 人。这也是盟军当局所应接受的惩罚,因为他们基于萨勒诺地区刚好在空军掩护极限内的理由,遂完全牺牲奇袭,而选择此一太明显的攻击路线和登陆地点。

德军早已撤退到沃尔吐诺河防线,但第五军团却又过了一个星期才开始向它前进。由于雨季比往常提早了一个月,在 10 月初旬即已来到,泥泞的道路和浸湿的地面,对于盟军的前进也就构成最大的阻碍。沃尔吐诺防线现在是由 3 个师的德军据守着,第五军团于 10 月 12 日夜间开始向它发动攻击,这又比原来的计划行动迟了 3 夜。美国第六军在卡普亚(Capua)以上的地方,获得一处桥头阵地,但由于英国第十军的右翼尝试在卡普亚(在从那不勒斯到罗马的主要道路上)渡河时受到挫败,遂使美国人也未能继续扩大其战果。其他两师英军虽然在靠近海岸的地段分别作小规模的渡河,但都为德军迅速的反击所击退。所以德军能够达成凯塞林所赋予他们的任务,即坚守此线到 10 月 16 日为止,然后再撤退到 15 英里以北的次一道防线上——后者为一条在匆忙中设置起来的防线,从加里利亚诺(Garigliano)河口附近开始,通过一片险

恶的丘陵,沿着第六号公路和通过米纳诺(Mignano)隘道,以达加里利亚诺河的上游和其支流——拉皮多河(Rapido)和利里河(Liri)——的河谷。凯塞林希望利用这一条外围防线来争取时间,好让他完成一道坚强的防线供长期防御之用。这一条稍为退后的主阵地称之为"古斯塔夫防线"(Gustav Line)或"冬季防线"(Winter Line)——那是一条有精密设计的防线,沿着加里利亚诺河和拉皮多河,而以卡西诺(Cassino)隘道为其枢轴。

恶劣的天气和炸毁的桥梁使第五军团对德国外围防线的攻击又再延迟了3个星期,直到11月5日才发动。到那时德军的抵抗已经显得如此顽强,以至于虽然经过10天的苦斗,除了沿海岸的侧翼方面以外,几乎是毫无进展可言。克拉克只好调回他的疲惫部队,准备加以重组之后,再来发动一次更强大的攻势。这样又拖到12月初才完成一切准备。到11月中旬为止,第五军团的损失已经增到2.2万人——其中约有1.2万人为美国人。

在这样长久的拖延战中,希特勒的看法也就发生非常重大的改变。由于盟军从萨勒诺和巴里的前进都非常地缓慢,于是使他受到鼓励,而感觉到也许已没有从意大利北部撤回部队的必要。于是在10月4日他下了一道命令,认为"加埃塔到奥尔托纳(Ortona)之线必须坚守"——并从在意大利北部的隆美尔"B"集团军中抽出3个师给凯塞林,以帮助他尽可能守住罗马以南的地区,时间愈长愈好。希特勒已经逐渐偏向凯塞林所主张的长久据守的观念,不过一直到11月21日,他才确定采取这种路线,并开始把在意大利境内的全部德国军队都交给凯塞林指挥。隆美尔的集团军被解散,所剩下的部队现在都移交给凯塞林使用。尽管如此,但对于凯塞林的帮助实际上却并不太大,因为凯塞林还是要在北部留下一部分兵力,以控制和保护那样广大的地区,而且4个最好的师,其中3个都是装甲师,又已被送往苏联方面,代替他们的却是3个已经残破而需要整补的师。

第九十装甲步兵师的到达虽然是一个较小的增援,但却比较有价值。当意大利休战时,这个师还驻在撒丁,但接着就越过狭窄的博尼法乔(Bonifacio)海峡,撤退到科西嘉岛。然后再利用空运和海运撤到意大利大陆上的里窝那(Leghorn)港。那是化整为零以躲避同盟国海空军的拦截,所以一共花了两个星期的时间——不过这种拦截的努力还是很轻微。一直又过了6个星期,这个师才拨交给凯塞林指挥,凯塞林立即将其南调,用来帮助阻止第八军团在东海岸方面拖了许久才再度发动的攻势。

在希特勒决定把意大利境内所有的德军都交给凯塞林指挥之后,就定名为"C"集团军。此时蒙哥马利已经开始对沿着桑格罗河（Sangro）的德军阵地发动一个试探性的攻击——这个阵地是掩护奥尔托纳以及古斯塔夫防线在亚得里亚海方面的延长段。

自从 10 月初在越过比费尔诺河时受到顽强的抵抗以后，蒙哥马利即已经把第五军调到沿海的地段，而第十三军则移向多山的内陆方面，在那一方面德军的后卫曾一再地阻止加拿大部队的前进。经过这次重组之后，第五军就进向特里尼约河上（距离比费尔诺河不过 12 英里），并于 10 月 22 日的夜间攻占了一个小型的桥头阵地。在 27 日又作一次较大规模的夜间攻击将战果扩大。但却受到泥泞和火力的联合阻力，所以直到 11 月 3 日的夜间才终于突入敌军的主阵地。德军乃再行撤退至北面 17 英里外的桑格罗河之线。

接着又停顿了很长的时间，蒙哥马利一方面准备攻势，另一方面把新的新西兰第二师又调上前线，加上这一支强大的援军之后，其在桑格罗攻势中的兵力已增到 5 个步兵师和 2 个装甲旅。此时面对着第八军团的德国第七十六装甲军已经接收了第六十五步兵师，用来接替第十六装甲师防守沿海岸地段，而后者则正要被调往苏联方面。除此以外，它就只有第一伞兵师的残部和第二十六装甲师的一个战斗群，那是在盟军第五军团的压力减轻之后，才又陆续地再调回到东海岸方面来的。

蒙哥马利在桑格罗攻势中的目的，是想首先击破德国人冬季防线，然后再前进 20 英里到佩斯卡拉（Pescara），切断由东到西从那里通往罗马的公路，并威胁正在与第五军团相持的德军后背。亚历山大则仍希望依照 2 个月前他在 9 月 21 日所颁发的训令行事，其中曾把盟军所应达到的目标分为 4 个阶段——（1）巩固萨勒诺到巴里之线；（2）攻占那不勒斯港和福贾机场；（3）攻占罗马和其机场，以及在特尔尼（Terni）的重要公路和铁路中心；（4）攻占罗马以北 150 英里的里窝那港和佛罗伦萨（Florence）及阿雷佐（Arezzo）两个交通中心。11 月 8 日，亚历山大颁发一道新的训令，再度说明罗马的迅速攻占实为全部作战的关键，而艾森豪威尔也曾给予类似的指示。

蒙哥马利的攻势计划在 11 月 20 日发动，但由于天气转劣与河水暴涨，迫使他把最初的突击缩小成为一种有限的努力。经过几天的战斗，才获得一个宽约 6 英里和深仅 1 英里的桥头阵地。又经过很大的困难才勉强把这个阵地维持住，直到 28 日夜间大规模攻击发动时为止——比预定的时间已经迟了一个星期。但蒙哥马利对于这次攻势的胜利似乎还是深具信心，当他在 25 日亲自向其部队训话时，曾经这样宣布说："现在是把德国人赶到罗马以北去的时候了……事实上,德国的一切情况正如我们所预料,我们现在可以痛击他们。"
但当他走出他的指挥车撑着一把伞站在豪雨中向部队训话时,似乎即已暗示
不祥之兆。

　　攻击的发动很顺利,在巨大空军和炮兵火力掩护之下,盟军在数量上也享
有5比1的优势。敌方的第六十五师——一个由不同国籍人员混合编成的新
部队,而且装备也很恶劣——在这样的压力之下遂自动撤退,于是到11月30
日,在桑格罗河对岸分水岭的德军即被肃清。但德军却退而不溃,又重新集结
兵力据守其主阵地线。由于蒙哥马利一再强调"稳固基地"的建立,所以也使
德军所感受的压力逐渐减轻。尤其是在12月2日和3日,英军对于内陆侧面
上的奥尔索格纳(Orsogna)更是坐失良机。于是也就使凯塞林有时间调集第
二十六装甲师的剩余部分和从北面来的第九十装甲步兵师去增援东海岸方
面。因此英军的前进遂日益困难,真是"过了一道河又过一道河"。直到12月
10日,第八军团才渡过莫罗河,那距离桑格罗河不过8英里,而又到12月28
日才肃清奥尔托纳镇,该镇距莫罗河岸也只有2英里远。然后就在里西奥河
(Riccio)上被阻,那是到佩斯卡拉、佩斯卡拉河和通往罗马的横贯公路全程的
一半。这也就是1943年年底僵持局面的顶点。此时蒙哥马利已经把第八军
团的指挥权移交给利斯(Oliver Leese),而他本人则调回英国接管第二十一集
团军,并准备诺曼底的渡海攻击战。

　　此时,克拉克在亚平宁山脉以西,于12月2日再度发动新的攻势。此时,
第五军团的兵力已经增到相当于10个师的标准,不过其中的美国第八十二空
降师和第七装甲师,正在向英国撤回,以便参加越过海峡的攻击。凯塞林的兵
力也已经增加,现已有3个师据守亚平宁山脉以西的战线,另有1个师充任预
备队。

　　在第五军团新攻势的第一阶段,其目标为耸立在第六号公路以西的山地
和米纳诺隘道。英军第十军和新来到的美国第二军——军长为凯斯少将
(Major-General Geoffrey Keyes)——被用来执行此次攻击任务,支援的火炮在
900门以上,在头两天内向德军阵地一共发射了4000吨以上的炮弹。12月
3日英军几乎已经到达3000英尺高的卡米诺峰(Monte Camino),但却被德军
的反击所逐退,直到12月6日才再度确实占领该峰。这样也就使他们进达加
里利亚诺河之线。此时在右翼方面的美军已经攻占拉迪芬萨山(Monte La
Difensa)和马乔列山(Monte Maggiore),这些都是较低的山峰,但比较接近通过
隘道的公路。在12月7日开始的第二阶段中,美国第二军和英国第六军同时

以较宽广的正面向拉皮多河进攻,希望从两侧作深入的突击,以肃清在第六号公路以东山地中的敌军。但他们所遇到的抵抗却日益增强,在以后的几个星期之内。虽然曾连续不断地努力,但所获得的不过是全程几英里中的"寸进"(inching)而已。到1月的第二个星期,这个攻势遂渐成尾声,但仍然还是没有到达拉皮多河与"古斯塔夫防线"的前缘。第五军团的战斗损失已经增到接近4万人之数——这个总数远超过敌方损失的数字。此外在这两个月冬季的山地苦战中,专就美军而言,其病患的损失更高达5万人之多。

对意大利攻击战的经过实在是非常令人感到失望。在4个月当中,盟军以萨勒诺为发起点,一共只前进了70英里——大部分是最初几个星期的成就——但距离罗马还差80英里。亚历山大把这种情形描述为"步履艰难地走向意大利"。但在那年秋天,一般人所常用的形容词却是"寸进",这个名词那也就是一寸又一寸地向前移动。因为这个国家的地理形状很像一条腿,所以"蚕食"也许是一种更适当的形容。

即令把地形和气候的困难都计划在内,这个战役仍然应该可以进展得较快。从对战役的检讨中可以明白地显示出来,盟军曾经多次错过迅速进展的有利机会。盟军指挥官在尚未前进之前花费太多的时间去集结充足的兵力和补给,每进一步又要停下来"巩固"其所得的地步,在"稳固的基地"尚未建立之前,又决不敢再继续推进。一次又一次,都因为他们害怕获得"太少"(too little)而结果终于变得"太迟"(too late)。

在评论这次战役时,凯塞林曾经非常有意义地指出:

> "盟军的计划彻底表现出其高级指挥部的基本思想就是希望有必胜的把握,这种思想也就导致它使用正统的方法和物资。其结果是尽管侦察工具既不适当,而情报又极感缺乏,但我几乎仍然能够准确的预知对方次一步的战略或战术的行动——所以也就能够在我所有的资源限度内来寻求适当的对策。"

但对于盟军来说,最大的错误是他们根本就不应该选择萨勒诺和意大利的"趾头"作为登陆的地点——这种选择是以他们的谨慎习惯为基础,所以也就太容易被对方猜中。凯塞林和他的参谋长韦斯特法尔——是那种太明显决定的获益人——都认为由于盟军希望能对空中攻击确保战术性的安全,所以结果也就付出了严重的战略代价——实际上,当时德国空军在意大利南部的实力非常地薄弱,所以这实在是一种过虑。同时他们又感觉到,盟军总是把攻击的范围局限在经常有空中掩护的极限内,这种习惯真是防御者的救星,因为它使复杂的防御问题变得大为简化。

关于盟军所应采取的路线,韦斯特法尔曾发表下述的意见:

> "假使用在萨勒诺登陆的兵力能够改用在契维塔韦基亚(Civitavec-chia)——在罗马以北 30 英里——则结果将大不相同,而远具有决定性……在罗马只有 2 个师的德军,而且……没有其他的兵力可以迅速抽调供防御之用。若能更进一步与在罗马地区所驻扎的 5 个意大利师取得联系,则一个联合性的海空登陆应在 72 小时内攻占意大利的首都。这样的胜利除了能产生重大的政治影响外,又还可以在一击之下切断正在卡拉布里亚后撤的 5 个德国师的补给线……那也就会使在罗马——佩斯卡拉之线以南的整个意大利都落入盟军的手里。"

韦斯特法尔同时又认为,让蒙哥马利第八军团在意大利"趾头"上登陆也是一大错误,从那里必须经过"脚部"的全长,而耽误了在意大利暴露的"脚跟"和沿着整个亚得里亚海岸线的较大机会。他说:

> "英国第八军的全部实力应该在塔兰托地区登陆,德军在那里只有 1 个伞兵师(并且仅有 3 个连的师炮兵)。若能在佩斯卡拉——安科纳(Ancona)地区登陆,那当然更好……因为我们缺乏可用的兵力,所以将无法从罗马地区去对此一登陆作任何抵抗。而且这时从意大利北部波河平原也无兵可调。"

同样的,假使盟军的主力——第五军团不在萨勒诺而改在塔兰托登陆,则凯塞林的兵力也不可能迅速地从西海岸调到东南海岸方面去加以拦截。

总而言之,自始至终盟军对于他们自己的最大本钱——两栖能力,也不曾好好地加以利用——而这种疏忽也就变成他们的最大障碍。凯塞林和韦斯特法尔的证词,也可以反证丘吉尔所作的结论是正确的。他曾在 12 月 19 日从迦太基(Carthage)发了一份电报给英国的参谋首脑。其中有说:

"意大利方面整个战役的迟滞，简直是可耻……完全忽视了在亚得里亚海方面采取两栖行动，以及在西海岸也未能作任何类似的攻击，实在是大错而特错。"

"3个月来留在地中海的所有登陆艇，都不曾作最轻微的使用（为了突击的目的）……对于如此有价值的力量竟然如此完全浪费掉，在这个战争中是很难找到同样的例子。"

不过他还是不曾认清，盟军方面错误的根源乃在于战争准则（Doctrine of War）——也就是采取了银行家谨慎的原则："无担保就不得借支"（no advance without security）。

第二十八章 德国在苏联的退潮

1943 年年初,德国在高加索的军队似乎将要遭遇到和在斯大林格勒的军队一样的命运。它们陷入重围的程度要比后者更深。但是当斯大林格勒已经被围困之后,他们却被留置在高加索达 1 个月以上,而天气日益寒冷,危险也日益增大。所以对于组成"A"集团军的第一装甲军团和第十七军团而言,其前途实在是异常的黑暗——克莱斯特将军已经接替李斯特元帅担任集团军总司令。

在 1 月的第一个星期内,由于受到多方包围的威胁,"A"集团军的情况已经显得险象环生。最直接感受威胁的是它的头部已经陷入高加索山脉之中。红军首先在莫兹多克(Mozdok)附近先打一记在它的左颊上,接着又在纳尔奇克(Nalchik)附近再打一记在它的右颊上,并且收复了这些地方。比较更危险的是,红军又同时越过在其左翼后方 200 英里以外的卡尔梅克大草原(Kalmuk Steppes)前进,以打击在该集团军与"顿河"集团军之间的交点上。在攻占厄利斯塔(Elista)之后,红军越过马内奇湖(Lake Manych)的下端,直趋阿尔马维尔(Armavir)——克莱斯特集团军与罗斯托夫之间的交通线即经过该地。最危险的还是红军又从斯大林格勒的方向,突然向南冲到顿河之线,直趋罗斯托夫城。红军的一支矛头距离该"瓶颈"已在 50 英里之内。

当克莱斯特获悉这个惊人的消息的同一天,他也接到希特勒发来的严令,告诉他无论在何种情况之下都不得撤退。在那个时候,他的第一装甲军团在罗斯托夫的东面,其间相距差不多有 400 英里。次日,他又接到一道新的命令——要他连同所有一切的装备迅速撤出高加索地区。要达到这个要求,不仅要克服距离的障碍,而且还要和时间赛跑。

为了保留罗斯托夫的道路供第一装甲军团专用,所以第十七军团奉命向西沿着库班河撤回塔曼(Taman)半岛,必要时可以从那里越过刻赤海峡退入克里米亚。这一步撤退不能算长,而最近在土阿普谢(Tuapse)附近沿海地带

库尔斯克突角

▷▷▷ 德军进攻　　◀━ 红军进攻

芬兰湾

拉多加湖

列宁格勒　　列宁格勒战线

施吕尔塞堡

沃尔霍夫战线

卢加

楚德湖

普斯科夫　伊尔门湖

爱沙尼亚

拉脱维亚

西北战线

杰姆扬斯克

北路集团军群

奥波奇卡

大卢基
1942年底

加里宁战线

别累伊

加里宁

1943年3月
德军放弃的地区

莫斯科

尔热夫

维帖布斯克

布列津纳河

斯摩棱斯克

维亚兹马

西方战线

奥尔沙

罗斯拉夫耳

基洛夫

卡卢加

明斯克

莫吉廖夫

图拉

罗加切夫

布良斯克

奥廖尔

布良斯克战线

日洛宾

普里皮亚特河

中路集团军群

切尔尼哥夫

库尔斯克

沃罗涅什

沃罗涅什战线

莫齐尔

科罗斯田

苏密

第2集团军

匈

1943年1月31日
德第6集团军投降

日托米尔

基辅

别尔哥罗德

南路集团军群

哈尔科夫

顿河

法斯托夫

别尔季切夫

波尔塔瓦

伊祖姆

西南战线

布格河下游

克列缅楚格

洛佐瓦亚

顿涅茨河

米列罗沃

斯大林格勒

伏尔加河

第聂伯彼得罗夫斯克

巴甫洛格勒

卡缅斯克

彼尔沃迈斯克

红军城

斯大林诺

顿河集团军群

南面战线

克里沃伊罗格

扎波罗热

罗斯托夫

马内奇河

马内奇湖

卡尔梅克

赫尔松

塔甘罗格

美利托波尔

诺加伊斯克草原

萨利斯克

草原

厄利斯塔

敖德萨

黑海

克里木半岛

亚速海

刻赤

塞瓦斯托波尔

塔曼半岛

诺沃罗西斯克

克拉斯诺达尔

A集团军群

库马河

阿尔马维尔

布迪诺夫斯克

莫兹多克

纳尔奇克

土阿普谢

第17集团军

皮亚季哥尔斯克

第1装甲军

高
加
索
山

高加索到基辅战线

━━━ 1942年12月底前线
━ ━ 1943年7月12日前线
•••• 1943年12月底前线

外高加索战线

布良斯克战线
（波波夫）
7月12日

布良斯克

奥廖尔
8月5日

8月18日

7月5—10日
德军进攻

中部集团军群
（克鲁格）

7月5日

中央战线
（罗科索夫斯基）

库尔斯克

南部集团军群
（曼施泰因）

沃罗涅什战线
（瓦杜丁）

7月5—15日
德军进攻

8月4日

草原战线
（科涅夫）

别尔哥罗德

8月14日

8月23日

哈尔科夫

西南战线
（马林诺夫斯基）

波尔塔瓦

英里　0　　　　　　60

英里　0　　　　　　200
公里　0　　　　　300

· 按原图译制 ·

中尚在围困中的苏联部队也不够强大，不足以对撤退中的第十七军团构成危险的压力。

两相对比，第一装甲军团的撤退却是充满了危险，包括直接的和间接的在内。最危险的阶段是从 1 月 15 日到 2 月 1 日，过了此时该军团的主力即已到达罗斯托夫。即令如此，其继续撤退的路线虽然已经不那么受到限制，但在 200 英里的全程上仍然到处都受到红军的威胁。

1 月 10 日，在德军拒绝最后的招降之后，罗科索夫斯基将军（General Rokossovsky）即开始对围困在克莱斯特的德军发动一个向心的攻击。保卢斯的部队在饥寒交迫、弹尽援绝的状况下，根本已无能力作强烈的或长期的抵抗。要它们突围而出则更无可能。所以红军可以抽出一部分围攻的兵力前往南面增援，俾切断德军在高加索的部队。而且包围圈愈缩小，则所能抽出的兵力也就愈多。

当斯大林格勒开始上演最后一幕时，克莱斯特的兵力已经从插入高加索的刀尖上撤回，正停留在库马河（Kuma River）上，位于皮亚季哥尔斯克（Pyatigorsk）和布迪诺夫斯克（Budenovsk）之间。10 天之后，红军从厄利斯塔向南攻击，到达在库马河之线后方 100 余英里外的某一点。但到此时，克莱斯特的纵队已经退到阿尔马维尔附近，已经通过最危险之点。

尽管如此，由于较强大的红军兵力已从顿河的两岸直趋罗斯托夫，所以在遥远的后方正发生严重的危机。在东面的红军现在已经接近马内奇河和萨利斯克（Salsk）的铁路交点。在西面它们已经进至顿涅茨河上，距离该河与顿河之交汇点没有多远。克莱斯特的后卫距罗斯托夫的距离仍然要比红军远了 3 倍。而且，曼施泰因的部队已经疲惫不堪，为了要想掩护克莱斯特撤退走廊的侧面，已经受到严重的压力，几乎随时都有崩溃的危险。

但是撤退的德军终于赢得这个竞赛，勉强地从陷阱中逃出。10 天之后，克莱斯特的后卫已经接近罗斯托夫，而红军的拦截却完全落空。对于德国人而言可以说是很侥幸，大雪遍地使红军的行为能力受到限制，所以当它们离开铁路线终点之后，也就不能够迅速集中强大的兵力来封锁陷阱。不过这次德军逃脱的机会也还是间不容发。曼施泰因的部队在那种暴露的位置上撑持得太久，以至于几乎断送它们自己撤退的机会——结果克莱斯特部队中的某几个师，又只好反转身来去救助它们脱险。

正当在斯大林格勒的部队崩溃之际，从高加索撤回的部队却已安全地在罗斯托夫渡过顿河。保卢斯和其部队的大部分则在 1 月 31 日投降。其最后的残部也在 2 月 2 日投降。自从 3 个星期以前开始攻击以来,红军收容的战俘共为 9.2 万人,但德军损失的总数却比这个数字几乎大了 3 倍。在投降者之中有 24 位将官。虽然在东战场上的德军将领随身都带有一小管的毒药,以便当他们一旦落入苏联人手中时可以自杀,但事实上似乎很少有人使用。仅当 1944 年 7 月 20 日谋刺希特勒的阴谋失败之后,德国将领才开始服毒自杀,以免遭落入"盖世太保"(Gestapo)手里的危险。但是"斯大林格勒"本身即为一种微妙的毒药,自此以后所有的德军指挥官的心灵都受到毒害,使他们对最高统帅部的战略丧失信心。精神力的损失比物质更为严重,第六军团和斯大林格勒所遭受到的劫难,对于整个德国陆军所产生的伤害是永远无法恢复的。

希特勒为了安抚起见,曾经宣称第六军团在斯大林格勒的牺牲,已经使最高统帅部获得时间来采取对策,这也正是整个东线命运之所系。这种说法却又不能说它没有理由。假使在被围后的头 7 个星期之内,该军团无论在任何时候投降,则其他的德国部队也就都会因此而遭遇远较巨大的灾难。因为曼施泰因那一点微弱的兵力是不可能阻挡从顿河向罗斯托夫奔来的红军洪流,于是在高加索的军队也就必然地会被切断。假使在斯大林格勒的军团能够成功地突围并向西撤退,则在高加索军队的命运也同样可能会因此而断送。此外,虽然在 1 月的最后两周内其抵抗力已日趋微弱,不再能阻止红军抽调大量兵力南下,但却依然能够牵制红军足够的兵力,否则高加索的德军也许就不能够逃过罗斯托夫"瓶颈"。

即令有这样的帮助,德军从高加索的撤退能够成功也还是非常侥幸。就时间、空间、兵力和天候等条件而论,它应算是一项惊人的成就——克莱斯特因此而晋升元帅。这次作战的技巧和坚忍,诚然是值得表扬,但其最大的意义是证明只要指挥官和部队保有冷静的头脑和坚强的意志,则近代化的防御实蕴藏有异常强大的抵抗力。

在以后的几个星期中,又可以找到更进一步的证明。因为这些撤退中的德军在安全通过罗斯托夫"瓶颈"之后,它们仍然还是要继续应付在它们退路后方正在发展中的许多危险。1 月中旬,瓦杜丁将军的左翼已经再度从顿河中段向南推进,到达罗斯托夫后面的顿涅茨河上。除了使德军在米列罗沃(Millerovo)的兵力崩溃以外,并且在绕过那顽强的障碍物之后,又在卡缅斯克及其东面渡过顿涅茨河。

在此同一星期之内,红军又发动两个新的攻势。一个是在遥远的列宁格勒地区。突破了德军 17 个月来对此一大城的包围,并解除围攻的压力。虽然

还不能铲除德军越过该城后方一直伸到拉多加湖上的突入阵地，但却已切开一个缺口通到湖边的施吕尔塞堡（Schlüsselburg）——而此一战略性的气管切开手术也就树立了一条通风管，使该城的守军和人民可以呼吸得比较自由一些。

另一个新攻势则威胁到德军在南面的呼吸空间。那是在 1 月 12 日由戈利科夫将军（General Golikov）所发动的，从沃罗涅什以下的顿河西段前进，突破了德国第二军团和匈牙利第二军团的战线。在一个星期之内，它已经突入 100 英里——越过从顿河到哈尔科夫间一半的距离。瓦杜丁将军的右翼，则向西对着顿河与顿涅茨河之间的走廊地带发动一个集中的攻击。

1 月的最后一个星期内，红军又再度大举进攻。当德国人的注意力集中在从东北方趋向哈尔科夫的攻击时，红军又从沃罗涅什向西以广正面前进，破坏了该地区德军所作的局部性撤退，而使其变成全面的崩溃。在仅仅 3 天之内，红军已经向库尔斯克前进了大约一半的路程——库尔斯克即为德军发动其夏季攻势的跳板。

在 2 月的第一个星期内，它们把右肩向前推送，越过库尔斯克和奥廖尔之间的铁路和公路，造成很深的楔入。接着又越过库尔斯克和别尔哥罗德之线，造成另外一个很深的楔入。从两侧迂回库尔斯克之后，红军遂于 2 月 7 日突然地跃进并攻占该城。同样的，它们第二次所造成的楔入，在两天之后又使别尔哥罗德城也随之陷落。这个收获又进一步对哈尔科夫的北面构成威胁。

此时，表面上向哈尔科夫的直接进攻已经发展成西南的偏向——趋向亚速海和罗斯托夫的退却线。2 月 5 日瓦杜丁的部队攻克伊祖姆——在春季时德军曾在此发动其具有决定性的侧面攻击——并由此渡过顿涅茨河，对德军构成报复性的新威胁。在越过顿涅茨河以南的铁路线之后，它们又向西发展，并于 11 日攻占洛佐瓦亚（Lozovaya）重要的铁路交点。

这些新收获也就影响到哈尔科夫本身的情况，于是该城终于在 16 日落入戈利科夫的手里。这固然是一个胜利，但对于整个德军情况而言，其较迫切的威胁却还是红军从顿涅茨河继续向南直趋亚速海岸的前进。4 天以前，一支红军的机动部队已经到达从罗斯托夫至第聂伯城之间主要道路上的红军城（Krasnoarmeisk），这样的发展对于刚刚从高加索陷阱中逃出的德军又构成切断退路的威胁。

红军攻势的交替形式和节奏，比之过去要变得更为明显，对于德军的抵抗力与其早已匮竭的资源，其所构成的压力是很容易想见的——它们的预备部队日益减少,而所要掩护的正面却日益加宽。红军现在已经懂得如何利用德军的弱点,这是一个明显的证据表示它们的技术已经有了进步,而且也已经学会如何发挥它们自己的新优势。若对它们一连串攻占许多重要地点的过程加以观察,即可以发现一个城镇的攻占——即令它是跟随在邻近地区的前进之后——都是一种间接行动的后果,此种间接行动是以这个城镇根本无法再守,或其战略价值至少已经减低。从其作战的典型中,就可以明白地发现那一连串的间接威胁。红军的统帅部就好像是一位钢琴家,把他的指头在键盘上作上下移动一样。

　　红军攻势的此种交替节奏,虽然与福煦元帅在 1918 年所使用的颇为相似,但对于此种战略方法的运用,苏联人却比较微妙和迅速。其攻击点每次都比较诡诈,且在整个过程中也夹带着较短的间隔。其准备的行动从不直接指向其企图中所欲威胁的地点,而其完成阶段的行动则经常受到地略的影响——所以具有一种心理上的间接性,因为它们是来自期望最低的方向。

　　但在 2 月的最后两个星期中,战场上却又发生了一种激烈的变化。当红军向下旋转越过顿涅茨河直趋亚速海岸和第聂伯河湾,以图切断南面的德军时,它们的优势已超过顶点,遂开始变为强弩之末。红军在这里的目标太明显,这些目标使红军和德军进向同一地区之内。于是次一阶段即变成一种竞赛,问题的关键就要看红军能否在德军赶到和集中以阻止这个南下的攻击之前,先切断它的退路。

　　对于苏联人而言可以说是很不幸的,此时提早的解冻妨碍了他们的行动,再加上长久的作战使他们早已疲惫不堪。当他们在策划冬季攻势时,他们即已发现计划中的行政方面配合不上战略方面的进展,因为他们所有的运输车辆,对于如此长程的攻击来说,连运送燃料、弹药和粮食最低需要量一半的能力都没有。但是凭着他们所特有的勇气,却仍然决定不改变计划,而宁肯企图从敌方夺取大部分的补给品! 这种政策居然获得成功,因为在每一次突破时,都曾经夺获大量的补给品。但等到敌军的抵抗增强时,所能虏获的数量也就随之减少,于是当红军的前进离开铁路终点愈远时,其运输上的困难也就愈大。所以过分伸展的法则(the law of overstretch) 又开始再度发生作用;而这一次却变得对苏联人不利。在顿河与顿涅茨河之间的走廊地带中只有极少数的铁路线,而且是和他们的西南前进方向成直角。反之,在顿涅茨河以南有相当多的东西向铁路线,足以帮助德军把它们的兵力迅速集中在危险点上。此外,战线的缩短也开始使德军获得利益——比起秋天里的情形已经缩短了 600 余英里。

　　这许多因素的结合遂阻止了红军的前进,并使其留在一种非常不利的阵线上。它们越过顿涅茨河向第聂伯河方向造成一个深入 80 英里的大楔形,但却停止在巴甫洛格勒(Pavlograd),距离第聂伯河尚有 30 英里。从顿涅茨河南下,越过该河与亚速海之间的走廊到达红军城,它们也造成一个深达 70 英里的狭窄楔形。德军集中一切可用的兵力,在曼施泰因指挥之下,迅速地发动一个三钳的反攻。其计划是利用红军突出部的不规则形状,尤其将攻势重点指向其两个尖端。一个左面的攻击从第聂伯河打击在西南的顶点上;一个右面的攻击指向东南面的顶点;一个中央的攻击则对着两者之间的凹入部分,而趋向洛佐瓦亚。两个尖端都被击断,于是德军的装甲矛头深入突出地区的内部。在 2 月的最后一个星期,由于德军从罗斯托夫的西向撤退又带来较多的增援,所以这次反击遂发展成为全面的反攻。到 3 月初,德军又以广正面在伊祖姆附近进至顿涅茨河岸,红军的突出部几乎已经完全被铲除,而大部分的红军也被围困在哈尔科夫以南的地区中。

　　假使德军能迅速渡过顿涅茨河,切断西进中红军的后路,则它们也许即能使红军受到一次与斯大林格勒相当的惨败。但它们的企图却受到挫折,因为已经缺乏足够的重量,不能克服任何坚固的障碍物。经过此次挫折之后,重心遂移向西北,于是在 3 月 15 日,德军又再度把红军逐出哈尔科夫城。4 天以后,德军又向哈尔科夫以北迅速进攻并收复别尔哥罗德。但这也就是德军成功的极限。在以后的一个星期内,它们的反攻遂销蚀在春季解冻后的泥泞中。

　　当德军在南面发动反攻时,它们在北面也就不能不向后撤退。这是一年多以来第一次重要的撤退。在 1941 年到 1942 年之间的冬季作战之后,德军面对着莫斯科的战线,在形状上就像一个握紧的拳头,红军却缠在手腕上——那也就是斯摩棱斯克所在的位置。8 月间红军曾经狠狠地打击在左边的指节上,即尔热夫的中心要塞据点,其目的是想击溃德军的中央战线以分散其注意和兵力,藉以帮助斯大林格勒方面的作战。虽然它们已经从侧面切入,使这个指节留在暴露的位置上,但由于尔热夫据点的顽强抵抗,所以它们的攻击终未得逞。在 11 月间又作新的努力,遂使尔热夫变得像是一个半岛,只有一条狭窄的地岬尚可使联络不断。在 1942 年年底,红军从其本身在德军北面的巨大突出地区的顶点上发动攻击,攻占了大卢基(Velikye Luki)——在从莫斯科到里加的线上,也在尔热夫正面相距 150 英里。结果不仅使尔热夫受到威胁,而且显然连整个拳头也都处于危险的态势之中。

　　一个月后,德军在斯大林格勒的投降,遂间接又使这个危险增强;同时在南面的战线还在继续崩溃之中,也可以显示勉强据守过分伸展的战线,其所付出的代价将是何等重大。在蔡茨勒(Zeitzler)任陆军参谋总长期内,他对希特勒的说服只有这一次算是获得重大的成功。希特勒痛恨任何撤退的观念,尤其是在莫斯科方面更是一步都不准移动,但他终于同意在那个地段内拉直战线,以避免崩溃和抽出预备队来。3月初,正当红军新攻势开始发动时,德军自动撤出尔热夫,而到3月12日,整个拳头也都予以放弃,包括重要交通中心维亚兹马在内。德军撤到掩护斯摩棱斯克一条较直的战线上。位于大卢基与伊尔门湖(Lake Ilmen)之间的杰姆扬斯克(Demyansk)一个小型突出据点也于3月初放弃。(原注:由于英美报纸把这里的战线画成一条直线,而把杰姆扬斯克画在红军战线之内已经有一年多的时间,所以在这里的撤退所具有的意义也就不为西方人所了解。)

　　虽然在北面如此的缩短战线使德军颇有所获,但由于在南面反攻的成功又带来了新的伸展和诱惑,所以也就抵消此种收获而有余。德军将领们本以为希特勒也许会批准作一个长的后退,以便他们可以在红军所达不到的一线上去进行巩固和重组的工作。但这种成功却打消了一切的希望。希特勒这个人对于攻击具有一种直觉性的爱好,他始终相信攻击的赌博仍能使整个局势转败为胜,所以他感觉到这种成功已经替他的前途带来无限的希望。

　　这次反攻的成功也取消了撤离顿涅茨河盆地的迫切需要。希特勒守住他去年在塔甘罗格附近的顿涅茨河以南之线,不仅可以保存工业资源,而且还可以保留向高加索卷土重来的希望。由于最近已在哈尔科夫和伊祖姆之间回到更西面的顿涅茨河岸,所以希特勒认为可以在那里发动一次新的侧面攻击。虽然已经收复别尔哥罗德而又维持着奥廖尔,所以他对红军最近在库尔斯克周围所攻占的地区,实在是很便于发动一种钳形的侧面攻击。一旦把这一块巨大突出地切断之后,在红军战线上也就会产生一个大空洞,只要把他的装甲师从此投入,则任何结果都可能发生。苏联人的实力固然比他原先所估计的强大,但他们的损失也非常惨重。只有那些老将们才会认为他们的资源是用之不尽的。根据其天然的倾向,希特勒的思想遂朝着这条路线走,他似乎认为在库尔斯克的一个突破当能转败为胜,并对其一切的问题提供一个总解决。他又很容易自欺欺人,以为其一切困难都是由于苏联的冬季所致,只要夏天他就有办法。这也就变成他的仲夏夜之梦。

　　虽然希特勒的主要攻势预定在库尔斯克地区中发动,但其夏季计划同时又包括对列宁格勒的攻击,那是曾经两次被搁置——很奇怪的,他的计划中的

一线一点都和1942年的典型非常近似。他现在已经组成一个下辖两个师的伞兵军，准备用在列宁格勒来替地面攻击担负开路的工作。当机会已经日益消失时，希特勒却反而变得比过去更敢于冒险，因为在一年以前，当施图登特将军向他建议对斯大林格勒发动一次空降攻击时，他却犹豫未予采纳。但在突尼斯崩溃之后，这个军遂又被调往法国南部，准备当盟军在撒丁登陆时，好来作一次空降的反击。以后由于库尔斯克攻势的失败，遂完全放弃对列宁格勒的攻击。

对于库尔斯克的计划，将军们的意见也不一致。其中怀疑在东战场上能否获得胜利的人日益增多，而在这一年当中，连一向富有冲劲的克莱斯特也都投入怀疑者的阵营中。但这一次他和攻势却没有直接关系。在冬季作战的重组中，曼施泰因已被指派负责南战线的主要部分。在1943年年初，第一装甲军团已经调入他的那个集团军，而克莱斯特则被留下来专门负责克里米亚和库班桥头的防御。对于库尔斯克突出地区的攻势，则预定由曼施泰因的左翼攻击其南侧面，由克鲁格中央集团军的右翼攻击其北侧面。当这些指挥官们在事前讨论时，都表现出他们对成功的机会颇具信心。通常职业上的机会总孕育这种希望。热衷的军人对于他们所负责任的冒险，也都有发展信心的天然趋势，自然也不愿表示怀疑以免减弱其上级对其能力的信任。

整个军事教育的趋势也有助于对抗怀疑论者。虽然许多将军现在都赞成伦德斯特在一年多以前所提倡的观念，即作一个长距离的退却以摆脱苏联人，但希特勒却禁止采取此种步骤。因为在冬季结束时，德军所站住的战线对于防御而言并不能算是有良好的选择，所以将军们也就自然有一种趋势，希望采取他们在教育中所学到的原则——"攻击为最佳的防御"。利用攻击他们也许可以设法补救态势上的弱点，并破坏敌方重新发动攻势的部署。所以一切的努力都集中于如何能够攻击成功，而不考虑其失败的后果——若把德国新近调集起来的预备队这样的用尽，则将会使任何尔后的防御都为之破产。

尽管德国的资本已经减少，但却有两个因素可以用来加以掩饰：(1)是极端严格的对内保密政策；(2)是对于单位和部队日益增大的缺额。师的个数仍始终维持其旧有的标准，使人不易发现其在数字上的虚实。到1943年的春季，平均每个师的人员和武器都只比编制数字的一半略多一点，但其中有许多师是任其降到比这个标准还要更低的程度，而另外有些师却几乎可以达到足额的标准。在保密政策之下，指挥官们被隔绝在他们的小天地之内，对于一般的情况几乎是一无所知，他们被训练成最好是少管闲事。不过缺额的政策除了伪装的动机之外,又还有其他的原因。

希特勒对于数字不仅是着迷,而且已经是中毒。对于其诡异的心灵而言,数字的意义即为权力。因为师是衡量军事实力的标准单位,所以他认为师的个数是愈多愈好——尽管其在 1940 年的胜利,主要是依赖机械化部队的素质优势才能获得的。那种部队在其整个兵力中所占的比例,不过是一个零头而已。在他入侵苏联之前,他即已坚持采取此种"稀释"的政策以产生最大的师数,其目的是想吓唬苏联人,以后为了使此种冒充的总数不至于缩减,遂不得不再更进一步使之稀释,所以这种稀释的后果即为在军事经济的领域中,产生一种危险的"通货膨胀"现象。

在 1943 年,此种膨胀的程度已足以抵消德军装备方面一切素质上的改进,最显著的例证即为新式虎式和豹式坦克的生产。每当一个师遭受重大损失时,其刀锋部分也就会有缩小的趋势,变得和其他部分简直不成比例——因为主要的损失都是战斗部队。以一个装甲师而论,损失最重的通常都是坦克和坦克的乘员,其次则为步兵部分,而损失最轻的却是行政单位。所以把一个师,尤其是一个装甲师,维持在其足额编制的标准以下,就战斗力而言是完全不合于经济的原则。除非是这种消耗能够立即补充起来,否则一个师就会变得全是不能打仗的行政人员。

因为红军的素质和数量比起 1942 年已有所改进和增强,所以德军的形势也就更为不利。因为从乌拉尔山区新扩建的工厂,以及从西方同盟国中已有大量的装备源源而来,所以红军的表现也就日益进步。至少其坦克已和任何其他国家的一样好——大多数德国军官都认为苏联坦克比德国的还要好。虽然在某些辅助性的装备方面仍然感到缺乏,例如无线电通信器材,但在性能、耐力和兵器等方面却已具有高度的效率标准。苏联的火炮素质是颇为优良的,而且还大规模的发展火箭炮,那是一种具有显著威力的兵器。苏联的步枪也比德国的近代化,并具有较高的射速,至于其他的步兵重兵器也都大致是一样的精良。

红军的主要缺点在摩托化运输车辆方面,现在由于已有大量的美国载重车不断地运来,所以此种迫切需要也开始能够满足。此外,美国罐头食物的大量输入,对于红军的机动性同样也是一种重要的贡献。因为它们替红军解决了不少的补给问题,因为红军的数量是那样庞大,而交通工具又是那样缺乏,所以补给对其实力的发挥是一个最大的阻碍。假使不是苏联部队惯于刻苦耐劳,则问题也许就会更为严重,在远比任何西方陆军较低的补给水准上,他们

还是照样能够生存和战斗。虽然红军永远不曾达到一种平等的机动水准,但以其技术工具而论,其机动性实已超出水准,因为他们可以在要求较低的情况之下作战,其原始性是利害参半的。在其他国家的军人可能要饿死的情况下,苏联军人却仍能继续生存。所以现在由于已经有了较充分的资源,其刀锋部分也就获得较深入的穿透力;而其大量的部队也都可以跟上,因为他们所需要的运输工具和食物是如此地渺小。

同时红军的战术能力也已经获得很大的改进。由于在 1941 年其训练最佳的部队损失颇重,所以在 1942 年红军的战术能力有低落的趋势,但到 1943 年由于战斗经验的累积,使这种弱点大体上都获得改善。以战前的训练而言,新单位也比旧单位能有较佳的基础。此种改进又是从上到下的。原有的将领们都彻底地予以淘汰,取而代之的是一批升迁得很快的青年将领,他们的年龄大部分都不到 40 岁,具有充沛的活力,而且比起他们的前辈则是职业性较重而政治性较轻。此时红军较高级指挥官的平均年龄已经变得比德军大约年轻 20 岁;而此种年龄水准的降低,也就同时带来较高度的效率和活力。从参谋作业和部队的战术能力上,都可以反映出此种较新锐的领导和较成熟的战斗经验二者结合在一起的功效。

若非红军将领们由于害怕或争宠的原因,总是有不顾一切继续进攻的趋势,否则此种改进也许就可以发挥更多的效力。他们经常对着具有坚强抵抗之点作显然不利的攻击。而且在失败之后又还不肯认输,所以他们的部队时常一再地猛撞在坚硬的障碍物上,而付出重大的代价。在官僚制度与军事纪律结合之下,这种无益的攻击本是一种常有的现象,但由于受到苏联情况、俄罗斯传统和苏联资源的影响,其趋势也就自然地更形加强。在这种制度之下,只有地位最稳固的指挥官才敢冒险不做那些明知不可能的事情,反之,他们有的是大量人力可供挥霍无度的浪费。无情的牺牲人命比较容易,而冒险去触怒独夫则比较困难。

一般说来,巨大的空间对于这种猛冲的趋势也可以产生平衡作用,通常总是有运用的余地。而现在,红军高级指挥部对于在敌方绵长的战线上寻找弱点的工作也就要很内行。因为红军现在在数量上享有普遍的优势,所以在任何决定要加以集中攻击的地段中,其高级指挥部都可以有把握造成高于 4 比 1 的数量优势,而一经突破之后,则更有充分发挥此种优势的巨大空间。在北面地区上,由于德军的防御比较严密和坚固,所以红军作无益和浪费的重复正面攻击的机会也就比较多。在南方,红军不仅有他们最好的指挥官和部队,而且也有巨大的空间足以容许他们发挥其技巧。

　　尽管如此,面对着如此巨大的优势,而德军仍能屹立不动却是不争的事实——甚于需再继续两年之久的苦战来给予证明——所以红军要想赶上德军那样的技术优势,似乎还要差一大段距离。此种对于专业优点的认识,在1943年春季曾使双方的观点都受到影响。它鼓励着希特勒,甚至于也包括其军事领袖们在内,希望只要不再犯过去的错误,则德军仍有获胜的可能。反之,它也使红军领袖们对于冬季作战的成功,仍然保持怀疑的态度,因为他们还记得上一个冬季里的成功,曾经受到夏季失败的抵消。现在第一个夏季又要来临,所以他们对前途并不那样具有信心。

　　因为苏联人是这样地感到没有把握,所以在新的战斗尚未展开之前,就先有一段重要的外交插曲。6月间,莫洛托夫曾与里宾特洛甫(Ribbentrop)在基洛夫格勒(Kirovograd)会晤(此时该城还在德军占领之下),双方讨论结束战争的可能性。依照当时以技术顾问身份列席的德国军官们所提供的证据,里宾特洛甫曾提出和平条件之一即为苏联未来的国界应以第聂伯河为限,而莫洛托夫则坚持必须恢复原有的界线。由于双方意见相距颇远,所以谈判遂无结果。接着消息泄漏使西方国家也有所风闻,于是才结束了这次会晤。双方遂又再度兵戎相见。

　　1943年夏季作战的开始,要比前两年迟得多。在冬季作战结束后已经暂时休息了3个月以上的时间。此种长期的延迟,至少部分原因是当德国人欲重整其实力,并集结必需的预备队以发动新攻势,现在已经变得日益困难。同时他们现在也比较希望让苏联人先攻,然后再乘机予以反击。但这种想法却落空了——这不仅是由于希特勒缺乏再继续等待的耐性,而且也因为苏联人这一次也采取类似的钓鱼战略。

　　照德军将领们事后的看法,他们的攻击部队若能早一点完成准备,使这次攻势得以提早6个星期发动,那么也许即能获得伟大的成功。当他们的钳形攻击被陷在一连串纵深的雷阵之中时,他们才发现苏联人早已把主力撤到较远的后方,他们认为这是由于在准备阶段已被敌人获得风声,于是使红军能够事先作成适当的部署,所以才有此一失。这种解释乃忽视了库尔斯克突出部在作为一个目标时所具有的明显性。它对于德军的钳形攻势具有一种明显的吸引力,正好像奥廖尔周围的德军突出地之在于红军方面一样。所以双方对于打击的位置都很少有怀疑的余地,主要的问题不过是谁先动手而已。

　　在苏联方面也正在辩论之中。有人主张苏联人应该先动手攻击,其理由

是在上两个夏季中,红军的防御都曾被德军的攻击所破坏;同时自从斯大林格勒之战以来,红军已经获得多项的攻击胜利,所以将领们也开始对攻击产生信心,而在这个夏季有跃跃欲试之意。在另一方面也有人表示反对的意见。他们指出,在1942年就是由于铁木辛哥在5月发动对哈尔科夫的攻势,结果才会使红军于6月间在哈尔科夫与库尔斯克之间遭遇惨败。

在1943年5月底,英国军事代表团第一次和苏联参谋本部举行会议时,该团的新任团长马特耳中将(Lieutenant General G. Le. Q. Martel)所获得的印象似乎是苏联人主张主动发动攻势的意见略占优势。他曾经很坦白地说,当德军更新后的装甲部队尚未消耗之前,他们若发动攻势实无异于自讨麻烦,假使苏联人要作这样的尝试,则几乎是必然会被击败。

几天之后,当苏联人要求他讲述英国人在北非的战术时,马特耳遂乘机向他们解释:“我们在阿拉曼的成功大部分应归功于下述的事实:我们总是设法让德军的装甲部队在我们的防御上撞毁,或至少使其刀锋被磨钝,当他们已经把兵力和锐气耗得相当厉害时,然后才是我们转守为攻的时候。”在下一次会议时,他感觉到苏联参谋本部已经有接受这种计划的倾向。于是他又乘机再使他们从英国人的经验中去学习另一种教训:当敌方坦克突入之后坚守两侧“腰部”的重要性,并使用一切可以动用的预备队来增强缺口两侧的防御,而不要面对冲破堤防的洪流斗水作坝。(原注:以上所说见马特耳的回忆录——书名为《一个出言无忌的军人》〔*An Outspoken Soldier*〕。)

在追溯任何计划的原始构想时,通常都很难断定它的影响力究竟是些什么因素,即令把所有的档案都拿出来公开研究,也不会有可靠的结果,因为一切文件也都很少记载真正的原始原因。它们并不能表现某些观念在实际计划作为者的心中,是如何的播种和生根。而某些思想的播种者,对于他们的那一颗特殊种子的效力又往往都有估计过高的趋势。至于接受某种观念的人,又往往故意不肯承认,即令其影响是非常巨大,但事后却会加以否认或掩饰。在官方的组织中更是如此,而尤以事关国家荣誉时为然。在同盟国之间,每个国家对于其所接受的援助,不管是有形的(物质)还是无形的(思想),通常都会尽量地宣传说它没有什么价值;而对于其所给予他国的援助,则又会尽量地予以夸张,说它的价值是如何的重大。所以历史对于1943年苏联的计划是如何决定的,也并不能提供任何更确定可靠的结论;不过历史却可以显示出,即令仅只从他们自己的作战中,苏联的战略计划作为者也一样可以获得充分的经验,使其作成必要的结论。

比较更值得重视的,为当他们采取这种攻势防御的方式后,其所获得的结果是如何地具有戏剧化的决定性。

德军的攻击在 7 月 5 日拂晓发动,以库尔斯克突出地区的两侧为目标。该突出地区的正面约近 100 英里宽,其南面的深度约 50 英里,而北面的深度则在 150 英里以上,它与从反方向突出的德军奥廖尔突出地区的侧面相接合。该地区的主要部分都是由罗科索夫斯基的部队所据守,而瓦杜丁的右翼则包括在其南角内。

曼施泰因的南面钳子与克鲁格的北面钳子在实力上是大致相等,但曼施泰因保有较大比例的装甲部队。在这次攻势中一共动用了 18 个装甲步兵师,它们几乎构成全部兵力的一半——几乎也就是东线上所能动用的德国装甲兵力的全部。希特勒在这一场赌局中所下的赌注,实在是很大的。

南面的部队于最初几天内,在某些点上曾经突入约 20 英里——这不能算是一种迅速的突入。因为遭遇纵深的雷阵使得进度很慢,同时也发现敌军的主力已向后方撤退,所以他们的战俘人数是少得可怜。此外,他们所造成的楔形由于缺口两侧"腰部"都受到顽强的抵抗,所以也就很难扩大。克鲁格在北面的突入则更为有限,甚至于不曾突破红军的主要防御阵地。经过一个星期的战斗,装甲师的实力已大形减弱。克鲁格对其侧翼上已有威胁发生的征候深感惊惧,遂开始抽出其装甲师。

同时,在 7 月 12 日,红军也对奥廖尔突出地区的北侧面和鼻部发动攻势,北面的攻势在 3 天内突出了 30 英里,直趋奥廖尔的后方,至于另一支兵力则进展缓慢,但距离该城也已在 15 英里之内。因为克鲁格已经从库尔斯克方面抽回 4 个装甲师,所以才恰好赶上并阻止红军的北翼切断从奥廖尔至布良斯克之间的铁路线。此后红军的攻势遂变成一种硬向前推的行动,完全依赖优势的重量以压迫德军后退。那是一种代价很高的努力,但由罗科索夫斯基所指挥的部队也已经转守为攻,从库尔斯克突出地区向奥廖尔地区的南侧面上进攻,所以也就有了很大的帮助。8 月 5 日德军遂终于被迫退出奥廖尔。自从 1941 年以来,奥廖尔不仅是德军战线上主要的和最坚强的堡垒之一,而且也是惟一留下来足以威胁莫斯科的据点。奥廖尔的战略价值以及其坚强的实力,早已联合起来使其成为一种军事性的象征——所以它的撤出一方面足以打击德军的信心,另一方面又足以鼓舞红军的士气。

此时,当德军从库尔斯克突出地区南面的缺口撤退之后,瓦杜丁的部队即跟踪进至原有的战线。8 月 4 日瓦杜丁对那段已经减弱的德军防线发动攻

势,并于次日攻占别尔哥罗德。他利用敌军已经匮竭的机会,在次一个星期内冲入了 80 英里的深度,转向哈尔科夫的后方,并威胁哈尔科夫与基辅间的交通线。此种镰刀式的打击使德军的整个南线都有崩溃的危险。10 天以后,科涅夫(Koniev)的部队,在瓦杜丁的左边,渡过哈尔科夫东南方的顿涅茨河,而使该城受到完全包围的威胁,科涅夫的行动很大胆,他故意选择留博廷(Liubotin)沼泽作为其渡河点。

假使这两支部队中有一支能够到达波尔塔瓦(Poltava)的预定会师点,则不仅哈尔科夫的守军将会关入陷阱,而且沿着顿涅茨河向右伸展的全部德军也都有崩溃之虞,到那时候则只有第三装甲军是惟一尚有相当实力的预备队。它所有的 3 个党卫军装甲师,刚刚才送往塔甘罗格附近的米乌斯河,去应付那里所发生的威胁,现在又立即被召回,并且恰好刚刚赶上足以解除在波尔塔瓦周围的危险。这样才使在哈尔科夫的德军大部分得以在 8 月 23 日该城陷落之前安全地撤出。在其他的点上,那些已经残破的装甲师也都证明,尽管它们所残留的攻击力已经不多,但却仍能拘束大量红军的前进。这个危机终于是有惊无险地度过,情况已经变得稳定下来,但却并非静止的。红军仍继续获有进展,但速度极慢。自从他们发动攻势以来,在 6 个星期内一共只收容了 2.5 万人的战俘。对于这样一个包括广大地区在内的巨大会战,实在是一个很渺小的数字,而且也表示防御方面的任何崩溃,都不过是局部性的和有限性的而已。

在 8 月的下半个月内,红军的攻势比较扩大。当波波夫(Popov)的部队正逐步从奥廖尔向布良斯克前进时,在其右翼方面的叶廖缅科(Eremenko)的部队,也开始对斯摩棱斯克推进。在他们的左面,罗科索夫斯基也正在对基辅附近的第聂伯河岸作一个较深入的突击,而瓦杜丁也同样地向那里会合。在最远的南端,托尔布欣(Tolbukhin)已经渡过米乌斯河,并强迫德军放弃塔甘罗格。于是在 9 月初,马林诺夫斯基也渡过顿涅茨河,向南进攻斯大林诺,这样一个侧面的威胁,使德军向顿涅茨河以南伸出的"手臂"不得不迅速收回。不过值得注意的是,德军还是勉强地守住一些据点,以掩护其长距离退却的侧翼,直到其部队的极大部分都已安全脱险为止。在"腋下"位置的铁路交点洛佐瓦亚,则一直守到 9 月中旬才予以放弃。

红军作战的典型和节奏,似乎变得更像 1918 年福煦的全面攻势——一连串互相交替的攻击指向不同的点上,每当敌方抵抗增强使攻击的冲力减弱时,即暂时停顿下来,而把攻击的重心移到另一点上去。所以每一个行动都是以替次一行动铺路为目的,彼此之间始终互相呼应,循环不断。在 1918 年,福煦的攻势曾使德国人在搜刮预备队去抢救受攻击的某一点时,同时也限制其移动预备队以应付次一个攻击的能力。这样一方面瘫痪其行动自由,另一方面又逐渐消耗其预备队的储量。在 1/4 个世纪之后,苏联人重施故技,不过其条件更为有利,其形式也有了新的改进而已。

当一支军队的机动性比较有限,但却享有一般性的兵力优势时,这也就是一种非常自然的方法。尤其是当横的交通线异常缺乏,预备队难于从此一地区移到另一地区以扩张某一特殊战果时,则更为适用。因为其意义是每一次都要突破一个新的正面,所以这种"横宽"的扩张所付出的代价,要比"纵深"的扩张较高。同时它也比较难于发挥速决的效力,不过只要使用这种方法的部队拥有适当的物质优势,足以继续维持这种发展不中断,则其成功也就更确实可靠。

在攻击的过程中,红军的损失自然要比德军为重,但是德军在他们自己的攻势中已经受到惨重的失败,所以现在所付出的代价,也就使他们感到吃不消。对于他们而言,消耗的意义即为崩溃。希特勒不愿批准任何长距离的后退,也就更加速他们的衰竭。

在 9 月间,从红军前进步调的加速上,可以反映德军前线兵力的减弱和预备队的缩小。像瓦杜丁、科涅夫和罗科索夫斯基等,在红军将领中都要算是上驷之选,所以对德军宽广正面上的弱点也就都知道如何迅速地加以利用。由于美国载重车不断地大量运入苏联,所以对于他们动量的维持具有极大的贡献。在 9 月底以前,红军不仅又在第聂伯城附近的大东湾内到达第聂伯河岸,而且更沿着其河道的大部分一直进到基辅以北的普里皮亚特河(Pripet River 为第聂伯河的支流)上。红军分别在许多点上迅速渡河,并建立了一连串的桥头阵地。德国军事发言人曾经不留意地指出,这一道宽广的河川障碍物是他们准备过冬的战线,但现在他们想要躲在它后面休息和重组的机会却显然已经不太大了。红军指挥官现在对于空间潜在价值的利用,已经非常巧妙而勇敢,所以他们渡过这一道大河似乎并不费力。在波尔塔瓦西南方的克列缅楚格(Kremenchug)附近所建立的一个重要桥头阵地,应归功于科涅夫的决定:他不把兵力集中在一线上,而分别在许多点作渡河的企图——在全长 60 英里的地段中,他一共选择了 18 个渡河点。又因为是在大雾掩护下实行渡河,所以更增强了此种有计算而分散的奇袭效力。瓦杜丁也使用类似的方法,在基辅以北获得一连串的立足点,后来又都连成一片。

不过在此种情况中的基本因素,却是德军已经不再有足够的部队来掩护其整个战线,甚至于不管兵力是如何的稀薄也还是不够,所以必须依赖反击的手段以阻止敌方立足点的扩大。因为他们自己的预备队是那样的稀少,而敌军的实力又那样雄厚,所以也就注定是一种极危险的政策。

在基辅以北300英里,德军于9月25日放弃斯摩棱斯克,而在一星期以前,又早已被挤出布良斯克。他们缓慢地向沿着上第聂伯河之线的一连串城镇堡垒撤退——日洛宾(Zhlobin)、罗加切夫(Rogachev)、莫吉廖夫(Mogilov)和奥尔沙(Orsha),直到德维纳河(Dvina)上的维帖布斯克(Vitebsk)为止。

在遥远的南方,德军已经撤出在库班河上的桥头阵地,越过刻赤海峡撤入克里米亚半岛,但这个半岛现在又已经陷入孤立的危险中。克莱斯特曾接到命令要他把兵力从库班河上撤回,以接替在亚速海与扎波罗热(Zaporozhye)第聂伯河湾之间的防务。但这个决定却已经迟了两个星期,等到他的部队在10月中旬到达新位置时,红军已经突破美利托波尔(Melitopol),于是整个地段都已处于流动的状况中。

在红军渡过第聂伯河之后,该地区在10月的上半月中算是相当平静无事,因为红军正在调集援兵,累积补给和修建桥梁以利前进。大多数的桥梁都是利用在渡口附近所砍伐的树木迅速赶建起来的便桥。苏联人对于这种临时便桥的架桥技术非常高明——正好像在美国内战时谢尔曼的部队从乔治亚州向南北卡罗来纳州前进时的情形一样。越过一条大河架座便桥平均只需4天的时间,而且还能供最重型的运输车辆使用。

当时注意力都集中在基辅,那是大家所期待风暴将要发作的地点,但是红军次一阶段的攻击却几乎是在第聂伯河湾与基辅之间的中点上。科涅夫突然从克列缅楚格桥头阵地冲出——那是在波尔塔瓦的西南方——越过这个大突出地区的底线,向南造成一个巨大的楔形。德军在那一方面最初只有极少量的部队,但曼施泰因却迅速调动预备队使其前进速度减低,以争取时间,好让困在河湾内的德军可以撤退。这些部队又被用在克里沃伊罗格(Krivoi Rog)城外,帮助阻止红军的进攻——那是在他们攻击发起线以南约70英里和越过突出地区的中途上。

但是在第聂伯河以南的崩溃却是所付出代价的一部分,因为在克莱斯特的部队尚未能赶到接防之前,曼施泰因即被迫不得不抽调该地段中的兵力。红军利用在美利托波尔的突破机会,在11月的第一个星期内,扫过诺加伊斯克大草原(Nogaisk Steppe)到达第聂伯河下游,于是切断了克里米亚的出口,并孤立还留在那里的敌方部队。

不过红军作战的结果，还是不能使其认为约 100 万人已经在第聂伯河以东被关入陷阱的乐观假想兑现。在追击最快的两天当中，也只俘获 6000 人，而德军的大部分——那数量远比苏联人所想象的要少——都有充裕的时间退过第聂伯河。自从作战开始以来，在全部 4 个月的时间内，苏联人宣称总共只俘获 9.8 万人，而其中半数以上是负伤的。但同时苏联人又宣称，在这个阶段内德军死亡的人数为 90 万人，负伤的人数为 17 万人。这两者之间有显著的矛盾之处，但西方同盟国的评论家对此似乎很少注意。因为在任何的突破中，通常负伤者的大部分都会落入攻击者的手中，而失败得愈惨重，则伤患能够撤出的比例也就愈低。更不可靠的是 11 月 6 日斯大林所发表的声明，他说在过去一年内德军已经损失 400 万人。假如这个数字是真的，甚至说有一半是真的，则战争应该早就已经结束。事实上还要拖延很久，不过是已经走向下坡而已。

在 10 月的下半月内，从基辅地区中没有什么消息传出，但苏联人却不断地扩大他们在该城以北的桥头阵地，直到它变成一块宽广的攻势基地为止——其宽度足够从那里发动一个强大的迂回攻击。在 11 月的第一个星期中，瓦杜丁开始发动这个攻击。在目前已经过度伸展的德军正面上，很容易找到一些弱点，红军从这些弱点上向西突穿，然后再向内旋转以切断基辅的道路，并从后方进攻该城。但德军还是再度逃出了陷阱，只留下 6000 名战俘落入苏联人的手中。不过他们已挡不住红军的猛冲，因为科涅夫在第聂伯河湾中的突击，已经把德军大多数的装甲部队吸引到南面去了。

在攻克基辅城后的第一天，红军装甲部队到达其西南方 40 英里的法斯托夫（Fastov）。那是一次以追击的速度来进行的攻击。击败敌军在该线的抵抗之后，他们又在以后的 5 天内奔驰 60 英里，占领了在普里皮亚特沼泽以东最后一条横行铁路上的交点日托米尔（Zhitomir）。然后他们再向北发展，于 11 月 16 日攻占另一铁路交点科罗斯田（Korosten）。那时候德军的抵抗已达崩溃的边缘，而且很可能使斯大林在 11 月 6 日所宣称的"胜利已经接近"的希望提早实现，因为曼施泰因手里已经完全没有预备队可用了。

在此种紧急情况之中，曼施泰因要求第七装甲师师长曼陀菲尔（General Hasso von Manteuffel），尽可能在其自己的残部中调集一切能用的单位，从别尔季切夫（Berdichev）向上发动一个反击。英勇无比的曼陀菲尔率领着这一点残兵，采取曲折的路线，作了一个非常成功的闪击，刺入红军的侧面，并于 19

日作了一个夜间攻击夺回日托米尔城,然后又继续向科罗斯田挺进。他把部队分成许多小型装甲群,在行动时分散得很开,以帮助扩大敌人对于其实力的印象。他们从红军纵队之间钻过,然后切断他们的后方,攻击其司令部和通信中心,因此一路钻隙也一路造成瘫痪性的混乱。

曼施泰因为了扩大利用曼陀菲尔所造成的这个机会,就对着基辅以西的红军巨大突出地区发动一个真正的反攻。从西线调来的几个新装甲师可以助他一臂之力。这仍然是一个钳形的攻势——用一支装甲部队从西北面进攻,以法斯托夫为目标,另有一支部队则从南面助攻。前者由巴尔克(Balck)的一个装甲军来负责执行,其兵力为3个师,包括曼陀菲尔的师在内。但是瓦杜丁的前进部队现在也已经获得增援,大量的炮兵、战防炮和预备队,都纷纷从第聂伯河的桥梁上通过。所以德军的反攻并未能获得像最初反击时一样卓越的战果。从地图上看来其威胁是很可怕的,但在实地却并不如此。因为德军已经丧失奇袭的优势,所以也就无法抵补其数量的劣势,而且更受到恶劣天气的阻碍。到12月初,这次反攻遂销蚀在泥泞之中。在以后一段沉寂的时间内,瓦杜丁又集结其兵力准备进一步的大举进攻。

希特勒曾于无意中对此次情况提供了最适当的评论。为了表示论功行赏起见,希特勒邀请曼陀菲尔到安格堡(Angerburg)和他共度圣诞节,并且向他说:"作为一个圣诞礼品,我将给你50辆坦克。"这可能是希特勒所能想到的最佳礼品,而且就他的资源来说,也可以说是一份厚赐。因为当时最强大和最得宠的装甲师的实力也都只有180辆坦克,而且很少有几个师能够超过此数的一半。

在秋季里,德军战线的北段也陷于长久的苦战之中。德军自从撤出斯摩棱斯克之后,就退守第聂伯河之线。红军虽然一再进攻,却始终不能突破这一道防线。红军之所以久攻不克,其原因有二:(1)是近代化防御所含有的内在潜力;(2)红军在北面没有像在南面那样的运动空间,而且也使他们的目标变得太明显。

在这些会战中,空军只扮演一个不重要的角色,因为其活动受到冰雪的限制。此种限制使守军可以解除头顶上的压力,否则将会使他们在地面的作战更为困难。但它也使守军不能利用空中的搜索,去发现红军攻击重点的可能方向,然后再用地面的搜索来加以证实。

攻击的重量是由海因里希(Heinrici)的第四军团来承受,它总共只有10个不完整的师,据守在奥尔沙到罗加切夫之间100英里长的战线。在10月到

12 月之间,红军一共对它发动了五次攻势,每次时间都长达五六天,而每一天要进攻好几次。他们在第一次攻势中差不多使用了 20 个师的兵力,而当时德军刚刚占领一道赶工筑成的阵地,只有一条单独的堑壕线。在第二次攻势中,他们用了 30 个师的兵力,但此时,德军已经完成其防御配置。在以后的几次攻势中,红军所使用的大致都为 36 个师的兵力。

红军攻击的重点为奥尔沙地段,那是一道跨越莫斯科到明斯克(Minsk)公路线的正面线,全长约 12 英里。作为一个攻击点,它具有便于补给和扩张的显著优点。但此种显著优点也促使德国人集中力量来应付它。他们在这里的防御方法是很值得研究的。海因里希把 3 个半师的兵力用在这个非常狭窄的地段上,而留下其余的 6 个半师掩护其他的绵长战线。所以他在这个要点上的兵力,对于空间而言是具有相当大的密度。他的炮兵几乎是完整无缺,于是他集中了 380 门火炮来掩护此一紧要地段。这些炮兵由军团部一位指挥官集中控制,所以他们可以迅速地把大量火力集中在任何感受威胁的点上。同时,这位军团司令又发明了一种"挤牛奶"的办法,即由驻在比较平静地段中的师,在会战期中,对担负激烈战斗的每一个师,每天提供一个营的生力军。这样通常即能补充前一天的损失,并使那个师还保有一个完整的局部预备队可供反击之用。又因为使用一种师内轮调的制度,所以部队混杂的毛病也可以减到最低限度——现在德军每一个师是 3 个团,而每个团为 2 个营。在会战的第二天,增援的营即为前一天的姊妹营,而且连团部也跟着过去;再过两天,第二个完整的团已加在战线上,而到第六天就完全换了一个师,至于原有的师则移驻在那个原来比较平静的阵地内。

面对着 6 比 1 以上的数量优势,此种一再的防御成功的确要算是一种惊人的成就。假使德军的防御战略与此种战术相配合,那么战争将可能无限地延长而使红军的实力消耗殆尽。但由于希特勒坚持未经他的许可绝对不准撤退的原则,而同时他又总是不愿意给予这样的许可,结果遂断送了德军的前途。军团司令敢于自作主张的就会受到军法审判的威胁,即令是从一个危险的孤立据点中只撤出一支小部队也照样是犯法的。这种否决权压迫得如此的厉害,使下级干部的行动完全瘫痪,甚至于有这样的说法,一位营长不敢把一个哨兵从窗口移到门前。像一只学舌的鹦鹉一样,德国统帅部总是一再背诵着"每个人都应站在原地死战到底"的咒语。

此种硬性的原则,在苏联的第一个冬天里固然曾经帮助德国陆军度过可使神经崩溃的危机,但从长远的观点来看,那却是具有致命的危险——德国部队虽然已经克服了他们对苏联冬季的严重畏惧心理,但是他们的兵力却日渐减少,不足以填满苏联的空间。它限制了在现场上的指挥官所需的弹性指挥,使他们不能脱离敌军所能到达的范围之外去重组部队,并实行"退后方能跳远"(reculer pour mieux sauter)的原则。

　　1943 年在南面战线上已经饱尝此种硬性原则的苦果。1944 年这种同样的情形又将在北面战线上重演,并且所在的地段也就正是德军过去曾在那里证明他们的防御是如何难以攻克的场所。

第二十九章　日本在太平洋的退潮

在太平洋战争的第一阶段,曾经看到日本征服整个西太平洋和西南太平洋地区——包括其中所有的岛屿——以及在东南亚的滨海国家。在第二阶段,日本人曾经企图把他们的控制扩展到夏威夷群岛和澳洲的美英两国基地,于是在中途岛的海空会战中,以及在瓜达尔卡纳尔(在所罗门群岛内并在向澳洲前进的途中)受到了决定性的挫败。

在第三阶段,日本人开始采取守势——诚如其当面给予西南太平洋地区各指挥官的命令中所强调的,他们应"保持在所罗门和新几内亚的一切阵地"。只有在缅甸他们仍继续对西方同盟国进行攻势作战,但其本质还是防御性的——阻止和击败英国人从印度所发动的反攻。日本人在中途岛损失4艘舰队航空母舰,在瓜达尔卡纳尔损失2艘战斗舰和许多较小的军舰,而在两个重要的会战中又损失了好几百架飞机。如此巨大的损失遂打消了日本人采取有效行动的可能性。西方同盟国已经重获优势,现在的真正问题即为他们能否和如何利用此种优势。

日本的地理位置所具有的战略利益,曾经使日本人的攻势计划和行动大受其利。无论为攻为守,他们都享有此种基本利益,而他们的计划对于此种基本利益也曾加以充分的利用。其迅速征服的结果,即为日本已在多层同心防御的保护之下。当西方同盟国企图向日本发动任何反攻时,这种防御圈也就构成一种艰巨的障碍。

从地图上看来,似乎是有许多不同的路线可供选择,但若加以较深入的分析,即可发现真正能用的并不多。从地图的顶端向下看即可看出,北太平洋的进攻路线因缺乏适当的基地,以及沿线的风暴和浓雾太多,遂使此条路线不在考虑之列。从苏联在远东的基地发动反攻也是不可能的,因为斯大林拒绝合作。同时当德军的攻击仍严重地威胁着它的西面时,苏联就不敢向日本发动战争。从中国大陆发动反攻也是同样的不可能,因为在当时的环境之下,补给

上的困难就无法解决。经由缅甸的道路则是更为遥远,不但英国人早已被赶回印度,而且他们显然也缺乏适当的资源,无法作较早的反攻。

不久即变得很明显,任何有效的反攻都必须有赖于美国人,而所采取的路线也必须要和他们配合。于是只有两条主要的路线——(1)沿着西南太平洋的路线,从新几内亚到菲律宾;(2)经由中太平洋方面的路线。担任西南太平洋总司令的麦克阿瑟将军自然是力主采取前一条路线。他所持的理由是,这是剥夺日本人新近获得南方地盘最迅速的方法,而其从事战争所必需的原料又都是来自这些地区。照他看来,由于日本已占领许多的托管岛屿,并已迅速地将它们建设为海空军基地,所以若采取中太平洋的路线,便将暴露在那些岛屿基地的攻击之下。此外,若采取那样一条遥远的反攻路线,则对澳洲的危险也不能有任何的补救。

但是美国的海军领袖们却主张采取中太平洋路线。他们辩论的理由是,只有在那样海阔天空的环境中,他们才能对数量正在激增的巨型快速航空母舰作有效的运用,而不像在新几内亚附近的狭窄水域中那样碍手碍脚——这样也就比较易实现他们的新理想:用航空母舰特遣部队以孤立和控制岛群。同时这也能配合一种海运补给体系的新观念——即航空母舰可以长期留在海上,而不需要经常返回港口基地从事再补给。他们又认为,南面的路线会经常受到托管岛屿上日本军队侧面攻击的威胁,而且也是一条比较显明和易于为敌人所猜中的路线,因此在一路前进时,也就可能会受到比较顽强和连续的抵抗。若采取中太平洋路线,则这些危险均可避免。此外,还有一项更强烈而不便公开的理由,那就是海军将领们都希望他们的新航空母舰主力不受麦克阿瑟的控制——他们对他那种专横的态度颇为反感。

最后,在 1943 年 5 月华盛顿"三叉戟会议"(Trident Conference,即第三次华盛顿会议)中所作的决定,是同时采取这两条路线,以使日本人陷于一种彷徨的状况,使他们的兵力分散,并阻止他们把预备队集中或转移到任何一条单独的路线上。两条路最后又都以菲律宾附近为会合点。这种决定是完全符合同时威胁不同目标的原则,那也是间接路线战略观念的一个主要优点。不过,此种折衷的决定还是不曾对历史的教训作够深入的考虑,因为仅只采取一条作战线,也同样可以威胁不同的目标,但在资源的运用上却可远较经济。

这种两条作战线进兵的计划,必然地需要较巨大和较长久的准备——对于兵力、船舶、登陆艇、海军基地和飞机等项因素而言,均莫不如此。此种较长期的准备遂又使日本人可以获得较多的时间来完成他们自己的防御准备,于是也就使美国人的任务较难达成,尤其是以在执行陆上作战和登陆作战时为然。

在这个长时间的准备阶段中,惟一具有若干重要性的作战,即为美国在北太平洋方面企图收复阿留申群岛的远征行动。就战略而言,这是一个太遥远的行动,对于整个战局毫无影响作用。它惟一的价值是在心理方面。当前年6月间一支小型日军登陆部队攻占基斯卡和阿图两个小岛之后,曾经使美国人大感恐慌,因为在表面上那已经威胁到阿拉斯加的安全,所以这些岛屿的收回可以鼓舞美国人的士气。不过为了购买此种精神补药所花的成本又未免太高。当时美国的资源还比较有限,似乎是不应作如此不合于经济原则的浪费。

在这两小岛被日军攻占之后,美国人第一次所作的反攻为8月初海军对基斯卡的轰击;然后在8月底美国部队就在基斯卡东方约200英里的阿达克岛登陆,并在该岛修建一个机场以协助进攻被日军占领的岛屿。1943年1月美军又为了同一目的,进驻在基斯卡东方90英里的阿姆奇特卡(Amchitka)岛。但到了此时,该地区的美军指挥官们却又决定先进攻阿图岛,该岛位于阿留申群岛的最西端,因为他们发现阿图岛的防御要远比基斯卡脆弱。在3月底,美国海军封锁部队遭遇一支稍微比较强大的日本海军部队——后者正护送3艘运兵船前往阿留申。经过3小时的长程炮战之后,日本人遂自动撤退,双方都没有船只被击沉,不过增援的日本海军运兵船却中途折返未能到达其目的地。

5月11日,美军一个师利用浓雾的掩蔽,在3艘战斗舰的火力支援之下在阿图岛登陆。由于数量的优势超过4比1,所以在14天的顽强战斗中,美军把日本守军(约2500人)逐渐向山地压迫。最后日军对美军阵地发动一次自杀的攻击而完全被歼灭——一共只收容26名战俘。此时美军遂集中全力来进攻基斯卡。对于这个孤立的小岛,美军从空中和海上不断地施以压力,终于迫使日本守军(约5000人)在7月15日的夜间,利用常有的浓雾安全地撤离该岛。美国人又继续对该岛作了两个半星期的轰炸,然后才派遣一支为数约3.4万人的大军登陆——他们花费5天的时间在岛上遍处搜寻,最后才相信那已经是一个空岛。

阿留申群岛总算是肃清了,但在这样一个渺小的任务中,美国人总共动用10万人的兵力,再加上强大的海空军支援——这对于经济原则的忽视是一个极显著的例证,同时也证明只要有主动的精神,则花费极小的成本,亦可以产生极大的牵制作用。

在西南太平洋方面表面僵持的局势,一直持续到 1943 年的夏季为止。

对于美国及其同盟国而言,可以说很侥幸,因为日本陆海军首脑之间也发生严重的意见分歧,遂使他们的设防工作受到很大的延误。虽然双方都同样希望保持日本业已征服的一切地区,但在方法上双方却有非常激烈的争执。陆军将领们十分重视新几内亚的陆上作战,他们认为为了确保荷属东印度和菲律宾等征服地区的安全,则新几内亚实为一必要的前哨阵地。海军方面则希望把防务优先放在所罗门和俾斯麦群岛方面,因为那对于他们在特鲁克的巨大海军基地可以提供战略性的掩护——特鲁克位于北面 1000 英里外的加罗林群岛之内。在最后的战略决定中,又还是和往常的惯例一样,陆军略占优势。

最后双方同意的防线是,从瓜达尔卡纳尔以西,在所罗门群岛中的圣伊莎贝尔岛(Santa Isabel)和新乔治亚岛(New Georgia)起,到新几内亚的莱城(Lae)为止——即巴布亚半岛以西的地区,所罗门地区由海军负责;新几内亚地区由陆军负责。

指挥全局的陆军司令部设在腊包尔。(译注:即第八方面军。)其所指挥的部队有在所罗门群岛上的第十七军和在新几内亚的第十八军——第七航空师配属于前者,而第六航空师则配属于后者。海军兵力则有第八舰队和第十一航空队(Air Fleet),两者均接受设在腊包尔的海军司令部之指导。这是一支轻型的海军部队,只包括巡洋舰和驱逐舰,但可以从特鲁克派遣较大型的军舰前来增援。

在这个战区中的陆军兵力颇为雄厚——在新几内亚的第十八军有 3 个师,总数约 5.5 万人,在所罗门和俾斯麦群岛上的第十七军共有 2 个师和 1 个旅,以及其他的部队。虽然在瓜达尔卡纳尔的争夺战中日本的航空兵力已经受到很大的损失,但陆军仍有 170 架飞机可用,而海军则有 240 架,据日本当局的估计,6 个月之内这个战区可获得 10 个到 15 个师的增援,而飞机也可以增到 850 架,所以他们有理由觉得采取一种坚守或"牵制"(containing)的战略是绝对可能的。

由于当初曾决定把战场分为中太平洋和西南太平洋两个战区,而以所罗门群岛为分界线,遂使美国人的计划作为益增其复杂性,为了使工作比较顺利起见,美国参谋长联席会议决定麦克阿瑟对于整个新几内亚——所罗门地区应握有战略指挥权,但南太平洋海军总司令海尔赛海军上将,却仍保有战术控制权,至于从珍珠港派来该地区参加作战的海军兵力,则仍受尼米兹海军上将的指挥。

美国人的战略目的即为突破俾斯麦群岛所构成的防线，并攻占日本人在腊包尔的主要基地。为了达到这种目的，美军是在两条进路上采取交替攻击的方式——使日本人"疲于奔命"。在第一阶段，海尔赛的部队应攻占瓜达尔卡纳尔正西方的拉萨尔群岛（Russell Islands），并用它来当海空军基地。接着应攻占在新几内亚以东的特罗布里恩德（Trobriand）群岛中的两个岛，以作攻击腊包尔时的空军基地——同时也可以当作中继站，以便使航空部队可以在两线之间移动。在第二阶段，海尔赛应进向新乔治亚（在瓜达尔卡纳尔以西的所罗门群岛之内），并攻占重要的芒达（Munda）机场；而麦克阿瑟则应攻占新几内亚北岸莱城附近的日军立足点。此时，也希望海尔赛已经占稳所罗门群岛西端的布干维尔岛（Bougainville）。在第三阶段，麦克阿瑟的部队应向北旋转，越过窄海进向俾斯麦群岛中的新不列颠岛，腊包尔即位于这个大岛的北端。于是在第四阶段，盟军才发动对腊包尔的攻击。这是一种非常缓慢的程序，即令一切都能按照计划进行——对腊包尔的攻击根据计算也将在战役开始后的 8 个月之内。

麦克阿瑟在他的西南战区中共有 7 个师的兵力（其中 3 个师为澳洲部队）和大约 1000 架飞机（1/4 是属于澳洲的）——另有 2 个美国师即将到达，8 个澳洲师正在训练之中。海尔赛也有 7 个师（2 个陆战师和 1 个新西兰师）和 1800 架飞机（其中 700 架是属于美国陆军的）。海军实力时有增减，当每次进攻时都将组成一支两栖部队，从尼米兹在珍珠港的庞大兵力中也可以短期借用大量的军舰。在开始行动时，海尔赛所有的为 6 艘战斗舰、2 艘航空母舰，以及许多较小型的船只。总而言之，虽然不能尽如麦克阿瑟的理想——他曾经要求 22 个师和 45 个航空大队——但现有的兵力已经足够保证成功。

在准备或"僵持"的阶段中，海尔赛于 2 月 21 日曾派遣一支部队在拉萨尔群岛登陆，但发现那里并无敌踪——美国人一向相信已有日军驻在那里。此外，海尔赛的海军部队也已经使日本人不敢再从"狭缝"中钻出来从事袭击的活动，这是他们过去所惯用的办法。在新几内亚，日军曾企图攻占胡翁湾（Huon Gulf）附近的瓦渥（Wau）机场，却被空运赶来的一旅澳洲部队所击退；但是当日军再派遣一个师的主力去增援时，其船队——由 8 艘驱逐舰护送 8 艘运输船——立即为新几内亚的同盟国空军所发现并加以攻击，结果日军损失了全部的运输船和半数的驱逐舰，以及所载运的部队 3600 余人（约为总数的一半）。自从日本人在这次"俾斯麦海会战"中遭到惨重的损失之后，对其

在新几内亚的部队就只敢用潜艇或小船来运送补给。

山本五十六海军大将企图扭转日军在空中的劣势,他把第三舰队的舰载飞机从特鲁克调往腊包尔,希望用以对盟军基地作不断的空袭,以消耗盟军的空军实力。但这个在 4 月 1 日开始的消耗作战,在 14 天的战斗中反而使日军损失比防御者几乎多 1 倍的飞机——与执行攻击的驾驶员所作的乐观报告恰好相反。接着山本本人在前往布干维尔岛视察的飞行途中,因为美国情报机构事先获得了消息,遂遭到美国飞机的狙击而送命。接替他出任日本联合舰队长官的古贺峰一海军上将(Admiral Koga)是一个庸才,远不如山本那样可怕。

经过长期计划的美军攻势,预定在 6 月 30 日发动,共分三方面进攻:(1)克鲁格将军(General Krueger)的美国部队将在特罗布里恩德群岛中的基里怀纳(Kiriwina)、伍德拉克(Woodlark)或木鲁瓦(Murua)等岛屿登陆;(2)新几内亚的部队,以澳洲部队为主,在赫林将军(General Herring)指挥之下,将在胡翁湾中萨拉茅(Salamaua)附近登陆;(3)在海尔赛海军上将指挥之下的部队,则应在新乔治亚岛登陆。

在特罗布里恩德群岛的登陆非常轻松,完全没有遭遇抵抗,飞机场的修建也随之立即开始。新几内亚的作战开始时也非常顺利,支援澳洲部队的美军登陆时也未遇到任何严重的抵抗,但在此一地区中的日军(约 6000 人),直到 8 月中旬才被迫退至萨拉茅的郊外——于是美军奉令暂停前进,以等待主力部队在胡翁半岛的登陆,那是为了想要进攻主要目标——莱城。至于第三方面的进攻,即海尔赛的部队对新乔治亚岛的攻击,则比较困难。

这个号称新乔治亚的大岛,约有日本守军 1 万人,山地丛林的地形和潮湿的气候都足以增强防御的威力。尤其是日本帝国大本营又已命令日军要尽可能固守下去。此外,在东北岸上有悬岩,在南面和西面又有小岛所构成的障碍地带,所以更增加美军进攻的困难。

美国人的计划是分别在三个不同的地点登陆。主要的一个具有师级的规模,准备首先在西岸附近的小岛伦多瓦(Rendova)登陆,然后再从那里越过 5 英里宽的海峡,在芒达角(Munda Point)重要机场的附近登陆。一旦当这个跃进获得成功时,一支较小的部队即将在新乔治亚岛的北岸,距离芒达 10 英里远的地点登陆,以切断日军的海上补给线。此外,在南岸也要同时作三个助攻登陆行动。海军掩护部队包括有 5 艘航空母舰、3 艘战斗舰、9 艘巡洋舰和 29 艘驱逐舰,至于所分配的空中兵力则约为飞机 530 架。

由于一位海岸监视者的报告指出,日军正向新乔治亚南部运动,遂使海尔赛决定提前在 6 月 21 日开始在该岛进行第一个登陆,而不按原定的 6 月 30 日实施。这次登陆并未遭遇抵抗,因此其他的助攻登陆也都在 30 日在该地区完成。

对伦多瓦岛的主攻行动中,美军投入 6000 人的兵力迅速击溃仅有 200 人的日本守军,随后于 7 月第一个星期在芒达附近成功实施第二次登陆。但在第一个星期和次一个星期当中,日本的小型海军部队,曾像在瓜达尔卡纳尔作战中一样,作了几次反击,使美军的巡洋舰受到相当的损失,并且还把为数约 3000 人的日军部队送上了该岛。

在海岸上,这个没有经验的美国师,从伦多瓦岛渡过海峡之后,在通过丛林向芒达的推进中进行得极为缓慢——尽管他们享有巨大的空中、炮兵和海军炮火的支援。因为海尔赛接获该师士气极低的报告,所以又命令把另外一个半师的兵力也送往新乔治亚。不过到 8 月 5 日,芒达和其附近的地区终于还是被克服,日本守军的大部分却都已逃往北面邻近的科隆班加拉(Kolombangara)岛。此外,在进一步的海上行动中,由于美国享有制空权,遂又使日本海军受到相当重大的损失。

但是美军在新乔治亚进展迟缓所产生的最重要的影响,乃是促使海尔赛以及其他的美军领袖们,认清此种逐步前进方式的缺点,并且也认清此种方式可以给予敌人以充分的时间来增强其防线。同时这种方式也浪费空军和海军优势所带来的巨大利益。所以就决定对科隆班加拉岛,连同岛上的 1 万多名日本守军在内,采取封锁政策,听任他们自己去"枯萎",而美军则移向另一大岛韦拉拉韦拉(Vella Lavella),该岛的防御很脆弱,总共只有日军 250 人。(这是一种有计划"绕过"的实例,也就是曾在阿留申群岛所用过的方法之改进。)而且,在韦拉拉韦拉岛上若建立一个机场,即可以使他们的飞机到布干维尔岛的航程缩短为 100 英里以内,后者为所罗门群岛中最西端的一个岛。

对韦拉拉韦拉的登陆是在 8 月 15 日实施的,那是在完成对新乔治亚的占领之前。同时,当地的日军指挥官佐佐木将军,本希望能在科隆班加拉岛作长期的抵抗,但由于上级命令他放弃中所罗门而退往布干维尔,遂未能如愿以偿。在 9 月底和 10 月初连续几天夜里,在科隆班加拉的大量日军和在韦拉拉韦拉的少量日军,都已全部撤走。

总之,在新乔治亚的作战中,日军战死的约 2500 人,并损失 17 艘军舰;而盟军的损失为大约 1000 人(不过因病而死的还要多)和 6 艘军舰。在空军方面,日本人的损失则远较重大。

盟军在 8 月间对萨拉茅的压力,主要是为了分散日军的注意力,以掩蔽他们自己对莱城和胡翁半岛的攻击准备——为了向北面跃上新不列颠岛并掩护此种跃进的侧翼,美军都需要该岛的海港和机场。

在进攻胡翁半岛时,麦克阿瑟的计划是从三个方面进行:两栖、空降和地面。此种三面性质使它变成一种复杂的作战,实际上他有足够的资源可以单独地依赖某一种方式,而不必这样自讨麻烦。9 月 5 日,他的两栖部队把第九澳洲师的主力在莱城的正东方送上了岸。次日,美军第五〇三伞兵团降落在莱城西北方一处已经废弃不用的纳扎布(Nadzab)机场——这是盟军在太平洋方面的第一次空降作战——当这个机场恢复使用时,第七澳洲师即乘坐运输机在该机场着陆。同时,美澳联合部队向萨拉茅的推进也仍在继续进行中。

这种分进合击的作战并未遭遇太多的抵抗。因为日军当局知道他们在该地区内的一个师有被切断的危险,所以已准许该师越过多山的半岛,撤往距离莱城约 50 英里的基亚里(Kiari)。所以就在 9 月 11 日撤出萨拉茅,并于 9 月 15 日撤出莱城。日本人希望能守住半岛顶端的芬什哈芬港(Finschhafen),但由于 22 日有一个来自两栖部队的澳洲旅已在那里登陆,遂使他们的计划受到破坏。虽然日军又运来一个师的援军,但还是沿着海岸线逐步败退。此时,第七澳洲师的前进却比较迅速,已从莱城推进到马哈姆河(Markham River)的河谷,并于 10 月初达到杜姆普(Dumpu),该处距离第二要点——莱城西北 160 英里的马丹港(Madang)——仅只有 50 英里。到 1943 年的年底,盟军遂可以向马丹发动一个两路的攻击——一路沿着海岸,另一路经由内陆——但是他们的进度还是赶不上预定的时间表。

到 1943 年 9 月,日本帝国大本营才终于明白其过去对整个情况的乐观估计和希望都必须修改。在一个太大的地区中,日本兵力的分布实在太单薄,而美国在初期失败之后,其恢复的迅速也出人意料之外。在空中和海上,他们现在都已占了上风。所以现在很明显的是,日本人必须要缩短他们的防线。因为除了在侧面正承受着重大的压力外,在中央方面,珍珠港也正蕴藏着巨大的潜在威胁。尼米兹现在所集中的舰艇数量,是继第一次世界大战英国海军上将杰利科(Jellicoe)的大舰队(Grand Fleet)之后最大的数字。

日本的脆弱经济基础,更增强其军事情况的危殆程度。其飞机的生产量不足以应付美国的挑战,同时也已经不能保护海上的交通线。

9 月中旬,日本帝国大本营所决定的"新作战方针",是以达成日本战争目标所需最小地区的估计为基础。这也就是所谓"绝对国防圈",那是起自缅甸沿着马来半岛以达新几内亚西部,然后由此经过加罗林、马里亚纳直到千岛群岛为终点。这样的缩短防线,其意义也就是说,新几内亚的大部分、俾斯麦群岛的全部(包括腊包尔在内)、所罗门群岛、吉尔伯特群岛和马绍尔群岛,现在都已被认为不具必要性——但是他们还是准备再守 6 个月。他们希望在这 6个月之内,能够把"绝对圈"发展成一道不毁的防线,使日本飞机的生产量增加 3 倍,并使联合舰队有足够的实力可以和美国太平洋舰队再作一次决战。

在这个阶段之内,西南太平洋方面的日军所奉到的命令是要他们尽量牵制盟军,因盟军现有的总数在 20 个师左右,并获得近 3000 架飞机的支援。日军在新几内亚东部有 3 个师,在新不列颠有 1 个师,在布干维尔也有 1 个师,而还有第六师尚在运输途中。但在中国大陆上被陷入泥淖的有 26 个师,而在满洲也还保留着 15 个师——防备红军可能的侵入——所以在陆军方面,日本人的弱点并非在数量方面,而是在分布方面。

在盟军方面,由于进展的迟缓遂使麦克阿瑟不得不加紧督促其部下,尤其是因为他知道美国的参谋首长联席会议现在已经比较愿意把作战优先给予中太平洋方面,并且认为那不仅距离较短,而且时间也可能较短。他们甚至于认为腊包尔的攻占已非必要,这个防御坚强的据点大可迂回通过,然后听任其孤立,所以也就使麦克阿瑟更感到着急。海尔赛也希望能够加速通过所罗门群岛的前进,因为他的许多舰船以及第二陆战师,即将被召回去帮助中太平洋方面的作战。

布干维尔作战

布干维尔为所罗门群岛最西端的惟一大岛。其守军有陆军近 4 万人,海军士兵约 2 万人,大部分都集中在该岛的南部。海尔赛现在所控制的舰船和登陆艇都已大量地减少,所以在开始时他只能送一个加强师登陆。其登陆地点的选择颇为高明,那是防御单薄的西海岸上的奥古斯塔皇后湾(Empress Augusta Bay)——并且也有良好的地形便于修建机场。

美军对日军在布干维尔岛上的空军基地加以重大轰炸,并首先占领位于向布干维尔前进路线上的若干小岛之后,遂于 11 月 1 日开始登陆——这也使

日本人大感惊异,因为他们相信美军的攻击一定来自南方,因为那里的海浪比较平静。日本人虽用空军及海军发动反击,但均被击退,其所受到的损失远比美军的损失为大。美国的航空母舰部队,以及在新几内亚的航空部队,都对腊包尔作不断的空中攻击,以牵制新近增强腊包尔的日本航空部队,使其无法干涉布干维尔方面的作战。对于未来而言,这也提供美军一个重要的教训,很显然的,即令在某些区域日军能获得以陆上为基地的飞机所提供的良好掩护,美国的快速航空母舰部队也一样能够作战。

　　陆上的美军获得另一个师的增援之后,遂逐渐扩大其滩头,使其成为一个宽达 10 英里以上的巨大滩头阵地。到了 12 月中旬,据守这个滩头阵地的兵力已达 4.4 万人之多。日本人的反应很迟缓,因为他们仍然相信美军的主要攻击将会来自其他的方面。甚至于等他们开始认清美军在奥古斯塔皇后湾的登陆即为主要威胁时,他们的对抗行动也还是无法加速,因为他们必须通过 50 英里长的丛林地带,始能把部队从南面的主阵地中调到西面来。所以一直到 2 月底他们才能开始有所作为,其间是一段长期的僵持局面。

俾斯麦群岛和阿德米雷耳提群岛的攻占

　　此时,在新几内亚的盟军仍在继续前进。1944 年 1 月 2 日,麦克阿瑟把一支约近 7000 人的美军部队送往赛多尔(Saidor)登陆,该岛在胡翁半岛与马丹间的中点上,不久,登陆的部队即增加到 1 倍。岛上数量大致相当的日军残部,本来想要据守半岛正西方的西奥(Sio),现在才发现其沿着海岸的退路已被封锁。最后他们经过山地丛林的长途迂回行军,才勉强逃出包围,但还是多损失了几千人。同时,澳洲部队又从马哈姆河谷中的杜姆普向海岸挺进,并于 4 月 13 日到达目标。4 月 24 日,麦克阿瑟的部队占领马丹,几乎没有遭遇任何严重的抵抗。因为日本大本营已经被迫加速撤退,其在新几内亚的残余部队也奉命撤向西海岸的威瓦克(Wewak),该地距离马丹约 200 英里。

　　在胡翁半岛尚未肃清之前,麦克阿瑟即已发动他的下一个攻击。12 月 15 日,克鲁格的部队即已开始在新不列颠的西南海岸登陆,登陆点在阿拉威(Arawe)附近,而在圣诞节刚刚过去之后,这支部队主力的两个师又在西端的格罗斯特角(Cape Gloucester)附近登陆,并占领那里的机场。虽然攻击腊包尔的构想已经放弃,但麦克阿瑟仍想对海岸获得两面的控制,以保护其在新几内亚继续西进时的侧翼。在美军登陆的新不列颠岛西端,是由一支刚刚从中国大陆调来的日军部队据守,人数约 8000 人,他们与腊包尔之间隔着一片荒野地带——后者在这个新月形大岛的另一端,相距约 300 英里。同时他们所能获得的空中支援也极为有限,因为第七航空师已经调往西面 2000 英里以外的西里伯斯地区。所以在格罗斯特角附近的日军几乎未作任何抵抗,即开始穿越丛林向腊包尔撤退。

于是在 2 月底,没有马的第一骑兵师派出一支搜索部队在阿德米雷耳提群岛(Admiralty Islands)登陆——该岛在格罗斯特角以北约 250 英里,岛上有几个机场,而且还有空间可供修建更多的机场,此外还有一个非常宽阔而有掩蔽的碇泊所。日本守军约 4000 人,对美军进行了意想不到的坚强抵抗,但是当美军主力于 3 月 9 日登陆并从后方攻击日军之后,即很快地将他们击败。到 3 月中旬,美军已经占领一切主要目标,并开始把阿德米雷耳提群岛作为一个主要基地——日军的残部继续战斗直到 5 月间才完全肃清。

于是连同 10 万人以上的日本守军在内的腊包尔,现在遂已完全居于孤立的地位——而且也可以听任其自生自灭。俾斯麦群岛所构成的堡垒已经被冲破,美军的损失远比直接攻击时要轻微得多。

差不多过了 4 个月的时间,在布干维尔岛上的日军指挥官才开始认清美军在西海岸的登陆始为主力所在。在 1944 年 3 月间,他才通过丛林把兵力集结到 1.5 万人,以求对美军的滩头发动一次攻击——现在美军总数已达 6 万人以上。但他估计美军的实力为陆军部队约 2 万人,另加空军地勤人员 1 万人。即令照他的估计,似乎也应该明白其已经太迟的反击少有成功的希望。他从 3 月 8 日开始攻击,以 1 比 4 的劣势,继续战斗了 2 个星期,损失 8000 人以上——超过其全部兵力的一半——而美军的损失却不到 300 人。经过这次惨败之后,日军的残部遂陷入毫无希望的孤立状况,同时也被留在那里听任其自动消灭。

中太平洋的前进

美军在这方面的前进,也像在西南太平洋方面一样是指向菲律宾,并以收复美军在那里的阵地为目标——而非指向日本的本土。在这个阶段,美国参谋长联席会议的基本战略观念,是在收复菲律宾之后即向中国大陆进军,并在中国建立巨大的空军基地,以便控制日本的上空,消耗其抵抗力,并切断其补给路线。

基于此一战略构想,美国就要努力援助蒋介石领导下的中国国民政府,并维持其对日本的抵抗能力。所以美国人也就希望英军能够早日反攻缅甸,以重新开放进入中国西南方的滇缅公路,这样才能使中国获得必要的物资援助。

但事实上,中太平洋的前进极为迅速,遂使尼米兹的部队可以把他们的作战线向北移动,并攻占马里亚纳群岛;同时由于最新的远程轰炸机,号称"超级堡垒"的 B-29 已经发展成功,也就使对日本的直接攻击具有可能性,因为从马里亚纳群岛到日本本土的距离是 1400 英里。此外,当马里亚纳被攻占时(即1944 年 10 月),美国参谋长们也已经认清,在最近的将来英军还是没有到达中国西南或者获得中国帮助的希望。

吉尔伯特群岛的攻占

在拟订中太平洋的前进计划时,金恩上将本想以马绍尔群岛为攻击发起点,但因为缺乏足够保证成功的必要舰船和有训练的部队,所以这个构想遂被放弃。最后才决定首先攻击吉尔伯特群岛,虽然该群岛距离珍珠港基地很近,所以攻占该岛似乎是一件并不太刺激的任务,但是却可以对两栖作战提供一次实习的机会,并获得轰炸机基地以供进一步攻击马绍尔群岛之用。在这个群岛中最西端的两个小岛,马金(Makin)和塔拉瓦(Tarawa),被指定为主要目标。

尼米兹以统帅的身份选择斯普鲁恩斯中将指挥这支攻击部队。地面部队定名为第五两栖军,其指挥官为海军陆战队的史密斯少将(Major-General Holland Smith),至于运兵部队则由特纳少将(Rear-Admiral Richard Turner)负责指挥,他曾经在所罗门的作战中获得很丰富的经验。全部攻击部队分为两支:北面一支攻击马金岛,由 6 艘运输船载运第二十七师的部队约 7000 人;南面一支攻击塔拉瓦,由 16 艘运输船载运第二陆战师,人数在 1.8 万名以上。除了和运输船在一起的护航航空母舰以外,整个攻击部队又受到波纳尔少将(Rear-Admiral Charles Pownall)所率领的快速航空母舰部队的掩护,一共有 6 艘舰队航空母舰、5 艘轻型航空母舰、6 艘新建的战斗舰,以及许多其他较小型的军舰。除了航空母舰的 850 架飞机以外,还有陆上基地的陆军轰炸机 150 架。

最重要的进展是能在行动中对舰队进行维护工作的机动勤务部队(Mobile Service Force),除了对大型军舰的大修以外,其他舰队的一切需要都可以在海上获得解决。该部队拥有油轮、修护船、扫雷艇、弹药船、拖船、驳船等等。以后又再加上医院船、干船坞、浮动起重机、测量船、浮桥结合船等等特殊性能的船只。

这种浮动"列车"使海军在两栖作战中的航程和威力,都获得极大的增加。

对吉尔伯特群岛进行准备性的轰炸之后,两栖攻击于 1943 年 11 月 20 日展开序幕——其代字为"流电作战"(Operation Galvanic),那天碰巧是 1917 年在法国康布来(Cambrai)集中大量坦克作划时代攻击的纪念日。吉尔伯特群岛只有非常微弱的防御,因为根据 9 月日本的"新作战方针"所应给予的增援,到此时尚未能送达。在马金岛上只有守军 800 人,而在阿贝马马(Apamama)珊瑚礁上——一个辅助性的目标——则仅有 25 人。但塔拉瓦却有守军 3000 人以上,而且也构筑有坚强的工事。

在马金岛上那一点少量的日军,却和美国陆军的一个师相持达 4 天之久,后者因为缺乏经验所以行动极为迟缓。行动上比较有效的是少数"两栖履带车辆"。这种车辆能够克服珊瑚礁上的礁层,但是登陆部队只有极少数这种新型车辆。

防御和工事都较坚强的塔拉瓦,首先受到海军猛烈的炮击(两个半小时内共发射 3000 吨炮弹)和飞机的大规模轰炸,然后才由第二陆战队师来登陆攻击,该师在瓜达尔卡纳尔曾有优异的表现。即令如此,在第一天登陆的 5000 人之中,当他们企图超过珊瑚礁层与滩头之间一段 600 码的地带时,即有 1/3 的人被射倒。但那些幸存者却并不畏缩,遂终于压迫日军撤到两个内陆的据点中。日军的撤退使美国陆战队能够立即席卷全岛,并把他们围困在那两个孤立的据点内。22 日夜间,日军不断地发动反击,前仆后继,死伤累累,这样也就无异替美军解了一道难题。在他们一再牺牲之后,全部群岛也就随之而肃清。

美国海军损失一艘护航驱逐舰,但就整体而论,航空母舰群业已证明,不分昼夜,它们都能击退日本人的空中攻击,至于日本人的水面军舰则根本不敢向斯普鲁恩斯的大舰队挑战。

对于美军损失的惨重,美国人民都大感震惊,所以吉尔伯特的攻击变成一个激烈争论的来源。但在许多细节方面所获得的经验却是极有价值的,并且因此而使两栖作战的技术获得重要的改进。美国官方的海军历史学家莫里森少将(Rear-Admiral S.E.Morison)曾称其为"1945 年胜利的育种温床"。

尼米兹和他的幕僚们早在忙于计划下一阶段的行动,也就是向马绍尔群岛的跃进,但是当完成对吉尔伯特的攻击之后,由于尼米兹的坚持,下一阶段的计划才作了一种重要的改变。美军将不对该群岛中最近的和最东面的岛屿发动直接攻击,而准备予以绕过,下一个跃进将跳向 400 英里以外的夸贾林

(Kwajalein)珊瑚礁。以后,若一切进行顺利,斯普鲁恩斯的预备队即将进攻埃尼威托克(Eniwetok),该岛位于此700英里长的岛链中最远的终点上。指挥编组与攻击吉尔伯特群岛时大致相似,但使用两个师的生力军来担任突击登陆的任务,突击部队共有5.4万人,以及准备用来占领征服地区的部队3.1万人。在海军方面共有4个航空母舰群,其中包括12艘航空母舰和8艘战斗舰,并决定大量使用"两栖履带车辆",此种车辆都是有武器和装甲的,战斗机和炮艇均加装火箭。攻击准备的射击火力预定要比在吉尔伯特时增强4倍。

这个计划的成功又受到下述因素的帮助:日本人把他们所能提供的增援,都集中在该群岛的东端,所以美国战略的改变,遂使他们遭遇奇袭而感到措手不及——这也就是战略上的间接路线和以迂为直的成功。

在回到珍珠港作了一次短时间的休息和整补之后,美国快速航空母舰部队又于1944年1月回到战场,在进攻马绍尔群岛的这一段时间内,它们用连续不断的出击(总共在6000架次以上),瘫痪了日军整个空中和海上的行动——并击毁日军飞机约150架。

攻击的第一个行动在1月31日发动,攻占没有设防的马朱罗岛(Majuro),该岛位于岛链的东端,对于美国的支援勤务部队可以提供一个良好的泊地。接着再攻占夸贾林侧面的若干小岛,然后于2月1日发动主力攻击。夸贾林的日本守军一再发动自杀式的反击,在"万岁"(banzai)声中作了野蛮和疯狂的牺牲。虽然日本守军的总数在8000人以上,其中约有5000人为战斗部队,但美军仅阵亡370人即获得胜利。

由于军预备队(约1万人)尚未动用,遂直接用来攻占埃尼威托克。该岛距离美军占领的马里亚纳群岛尚有1000英里,但距离日本人在加罗林群岛中的主要基地特鲁克,却不到77英里。为了掩护对埃尼威托克攻击行动的侧翼安全,美国的9艘航空母舰遂登陆埃尼威托克的同一天,向特鲁克作一次重大的空袭。当天夜间又作第二次攻击,并利用雷达来辨识目标,次日上午又发动第三次攻击。虽然古贺峰一很谨慎,已经把他的联合舰队大部分的舰艇撤离,但仍然有2艘巡洋舰、4艘驱逐舰,以及26艘油轮和货船被击沉。在空中,日本人的损失更重,丧失飞机250架以上,而美国人只损失25架。空中攻击的战略性效果尤其惊人,因为接连三次的空袭使日本人大感震惊,于是把所有的飞机都撤出俾斯麦群岛,而让腊包尔留在孤立无援的状况下——这又可以证明在中太平洋方面的前进,不仅不曾阻碍麦克阿瑟在西南太平洋方面的行动,反而还帮助了他的进展。

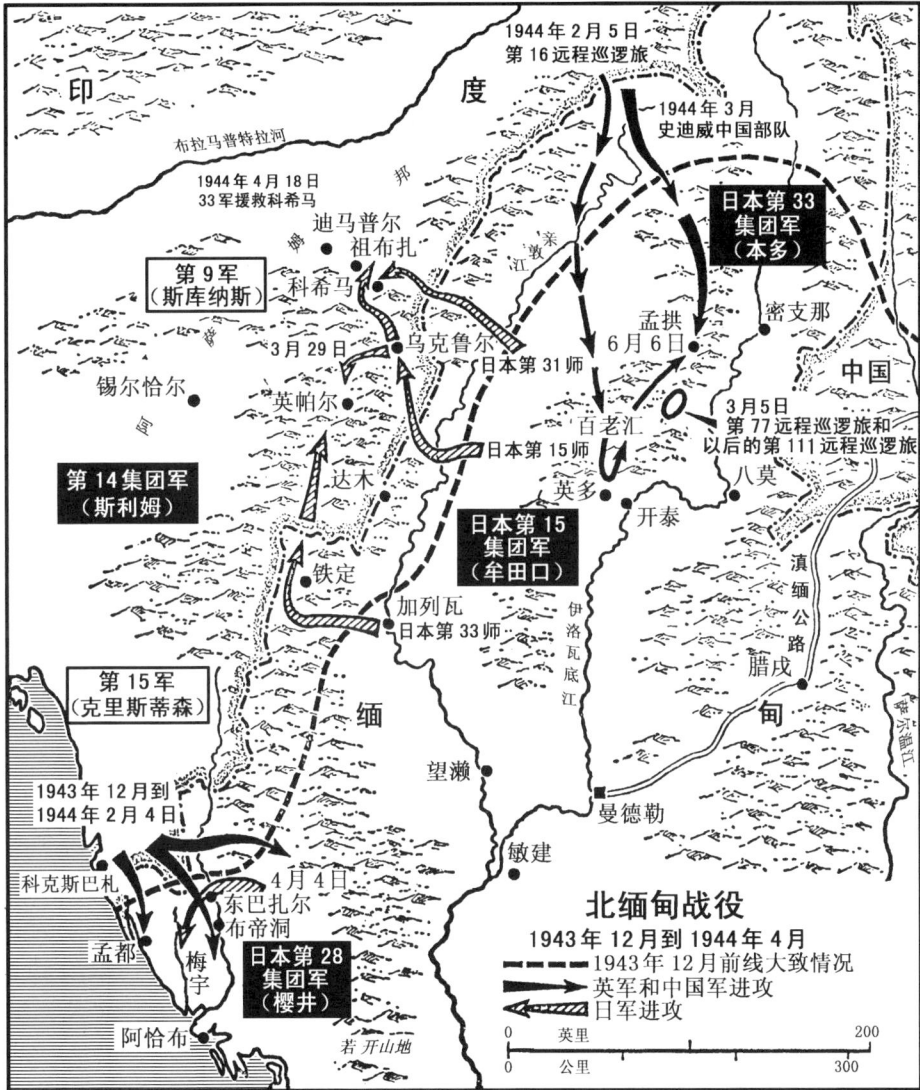

印　度

布拉马普特拉河

1944年2月5日
第16远程巡逻旅

1944年3月
史迪威中国部队

1944年4月18日
33军援救科希马

迪马普尔
祖布扎

第9军
（斯库纳斯）

科希马

3月29日

锡尔恰尔

英帕尔

乌克鲁尔
日本第31师

日本第33
集团军
（本多）

密支那

孟拱
6月6日

中　国

3月5日
第77远程巡逻旅和
以后的第111远程巡逻旅

百老汇

第14集团军
（斯利姆）

达木

英多

开泰

八莫

日本第15
集团军
（牟田口）

铁定

加列瓦
日本第33师

日本第15师

滇
缅
公
路

腊戌

第15军
（克里斯蒂森）

缅

望濑

曼德勒

敏建

甸

伊洛瓦底江

1943年12月到
1944年2月4日

科克斯巴札

东巴扎尔
布帝洞

4月4日

孟都

梅宇

日本第28
集团军
（樱井）

阿恰布

若　开　山　地

北缅甸战役
1943年12月到1944年4月
- - - - - 　1943年12月前线大致情况
━━▶　英军和中国军进攻
⇨⇨⇨　日军进攻

0　　　　英里　　　　200
0　　　　公里　　　　300

·按原图译制·

　　尤其最重要的是,这次作战证明航空母舰部队可以使一个主要的敌军基地丧失作用,但却不需要占领它,而且也不需要陆上基地飞机的协助。

　　在这样的环境之下,埃尼威托克的攻占也就变得非常容易。周围的小岛很快地被攻下,甚至于在主岛上的守军也只支持3天即被克服,而登陆作战的兵力尚不及一个师的一半。美军在马绍尔群岛建筑新机场的工作也就随之迅速推展。美军攻占吉尔伯特和马绍尔两个群岛所花的时间,只有两个月多一点,而日本人却希望在这个地带固守6个月。此外,特鲁克在日本人"绝对国防圈"中的重要地位,也发生了严重的动摇。

缅甸:1943—1944

　　在缅甸方面的季节性作战所经过的过程,却和所预料的大不相同,若与盟军在太平洋方面(尤其是中太平洋)的迅速进展相比较,则实在令人感到沮丧。在缅甸方面的战争是以日军的另一次攻势为主——在整个战争期中,这是惟一的一次曾经看到日军越过印度国境并进入阿萨姆的南部——而此时英军则仍在计划发动反攻,希望能肃清缅甸北部的敌军,并打通到中国的路线。因为从印度出发的交通已经大有改进,而他们的兵力也正在日益增强,所以成功的希望似乎是很大。

　　日军攻击的目的,为企图事先破坏英军的攻势,尽管其兵力居于劣势,但很不幸的是,却几乎已经获得战术性的成功,而且甚至于在最后失败时,其战略性的影响仍能使英国人到1945年才敢继续前进。不过由于英军在英帕尔(Imphal)和科希马(Kohima)——均在阿萨姆疆界以内30英里之处——能作顽强的防御,于是日军的攻击在1944年春季遂未得逞。一经败退之后,马上可以发现日军那一点薄弱的兵力,在这次最后的攻势中消耗得太厉害,以至于对英军立即发动的反攻,以及在1945年英军接着发动的较大规模的攻势,均不能作强烈的抵抗。

　　在准备作战时,同盟国之间已经获得协议,认为收复缅甸的北部应视为一个主要目标,因为这是和中国重建直接接触的最短路线,只有通过穿越山地的"滇缅公路"才能使中国再度获得补给。经过长期讨论之后,其他的计划均被搁置——例如对阿恰布、仰光或苏门答腊的两栖作战。对于若开地区也应再度发动攻击,以作为英军在缅甸大攻势的前奏;此外"擒敌"敌后游击部队

(Chindits)也应在北方发动一个牵制性的助攻。

1943 年 8 月底,新成立一个联盟性的"东南亚总部"(South-East Command),总司令为蒙巴顿勋爵(Admiral Lord Louis Mountbatten)——前英国"联合作战司令"(Chief of Combined Operations)。在其下的三军司令分别为萨莫维尔海军上将(Admiral Somerville)、吉法德将军(General Giffard)和皮尔斯空军元帅(Air Chief Marshal Peirse)。至于美国人史迪威将军则做了挂名的副总司令。印度总部与东南亚总部是分开的,前者现在专门负责训练而不再过问作战事务。韦维尔荣升有职无权的印尼总督,而奥金列克则接替他出任印度军总司令的职务。

在吉法德的第十一集团军之内,陆军的主力为新成立的第十四军团,其司令为斯利姆将军(General Slim)。辖有克里斯蒂森(Christison)的第十五军,位于若开;和斯库纳斯(Scoones)的第四军,位于北缅甸的中央战线上,此外,在此战区中的中国军队在作战时也由他控制。海军实力还是很小,但空军实力则大约增至 67 个中队,其中有 19 个是美国的——堪用的飞机总数为 850 架。

因为盟军的实力已有如此巨大的增加,而且攻势的企图又已至为明显,所以才促使日本人想对阿萨姆地区发动一个预防性的新攻击,否则他们也许将以守住和巩固其在 1942 年所征服的地区为满足。温盖特曾经作的第一次远征,已经使日本人认清亲敦江并不能算是一道安全的防线。日军的目的只想占领英帕尔平原,控制从阿萨姆通往缅甸的山地隘道,以阻止盟军在 1944 年旱季中将要发动的攻势——他们并不企图对印度作大规模的侵入或是"向德里进军"。

在准备阶段中,日本的指挥系统也已经改组。在缅甸方面军司令河边中将之下,辖有 3 个军——(1)第三十三军的司令为本田中将,共 2 个师,位于缅甸东北部;(2)第二十八军的司令为樱井中将,共 3 个师,位于若开边境上;(3)第十五军的司令为牟田口中将,3 个师均位于中央战线上,另加上 1 个"印度国民师",只有 9000 人——仅比一个正规日本师的一半多一点。

在对若开和中国云南的初期攻击之后,对英帕尔的主力攻击遂由牟田口的第十五军来负责。

英日双方的计划都准备在中线发动较大的攻势之前,先在若开方面作一个有限度的攻击。在英国方面,可使斯利姆将军有机会试验一种新的丛林战术:那就是首先建立一个据点使部队可以撤入,并利用空投来维持他们的补

给,然后再调集预备队来夹攻进犯的日军。这和过去一受到迂回就退却的老办法完全不同。

1944 年初,克里斯蒂森的第十五军分为 3 个纵队,开始逐渐向阿恰布南下。但是当 2 月初日军发动其计划中的攻击时,英军的前进即受阻——虽然日军只使用其在若开 3 个师中的 1 个。由于英军的疏忽,日军遂攻占了东巴扎尔(Taung Bazar),然后向南旋转,而使前进中的英军陷于狼狈的情况——直到新的援军空运到达之后才使他们获救。不过尽管有些局部性的错误,但英军新战术的价值却还是获得了证明。在粮食和弹药日渐不足的情况下,日军终于在 6 月季风尚未来临前,即被迫放弃反攻。

自从 1943 年 5 月温盖特在第一次"擒敌"作战结束并撤回印度之后,其兵力即处于安静休止的状态中。但在这个阶段内,他们的实力却已由 2 个旅增到 6 个旅——大部分是由于温盖特的理想和辩论燃烧起丘吉尔的幻想;同时在 1943 年 8 月,当温盖特被召前往出席魁北克的"四分仪会议"(Quadrant Conference)时,也使过去表示怀疑的参谋长们对他持以较友善的态度。于是温盖特被升为少将,而他的部队也被赋予他们所专用的空军番号。这个号称"第一空中突击队"(No.1 Air Commando)的兵力,远超过其官方头衔所具的含意,共有相当于 11 个中队的兵力。它通常被人称为"科克伦的马戏班"(Cochran's Circus),此乃由于该队的青年美国籍指挥官菲力普·科克伦(Philip Cochran)而著名。

在 1943 年年终和 1944 年岁首,新分发来的各旅被施以特殊的训练。虽然为了伪装起见,它仍称为第三印度师,但这支部队却早已没有任何印度部队,而且已经扩充到相当于 2 个师的数量,其主要的单位都是由英国第七十师所提供。

温盖特的构想也已经有了新的改变和发展——从游击队那种"打了就跑"的战术,改变为一种较确实和长期的远程渗透行动。他的 LRP 远程穿透(Long-range Penetration)部队计划攻占曼德勒以北约 150 英里处的英多(Indaw),以及在伊洛瓦底江周围的地区——即夹在英国第四军与史迪威的中国部队(两个师)之间的空间——并建立一连串的据点(由空投送补给),以切断日军的交通线。他们现在准备正式与敌人一战,而不再只是偷偷摸摸地扰乱而已。就本质而言,温盖特的部队将变成矛头,而英国第四军反而成为支援和扫荡部队。照温盖特的想像,其最后的目的是以几个 LRP 师远在主力部队的先头作战。

这个作战是在 3 月 5 日黄昏开始发动,其开始似乎即为不祥之兆,当 62 架滑翔机载运第一批部队前往英多东北 50 英里一处叫作"百老汇" (Broadway)的地方着陆时,就有好几架滑翔机失事撞毁,而另一处着陆的地点则受到被砍倒的树干的阻碍,第三个地点又因其他的理由而放弃。尽管如此,在"百老汇"的一条跑道还是迅速的建筑完工,于是在接着的几天夜里,由卡费特(Mike Calvert)所率领的第七十七(LRP)旅成功的着陆,跟着后面的即为朗泰涅(Lentaigne)的第一一一(LRP)旅。到 3 月 13 日,差不多有 9000 人已经深入敌后。此外,弗格森(Bernard Fergusson)的第十六(LRP)旅也从 2 月底自阿萨姆出发由陆路进入缅甸,虽然所经过的地区极为险阻,但在 3 月中旬之后,也快到达英多。

虽然日本人在最初遭遇到奇袭,但他们很快地在林将军指挥之下,临时组成一支相当于一个师的兵力,来应付这种空降侵入。其一部分兵力已在 3 月 18 日到达英多,而主力也在 3 月底以前赶来。此外,日本空军在 3 月 17 日发动一次反击,把利用"百老汇"临时机场作战的几架英国喷火式战斗机全部击毁,于是此后对空的防御就必须依赖从遥远的英帕尔机场起飞的巡逻战斗机。接着在 3 月 24 日,温盖特本人又因为座机在丛林中撞毁而送命。但在他本人尚未遭遇这个悲惨的意外事件之前,其大而无当和并未经过认真思考的计划,即早已呈现脱节的现象。3 月 26 日,从陆地前进的第十六旅奉温盖特生前的命令,向英多发动一个直接的攻击,但却被严阵以待的日军所击退,同时他们也曾成功地对抗其他 LRP 旅的威胁。温盖特想把游击行动发展成为一种较具体化的长程渗透——这种理想并未获得成功,虽然他也不曾获得其理想中的主力支援。

在温盖特死后,朗泰涅即被派接任这支特种部队的指挥官。4 月初,他与斯利姆和蒙巴顿作了一次讨论之后,而同意率领其所部北上,以帮助史迪威的前进。尽管史迪威因为害怕他们会招引日军,并不表示欢迎,但他们却帮助史迪威攻下了孟拱(Mogaung)——不过史迪威还是未能到达敌方在密支那(Myitkyina)的主要据点。"擒敌"部队的北移,恰好在一个师的日本生力军进入战场之前。

日军以攻占英帕尔和科希马为目的,在 3 月中旬以 3 个师的兵力向阿萨姆发动"预防性"的攻势。出乎意料之外,"擒敌"部队在伊洛瓦底江谷地中的

降落,却不曾影响日军攻势的发动和进展——虽然那是在日军的东面侧翼上和后方,但因为距离太远,所以并不足以威胁日军北上的进路和交通线。

1月底,斯库纳斯曾停止其第四军从英帕尔向南面的缓慢前进,而开始进入防御阵地,因为他已经获得确实的情报,日军正在亲敦江上游重组和集中,准备向英帕尔发动攻击。即令他已开始布防,但斯库纳斯的3个师还是散布得太远。其最南段的第十七师在铁定(Tiddim)被日军迂回之后,即发现其至英帕尔的退路已被遮断。情况似乎是非常的紧急,于是一个从若开刚刚抽回的第四英国师,遂又立即与其他增援部队一同匆匆地空运英帕尔。同时日军从亲敦江的侧进也大有进展,并加速英军第二十师的撤退。于是在英帕尔东北后方约30英里的乌克鲁尔(Ukhrul)英军阵地,也于3月19日受到攻击。同时,更使英军当局感到不安的是,日军的深入突击竟然是以科希马为目标,该城在英帕尔以北约60英里,控制着越过山地进入印度的道路。实际上在3月29日,英帕尔到科希马之间的道路也曾一度被切断。于是又有两个师的英国生力军被调往前线,以为增援和补充。总而言之,日军的敏捷和冲力又已再度使数量优势的英军丧失平衡,并迫使他们居于一种非常狼狈的形势。

虽然英军终于勉强撤回到英帕尔平原,并且已经用了4个多师的兵力作防御配置,但在科希马仍只有守军1500人,在理查兹上校(Colonel Hugh Richards)的指挥之下。对于英国人而言可以说是很侥幸,日军的最高指挥官河边将军,拒绝允许第十五军司令牟田口将军,派遣一支深入部队去夺取迪马普尔(Dimapur)——该地在科希马之后30英里,位于山地的出口上。这样一个突击若能成功,则将使英军为拯救英帕尔而发动的任何反攻受到阻碍和破坏。

在这间不容发的关头上,斯托普福德中将(Lieutenant-General Montagu Stopford)及其第三十三军的先头部队,已经从印度到达前线。他从4月2日起就接管了迪马普尔—科希马地区的指挥权,尽管他那个军的大部分还没有到达。

日军第三十一师对科希马的攻击是从4月4日的夜间开始,很快地就占领了瞰制的高地,使该地的小部队守军在4月6日即和派出增援的一个旅断了联络;同时日军又在祖布扎(Zubza)建立了一个道路阻塞阵地,切断其与迪马普尔之间的交通线。

但斯利姆将军在4月10日发出全面反攻的命令。到4月14日,斯托普福德所派遣的一个旅的生力军,攻克日军设在祖布扎的道路阻塞阵地,于是在4月18日两个救援科希马的旅都冲破了日军的包围圈,而与城内正在作最后奋斗的守军相会合。接着他们也就把日军逐出周围的高地。

此时，在英帕尔的周围也正在激战之中。有 2 个师的英军正在从事反击——向北打通到科希马的道路和向东北企图收复乌克鲁尔以威胁日军的后方。其他的 2 个英国师则从英帕尔向南攻击。

英国人现在几乎握有完全的制空权，这实在是一大幸事——日军在缅甸所有的飞机总数尚不及 200 架——所以在这几个紧急的星期当中，英军在英帕尔的部队可以完全依赖空运补给来维持。当 3.5 万名伤患和非战斗员都经空运送出之后，英军在英帕尔仍然有 12 万人左右。

5 月间，现已获得增援的斯托普福德部队，把死守在科希马周围阵地中的日军赶走之后，即进一步肃清从那里通到英帕尔的道路，而斯库纳斯的部队则正紧逼着在英帕尔以南的日军。假使牟田口此时决定退却，则他还可以很轻松地撤走，而不至于受到更大的损失。明知成功已经无希望，可是牟田口却拒绝接受部下的建议，坚持要继续蛮干到底。在这种疯狂的状况之下，他断送了他手下 3 个师长的前程——接着他自己的前程也随之而断送了。

在 7 月间，英国第十四军团在斯利姆将军指挥之下仍继续反攻，并终于到达亲敦江。在前进过程中所受到的阻碍是季风的来临，而非日军的抵抗——日军现在已经是残破不堪，无力再战。

在他们这次过分拉长的攻势中，日军全部进入战斗的总兵力为 8.4 万人，但已经损失 5 万人以上。英军因为行动比较慎重，所以损失尚不到 1.7 万人——其原有兵力本已较日军为多，而到了作战结束时则变得更多。英军共计展开了 6 个师以及许多其他的小规模部队，并且还获有制空权之利。反之，日军则只用 3 个师，再加上一个所谓的"印度国民师"——数量不足而且素质低劣。从另一方面来看，日本人因为盲目地遵守一种不现实的军事传统，遂牺牲了其战术技巧所能带来的利益——在次一阶段的战争中，更可以明显地看到他们为了此种愚行而付出极高的代价。

第七篇　低　潮
（1944）

在意大利缓慢进军

德国主要防线
—·—·— 1944年5月11日前线
— — — 6月5日前线
········· 8月25日前线
·········· 1945年4月8日前线
美第4军英第10军盟国军

第15军群（亚历山大）
英第8团军（利斯）
美第5团军（克拉克）

南斯拉夫
奥地利
瑞士
土耳

第10团军
第14军
第14集团军

"C"集团军群

英第13军法国军英第5团军第10军

阿尔暠塔山口
—·—·— 4月8日前线
— — — 盟军进攻4月9日

4月1日
英第2军
英第10军
波兰第2军
波兰第2军
美第65师
公路9号公路
英第13军

阿尔暠塔山口

第14集团军（马尔）
罗马
安齐奥
孤石作战计划
1944年1月22日
安齐奥滩头堡
1月24日反攻
德军反攻
1月24日至4月23日
从4月23日开始第5集团军进攻

第1伞兵军
第14集团军（马尔）

1944年6月4日
美第5集团军
进入罗马
第6号公路

美第2军
美第2军
美第2军

第76装甲军

10月30日前线
1944年1月22日前线

6号公路

凯撒防线

5 10 15 20 公里
5 10 15 20 英里

100 160
公里
英里

第三十章　攻克罗马和在意大利第二次受阻

　　1944 年开始时盟军在意大利的情况,若与 1943 年登陆时所具有的高度希望作一比较,实在令人有失望之感。两支军队——美国的第五军团和英国的第八军团,由于它们一直都是沿着亚平宁山脉的左右两侧连续不断地作正面攻击,所以不仅损失惨重,而且也已经精疲力竭。它们这种沿着整个半岛缓慢地爬行,就像第一次世界大战时联军在西线上的蛮攻硬打。在 1943 年 9 月间,由于意大利的投降和转向,加上英美联军在三方面——勒佐、塔兰托和萨勒诺的先后登陆,德军实已处于非常不利的形势,由于它们的迅速反应,才终于转危为安。凯塞林手下的军队虽然是七拼八凑的,但对于这种多方面的紧急情况,却仍能作如此良好的应付,使希特勒不久即打消其放弃意大利半岛,而退守意大利北部的原有观念和计划,决定在半岛上作长期的防御。

　　自 1943 年秋天以后,盟军所可能希望达到的最多不过是一个消极的目标——尽可能把较多的德军牵制在意大利境内,以便在 1944 年仲夏,当盟军从诺曼底进入法国时,足以减少其可能的兵力调动。

　　1943 年 11 月,也就是在英美开罗会议之后,英美苏三个主要同盟国曾举行德黑兰会议。会中曾确定下述的结论,即越过海峡在诺曼底登陆的“霸王行动”(Operation Overlord) 应列为优先,与其相配合的还有“铁砧作战”(Operation Anvil),即在法国南部的辅助性登陆,至于在意大利的目的将只限于攻克罗马,以及在半岛腿部推进至比萨—里米尼(Pisa-Rimini)之线为止。向东北进入巴尔干的扩张行动则根本上不在考虑之列。事实上在这个时候,它在英国政策中也似乎并非一个重要之点。

　　尽管对于“霸王行动”和“铁砧”应占优先的问题已经达成基本的协议,但美英两国的领袖们对于意大利作战的重要性却仍有许多歧见存在。以丘吉尔和艾伦·布鲁克为代表的英国意见是认为盟军投入意大利的兵力愈多,则愈能够牵制较多的德军使其不能用于诺曼底方面——这个观念后来被证明是错误的,但因为丘吉尔希望英国人能在那个战场上成为胜利的主角,所以予以全力支持。美国则认为法国是决定性的战场——他们这种看法一点都不错——所以对于意大利的任何增援,都应以不减少盟军在法国的实力为原则。他们的态度比丘吉尔或英国军事首长都较为现实,他们认为地形的困难将使盟军在意大利不可能获得迅速的成功,对于战果也无法作迅速的扩张。他们同时也对于英国人的用心表示深切的怀疑,他们相信英国之所以注重意大利,是为了想规避较艰巨的任务——即对法国的侵入。

　　除了在意大利北部的第十四军团另有 8 个师以外,凯塞林现在用来扼守所谓古斯塔夫防线的兵力是第十军团所辖的 15 个师。(原注:所谓德军一个师者,其实力有很大的差异。那些经过苦战的师人数已经减少很多,而且即令是足额的,它们平均也只相当于盟军一个师的 2/3。)虽然德军的师大部分都不足额,有的人数简直少得可怜,但它们还是能够抵抗盟军的任何正面攻击——到 1943 年年底,盟军在意大利的兵力已经增到 18 个师。

　　解决办法自然是在古斯塔夫防线后面进行两栖登陆,因为盟军同时享有空军和海军的优势,所以这也似乎是一种轻而易举的行动。假使能与一个新的正面攻击相配合,则可以一举突破其防线,并使德军在罗马以南无法再继续撑持下去。这个被称为"剃头作战"(Operati on Shingle)的计划早已在准备中,由于丘吉尔对于在意大利的进展迟缓深感不耐,所以对于这个计划也就给予热烈的支持。他在开罗—德黑兰会议中设法获得了必要的船只,其方法就是把准备用于法国南部"铁砧作战"中的登陆船只暂时保留在地中海内,以便可以先用在安齐奥(Anzio)的两栖登陆中,位置是在罗马的正南方,准备在 1月间发动。

　　亚历山大和他的幕僚所拟的计划就大致的轮廓而言,有很好的设计。对于古斯塔夫防线的正面攻击由克拉克的第五军团负责,攻击发动的时间大约定在 1 月 20 日。首先由法国的一个军(Franch Corps)在右,英国第十军在左,先发起攻击,以牵制由辛格尔将军(General Senger)所指挥的德国第十四装甲军的大部分兵力,然后位置在中央的美国第二军开始渡过拉皮多河进攻,一直向利里(Liri)河谷前进。等到这个主力攻击已向前推动时,海运的美国第六军就应在安齐奥登陆。此时原已南下增援的德军预备队可能会被调回来应付在安齐奥登陆的盟军部队——在这样的混乱之中,第五军团即可乘机突破古斯塔夫防线,并与在安齐奥的第六军会合。即令在二者夹击之下,德军的第十军团仍不至于被击溃,但它们将会退回罗马地区来进行重组,应该是毫无疑问的。

但是这个计划在实行时却完全走了样。并不像盟军统帅部所希望的,德军既未混乱又未衰竭,它们仍像以往一样,进行着坚韧的战斗。反之,盟军的准备因为太匆忙,第五军团的攻击一经发动即开始脱节。

1月17日到18日之间的夜晚,一开始就很顺利,麦克里里所指挥的英国第十军在左翼方面越过加里利亚诺(Garigliano)河,作了一次成功的突击。这也就促使凯塞林把他的预备队中的大部分(第二十九和第九十装甲步兵师,以及"戈林"师的一部分)调至这一方面。但1月20日,美国第二军越过拉皮多河的攻击,却变成一次惨重的失败——两个先头团的大部分都被歼灭。利里河谷有坚强的防守,任何攻击都是在卡西诺峰(Monte Cassino)的瞰制下,这个阵地的险要形势盟军估计过低。拉皮多河是以水流湍急得名,即令在无抵抗的情形之下,渡河的行动也很困难。而这一次美军的第三十六师,是在攻下外围的特罗基奥峰(Monte Trocchio)之后,仅仅休息和准备了5天,就开始发动攻击。其左面英国第四十六师的进攻也同样遭受失败。第五军团的攻势固然仍在进行中,但前途却已显得很暗淡,而此时海军部队也已于1月22日在安齐奥登陆。

在德军防线后方的侧面上,只有安齐奥地段能够提供适合的登陆滩头,否则盟军当局就必须冒险选择在罗马以北的地点——那未免距离古斯塔夫防线太远。即令如此,凯塞林还是受到奇袭,因为他始终认为在罗马以北登陆,对他而言具有更大的战略危险性,所以当盟军登陆时,在安齐奥地区只驻有一个德军小单位——一个属于第二十九装甲步兵师的营正在那里休息,对于凯塞林来说又真可以说是太侥幸了。美国第六军的军长卢卡斯少将不仅是过分小心,而且具有深入的悲观心理,他甚至在作战尚未发动之前,即已表示其悲观的看法,而且不仅是写在他的日记中,甚至还公开地对他的部下和盟友,包括亚历山大本人在内,发表这种意见。(他是在萨勒诺战斗的最后阶段接任这个军长职务的。)

第六军的最初登陆兵力为两个步兵师——英国第一师和美国第三师——增援它们的有英美两国的突击队单位——1个伞兵团和2个坦克营。而跟在后面的还有美国第一装甲师和第四十五步兵师,如此强大的兵力,不仅在登陆地点上足以保证享有压倒性的优势,而且对于强力的扩张行动前途也是大有希望——丘吉尔希望他们能够迅速地到达罗马以南的阿尔班山地（Alban Hills），并切断具有战略重要性的第六号和第七号两条公路，这样也就切断了在古斯塔夫防线中德国第十军团的退路。

英军在安齐奥的北面，而美军则在其南面，都很轻易地登陆，几乎是完全没有遭遇抵抗。但德军的反应却很迅速而坚定。在古斯塔夫防线上的部队奉命坚守不动，而"戈林"师则奉调北上，同时在罗马地区也抽调一切可用的部队南下。德军最高统帅部（OKW）告诉凯塞林他可以任意调用在意大利北部的部队，同时允许再给他2个师、3个独立团和2个重型坦克营的增援。因为希特勒很希望给盟军方面一个"下马威"，让它们的两栖作战受到一次沉重的打击，这样也就可以使它们不敢在意大利再作登陆的尝试，甚至于对法国海岸的攻击也都会变得畏缩不前。

凯塞林对于军队的调度可以算是一个杰出的成就。在8天之内，已经有8个师的单位被送往安齐奥地区，同时指挥机构也已经改组。安齐奥方面的防务由马肯森（Mackensen）的第十四军团负责指挥，它控制着第一伞兵军和第七十六装甲军。这两个军分别据守着盟军滩头的北面和南面地区。菲廷霍夫的第十军团则留下来据守古斯塔夫防线，其所控制的兵力为第十四装甲军和第五十一山地军。一共计算起来，有8师德军集结在安齐奥滩头的周围；在辛格尔的第十四装甲军之下有7个师，面对着克拉克的第五军团；另有3个师则由第五十一山地军指挥，以对抗英国第八军团在亚得里亚海方面的前进——此外在意大利北部还留有6个师，由查根将军（General von Zangen）指挥。（英国第八军团现在由利斯爵士指挥，蒙哥马利已被召回英国去负责诺曼底登陆的计划和准备。）

由于卢卡斯坚持必须在集中全力来巩固滩头阵地之后再向内陆推进，而他这种主张已经获得克拉克的支持，于是丘吉尔所希望的从安齐奥迅速推进至阿尔班山地地区的想法遂成为泡影。不过因为德军反应的迅速和技术的高超，再加上盟军方面官兵行动的迟钝，所以卢卡斯的过分谨慎又未尝不是一件好事。在那样的环境之下，设若轻率地向内陆挺进，很可能会受到德军的侧击，而招致惨败的结果。

尽管计划中的滩头地区到第二天即已站稳，补给问题也已简化，但真正向内陆推进的第一次企图，却直到1月30日才开始——那距离登陆已经一个多星期了。这个推进不久即受到德军的阻止，而且整个滩头现在也都受到德军炮兵火力的扰击；从那不勒斯地区起飞的盟军飞机，也不能阻止挤在安齐奥附近的盟军船只受到德军飞机的攻击。所以在古斯塔夫防线上的克拉克部队，不但不曾受到安齐奥登陆的帮助，现在反而被迫再度尝试发动直接攻击，以救助困在安齐奥滩头上的海运部队脱险。

这一次美国第二军企图从北面向卡西诺进攻以突破古斯塔夫防线。1月24日，美国第三十四师领先攻击，而由法军在其侧翼上助攻。经过一个星期的苦斗，才占据一个桥头阵地，而辛格尔却早已调来更多的预备队，使这个坚固的防线变得益为坚强。2月11日，美军终于自动撤回，不仅损失惨重，而且疲惫不堪。

在这次努力失败之后，新成立的新西兰军(New Zealand Corps)也被调上前线，其军长为弗里堡中将(Lieutenant-General Bernard Freyberg)，下辖的第二新西兰师和第四印度师都是在北非战役中曾有过优异表现的百战精兵——尤其是第四印度师，它是一个由英国和印度单位混合编成的部队，曾被德国人称赞为最好的师。弗里堡对于卡西诺所拟的攻击计划与过去的并无太多的区别，也是对德军的坚强阵地作牺牲式的正面攻击。指挥第四印度师的图克(Francis Tuker)力主通过山地采大迂回的间接路线，这也是法国人所赞成的，不过由于他生病，所以他的影响力遂随之而减弱。他的那个师结果被预订用来攻击卡西诺峰的本身，在他的大迂回建议被否决之后，他遂要求首先使用集中的空军轰炸，把雄踞山顶并具有历史意义的修道院予以彻底炸毁。虽然并无德国部队正在利用此一修道院，而且事后还发现充分的证明，显示他们是确未进入——不过那座雄踞山顶的伟大建筑物，对于仰攻高地的部队来说，实足以产生一种严重的心理压迫。经过弗里堡和亚历山大的赞成，这个要求遂被批准，于是在2月15日，盟军对于此一著名的伟大宗教建筑物作猛烈的轰炸，并将其夷为废墟，此后德军也就有充分的理由进入这个废墟，而且把它变成一个防御价值更高的障碍物。

在那一天和次一天的夜间，第四印度师曾一再发动攻击，但并无重要的进展。所以次一夜，即2月17日到18日之间，新西兰军终于回到原始的位置。第四印度师则成功地占领一再争持的五九三高地，但又被德国伞兵部队所发动的反击所逐回。次日德国的坦克部队也发动一次反击，将第二新西兰师逐出其在拉皮多河上的桥头阵地。

虽然OKW已经允许提供大量的增援来帮助扫除盟军在安齐奥的桥头阵地，但马肯森却不等待其到达，即发动反击以阻止敌军作扩大阵地的企图。第一次反击是在 2 月 3 日夜间发起,所指向的目标为英军第一师在 1 月 30 日对卡姆波莱奥内(Campoleone)挺进不成之后所造成的突出阵地。很侥幸的,英军第五十六师中先头的一个旅刚刚登陆完毕,所以恰好赶上并击退这一次的攻击。接着在 2 月 7 日,德军再度发动一次较大的攻击,虽然英军勉强守住阵地,但损失极为惨重,以致英军第一师必须退下整补,而由刚刚开到的美军第四十五师接替它的任务。

到 2 月中旬,马肯森对于他的大反击已准备就绪,他现在有 10 个师包围着在滩头上的盟军 5 个师,而且还有一支业经增强的空军部队对他提供良好的支援。一种号称"哥利亚"(Goliaths)的新式遥控小型坦克也被使用,车身中装满炸药,可以用来在防御部队中间制造混乱。德军并未因盟军攻击卡西诺而影响其部署,同时盟军的空权也不能对其产生任何严重的妨碍。

德军从 2 月 16 日开始进攻,沿着盟军桥头阵地的四周到处试探,并加上德军飞机的频繁袭击。到黄昏时,已在美军第四十五师所防守的地段中打开了一个缺口。这也是德军所期待的机会——一共 14 个营的兵力,由希特勒所宠信的步兵教导团(Infantry Lehr Regiment)领先,在坦克支援之下,于 17 日向前推进,以扩大这个缺口,并直趋阿尔巴诺(Albano)与安齐奥之间的公路,胜利似已在望。

但是这样大量和混杂的兵力挤在这一条路上,本身遂又构成一种阻碍,却给盟军的炮兵、飞机和海军的炮火构成一种有利的目标。而那种"哥利亚"遥控坦克也未能发挥其理想的威力。尽管损失严重,德军仍然迫使盟军节节败退。到 18 日,由于第二十六装甲师的增援,德军再度进攻,直扑滩头。但是英军的第五十六师和第一师,以及美军的第四十五师,都在作困战之斗,终于守住滩头阵地的最后一道防线。当德军的攻击达到卡罗切托(Carroceto)溪流之线时,已成强弩之末。2 月 20 日德军装甲步兵师再作最后一次努力,但不久又顿挫不前。防御的成功与特拉斯科特将军(General Lucian K.Truscott)的来到有相当的关系,他首先是来充任卢卡斯的副手,接着就取而代之。在英军方面,其第一师的师长彭尼少将(Major-General W.R.C.Penney)因为负伤之故,也改由坦普勒少将(Major-General Gerald Templer)来接替,他对于该师和第五十六师的防御也曾作过有力的协调。

由于攻击受阻而大为震怒的希特勒遂命令于 2 月 28 日再发动一次新的攻击,一共使用 4 个师的兵力向奇斯泰尔纳(Cisterna)的道路进攻。但却为美军第三师所阻。3 天之后,空中的低云消散,盟军的空军遂重创德国的攻击部

队。到 3 月 4 日,马肯森鉴于损失惨重,终于停止攻击。德军留下 5 个师继续
维持包围圈,而其余的部队则撤回整补。

盟军现在对卡西诺又发动一次攻击,以替它们的春季攻势开路。这次的
攻击要比上次更为直接化。第二新西兰师首先进入这个市镇,然后由第四印
度师接替,继续向山顶的修道院攻击。为想瘫痪在卡西诺市镇中德军的行动,
从地面和空中又作了猛烈的轰击———一共用了 19 万颗炮弹和 1000 吨炸弹。

当天气变得晴朗以后,这个轰炸即于 3 月 15 日开始。这个地区的守军虽
只有 1 个团(3 个营),但都是德军第一伞兵师的百战精兵,他们不仅能够忍受
这种空中和地面的疯狂轰击而不退缩,而且其所保留下来的实力,还足以继续
阻止来攻的步兵而有余。轰炸所造成的大量瓦砾反而帮了他们的忙,因为那
足以阻碍盟军坦克的行动。虽然城堡山(Castle Hill)终被攻克,但当第四印度
师继续向高地前进时,突然遇到骤雨,而引起山洪暴发,使防御者坐收其利。
有一连廓尔喀(Gurkhas)部队一直推进到修道院下面的吊人山(Hangman's
Hill),却在那里被围困住了。(译注:廓尔喀即尼泊尔雇佣兵,以勇敢善战著名。)同时
在市镇之内的激烈战斗则仍在继续进行。19 日双方又继续苦战,但彼此都无
进展。次日亚历山大遂决定若在 36 小时之内仍不能获得成功,即应自动放弃
此项作战,因为损失实在太大。到 23 日,在弗里堡同意之下,这次作战遂告中
止。所以第三次卡西诺会战是以失望结束。此后新西兰军即被解散,其所属
各单位经过一次休息之后,即分配给其他的军,而卡西诺地区则改由英军第七
十八师和第六装甲师的第一近卫旅接防。

亚历山大在 2 月 22 日曾建议在利里河谷发动一次代号为"王冠"
(Operation Diadem)的作战,来和安齐奥滩头阵地所发动的攻击突破相配合。
就形态而言,这大致与 1 月攻势相似,但却有较好的计划和协调。而且其发动
的时间比预定的"霸王作战"行动提早 3 个星期,所以也可以发挥牵制德军的
功效。

由亚历山大的参谋长约翰·哈丁(John Harding)所拟定的这个计划是准
备集中更多的兵力给予敌人无情的一击,所以在亚得里亚海岸方面只准备留
下一个军,而把第八军团的其余部分都向西移动,好让它来接管卡西诺—利里
地区的防线。第五军团,包括法军在内,不仅应负责左翼方面加里利亚诺河的
地段,而且还包括安齐奥滩头阵地在内。另有一个附带的建议,即在法国南部

登陆的"铁砧作战"应予放弃。

这似乎是很自然的,英国参谋长们对于这个计划表示同意,而美国参谋长们则表示反对,因为他们认为在法国南部的登陆对于诺曼底的进入是一种有利的帮助。于是艾森豪威尔遂提出一个折衷的建议,主张对于意大利的攻势给予优先,但仍继续计划"铁砧作战"。假使到了 3 月 2 日仍认为主要的两栖作战还不能发动,则在意大利水域中的大部分船只就应该撤回来协助"大君主作战"。2 月 25 日,英美两国参谋长联席会议同意接受这个折衷方案。

当决定的时期将至时,威尔逊将军(General Maitland Wilson)——此时他已经获得地中海战区统帅的新职——听到亚历山大说,在 5 月以前不可能对意大利发动春季攻势,并且他又强调面对着古斯塔夫防线的主力尚未突破以与安齐奥的兵力会合之前,任何部队都不能撤出以供"铁砧作战"之用。这也就是说,假定还需要 10 个星期的重组和准备,则"铁砧作战"是绝不可能在 7 月底以前发动——差不多是在诺曼底登陆之后的两个月,此绝非一个事先用来帮助它的牵制攻击。所以威尔逊和亚历山大都感觉到环境迫使他们不必再考虑"铁砧作战",而应把全部的努力集中起来,以求能使意大利战役获得决定性的结束。这种观念也与丘吉尔和英国参谋长们的希望相符合。艾森豪威尔也有表示同意的趋势,但他的立场并不相同,因为他希望这样可以把保留在地中海方面的大部分船只都移用于"霸王行动"方面。但是美国参谋长们虽然勉强同意把"铁砧作战"延迟到 7 月以后,却反对完全放弃的建议,并且怀疑在意大利方面超过原已拟定的极限再继续进攻的价值。他们同时也怀疑其牵制德军兵力使其不能用于诺曼底方面的价值——就这一方而言,他们的判断也的确是没错的。于是大家争论不决,连丘吉尔与罗斯福之间也以冗长的电报频频交换意见。

此时,在意大利对于春季攻势的准备仍继续进行——这是英国人的势力范围。第八军团的调动和重行部署,加上其他种种因素,包括船只的缺乏在内,使攻势的发动一直延迟到 5 月 11 日。第八军团的任务为在卡西诺突破敌军的古斯塔夫防线。而第五军团则以下述两项行动予以协助:(1)在左翼方面越过加里利亚诺河进攻;(2)从安齐奥滩头阵地向第六号公路上的瓦尔蒙托内(Valmontone)突破。在安齐奥方面,盟军以 6 个师面对着德军的 5 个师——不过德军在罗马附近还有 4 个师充当预备队。在古斯塔夫防线上,盟军共有 16 个师的兵力(其中有 4 个师集中在一起,准备从事突破后的扩张),而德军则仅有 6 个师(其中 1 个师为预备队)。盟军兵力大部分都集中在从卡

西诺到加里利亚诺河口之间的地段中——共 12 个师（2 个美国师、4 个法国师、4 个英国师和 2 个波兰师）。此外还有 4 个师则紧接着配置在它们的后方，以便在突破之后即向利里河谷方面迅速挺进，并希望能贯穿其后方约 6 英里处的"希特勒防线"（Hitler Line），而不让德军在那一线上有集结和重整的机会。

第八军团的 9 个师受到 1000 多门火炮的支援，加以干燥的天气也使它们深受其利，因为坦克以及其他的摩托化车辆都可以跟着前进——与冬季攻势中泥泞载道的情形恰好形成强烈的对比。所以 3 个装甲师（英国第六、加拿大第五和南非第六师）也获得空前所未有的适当作战机会。

在攻击时，波兰军（2 个师）负责对付卡西诺，而英国第十三军（4 个师）则在其左面前进，指向圣安格洛（St. Angelo）。

在主战线上盟军的全面攻势一共受到 2000 多门火炮的支援，而同盟国在这个战区中的空军，首先对于敌方的铁路和公路网作广泛的重大攻击，直到最后阶段才转而攻击战场上的目标——不过这种"绞杀作战"（Operation Strangle）对于德军的交通和补给体系的影响，并不如希望中的那样严重。同时发动的广泛破坏活动，其结果同样令人感到失望。作为一种欺敌之计，盟军又公开地实施两栖登陆演习，其目的旨在希望能使凯塞林相信他们又要来了——尤其在罗马以北的契维塔韦基亚（Civitavecchia）附近——但是凯塞林本来就深信盟军对他们的海运优点原本应该作如此的利用，所以这种欺敌手段实在是多余的，似乎并无任何显著的效果。

这次攻势在 5 月 11 日的夜间（下午 11 时）以大规模的炮击为开始，步兵也立即跟着前进。但头 3 天之内，在大多数地段中都遭遇到顽强的抵抗，所以攻击殊少进展。在安德斯将军（General Anders）指挥之下，波兰军在其对卡西诺的攻击中曾表现出极大的决心，而且对于比较间接化的路线也能妥善利用，但仍然遭受到重大的损失。英国第十三军也进展得极为缓慢，而且若非波兰军转移了敌方注意力的焦点，则它们也就会同样地遭受极大的损失。在海岸地区方面的美国第二军所获得的进展也是一样的有限。但夹在二者之间的法国军，由余安将军指挥，却发现德军只用一个师来对抗他的 4 个师，因此在加里利亚诺河彼岸的山地区域中作了相当迅速的前进——那个地区由于地形险恶，德军遂认为不会受到严重攻击的危险。5 月 14 日，法军冲入奥森特河（Ausente）谷地，而德国的第七十一师遂开始在它们的前面迅速地撤退。这样也就帮助美国第二军击退德国第九十四师，并开始沿着海岸公路作较迅速的推进。尤其是在两个师的退却线之间,恰好又隔着一个几乎是没有道路的奥朗西(Aurunci)山地。余安抓住这个机会,将他的摩洛哥山地部队——一支师级的兵力在纪尧姆(Guillaume)的指挥之下——投入这个缺口之中。他们迅速地越过山地,在德军尚未来得及部署之前,即已突穿在利里河谷中的希特勒防线。

德军的右翼,也就是西翼,现在正在崩溃之中,又因为德军的卓越指挥官辛格尔将军,当盟军的攻势发动时正在后方受训,所以遂使德军恢复的机会更为减少。此外,凯塞林这一次迟迟不敢投入预备队前往南面增援,因为他害怕北面有新的情况发生,所以直到 5 月 13 日,他才调派 1 个师向南面的利里河谷增援。虽然不久又增派 3 个师,但它们的来到已经太迟,不能够稳定战线,而都被卷入了漩涡式的战斗之中。在卡西诺地区中的德军又继续坚守了几天,尽管在 5 月 15 日,加拿大军即已开始采取扩张的行动。不过到 17 日夜间,英勇的德国伞兵还是撤退了——次日上午波兰部队终于进入期待已久的修道院废墟,在英勇的战斗中他们丧失了将近 4000 人。

因为德军那一点稀少的预备队已经大部分都调向南面,所以从安齐奥执行计划中的突破,其时机已经成熟——现在又增加了另一个美国师(第三十六师)。在命令中这次攻击突破应于 5 月 23 日发动时亚历山大所希望的是一个趋向瓦尔蒙托内迅速而强力的攻击,并切断第六号公路——主要的内陆道路——这样也就会使曾经据守古斯塔夫防线的德国第十军团的大部分都被切断了退路。果能如此,则罗马也就会像一颗熟透的苹果般自动地坠落。但由于克拉克将军怀有不同的观点,结果遂使这种希望落空,因为他所感到热心的问题就是第五军团的部队应该首先进入罗马城。到 5 月 25 日,经过 12 英里的前进,美国第一装甲师和第三步兵师已经达到科里(Cori),那是刚刚越过第七号公路,但距离第六号公路却还有一段距离。它们已经与沿着第七号公路北上的美国第二军会合。凯塞林所保有惟一剩余的机动师"戈林"师,匆匆被派往这一方面去阻止美军的进攻——但在盟军空中攻击之下,受到很大的损失。但在这个阶段,克拉克却把他的主力 4 个师送向对罗马前进的方向上,而只留下 1 个师继续向瓦尔蒙托内前进——当这师推进距离第六号公路尚差 3 英里的地方,即为 3 个德国师的大部分兵力所阻止。

亚历山大虽然诉之于丘吉尔,但仍然未能改变克拉克的进攻方向,而他不久又在罗马南面"恺撒防线"(Caesar Line)上受到德军的抵抗而开始停滞不

前。同时,第八军团的装甲师也发现它们向利里河谷的扩张行动,并不如想像中那样的容易,它们并不能切断德国第十军团的退路。相反的,德军从山地中的道路安全地溜走,而在安齐奥方面盟军的不合作,也帮助了它们的逃脱。

的确,在几天之内,德国人似乎有在恺撒防线上稳住他们阵脚的机会,因为在辛格尔指导之下,他们沿着第六号公路的阿切—切普拉诺(Arce-Ceprano)地段实施顽强的抵抗,同时盟军的装甲师由于运输车辆的尾车太笨重,把道路挤得水泄不通而无法作快速的前进。

但是由于美国第三十六师于 5 月 30 日在阿尔班山地地区中攻占第七号公路上的韦莱特里(Velletri),并穿透恺撒防线,于是遂使另一次僵持的阴影一扫而空。利用这个机会,克拉克即命令第五军团发动一次全面攻势;其第二军在攻克瓦尔蒙托内之后,即从第六号公路向罗马前进,而其第六军的大部分则从第七号公路前进。在 11 个师的压力之下,数量远居劣势的德国守军被迫撤退,于是美军在 6 月 4 日进入罗马。一切的桥梁都完整而未破坏,因为凯塞林是早已宣布罗马为"不设防城市"(Open City),他不愿意让这个圣城在战火中遭受破坏。

两天以后,即 6 月 6 日,盟军开始在诺曼底登陆——于是意大利的战役也就退入幕后。在整个意大利的春季攻势中,当以罗马的占领为其结束时,盟军所付出的伤亡代价为美军 1.8 万人,英军 1.4 万人和法军 1 万人。德军的死伤数字约为 1 万人,但在连续的战斗中大约有 2 万多人做了战俘。

以兵力的整合量来比较,则盟军在意大利的继续进攻并非是有利的战略投资——在这个战区内盟军共有 30 个师,而德军只有 22 个师,但以实际的部队来计算,其数量的比例是约为 2 比 1。对诺曼底的侵入而言,并未收到牵制德军的效果。事实上也并不曾阻止敌人对西北欧继续增援。他们在法国北部(即卢瓦尔河以北)和低地国家的兵力,在 1944 年开始为 35 个师,但当 6 月初盟军发动越过海峡的侵入作战时,已经增至 41 个师。

对于意大利战役的战略效果,比较合理的解释是说它对于诺曼底登陆的成功有所贡献,也就是说若无意大利作战的压力,则在英吉利海峡战线上的德军兵力将会增加很多。反之,盟军突击兵力和立即增援的兵力是由于受到登陆艇数量的限制,所以在这个最紧急的开始阶段,盟军原来使用在意大利方面的兵力并不能用来增加诺曼底登陆的力量。而在另一方面,德军本来用在意大利的兵力若转到诺曼底方面,则对于盟军登陆的前途可能会产生致命的效果。这的确是一种合理的说法,但奇怪的,许多拥护在意大利作战的英国人对于理直气壮的辩护理由,并不曾尝试作太多的引用。不过即令这种说法也还是不无可疑之处;面对着盟军对铁路网所作的阻绝性轰炸,德军能否向诺曼底作大规模的兵力调动也还是很难断言。

政治方面,在这个阶段之内的第一件大事,即为意大利国王维克多·艾曼努尔(King Victor Emmanuel)把他的王位让给他的儿子继承,同时意大利的首相一职,也由巴多格里奥元帅移交给反法西斯的博诺米先生(Signor Bonomi)接任。

对于在意大利境内的盟军而言,尽管罗马的克服是一个追求已久的目标,但它的后果还是令他们深感失望。一部分是由于较高阶层的决定,而另一部分则由于德军的恢复和对抗行动。

虽然威尔逊已经接受美国人的观点,即认为"铁砧作战"即令发动也已经太迟,但对于地中海总体而言,仍为牵制德军兵力并帮助诺曼底盟军前进的最有效行动。但亚历山大的想法却完全不同。6月6日,即进入罗马之后的两天,他开始提出其扩张"王冠作战"的计划,他认为假使他的兵力若能保持不动,则他们到8月15日,即能对佛罗伦萨以北,在意大利半岛"股"部(Thigh)上的德军"哥特防线"(Gothic Line)发动攻击——这也正是威尔逊预定发动"铁砧作战"的同一日——除非希特勒再调8个或8个以上的师来增援,否则他们就能够突破这一道防线。他又更进一步认为,此后他就能够迅速地冲过意大利的东北部,并且有通过所谓"卢布尔雅那缺口"(Ljubliana Gap)直趋奥地利的良好机会。在意大利的威尼斯(Venetia)与奥地利的维也纳(Vienna)之间是万山重叠,敌人到处都可以设防,所以亚历山大的这种想法实在未免过分乐观——在第一次大战期中,意大利人曾经做过这样的尝试,但在最初阶段即已一再地遭到惨重的失败,似可引为殷鉴。

但这个计划对于丘吉尔和英国的参谋长们,尤其是对艾伦布鲁克(陆军参谋总长),似乎很对胃口——因为他们害怕在诺曼底会受到重大的损失,甚至于还会遭到惨败,所以很欢迎这样一个可供代替的计划。亚历山大提倡这个计划还有另外的苦衷,他希望使他的部队认清意大利作战的重要性,借以提高士气。

在马歇尔的领导之下,美国参谋长们强烈反对意大利的攻势再作如此毫无把握的新发展,但亚历山大却成功地说服了威尔逊。于是艾森豪威尔也出

面干涉,他主张应发动"铁砧作战"。接着丘吉尔和罗斯福也再度被卷入争辩的漩涡。到 7 月 2 日,英国人终于让步,于是威尔逊奉令仍应在 8 月 15 日发动"铁砧作战"——现在已经改名为"龙"(Dragon)了。这个决定也就要从意大利抽出美国第六军(3 个师)和法国军(4 个师)——后者的官兵当然都是希望能够参加对于其祖国的解放作战。所以第五军团现在只剩下 5 个师,而这个集团军也已经丧失其 70%的空中支援。

当此之时,凯塞林和他的部下也早已倾全力来阻止盟军扩张其已经获得的部分性成功。在"王冠作战"的过程中,德军损失颇为严重,其中 4 个步兵师已经送回后方整补,而其他 7 个师的战力也都严重地减弱。但有 4 个师的生力军正在运输途中,此外还有 1 个重型坦克团。这些增援的大部分都送往第十四军团方面,因为它正掩护着最容易的进路。凯塞林的计划是准备在夏季中用一连串的迟滞行动来延缓盟军的前进,然后再退到坚固的哥特防线上过冬。在罗马以北大约 80 英里的地方,有一道靠近特拉锡梅内湖(Lake Trasimene)的天然防线,那正是汉尼拔的古战场,他曾在那里布下巧妙的陷阱以引诱罗马人入伏,所以这也就变成凯塞林理想中的第一道防线。德军工程人员高明的爆破工作也帮助延迟盟军的前进。

盟军是在 6 月 5 日即已开始前进,也就是在美军进入罗马城的次日。但在这个对于德军而言是最危险的时刻,盟军并未作太强大的压迫。此时法军在第三军团方面取得领先的地位。同时,英国第十三军则沿着第三号和第四号公路向内陆前进,但所遭遇到的抵抗却日益坚强,终于沿着特拉锡梅内之线停顿下来。在其他地区中的前进也都停止不前。所以在从罗马撤出之后只花了两个星期的时间,凯塞林便使一度极为危险的情况再度稳定下来。

而且 OKW 已经告诉凯塞林另有 4 个师将要调拨给他——那本是拨给苏联战线的——此外还有相当数量的新兵用来补充他那些损失较重的部队。这都是新近增加的,至于以前所调拨的 4 个师和 1 个坦克团早已在到达的途中。很讽刺的,当凯塞林的兵力正在如此大量的增加时,亚历山大却面临着许多丧气的事实:不仅要抽走他的 7 个师,而且还把他的大部分的空中支援单位,以及集团军在意大利的许多后勤单位调走。

凯塞林已经证明出他自己的确是一个非常卓越的指挥官,而现在他又正在获得好运气的激励。当盟军的扩张前进正在顿挫的时候,他已经决定在这一道有利的天然防线上站住他的脚跟。

在 6 月 20 日以后的夏季两个月中,对于亚历山大的部队而言,是一个挫折和失望的阶段。前进都是零零碎碎的,从来不曾具有决定性的结果。一切的战斗都是双方各自以军对军之间的一连串个别的孤立行动。在这些战斗中,德国人所用的老办法就是首先据守一个阵地,等到盟军调集大量兵力准备大举进攻之时,他们就乘机溜走再去继续扼守另一个阵地。

由于凯塞林对于部队已经加以重新编组,所以现在双方的态势遂有如下述:在西岸方面,德国的第十四装甲军面对着美国第二军;第一伞兵军面对着法国军(此时尚未撤走);第七十六装甲军面对着两个英国军(即第十三军和第十军);而第五十一山地军则单独在亚得里亚海岸方面面对着波兰的第二军。

到7月初,盟军的主力受到恶劣气候的阻碍,还是突破了特拉锡梅内之线——但在几天之后,又在阿雷佐之线受阻。到7月15日,德军从这一线溜走,而逐渐撤到阿尔诺河(Arno)之线,那是从比萨经过佛罗伦萨再向东延伸。在这里盟军又被迫作了一段长期的停顿,尽管其最后目标哥特防线已经近在咫尺。对于它们的挫折可以发生若干补偿作用的是波兰军在7月18日已经攻占安科纳(Ancona);而美军也于19日攻占里窝那(Leghorn)——这样可以缩短它们的补给路线。

由于英国希望能继续进行在意大利的作战,尤其是以亚历山大和丘吉尔为首,所以尽管一再挫败而兵力亦已减少,但准备对哥特防线发动秋季大攻势的计划却仍未稍息。它具有两点希望:(1)仍然认为它有牵制德军兵力使其不能用在主战场上的价值;(2)反之,假使德军在西战场上首先崩溃,则可能会促使它们自动退出意大利,于是也就使亚历山大的兵力仍有从意大利北部直趋的里雅斯特和维也纳的机会。

原来对哥特防线的进攻计划是由亚历山大的参谋长哈丁和集团军总部的参谋人员所拟定,其基本观念为对亚平宁山区中的德军战线中心作一个奇袭性的突击;但到8月4日,第八军团司令利斯,却说服了亚历山大使其同意采取另一种不同的计划。其基本构想是首先把第八军团秘密地送回亚得里亚海岸方面,让它从那里向里米尼(Rimini)进攻。等到凯塞林的注意力被吸引到那一方面之后,第五军团即应在左面的中央发动攻势,而以波伦亚(Bologna)为其目标。于是,当凯塞林开始对于这一个新的攻势采取对策时,第八军团遂又乘机前进,而以冲入伦巴底(Lombardy)平原为目的——在那个平原上,其装甲部队即可享有自从在意大利登陆以来所从未遭遇过的较广大活动空间。

　　尽管其所包括的行政问题可能颇为复杂，但此种新计划仍然比较受欢迎，因为自从法军（连同其优秀的山地部队）被撤走之后，原有的计划根本上就很难执行。利斯同时认为第五军团和第八军团若不指向同一目标，反而有较好的表现。亚历山大很快地就对他的意见表示同意，并采取了这个新计划——其代号定名为"橄榄作战"（Operation Olive）。

　　但这个计划却有很多的缺点，而在作战发动之后，也就变得更为明显。虽然第八军团现在不必再面对着一连串的山脊，但却必须克服一连串的渡河难题，所以前进的速度仍然很慢。对方的凯塞林，因为有良好的横向公路可供利用，所以在调动兵力上并不困难——第九号公路为自里米尼向西经过波伦亚的干道。英国方面的计划作为人员对于干燥天气的延续也采取一种过分乐观的估计。而且不管天气的好坏，在里米尼以北的地区，虽然很平坦，但也很低湿——并非装甲部队迅速奔驰的理想场地。

　　8月25日，亚历山大的攻势开始发动——虽然比预定日期迟了10天，但开始还是很顺利。德军再度受到奇袭——因为英国第五军（5个师）和加拿大第一军（2个师）在进入波兰第二军后方的准备位置时，并未被发现。英国第十军此时仍继续守住靠近中央的山地地段，而第十三军则已向西移动，准备支援即将发动攻击的第五军团。

　　虽然有第一伞兵军为后盾，但据守亚得里亚海岸地区的德军却只有两个素质较差的师——德军在此时的部队调动大部分都是从东往西。波兰军的移向亚得里亚海岸几乎不曾引起任何的注意，到了8月29日，德军才开始有了反应——此时，盟军的3个军已经用宽广的正面向前推进了4天，从梅陶罗河（Metauro）进至福利亚河（Foglia），差不多前进了10英里。到了次日，德军另有两个师的部分兵力赶到现场来增援，以阻止盟军的前进，但德军的到达还是太迟，来不及阻止，9月2日，盟军大约又推进了7英里，抵达孔卡河（Conca）之线。

　　但是第八军团的势头已正在日益降低，主要的会战准备在9月4日发动，其目标为在奥萨河（Ausa）后方的科里阿诺（Coriano）岭，那还隔着两道河流。在这里英军的前进即开始停顿不前。同时德军已获得更多的增援——在9月6日，大雨也给予他们很多的帮助。

　　凯塞林已经下令要其他各师向哥特防线作全面的撤退，这样可以缩短他的战线，并抽出一些兵力来增援亚得里亚地区。这个部分的撤退也就开放了阿尔诺河上的渡口，于是第五军团现在遂准备进攻。从9月10日开始，美国第二军和英国第十三军向兵力已经减弱但抵抗仍极顽强的德军阵地进攻,终于在一星期之后,在佛罗伦萨以北突破焦加隘道(Il Gioga Pass)。凯塞林似乎又遭到奇袭,直到 9 月 20 日(也就是攻势发动后的第 10 天)他才开始认清此即为主力攻击,于是遂立即派遣两个师向这地区增援。但到此时,美军的预备队第八十八步兵师,已经开始从东面向波伦亚进攻。尽管德军已经丧失了哥特防线,以及其后方的重要地形巴塔利亚山(Monte Battaglia),但它们还是能够遏止盟军的攻势。所以到 9 月底,克拉克对于波伦亚只好再回到直接攻击的旧路。

此时第八军团在亚得里亚方面仍继续陷于困难之中。到 9 月 17 日,已经有 10 个德国师的单位在阻止它的前进。虽然在 21 日加拿大军成功地进入里米尼,于是也就达到波河流域三角洲,但德军却退到另一道防线乌索河(River Uso)上,那也就是历史上著名的卢比孔河(Rubicon)。(译注:恺撒在公元前 49 年渡过此河进入罗马,从庞培手中夺得政权。)在这个低湿的平原上,还要越过十三道河流,才能达到波河。在这段努力中,第八军团差不多有 500 辆坦克被击毁、坑陷和损坏;而许多步兵师则折磨得只剩下一副骨架子。所以德军能够调动大部分兵力去阻止第五军团的进攻。

10 月 2 日,克拉克再度发动对波伦亚的攻势,这一次是沿着第六十五号公路推进。其第二军的 4 个师全部都投入战场,但德军的抵抗却极为顽强,在 3 个星期的苦战中,美军的进展平均每天不超过 1 英里,于是到 10 月 27 日,攻势遂自动放弃。到 10 月底,第八军团的攻势也几近尾声,一共只渡过了五道河流,而波河却尚在 50 英里之外。

在这个阶段中惟一值得注意的为指挥上的改变。凯塞林在一次汽车失事中负伤,他的职务由菲廷霍夫接替。麦克里里(McCreery)代替利斯出任第八军团司令,而后者则被派往缅甸。到 11 月底,威尔逊被送往华盛顿工作,其遗缺由亚历山大升任,而意大利集团总司令一职则由克拉克接任。

若与春夏两季的高度希望作一比较,则盟军在 1944 年结束时的情况实在可以说是非常令人失望。虽然亚历山大对于攻入奥地利的观念仍表乐观,但在意大利半岛上如此缓慢地爬行,却早已使此种遥远的希望日益变得与现实脱节。威尔逊本人在其 11 月 22 日上英国参谋长们的报告书中即已自动作此项承认。盟军部队的不满情绪和信心的丧失,也可以从逃亡率日增的事实上表现出来。

1944 年盟军所发动的最后一次攻势,是想占领波伦亚和腊万纳(Ravenna)

来作为过冬的基地。12 月 4 日,第八军团的加拿大部队攻占了腊万纳,它们的成功使得德军派出 3 个师的兵力去阻止第八军团作更进一步的前进。这也似乎给第五军团带来一个较好的机会。但敌军于 12 月 26 日却在塞尼奥(Senio)河谷中发动一次反击,于是也就把这个机会错过了——这是墨索里尼为了模仿希特勒在阿登(Ardennes)地区的反攻而发动的,所用的兵力大部分都是继续向他效忠的意大利人。这次攻击不久即轻易地被击退。但第八军团现在却已经疲惫,而且缺乏弹药,同时也知道德军在波伦亚附近仍保有强大的预备队。所以亚历山大遂决定盟军应转取守势,并准备明年春季再大举进攻。

另一个减少意大利作战希望的行动,是同盟国联合参谋长会议已决定从意大利再抽调 5 个师送往西线,以便使盟军对德国的春季攻势可以有更大的力量。结果是加拿大军的两个师被调走,其他的师则免于被调。

第三十一章　法 国 的 解 放

　　诺曼底的侵入在尚未发动之前,像是一种最危险的冒险。盟军的部队必须在一个已为敌人占领 4 年之久的海岸上登陆,后者有充分的时间来对它设防,到处设置障碍物和埋设地雷。就防御而言,德军在西战场上已有 58 个师,其中 10 个为装甲师,可以迅速地发动一次装甲反攻。

　　尽管在英格兰已经集结有巨大的兵力,但是对它们的运用却受到下述事实的限制:它们必须渡海,而且可能使用的登陆舰船数量有限。在第一次的海运中它们只能装卸 6 个师,而必须要有一个星期的时间,它们才能使这个数量增加 1 倍。

　　对于希特勒所号称的"大西洋长城"(Atlantic Wall)——一个令人望而生畏的名称——发动攻击时的成功机会的确使人很感到焦虑,而且被赶下海去的危险更是令人担心。

　　但以后的事实是,第一步的立足点很快就扩大成为一个巨大的滩头阵地,宽达 80 英里。在盟军兵力从滩头阵地中突出之前,敌军始终未能发动任何具有危险性的反攻。盟军突出的方式和地点和蒙哥马利所原始计划的完全一样。于是德军在法国的整个态势遂迅速地崩溃。

　　事后回顾起来,侵入的进展似乎是相当容易而确实,但外表是可以骗人的。

　　这个作战固然最后是"依照计划发展",但却并非依照预定的时间表推进。最初,成功与失败可以说仅是一线之隔。最后的胜利掩盖了下述的事实:起初盟军是面临着极大的危险,而其渡过难关的机会也是间不容发。

　　一般人之所以会感到侵入战的过程极为平稳,此种印象乃是受到下述两件事实的加强:(1)蒙哥马利在事后总是强调说:"战斗的一切经过都是与侵入以前所计划的完全一样";(2)盟军的确是在 90 天之内达到塞纳河(Seine)——而在 4 月间所绘制的预测图上,也标示出来达到此一线的日期应

诺曼底登陆
1944年6月6日到7月25日
黄金滩袭击梅谈

为"D+90"。

那是蒙哥马利所惯用的发言方式,总是把他自己所指导的作战说得一切都是和他所想像的一样,那简直是像机器一样的正确和精密——又或者是如有神助。这种脾气也就时常遮掩了他对于环境的适应能力。他在将道方面的特长是能够使弹性与决心合而为一,但很讽刺的,他这种优点和成功却反而不为人所重视。

在原定计划中,冈(Caen)是在登陆的第一天,即6月6日,就应该攻占的。登陆的开始很顺利,到上午9时海岸防御即已完全克服。但蒙哥马利的记载却掩饰了向冈的推进是直到下午才开始的事实。其原因有二:一部分是由于滩头拥塞不堪,所以使交通为之瘫痪;另一部分则是由于现场指挥官的过分谨慎——而在那个时候,几乎没有任何东西可以阻止他们。冈为侵入地区的关键,最后当他们向其前进时,德军的一个装甲师——那也是整个诺曼底侵入地区中惟一的装甲师——已经赶到现场并阻止他们的进攻,次日德军的第二个装甲师也赶到。结果几经苦战,又过了一个多月的时间,才终于攻克该城。

蒙哥马利的原始意图是希望在英军右翼方面,用一支装甲部队立即向内陆挺进,达到距离海岸20英里的维莱博卡日(Villers-Bocage),于是便切断从冈经西方和西南方的道路。但这一点在他的故事中却不曾被提到。事实上,这种行动是很慢才开始的,尽管海岸防线被突破之后,在冈以西几乎是完全没有抵抗力量的存在。战俘事后透露出来,直到第三天为止,这段10英里长的战线只由一个单独的德军机动小部队来负责掩护——即一个搜索营。于是才有第三个装甲师赶到现场,并被配置在那里。虽然在6月13日英军勉强地冲入维莱博卡日,但它们却又被逐出。接着德军第四个装甲师的加入更增加了阻力。两个月之后,维莱博卡日才被攻占。

原始的计划也预定要在两个星期之内占领整个科汤坦(Cotentin)半岛,连同瑟堡(Cherbourg)港在内;然后准备在"D+20"日,从半岛西面侧翼上实行突破。但是在另一方面,从美军登陆点向内陆的推进,同样的比预计的速度远较迟缓——尽管诚如蒙哥马利所计算的,德军的较大部分,以及后来的增援兵力,都正在冈附近的东面侧翼上忙于阻止英军的前进。

虽然最后的突破还是来自西翼上,正如蒙哥马利所计划的一样,但其时间却已经迟至7月底——即"D+56"日。

这是事先大家明了的,假使盟军能够获得一个纵深既宽且广的滩头阵地,以便让它们在海峡的对岸逐渐增强其实力,那么由于它们的资源总量要比敌人超出远甚,所以迟早也就能达到从滩头阵地突破的目的。只要盟军能够获得足够的空间来集结其巨大的兵力,则任何水坝都无法抵挡此种侵入的洪流。

事实又证明出来此种"滩头会战"的延长反而对盟军有利。这也正像谚语中所说的"因祸得福"。因为在西线上德军兵力的大部分都被吸引在那里,而它们的到达又都是零零碎碎的,一方面是由于它们的高级指挥部中意见不一致;另一方面是由于盟军的制空权经常给予它们以阻碍。装甲师是最先到达并被用来填塞缺口,结果也就最先丧失其机动战斗能力——于是等到要在开阔地区中进行战斗时,敌人也就被剥夺了其最需要的机动兵力。德军抵抗的顽强固然使盟军的突破延误不少时间,但当它们突破之后,却反而使它们在法国境内的前进之路畅通无阻。

若非在空中享有完全的优势,则盟军也不可能有机会在海岸上建立它们的立足点。诚然,海军炮火的支援也是功劳极大,但决定性因素还是空军的瘫痪效力,那是由艾森豪威尔的副手泰德空军上将(Air Chief Marshal Tedder)所负责指导的。东面塞纳河上和南面卢瓦尔河(Loire)上的桥梁大部分都被炸毁之后,他们也就把诺曼底战场变成一个战略性的孤立地区。德军预备队必须作长距离的绕道,而且在行军途中又经常受到空中狙击,所以不仅在时间上遭到无限的延迟,而且也仅能零零碎碎地到达战场。

但德国方面的意见不一致也几乎是一个同等重要的因素——希特勒和他的将军们意见不一致,而将军们之间意见也不一致。

现在不妨从头说起。德国人的主要困难就是他们一共有 3000 英里长的海岸线要加以防守——从荷兰起环绕着法国的海岸一直到意大利的山地边界为止。在他们的 58 个师之内,有一半是静态的兵力,那也就是固定在绵长的海岸线上的某些地段中。但是他们的一半兵力则为野战师,而其中有 10 个装甲师是高度机动化的。这也就使德军有时间在侵入者立定脚跟之前即先行集中压倒性的优势兵力把他们赶下海去的可能。

在 D 日,诺曼底只有一个装甲师,位置在盟军登陆地段的附近,并且也打消了蒙哥马利在那一天攻占冈(这个地区的要点)的希望。这个师的一部分也的确已经透过英军的战线并冲到滩头边缘,但因为兵力太弱,所以未能产生重大的影响。

德军 10 个装甲师中的 3 个,若不是到第四天才陆续到达战场,而是在 D 日即能够发生作用,则盟军的立足点即可能无法站稳。在它们的滩头阵地尚未连接和巩固之前,很可能被赶下海去。但是由于在德军指挥部中,对于盟军可能侵入的地点以及如何应付的方法,意见都不能一致,所以也就使任何这一类强烈而立即的反击变得不可能。

在事前,就判断盟军登陆地点而言,希特勒的直觉被证明出来是较优于其将军们的计算。但是在盟军登陆之后,他那种经常干涉和硬性控制却又剥夺了他们挽救情况的机会,终于造成惨败。

西战场德军总司令伦德斯特元帅相信侵入的来临将在海峡的较狭窄部分,即在加来(Calais)与第厄普(Dieppe)之间。他这种看法的基础是他深信对于盟军而言,采取这条路线是最合于战略的原则。但这也是由于缺乏情报之故。因为当侵入军正在集结时,英国方面连一点重要情报都不曾泄漏。

伦德斯特的参谋长布鲁门特里特将军(General Blumentritt)以后在接受询问时,曾经说明德国的情报工作是如何的差劲:

> "从英国传出的可靠消息极为稀少,情报组织只告诉我们英美的大军大致正在英国南部集结——有极少数德国间谍潜伏在英国用无线电报告他们所观察的事实。(原注:关于这一点似乎并无证据。)但他们所发现的除了这一点概括的情况以外就无其他的资料……没有任何的东西可以使我们对于侵入将实际来临的地点获得一点具体的线索。"

不过希特勒对于诺曼底却具有一种"灵感"(hunch)。自从 3 月以后,他就曾一再地警告其将领们,要他们注意在冈与瑟堡之间登陆的可能性。这个结论后来被证明是正确的,但他在当时又是如何得到这个结论的呢? 当时在希特勒大本营中充任高级幕僚的瓦利蒙特将军(General Warlimont)认为,他的灵感来源是得自盟军在英国的一般部署地图上面——美军是位置在西南部地区——同时他又相信盟军一定希望能尽快地占领一个大港,而瑟堡很可能即为其目标。他的结论又受到下述情报的支持:有人看到盟军在德文(Devoa)举行大规模的登陆演习,那里的海岸线平坦开阔,且和诺曼底地区颇为相似。

负责海峡海岸部队直接指挥的隆美尔所获致的结论也与希特勒相同。(译注:隆美尔此时的职位为"B"集团军总司令。)在最后几个月内,他拼命地努力在诺曼底增强海岸线的防御:水底障碍物,能够抗炸的掩体和雷阵。到 6 月间,这些雷阵的密度已经比春季要高得多了。但对于盟军而言,总算是很侥幸,因为隆美尔缺乏时间和资源来把诺曼底的防御发展到其理想中的程度,至于塞纳河以东的情形那就更不用谈了。

对于如何应付侵入的方法,隆美尔发现他自己的看法与伦德斯特所见不同。伦德斯特的计划是想在盟军已经登陆之后再去作一次强力的反攻。隆美尔却认为那已经太迟,因为盟军享有空中优势,它们有能力阻止德军集中兵力来发动这样的反攻。

他认为最好的机会就是在海岸附近将侵入者击败,不让他们在岸上有立足的可能。隆美尔的幕僚们说:"非洲的经验使他深受影响,他总记得在那里整天被盟军的飞机盯着不能行动,而当时盟军的空中兵力还没有现在他所要面临的那样强大。"

实际的计划终于变成这两种不同观念的折衷案——结果也就两面不讨好。而更糟的是希特勒又坚持要从遥远的贝希特斯加登(Berchtesgaden)来尝试控制会战,并且对于预备队的使用,管制得极为严格。

在诺曼底由隆美尔指挥的只有一个装甲师,而他已经把它配置在紧接着冈的后方地区中。所以这个师在 D 日即能在那里对英军的前进产生阻力。他曾经要求把第二个装甲师配置在圣洛(St. Lô)附近,但却未蒙批准。如果能够那样,则就非常接近美军登陆的滩头。

在 D 日那一天,德国方面是辩论不休,而把宝贵的时间都浪费掉了。当时总预备队中最近可用的一部分即为在巴黎西北的第一 SS 装甲军。但未经希特勒大本营的批准,伦德斯特是无权调动的。布鲁门特里特曾经这样记载:

"清晨 4 时,我代表伦德斯特元帅打电话给他们,要求动用这个军——来增强隆美尔的打击力量。但代表希特勒说话的约德尔(Jodl)却拒绝这样做。他怀疑诺曼底的登陆只是一种伴攻,并且断言另一个登陆将会来自塞纳河以东。这样争论不已,直到下午 4 时,这个军才终于被批准可以供我们使用。"

在这一天还有两件重要的事实是值得一提的:(1)希特勒本人直到上午很晚的时候,才听到登陆的消息。(2)隆美尔当时恰好又离开了现场。若非受到这两个事实的影响,则德军的行动很可能会比较迅速而强烈。

希特勒,正像丘吉尔一样,有晚睡的习惯。他总是要在午夜过后很久才入睡。这种习惯使他的幕僚人员变得十分的疲倦。他们早晨不能太晚起床,所以在上午办公时总是在睡眼惺忪的状况之中。约德尔因为不敢把正在睡早觉的希特勒喊醒,所以他才自作主张,拒绝布鲁门特里特(代表伦德斯特)要求动用预备队的申请。

　　假使隆美尔当时在诺曼底,则这支军队的调动也许就不会如此的耽搁。因为隆美尔的作风和伦德斯特完全不同,他会直接打电话给希特勒,而且对于希特勒而言,他的影响力量还是超过其他任何的将军。但隆美尔却在前一天离开他的集团军总部返回德国。因为当时的海峡情况正是风大浪高,似乎敌人在此时侵入的可能性极小,所以隆美尔遂决定乘这个机会前往德国谒见希特勒,向他说明诺曼底地区需要较多装甲师的理由;同时也准备顺便回到其在乌尔姆(Ulm)附近的家里为他的夫人庆祝诞辰。次日上午,当他还没有驱车去谒见希特勒之前,电话已经来了,告诉他侵入战已经开始。他直到黄昏时才赶回他的总部——到那个时候,侵入者已经在岸上立定了脚跟。

　　驻守诺曼底地区的军团司令也不在——他正在布列塔尼(Britanny)指导一次演习。同时充任预备队的装甲军军长也正好有事前往比利时。另外还有一个重要的指挥官则在那一夜恰好和女人去幽会。所以艾森豪威尔之决定不顾风涛险恶而继续进行登陆,结果使盟军获得很大的利益。

　　此后几个星期之内又有一件奇事:希特勒对于盟军登陆的地点虽能作正确的猜度,但在盟军登陆之后,他却又认为这不过是一个前奏,接着还会有第二个更大的登陆来自塞纳河以东的地区。所以他很不愿意让预备队调往诺曼底地区。为什么会相信还有第二个登陆的可能呢? 主要是由于德国的情报单位对于海峡那一边盟军所保留的兵力作了过高的估计,这一部分应归功于英国人的欺敌计划,同时也是英国人保密防谍的成功。

　　当最初的反攻失败之后,也就明白显示出德军已经无法阻止盟军在滩头阵地继续增建其实力,伦德斯特和隆美尔不久即已认清,要想在这个遥远的西面尝试坚守任何战线都是毫无希望的。

　　关于此种经过,布鲁门特里特曾叙述如下:

　　"在绝望中,伦德斯特元帅要求希特勒来法国作一次会谈。6月17日,他和隆美尔一同在苏瓦松(Soissons)与希特勒会晤,并尝试使他能了解当前的情况……但希特勒却坚持绝对不许撤退。'你们必须站在原地不动。'甚至于对兵力的调动也都不准许照我们所认为是最好的方式来做,换言之,他给予我们的行动自由是愈来愈少……因为他不肯改变他的命令,所以部队也就必须继续留在已经发生裂口的战线上。从此已经不再有任何的计划。我们只是毫无希望的,尝试遵守希特勒的命令——不

惜一切代价来守住冈—阿弗朗什（Avranches）之线。”

希特勒把这两位元帅的警告置诸脑后，并且向他们保证说，新的 V 兵器，即所谓“飞弹”（flying bomb），不久即可对战争产生决定性的效果。于是元帅们就主张，既然这种兵器如此有效，那就应该用来对付滩头上的侵入军——若技术上真有困难，则就应该用来攻击英国南部的港口。希特勒却坚持认为此种轰炸应集中在伦敦的头上，以迫使英国人求和。

但是飞弹并未能产生希特勒所希望的效果，而盟军在诺曼底的压力却日益增大。有一天，从希特勒大本营打来的电话问：“我们应该怎样办呢？”伦德斯特直率地回答：“结束战争！你还有什么其他的路好走？”于是希特勒把伦德斯特免职，从东线把克鲁格调来接替他的职位。

根据布鲁门特里特的记载：“克鲁格元帅是一种粗豪型的军人。刚刚来的时候他表现得非常的乐观和自信——所有新上任的官都是这样……在几天之内他就变得非常的冷静和沉默。希特勒对于其报告中语气的改变很不高兴。”

7 月 17 日，由于隆美尔的座车在路上受到盟军飞机的攻击，以致座车翻覆，使隆美尔受到重伤。接着在 3 天之后，即 7 月 20 日，在东普鲁士大本营中发生谋刺希特勒的事件。阴谋者的炸弹没有能够炸中其主要目标，但其“余波”在这个紧急关头却对于西战场的战况产生极严重的影响。布鲁门特里特曾经追述如下：

“当盖世太保调查这个阴谋时……他们在文件中发现克鲁格元帅的姓名曾被提及，所以他也就开始受到最严重的怀疑。于是又有另外一个意外事件发生使情形变得更糟。当巴顿的军队从诺曼底突破之后，在阿弗朗什的决定性会战正在进行之际，克鲁格元帅突然和他的总部失去联络超过 12 小时之久。其原因是他正在前线上，陷入敌人的重大炮击地区之内，断绝了一切的联络……此时，我们在司令部中的人员也正受到后方的‘炮击’。由于这位元帅的长期‘失踪’，遂更加深了希特勒对他的猜疑……希特勒认为克鲁格到最前线上去的目的是想和盟军发生接触，并作投降的谈判。尽管克鲁格最后回来了，但希特勒却并未因此而息怒。从那一天起，希特勒所给予他的命令措词都变得非常不客气，甚至于带有侮辱的意味。这位元帅开始感到非常烦恼。他害怕随时都有被捕的可能——同时他也逐渐认清了他不可能用任何战场上的成就来证明他的效忠。"

"所有这一切的发展对于任何尚足以阻止盟军突破的机会也就发生了非常恶劣的影响。在这个危机四伏的日子里,克鲁格元帅对于前方的战况有心不在焉的趋势。他总是在回头向后面看——害怕希特勒对他有不利的行动。"

"由于受到谋刺希特勒阴谋的牵连而陷入烦恼中的将军不仅只是克鲁格一人而已。在此后的几个星期和几个月之内,德军的较高级指挥系统由于受到这种恐惧心理的影响而发生了瘫痪现象。"

7月25日,美国第一军团发动一个代号为"眼镜蛇"(Cobra)的新攻势,而新近登陆的巴顿第三军团即准备跟踪前进。31日,美军的矛头已在阿弗朗什突破德军的战线。德军的最后预备队都已经用来阻止英军的前进。所以巴顿的坦克一冲出这个缺口之后,就长驱直入,如入无人之境。在希特勒命令之下,德军装甲部队的残部被集结在一起,用来作一次切断阿弗朗什瓶颈的最后努力,这个努力终于还是失败了——希特勒很刻薄地说:"因为克鲁格根本就不想成功,所以才会失败。"现在所有剩下来的德军残余部队都在尝试逃出陷阱——假使不是希特勒禁止作任何适合时机的撤退,则他们也就不至于被关入这个陷阱。大部分德军都被装入所谓"法莱兹口袋",而勉强越过塞纳河逃出的幸存者,也把大部分的重装备放弃了。

克鲁格于是被免职。在他返回德国的途中,被发现已经死在车上,他已经服毒自杀——照他的参谋长的解释是,"他相信一旦回国之后就会立即受到盖世太保的拘捕"。

在高级指挥部之内彼此互相倾轧和指控的情形也并不仅限于德国方面。不过对于同盟国方面而言,又总算很侥幸的,它们对于问题或个人都不曾产生严重的后果,尽管他们所留下来的酸味到后来还是有恶劣的影响。

在美军实际上从阿弗朗什突破德军防线之前的两个星期,英军也几乎已经达到突破的目的。而在此时幕后也就发生了极大的风潮。这次英军的攻击是由登普西所率领的第二军团来负责执行,其攻击重点指向冈以东对方侧翼的顶端。

这是整个战役中最大的一次坦克攻击,由密集在一起的3个装甲师来执行。它们曾经偷偷地集结在奥恩河(Orne)上的一个小型桥头阵地之内。7月18日上午,在2000架重型和中型轰炸机作了两小时的大规模地毯式轰炸之

后,这些坦克才从那个桥头阵地中像水一样地奔流而出。在那个地区中的德军都已经吓呆了,大多数被收容的战俘都已被爆炸的声音震聋,至少要在 24 小时之后才能接受讯问。

但是德军防御部署的纵深却超过英国情报人员所能想像的程度。

隆美尔早就料想到有这个攻击的可能,所以在他遭受英国飞机攻击负伤之前,一直都在赶紧加深这一方面的防御,并调集增援部队。此外当英国装甲部队在夜间向东行驶准备出击时,德军也可以听到其巨大的声响。德方的军长迪德里希（Dietrich）曾经说过,即令有各种不同的噪音混杂在一起,但他把耳朵贴近地面时,还是可以听到 4 英里以外的坦克运动的声音——这是他在苏联所学会的秘诀。

在通过敌方防线的外围之后,开始时的优势希望不久即趋于暗淡。领先的装甲师已被纠缠在外围防御后方的村落据点之间——而并不曾对它们作迂回的通过。其他两个装甲师则由于冲出桥头阵地时发生交通上的挤塞,因而行动上受到延误。于是在它们尚未能赶到现场之前,矛头部队只好停止不前。到那天下午,偌大的机会随即逝去。

这次执行的失败曾经长期隐藏在神秘之中。艾森豪威尔在其报告书中曾经说那是有“突破”（breakthrough）的意图,是一个“准备向塞纳河盆地和巴黎方向扩张的行动”。但所有的英国历史学家在战后的著作中都宣称并无那种远大的目标,而且甚至于说根本上即不曾考虑到这个侧翼企图“突破”。

他们所根据的即为蒙哥马利本人的记载,他坚持说这次作战只不过是一个“阵地会战”,其设计是为了制造一种“威胁”,以协助美军即将发动的突破攻势,此外还有第二个目的,就是想占稳一个基地,使主要部队（英军）可以准备向南和东南出击,以便与东进的美军相会合。

艾森豪威尔在其战后回忆录中避免再提及这次会战,于是也就把这事件轻描淡写地一笔带过。而丘吉尔对于它也仅只略微提了一下而已。

但当时任何在幕后的人都还记得那次事件所引起的轩然大波。空军将领们更是异常地愤怒,尤以泰德为甚。艾森豪威尔的海军副官布契尔上校（Captain Butcher）在他的日记中曾经这样记载:“在黄昏时,泰德用电话告诉艾森豪威尔说蒙哥马利实际上已经命令他的装甲部队不再前进,艾森豪威尔不禁大感震怒。”根据布契尔的记载,次日泰德又从伦敦和艾森豪威尔通电话,告诉他说,如果他提出要求,则英国参谋长们准备撤换蒙哥马利。战后泰德本人写回忆录时,对于这一点曾经加以否认。

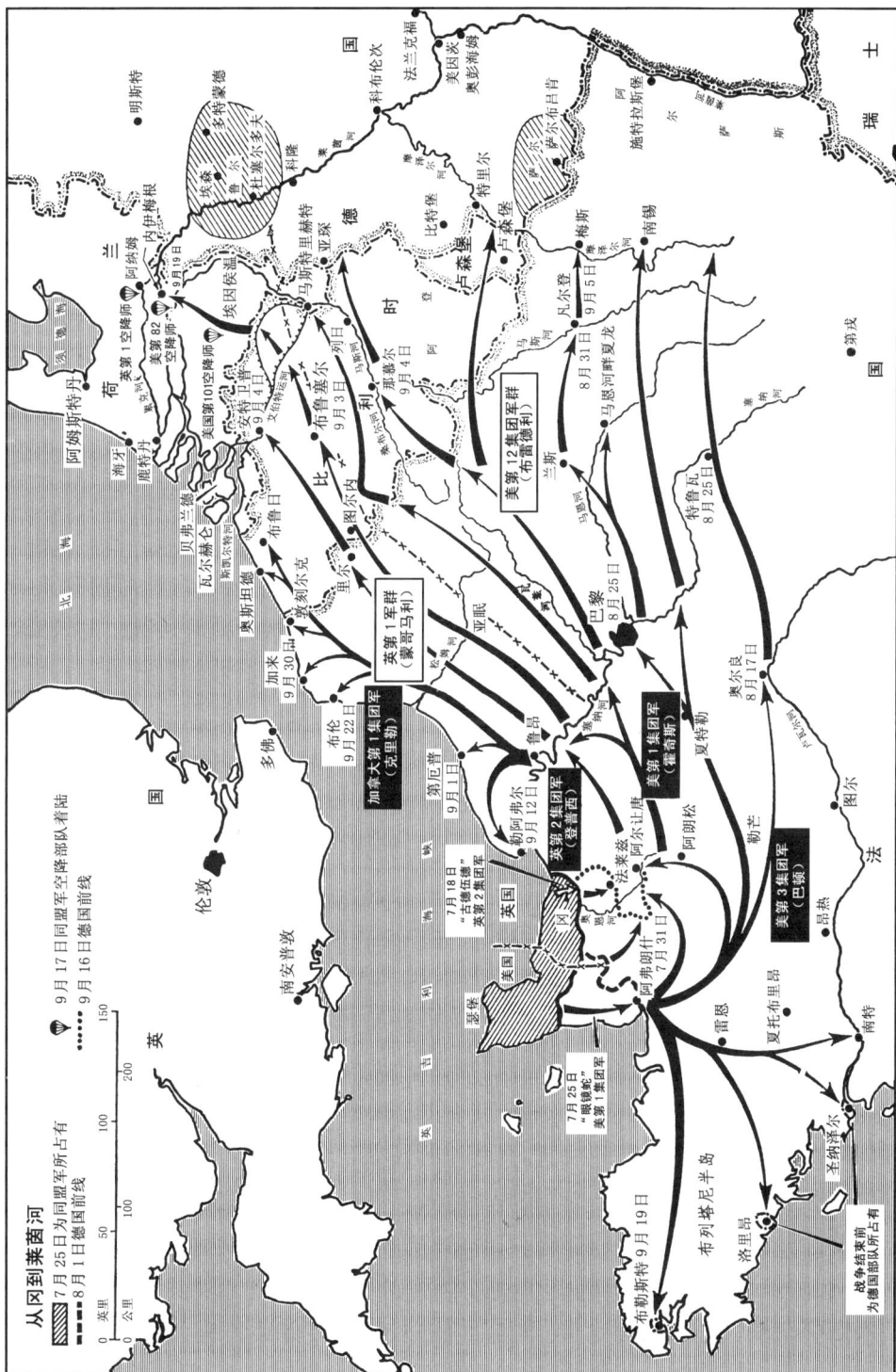

从冈到莱茵河

7月25日为同盟军所占有

8月1日德国前线

9月17日同盟军空降部队着陆

9月16日德国前线

在蒙哥马利这一边,对于这一切的怨言,最自然的立即反应即为宣称他根本就不曾考虑在这一方面实行突破的观念。这种掩饰之词不久也就变成大家所确信的事实,直到今天为止,一切军事史的记载也都毫无疑问地予以采信。这次攻击的代号定为"佳林作战"(Operation Goodwood),这是英国赛马游戏中的一项专用名词,实寓有深长的意味,但可惜不为一般人所知道。(译注:"佳林"为英国佳林公园附近所举行的赛马会,自 1802 年来每年都举行,为英国著名的大赛,胜利者可获"佳林奖杯"。)假使不是想要夺得锦标,则何必采用这种具有暗示意义的代号。同样的,蒙哥马利在 7 月 18 日对其攻击发表第一次声明时,也曾明白地用到"突破"字样。此外,既然他说他对于第一天的进展"深感满意",那么在第二天不再作类似规模的努力,似乎是很难自圆其说。在另一方面,空军将领们的愤怒也是很自然的,因为假使他们不是相信"佳林作战"的目的为大规模的突破,则他们将不会同意把重轰炸机部队也调来协助这一次地面作战。

蒙哥马利事后的声明只有一半是真的,而且对于他自己也是不公正的。诚然,他并不曾计划在这个侧翼上突破,而且也并不想对它寄予太大的希望。但若说他根本上不曾想到在这种巨大攻击之下,德军将有崩溃的可能,而且在那时也就应加以扩张,那才真是不通之论——蒙哥马利似乎不会愚蠢到那样的程度。

当时指挥第二军团的登普西相信德军的迅速崩溃是有可能的,于是他自己进到装甲军的指挥所里,以便随时可以扩张这种机会。他说:"当时我心里所想的就是从冈到阿尔让唐(Argentan),把奥恩河上的一切渡口都占据了。"——这样就可以在德军的后方建立一道封锁线,那要比美军在西翼方面所作的任何突破,都更能有效地将德军关入陷阱之中。登普西所希望的完全突破在 7 月 18 日中午时几乎已经成为事实。从他对于其内心的想法所作的说明上看来,又有一件事很值得注意,许多的声明中都不曾提到尝试达到法莱兹的观念——实际上,登普西的理想目标阿尔让唐,要比法莱兹远了差不多 1 倍的距离。

登普西是一个极为聪明的人,他能够认清其希望虽未达到,但却很可能在其他方面获得补偿性的利益。当新闻界对于"佳林作战"的失败加以批评时,其幕僚劝他提出抗议。他回答说:"不必为此而感到烦恼——那可以帮助我们达到目的,那也正是最好的掩蔽计划。"因为敌人的注意力都为冈附近的突破威胁所吸引着,所以美军在另一个侧翼上的突破也就深蒙其利。

但是因为阿弗朗什的位置过分偏西,所以在那里突破,并不能立即带来切断德军的机会。其成功的希望是寄托在下述两点上：（1）美军能够迅速地向东前进；（2）或是德军死守在其阵地上不退，直到被包围时为止。

事实上，当 7 月 31 日美军在阿弗朗什突破时，在那一点与卢瓦尔河之间宽达 90 英里的走廊地带内，德军一共只有几个营的兵力散布在那里，所以美军的矛头如果在此时向东挺进，几乎是不会遭遇到任何的抵抗。但盟军的统帅部却自动放弃扩大此一伟大机会的最佳时机，它仍然墨守其已经不合时宜的（侵入前所依据的）旧计划，决定下一个步骤仍应该是向西行动，以攻占布列塔尼地区的港口为目的。

（原注：在阿弗朗什突破的兵力为伍德〔John S. Wood〕所指挥的美国第四装甲师，在侵入战尚未发动之前，他曾经和我在一起度过两天的时间，我所获得的印象是他对于深入扩张的可能性以及速度的重要性，都比其他任何人具有较深刻的认识。甚至于在那个时候，当巴顿和我进行讨论时，他也还是响应当时在盟军高阶层中流行的说法，即认为应回到 1918 年的老方法，并相信古德里安和隆美尔在 1940 年所用的方法已经不可能再用了。事后，伍德曾经把美军突破之后的情形讲给我听。他说："我们那些大官们的心中，对于装甲部队的深入挺进根本毫无观念，而且也不支持这种行动。我当时还是属于第一军团，而它根本就不能够作迅速的反应。等到开始反应时，它的命令是要把两个侧面上的装甲师抽回，面对着主要的敌军作一个一百八十度的旋转，要他们去对洛里昂〔Lorient〕和布勒斯特〔Brest〕进行围城战。8 月 4 日即为这个'黑暗日子'，我提出冗长的、高声的和激烈的抗议——并且未奉命令即擅自把我的坦克纵队推进到夏托布里昂〔Châteaubriant〕，把我的装甲骑兵推进到昂热〔Angers〕的郊外和卢瓦尔河的沿岸，并准备向东进到夏特勒〔Chartres〕。在两天之内我应该可以进入这个重镇。但结果是一切都行不通！我们被迫照原定计划行事——而当时却只有装甲部队可以立即用来把敌人碾成碎片。这可以算是战争中最荒谬的决定之一。"）

想要攻占布列塔尼港口的企图并不曾带来任何的利益。因为在布勒斯特的德军一直守到 9 月 9 日才投降——是在巴顿过早宣布已经攻占该城之后的 44 天。至于洛里昂和圣纳泽尔（St. Nazaire）则直到战争结束时都还留在德国人的手中。

过了两个星期的时间，美军才向东进到阿尔让唐，并大致与英军的左翼看齐——后者此时刚刚越过冈一地而仍然受阻。这又引起新的摩擦。当上级告诉巴顿不要向北行动以求缩短差距和封锁德军退路，因为害怕他会和英国人发生冲突，他就在电话中喊叫着说："让我进到法莱兹；我们可以再来一次敦刻尔克，把英国人都赶下海去。"

若非希特勒的顽固和愚蠢，不准他的部队撤退，否则很明显的，德军应有充分的时间撤回到塞纳河之线，并在那里建立一道坚强的防线。所以希特勒的愚行和盟军的愚行恰好互相抵消,遂使他们重获已经丧失的机会,而能在秋季中达成解放法国的任务。

这一场战争在 1944 年 9 月是可以很容易地结束。在西线上德军兵力的大部分都已投入诺曼底战场,并且由于希特勒的"不准撤退",所以使他们坐困在那里直到最后崩溃时为止。其中的一大部分已经被关入陷阱;而逃出的残部目前也已经丧失再作抵抗的能力,而在他们退却时——大部分都是徒步的——所以不久即被英美两军的机械化纵队所赶上。当盟军从诺曼底冲出,于 9 月初接近德国国境时,已经没有任何有组织的抵抗能够阻止它们直捣德国的心脏。

(原注:在战争刚刚结束之后,我曾经就这一点对有关的德国主要将领提出询问。西线总部的参谋长布鲁门特里特将军,曾经对当时的情况用一句话综述如下:"在莱茵河的后面已经没有德国部队的存在,而在 8 月底我们的战线可以说是门户洞开。")

9 月 3 日,英国第二军团的一个矛头——近卫装甲师,进入布鲁塞尔——其上午的出发点尚在法国北部,在比利时境内奔驰 75 英里之后,才到达目的地。第二天,与它立于并列地位的第十一装甲师,又向安特卫普前进,在受到奇袭的德军基地单位尚未来得及作任何爆破行动之前,即完整无缺地攻占了那里的巨大船坞设施。

同一天,美国第一军团的矛头也攻占在马斯河(Meuse)上的那慕尔(Namur)。

4 天以前,即 8 月 31 日,巴顿所率领的美国第三军团,其矛头也已在南面 100 英里以外的凡尔登(Verdun)渡过马斯河。次日,其搜索部队曾经挺进到梅斯(Metz)附近的摩泽尔(Moselle)河上,而未遇到任何抵抗——即又东进了 35 英里。从那里到德国国境上的萨尔(Saar)大工业区仅 30 英里,而到莱茵河岸也不及 100 英里。不过巴顿军团的主力却未能立即跟随前进到摩泽尔河上,因为它们的汽油已经用完,所以直到 9 月 5 日才进达该河之上。

到那时,敌人已经拼凑了 5 个脆弱的师,配有极少量的战防炮,来据守摩泽尔河。作为巴顿攻击矛头的部队则为 6 个强大的美国师。

此时,英军也已经进入安特卫普,那里到莱茵河流入德国最大工业区鲁尔(Ruhr)之处也不及 100 英里。假使鲁尔地区被攻占,则希特勒即无法再维持这个战争。

在这一翼上,现在有一个巨大的缺口——宽 100 英里——面对着英军。在德军手边根本就没有兵力可以用来填塞它。在任何战争中都很难遇到这种良好的机会。

当这个紧急的消息传达到希特勒那边时,他正在东线方面的遥远大本营内,9月4日的下午,他和当时正在柏林的伞兵部队司令施图登特将军接通了电话。施图登特奉命防守这个开启的侧翼,从安特卫普到马斯特里赫特(Maastricht),并利用从荷兰境内所能抽调的若干驻防部队,在艾伯特运河(Albert Canal)上组成一道防线。同时目前正在德国各地受训的伞兵部队也都被火车运往该线。这些新编成的部队都是走下火车时才接受他们的装备,并立即开往前线。但所有这些伞兵部队的总数也不过1.8万人——还不到盟军的一个师。

这些七拼八凑的部队被命名为"第一伞兵军团"——这样一个响当当的番号可以掩饰它的许多缺点。为了帮助补充其缺额,警察、水兵、正在休养中的伤患,以及16岁的男孩都被征召充员。兵器非常缺乏,尤其是艾伯特运河本来就不准备在北岸上设防的;那里没有要塞、据点和堑壕等一切可用的设施。

战后,施图登特将军曾经这样回忆说:

"英国坦克部队的突然冲入安特卫普,使元首大本营内大起恐慌。那个时候在西线上或在我们国内都已无可供调用的预备队。我在9月4日接管西线右翼的指挥权。此时我所有的仅为一些新兵和休养单位,以及一个来自荷兰的海岸防御师。以后才加上一个装甲支队——仅有25辆坦克和自走炮。"

在那个时候,根据所俘获的记录显示,德军在整个西线上只有100辆可用的坦克,而盟军的矛头部分即有坦克2000辆以上。德国人一共只有570架飞机可供支援作战之用,而英美联军在西线上的作战飞机总数则已超过1.4万架。所以盟军在坦克方面的有效优势为20比1,而在飞机方面则为25比1。

但正当完全胜利似乎是伸手可及之时,盟军的冲力却已成强弩之末。在以后两个星期之内,即直到9月17日为止,它们都殊少进展。

英军的矛头,在停下来"整顿、加油和休息"之后,于9月7日又继续前进,不久即在安特卫普以东,占据了艾伯特运河上的一个渡口。但在以后的几天内,却只向马斯—埃斯科运河(Meuse-Escaut Canal)之线推进了18英里。在这一小段沼泽荒野地区中溪流遍布,而德国伞兵部队以惊人的勇气作殊死的战

斗,其抵抗力之强与其数量之少简直完全不成比例。

美国第一军团也已推进到与英军平头的地位,却不曾再深入。它的主力冲入了环绕着亚琛(Aachen)古城的要塞城区和煤矿地区——在历史上,这也是进入日耳曼的著名“门户”,但它们却在此受阻不前。美军在那里最初是被纠缠着,然后遂被坑陷着,而坐看良机失去。因为当它们达到德国边境时,在亚琛地区与梅斯地区之间长达 80 英里的地段,一共只有 8 个营的掩护部队——包括山陵起伏和森林密布的阿登地区在内。当 1940 年德军向法国发动装甲部队的奇袭时,即曾对于这一个险阻的地区作最有效的利用。现在因为想采取似乎是比较容易的路线进入德国,结果反而使盟军遭遇到更大的困难。

在南面的情形也和北面如出一辙。因为巴顿的第三军团早在 9 月 5 日即已开始渡过摩泽尔河,但在以后两个星期之内,却几乎可以说是少有进展——甚至于在两个月以后也仍然如此。美军因为攻击麦次的要塞化城市和其邻近据点而受阻——因为德军集中在那里的兵力远比任何其他地方都要多。

到 9 月中旬,德军已经沿着全线加强它们的防御实力,而尤其以最北的地段为然——那是通至鲁尔地区的门户,而且过去也正是一个最大的缺口。尤其不幸的是蒙哥马利现在又想要在那里发动另一次大规模的攻势。他准备在 9 月 17 日,攻向阿纳姆(Arnhem)的莱茵河岸。在这次攻击中他计划要把新近成立的第一联合空降军团投掷下去,替英国第二军团扫清进路。

这次攻击在尚未达到目标之前即为敌军所击退,而投在阿纳姆的英军第一空降师的大部分都被切断退路,它们在苦撑待援无望之余终于被迫投降,虽然其英勇事迹实在是可歌可泣。在以后的一个月当中,美国第一军团把全部时间都消磨在对亚琛城的攻击上,而蒙哥马利则调动加拿大第一军团去肃清两处被围困的德军部队——在布鲁日(Bruges)以东的海岸上,和在斯凯尔特河口附近的瓦尔赫仑岛(Walcheren)上——这些地区支配着从斯凯尔特河口到安特卫普之间的水道,所以在阿纳姆作战时也使这个港口无法加以利用。肃清这些德军残余部队被证明出来是一种非常困难而迟缓的步骤,一直到 11 月初才全部完成。

当此之时,尽管在物质资源方面德国人是居于劣势,但他们沿着莱茵河之线对防御力量的增加,却比盟军兵力的增强要远较迅速。11 月中旬,盟军的 6 个军团又在西线发动一次全面攻势。结果是付出了重大代价,而收获之小却令人感到大失所望。仅在最南端的阿尔萨斯(Alsace)盟军的确已经进抵莱茵河岸,但却并无太大的重要性。在北面它们距离掩护着鲁尔要害地区的那一段河道还有 30 英里之遥,直到 1945 年的春季才到达那里。

由于在 9 月初错失良机,结果遂使盟军付出非常重大的代价。它们在解放西欧的战役中,一共损失了 75 万人,其中的 50 万都是在 9 月攻势受阻之后才损失的。对于整个世界而言,其成本更为巨大——由于战争的延长使数以百万计的男女死于军事行动中和德国的集中营内。而从更长远的观点来看,在 9 月间俄国的军队也还不曾进入中欧。

其后果是如此的严重,那么这种机会的丧失,原因又是什么呢?英国人曾经责备美国人,美国人也曾经责备英国人。在 8 月中旬,对于盟军越过塞纳河之后所应采取的路线,他们之间确曾发生过激烈的辩论。

由于增援的涌到,从 8 月 1 日起,在诺曼底的盟军即被分为两个集团军,每个集团军都辖有两个军团。在蒙哥马利之下的第二十一集团军只保留英国和加拿大的部队;而美军则另组成第十二集团军,由布雷德利升任集团军总司令。不过最高统帅身份的艾森豪威尔却作了下述的安排:在他自己的统帅部尚未进驻欧陆和直接控制作战之前——到 9 月 1 日他才这样做——仍由蒙哥马利继续负责作战的管制,以及两个集团军之间的“战术协调”。此种过渡性的安排是空泛而微妙的,足以显示艾森豪威尔所具有的宽宏大度,因为他一方面不愿伤害蒙哥马利的感情,而另一方面也尊重他的经验。但是这种用意颇佳的折衷办法结果却反而制造摩擦——天下事往往如此。

8 月 17 日,蒙哥马利曾向布雷德利建议:“在越过塞纳河之后,第十二和第二十一两个集团军应集中在一起,把 40 个师的兵力变成一股强大力量,有了这样的强度便不必害怕任何东西。这支大军应向北推进,直趋安特卫普和亚琛,而把它的右翼放在阿登之上。”

从此种建议所用的字句看来,即可以证明蒙哥马利尚不曾认清敌军的崩溃程度,同时他也不知道要使这样一股强大力量获得不断的补给将是如何的困难——除非它只用极缓慢的速度向前推进。

此时,布雷德利又正在和巴顿讨论另一种不同的构想:越过萨尔地区向东进攻,俾在法兰克福(Frankfurt)之南到达莱茵河岸。布雷德利希望以此为主攻方向,并且把两个美国军团的兵力都用在这一线上。这也就等于是把北面的攻击降到次要的地位,所以自然不为蒙哥马利所喜,而且这一条路线也不能直接到达鲁尔区。

因为他的两员大将争持不下,所以艾森豪威尔也就感到左右为难。8

月22日,他对于双方的意见作了一番考虑,次日他又与蒙哥马利作了一次讨论。当时后者向他说明集中攻击的重要,并要求把补给的极大部分用来支援它。那也就是说应该停止巴顿的东进,而巴顿现在却正在以最高的速度向前奔驰。艾森豪威尔尝试指出政治上的困难。他说:"美国舆论绝对不会同意。"英军现在还没有到达塞纳河的下游,而巴顿的向东前进早已超过它们100英里,并且距离莱茵河也已经不到200英里。

面对这些互相冲突的辩论,艾森豪威尔还是采取一种折衷的解决办法。目前蒙哥马利向比利时的北进是应该给予优先,依照蒙哥马利的要求,美国第一军团也暂时随着英军北进,以便掩护其右侧翼并增加其成功的机会。在这个阶段内,一切可用的补给和运输工具也都应尽量集中,用来维持这个北面的攻势,而不惜以巴顿为牺牲。但一旦英军到达安特卫普之后,就应立即恢复在侵入之前所拟的计划,即盟军应采取宽广的正面,分别从阿登南北两面向莱茵河前进。

艾森豪威尔手下的大将们对于此种折衷的解决办法没有一个人表示满意,不过在当时他们反对的呼声却没有像后来那样的高。以后他们感觉到他们之所以未能获得胜利,就是由于此种决定所致,所以遂更愤愤不平且溢于言表。巴顿曾经认为这是"战争中一个最大的错误"。

在艾森豪威尔的命令之下,巴顿第三军团的补给每天只限于2000吨,而霍奇斯(Hodges)的第一军团却可以获得5000吨。布雷德利说巴顿到他的司令部中来"狂吼如牛",他怒喊着说:"霍奇斯和蒙特真是罪该万死。只要你们让第三军团继续前进,我们就可以替你们赢得这个倒霉的战争。"

由于不愿意接受这种补给限制,巴顿告诉他的领先部队仍继续前进直到燃料用完为止。他说"然后就下车徒步前进好了"。8月31日,在坦克的油还没有用完之前,它们达到了马斯河。在前一天巴顿军团只收到3.2万加仑燃料,而最近的正常每日需要量却是40万加仑——并且还告诉他在9月3日之前不可能获得任何较多的数量。9月2日,他在夏特勒和艾森豪威尔会晤,巴顿发脾气地说:"我的人员可以吃他们的皮带,但我的坦克却不能没有汽油。"

在9月4日安特卫普被攻占之后,巴顿所分得的补给在比例上又和第一军团相等。但当他再向莱茵河前进时,所遭遇到的抵抗却已经变得远较坚强,于是不久即在摩泽尔河上受到阻挡。于是这也就使他埋怨得更厉害——在8月间最紧要的最后一个星期中,因为帮助蒙哥马利前进,遂减少他的汽油配量,所以才有这样的结果。他感觉到"艾克"是重视和谐远过于战略,为了想安抚"蒙特的永不满足的胃口",遂不惜牺牲提早获得胜利的最佳机会。

反之,蒙哥马利则认为艾森豪威尔采取"广正面"向莱茵河前进的观念根本就是错误的。当他自己在北面的进攻胜负未决之际,根本上就反对分散补给去支援巴顿的东进。当他自己对阿纳姆的攻击失败而未能实现其希望之后,蒙哥马利的怨言也自然变得更强烈。他感觉到巴顿拉着布雷德利,布雷德利又拉着艾森豪威尔,所以也就决定了这一场"拔河"的胜败,而断送了其自己计划的成功机会。

这是很容易了解的,任何努力只要对他自己没有直接的贡献,则都不会获得蒙哥马利的赞许。他对于艾森豪威尔两路进攻的决定所发出的怨言,从表面上看来未尝没有道理,而且也为大多数英国评论家所采纳。他们似乎真的相信此即为断送胜利的主因。但若加以较深入的分析,即可以了解此种决定对蒙哥马利方面的影响实在是很小。

事实上,在 9 月的前半月当中,巴顿平均每天只获得 2500 吨的补给——比他的军团搁浅不动时只多了 500 吨而已。这一点少许的增加只够多维持一个师的活动,若与在北面作战的各军团所获得的总数量相比较,那真是微乎其微。所以我们对于蒙哥马利失败的原因必须要作更深入的检讨,而不可人云亦云。

第一个重大的障碍是出自想把大量空降部队投掷在布鲁塞尔以南(比利时边境上)的图尔内(Tournai)附近,以协助向北攻击的计划,这个计划是预定在 9 月 3 日执行,但在此以前地面部队即早已达到图尔内,于是遂又被撤销。但是为了准备这次空降作战,所有的空军运输机都被撤回,也就对前进中的陆军停止了 6 天的空运补给,这也就使它们牺牲了 5000 吨的补给。若以燃料而论,则就相当于 150 万加仑——当敌人正在混乱之中,这个数量也就足够把两个军团送到莱茵河上。

这个半途而废的空降作战计划,其所花费的成本是如此的高昂,究竟应由谁负责,那是一项很难确定的问题。很奇怪的,在他们的战后回忆录中,艾森豪威尔和蒙哥马利都承认这个主意是出自他本人。艾森豪威尔说:"照我看来,在布鲁塞尔地区已经出现发动一次有利空降攻击的良好机会,虽然对于应否抽回担负补给任务的飞机的问题却有不同的意见……我决定不应放过这个机会。"但蒙哥马利却说:"我早已准备在图尔内地区执行空降的计划",并且说明那是"我的理想"。相反的,布雷德利却又这样说:"我要求艾克放弃这个计划,并留下运输补给的飞机。……我告诉他:'在你发动作战之前我们将早已到了那里。'"这倒是事实。

第二个因素是对于向北攻击的补给数量中很大的一部分为弹药,那实在是不需要的。当敌人已经陷于崩溃状态时,打硬仗的机会是很少的,也就不需要大量弹药的补充。反之,当时所最需要的却是燃料。有了充分的燃料补充,即可以拼命穷追,而不让敌人有喘息的机会。

第三个发现是在这个紧要关头上,1400 辆的英制 3 吨卡车以及一切同型的补给车,都在汽缸活塞上出了毛病,于是遂使向北运送的补给流量受到严重的减少。假使这些卡车能够使用,则第二军团每天即可以多获得 800 吨的补给——也就足够多维持两个师。

第四点的意义尤其深远,那就是英美两国的补给分量实在是太奢侈。盟军计划作为所根据的算法是每个师一天要消耗 700 吨的补给,而其中 520 吨是前进地区所要求的。反之,德国人就经济得多了,他们每一个师一天大约只需要 200 吨的补给,而且他们还经常得防备空军和游击队的袭击——盟军却可以完全不受到这两种阻碍。

盟军部队的浪费行为更增加补给的需要量,而成为一种自作自受的障碍。一个最显著的例证即为车辆上的预备油箱,那是对燃料补充有很大的重要性。自从盟军 6 月间在法国登陆以来,一共送去 1750 万个预备油箱,而到了秋季尚在使用中的只剩下 250 万个!

造成北面进攻失败的另一重大因素是美国第一军团被吸入了亚琛附近的要塞和煤矿防御网中——这种战略"纠缠"实际上变成一个巨型的"拘留营",正像第一次世界大战时协约国军在萨洛尼卡(Salonika)的情形一样。美军补给吨数的 3/4 都是给予第一军团,而使巴顿蒙受不利的牺牲,但是该军团的攻击却完全白费气力——归根溯源这又是出于蒙哥马利的要求,因为他认为这个军团的主力应用在阿登以北,以便掩护他的右翼。在他自己的前进线与阿登地区之间的空间是如此的狭窄,所以美国第一军团殊少有迂回的余地或绕过亚琛的机会。

这个被纠缠得很紧的美国军团,在第二阶段,即当蒙哥马利向阿纳姆发动其 9 月中旬的攻击时,也还是不能给予任何援助。不过在这里,英军由于一种非常奇怪的疏忽,也付出了极大的代价。当第十一装甲师于 9 月 4 日冲入安特卫普时,虽然迅速攻占船坞使其未受破坏,但却不曾努力去占领在艾伯特运河上的桥梁(那是位置在近郊的)。等到两天之后企图再去越过该河时,那些桥梁均已被炸毁——这个师此时正向东移动。这位师长在进占安特卫普时,根本上即不曾想到立即夺占这些桥梁，而其上级也没有任何人想到应该命令他这样做。这是一个严重的失误——从蒙哥马利以下，一共有4位指挥官，他们通常都很仔细，对于这种细节是应特别注意的。

此外，在安特卫普北面仅20英里即为贝弗兰德（Beveland）半岛的出口，那是一个只有几百码宽的瓶颈。在9月的第二和第三两个星期中，在海峡海岸上被切断的德国第十五军团残部被允许向北逃脱。它们渡过斯凯尔特河口与贝弗兰德瓶颈逃走。这样一共有3个师赶在蒙哥马利向阿纳姆发动攻势之前，加强了德军在荷兰的微弱防御，并阻止英军的前进。

德方对于盟军所应采取的最佳路线又作如何的看法呢？在接受询问时，布鲁门特里特是赞成蒙哥马利的理论：即集中全力向北突破，以期先后到达鲁尔和柏林。他说：

“谁控制德国北部，谁就控制了整个德国。这样一个突破，加上制空权，即可以把脆弱的德军战线撕成碎片并结束战争。于是也可以赶在苏联人的前面占领柏林和布拉格。”

布鲁门特里特认为盟军的兵力分散得太广，而且也分布得太平均。他尤其批评对梅斯的攻击：

“对梅斯的直接攻击是没有必要的。梅斯要塞地区只要加以监视即可。反之，若向北从卢森堡和比特堡（Bitburg）的方向进攻，也许可获得较大的成功，并促使德军第一军团的右翼和第七军团先后崩溃。这样一个侧进可以直趋整个第七军团的北面，而切断其退往莱茵河后方的路线。”

从9月5日起，接替布鲁门特里特充任西线德军总部参谋长的韦斯特法尔将军，则认为在当时的环境之下，选择攻击点的问题还是次要的，最重要的关键即为无论向何方进攻时，都必须作集中的努力。他在所著《西俄的德国陆军》（*The German Army in the West*）一书中指出：

“西线上的全盘情况已经严重到了极点。沿着全线上几乎到处都是空隙，无论在何处打一个败仗，只要敌人善于扩张他的机会，即足以造成一个灾难。一个特殊的危险来源是在莱茵河上几乎没有一座桥梁已经完

成爆破的准备,这个疏忽要花好几个星期的时间才能完成其补救……直到 10 月中旬为止,敌人在任何点上几乎都可以轻易地突破,然后大摇大摆地越过莱茵河再向德国作深入的前进。"

韦斯特法尔说,在 9 月间整个西线上最易毁的部分为卢森堡地段,从那里可以在科布伦次(Coblenz)达到莱茵河。他的说法与布鲁门特里特的说法大致相同,后者曾经指出在梅斯与亚琛之间的阿登地段是防御力量最薄弱的一段。

基于以上的分析,又可以获得一些什么主要结论呢?

艾森豪威尔的以"广正面"向莱茵河前进的计划是在诺曼底登陆之前所拟定的。假使所面对的还是一个尚未被击败的强敌,那也许不失为一种摧毁敌方抵抗力的良好方法。但对于当时的实际情况而言,却实在是太不适合,因为敌人早已崩溃,现在的问题是如何对于他们的崩溃作迅速和深入的扩张,而不让其有死灰复燃的机会。这就必须要作不停的追击。

在这样的环境之中,蒙哥马利所主张的"单刀直入"方式就原则而言似乎是远较有利。不过对于事实加以深入研究之后,即可以发现其向北攻击的失败,并非像一般人所假想的,是由于把补给分给巴顿所致。其原因是很复杂的,但大体都是属于蒙哥马利自己所应负责的范围之内——(1)安特卫普在开放时间上的延误;(2)为了准备不切实际的空降作战,而停止空运补给达 6 天之久;(3)对于弹药和其他的补给供给得太多,而减少了可以用来运输燃料的运输工具;(4)1400 辆发生故障的英国卡车;(5)把在他侧翼上的美国第一军团送入一条走不通的"死巷";(6)没有能够在敌人爆破之前占领艾伯特运河上的桥梁和在敌人设防之前占领那些渡口。

最足以断送达到莱茵河机会的事情莫过于在进入布鲁塞尔和安特卫普之后,盟军就在那里从 9 月 4 日休息到 9 月 7 日。这与蒙哥马利自己所宣布的目标也实在是很难配合。当他从塞纳河上前进时,他曾经这样宣布说:"我们的目的就是要使敌人一直都在疲于奔命,然后我们将乘胜跃过莱茵河,不让他们有重组战线的机会。"在任何深入的突破或追击时,继续不断地前进和压迫即为其成功的锁钥,甚至于休息一天也都足以丧失成功的机会。

但是自从进入比利时之后,盟军上上下下都已经有了普遍的松懈趋势。这是发源于上级的。艾森豪威尔的情报单位告诉他德国人已经不可能产生足够的兵力来守住其国境防线——同时也已向新闻界保证"我们可以长驱直入"。艾森豪威尔也就把这种过分乐观的心理传达给他的部下。甚至于迟至9 月 15 日，他还写信给蒙哥马利说："我们不久即将攻占鲁尔、萨尔和法兰克福等地区，所以我很希望知道你对于我们次一步行动的意见。"在所有各级司令部中也都是充满着一片乐观的态度。在解释为什么不曾占领艾伯特运河桥梁的理由时，那位充任矛头的军长——霍罗克斯将军（General Horrocks）坦白地说："当时我并不认为在艾伯特运河上有遭遇到任何严重抵抗的可能。照我们看来，德军似乎是已经完全瓦解了。"

诺斯（John North）在其以官方资料为基础而撰写的《第二十一集团军战史》中，对于此种情况也有很适当的综述："全军上下在内心里都以为战争是已经胜利了。"所以在这个 9 月间最重要的 14 天当中，指挥官们都已经丧失其紧急感，而所有的人员都不再想拼命，只想早一点平安回家。

在 8 月最后的一个星期内，当巴顿的坦克把汽油都用完了的时候，可能使战争迅速结束的最佳机会即已经丧失。那时他们距离莱茵河及其桥梁是要比英国人近了 100 英里。

在盟军方面巴顿要比任何人都更能了解穷追不舍的重要性。他是准备向任何方向扩张——事实上，他在 8 月 23 日曾经建议他那个军团应向北进而不必向东进。他事后所作的评论是颇有道理："一个人不可能先计划然后再来尝试使环境适应其计划。而必须尝试使计划来适应环境。我认为在高级指挥方面的成败，其主要关键就是此种适应能力的有无。"

但在这个机会最好的时候，所有盟军方面一切困难的主要根源即为其高级计划者当中没有一个人曾经预料到敌人在 8 月间会完全崩溃，所以他们在心理上和物质上都毫无准备，因此也就不能用乘胜追击的方式来扩大此种机会。

第三十二章　苏联的解放

1944 年东线战役是受到下述事实的控制：当红军前进时，正面的宽广一如过去，而德国人的兵力却正在缩小——因此，其自然的结果即为红军继续不断地前进，除了自己的补给问题以外，几乎很少受到其他的阻碍。此过程是一种最明显的证明，足以显示空间与兵力比例的重要性。此外，在进展中的停顿也是由红军补给线所要推进的距离来决定。

主要作战是由两次红军大攻势所组成，分别在两翼，彼此交替，每次攻势之后都要继之以一段长时间的休息。在南翼延长线上所发展的辅助性作战，其休息的间隔比较短——原因是因为德军在这一方面的兵力对空间而言，其密度比主战场上还要稀薄，所以当红军突破德军的每一道防线之后，也就不需要太多的时间来集结其次一个行动所需要的兵力。

冬季攻势的开始行动与秋季攻势非常类似，而其所产生的效果也大致相同，其原因并非由于德国人的失算，而是因为他们已经力不从心。1943 年 12 月，科涅夫已经发起一个新迂回攻势前进，以克服当他第一次企图切断顿河湾时德军在克里沃罗格所作的阻挡。这次他从克列缅楚格的桥头阵地向西攻击，而不再向南攻击，他几乎穿透基洛夫格勒，但在那里又开始被阻不能前进。但是这一个推进，再加上另一个从切尔卡瑟（Cherkassy）桥头阵地配合所作的向心攻击，已经把德军微弱的预备队诱致了相当的部分。曼施泰因现在也就处于左右为难的情况，因为希特勒禁止他采取战略所要求的退后一大步的行动，所以他只好把兵力切碎，用来填塞在第聂伯河湾与基辅之间这一长段战线上所发生的裂口，但这样下去也就使他能够把瓦杜丁的部队限制在基辅突出地区之内的机会日益减低。在这个突出地区之内，红军的兵力就好像是由水坝所挡着的洪水一样，只要堤防一溃，其泛滥之势即将不可收拾。

瓦杜丁的新攻势是在圣诞节前夕发动的，在一层浓厚的晨雾掩护之下——几乎是像第一次世界大战末期每一个成功的攻击时一样。在雾幕帮助

苏 联 的 解 放

1943年12月22日前线　━━━━1944年底前线

1943年底到1944年底之间俄部队到达战线

德部队被包围地区

战前俄波疆界

之下,红军第一天即攻入德军的阵地,一经突破之后,其部队便开始席卷,其范围是如此的宽广,使一切对抗措施都发生不了效力。在一星期之内,红军已经收复日托米尔(Zhitomir)和科罗斯田(Korosten),并同时向南发展,包围过去所从未触及的别尔季切夫(Berdichev)和别拉雅-泽尔科夫(Byelaya Tserkov)等德军据点。

1944 年 1 月 3 日,红军机动部队向西前进,攻占科罗斯田 50 英里以外的诺沃格勒-沃伦斯基(Novigrad Volynsk)道路交汇点。次日即越过了战前波兰的国境。在南翼方面,德军现在自动放弃别尔季切夫和别拉雅-泽尔科夫两个据点,退向文尼察(Vinnitsa)和布格河(Bug)上——以掩护从敖德萨(Odessa)到华沙之间主要横行的铁路线。在这里曼施泰因调集了一些预备队,企图作另一次反击,但因为后援不继,而且瓦杜丁对于如何应付也已准备,所以虽能暂时阻止红军向布格河前进,但结果却不免顾此失彼,反而使红军在侧面上的前进一路畅通无阻。他们从别尔季切夫和日托米尔向西推进,绕过德军在谢佩托夫卡(Shepetovka)的一处阻塞阵地,而于 2 月 5 日攻占重要的波兰交通中心罗夫诺(Rovno)。同一天,另一个迂回运动攻占了卢茨克(Luck),那是在罗夫诺西北约 50 英里,已经超过苏联边界 100 英里。

洪流向南泛滥所产生的结果更具有迫切的危险性。因为在这里,瓦杜丁的左翼正在和科涅夫的右翼相会合,而使受到希特勒"不准撤退"命令所限制,尚留在苏联基辅和切尔卡瑟两个桥头阵地之间地带中的德军有受到包围的危险。这些部队仍紧抓着第聂伯河附近的前进阵地不放手,所以也就无异于坐待敌人的包围而不准躲避。当 1 月 28 日红军的钳头在它们的后方夹拢时,有 6 个师的部队遂被关入了口袋。由于第三和第四十七装甲军的努力,它们的突围行动终于获得成功。但在科尔松(Korsun)包围圈内的 6 万人,虽然有 3 万人被救出,却已经把装备丢光,另外 1.8 万人不是被俘便是负伤。第十一军的军长斯特默尔曼(Stemmermann)也是战死者中的一人。

为了救出被围的部队,德军遂又不能不在第聂伯河湾内放弃较南端的阵地。当马林诺夫斯基向德军尼科波尔(Nikopol)突出地的底线进攻时,德国人也就无法抵挡。于是尼科波尔在 2 月 8 日被迫放弃,虽然大多数守军都能安全撤出,但他们却从此不能再利用这个重要的锰矿来源。他们在克里沃罗格还继续守了 14 天,然后才在大包围的威胁之下撤出。

在普里皮亚特沼泽与黑海之间,红军在南线上已经造成许多深入的突出地区,结果也就使德军所需要掩护的正面大为延长,而希特勒的僵硬原则却不准它们作适合时机的撤退以拉直和缩短战线。损失的增加,尤其是在科尔松突围时为然,已经留下太多的缺口,使它们现在根本无法填补。希特勒的原则所付出的代价使得现在必须要作比两个月以前所要求的更大规模的撤退。

兵力的减弱和空间的增大使德军部队产生一种无可奈何的感觉。红军数量的巨大,尤其是它们几乎没有补给问题的困扰,也就更增强了德军的畏惧心理。它们像洪水一样地奔流泛滥,又像游牧民族一样满山遍野地冲杀过来。在任何西方军队都要饿死的情况之下,苏联人还能继续活命;在任何人都会坐下来等待已毁的交通线修复的环境中,他们却仍能继续前进。德军机动部队经常尝试攻击红军的交通线以阻止其前进,但却发现很少有补给纵队可以作为攻击的目标。曼陀菲尔为德军著名勇将之一,他对于红军的印象特别深刻,他曾经这样生动地描写如下:

> "红军的前进是西方人很难想像的一种情况。在坦克矛头的后面就跟着一大群乌合之众,大部分都是骑马的。士兵们背上驮着一个口袋,里面装的是干硬的面包和一路走一路随手捡来的蔬菜。马就吃屋顶上的稻草——除此以外几乎就没有什么可吃的。苏联人惯于过这种最原始的生活,他们可以这样的前进达 3 个星期之久。"

又因为曼施泰因由于眼疾之故已被免职,所以要想力挽狂澜的机会也就更形减少。实际上这不过是一个掩饰的理由,真正的原因是他与希特勒的冲突——曼施泰因认为希特勒的战略简直是胡闹,而他用来和希特勒争论的语调也已经使后者无法容忍。所以自此以后,这位被德国军人所一致推崇的最佳战略家即再无出头的机会。经过了一次手术之后,曼施泰因的眼疾固然已经痊愈,但他却只能坐在家里看地图,并眼看着德军被盲目地引入失败的深渊。

1944 年 3 月初,红军又发动一个更大规模的分进合击。首先引起德军注意的是一个在布格河源头附近,指向加里西亚东南角的攻击。这是由朱可夫元帅来执行的,他已经代替瓦杜丁指挥基辅以西的红军,因为后者受到反共游击队的狙击而伤重殒命。从谢佩托夫卡出击,朱可夫的部队一天之内突进了30 英里,在 3 月 7 日即已在特尔诺波尔(Tarnopol)切断敖德萨与华沙之间的横行铁路线。这个攻势迂回了在布格河上的德军防线,使它们已经不可能再退守该线。

在南线的另一端，马林诺夫斯基早已利用德军在第聂伯河湾较下游部分的不稳形势——使用其在尼科波尔和克里沃罗格附近新近获得的地位来发动一个钳形运动。3 月 13 日他攻占第聂伯河口的赫尔松（Khersen）港，并围困在这个地区的一部分德军。同时，其从北面进攻的部队也正接近在布格河口的尼古拉耶夫（Nikolayev）——不过那里的抵抗相当的顽强，直到 3 月 28 日才将其拿下。但在此以前，夹在朱可夫和马林诺夫斯基两个方面军之间的中央地段内，却早已有很激烈的发展，足以使这两方面的成就都显得自愧不如。

在两端都有掩护的情况之下，科涅夫开始向乌曼（Uman）方向出击，并于3 月 12 日到达布格河，很快就占稳了渡口。他的装甲部队一点也不耽搁，直趋德涅斯特河（Dniester）——在这个地区中，两河之间的距离不过 70 英里。现在坚冰已经解冻，德涅斯特河的水流湍急，两岸陡峻，本来很可以当作一道坚强的防线，但是德军方面却缺乏可以用来防守的部队。苏联装甲部队于 18日进抵河岸，紧跟着撤退中的德军后面，在杨波尔（Yampol）及其附近用浮桥渡河。为什么会这样容易呢？其原因是一方面他们前进得非常的迅速，另一方面对方已经混乱不堪。这里又应归功于苏联的装甲兵，他们在罗特米斯特罗夫将军（General Rotmistrov）的指导之下，采取一种新的战术，使对方感到束手无策。他们采取展开形式的前进，使敌人仅能在主要路线上坚守据点，却不能阻止他们的行动。

红军如此深入的突破并没有什么危险，因为朱可夫的左翼又从特尔诺波尔向南发动新的攻势，足以牵制德军的兵力。这个攻势在时机上也配合得非常良好，正当德军在特尔诺波尔附近的反击为苏联的严密防御击败之余，它就利用德军的后退作迅速进攻，其目的也是为了配合科涅夫的攻击。在迅速前进到德涅斯特之线以后，朱可夫的左翼向下直趋东岸，席卷敌军的侧翼，而与科涅夫的右翼构成合围之势。这种分进合击的方式一方面可以保证防御的安全，另一方面又可以开拓攻势。

当这些侧面的扫荡正在扩大缺口和切断一部分开始撤得太慢的德军之同时，红军的主流却仍继续向西推进。在 3 月底之前，科涅夫的矛头已经在雅西（Jassy）附近突穿到普鲁特河（Prut）之线，而朱可夫的矛头也已经攻占科洛梅亚（Kolomyja）和切尔诺夫策（Cernauti）等重要交通中心——并且从这些地方强渡上普鲁特河。这个前进使他们逼近喀尔巴阡（Carpathians）山脉的山麓，而这也就是匈牙利的屏障。

为了对这种威胁作立即的反应，德军遂占领匈牙利。很明显的，采取此种步骤的原因就是为了确保喀尔巴阡的山地防线。他们需要维持这一道防线，不仅是为了阻止红军冲入中欧平原，而且对于巴尔干的任何持续防御这也是一个枢纽。喀尔巴阡山脉，连同向南延伸的特兰西瓦尼亚阿尔卑斯山脉（Transylvanian Alps），构成一道具有伟大天然屏障的防线。从战略的观点上来看，其实际的长度是很短的，换言之，要设防的仅限于少数隘道——所以在兵力的部署上可以获得很大的节约。在黑海与福克夏尼（Focsani）附近的山脚之间有一段 120 英里宽的平原，但其东面的一半却受到多瑙河三角洲和一连串湖沼的阻塞，所以危险地区也就只剩下一个 30 英里宽的加拉茨缺口（Galatz Gap）。

4 月初德国人似乎是马上就必须撤到这一道后方防线，而且在西北角上连它也都早已受到威胁，因为朱可夫的部队正从特尔诺波尔和切尔诺夫策之间切入，直趋雅布洛尼卡隘道（Yablonica Pass）——又名鞑靼隘道（Tartar Pass），这是一个比较出名的名称。朱可夫似乎可以与直捣布达佩斯的速不台（Subedei Bahadur）媲美。后者曾率领蒙古西征的骑兵——近代装甲部队的先驱者——在 1241 年 3 月，横扫匈牙利平原，从喀尔巴阡山脉直达多瑙河——在 3 天之内前进了 180 英里的距离。

4 月 1 日，朱可夫的矛头达到鞑靼隘道的入口处。这里的山地远比南面低缓，而隘道本身的高度也仅为 2000 英尺，所以其障碍作用也比较低。尽管如此，若能有顽强的防御，则隘道还是很难打通，因为它可以限制攻击者的迂回行动。结果是矛头未能突穿，而且后援不继也无力再举，因为补给早已赶不上如此长距离的前进。

相形之下，德军现在已经居于比较有利的地位。其后方有以利沃夫为辐射中心的交通网，而当退入加利西亚之后，其兵力也已经变得较为集中。在次一个星期，即复活节之前的一个星期，德军发动一个许久以来都不曾有过的较大规模的反击。那是具有双重目的——（1）瘫痪红军的前进；（2）营救第一装甲军团的 18 个（不足额的）师，它们是在德涅斯特河以东被陷在朱可夫和科涅夫两大兵力之间。这支德军部队正在尝试向西经过斯卡拉（Skala）和布查希（Buczacz）以达利沃夫。

德军的反击是沿着德涅斯特河的两岸进行，在右面深入切断红军在鞑靼隘道口上的部队，收复从科洛梅亚到隘道之间铁路线上的德拉蒂（Delatyn）车站。在左翼方面，德军收复了布查希，使被围困在斯卡拉附近的那些师能够撤出。当它们撤出之后，在普里皮亚特沼泽与喀尔巴阡山脉之间，波兰

东南部的防线即稳定于利沃夫以东的一线上,从 4 月一直维持到 7 月。

科涅夫越过普鲁特河——这道河也构成罗马尼亚的国界——的攻势也是刚刚一过河就被阻止。他并不曾突入雅西,那是在普鲁特河以西只有 10 英里之处;不过再往北进一点,他却到达了塞列特河(Sereth)。但在此时,科涅夫又另有一个重要目的。他的左翼现在向南旋回,沿着德涅斯特河指向黑海附近德军的后方——那里大部分都是罗马尼亚的部队。科涅夫这支侧进的部队又与马林诺夫斯基从尼古拉耶夫向西直趋敖德萨的前进相配合。

此种联合的威胁对于舒奈尔(Schösner)和莫德尔(Model)形成一种非常困难的问题。前者已经代替克莱斯特出任前"A"集团军总司令(现在已改名为南乌克兰集团军)。后者则已代替曼施泰因接任北乌克兰集团军总司令(这个集团军本名为顿河集团军,以后曾改名为南面集团军)。其后方交通的恶劣和缺乏尤其增加了舒奈尔的困难。因为自从红军进至喀尔巴阡山脉之后,他与在波兰的德军已经被隔开,现在必须依赖通过巴尔干和匈牙利的迂回交通线。

同时,盟军的重轰炸机也从意大利起飞对于主要的铁路枢纽发动一连串的攻击,在 4 月的第一个星期内,对布达佩斯、布加勒斯特和普洛耶什蒂(Ploesti)的轰炸为攻击的开端。此种后方的威胁虽不能产生立即的效果,但却获得阻滞的作用。

4 月 5 日,马林诺夫斯基的部队到达腊兹杰耳纳亚(Razdelnaya),切断以敖德萨为终点的惟一一条未被切断的铁路线。4 月 10 日,他们占领了这个大港。但大部分的敌军已逃脱。他们只后退了一段短距离——到下第聂伯河之线,战线就向雅西方面折回。因为科涅夫的南向攻击已在基什尼奥夫(Kishinev)地区受到阻碍。

在 5 月的第一个星期中,科涅夫在雅西以西发动一次大型的攻击,沿着塞列特河的两岸南下,并使用新型的"斯大林"式坦克。在这种坦克的协力之下,红军取得突破,不过舒奈尔手中却保有一支相当强大的装甲预备队,是在曼陀菲尔指挥之下。凭藉判断正确的防御战术,德军击败红军突破后的扩张行动。此种战术的基础是基于反击的天然优点及对机动性作巧妙的运用,以抵消红军在装甲和兵器上的优势。这是一次大规模的坦克会战,双方所使用的坦克总数约达 500 辆之多,结果是红军被击败,而使战线再度趋于稳定。

这次的成功在 3 个月之后还是害了德国人。因为它鼓励着希特勒坚持应维持他们已经守住的地区,不仅是在雅西附近,而且还包括夹在普鲁特河与德涅斯特河之间的比萨拉比亚(Bessarabia)地区的南部在内。换言之,那是在喀尔巴阡山脉和加拉茨缺口以东,德军仍将继续留在暴露位置上相当长久的时间。在这个中间阶段,由于罗马尼亚人民的厌战求和,所以其后方日益趋于不稳。

4 月间红军收复了克里米亚。在克里米亚的占领军,德国和罗马尼亚的部队各占一半,由于从海上撤退,现在兵力已逐渐减少,但对于攻击者而言,问题还是相当困难,因为在两个狭窄的入口处并不需要太多的兵力即可以维持一种极坚强的防御。要想收复克里米亚,则红军必须发动一次大规模而有缜密准备的攻击。当红军的狂潮在大陆已前进了很远的时候,希特勒却仍继续命令其部队坚守这个半岛不许撤退。比起其他地区所作的类似决定,他这一次却应该说是比较有道理,因为这一部分少数兵力的牺牲,在这个紧要阶段中,的确是牵制全部红军中的大部分兵力。

4 月 8 日,托尔布欣(Tolbukhin)开始发动对克里米亚的主力攻击,在此以前曾发动一次前奏攻击,其目的为使德军暴露其炮兵阵地的位置。当红军对彼列科普(Perekop)地岬发动正面攻击时,另外一支部队则越过其侧翼上的锡瓦什盐湖(Sivash Lagoon)以求达到德军防御阵地的后方。当这个内外夹击的行动打开了克里米亚的北方门户之后,叶廖缅科的部队也立即从刻赤东端顶点上所占据的立足点发动配合攻击。到了 4 月 17 日,两支部队在塞瓦斯托波尔的郊外会合,并俘获了 3.7 万名德军。被俘人数如此之多,主要是因德军犯了重大的错误,它们遵照希特勒的僵硬原则,尝试在彼列科普地岬以南的防线上作固守的努力,而不立即撤退到塞瓦斯托波尔。这样才使托尔布欣有机会使用其坦克在这一道临时拼凑的防线上打开一个缺口——这是一道太长的防线,使德军无法加以固守——并切断大部分德军部队的退路使其不能够退回塞瓦斯托波尔。

为了要把重炮兵运来,所以红军停了一段时间才开始对这个要塞发动攻击——但守军兵力已经不足,所以始终无法使防御达到合理的密度。尽管如此,希特勒却仍坚持应不惜一切牺牲据守塞瓦斯托波尔。红军于 5 月 6 日的夜间发动最后的攻击,很快地就在东南方面——因克尔曼(Inkerman)和巴拉克拉瓦(Balaclava)之间的地段内,完成一个决定性的突破。直到 5 月 9 日,希特勒才收回他的成命,准许用船只将那些守军撤出,但已经太迟。5 月 10 日,守军放弃塞瓦斯托波尔,退入赫尔松半岛(Khersonese Peninsula)。5 月 13 日差不多有 3 万人都在那里向红军投降,只有极少数人能够从海上撤出。大多

数的战俘都是德国人。在攻势开始之前,德军指挥官决定宁愿让罗马尼亚部队先从海上撤走,因为他们知道只有自己的部队是可靠的。假使不是防御计划具有致命的硬性规定,则这个政策也许能够延长防御的时间。

在东战场的另一翼(北翼)上,红军在 1944 年初的几个月内,也颇有收获,尽管其成就不足与南面的相比拟。在这一年开始时,德军仍严密地包围着列宁格勒。它们的战线延伸过这个城市达到其东面约 60 英里的一点,再转向南面,沿着沃尔霍夫河(Volkhov River)到伊尔门湖(Lake Ilmen);在那个大湖的两边它们都据守着一个要塞城镇,即诺夫哥罗德和旧鲁萨(Staraya Russa)。在 1 月中旬,红军开始发展它们期待已久的攻势以期击破敌人对列宁格勒的包围。攻势从该城正西面的湖岸上发动,戈沃罗夫(Govorov)的部队向德军突出地区的左侧面上打开一个缺口,而梅雷茨可夫(Meretskov)的攻击则在诺夫哥罗德附近对敌军右翼作更深入的突破。最初给人一种熟悉的印象似乎是德军已经被包围,但它们却能作有秩序的分段撤退,到达其突出地区的底线。此种过分夸大的期望使苏联人不免失望,因此反而遮掩了他们已经获得的实利——即解放列宁格勒,打通其与莫斯科之间的铁路线,并孤立芬兰。

在德军撤退结束时,其所站住的一条防线是从纳尔瓦(Narva)附近的芬兰湾起到普斯科夫(Pskov)为止。由于战线的拉直和缩短,遂使德军的情况暂时获得很大的改善,尤其是实际上所缩短的防线长度要比地图上所测量出来的还多。因为海岸与新的要塞城镇普斯科夫之间的防线虽长达 120 英里,但其间却夹着两个大湖,即派普斯湖(Peipus)和普斯科夫湖。2 月底戈沃罗夫发动一次突击,在海岸与派普斯湖之间的纳尔瓦河上攻占了一个桥头阵地,但却被封锁在那里而未能突破。在两个大湖的南面,红军的前进将要达到普斯科夫时(距离日鲁萨 120 英里)也受到阻止不能再前进。这对于红军而言是相当的失望,因为它们都希望收复普斯科夫,为该城建城 26 周年纪念庆祝——这个城市是在 1918 年 2 月 23 日在对德国人的战争中所诞生的。

在北面,这次冬季攻势的军事结果没有其政治影响那样重要。因为受到其孤立感的动摇,芬兰政府在 2 月中旬开始与苏联谈判休战。在当时的环境之下,苏联人的条件是相当的宽厚——即以恢复 1940 年的基准和疆界为原则——但芬兰人却害怕在执行时又会节外生枝,所以要求苏联人能给予较明白的保证。此外,芬兰人又声明他们没有能力解除在芬兰北部德军的武装,而且又不愿意允许红军入境来完成此项工作。虽然这个谈判在 3 月间破裂,但很明显的那不过是多拖延一点时间而已。芬兰率先打开和平谈判之门，也就鼓励着其他的德国附庸国家都纷纷起而效尤，尽管它们所采取的方式是比较秘密的。至于罗马尼亚之所以采取此项行动，又多少受到斯大林声明的刺激——因为他说他主张应该把特兰西瓦尼亚归还给罗马尼亚。

所以在 5 月间，德军虽能使东线暂时获得稳定，但它们的情况改善却只是表面上的。它们兵力的消耗已经太厉害，所以虽能争取到一段时间，但对于它们而言，却已无太多的价值。反之，苏联人也正需要时间来准备发动下一个巨大的攻势，而谈判者则更需要时间来完成其和平努力——只有独裁者才能在一夜之间改变他的方向。此时，由于盟军在巴尔干的轰炸攻击正在日益增强，所以也增大了对敌方交通线的压力，并促使那些国家急于想要谋和。6 月 2 日所谓"穿梭勤务"（Shuttle-Service）的办法开始实行，美国的"飞行堡垒"在苏联境内新近准备的基地上降落，在加油装弹之后，又飞回它们自己的地中海基地，并于返航途中作第二次的攻击。6 月 21 日，在英俄两国之间也采取这种类似的安排，美国轰炸机在其飞行的全程中，又都受到远程战斗机的保护。

苏联人对于犹豫不决的芬兰人最初只不过是加以空中的压力，但到 6 月 10 日，即开始通过在拉多加湖（Lake Ladoga）与芬兰湾之间的卡累利阿地峡（Karelian Isthmus）作一个陆上的进攻以增强对该国的压力。在突破一连串的阵地之后，戈沃罗夫元帅的部队在 6 月 20 日攻占维堡（Viipuri），于是也就获得了地峡的出口。到此时，芬兰人才表示愿意接受其原先已经拒绝的俄方休战条件。但斯大林现在却又要求芬兰应举行一次象征性的投降仪式，而芬兰人则表示拒绝。正当此时，里宾特洛甫（德国外长）已经匆匆赶到赫尔辛基，利用芬兰的畏惧情绪，表示愿意给以德军的增援。红军自从进入 1940 年国境后方的湖沼地带之后，其前进就逐渐丧失冲力。这个事实对于里宾特洛甫任务的完成也颇有帮助。尽管战斗已经接近尾声，而俄芬之间的战争遂又继续延长下去，当时的后果为：（1）美国政府现在也对芬兰断绝外交关系，这种关系曾一直都维持不断达如此长久的时间；（2）在这个时候，德军自己的防线上到处都迫切需要预备队，但它们却不得不继续抽调兵力送往芬兰增援。

对于这种少量的利益，苏联人仍有理由感到满足。他们自己对德军的夏季攻势已在 6 月 23 日发动——到这个时候，英美联军已在诺曼底站定了它们的脚跟。再加上盟军已经越过罗马向北推进，这一切都足以使德军在红军尚未发动攻势之前，已经在多方面感到严重的压迫。不过，最使红军获利的还是希特勒仍继续坚持其僵硬的防御观念，而不肯采取任何弹性的措施。

　　虽然苏联人在表面上是沿着全线——从喀尔巴阡山到波罗的海——都在作发动攻势的准备,但其注意力的焦点却放在普里皮亚特沼泽以南的地段上。因为在这里红军早已深入到波兰境内,其春季攻势曾经使它们迫近利沃夫城,并曾一度攻入科韦耳(Kovel),所以在这一方面再度进攻似乎是很自然的。3个月的休息已经使朱可夫有充分的时间恢复其巨大突出地区后方的铁路交通。

　　不过,苏联人却选择其战线上最退后的"梯次"为发动攻势的起点——正像1942年德军统帅部所采取的办法完全一样。他们在普里皮亚特沼泽以北的白俄罗斯地区中首先发动攻势——在那里德军在苏联的领土上还占有一大片土地。

　　他们这种选择也是具有良好的计算。因为在北区中红军战线的位置是最退后的,所以其交通也就最便利,足以对攻势提供最初的冲力。又因为这个地段在1943年曾经证明其防御力量极为顽强,所以德军似乎也就不可能再从其他地段抽调兵力来增援,尤其是在科韦耳与喀尔巴阡山脉之间的阵地显然是更危险也更重要。虽然这个北面的主要地段在前一个秋季和冬季里曾经阻止所有一切的攻击,但红军在其两个侧面上,即在维帖布斯克(Vitebsk)和日洛宾(Zhlobin)的附近,曾经分别插入了两块楔子。对于其再发动新攻势时,也就可以构成一种有价值的发起点。进而言之,假使它们一旦能使敌人开始撤退,则它们从科韦耳附近较南面的突出地区还可以发动更大的侧击。因为那里正是把德军分开的沼泽地带的西端。

　　在攻势发动之前,红军对于夹在波罗的海与普里皮亚特沼泽之间的战线曾加以改组和增强。它现在由7个较小型的集团军或"方面军"(front)所据守着。最右端为戈沃罗夫的"列宁格勒方面军",接着是马斯连尼科夫(Maslennikov)的"第三波罗的海方面军"和叶廖缅科的"第二波罗的海方面军"。这3个方面军目前都是处于休息的态势。其他4个方面军则正在进行攻势,它们从北到南,为巴格拉米扬(Bagramyan)的"第一波罗的海方面军",它过去曾在维帖布斯克的北面造成那个楔子;"第三白俄罗斯方面军",其总司令为切尔尼亚霍夫斯基(Chernyakhovsky)只有36岁,为红军高级将领中最年轻的一位;在扎哈罗夫(Zakharov)指挥之下的"第二白俄罗斯方面军";由罗科索夫斯基所指挥的"第一白俄罗斯方面军",在日洛宾附近的楔子就是由他插入的。这4个方面军一共包括大约166个师。(译注:红军的一个师平均比较小,而且编制人数也无一定标准,其情形与战争后期的德军差不多。)

红军攻势的重点是落在德国中央集团军的头上,现在的总司令为布施(Busch),他是在克鲁格于一次车祸中受了重伤后才接替这个职务的。虽然红军在冬季中的攻击未能击破这个地段内的防御,但布施和他的主要部下都知道胜败之机简直是间不容发。所以他们对于夏季来临之后红军再发动攻势时是否仍能抵抗得住,深感没有把握,因为一切的条件都会变得对敌人更为有利。在期待对方攻击时,他们希望能够撤到具有历史意义的布列津纳河(Beresina)之线,那是在现有战线后方90英里的位置。若能采取这样一个适时的后退,则可以使红军的攻势脱节。但那却违反希特勒的原则,而且无论如何辩论也都不可能改变他的决定。

已经接替海因里希(Heinrici)充任德国第四军团司令的蒂佩尔斯基尔希(Tippelskirch)曾经在掩饰之下作一个短距离撤退,从其前进阵地上退到上第聂伯河之线,这样对于红军的攻击多少可以产生一点缓冲作用。但由于红军的计划是集中全力以扩张两面侧翼上的楔子,所以这种利益也就受到抵消。

在北面侧翼上,巴格拉米扬的部队从波洛次克(Polotsk)与维帖布斯克之间进攻,切尔尼亚霍夫斯基的部队从维帖布斯克与奥尔沙(Orsha)之间进攻,在如此夹击之下,维帖布斯克遂被夹碎。在攻势发动后的第4天,维帖布斯克即宣告失陷,于是在第三装甲军团的战线上被撕开了一个巨大的缺口。红军从此向南挺进,切断莫斯科—明斯克公路,并威胁第四军团的后方,该军团正在抵抗扎哈罗夫的正面压力。罗科索夫斯基在另外一个侧翼上的攻击更增强其所面临的危险,后者是在普里皮亚特沼泽的正北面,向德国第九军团进攻。日洛宾也是在第4天被攻陷,罗科索夫斯基从其附近突破,越过布列津纳河,并绕过德军在博勃鲁伊斯克(Bobruisk)可能已经建立的阻塞阵地。7月2日他的机动部队到达斯托尔勃策(Stolbtsy),那是在较大交通中心明斯克以西约40英里之处,于是也就切断由那里通往华沙的铁路及公路线。

在红军日益增强的机动能力之下,空间的运用已经使德军的一切阻止企图都变得无效——自从突破以来,红军在一个星期之内已经推进了150英里的距离。美援的价值由此也可以显示出来,因为现在红军方面已有大量的摩托化步兵,乘坐着美国的卡车,紧跟着坦克后面前进。此时切尔尼亚霍夫斯基的部队已经从北面趋向明斯克,同时也威胁通到维尔纳(Vilna)的道路。在这个分叉之间,一支由罗特米斯特罗夫(Rotmistrov)所率领的装甲预备队,沿着莫斯科—明斯克公路前进,于7月3日进入明斯克——这支部队在最后两天之内推进了约80英里的距离。

此种巨大的钳形运动与德军在 3 年前所使用的极为类似,只不过是方向相反而已。也像那次一样,被包围的部队中只有一部分能够逃出陷阱。在第一个星期之内,红军在北面俘获约 3 万人,在南面则为 2.4 万人。在明斯克被围的人数大约是 10 万人,虽然从明斯克向西的主要退路早已被切断,但第四军团的一部分仍从南面采取一条次要的道路勉强撤出——这一条路线过去是曾当作主要补给线使用,由于苏联游击队的活动才被放弃。德国的中央集团军现在可以说实际上已被毁灭,损失总数超过 20 万人。

在明斯克以西,撤退中的德军曾经暂时停顿一下,但已无天险可守,而它们已经减弱的兵力也无法掩护如此巨大的空间——当红军的突出地区愈深入,战线也就变得愈长。红军几乎总是有办法绕过德军所坚守的城镇,并从其间的空隙中穿过。在它们前进时,其矛头分指若干目标,好像构成一个半圆形——包括德文斯克(Dvinsk)、维尔纳、格罗德诺(Grodno)、比亚威斯托克和布列斯特-里托夫斯克都在内。红军于 7 月 9 日进抵维尔纳,在苏联机动部队从其两侧绕过之后,该城也于 7 月 13 日失守。同一天另一支矛头也到达格罗德诺。

到 7 月中旬,红军不仅已经把德军赶出白俄罗斯,而且也占领波兰东北部一半的地区。其最西面的部队已经深入到立陶宛(Lithuania),距离东普鲁士的边界已经没有多远。它们在这里已经超越德军北面集团军的侧翼约 200 英里——这个集团军在弗里斯纳(Friessner)指挥下,仍在掩护着进入波罗的海国家的前门。巴格拉米扬的矛头现在正向德文斯克进攻,距德军设在里加(Riga)基地的距离是要比弗里斯纳的前线还近。切尔尼亚霍夫斯基已经越过维尔纳进抵涅曼河(Niemen)上,所以他距离波罗的海的海岸也是一样的接近——若沿着一条比较偏西的直线去测量的话。所以在弗里斯纳尚未撤退之前,红军似乎即已可能在其后方建立两道阻塞线。同时,红军又向北对普斯科夫地区继续发动攻势,因此也就使他的情况更为困难——在那一方面马斯连尼科夫的"第三波罗的海方面军"与叶廖缅科的"第二波罗的海方面军"正在作会师的攻击。

同时,一个更大的发展又使整个德军所受到的压力日益倍增。因为在 7 月 14 日,红军在普里皮亚特沼泽以南,介于特尔诺波尔和科韦耳之间的地区中,又开始发动期待已久的大攻势。其右翼部队越过布格河直趋卢布林(Lublin)和维斯瓦河,并与罗科索夫斯基在沼泽北面的攻击相会合——后者现在正绕过布列斯特-里托夫斯克的南面。其左翼部队则从卢茨克附近穿过敌军的战线,并从北面迂回利沃夫。

这座名城于 7 月 27 日陷落在科涅夫的手中,到这个时候他的矛头早已越过利沃夫西面 70 英里的桑河(San)。下述事实可以戏剧化地表示红军攻势努力的范围是如何的巨大:位置在喀尔巴阡山麓上的斯坦尼斯拉夫(Stanislav);在波兰北部的比亚威斯托克;在拉脱维亚(Latvia)的德文斯克;在从里加到东普鲁士之间铁路线上的施亚乌里亚伊(Siauliai)交点——都是同一天被红军所攻占。上述最后一个攻击,是巴格拉米扬手下的一支装甲纵队的杰作,那几乎注定了德国在北面全部兵力的命运。

但是比起红军在中央方面所作的深入前进,以及其所带来的危险,则这个突击只不过是小巫见大巫。因为在 3 天以前,7 月 24 日,罗科索夫斯基的左翼已经攻入卢布林,那里到维斯瓦河仅有 30 英里,而到华沙也只有 100 英里。在这次攻击中,他曾经利用普里皮亚特河把德军分割成两部分,以及在其南面进攻所造成的混乱情况。26 日,罗科索夫斯基的几支机动纵队到达维斯瓦河,而其他的部队则向北旋回,直趋华沙。次日,德军放弃布列斯特-里托夫斯克,而在同一天,红军的一支纵队又早已绕过该城到达谢德耳策(Siedlce),在该城以西约 50 英里处,距离华沙不过 40 英里。

在谢德耳策德军使红军的进展暂时受到顿挫。而在维斯瓦河上,德军的抵抗也有加强的趋势,虽然罗科索夫斯基的部队在 29 日夜间曾在该河上占据了 5 个渡口,但在次日上午却被德军消灭了 4 个。

但在 7 月 30 日,德军在迂回压力之下又被迫撤出谢德耳策,而罗科索夫斯基的一支纵队已经到达布拉加(Praga)的郊外。布拉加也就是华沙在维斯瓦河东岸的郊区。次日上午,德军开始越过桥梁退入城内;而在此时波兰的地下组织领袖们也受到鼓励,被呼吁发动起义的行动。

同一天在波罗的海附近也有惊人的发展。在巴格拉米扬的前线,由奥布霍夫(Obukhov)将军所率领的一支装甲纵队,一夜之间经过 50 英里的推进,到达里加湾(Gulf of Riga)上的图库姆斯(Tukkums),于是切断了德国北面集团军的退路。切尔尼亚霍夫斯基占领立陶宛的首都考那斯(Kaunas),而他的前锋却早已在英斯德堡(Insterburg)附近直趋东普鲁士的边境。8 月 2 日,科涅夫的部队已在华沙以南 130 英里靠近巴拉诺夫(Baranow)的地方(也就是在桑河流入维斯瓦河之点以上),在维斯瓦河上建立一个新的巨大桥头阵地。

对于德国人来说,这个时候到处都发生了危机。在西线方面,他们的诺曼底防线正在崩溃,而巴顿的坦克也正从阿弗朗什缺口中冲出。在德军前线的

后方已经发生一次政治性的地震,其震动的余波还正在向各处传播。7 月 20 日谋刺希特勒和推翻纳粹政权的行动不幸失败,而许多德军将领却受到牵连,最初是对于这种阴谋的结果感到不安,以后则是害怕自身难保,所以在许多司令部中都因此而产生了瘫痪性的混乱。

当炸弹在希特勒大本营中爆炸之后——那是位置在东普鲁士的腊斯登堡(Rastenburg)——立即就有电报从那里发出,告诉潜伏在各个集团军总部中的阴谋分子,说希特勒已被杀害。但德国无线电广播的报道却恰好相反,所以也就使人对于先前的电报感到怀疑,对于事实的真相自然也就感到困惑不解。此外,阴谋者对弗里斯纳总部所发来的电报,又附带着一个明确的训示,要他们把在北面的部队立即撤出不得延误,以免重蹈斯大林格勒的覆辙。在这里,也像在西线一样,7 月 20 日事变是曾经产生了非常重大的影响作用。

但在中央集团军方面,其影响则非常地有限。其主要原因是莫德尔最近已经接充这个集团军的总司令——在红军一突破之后,他就代替了布施,而后者则因为承受不了苏联人在前和希特勒在后的双重压力而精神崩溃。当 1941 年德军发动侵苏战争时,莫德尔还不过是一个装甲师的师长,他现在也只有 54 岁,比大多数德军高级将领差不多要年轻 10 岁。(译注:他在 1941 年是古德里安的部下。古德里安是第二装甲军团司令,而莫德尔则为第三装甲师的中将师长。)在他一帆风顺的升迁过程中,他始终能够维持其在装甲师师长任内所表现出来的精力和勇气。他也是少数敢和希特勒争辩的将领之一,而希特勒喜欢他的那种粗豪气质,而不喜欢曼施泰因的讥刺态度,所以也比较愿意容许他有较大的行动自由。凭藉希特勒所少有的容忍态度,莫德尔常能根据其自己的判断从恶劣情况中撤出,并且时常不理会其所受到的指示。他之所以能够救出危难中的部队,与其归功他对于撤退行动指导的高明,则毋宁归功他这种敢于不服从而自作主张的勇气。同时,他的地位再加上希特勒对于他的宠信,也就自然地提高他对于希特勒在誓言之下的效忠意识。在 7 月 20 日事变之后,在军事领袖中公开谴责阴谋和表示陆军继续效忠者,莫德尔是第一人。以后军事情况的发展更足以显示希特勒对于他的信任是一点都没有错。

从 8 月初起,德军的情况似乎又略有起色,而红军一直迟到来年才进入华沙。在 8 月 1 日入夜时,华沙全城的大部分都已落入波兰人民的手中。但当他们正在期待着红军越过维斯瓦河来援救他们的时候,炮声却逐渐消失,于是在这种预兆着不祥的沉寂中,感到彷徨无主。到了 8 月 10 日,此种沉寂又再度为空中和地面的巨大爆炸声所打破,这也就是德军企图恢复控制的开始。

城市之内的波兰地下军,在波尔将军(General Bor)领导之下,战斗极为英勇,但不久他们即被孤立在 3 个狭小的地区中,而在河的那一面却始终不见有援兵到来。

很自然的,他们应该会感觉到苏联人是故意坐视不救。那也是很容易了解的,苏联政府并不希望看到波兰自己从德国人手中解放他们的首都,因为那将足以鼓励他们采取一种比较独立的态度。虽然事实真相如何很难获得一种肯定的结论,不过红军在此时到处都已受到阻止,似乎又足以暗示军事因素也许比政治考虑更具有决定性。

(原注:苏联人拒绝允许从西欧起飞的美国轰炸机在把补给空投给华沙的波兰人之后,再降落在苏联的飞机场上。关于这一点始终不曾有满意的解释。英国和波兰的飞行员从意大利起飞,在执行这种任务之后,只好再飞回原有的基地。因为航程太远,所以尽管他们是英勇可嘉,但却很难对局势发生真正的影响作用。)

在华沙的前线上,最足以改变形势的因素为 3 个相当强大的党卫军装甲师的介入,它们是在 7 月 29 日才到达——2 个师来自南线,1 个师来自意大利。它们从北面侧翼上发动一个反击,切入红军的突出阵地并迫使其撤退。同时,红军又企图从维斯瓦河上的桥头阵地前进,但也被从德国调来的一些援兵所阻止。所以到 8 月第一个星期结束时,红军除了在喀尔巴阡山麓和立陶宛两地略有进展以外,其他各地都已停滞不前。红军此时已成强弩之末,当它们在最后阶段的前进中,所凭藉的就仅为机动部队的分批进攻。于是莫德尔运用其少量的预备队,在选择适当的地形之后,也就能够阻止它们的突进。在 5 个星期中前进了 450 英里之后——这是它们过去所从未有过的最远和最快的前进——红军也开始感到交通线拉得过长的自然影响,而必须要向那一条战略定律低头。它们在维斯瓦河上差不多停留过达 6 个月之久,才准备就绪,开始发动另一次大规模攻势。

8 月的第二个星期内在许多点上都发生了激战,一面是德军猛烈的攻击,而一面是红军在寻找新的空隙,但双方都不曾获得显著的战果。于是维斯瓦河之线终于被稳定下来。在东普鲁士方面,红军向英斯德堡缺口的前进受到曼陀菲尔的阻止,他这个师刚从罗马尼亚方面调回,即能把红军从维尔卡维斯基斯(Vilkaviskis)道路中心上逐退。于是沿着充满湖泊和沼泽的战线上又恢复了僵持的局面。接着曼陀菲尔又被送往北方,在 8 月的下旬,他从陶拉格(Tauroggen)进到里加湾上的图库姆斯,替北面集团军打开一条退路。

如此一支小型装甲部队能够获得如此辉煌的战果,即可以充分显示情况

在快速地发生变化,以及补给困难已经是如此限制红军巩固其收获的能力。在这样的情况之下,一小群装甲部队要比一大堆步兵具有更大的威力,而战役的演变也就决定于双方有无在紧急点上产生这种小兵力的能力。大卫与歌利亚(David and Goliath)的故事曾经以其近代化的形式作了多次的重演。

在喀尔巴阡山脉与波罗的海之间,主战线的稳定虽曾使德国人可以略事喘息,但沿着较间接化的路线,又有一个较大的威胁正在发展,并足以产生抵消的作用。这就是在罗马尼亚方面,跟着政治行动已经帮助开路之后,红军又开始发动新的攻势。

8月20日,现在由马林诺夫斯基所指挥的"第二乌克兰方面军"从雅西向南沿着塞列特河两岸,向加拉茨的方向进攻。德军此时还有一大块舌形地区突入比萨拉比亚的南部,所以此一行动也就恰好威胁其侧翼和后方。现在由托尔布欣所指挥的"第三乌克兰方面军"则负责直接的攻击,从德涅斯特河下游向西前进。在开始时它们遭遇到激烈的抵抗,敌军只缓慢的撤退,但不久步调即逐渐加速。

8月23日,罗马尼亚的无线电台广播宣称罗马尼亚已经和同盟国媾和,并开始对德国作战。安东尼斯库元帅(Marshal Antonescu)已经被捕,其后任已经接受苏联的条件,包括立即参加作战在内。

利用这种全面混乱的情况,红军于27日攻入加拉茨,于30日占领普洛耶什蒂大油田,并于次日进入布加勒斯特(Bucharest)。苏联的坦克在12天之内已经越过250英里的距离。在以后6天之内,它们再度前进了200余英里,在多瑙河上的图尔努—塞韦林(Turnu-Severin)到达南斯拉夫的边境。一大部分德军在比萨拉比亚突出地带中受到围困,或是在逃走的途中被红军所追及。第六军团的全部,总计20个师,都损失殆尽。这次失败之惨几乎可与斯大林格勒相提并论。

(译注:自从保卢斯的第六军团在斯大林格勒全军覆没之后,希特勒为了重振声威起见,又组成一个新的第六军团,即为此次所再度损失者。)

罗马尼亚的投降遂又刺激保加利亚政府向英美两国求和。虽然该国并不曾参加侵俄的行动,但它却有理由相信苏联是不会尊重其中立地位。这种畏惧是完全合理的。由于保加利亚宁愿向西方同盟国投降,遂使苏联政府大感不满。它立即向保加利亚宣战,并接着从东北两个方向侵入该国。这种侵入简直是像阅兵一样,因为保加利亚政府命令其部队不作抵抗,并加速宣布对德宣战。

红军现在可以任意利用这个开放的侧面,其宽度是近代战争中所空前未有的。此种迂回运动主要的只是一个后勤问题,支配因素是运输和补给而不是敌人的抵抗。在罗马尼亚的陷阱中,已有 10 万名以上的德军被俘,由于西线的情况已十分紧急,所以这种空缺也就永无填补的可能。到 9 月底,在各个不同方面上被俘的德军总数已经超过 50 万人。

在这个秋天里,所看见的是红军的左翼通过东南欧和中欧的巨大空间,逐渐发展成为一个巨大的车轮。德国人所能做到的就是在它的上面加装一个刹车而已,其方式即为尽量坚守一连串的交通中心,时间愈长愈好,而当被迫撤退时,则尽可能破坏一切的交通工具和路线。比起所要掩护的空间,他们所能运用的兵力实在是太微小,但所幸的是在这个区域中交通线也是同样的稀少,而天然障碍物却到处都是。所以威胁的逼进还是很慢,而德军则利用这段时间来撤出其在希腊和南斯拉夫境内的部队。

若非红军乘着罗马尼亚发生混乱之际已经冲入该国的西北角,否则德军所能产生的迟滞作用一定还要更大。环绕着山地的南侧前进,红军的一支机械化部队已经进入罗马尼亚的这一块突出地带,于 9 月 19 日占领蒂米什瓦拉(Temesoara),又于 22 日占领阿拉德(Arad)。这也就使红军越过一些从贝尔格莱德往北的道路,并接近匈牙利的南疆,而距离布达佩斯只有 100 英里。仅当对方已经没有反击的实力时,然后才能冒险作这样勇敢的前进。尽管如此,还须等到在楔子之内已经集结足够的巨大兵力时,才能从事扩张的行动。这也是一种很慢的步骤,但却比通过山地进入特兰西瓦尼亚的直接前进还是要快一些。

直到 10 月 11 日,德军才被逐出了克鲁日(Cluj),也就是特兰西瓦尼亚的首府,要比阿拉德再向东前进 130 英里。但此时,马林诺夫斯基已在楔子之内增建其兵力,开始越过穆列什河(Mures)进入匈牙利平原,并越过从特兰西瓦尼亚进入匈牙利的道路。当其右翼部队攻陷克鲁日时,其左翼方面的先头纵队则进到该城西面 170 英里处,距离布达佩斯只有 60 英里。这条间接路线现在已经获得巨大的利益。

在次一个星期内又有了下述的进展:新改组的"第四乌克兰方面军",在彼得罗夫(Petrov)率领之下,从北面冲过喀尔巴阡山脉中的隘道进入鲁塞尼亚(Ruthenia)——所经过的地区自鞑靼隘道到卢普科夫(Lupkov)之间,那也就是匈牙利第一军团所据守的地区。彼得罗夫于是再向西旋转,进入斯洛伐克(Slovakia)。在那个星期之内,南斯拉夫的首都贝尔格莱德也已获得解

放——这是托尔布欣从楔子的南面渡过多瑙河前进,并与铁托元帅(Marshal Tito)的游击队取得会合的结果。德国守军曾作顽强的抵抗,但在10月20日终于被逐出。这支部队能支持那么长久的时间是足以令人感到惊异的,而更奇怪的事实是还有相当数量的德军仍留在希腊的境内,并谨遵希特勒的不准撤退原则。直到11月的第一个星期,它们才开始离开希腊,企图通过长达600英里的荒凉而具有敌意的地区以作一次色诺芬式(Xenophonlike)的撤退。(译注:色诺芬为希腊的雇佣兵将领,曾在波斯服务,由于政变之故,亲率其部下退回希腊,即所谓"万人大撤退"。他本人在自传中曾作详细的记载,时间是在公元前401年。)

贝尔格莱德的解放和红军的进入匈牙利平原要算是这个大迂回的第一阶段的完成。

从索尔诺克(Szolnok)北面到塞格德(Szeged)之间80英里宽的正面上,红军已经逼近蒂萨河(Tisa)之线,于是马林诺夫斯基在10月30日对布达佩斯发动一个强大的攻势。他现在已经集结超过46个师的兵力,包括罗马尼亚的军队在内。他的部队只要前进50英里即可达目的地。红军的部分纵队把德国和匈牙利的部队逐步逼退,11月4日时已到达布达佩斯的近郊。它们本想乘敌方防御尚未巩固之前,一鼓作气冲入该城,但由于受到恶劣气候的阻碍而未能如愿。像所有其他已有顽强防御的城市一样,布达佩斯被证明出来是一颗非常难以夹碎的胡桃。一直到月底,红军仍然还是顿兵于坚城之下,而迂回侧翼的努力也同样少有进展。

彼得罗夫本拟从鲁塞尼亚进入斯洛伐克,以援助那个地区中的游击队,但也受到阻止。斯洛伐克的险恶地形和走廊形状足以限制其兵力的运用。

由于在布达佩斯受阻,红军遂又开始在大轮回中发展一个小轮回。托尔布欣所指挥的全部兵力约35个师从南斯拉夫调来,在11月的最后一个星期,从布达佩斯南面约130英里处的多瑙河与德拉瓦河(Drava)会合点附近的一个桥头阵地中跃出,开始发动一个大迂回运动。12月4日,它们到达匈牙利首都后方侧面上的巴拉顿湖(Lake Balaton)。同时马林诺夫斯基也重新发动攻势,一方面指向布达佩斯的北面,另一方面则直扑该城。但这些联合努力又都未能生效,所以直到1944年底,布达佩斯城仍屹立无恙。甚至于在圣诞节红军再度发动包围攻击之后,它还是继续屹立不移——直到2月中旬为止。

在东线的那一端,即波罗的海方面,秋季战役的发展过程也大致类似——以崩溃为开始而以阻止为结束。德国在夏季中的失败曾经使芬兰不得不向无可避免的现实低头——几乎是与罗马尼亚和保加利亚同时——芬兰于 9 月初接受苏联的休战条件。其内容包括到 9 月 15 日为止，任何德国部队若尚未退出芬兰领土，则芬兰将对其采取行动的规定在内。当德国人企图在芬兰湾内的霍格兰(Hogland)岛上登陆之后，芬兰即宣布已与德国处于交战状态中。

芬兰的投降使红军现在可以集中全力来解决德国的北面集团军——其总司令一职已由舒奈尔接充。戈沃罗夫和马斯连尼科夫的两个方面军进攻舒奈尔的正面，叶廖缅科迂回其翼侧，而巴格拉米扬则威胁其后方。德军要想从那样深的瓶底上逃出似乎真不是一件容易的事，尤其是那个瓶颈又是那样的狭窄。但在一星期之内，它们就退后约 200 英里，到达里加防线的庇护之下，而并未受到太大的损失，巴格拉米扬的部队切断瓶颈的努力并未能成功。这又是一次例证，可以证明当守军享有适当的密度时，在狭窄正面上的攻击是如何的困难。

为了挽回这个机会，红军统帅部又给予巴格拉米扬方面军以强大的增援，命令他在立陶宛的中部从施亚乌里亚伊的方向，向里加以南的波罗的海海岸进攻。这个新攻势是在 10 月 5 日发动的。利用宽广的正面和敌军仅集中在里加附近的事实，红军于 10 月 11 日，在梅梅尔(Memel)的南北两侧到达海岸线。两天之后，舒奈尔放弃了里加，并退往库尔兰(Courland)——拉脱维亚的"半岛"省区。在那里这一支孤军成功地作了长期的抵抗。在梅梅尔被围的守军也是如此。不过红军现在所剩余的兵力，可以用来围困这两处阵地而不至于影响其他方面的主要作战。它们的问题现在只有两个，即补给的能力和运动的空间。

在肃清波罗的海侧翼之后，红军现在就要解决东普鲁士，它们在 10 月中旬发动一个强大的攻势。但是由于正面狭窄，而前进路线又受到湖泊和沼泽的限制，所以直接攻击很易为防御者所击退。红军攻击的主力是指向英斯德堡的缺口，但它们在贡比宁(Gumbinnen)附近的一场大规模坦克战斗中却受到挫折——这也就是 1914 年俄国人首次获得胜利而终于遭到惨败的场所。(译注：此处即指坦嫩堡[Tannenburg]会战而言。)在邻近地段中的攻击都不能作深入的突穿，所以不足以使防御者发生动摇。到 10 月底攻势遂成尾声，双方之间又恢复僵持之局。

德国人在东西两面，以及中欧地区都已经暂时稳定其地位，这是由于他们的战线缩短和攻击者交通线拉长的联合效果——此外，同盟国的"无条件投降"政策也帮助希特勒增强德国的抵抗能力。进一步说，秋季作战的经过也可

以显示出来,弹性防御若能作适当的运用,则很可以尽量地争取时间,以等待德国新兵器的准备完成。但希特勒仍执迷不悟,并不肯放弃其硬性防御的原则。

在这种固执的信念之下,他不仅拒绝允许其在西线方面的指挥官们从阿登突出地带作适时的撤退;而且还采取行动来增强布达佩斯的防御,甚至于因此而使其东线兵力受到致命的减弱也都在所不惜。

第三十三章　轰炸的逐渐增强

　　战略空中攻击的理论和思想是在第一次世界大战结束时以及战后的岁月中,发展于英国。1918 年 4 月 1 日,也就是在那次战争的最后一年,英国陆海两军的航空部队联合起来组成一支独立军种,即所谓"皇家空军"(Royal Air Force)——这也是世界上的第一支独立空军。此种理论和思想至少一部分是独立空军创立的结果,甚至于也可以说主要的原因即在此。新的第三军种对于此种理论提倡得最为热烈,因为它对于皇家空军的存在和独立恰好构成一种合理的根据。

　　很讽刺的,这种理论不久也就获得特伦查德少将(Major-General Hugh Trenchard)的强烈支持,他过去是英国陆军航空部队,即所谓"皇家飞行兵团"(Royal Flying Corps)的指挥官,而当时他在法国,正是以此种身份全力反对第三独立军种的创立。在 1918 年 1 月,他从法国被调回,出任这个新军种的军事首长,即第一位空军参谋总长。但却几乎是立即的,他又和新上任的空军大臣罗瑟米尔勋爵发生了冲突,于是被迫去职,由另一位空军的先驱者赛克斯少将(Major-General Sir Frederick Sykes)接充英国空军参谋总长。特伦查德本人不久就被派指挥独立轰炸部队,这支部队——是在 1918 年的秋季才成立的,其目的是要轰炸柏林以及其他德国境内的目标,因为自从德国哥德轰炸机(Gotha Bomber)在 1917 年到 1918 年之间空袭伦敦之后,对于士气和英国军事领袖们的思想上所产生的影响,远比其实际造成的损害要大得多。甚至于到 1918 年 11 月休战之时,英国空军的轰炸机部队一共还只有 9 个中队,而且才刚刚开始行动——事实上,专门设计用来攻击柏林的大型韩德雷—佩奇式(Handley-Page)轰炸机到那个时候只有 3 架已经交货。尽管如此,特伦查德却已经变成一个独立战略轰炸观念的热心提倡者。1919 年,当战争结束后,他又被召回伦敦,再去接任空军参谋总长的职务,这一次就继续做了 10 年,直到 1929 年为止。在这个阶段中他的态度是很明显,他对于此种思想的提倡可

谓不遗余力。而在中间阶段,空中战略的理论也已由于格罗弗斯准将(Brigadier-General P. R. C. Groves)的努力而有了相当的发展。他是赛克斯的得力助手,曾任空军参谋本部中的飞行作战署长(Director of Flying Operations)。

美国方面,在1920年代,此种思想曾受到米契尔准将(Brigadier-General William Mitchell)的热烈提倡,但不久他的过分热心就受到了陆海两军的反对,而终被免职。于是又过了许多年,才有新的一代当权,到那时美国才开始变成一个主要的空权和战略空中攻击的拥护者。

较晚一辈的史学家曾经把这种理论的创立归功于一位意大利的将军,那就是杜黑(Giulio Douhet),他在1921年曾经写过一本有关空中战争前途的书籍。他的著作,虽然就事后研究而言颇有兴趣,但在那个萌芽的时代,至少在欧洲几乎可以说是毫无影响作用可言。

(原注:当我在1935年访问巴黎时,曾偶然的看到杜黑所著的《制空论》〔*The Command of the Air*〕的一本法文译本。在我回到英国之后,我就曾经向在空军参谋本部中的几位朋友提到这一本书,但他们中间却没有一个人曾经听说过有这样一本书。事实上,早在那个时候以前,英国空军参谋本部的思想即早已有了远较完备的发展。杜黑著作的英文译本直到1942年才第一次在美国出现,而在英国则又迟了1年〔即1943年〕。而且它在意大利也没有什么影响作用。当我在1927年应意大利军事当局的邀请访问该国时,当时的意大利空军部长巴尔波元帅(Marshal Balbo),以及其他的空军将领,在谈话时甚至于连杜黑的著作都不曾提到,尽管他们的讨论都很坦率,并且也对当时在英国已经发展的空中战略新观念感到深刻的兴趣。)

在韦伯斯特(Sir Charles Webster)和弗兰克兰(Dr. Noble Frankland)两人合著的英国官方战史《对德国的战略空中攻击》(*The Strategic Air Offensive against Germany*)一书中,对于英国空军参谋本部的理论和思想曾综述如下:

> "战略空中攻击是一种对敌国作直接攻击的手段,其目的是想剥夺其持续战争的工具和意志。它本身即可能为胜利的工具,也可能是一种使其他军种能够赢得胜利的工具。它和所有过去任何种类的武装攻击都不同,因为只有它才能使敌方的心脏地区受到立即性和直接性的毁灭。所以它的活动范围不仅是在陆海军活动范围之上,而且更超出了它们之外。"

虽然到第一次世界大战结束之日为止,所获得的实际经验还是微不足道,但凭着这种战略轰炸的观念,新成立的皇家空军在两次大战之间的时代,才能够勉强维持其独立以对抗海陆两个军种的侵凌。后者的首长们,尤其是在战后的第一个 10 年当中,一直都在不断的努力想要设法取消独立的空军,而使其再度变成他们的附庸。

作为是一种自然的反应,在特伦查德和他的那些忠贞不贰的助手们领导之下,这种观念也就向极端的"亲轰炸机"(Pro-bomber)路线发展。他们辩论说,空军以及其一切的活动与海陆军是绝对不同,而且另成一个天地。虽然这种理论帮助增强了摇摇欲坠的空军独立地位,但如此忽视空军行动的战术方面却被证明出来是大错而特错。第二种理论是从第一点引申出来的,也就是认为最佳的对空防御手段即为对敌国心脏地区的轰炸作战——即令就纯理论而言,那也是不免有疑问的,而从实际上来看,由于在 1930 年代的后期,德国的空军实力已经享有优势,所以更是完全不合理。强烈的教条化趋势引出这样一种不合理的结论,那也就是当时英国首相鲍德温(Stanley Baldwin)所欣然接受的一种口号:"轰炸机总是能通过"。这也就是英美两国空军所坚持的幻想,直到 1943 年与 1944 年之间受到惨重损失之后,才迫使他们认清制空权实为有效战略轰炸攻击的主要先决条件。

战前的另一种假定是说空中攻击将在日间实施,并且指向特定的军事和经济目标,因为任何其他形式的轰炸都是"不会产生效果"的。特伦查德本人的确也曾强调轰炸对平民人口的"精神"效力,而且对夜间飞行也曾作过某种限度的实验,概括地说,英国空军参谋本部以及大多数英国空军人员对于作战的困难都有估计过低的毛病。

因为在两次世界大战之间的时代,此种战略轰炸观念的提倡是那样的坚持不懈,所以当后世史学家发现在 1939 年战争爆发时,英国空军居然没有适当的部队可供战略轰炸之用,也就会感到大惑不解。诚然,在 1920 年代以及1930 年代的初期,英国财政困难和政府厉行节约政策,但这却并非主要的原因。最主要的是英国空军对于其目标所需要的兵力和飞机,其观念完全错误。甚至于在 1933 年之后,落伍的双翼式飞机已经开始淘汰时,仍然还有太多的轻轰炸机,那是对于战略轰炸毫无用处的。同时,较新型式中的大部分——惠特雷(Whitley)、汉普顿(Hampden)、威灵顿(Wellington)——即令以那个时代的标准来说,也都不能算是很好的飞机。在 1939 年可用的一共只有 17 个重轰炸机中队,而其中只有 6 个中队是装备着威灵顿式,那比较算是具有合理的效力。此外,这支部队——又因为缺乏适当训练的空勤人员而备受障碍——那是因为对于轻型双座机的训练过分重视和时间拖得太长之故——而且又缺乏导航和轰炸的辅助仪器。

特伦查德虽然在 1929 年退休，不再做空军参谋总长，而荣升了上议院的议员，但在以后的 10 年间，通过他的那些门徒，他对于英国空军仍继续享有很大的影响力量。他和他们，尽管老早知道德国空军已获得巨大的优势，但却仍继续把轰炸机列为第一优先。空军参谋本部在 1938 年初所拟定的"L 计划"，是准备在 1940 年春季之前，编成 73 个轰炸机中队和 38 个战斗机中队——即接近 2 与 1 之比，若以飞机的数量计算，则比例还要更大。在 1938 年 9 月的慕尼黑危机之后，英国空军参谋本部又修订了一个"M 计划"，把轰炸机中队和战斗机中队分别增加到 85 个和 50 个——这样遂使战斗机对轰炸机的比例从 1 比 2 增加到将近 3 比 5 的标准。

虽然这种改变是非常的轻微，但却仍不为特伦查德所喜，所以他在次年（1939）春季上议院的辩论中，仍然坚决主张对于轰炸机和战斗机中队的数字应维持 2 对 1 的比例，并且说这是对德国空军的最佳威慑。但那显然是妄想——因为此时德国轰炸机兵力早已接近英国的 1 倍，而英国若欲扩大其轰炸机兵力，其所需的时间是比扩大轰炸机兵力要长久得太多。

很侥幸的，此时在英国空军参谋本部中已有一种比较现实的态度开始形成。早在 1937 年，负责国防协调的阁员英斯基普爵士（Sir Thomas Inskip）即曾表示他的怀疑，他认为在英国上空击毁一支德国轰炸机部队，是要比在他们的飞机场上或工厂中去加以炸毁便利得多。1939 年初，曾在 20 年代任职"计划"部门的青年领导人空军中将佩克（Air Vice-Marshal Richard Peck），从印度调回空军参谋本部接充作战署长。像许多比较年轻的人一样，他能够根据实际的情况来修改其自己的观点。所以在开战不久以后，他就说服了当时的空军参谋总长纽沃尔爵士（Sir Cyril Newall），使其认清最重要的工作即为增加战斗机的数量。他的理论又恰好受到下述事实的增强——由于雷达的发展和新型高速战斗机的出现（飓风式及喷火式），已使空中防御的效力大为改进。所以在 10 月间英国当局遂命令增编 18 个战斗机中队以供不列颠防御之用。由于这个决定能够迅速的执行，到一年以后的不列颠之战时（1940 年 7 月到 9 月），也就显出它的极大价值。若不是有这样一个决定，则面对着德国空军的长期重大攻击，英国的空防也许会支持不住。

此种较现实观念的复活，同时也使得英国内阁不得不决定，在 1939 年的环境中，只要德国人不先动手，则英国最好是不要主动的发动战略性的轰炸。英国空军参谋本部当然也只好同意，不过也许颇为勉强——无论如何，在其轰炸机兵力尚未能大事增强和战斗机兵力尚未能达到较佳的比例之前,是不宜轻举妄动。

这种情况对空军计划作为的讽刺,可以从官方战史的评论中体会得到:

> "自从 1918 年以来,他们的战略都是以下述的观念为基础,即相信若无战略轰炸则决不可能赢得下次战争,但当战争爆发之后,英国轰炸机部队所能给予敌人的损害却真是微乎其微。"

因为上述的这些理由,所以在波兰战役时,以及随后的"假战争"(Phoney War)阶段,英国空军除了非常有限的行动以外,可以说是一事无成——仅在德国境内散发传单和偶然地攻击海军目标而已。此外,法国人因为害怕轰炸的报复,故反对英国轰炸机从法国基地上起飞作战。至于他们自己,也像德国人一样,只相信轰炸机的战术价值,即与陆军的协同为主。德国人,是恰好和英国人成一对比,因此相信第一次大战时"哥德"(Gotha)式飞机的空袭在所有各方面都是失败的,所以他们在计划作为中实际上是已经放弃一切的战略轰炸观念。(译注:"哥德"式为德国人在第一次大战时所使用的一种大型轰炸机。)

虽然英国空军参谋本部曾经计划对鲁尔地区的德国工业中心发动空中攻击,但他们却不曾获得照计划执行的批准。这也许是很幸运的,因为他们轰炸机的飞行速度既慢而又缺乏自卫能力,并且攻击又是在日间实施,所以必然会受到极大的损失。勒德洛—休伊特空军上将(Air Chief Marshal Sir Edgar Ludlow-Hewitt)从 1937 年到 1940 年都是英国轰炸机部队的总司令,他自己也认为这样的攻击只会带来无谓的损失,而所能获得的结果,其价值是颇有疑问的。在 1939 年 12 月间,尽管德国战斗机只获有一种原始化雷达的帮助,但英国的威灵顿式轰炸机在日间攻击德国海军目标时,仍然受到惨重的损失,并未能获得有效的轰炸成果。反之,效率较差的惠特雷式机则仅在夜间用来投掷传单,但它们从 11 月中旬到 3 月中旬,在所有一切的作战中都不曾受到任何的损失。由于这种对比经验的结果,从 1940 年 4 月以后,英国轰炸机的空袭就限于夜间。这可以证明英国空军参谋本部战前想法的荒唐——他们以为日间轰炸不仅是可能,而且也不会受到严重的损失。

另外一种错误的想法,即认为一个特定目标可以很容易被搜获和击中,但却过了很长久的时间,西洋镜才被拆穿——主要是因为在 1941 年以前,对轰炸结果采取照相确认的方法还不曾普遍的使用,所以都是完全依赖乘员的报

告,那时常会错得很远,而且要到事后才知道。

当 1940 年 4 月德军侵入挪威时,德国空军的轰炸机和俯冲轰炸机扮演着一种主要的角色,正好像它们在 1939 年 9 月波兰战役中的情形一样,而它们 5 月间的西欧侵入战中,在与装甲部队配合作战时,所扮演的角色是尤为重要。但英国空军却仍然厌恶与陆军协同,并继续坚持其战略轰炸的教条。所以英国的轰炸机部队对于这些重大战役的成败可以说毫无贡献——甚至于连可能做到的事情也都没有做。英国远征军的空军配属部队曾对于前进中的德军作过一些零星的攻击,尤其是以马斯河上的桥梁为目标,但结果付出了很大的代价而收效甚微。一直到 5 月 15 日,才由以丘吉尔为首相的战时内阁批准使用轰炸机部队攻击莱茵河以东地区的行动。在那天夜里,99 架英国轰炸机被派往攻击在鲁尔地区中的石油和铁路目标——通常这也被当作是对德国战略空中攻击的起点。但英国轰炸机司令部对于这一次以及以后各次战略轰炸攻击的效果,都作了过高的估计,而且继续保持这种坏习惯达很久的时间而不肯更改。

虽然空军参谋本部仍计划是要继续攻击德国的石油目标,但从 7 月以后,德国空军对英国的攻击已经构成迫切的威胁,所以这个计划遂被搁置。而在这个“不列颠之战”的阶段中,轰炸机部队曾奉命攻击敌方的港口、船只和集中的驳船等,以及制造飞机和引擎的工厂——其目的是为了阻止德军的侵入,并减弱其成功的机会。

此时,德军在 5 月 14 日对鹿特丹的轰炸,以及此后对其他城市的攻击,开始改变英国舆论的态度,并减低对无限制轰炸观念的反感。尤其是在 8 月 24 日,德军的炸弹又误投在伦敦,所以更加速这种情感上的改变。实际上,这一切都是出于误会——而那却又是非常自然的——因为德国空军在作战时仍继续遵守古老传统的规则,至于偶然的犯规,则都是由于领航错误的缘故。但这却促使英国人想要对德国城市作报复性的攻击,而且是无限制的。由于认清在最近的将来,轰炸机已成英国人手中的惟一攻击武器,所以也就更加深这种直觉和愿望。在丘吉尔先生的态度中尤其可以发现此种直觉和愿望。

不过在空军参谋本部的心理上,此种观念和态度的改变,大部分还是发源于作战因素。在他们于 1940 年 10 月 30 日所颁发的训令中,曾规定在天气清朗的夜间攻击石油目标,而在其他的夜间则攻击城市——由此即可以显示他们对于作战的现实和丘吉尔的压力势必低头。这也非常明白的表示,他们已经接受无限制或"区域轰炸"的观念。

但这种目标和观念却又表现得过分的乐观。以 1940 年的那种粗劣的轰炸工具,而希望能够击中德国境内的小型炼油工厂,或是希望对城市的轰炸能够打击德国人民的精神和动摇纳粹统治的基础,那才真正是毫无意义的笑话。

实际证据的累积,使得英国空军参谋本部不得不承认其对特定目标的攻击是毫无效果可言。甚至于在 1941 年 4 月,理论性的平均投弹误差还是被假定为 1000 码——那也就无异于说小型石油工厂通常都是不曾被触及。不过由于 1941 年"大西洋之战"正处于危机四伏的状态,因此又必须分散轰炸机的兵力去攻击德国的海军基地和潜艇基地,所以这种争论遂暂被搁置。英国轰炸机司令部对于此种海上危机的应付,很不愿意予以协助,这是由于眼光短视和教条僵硬二者的结合所致。

在 1941 年 7 月以后,英国轰炸机司令部企图攻击"半精确性"的目标,例如德国的铁路系统。这可以表示其对原有立场的缓慢修改和逐渐让步。当天气不好的时候——则以大工业区来代替这一类目标。甚至于此种已经改变的观念在实行时也还是毫无效果。1941 年 8 月的"布特"(Butt)报告,经过详细的调查之后,指出在对鲁尔地区的空袭时,轰炸机当中只有 1/10 曾经到达距离其指定目标 5 英里半径之内的位置,所以理论上的 1000 码是早已不必再提。因此非常明显的,领航技术已经成为轰炸机部队的一个主要问题。作战的困难,加上外来的压力,终于迫使英国空军参谋本部承认:"夜间攻击部队惟一能够造成有效损害的目标即为整个的德国城市。"

由于英国空军轰炸的不准确已经逐渐成为人所共知的事实,所以英国空军当局也就开始日益强调其攻击对于平民士气有影响的目标——一言以蔽之,即为恐怖行动。粉碎敌方人民战斗意志变得比毁灭敌方武力与战斗工具远为重要。

丘吉尔对于空军参谋本部所继续表现的乐观态度已经日益感到不满,尤其是他们在 1941 年 9 月 2 日的计划中,又大言不惭地说,只要把轰炸机兵力扩充到 4000 架,即能够击败德国,并且还深信在 6 个月之内可以达到这个目标。由于受到"布特"报告以及其他方面的影响,丘吉尔遂指出若能在精确度上有所改进,则轰炸的效力可以增加 4 倍,而且这也是一种远较经济的办法。他同时对于空军当局在德国的士气和防御等方面所表示的乐观意见也都深表怀疑。他曾经向当时充担空军参谋总长的波特尔爵士(Sir Charles Portal)这样的指出:

"在当前的战争中,轰炸本身能否成为一个决定性因素,那实在是大有疑问。反之,自从开战以来,我们已经学会的教训都一致证明其效力,无论为物质的或精神的,都未免过分的夸大。"

丘吉尔同时又正确地强调,德国人的防御是"非常可能"已经有了改进。

像预言一样,丘吉尔在写给波特尔的便笺中曾经这样地指出:"假使能够把敌方空军减弱到相当的程度,使对工厂的重大精确日间轰炸变得可以执行,则情况也许即可完全改观。"这种政策到1944年才付诸实行,而那还是由美国人来带头的。

就德国对空防御的加强和改进而言,丘吉尔的忧惧和警告不久即被应验。11月间英国轰炸机部队受到惨重的损失,尤其是在11月7日,当400架轰炸机发动多目标的攻击时,其空袭柏林的169架飞机有12.5%不曾回来,尽管对于距离较近目标的攻击,损失并没有那样的严重。

自从战争爆发以来,所有经验的累积已经证明出英国空军参谋本部和轰炸机司令部的传统观念是错误得太厉害。在战争的前两年当中,他们的轰炸结果已经是令人感到异常失望。

英国轰炸机部队的低潮一直持续到1942年3月为止。在冬季作战中,主要的目标是停留在布勒斯特港内的德国巡洋战舰"香霍斯特"号和"格耐森劳"号——两舰曾经被击中数次。当美国于1941年12月投入战争时,对当时的影响反而有害:本来还可以希望从美国工厂中获得少量轰炸机的补充,现在却变得没有了,因为美国人自己要用。此外,由于德军在6月间发动侵俄战争之后,6个月之内已在苏联的冬季攻势中受到顿挫,所以现在想凭藉轰炸赢得战争的观念,其需要和价值都不免要发生疑问。

当"布勒斯特"问题由于德国巡洋战舰闯过英吉利海峡返回其本国之后获得解决时,在2月中旬遂又开始恢复对德国的轰炸作战。到这个时候,许多英国轰炸机都正在装置一种叫作"吉"(Gee)的无线电仪器,可以帮助领航和辨识目标。1942年2月14日,英国轰炸机部队所奉到的新训令曾经强调现在的轰炸作战是"以敌方平民人口的士气为焦点,而尤其是工厂作业人员的士气"定为"主要目标"。于是恐怖主义毫无保留的变成英国政府的既定政策,虽然在国会答复询问时,还继续在掩饰其说词。

这个新的命令是对于作战可行性的一种承认。波特尔在此以前,即1941

年 7 月 4 日,就曾对这种正占优势的思想加以说明如下:"从经济的观点来看虽为适当的目标,但除非在战术上可以达到,否则还是不值得加以追求。"

当哈里斯(Air Marshal A. T. Harris)——以后封为亚瑟爵士——在 1942 年 2 月 22 日接任轰炸机部队总司令时,此种命令遂成为定案——他的前任皮尔斯(Sir Richard Peirse)在日本投入战争不久之后,即被调往远东充任那里的同盟国空军总司令。哈里斯是一个具有坚强个性的人,他对于轰炸机部队的人员和组织提供一种有刺激性的领导,但事后看来,却可以发现他的许多观点和决定都犯了错误。

在困难和失望的时候,又来了另外一个支援和鼓励,那就是丘吉尔私人的科学顾问齐威尔勋爵(Lord Cherwell)——即林德迈教授——在 3 月底所提出的一份备忘录。他指出,在 3 月初对巴黎附近比扬古(Billancourt)的雷诺(Renault)工厂所作的一次大规模轰炸中,235 架轰炸机只损失了 1 架。这也是使用照明弹作为指示工具的第一次大规模试验。他的看法增强了丘吉尔的信心。

在那个月内,又对波罗的海海岸方面的吕贝克(Lübeck)城作了一次"成功"的攻击,在那里密集在一起的城市中心被燃烧弹烧成废墟。4 月间对于罗斯托克城(Rostock)又曾作了 4 次同样的攻击——但所炸毁的大部分都是市中心具有历史价值的古屋,而并非其附近的工厂。这些城市实际上是已经超出"吉"的有效距离之外,但由于它们很容易被发现,所以也就被炸中。这种事实产生夸大的鼓励作用——当时的报告认为自从装置"吉"以后,就有 40% 的轰炸机能够找到其目标。尽管如此,英国轰炸机部队在吕贝克的上空还是损失很重。而在这两个月之内,对埃森(Essen)曾作过 8 次空袭,由于遇到较坚强的防御,和比较不利的天候,所以效力也就大为减低。

在德国方面,防御能力正在迅速的增强——不仅已经建立一个雷达体系来指挥高射炮和探照灯,而且夜间战斗机的数量也正在日益增多。在 1942 年初,损失于夜间战斗机的轰炸机仅占总数的 1%,但到夏季,尽管已经尽量使用各种分散敌人注意力的方法,而损失率还是增到 3.5%。

"所有这些计划都是假定在夜间能够成功地躲过敌方的空军。"这是始终留在轰炸机司令部和空军参谋本部心里的一项基本错觉。他们漠视了经验的基本教训:一架轰炸机,不管其保护是如何的良好(事实上,英国轰炸机根本上即无良好的保护),但对于一种专门设计用来击毁它的飞机,总还是具有易毁性的。闪避的战术以及一切用来帮助它们的技术工具,都不能够使轰炸机对

于实力日益增强的德国防空体系获得安全的保障——除非英国空军能够取得制空权。

在1941年初即早已开始采取的所谓"马戏班"作战也就是此种目的的预兆——在1942年也曾继续实施。那就是联合使用轰炸机和战斗机，以对欧陆沿海地区作日间的穿透，其目的是想要引诱德国空军升空迎战，以便让战斗机部队的喷火式机在空中将它们击灭。这种"马戏班"的作战曾经获得若干成功，但由于英国战斗机的航程相当短而受到严重的限制，当日间作战的范围愈向前延伸时，所遭到的抵抗也就愈强烈，而损失也就愈重大，甚至于已经有了性能优异的兰卡斯特（Lancaster）轰炸机之后也还是如此。虽然有其弱点，此种"马戏班"作战的主要效果即为沿着法国的北海岸，展开同盟国的空中优势争夺战，对于尔后的侵入目的也是有很大贡献的。

1942年，主要的新发展即为宣传已久的"千机大空袭"。哈里斯希望用集中的数量以减少损失和产生较大的效果。虽然在1942年5月，英国轰炸机部队的第一线兵力只有飞机416架，但利用第二线兵力以及训练用的中队，终于在5月30日的夜间，勉强派出轰炸机1046架向科隆城（Cologne）作了一次空前未有的大空袭。在这次攻击中，一共在该城内炸毁600英亩的地区——比以前9个月内对科隆城所作的1346架次攻击一共造成的损毁还要大。其代价为40架轰炸机的损失——即3.8%。6月1日，英国人又集中全部可用的轰炸机956架，用来攻击一个远较困难的目标埃森——但由于云雾的掩蔽使该城得免受严重的损害——一共损失31架飞机，占总数的3.2%。此后"千架轰炸机"的部队遂被解散，但哈里斯却仍继续计划作类似的空袭。于是在6月26日，他又集中904架轰炸机，其中包括海岸部队所参加的102架在内，向不来梅（Bremen）大港以及福克—伍尔夫（Focke-Wulf）飞机工厂发动一次攻击。这次由于云层太厚，所以只能造成相当轻微的损害，而英国空军的损失却接近5%，大部分都是在训练中队方面。此后一直到1944年为止，都不曾再作"千机"的空袭。

这些特别扩大的空袭，利用其所产生的宣传效果，的确曾经给予哈里斯很大的帮助，使轰炸机部队争取优先的努力获得成功，并获准将作战兵力增加到50个中队。1942年8月又创立一种导航部队（Pathfinder Force），而在12月和1月（1943年）又先后采用名称分别为"阿波"（Oboe）及"H2S"的两种新式导航工具，也都使哈里斯获益不少——但很讽刺的，他曾反对导航部队的建立。

不过事后所发现的证据却仍然表现出英国轰炸的效果未免过分夸张，而德国工业所受的损害仍很轻微,事实上在 1942 年,德国军备生产还是增加了大约 50%。石油本是德国的最大弱点,但几乎完全不曾被触及,而其飞机的产量还大有增加。德国空军在西欧的日间战斗机实力在那一年内由 292 架增到 453 架,夜间战斗机实力则由 162 架增到 349 架。相反的,英国轰炸机的损失在 1942 年却已经升到 1404 架。

1943 年 1 月的卡萨布兰卡会议曾经确定,作为一个陆上侵入的先驱,战略轰炸只具有次要性。于是给予同盟国空军的命令有如下述:"逐渐毁灭和破坏德国的军事、工业和经济体系,并打击德国人民的士气,使其达到足以使武装抵抗能力受到严重减弱的程度。"这个训令使哈里斯和美国陆军第八航空军(8th U. S. A. A. F)司令依克尔中将(Lieutenant-General Eaker)都感到满意。前者所强调的是命令的第二段,而后者所强调的则为其第一段。虽然命令对于目标的优先次序曾作概括的列举,但战术性的选择却还是委之于空军指挥官。所以,虽然英国人行夜间轰炸,而美国人担任日间轰炸,但除了概括的意义以外,他们的攻击却并非彼此互相配合。

虽然如此,1943 年 5 月的华盛顿会议还是强调两国轰炸机部队合作的必要——实际上,也的确常能合作。此外,这次会议又强调他们的共同危险来源即为德国的轰炸机,到此时已成为很明显的事实了。所以在代号为"零距离"(Point-blank)的联合轰炸攻势中,第一个目的即为毁灭德国的空军和航空工业,因为"当我们要进一步攻击敌方战争潜力的其他来源时,这是一个必要的先决条件"。就长期的观点来看,其对于英国轰炸机部队的重要性是并不亚于对美国人的。即令如此,由于文件的措词是如此的空泛,所以遂又容许哈里斯仍能继续去对德国城市作那种概括性的区域轰炸,而避免面对现实——换言之,轰炸机和"霸王作战"的前途都是有赖于德国空军的毁灭,而它们在 1943 年 1 月到 8 月之间,实力已经又增加 1 倍。但是由于英国轰炸机部队在对鲁尔和汉堡的空袭中都能获得巨大的成功,遂使此种危险又有被忽视的趋势。

虽然导航部队已经逐渐的建立,而"阿波"和 H2S 两种新装备也已在使用,但 1943 年的最初几个月,比之 1942 年,对于英国轰炸机部队而言,似乎要算是一个相当平静的阶段。这也就使他们的人员获得机会去矫正新装备的某些缺点,以及使他们能够适应新型飞机的性能——由于用来代替旧式轰炸机的"兰卡斯特"和"蚊"式(Mosquito)机在数量上正在日益增多。一般作战实力也正在增加,由 1943 年 1 月的 515 架,增为 1944 年 3 月的 947 架。因为英

联邦已经在推行大规模的人员训练计划,而尤以在加拿大为最大,同时在1942年又已经取消了飞机上第二驾驶员的设置,所以乘员的问题也能顺利地获得解决。

所有这些因素对于所谓"鲁尔之战"(Battle of the Ruhr)也都有很大的贡献——那是在1943年3月到7月之间所作的一连串43次大规模空袭,其范围是南到斯图加特(Stuttgart),北到亚琛,主要的焦点则放在鲁尔之上。其开始是在3月5日,由442架轰炸机进袭埃森——那是一个有坚强防御的地区,因为克虏伯(Krupp)工厂就位置于此。由于有导航队用"阿波"指示目标,所以这次埃森被炸的损害程度远超过过去任何一次,同时一共只损失了14架轰炸机。以后埃森又还被猛烈的炸过4次,而在以后几个月之内,鲁尔的其他重要中心也都曾一再地受到攻击。主要的损害都是燃烧弹所造成,但所使用的高爆炸弹也曾有重达8000磅者。由于有了新的"阿波"指示系统,所以杜伊斯堡(Duisburg)、多特蒙德(Dortmund)、杜塞尔多夫(Düsseldorf)、波鸿(Bochum)和亚琛等地都曾遭到惨重的损害,而在5月29日一夜的攻击中,巴门—伍帕塔(Barmen-Wuppertal)的90%也已化为废墟。虽然也常常受到天候的干扰,但很显然的,英国轰炸部队的精确度的确已大有改进——所以也就使哈里斯在有关兵力使用方式的辩论中立于比较有力的地位。

即令如此,英国轰炸部队在夜间还是不能够作精密的轰炸——除了5月16日夜间在鲁尔地区对默内(Möhne)和埃德尔(Eder)两处水坝的攻击为例外。那是由吉布森上校(Wing Commander Guy Gibson)所领导的一个受过特别训练的第六一七中队负责执行的——号称"水坝克星"(Dambusters)。尽管这次对水坝的攻击曾经获得卓越的成功,但所使用的19架兰卡斯特轰炸机还是损失了8架之多。

总而言之,诚如官方战史所载,"在鲁尔之战中所显示出来轰炸技术的革命性进步,已经使英国轰炸机部队变成一支有效的大棒(Bludgeon),……但却还不能使其发展出一支轻剑(Rapier)所具有的潜力。"此外,虽然"阿波"是一个重要因素,但任何目标只要超出其有效距离之外,轰炸结果即不那样合于理想。

自从第一次对埃森的攻击之后,损失即迅速地增高,在整个作战中平均是4.7%,即一共损失了飞机872架。仅由于乘员的士气高昂和补充源源不断,才使英国轰炸机部队能勉强"支持"这样的损失,那是已经接近危险的水平线。

值得重视的为"蚊"式机,其较快的速度和较高的爬升高度几乎使它们可以完全不害怕德国的战斗机和高射炮,所以损失非常地轻微。若没有这种高飞的飞机则"阿波"也就无法工作,于是作为主力的兰卡斯特轰炸机也就会难于炸中目标。

使用一种叫作"理想战斗机"(Beaufighters)的夜间护航机并无用处,因为这种飞机的速度太慢。同时,正当英国的技术进步到能替轰炸机把夜间变成日间的趋势时,德国方面的对抗措施也同样的有发展——所以看来不久轰炸机在夜间也就会像在日间一样地易毁了。

在"鲁尔之战"以后接着即为"汉堡之战"——在 1943 年 7 月到 11 月之间,英国轰炸机一共出击 17000 架次,对该城及其他目标作了 33 次大规模攻击。其开始为 7 月 24 日的大空袭,共使用轰炸机 791 架——其中包括 371 架兰卡斯特。应该感谢新的导航工具、晴朗的好天气和良好的瞄准,巨量的燃烧弹和爆炸弹都能命中汉堡的中心地区——而又应感谢一种叫作"窗"(Window)的新型雷达干扰器(Radar-distracting),所以一共只损失 12 架轰炸机。此外,美国陆军第八航空军也参加了 7 月 24 日和 26 日的两次攻击,而"蚊"式机(它们本身也有 4000 磅的炸弹承载量)在那两夜里也使该城的防御疲于奔命。7 月 27 日的夜间,英国轰炸机 787 架又再作同样的猛烈攻击,一共只损失 17 架。29 日,777 架轰炸机再进袭该城,虽然命中率较差,但英国人的损失却增到 33 架,因为德国人已经开始能够应付"窗"的扰乱。恶劣天候使 8 月 2 日的第四次攻击未能获得成功。总而言之,这个城市还是受到惨重的破坏,而英国轰炸机的损失虽然每次都增高,但平均却仍仅为 2.8%。此外,在 7 月 25 日和 30 日——即在"汉堡之战"的阶段中,英国轰炸机部队又痛击雷姆沙伊德(Remscheid)和在埃森的克虏伯工厂。在以后的几个月内,其攻击曾遍及曼海姆(Mannheim)、法兰克福(Frankfurt)、汉诺威(Hanover)和卡塞尔(Kassel)等地,使这些城市都受到重大的损害。同时在 8 月 17 日的夜间,又对波罗的海海岸上的佩内明德(Peenemünde)飞弹研究试验中心作过一次著名的攻击。这次攻击是由 597 架四引击轰炸机来执行的,其中有 40 架坠毁,32 架负伤,而效果却并不像在伦敦所想象的那样巨大。

在这个阶段内对于柏林攻击的效力还要更差——由于恶劣的天候,在那样的航程不能使用"阿波",以及城市太大影响到 H2S 的效力。在这种来回达 1150 英里的长途飞行中,德国夜间战斗机也获有充分的攻击机会。它们更受到雷达站的指导,这些雷达站现在对于"窗"的干扰已能作适当的应付,它们虽然还不能辨别个别的轰炸机,但已能发现攻击的主力。在三次对柏林的攻

击中,一共损失轰炸机 123 架,其中约有 80 架是被夜间战斗机所击落。这也就是即将来临的"柏林之战"(Battle of Berlin)先尝到的苦果。

这次作战是起自 1943 年 11 月,到 1944 年 3 月为止,曾受到丘吉尔的鼓励——因为对柏林的空袭可以使斯大林感到开心。除了对德国首都作了 16 次大规模的攻击以外,另外还攻击了 12 个其他的主要目标,包括斯图加特、法兰克福和莱比锡(Leipzig)等在内,一共飞行 2 万架次以上。

这次大型攻势的结果与哈里斯等人所预测的完全不同。不仅德国不曾因此而屈膝,而且柏林也屹立无恙。反之,英国人的损失却极为惨重,并迫使他们非放弃这次作战不可。损失率增到 5.2%,而所造成的损害还赶不上在汉堡或埃森的程度。英国轰炸机部队的士气发生了动摇,这也是不足为怪的,因为除了损失 1047 架以外,另有 1682 架被击伤。德国夜间战斗机的出现与否,通常也就构成一个主要因素。举例来说,在应付 10 月 7 日的慕尼黑攻击时,由于德国战斗机受到错误的指导,所以那次英国轰炸机部队的损失仅为 1.2%。通常德国夜间战斗机都能立即出动,而且非常地活跃——因此逐渐迫使英国人只好把目标向南移动,并使用较大部分的兵力以分散敌人攻击的注意力。1944 年 3 月 20 日对于纽伦堡(Nuremberg)的一次空袭达到了损失的最高顶点——在 795 架轰炸机当中,损失了 94 架,另外还被击伤了 71 架。

反对哈里斯战略的势力早已在增长之中,现在英国空军参谋本部也开始认清了选择性轰炸(Selective Bombing)的政策(即指对于选定的工业,例如石油、飞机等,所作的攻击而言)更能适合卡萨布兰卡会议的观念——那也就是说必须对西北欧作一个陆上的侵入战,而这又必须在确实获得制空权之后才能发动。

当德国的防空力量和生产日益增加时,哈里斯的观念也就愈显得有问题。他所最关心的事情就是想使美国人参加其对柏林的攻击——但那却是不可能的,因为美国人对于夜间的轰炸缺乏训练,直到 1943 年的年底为止,日间攻击其实无异于自杀。到 1944 年开始时,尽管哈里斯仍大言不惭地说仅凭兰卡斯特的轰炸,到 4 月间即可迫使德国屈服,但空军参谋本部却拒绝接受他那一套理论,而坚决要求应对德国工业作有选择的攻击,例如施魏因富特(Schwein-furt)的滚珠轴承工厂。

在哈里斯的勉强同意之下,这些工厂在 2 月 25 日才受到攻击,这也许要算是联合轰炸攻击的第一个真正例证。由于德国空军实力日益增长,对于轰炸的努力和"霸王行动"的前途都开始构成威胁,这也就是促使哈里斯观念失败的主因,至于"柏林之战"的失败只不过是此种趋势的一项证明而已。哈里斯本人也已明白地承认这个失败,因为他在 4 月间即已经要求对于他的轰炸机应提供夜间战斗机的掩护——而美国人则早已在寻求远程战斗机以支援他们的日间轰炸作战。

当英国轰炸机部队的整个前途都已发生疑问时,很侥幸的在 4 月间,照预定计划,其作战目标已经有了转移——即改变为攻击法国境内的铁路网以便为即将发动的渡海侵入战做开路的工作,不仅减轻了他们的任务,而且也遮掩了他们在对德国进行直接攻击时所遭受的惨重失败。而尤其幸运的,是在"霸王行动"侵入之后,情况遂又变得对同盟国方面有决定性的利益。

自从 1942 年以后,英国的战略空中攻击即已变成联合努力的一部分,而不再像过去那样的独立不羁。在华盛顿会议时,美国陆军航空军总司令阿诺德将军(Genaral H. H. Arnold)所提出的计划是要在不列颠建立一支巨型的轰炸部队。这当然使丘吉尔和英国三军参谋长都大为高兴,于是也就促使他们不敢批评美国的日间轰炸政策。美国人深信假使轰炸机有良好的武器和装甲,飞得够高而且采取密集队形,则他们既能够作日间的轰炸又不至于遭受重大的损失。这也被证明出来是一种幻想,正像英国空军相信在夜间作战即能躲避敌方空军的干扰是一样的荒唐。

在 1942 年,美国人最初所作的空袭都是规模太小,所以不能提供任何明确的证据,但等到 1942 年,规模扩大和航程伸长之后,损失不久就随之而升高。在 4 月 17 日对不来梅的攻击中,一共出动轰炸机 115 架,就损失了 16 架,另有 44 架被击伤。在 6 月 13 日对基尔(Kiel)的空袭中,66 架 B-17 飞行堡垒损失了 22 架。7 月间对汉诺威的一次空袭中,92 架损失了 24 架;7 月 28 日对柏林的空袭中,120 架损失了 22 架。美国人试用其 D- 47 雷霆式(Thunderbolt)战斗机加装副油箱用作护航工具,但它们的航程还是不够长。到秋季里,由于对法兰克福以东的施魏因富特轴承工厂发动一连串的攻击,所以也就更显得应有较适当护航机的需要。

在 10 月 14 日的一次损失惨重的空袭中,一支由 291 架飞行堡垒所组成的部队,在强大的雷霆式机群护送之下出发,但它们的航程却不能超过亚琛地区,等到它们撤退之后,B-17 即开始受到德国战斗机一波又一波的攻击,一直追到海峡海岸为止。当美国部队返回基地时,一共有 60 架轰炸机被击落,此外还有 138 架负伤。在这个恐怖的一周中,这是一个最高潮,美国第八航空军

因为超越其战斗机护航极限而企图突破德国的防御,4次的结果一共损失轰炸机148架。如此高的损失率是不可能持久的,所以美国的陆航军首长们也就被迫承认需要一种真正远程的护航战斗机——此种需要在过去是被轻视,或是被认为技术上不可能。

很幸运的,合用的工具是现成的,那就是北美佬公司的P-51"野马"(Mustang)式战斗机。英国人在1940年曾经订购,而美国人却拒绝采用,自从它改装英国"劳斯莱斯—马林"(Rolls-Royce Merlin)引擎之后,其性能又大有改进。在1942年秋季,试用一种"巴卡德——马林"(Packard-Merlin)引擎,结果使P-51B"野马"式机在任何的高度,都比同时期所有德国战斗机要快,而且也具有优越的灵活性。加上副油箱,它可以达到接近1500英里的航程,这样也就使轰炸机受到保护的距离可以超过600英里——事实上可以达到德国的东面国境线。自从在施魏因富特受到惨重损失之后,便立刻开始赶工生产"野马"式战斗机,其第一批在1943年12月参加美国第八航空军的作战。到欧洲战争在1945年5月结束时,一共生产了1.4万架。

在1943年到1944年之间的冬季里,对于美国第八航空军而言,要算是一个相当平静的阶段,因为其轰炸都暂时限于短程目标的攻击。12月间的损失率仅为3.4%,而10月间则高达9.1%。以意大利为基地,美国人另成立一个第十五航空军,这是美国计划摧毁德国战争经济的另一步骤。史巴兹将军(General Carl Spaatz)奉派统一指挥这两支部队。

在1944年年初,"野马"式的数量日益增多,而它们的航程也日益伸长。此外,它们也到处搜寻德国战斗机来向其挑战,而并不仅只被束缚在护航的任务上——其目的为赢得全面的制空权,而不仅限于轰炸机附近的天空。这样它们就迫使德国战斗机必须迎战,于是也使后者所受到的损失日益增加。到3月间,德国战斗机遂开始不愿意起飞和"野马"拼斗。此种积极主动的行动不仅使美国轰炸机得以继续进行其日间攻击——由于德国战斗机的干扰减少,因此它们的损失也随之而减少——而且也替"霸王"做了开路的工作。

很讽刺的,它同时还有助于英国轰炸机部队对德国的夜间攻击。正当德国空军在夜间变成空中主人之时,它却把日间的制空权让给美国人。当英国轰炸机部队在完成其对诺曼底侵入战的支援任务之后,再度向德国发动其战略性攻击时,德国的夜间战斗机部队也就变得非常地缺乏燃料,同时又因为在法国境内的早期警报雷达系统的丧失而受到很大的妨碍——反之,英国轰炸机部队现在由于能在欧陆上设立雷达发射站因而获得很多的便利。

此种改变可以从损失数字上反映出来。在 1944 年 5 月间,英国轰炸机部队曾对德国作过少数几次空袭,其损失率还是很高——在 6 月间攻击石油目标时,更升高到 11%。因此,在 8、9 月间,英国人对德国的空袭遂开始大约有一半是在日间行之,其损失就远较轻微。但到此时,甚至于夜间攻击的代价也已经变得较低——分别为 3.7%(夜)和 2.2%(日)。1944 年 9 月间,英国轰炸机部队用于夜袭的飞机数量要比 6 月间多出 3 倍,但损失却仅约为 2/3。

由于英国轰炸机部队也采用远程夜间战斗机来担负护航的任务,所以对于此种趋势自然不无帮助,但那却绝非主要因素,因为所用的飞机速度太慢,而此种任务对于它们也未免太困难。在 1943 年 12 月到 1944 年 4 月之间的阶段内,被击落的德国夜间战斗机一共只有 31 架;甚至于在已有更多和更好的飞机之后,在 1943 年 12 月到 1945 年 4 月之间,所击毁的总数也不过 257 架——平均每个月仅为 15 架。所以夜间战斗机也好,新的雷达和无线电干扰技术也好,其对于德国空军所造成的损害,是远不如对德国石油、领土和日间制空权的丧失那样重大。

在 1943 年全年当中,投在德国境内的炸弹总数约为 20 万吨——比之 1942 年几乎多了 5 倍。但德国的生产力却反而升到新的高峰,这大部分应归功于施佩尔所作改组的努力,他是主管德国战时生产的阁员;此外“空袭预防”的措施和德国人的迅速恢复能力,也足以使士气和生产都不至于发生任何危机。飞机、火炮、坦克、潜艇的产量都有所增加,使 1943 年的全面军备生产数量增到 50% 的程度。

德国人对于英国轰炸机部队的大规模攻击也的确是曾经感到忧惧,因为那是自从开战以来的第一次,据说在 1943 年 7 月汉堡大空袭之后,施佩尔曾经悲观地说,像这样的空袭再来 6 次,即足以使德国屈膝。但所幸在那一年的下半年内,此种区域性的轰炸所产生的物质和精神效果都并不那样地可怕,而施佩尔对于德国工业所作的卓越疏散活动也就打消了其当初的忧虑。

美国人所作的选择性精确轰炸曾经收效于一时,到 1943 年 8 月,曾经使德国战斗机的生产减低到大约 25%,但自从 10 月间使美国第八航空军受到惨重失败之后,其产量遂再度增高,而在 1944 年初达到新的高峰。虽然对所造成的损害能作相当精确的估计,但同盟国对于德国的生产能力却未免估计过低,当德国空军实力日益增强时,遂误以为那是由于把东线的飞机调回西线之所致。

对于英国轰炸机部队而言,在这个阶段的最重要成就即为夜间精密轰炸技术的发展。最先是在水坝攻击成功之后,利用第六一七中队作为一种特种"标示部队"(Marking Force)。以后逐渐有了全面的改进,例如导航指示系统、新的投弹瞄准器,以及1.2万磅号称"高脚衣橱"(Tallboy)的地震炸弹(Earth-quake Bomb)——接着又有2.2万磅号称"大满贯"(Grand Slam)的同类炸弹。

英美联合轰炸作战的最重要效果是最后把相当大量的德国战斗机和高射炮部队从东线吸引到西线方面来,于是的确帮助了红军的前进。同时由于在日间已经取得制空权,所以也就使"霸王作战"得以顺利地进行,而几乎完全不受德国空军的干扰。

在战争的最后一年间,即自1944年4月到1945年5月,盟军的确掌握着制空权,那主要应归功于美国人在1944年2月到4月之间作战的努力。但是由于"霸王计划"的要求,对于德国目标的联合轰炸攻击必须暂停,因为在诺曼底登陆的前后,所有的飞机都必须用来对同盟国陆军作直接的支援。

哈里斯以及其他单纯的热心轰炸之徒对于这种政策自然是不愿意接受,但波特尔以及空军参谋本部中的人员却具有比较平衡的观点,并且也认清轰炸机在同盟战略中所扮演的不过只是一个配角而已,因为战略轰炸部队现在是需要用来支援战术部队,所以从4月中旬起,其全部的指导也就交由泰德爵士(Sit Arthur Tedder)负责。他现在已经被指派出任艾森豪威尔的副帅。泰德过去曾在中东指挥空军,并且在那里有优异的表现。他认为轰炸部队对于"霸王作战"之主要而立即的贡献就是应使德国的运输系统发生瘫痪。这个计划实际上是在1944年3月25日获得各方面的同意,尽管丘吉尔对于法国平民的损失颇感忧虑,而史巴兹则仍认为石油目标不应放弃——这也是波特尔所同样主张的。

史巴兹的决心集中攻击石油目标,结果使美国第八航空军在1944年春季仍继续其对德国的攻击,而英国轰炸机部队在4月到6月之间,则以法国的铁路网为主要攻击目标(在6月间,其投在德国目标上的炸弹仅为其总量的8%)。到6月间,超过了6.5万吨的炸弹已经投在敌方的运输系统之上。此外,海岸炮台、火箭发射基地和类似的目标也都曾受到攻击。事后看来,泰德瘫痪敌方运输(或交通)系统的行动,对于诺曼底侵入战的成功,实为一大贡献。哈里斯所持的反对理由之一是说英国轰炸机部队不能达到所需要的精确标准,但早在3月间,它们对于法国铁路调车场进行攻击时的效率即足以否定哈里斯的说法。

此种成为大家批评对象的目标转移，实际上是对于英国轰炸机部队大为有利，那不仅缓和了它们的紧张情绪，而且也更刺激轰炸技术的改进。而且在法国上空所遭遇到的德国战斗机的抵抗，是远比在"柏林之战"中以及攻击德国境内其他目标时都要轻微得多。

齐希尔上校（Wing Commander Leonard Cheshire）所新发明的技术，即利用"蚊"式机在低空指示目标，对于轰炸的命中率大有改进。4月间首先在法国试用，结果使许多目标都连续被炸毁，失误的炸弹很少，并不曾像丘吉尔所害怕的对于法国平民造成重大的杀伤。在3月间平均的轰炸误差已减到680码，而到5月间则更减至285码。

在D日之前对"交通"攻击的成功增强了泰德的信心，他遂强烈主张此种作战应向德国境内延伸，并应给予最高优先。他认为德国铁路系统的崩溃，不仅足以阻止其部队的调动（那也是苏联人最欢迎的），而且也等于使其经济总崩溃。所以是应该用以代替哈里斯的普遍区域轰炸和史巴兹的石油作战。毫无疑问的，那对于德国的陆军和空军是可以比普遍区域轰炸产生远较迅速的效力。

在盟军渡过海峡侵入欧陆之后的阶段中，轰炸机曾经攻击各种不同的目标。在这几个月之内，美国人还是以石油和飞机工业为其主要目标，至于英国轰炸机部队在这个阶段所一共投掷的18.1万吨炸弹总量中，却只有3.2万吨是投在德国境内的目标上。

放弃区域轰炸的趋势已经变得非常显著。英国空军参谋本部也拥护美国人的观念，认为对石油目标应给予优先。早在4月间，美国陆军第十五航空军已从意大利起飞去进攻罗马尼亚的普洛耶什蒂油田。5月12日，第八航空军也从英国开始攻击德国境内的石油目标。虽然有400架德国战斗机起而迎击935架美国轰炸机，但它们却为1000架美国战斗机所击败。它们损失65架，而美国轰炸机也损失46架。

在D日之后，这种作战也就日益扩大。6月间英国参谋本部认为英国轰炸机夜间精密轰炸技术已有进步，遂命令对石油目标发动攻击。7月9日夜间对格尔森基尔欣（Gelsenkirchen）的空袭要算是相当成功，不过代价仍然很高。但其他的空袭，则由于受到天候的影响，效力都很差，而损失却很惨重——在3夜之间，派出轰炸机832架中损失了93架，主要都是被夜间战斗机所击落。

美国人仍然倾全力进攻,6月16日使用1000多架轰炸机,由800架战斗机掩护,在20日那一天,战斗机总数更多至1361架。次日除柏林受到攻击以外,另一支部队在攻击石油工厂以后就飞往苏联降落。(由于他们〔苏联人〕的冷淡对待,所以此种试验遂不再进行。)美国人的损失颇重,但被炸毁而不堪使用的石油工厂数量也随之而增加,结果使德国空军的燃料补给受到严重的影响。在9月间,这个补给量被减到1万吨,但实际上,每月最低需要量为16万吨。到7月间,几乎德国境内的一切重要石油工厂都已被击中,所以尽管由于施佩尔的努力,德国已经生产了大量的新飞机和坦克,但由于缺乏燃料,实际上都已毫无用处。

当德国的飞机有效数字日益减少之际,同盟国的空军实力则正在日益增强。英国轰炸机部队的第一线兵力在1944年4月为1023架,到12月增为1513架,而到1945年4月,则更增达1609架。美国第八航空军的轰炸机实力在4月间为1049架,到12月为1826架,而到1945年4月则已达2085架之多。

此时,英国轰炸机部队也已经第一次采取大规模日间轰炸的战术。哈里斯对于这一决定本来深表疑惧,但由于在日间所遇到德国空军的抵抗反而比夜间远较轻微,才使他感到放心。第一次大规模的日间空袭是在6月中间,以勒阿弗尔(Le Havre)为目标,也像以后的每次一样,是由"喷火"式机来护航。到8月底,英国轰炸机已经在向鲁尔地区作日间空袭,并发现德国的抵抗已十分微弱。

这样的新情况遂引诱英国轰炸机部队继续对德国的石油工厂作夜间的攻击。与过去相比,这些攻击显示出来效力较大而损失较低。8月29日对非常遥远的目标哥尼斯堡(Königsberg),曾作一次极为成功的空袭。虽然它本身并非石油目标,但却足以显示全面的进步。

从1944年10月到1945年5月,可以算是轰炸机日正当中的时代,在1944年最后3个月内,英国轰炸机部队所投掷的炸弹比1943年全年的数量还要多。在这几个月内,仅以鲁尔地区而言便曾受到6万吨高爆炸弹的轰炸。此外,诚如官方战史所载,在这个时候轰炸机的作战几乎是无所不能的。在这样的攻击之下,德国人的抵抗力日益消沉,其战时经济也已被绞杀。

既然已经有了此种新的精密轰炸能力,而抵抗又是如此的微弱,所以当英国轰炸机部队在这个阶段仍继续把其炸弹的53%用来滥炸城市地区,而用在石油目标上的仅为14%，用在运输目标的也仅为15%，无论从作战或道德的观点上来看，那是否为明智之举，实大有疑问（1945年1月到5月之间的相对数字分别为36.6%、26.2%和15.4%——这种比例虽较平均，但仍然颇有疑问。）美国人在目标上的比例与此完全不同。他们的想法比较合理，他们认为应尽量打击德国的已知弱点，而不应敷衍塞责，以为只要每颗炸弹都能炸中一点什么东西就够了。哈里斯的政策日益引起道义上的谴责，而美国人的政策却可避免此种谴责。

因为未能维持最佳的优先次序，所以最后阶段更是吃亏不浅。在1944年9月25日的一项训令中，曾规定石油为第一优先，而其次则为运输。这也就足以带来缩短战争的良好机会，因为英国轰炸机部队从10月起也同时正在集中攻击德国境内的目标——在那里投了炸弹5.1万吨，而所受损失则仅在1%以下。但是10月间空袭中却有2/3还是普遍区域性的轰炸，而投在石油和交通目标上的炸弹却反而很少。于是在1944年11月1日，指挥官们又接到新的训令，明确规定石油为第一优先，交通列为第二，没有任何东西可以混淆这种选择。这两种目标，现在都已经变得相当容易达到，而且也必然地可以比区域轰炸更能加速德国的崩溃。

但是由于哈里斯的顽固抗命，遂使此种计划始终未能获得适切的执行——他甚至于以辞职为要挟来反对这种计划。

1945年开始时，由于德国人在阿登发动反攻，加上他们的喷射战斗机和装置"修诺克"潜艇（Schnorkel）的出现，遂使情况又趋于复杂。这样也就导致对优先次序的重新检讨。但由于各个权威的意见不一致，结果也就变成一个折衷——而正像大多数的折衷办法一样，那总是临时凑合的和难以令人感到满意的。

最引起争论的方面即为故意恢复"恐怖主义"，并以其为主要目标之一。它恢复的主要目的是为了取悦苏联人。1945年1月27日，哈里斯又奉到命令要他执行这样的攻击——现在在优先次序上列为第二，仅次于石油目标，而超过交通以及其他的目标。因此，在2月中旬，连遥远的城市德累斯顿（Dresden）也都受到毁灭性的攻击。那是含有在平民人口和难民中间制造恐怖的显然意图，因为所攻击的是城市中心，而不是工厂或铁路。

到4月间，值得一炸的目标是已经太少了，所以区域轰炸和精密战略轰炸都被放弃，而改以对陆军的直接支援为其主要任务。

战略轰炸攻击效果的比较

虽然在 1944 年夏季之后，炸弹开始像雨点一般地落下，使得德国的生产减退，但是施佩尔在工厂疏散和各种克难工作上所作的伟大努力，对于轰炸的实质效果仍然能够产生相当的抵消作用。士气同时也能维持不坠，直到 1945 年 2 月对德累斯顿的攻击之后为止。

石油目标的攻击

由于在罗马尼亚的遥远油田能够长久地不受到攻击，而在德国国内的石化工厂又在不断地增建，所以德国石油的储量在 1944 年 5 月实际上达到了最高峰，仅在以后才开始减少。

石油的 2/3 以上都是由 7 所工厂集中生产的，它们的易毁性是极为明显，又因为炼油厂也是易毁的，所以在 1944 年夏季，当轰炸机集中攻击这些设施之后，其效果也就很快地开始表现出来。6 月间车辆燃料的产量仅为 4 月间的一半，而到 9 月则又已减至 1/4。飞机燃料的产量在 9 月间减到 1 万吨，而目标数字也仅为 3 万吨——但德国空军每月的最低要求却是 16 万吨。航空燃料中的 90%左右都是来自贝吉乌斯（Bergius）氢化工厂，那也是一切需要中的最重要者。

为了要应付"霸王作战行动"和红军在东线上的前进，德国的油料消费量遂随之而增加，于是情况也就变得日益严重——从 5 月起，消费始终超过生产。经过施佩尔的努力，情况略有改善，所以在 12 月中旬阿登反攻发动之前，燃料的储量居然开始增加，但那却不过是昙花一现而已。拉得太长的战斗把所有的储量都消耗完毕，而在 12 月和 1 月（1945）盟军又发动对石油目标的攻击，两种效果加在一起，遂使施佩尔也回天乏力。英国轰炸机部队的夜间攻击尤其有效，因为现在兰卡斯特机已能携带巨大的炸弹，而在夜间轰炸时也达到新的精确标准。

对石油目标的攻击同时也使德国的炸药和人工橡胶的产量大受影响，而航空燃料的缺乏，也几乎使空军的训练完全停顿，并大量地减少战斗飞行的时间。举例来说，在 1944 年底一次只能使用 50 架夜间战斗机。虽然德国空军现在已经正在接收新的喷射战斗机，但由于上述这些限制，也就无法发挥其潜在价值和威胁。

交通目标的攻击

这个目标为战术性和战略性的混合物,对于诺曼底的登陆及战斗的成功很明显地具有巨大的重要性。但当盟军接近莱茵河之时,其效力也变得更难于估计。11 月的计划是以德国西部的铁路和水道为焦点,而尤其是以鲁尔地区周围为主——其目的是要切断煤的补给以使德国工业的主要部分自动瘫痪。此种效果是非常地厉害,并且在 1944 年秋季使施佩尔感到极大的忧虑,但盟军领袖们在他们自己所作的研判中,对于此种效果却反而有低估的趋势。意见的分歧使此种行动及其效力受到延迟和减低的影响。但在 1945 年 2 月间,仍有总数约 8000 到 9000 架的飞机正在忙于攻击德国的运输系统。到 3 月间,这个系统已经崩溃,而所有的工业也都缺乏燃料。在 2 月间丧失上西利西亚(Upper Silesia)之后——由于红军已经进占该地区——德国遂再无可以替换的煤矿来源。虽然仍有足够的铁矿石,但其钢铁生产却已经不能应付其最低的弹药生产需求。到了此时,斯佩尔也认为情况已经绝望,并开始考虑战争结束以后的问题。

直 接 攻 击

此种攻击的结果日益明显。一个城市接着另一个城市化为废墟。德国工业生产自从 1944 年 7 月达到最高峰之后,即开始走向下坡,而且每况愈下。10 月以后,在埃森的克虏伯工厂即已停止生产。造成生产损失的主因常常是由于电力、煤气和水源等系统的破坏。不过在鲁尔地区以外,单纯的原料缺乏——那是运输系统被破坏的结果——实为德国工业在 1945 年最后崩溃的主因。

结 　 论

在开始对德国进行战略轰炸攻击时,曾寄予以莫大的希望,但在最初阶段,其效力却非常地渺小——足以显示过分的信心是超越了常识的限度。足以表现现实感的逐渐发展者,首先为从日间轰炸突然地改变为夜间轰炸,接着就是采行区域轰炸政策——尽管在许多方面,这都是大有疑问的。

直到 1942 年,轰炸对于德国只不过是一种麻烦,而并不能算是危险。它对于英国人也许有一点打气的作用,虽然连这一点也都是颇有问题。

在 1943 年,应该感谢美国援助的日益增强,于是两个同盟国轰炸部队所造成的损害也就开始日益加重——不过事实上,对于德国的生产,或是对于德国人民的士气,还是不曾发生巨大的效力。

直到 1944 年春季,才有一种真正的和决定性的改变,主要是因为美国人采取适当的长程战斗机来护航轰炸机之故。

在替"霸王计划"作了伟大的服务之后,同盟国的轰炸遂又再来攻击德国的工业,并且获得远较过去巨大的成功。在战争的最后 9 个月当中,它们的成就主要应归功于在导航和轰炸技术上的新发展以及德国空军的抵抗力日益微弱。

由于不能痛下决心和意见分歧之故,盟军在空中的进展,也像在地面上一样,颇受缺乏集中之害。同盟国空军的潜力远比它们的成就要大。尤其是英国人对于区域轰炸简直可以说是乐此不疲,尽管老早就已无任何的理由或借口,但他们却仍然不肯放弃这种不加区别的行动。

有充分的证据足以显示,若能对于石油和交通目标作较佳的集中攻击,则战争是可以提早结束,也许至少可以提早几个月。虽然在战略上有如此的错误,而且也忽视了基本的道德观念,但轰炸作战仍毫无疑问地在击败希特勒德国的战争中居于一个主要的地位。

第三十四章　西南太平洋及缅甸的解放

当 1944 年的春季将临时,太平洋的情况有如下述:由海军上将斯普鲁恩斯所指挥的中太平洋部队,在其上司海军上将尼米兹的指导之下,已经连续地攻占吉尔伯特群岛和马绍尔群岛,同时也从空中痛击日本在加罗林群岛的特鲁克基地,于是使日本人所认为必要的最后防线也发生了严重的裂痕。此时,在西南太平洋的麦克阿瑟将军的部队则已经连续攻占俾斯麦群岛中阿德米雷耳提群岛的大部分,突入那一个屏障地带,并有效地中和了在腊包尔的日军前进基地。同时,麦克阿瑟的部队在新几内亚的西向前进也有相当的进展,并准备指向菲律宾的下一步大跃进。

新几内亚的克服

在新几内亚作战的延续,其所表现出来的一项特点即为蛙跳(leap-frogging)方法的发展,那是以前在所罗门群岛(Solomon Islands)上所试用过的。在 4 个月之内,麦克阿瑟的部队利用这种一连串跳跃,已经前进了 1000 英里——从马丹(Madang)地区进至新几内亚西端的弗格柯普(Vogelkop)半岛。日军曾经希望在少数几个适当的沿岸据点上保持其立足地,以便建筑机场。虽然盟军不能从陆地上迂回这些据点,却利用其优势的海空军兵力沿着海岸线采取超越行动。

因为日军海空军的主力被保留在后方,以准备应付斯普鲁恩斯在中太平洋方面的次一前进,故其战略的态势遂居于劣势。在地面上,日军也是过分分散而缺乏支援。所谓第八方面军被留在腊包尔听其自生自灭,而在新几内亚的北岸上,所谓第十八军(司令为安达中将)的残部则被配属在第二方面军(司令为阿南上将)的指挥系统之下。该军驻在威瓦克,凑起来一共 6000 人不

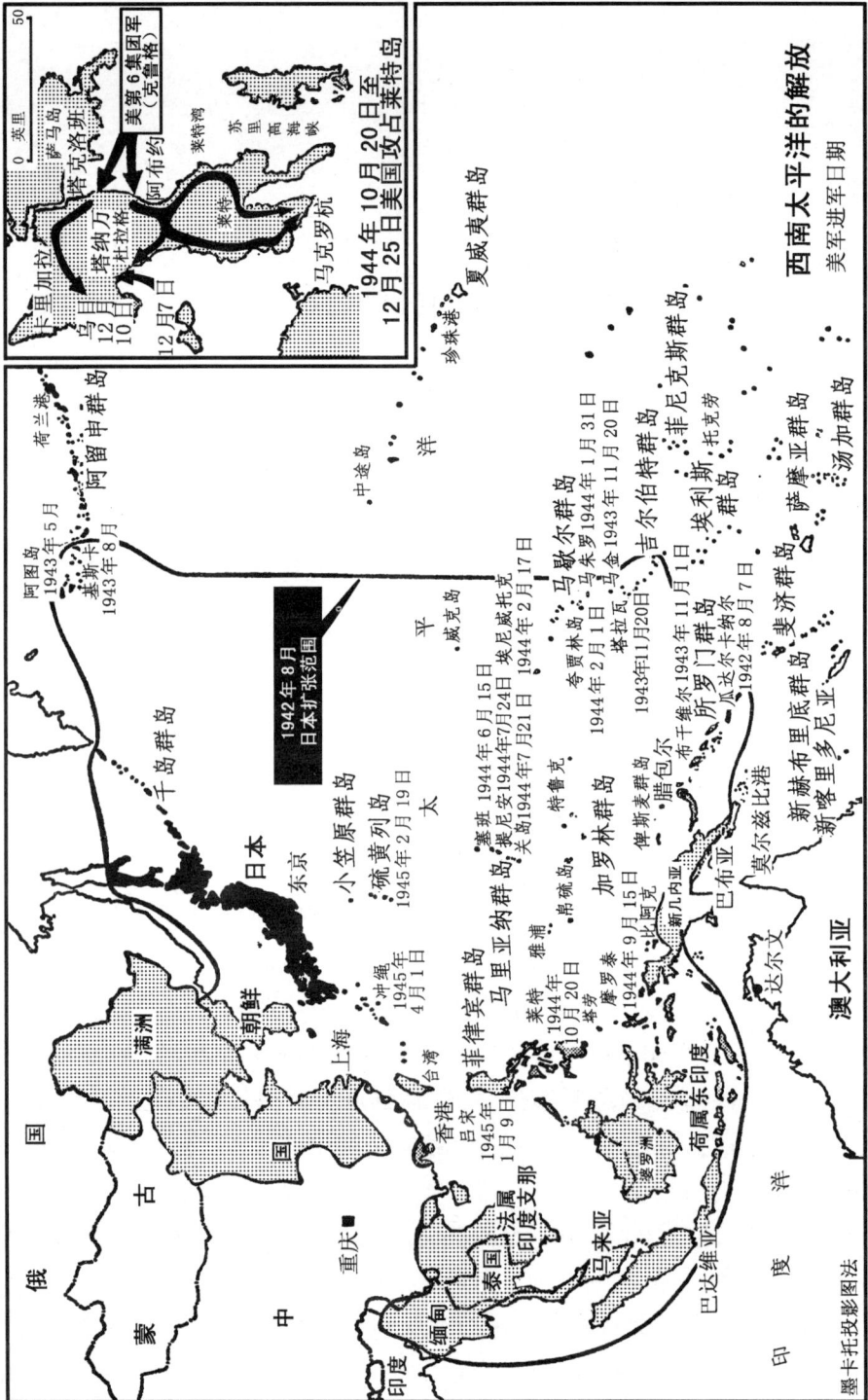

西南太平洋的解放

美军进军日期

·按原图译制·

美国第6集团军
（克鲁格）

美军10月20日攻占莱特岛

1944年10月20日至
12月25日美国攻占莱特岛

1944年10月20日至
12月25日美国攻占莱特岛

阿布约

塔克洛班

马克罗恩

独鲁万

萨马岛

苏里高海峡

莱特湾

莱特

卡里加拉

10月
20日

12月7日

12月
12日

0 英里 50

珍珠港 夏威夷群岛

中途岛

阿留申群岛

荷兰港

阿图岛
1943年5月

基斯卡岛
1943年8月

1943年8月

威克岛

埃尼威托克
1944年2月17日

马歇尔群岛
夸贾林 1944年2月1日
马朱罗 1944年1月31日
塔拉瓦 1943年11月20日

吉尔伯特群岛
1943年11月

菲尼克斯群岛

埃利斯
群岛 托克劳

萨摩亚群岛
1942年8月7日

汤加群岛

斐济群岛

1942年扩张范围
日本扩张范围

太

平

洋

千岛群岛

日本

东京

朝鲜

满洲

俄

蒙

古

国

中

重庆

小笠原群岛

硫黄岛
1945年2月19日

冲绳
1945年
4月1日

塞班 1944年6月15日
提尼安 1944年7月24日
关岛1944年7月21日 马里亚纳群岛

雅浦

帛琉
佩硫岛

特鲁克

加罗林群岛

莫罗泰
1944年9月15日

莱特
1944年
10月20日

吕宋
1945年
1月9日

菲律宾群岛

台湾

香港

上海

泰国

缅甸

印度

法国属印度支那

暹罗

荷属东印度

马来亚

巴达维亚

莫尔兹比港

新几内亚

布干维尔

所罗门群岛

瓜达尔卡纳尔岛
1942年8月7日

新赫布里底群岛

新喀里多尼亚

达尔文

巴布亚

澳大利亚

印

度

洋

墨卡托投影图法

到的师,要来对抗 15 个师的盟军(美军 8 个师,澳洲军 7 个师),后者并且享有极大优势的海空军支援。

4 月间,澳洲第七师,以后又加上第十一师,从马丹沿着海岸线向西推进,而麦克阿瑟则正在发展一个新的跃进(到此时为止这要算是最大的一次),以攻占荷兰地亚(Hollandia)的重要基地为目的,那是在亨博尔特湾(Humboldt Bay)上,在威瓦克以西 200 英里距离之外。

在登陆之前以一连串的大轰炸为其先声,日军虽然调集了 350 架飞机以供保卫这个地区之用,但很不幸的,其中大部分都被炸毁在地面上。于是在 4 月 22 日,盟军分成两个两栖兵团,分别在荷兰地亚的两侧登陆,另外第三个兵团则在艾塔佩(Aitape)登陆——那是至威瓦克的全程约 1/3 的地方——以夺占该处的机场作为一种安全的措施。据盟军情报的判断,日军在荷兰地亚的兵力为 1.4 万人,在艾塔佩为 3500 人,麦克阿瑟为确保成功起见,差不多用了 5 万人的部队,主要是艾克尔伯格(Eichelberger)所指挥的美国第一军。实际上,守军的兵力要比所估计的还要少,而且大部分都是后勤部队,所以在最初的轰击之后,没有作任何认真的抵抗即向内陆逃走。

结果遂使安达在威瓦克的 3 个残破师完全被切断。安达不愿意再向内陆作长程艰苦的撤退,而宁肯选择沿着海岸线直接突围的企图。但当他到 7 月间采取此一行动时,麦克阿瑟却早已派遣 3 个强大的师去增援美军在艾塔佩的据点,所以这些突围的日本部队不仅被击退而且还受到重大的损失。

早在日军发动这次流产的反击之前,美军已经朝西跃向下一个目标——那是 120 英里以外的一个沿岸小岛,叫作韦克德(Wakde),日军在岛上曾修建了一座飞机场。5 月中旬,美军派遣了一支部队在新几内亚海岸上的托埃姆(Toem)登陆,然后越过狭窄的海峡进入韦克德岛——但在那里的日军曾作了一段短期而颇为顽强的抵抗,沿着海岸线向沙米(Sarmi)的前进所遭遇的抵抗更是长久。尽管如此,总体来看,日军在新几内亚的防御已经接近尾声。美国的潜艇不仅使从中国大陆前来的运兵船受到惨重的损失,而在中太平洋方面,对马绍尔群岛构成的威胁也使日军向新几内亚增援的希望为之幻灭。

仅在攻占荷兰地亚 1 个月之后,也就是在托埃姆和韦克德登陆 60 天之后,麦克阿瑟又在准备其次一步的跃进。这次的目标为攻占比阿克岛(Biak)及岛上的机场,那是在荷兰地亚以西约 350 英里,而距离韦克德则为 220 英里。这一次的作战并不很顺利。与荷兰地亚的情形恰好成一对比,这次美军对于守军的实力作了过低的判断,实际上岛上守军已超过 1.1 万人。当美军在5月27日登陆时,最初虽然没有遭遇到抵抗,但当他们向内陆推进占领机场时,情况就完全改观。因为日军已决定放弃据守滩头,因为他们知道在那里会被盟军海空军的火力所粉碎,所以他们把守军的主力配置在俯瞰机场的高地上,并且都埋伏在岩洞和堑壕阵地之内,而他们使用坦克的反击曾经一度切断美国步兵的一部分。虽然麦克阿瑟把大量的援军投入该岛,但肃清的工作还是异常地迟缓而艰苦——直到8月间才完成。它使美国地面部队付出的代价约近1万人,不过其中大部分都是由于疾病,而真正战死的人则不过400人。这对于他们在9个月以后,即1945年2月,在硫黄岛(Iwo Jima)登陆所将遭遇到的问题和困难,可算是先尝了一次苦头。

日本大本营对于增援比阿克岛的决定最初拖延得太久,而后来又中途打消,否则在该岛的日军抵抗可能还会更为顽强。其最初的决定是集中全力以防守马里亚纳群岛,但以后在6月初又决定派一支运兵船队前往比阿克岛增援,并由马里亚纳群岛派遣大量的军舰和飞机来掩护。但这个行动却又延缓了5天,因为一个错误的情报说有一支美国航空母舰部队正在比阿克岛附近,等到他们第二次出动时,又遭遇到一支美国巡洋舰和驱逐舰所组成的部队,遂立即中途折回。于是日本当局又决定增强掩护兵力,使其包括"大和"和"武藏"两艘巨型战斗舰在内,但当它们达到新几内亚附近的同一天,美国中太平洋部队的航空母舰群已经开始向马里亚纳群岛攻击——于是日本海军部队立即兼程北返,以应付这个较大的威胁。所以美国两支分别越过太平洋前进的部队又再度发挥相互呼应以破坏敌军平衡的功效。

在另一方面,虽然在比阿克岛上的前进已经受阻,但麦克阿瑟并没浪费时间,他又立即向附近的诺埃姆富(Noemfoor)发动一个交替性的攻击。在强大的空军和海军的轰击之后,美军于7月2日登陆,到6日即已占领岛上的3个机场。

因为已无余留的空中部队,所以在新几内亚主岛上的日军早已开始撤向弗格柯普半岛的极西端。7月30日,麦克阿瑟又派一个师在桑萨波角(Cape Sansapor)登陆,这次行动连攻击准备的轰炸或炮击都不需要,因为已知在这个半岛上如此遥远的地区中并没有日军的存在。美军在那里迅速地构筑一道防线,并在其后方开始建筑机场。

现在向菲律宾跃进的道路已经扫清,在新几内亚西端有3座机场可供支援之用。至于还留在新几内亚的5个日本师残部也就可以不必加以理会,留给澳洲人慢慢去扫荡。

马里亚纳群岛的攻占——菲律宾海的会战

由斯普鲁恩斯的中太平洋部队发动对马里亚纳群岛的攻击,象征着美军对日本内防圈的突入。从那里,美国的轰炸部队可以攻击日本的本土,以及菲律宾、中国台湾和中国大陆。同时,马里亚纳群岛的攻占也使日本与其新近征服的南方帝国之间的交通线将遭到被切断的威胁。

在马里亚纳群岛中,也和其他的地方一样,最重要的岛屿就是那些上面有飞机场的——塞班(Saipan)、提尼安(Tinian)和关岛(Guam)。在这3个岛上的日本守军分别为3.2万人、9000人和1.8万人。在这个地区中的日本空军实力名义上是有1400架飞机,但实际上却还少于此数,因为有许多已经送往新几内亚,而另有许多已被米彻尔(Admiral Mitscher)的快速航空母舰部队所击毁。自从2月以后,其航空母舰群即不断地向这些基地发动攻击。即令如此,日本人仍希望若从其他区获得若干增援,则可有500架堪用的飞机。他们在这个地区的海军部队,在小泽中将的指挥之下,分为3个兵团——4艘战斗舰所组成的主力战斗舰队(第二舰队),加上3艘轻型航空母舰,以及巡洋舰和驱逐舰等,由栗田中将指挥;由3艘舰队(重型)航空母舰所组成的主力航空母舰部队,加上一些巡洋舰和驱逐舰,由小泽亲自指挥(即第三舰队);另有一支预备航空母舰部队,由城岛少将指挥,包括2艘重型航空母舰和1艘轻型母舰,加上1艘战斗舰,以及巡洋舰和驱逐舰等。

日本人已经准备一个对抗美国海军越过太平洋进攻的计划,并希望能把斯普鲁恩斯的部队引入陷阱,而将其航空母舰一网打尽。这个计划本是在1943年8月,由联合舰队司令长官古贺大将所拟定,但在1944年3月底,当他把司令部从特鲁克撤往菲律宾的达沃(Davao)时,他和他的飞艇(水上飞机)不幸失事坠毁,其遗缺遂由丰田大将继任,后者对于原有的计划作了一些修改。丰田的希望和目的是想把美国人的航空母舰部队引到菲律宾以东的水域中,然后再使用小泽的强大航空母舰部队和从各托管岛上基地起飞的飞机,来对它们实施夹击。

美国进攻马里亚纳群岛的舰队是6月9日从马绍尔群岛出航,计划在15日登陆塞班岛。两天之后米彻尔的航空母舰即开始对各目标岛从事猛烈的轰炸,到13日,美国的战斗舰也向塞班岛和提尼安发动猛烈的炮击。同时,丰田大将也已下令发动"阿号作战"(Operation A-Go)——那就是他们计划已久的

对抗行动——这个决定使他们放弃增援比阿克岛和在新几内亚继续保持一个据点的企图,其经过已如前述。

美国的进攻部队包括 3 个陆战队师,另有 1 个陆军师充任预备队,密切支援的海军部队为 12 艘护航航空母舰、5 艘战斗舰和 11 艘巡洋舰。在这些部队的后面即为斯普鲁恩斯的第五舰队,那也是世界上最强大的舰队,包括 7 艘战斗舰、21 艘巡洋舰和 69 艘驱逐舰,另外再加上米彻尔所指挥的 4 个航空母舰群(共有航舰 15 艘和飞机 956 架)。这个舰队的任务是要把将近 13 万人的部队从夏威夷和瓜达尔卡纳尔运往马里亚纳群岛——其组织和执行都可以说是极为卓越。

15 日上午,在海军重炮、岸边炮艇和发射火箭的飞机掩护之下,第一波陆战队在塞班岛的滩头上登陆——20 分钟之内,8000 名陆战队已被送上海岸,这是他们高度训练水准的一项证明。但到入夜时,虽然登陆的兵力总数增到 2 万人,但仍然都挤在滩头上而未能向内陆作迅速的推进,因为日军不仅控制着高地,而且也正在作猛烈的反击。

对于进攻部队而言,一个虽较遥远但却更巨大的威胁是来自日本的舰队,包括战斗舰和航空母舰在内——在那天上午被美国潜艇发现时正在向菲律宾海前进。斯普鲁恩斯于是决定取消在关岛登陆的企图,把他作为预备队的陆军第二十七师也送上塞班岛,以求迅速攻占这个主要的岛,并将运输船只疏散到较安全的水域中去。第五舰队本身则集结在提尼安以西约 180 英里的位置上,但却不再向西移动,以防错过日本舰队。

这种防御的位置被证明出来是很聪明的,直到此时为止,丰田的计划似乎都进展得相当顺利,不过有一个重要的差异就是他的钳头中有一边已经不管用——因为米彻尔的航载机早已将马里亚纳群岛上日本的航空部队扫荡殆尽。从 6 月 19 日上午 8 时 30 分起,小泽的航空母舰部队即连续发动 4 次攻击——但每次都事先为美国人的雷达所发现,于是都有数以百计的战斗机起而迎击,而米彻尔的母舰所载运的轰炸机攻击岛上的日本空军基地。这次巨大的海空军会战,其结果变成一场屠杀,美国人戏称之为“伟大的马里亚纳火鸡射击”。美国驾驶员对于经验较差的日本人占了压倒的优势,后者损失飞机 218 架,却只击落美机 29 架。而更糟的是日本舰队航空母舰中的 2 艘——“大凤”和“翔鹤”,上面都运载着更多的飞机,均被美国潜艇所发射的鱼雷所击沉。

小泽以为他的飞机已经降落在关岛之上,所以仍徘徊在战场的附近,舍不得离去,于是在下午遂被美国侦察机所发现。米彻尔遂决定派其母舰上的216架飞机再去对小泽的部队发动一次攻击,虽然明知这些飞机在回船时将在天黑以后。在发现日军的3小时之后,他的飞机已在执行攻击,结果又击沉1艘和击伤2艘舰队航空母舰,另加2艘轻型航空母舰、1艘战斗舰和1艘重巡洋舰,此外还击毁其飞机65架。而美军在战斗中总共损失飞机20架,但在长夜的返航途中却损失或撞毁了80架。不过其乘员中的大部分都已获救,因为小泽的舰只早已逃出战场,驶向日本南方琉球群岛中的冲绳岛。

到此时,日本人在这次会战中所损失的飞机总数约达480架之多,已超过其原有总数的3/4,而他们乘员中的大多数也都死亡。日本的飞机和母舰受到如此高度比例的毁灭,实为一种非常严重的损失——不过到秋季时,其飞机和母舰已经大致补充起来。但更严重的却是损失许多飞行员,那是一时无法补充的。这也就是说在最近的将来,若再发生任何的战斗,则日本舰队将会受到严重的妨碍,被迫必须依赖其较传统化的兵器了。

所以菲律宾海的会战结果使日本人受到一次非常严重的失败——美国海军历史学家莫里森少将(Admiral S. E. Morison)认为要比10月间的“莱特湾会战”(Battle of Leyte Gulf)甚至于还更重要。到菲律宾的道路现在已经畅通无阻,而在马里亚纳群岛上的陆上战斗也就有了成功的确实保证。

在这一场海空会战之后,马里亚纳群岛的征服已经不再有任何疑问,虽然陆上的抵抗仍然异常顽强。在塞班岛南端登陆的3个师,在强大的空军和海军的支援之下,继续不断地向北推进,到6月25日已攻占居高临下的高地塔波乔山(Mount Tapotchau)。7月6日,在塞班岛上的两位日本最高指挥官——海军中将南云(即袭击珍珠港的航空母舰舰队司令)和陆军中将斋藤(第四十三师师长)同时自杀,以鼓励其部队作最后的攻击。次日,残存的3000名日军向美军战线发动一次自杀式的冲锋,几乎全部作了无益的牺牲。这一个会战中,日军所付出的代价超过了2.6万人,而美国人的损失则为死亡3500人,伤病1.3万人。

7月23日,在塞班岛上的2师陆战队被送往提尼安岛,在一星期之内即已攻占该岛,不过扫荡的行动却花了较长的时间。在提尼安登陆的前两天,原已分配用来进攻关岛的部队,也回来执行其任务,并且又获得另一个陆军师的加强——他们是因为避免小泽舰队的威胁,而暂时撤退到安全水域中去的。虽然日军的抵抗还是很顽强,而且得到隐藏的岩穴防御网的帮助,但到8月12日该岛即告完全肃清。

马里亚纳群岛的陷落,加上以后日本海军的惨败,足以明白地显示出日本的情况已经岌岌可危,尽管骄傲的日本人仍然不肯面对现实。不过非常重要的却是在这些戏剧化的演变之后,接着即为 7 月 16 日东条内阁的总辞职。

4 天之后,由小矶国昭出组新阁,其任务为对于美国的进攻寻求一较好的防御对策。(译注:小矶为预备役陆军上将,此时正在朝鲜任总督。)虽然在中国大陆上的作战仍须继续下去,但主要的问题却是菲律宾的防御——其理由是认为这一个岛群一旦丧失,则从东印度群岛运来的石油补给即将被完全切断,于是日本军队也就居于必败之地。

即以目前而论,日本早因燃料的缺乏而感到难于应付。美国潜艇集中全力来击沉日本的油轮,遂构成一个最重要的战略因素。由于运回日本的油量日益减少,遂使其飞行人员的训练计划受到严重的影响。同时也迫使日本人将其舰队留驻在新加坡,因为那里比较接近石油补给来源——而等到需要动用这个舰队时,必须从那里让它兼程赶赴战场,并且也无法携带足够返回基地的燃料。

战争进行到这个阶段,美国部队实在可以越过菲律宾,而直接跳向台湾,或是跳向硫黄岛和冲绳——金恩海军上将(海军军令部长)以及其他的若干海军将领都曾作这样的主张。但是政治上的考虑,以及麦克阿瑟想要凯旋返回菲律宾的宿愿,却推翻了这些主张。

有几个小目标是应该先行攻占的,因为那被认为对菲律宾的侵入足以构成必要的基础。原定的计划是首先攻占新几内亚以西的哈尔马赫拉群岛(Halmaheras)附近的摩罗泰(Morotai)岛,接着就是帛琉(Palau)群岛、雅浦(Yap)岛、塔劳(Talaud)群岛,然后才是棉兰老(Mindano)——菲律宾群岛南端的大岛——在这些岛上一路建立前进的空军和海军基地,以帮助对菲律宾的主力攻击。不过在 9 月初,海尔赛(Admiral Halsey)的第三舰队(该舰队由斯普劳鲁斯指挥时,称为第五舰队)发现菲律宾的海岸防御是异常脆弱,于是他遂建议那些中间攻略的步骤可以完全取消。不过原定计划的最初部分还是仍被保留下来,因为那是早已在进行中,而且被认为是一种特殊的安全措施。

9 月 15 日,麦克阿瑟部队中的一个支队在摩罗泰登陆,几乎没有遭遇抵抗,到 10 月 4 日,美国的飞机已开始从那里新建的空军基地上起飞作战。9 月 15 日,帛琉群岛也受到海尔赛的中太平洋部队的侵入,在几天之内,即占领该群岛的大部分。这使美军的前进机场到棉兰老只有 500 英里的距离,比关岛近了一半以上。

　　麦克阿瑟和尼米兹的两条越过太平洋的主要前进路线现在已经会合在一起,彼此位置在可以互相直接支援的距离之内——期望能一举收复菲律宾。

　　日本人对于菲律宾防御所拟的计划称为"捷一号"(SHO-1),那是分为两个方面。在陆上,是由山下奉文大将(马来亚的征服者)所指挥的第十四方面军来负责。他有 9 个步兵师、1 个装甲师和 3 个独立旅,另外加上第四航空军。此外,在马尼拉附近的海军部队也由他指挥,并可以抽调 2.5 万人参加陆上的战斗。不过这个计划的主要部分是其企图中的海上行动——日本最高统帅部现在准备在这里作孤注一掷。一旦发现美军登陆的位置之后,日本的航空母舰部队就应引诱美国舰队北上,而美国的登陆部队则由山下奉文将其拘束,然后再由日本海军的两个战斗舰群来对其发动"钳形"攻击而将其歼灭。丰田的计算是相信美国人最重视航空母舰,认为它们的价值高于一切,所以只要一发现对方的航空母舰,就一定会舍命穷追,因为他们自己经常是用战斗舰来当作诱敌的香饵,而以航空母舰为打击部队。

　　这个计划一方面受到日本航空实力日益减弱的影响,而另一方面又受到对战斗舰继续信赖心理的鼓励。由于两艘巨无霸式战斗舰的完成,使日本海军将领的自负和自信都提高了不少——"大和"和"武藏"要算是世界上最大的两艘战舰。两舰的排水量超过 7 万吨,装有 9 门 18 英寸炮——在全世界上的军舰中只有它们曾经装有这么多的 18 英寸炮。反之,日本人对于他们的航空母舰部队及其所需要的飞机,却不太注意,几乎毫无新的发展。这也正是历史上所常见的惯例,尽管他们在战争开始时是曾经获得伟大的成功,但他们对于其教训的应用却还较对方迟缓。

　　美国人比预定计划提早了 2 个月,在 10 月间即开始对菲律宾作下一步的大跃进。这些岛屿延伸达 1000 英里——从南面的棉兰老起,到北面的吕宋岛为止:前者和爱尔兰一样大;后者则几乎和英格兰一样大。第一个突击是针对着莱特岛,那是中部小岛中的一个岛,这样也就可以突破敌人的防线。麦克阿瑟的部队——属于第六军团的 4 个师,由克鲁格中将指挥——于 10 月 20 日开始在那里登陆。护送和支援它们的是金凯德(Admiral Kinkaid)的第七舰队——只包括旧战斗舰和小型的护航航空母舰。作为其后盾和掩护者又有海尔赛的第三舰队——分为 3 个群,位于菲律宾偏东的水域,正在严阵以待。这是美国的主力舰队,包含有较新的战斗舰和大型的航空母舰,而且都是快速的。

　　从 10 月 10 日起,属于第三舰队的米彻尔航空母舰部队开始发动空中攻击，作为进攻的前奏，这样持续了一星期之久，最主要的目标为台湾，其次则为吕宋和冲绳。这些攻击造成很大的毁灭效果，并且证明出来对于尔后的战局发展具有非常重大的影响。在另一方面，日本的飞行员对于战果作了过分扩大的报告，使其政府在公报和广播中竟然宣布已经击沉 11 艘航空母舰、2 艘战斗舰和 3 艘巡洋舰。实际上，这些美国航空母舰的攻势已经歼灭 500 多架日本飞机，自己只损失了 79 架——而且没有一艘军舰曾像日本人所宣称的那样被炸沉。因为暂时不明真相，遂使日本帝国大本营在得意之余，命令所有其余的部队都向前推进以发动"捷一号"作战。海军部队不久即发现这种捷报的荒谬并立即撤回，但是陆军的计划却受到永久性的改变——铃木（第三十五军司令）的 4 个师当中的 3 个师奉命留守在菲律宾的南部，而未能照山下奉文的意图，准备将它们转用于北部的吕宋岛上。

上文中已经说过，日本当局的计划是要乘美军登陆之际，集中一切可用的海军部队来加以迎头痛击。在美军登陆莱特湾的前两天，有一位美军将领曾发了一份明码的电文，遂使日本人获得他们所需要的重要情报资料，作为反击的指导。

丰田明知这是一场赌博，但日本海军的燃料完全仰仗于东印度群岛，所以假使美国人攻占了菲律宾，则生命线也就会被切断。战后在接受询问时，丰田对于他的计算曾作如下的解释：

> "假使不幸赌败，则我们可能会丧失整个舰队，但我感觉到这个机会仍不应放过。……假使我们在菲律宾作战中失败，即令留下这支舰队，而通往南方的航路已完全被切断，那么当它要想返回日本水域时，就不可能获得燃料的补给。假使它再继续留在南方水域中，则也不能获得弹药和装备的补给。所以若牺牲菲律宾以求保留舰队实属毫无意义。"

用来诱敌的为小泽的部队，它从日本南下。它包括 4 艘堪用的航空母舰，以及 2 艘改装作航空母舰之用的战斗舰（译注：即伊势和日向），这支部队除了诱敌以外也无其他的价值，因为其飞机总数已经低于 100 架，而大多数的驾驶员也都缺乏经验。

所以在这一次生死关头的大赌博中，日本人所依赖的即为一个旧式的舰队——共有 7 艘战斗舰、13 艘巡洋舰和 3 艘轻型航空母舰——从新加坡地区前来。其指挥官栗田中将，派遣一个支队从西南方经过苏里高海峡（Surigao

Strait）进入莱特湾,而他本人则亲率主力从西北方经过圣贝纳迪诺海峡（San Bernardino Strait）前进。他希望能够把麦克阿瑟的运输船队和护航军舰夹在他的两道牙床之间加以咬碎。

他相信"大和"和"武藏"用它们的 18 英寸炮能够轻松地击沉那些较老式的美国战斗舰,并且也相信它们是永远不会沉没的,因为它们有装甲的甲板和许多水密隔舱。而且海尔赛的航空母舰部队若被引离现场,则空中攻击也就不会太严重。当栗田突入莱特湾之时——这个攻击是预定在 10 月 25 日发动——日本人希望美国的航空母舰是应该早已被引走了。

但是诱敌之计并没有发生作用。23 日夜间,栗田的部队碰上了 2 艘美国潜艇——"标鱼"号（Darter）和"鲦鱼"号（Dace）,它们正在婆罗洲沿岸水域中巡弋。这 2 艘潜艇立即加速北返,利用黑暗的掩护,浮出水面以全速急驶,所以始终能够赶在日本舰队的前面。等到天一亮时,它们就潜入到潜望镜的深度,等候日本舰队的到来,然后在近接的射程发射鱼雷——这样击沉了 2 艘日本巡洋舰,并击伤了另 1 艘。栗田本人正在这艘领先的巡洋舰上,虽然在船只沉没时他已被救起——以后移驻"大和"舰上——但那却是一次惊心动魄的经历。同时,美国的海军将领现在已经知道敌人的到来和它们的实力有多大。

当小泽听到栗田与潜艇冲突的消息时,他赶紧设法使敌人知道他已经从北面来了,他一再发出明码的电报以期吸引海尔赛的注意。但美国人却并未收听到他的电讯,同时他也未被任何美国侦察机所发现,因为那些飞机都已派往西面监视栗田的部队去了!

不久海尔赛的航空母舰就出动它们的轰炸机和鱼雷轰炸机,一波又一波地向栗田的舰队发动攻击。仅当日本陆上基地的飞机（从岛屿上起飞）和小泽航空母舰上的飞机发动救援攻击时,美国人的攻击才间断。这些攻击的日本飞机均被击退,被击落的飞机超过总数的 50%,不过美国航空母舰"普林斯顿"号也遭重创而被迫放弃。

在攻击栗田的舰队时,美国海军飞机曾获得较大的成功。因为巨无霸式的"武藏"号在受到第五次攻击之后,终于倾斜而沉没——一共中了 19 颗鱼雷和 17 颗炸弹。虽然美国驾驶员的报告说还有另外 3 艘战斗舰和 3 艘重巡洋舰也被击重伤,实际上却只有 1 艘重巡洋舰因为受创太重而不能继续前进。不过在第五次攻击和"武藏"号被击沉之后,日本舰队遂开始转过头来向西行驶。

从空中观察员方面获得这个报告之后,海尔赛认为栗田已经在撤退。由于事实上在栗田部队的两部分之内都不曾发现有航空母舰,遂促使海尔赛派出其侦察机去作较广泛的搜索,结果大约在下午5时,才发现小泽的部队正在向南行驶。于是海尔赛遂即决定向北加速前进,以便于拂晓时对其作迎头痛击。他的格言一向就是:"要做什么就要赶快。"为了要想确实歼灭小泽的部队起见,他把他所有的舰队都一齐带走,而不留下任何部队来看守圣贝纳迪诺海峡。

在他向金凯德发出一个电讯,宣布其决心之后仅仅一刻钟工夫,就从一架夜间侦察机上接获一项新的报告,说栗田的部队已经回头,又以高速向海峡行驶。海尔赛对于这个报告置之不理。他一向喜欢作大胆冒险的行动,现在感觉到机会来了而不可放过,而不考虑其他的可能性。在战争初期由于他这样盲目的冲动,曾经使他获得一个很适当的绰号——"蛮牛"(The Bull)。

栗田的撤退只不过是暂时躲避空中攻击而已,他的企图是准备利用夜暗的掩护再卷土重来。除了"武藏"号被击沉以外,他的其他较大军舰都没有一艘曾经受到严重的损害——这与美国飞行员的乐观报告完全相反。

下午11时,海尔赛已经向北行驶160英里,而侦察机又再度发现栗田的舰队——仍继续向圣贝纳迪诺海峡行驶,只差40英里的距离。海尔赛现在已经不能漠视栗田的这个前进了,但他却仍然不承认这个威胁的严重性。他认为这种再度的前进只不过是一种牺牲性的努力,每当一支日本舰队受到重大的损失之后,往往会采取这种传统性的自杀路线。所以他仍然继续北进,并很有信心地假定金凯德的舰队能够轻松地击退这一个被他认为实力早已严重减弱的攻击者。

所以日本人的香饵,虽然并不曾在预定的时间发生作用,但最后却还是被美国人吞下了。

金凯德舰队的情况是极为危险,因为他犯了双重的错误。由于栗田的南面支队的出现,并正在向苏里高海峡前进,遂使金凯德的注意力完全集中到那一方面去了,于是他就集中其部队的大部分来应付这个威胁。他又假定海尔赛战斗舰队的一部分仍在继续掩护着圣贝纳迪诺海峡的北端出口,因为海尔赛并不曾明白地告诉他其全部舰队都已离开。更糟的是金凯德也不曾采取警戒措施,即不曾派遣任何侦察机去看一看有无敌人从那个方向前来。

经过一场激烈的夜战,日军南面支队的攻击终被击败——大部分应感谢美国雷达所供给的"夜间瞄准",那是远比日本海军的为优。日本人的另一个不利形势是,他们的船只在通过狭窄的苏里高海峡时必须成一线行驶,于是也

就暴露在奥尔登多夫(Admiral Oldendorf)的战斗舰群横T队的集中火力之下，2艘日本战斗舰被击沉，使这支攻击部队几乎全军覆没。当天亮时，海峡中除了漂浮的废材和油渍以外，已经完全不见敌人的踪影了。

但在金凯德发出其祝捷的电报几分钟之后，又送来另一个电报，上面说有一支远较强大的日本部队——即栗田的主力舰队——已经从西北方下来，通过圣贝纳迪诺海峡，已经进到萨马岛(Samar)东岸附近，正在攻击金凯德舰队留在那里的一个较小部分——这一部分是掩护麦克阿瑟在莱特岛的各登陆点。

这支用来支援陆军侵入部队的小型海军部队包括6艘护航航空母舰——用商船改造的——和少数的驱逐舰。在巨无霸式的"大和"号和其他3艘日本战斗舰的重炮威胁之下，它们匆匆地向南逃走。

在获得此项惊人的消息之后，金凯德在上午8时30分发出一个急电给海尔赛，其内容为："紧急需要快速战斗舰立即驶向莱特湾"。上午9时金凯德又发出另一份紧急求援的电报，这一次用的是明码而不是密码。但海尔赛却仍继续向北行驶，一心要达到其毁灭小泽航空母舰部队的目的。尽管金凯德一再求援，他却发了牛性，坚持不肯改变他的航向——并以为金凯德的航空母舰飞机能够阻止栗田的攻击，以等待金凯德舰队的主力(包括其6艘战斗舰在内)回师救援。不过，他却也曾命令此时还留在加罗林群岛的另一支由麦凯恩少将(Admiral McCain)所率领的小型航空母舰和巡洋舰支队，迅速前往援助金凯德，但这支部队却远在400英里以外——比他自己的位置还要远50英里。

此时，由于那几艘美国驱逐舰以及那些仍可使用的飞机的英勇努力，已使栗田的南下冲力略为减低——它们是正在拼死掩护6艘护航航空母舰作撤退的行动。有1艘护航航空母舰和3艘驱逐舰被击沉，但其余的尽管受到很大的创伤，却都安全逃脱。

刚刚过了上午9时，栗田停止追击然后转向莱特湾行驶。在那里有大批的美国运输船和登陆艇正在等候他去攻击。他距离进口处已不到30英里。

但在进行攻击之前，他却必须稍事休息以集中他的船只，因为在追击战斗中，它们已经分散得很远。这种旋转和停顿又使美国人误以为栗田是在他们的飞机和驱逐舰攻击压力之下，而准备自动撤退。但不久他们就知道这又是幻想，于是金凯德遂再向海尔赛发出紧急求援的呼吁："情况又非常严重。护航母舰再度受到敌方水面部队的威胁。急需援助。护航母舰正向莱特湾

撤退。"

这一次海尔赛对于呼救有了反应。到现在(上午 11 时 15 分),他的飞机已使小泽的部队受到重创,虽然他所热望的用他的战斗舰来击沉那些日本航舰的目的尚未达到,不过他现在却已经决定克制他的愿望,并立即率领他的 6 艘快速战斗舰和 3 个航空母舰群中的 1 个群加速回航。但由于追赶小泽,他已经向北走得太远,所以在次日上午以前他是不可能到达莱特湾。甚至于连麦凯恩的航空母舰部队也都隔得太远,还要再过几个小时才能使他的飞机投入战斗。所以当中午栗田的舰队正要进入湾内时,莱特岛的情况实在是已经非常危殆。

但栗田却突然北返——这一次是真的走了。其原因安在呢?他所截获的敌方通信对于他的心理产生了累积的效果。第一是一个无线电的通报,要所有美国护航母舰上的飞机降落在莱特岛上,这本是一种紧急措施,以避免他们与航空母舰同归于尽。栗田却误以为美国人是准备从陆上基地对他的船只发动较集中的攻击。几分钟之后,他又截获了金凯德在上午 9 时发给海尔赛的明码求援电报。根据这份电报他反作了一个错误的结论,以为海尔赛早已向南急驶超过 3 小时之久,因为栗田早已与小泽丧失联络,所以他不知道海尔赛已经向北走了多远。同时,他对他自己的缺乏空中掩护也深感忧虑。

这种混乱的通信窃听所产生的最严重效果是使栗田误认为已有一部分美国援兵正在他的北面,距离已在 70 英里之内,并且也已接近其通过圣贝纳迪诺海峡的退却线。所以他遂决定放弃对莱特湾的攻击,并迅速北返以应对这个想象中的威胁——否则等到敌军获得增援之后,他的退却线即有被切断之虞。

这是历史上许多例证之一,足以显示决定会战胜负的因素往往是幻想多于事实。在指挥官心理上所造成的印象往往比任何实际攻击及其物质效果更有分量。

当栗田达到圣贝纳迪诺海峡时,他发现那里并无敌人,于是就从那里溜过而向西退却。虽然由于沿途躲避空中攻击而一再延迟,当他到达那些瓶颈时已经快至下午 10 时——但是兼程南返的海尔赛部队却还要再过 3 个小时才能到达那里。

日本战斗舰的成就是如此地渺小,不过总算是逃脱了,但是日本 4 艘航空母舰的全军覆没,却还是得不偿失——其中的第一艘"千岁"号,约在上午 9 时 30 分,被米彻尔的第一次攻击所击沉,而其余的 3 艘(千代田、瑞鹤、瑞凤)

则是在下午,当海尔赛已经亲率其主力南返之后才先后沉没的。

虽然是四个分别的和独立的行动,但被总称为"莱特湾会战"——它要算是有史以来最大规模的海战。全部参加的军舰为 282 艘,另外还加上飞机数百架,而 1916 年的"日德兰会战"则只有 250 艘军舰参加,另加 5 架水上飞机而已。假使说 6 月间的"菲律宾海上会战"具有较多的决定性,因为它曾使日本海军航空实力受到严重的打击,那么这个四合一的"雷伊泰湾会战"却是能够收获战果和解决问题的。在这一次会战中,日本人的损失为 4 艘航空母舰、3 艘战斗舰、6 艘重巡洋舰、3 艘轻巡洋舰和 8 艘驱逐舰——而美国人则仅损失 1 艘轻航空母舰、2 艘护航航空母舰和 3 艘驱逐舰。

值得一提的,在这次会战中同时也看到一种新战术的首次被使用——那是很难对抗的。在栗田"中央部队"的强大压倒性攻击之下,金凯德第七舰队的护航航空母舰虽能幸免于难,但在栗田撤退之后,它们却又遭受到第一次有组织的"神风"攻击——那是由一群志愿牺牲的驾驶员来执行的。他们在执行自杀任务时是决心以他们的飞机与敌方的船只碰撞,以使其起火燃烧和发生爆炸。不过在他们第一次试用时,只击沉一艘护航航空母舰,击伤另外的几艘。

这次会战的主要价值是击沉小泽的 4 艘航空母舰。若无任何航母的支援,6 艘残余的日本战斗舰也就变得孤掌难鸣,所以此后它们对于战争即再未发生任何积极的作用。虽然海尔赛的向北追击曾经使其余的美军部队暴露在严重的危险之下,结果却反而证明他并没有错。此外它也揭穿有关战斗舰神话的虚伪,并证明出来把信心寄托在此种过时落伍的巨大怪物身上实在是愚不可及。它们在第二次世界大战中的惟一重要价值即为对海岸的轰击——很够讽刺的,这种任务在过去的时代是被认为不适当的和对其本身具有太大的易毁性。

日本人是决定为莱特岛而战,并且以此为他们对菲律宾防御作战的核心,但这个决定却来得太迟,遂使从吕宋调来的援军(约近 3 个师)未能赶在美军扩大其立足点之前到达该岛。美军首先从他们的登陆点出击,攻占在东岸附近的杜拉格(Dulag)和塔克洛班(Tacloban)两个机场。接着又从两翼延伸,他们于 11 月 2 日到达北岸上的卡里加拉湾(Carigara Bay),以及从东岸下来一半距离的亚武约(Abuyog)。这种扩张的努力不仅攻占下 5 个日本飞机场的全部,使这个岛上原有的一个师敌军发生混乱,并且也破坏了铃木(第三十五军)想把其增援各师兵力集中在卡里加拉平原上的计划。

　　克鲁格的次一企图为绕过该岛山脊的两端,作一个两面的迂回,以攻占在西岸上乌目(Ormoc)的日军主要基地。但是大雨妨碍了美军修建所占的机场以支援此一向心攻击的工程,日军乘着这个空隙,以2师援兵于11月9日在乌目登陆。虽然运输和护航的船只损失极为严重,但日军的增援还是源源不断地投入。到12月初,日本人已经把他们在莱特岛上的兵力从1.5万人增到6万人。不过到此时,克鲁格的兵力已经增到18万人以上。为了要加速进度,他把1师生力军送到西岸上,就在乌目的正南方登陆,这样也就突破了敌人的防线,并于3天后(即12月10日)进占那个基地港口,并未遭到太多的抵抗。此后,日本的饥饿军队即迅速崩溃,到圣诞节时,一切有组织的抵抗都已结束。所以,山下奉文遂不得已仍旧回到他的原有观念,即集中全力据守吕宋本岛,但现在环境却已变得较前恶劣,而兵力也已较前减少。

　　在这几个紧要的星期当中,海尔赛第三舰队的3个快速航空母舰群,都停留在菲律宾群岛的附近,不顾日益激烈的"神风"特攻队,继续不断地对麦克阿瑟所部提供支援。日军的"神风"特攻队曾经造成很大的损害,有2艘航空母舰遭受重创而必须撤回大修——不过直到11月最后一个星期,这些航舰才被放走。

　　麦克阿瑟虽以吕宋为其主要目标,但作为一个预备步骤,他决定先攻占中间的民都洛(Mindoro)岛,以便替他的航空部队美国陆军第五航空军,在那里建立基地,以掩护海运部队向吕宋的进路。这是一个冒险的行动,因为民都洛距离莱特湾差不多有300英里,而它对日本人在吕宋的机场,尤其是在马尼拉附近的机场群,是远较接近。但是在民都洛日军驻军只有100人,所以在12月15日美军登陆之后,在几个小时内,4个被日本人所放弃的机场遂被占领——并且立即加以扩建,其工程进度是如此的迅速,所以在月底以前,美国的陆军飞机即可从那里起飞作战。在这个过程中,海尔赛的快速航空母舰部队也不断地轰炸吕宋的机场,并在上空构成一把战斗机掩护伞,以阻止日本轰炸机起飞攻击明多罗和它的沿海水域。故其功劳实不可没。

　　1月3日,美国海运部队从莱特湾出发——一共有164艘船舰,包括6艘战斗舰和17艘护航航空母舰——在金凯德和奥尔登多夫指挥之下。1月9日,到达仁牙因湾(在马尼拉以北110英里)——4年前日军就是从这里开始侵入菲律宾。1月10日上午,克鲁格的第六军团就有4个师开始登陆——另有2个师跟在它们的后面。

　　海尔赛舰队的快速航空母舰部队曾经提供极大的协助,尤其是以对抗"神风"攻击为然,现在更足以对船只造成日益严重的损毁。在掩护仁牙因湾登陆之后,这支航空部队又向中国海作一次深入的突击——在印度支那、华南、香港、台湾和冲绳的日本基地和船只都曾受到普遍的攻击。这就证明出来日本南方帝国的脆弱性。

此时,克鲁格的部队正从仁牙因湾向南推进,面对着强烈的抵抗,以马尼拉为目标。为了帮助它们的加速前进,并阻止日军退入巴丹半岛,麦克阿瑟又于 1 月 29 日派了另外一个军在接近那个半岛的地区登陆。2 天之后,一个空降师又在马尼拉南面约 40 英里的纳苏格布(Nasugbu)着陆,并未遭遇抵抗。此时,克鲁格的部队也已经到达马尼拉市的郊外,山下奉文的部队已经向山地撤退。

不过,海军基地指挥官岩渊少将却仍在继续据守马尼拉。虽然山下奉文已经下令把马尼拉当作一个不设防的城市,但他却拒绝服从,并疯狂地在城内实行激烈的巷战,延续达一个月之久——使这个城市受到严重的破坏。直到 3 月 4 日,马尼拉才完全肃清。在这个阶段内,巴丹半岛已经收复,而科雷希多(Corregidor)这个要塞岛屿上的日军于坚守了 10 天之后也为美军所收复。到 3 月中旬,马尼拉港已经可供美国船只的使用,不过在吕宋山地中,在棉兰老以及某些南部小岛上却仍有日军负隅顽抗,其扫荡的过程还要很久才能结束。

对硫黄岛的攻击

自从在菲律宾群岛上的要点被攻占之后,美国人开始热烈地希望迅速前进,攻击日本的本土,而不再想采取麦克阿瑟的原有观念——先攻占台湾或中国沿海的一部分,作为攻击日本的空军基地。但参谋长联席会议却还是一致同意认为有首先攻占硫黄岛(Iwo Jima)和冲绳(Okinawa)作为战略踏脚石之必要。前者属于小笠原(Bonin)群岛,位置在塞班岛与东京之间的中点上;后者属于琉球群岛(Ryukyus Islands),位置在日本西南端与台湾之间的中点上。占领了这两个接近的岛屿基地,有助于对日本的空中轰炸。

硫黄岛被认为是一个比较容易的行动,所以也就决定先动手。此外由于 B-29 超级空中堡垒自 11 月底起即已从马里亚纳群岛起飞轰炸东京,所以很需要这个岛作为紧急降落之地,而且护送他们的战斗机也需要这样一个基地——因为还没有任何的战斗机能够飞完这个全程。

硫黄岛是一个火山岛，只有 4 英里长，岛上除了驻军以外便无其他的居民。在 9 月以前，驻军还不多，所以也就不能作太大的抵抗，但此后不久，守军人数即已增加到大约 2.5 万人，而其指挥官栗林中将已经把防线发展成为一个岩穴网，不仅有良好的掩蔽，而且更有深入的隧道连接其间。他的目的就是尽可能坚守下去，由于美国人拥有巨大的海空军优势，也就明知没有增援的可能。他所依赖的就是其阵地的单纯防御力量，并避免那种代价高昂的日本传统式反击。

对硫黄岛的攻击，尼米兹把任务托付给斯普鲁恩斯上将，他在 1945 年 1 月底，从海尔赛手中接管第三舰队的指挥权——而这支舰队从这个时候起又再度改名为第五舰队，另外配属给他 3 个陆战师作为登陆部队。空中和海上的准备射击是太平洋战争中空前长久的一次：从 12 月 8 日起每天加以空中攻击，从 1 月 3 日起又改为日夜轰炸，而最后 3 天则加上更猛烈的海军炮击。但令人感到失望的是这些火力对于深入地下的日军防御工事几乎不曾发生任何的效力。当美国海军陆战队在 2 月 19 日上午登陆时，他们立即遭遇到猛烈的迫击炮和一般火炮的射击，长时间被钉在滩头上不能活动，在登陆的 3 万人当中，第一天就损失了 2500 人。

在以后的若干日内，陆战队几乎是一码又一码地慢慢地前进，并且从空中和海上获得足够的和经常的火力支援。当米彻尔的快速航空母舰部队在东京作了它们的大规模空袭之后，也被召回增援，于是火力更形增强。经过 5 个多星期的苦战，直到 3 月 26 日，这个小岛才算被征服，美国陆战队的战斗伤亡到此时已增加到大约 2.6 万人——约为全部登陆兵力的 30%。日军的抵抗是如此的顽强，结果是战死了 2.1 万人，而被俘者则仅为 200 人。零星日军的扫荡花费两个多月的时间才结束，结果使被杀死的日军总数增到 2.5 万人以上，而被俘总数仅不过 1000 人而已。在 3 月底以前，3 个飞机场即已准备就绪，直到战争结束之日为止，B-29 轰炸机一共曾在那里作过大约 2400 次的着陆。

缅甸战役：从英帕尔到 1945 年 5 月仰光的克复

虽然 1944 年春季日军攻势在英帕尔的受阻要算是一次严重的挫败，但其程度并不足以动摇其对于缅甸的控制。一切就要看英军能否作有效的追击，而为了这个目的，英国人的补给系统也就必须有更充分的发展。

6 月 3 日（1944 年）英美联合参谋长会议所给予蒙巴顿的训令曾规定其任

务为利用已经分配给他的兵力,去扩大对中国的空中联络,并设法打通一条陆上交通线。虽然并未特别提到,但缅甸的收复已为意料中事。被考虑的主要计划有两个:(1)"首都作战"(Operation Capital)为一个陆上的攻击,以收复缅甸北部及中部为目的;(2)"吸血鬼作战"(Operation Dracula)为一个两栖作战,以收复缅甸南部为目的。后者有产生较大效果的希望,但必须依赖外来的补给。在当时的环境中,斯利姆将军(Gen. Slim)和美国人都宁愿采取陆上进攻的计划。所以,虽然两个计划都在奉命准备,而重点却是放在"首都作战"方面。

虽然印度已经发展成为一个主要的基地,而从印度到缅甸的交通也大为改进,但是要使对缅甸的侵入行动真正迅速有效,则还有许多事情要做,从根本上来说,主要问题都是后勤性的而不是战术性的。尽管陆上交通和内陆水运都已有了改进,但斯利姆的第十四军团仍旧要依赖空运补给,而这又必须有赖于美国运输机的适当援助。

1944年下半年的时间主要就是花在这些问题的改进上,以及对指挥机构的改组上。最重要的特点即为把空运补给系统放在一个叫作"战斗物资特遣队"(Combat Cargo Task Force)的统一司令部之下。此外,情报机构也已经加以协调,而"特种部队"单位则已被解散。10月间,史迪威因为性情顽固,由于蒋介石的坚持而被调走,代替他出任蒋介石参谋长和指挥中国军队的人为魏德迈将军(General A. C. Wedemeyer),于是改组的工作也就获得很多的便利。11月间,原在意大利指挥第八军团的利斯将军,被派充任东南亚盟军陆上部队总司令,位在蒙巴顿之下。

10月中旬,当季风雨停止之后,地面也就转趋干燥,斯利姆遂开始发动"首都作战",首先在中央方面推进。他集中斯托普福德(Stopford)的第三十三军,在加包(Kabaw)河谷的南端上,以攻占吉灵庙(Kalemyo)和加里瓦(Kalewa)为目的(后者在英帕尔以南130英里),然后于12月中旬左右在加里瓦渡过亲敦江并建立一个桥头阵地,此时再由梅塞维(General Messervy)所率领的第四军前来增援,并继续朝东南前进,以攻占望濑(Monywa)和曼德勒(Mandalay)为目的(距离加里瓦160英里)。

在另一方面,日本统帅部正面对一个较大和较近的威胁,即美军对菲律宾的攻击,所以已无余力来对缅甸方面作任何的增援,但它却告诉其司令木村中将必须尽量坚守以阻止敌军重开滇缅公路,或进向马来亚。日军达成此种防御任务的希望是很微弱的,因为它们自己所发动的长期英帕尔攻势已经把兵

从英帕尔到仰光

1944年12月3日—1945年5月6日

0 英里 150

0 公里 200

布拉马普特拉河

第4军
(梅塞维)

第14集团军
(斯利姆)

科希马

中 国

孟拱

密支那

印 度

英帕尔

第36师

第33军
(斯托普福德)

班毛

中国师
(魏德迈)

英多

开泰

加里瓦

吉灵庙

密沙河

第15军
(克里斯蒂森)

甘高

瑞冒

第33军

滇缅公路

腊戍
3月7日

梅宇河

加叻丹河

缅

第4军

望濑

木各县

东沙

曼德勒 3月20日

掸邦丘陵

甸

拉得堂

东拜

蒲甘

敏铁拉

日本第15
集团军

仁安羌

央米丁
4月14日

萨尔温江

阿恰布
(1月4日)

日本第28
集团军

日本
第33
集团军

唐河

锡

兰里岛

山

卑谬
(5月3日)

伊洛瓦底江

第4军

东吁
4月22日

泰

割独

1945年5月6日
"吸血鬼"部队
和第4军会师

勃固

国

孟 加 拉 湾

脉

伊洛瓦底江

仰光

5月1日
"吸血鬼作战计划"仰光附近
海军和空降部队登陆

·按原图译制·

力消耗得太多。在中央战线上,日本第十五军只有 4 个不足额的师,总数一共只有 2.1 万人,而面对着的敌人却有 8 个或 9 个强大的师,而其惟一的增援就是来自缅甸南部的兵力——这支兵力一经调动之后,仰光也就会处于暴露的地位。虽然斯利姆的部队有一部分被保留着,俾供发动"吸血鬼作战"之用,但他仍然享有数量的优势。他不仅有数目较多的师,而且所有的师都比日本的师要强大得多,此外也还有较强大的装甲支援,以及明显的制空权。基于这些铁硬的事实,日本人也就承认他们可能必须撤出缅甸北部,但却仍然希望守住一条足以掩护曼德勒和仁安羌油田的防线(即向南撤退 140 英里,直达伊洛瓦底江之线)。

当英军在中央战线上的攻势正在发展之际,在若开和缅甸北部两个地区的辅助作战也都取得成功而结束。

当季风一经停止之后,克里斯蒂森(Christison)的第十五军所要达到的目的即为肃清若开,夺占阿恰布岛以作其空军基地,然后再抽出部队来参加主要作战。为了达成他的任务,克里斯蒂森手上有 3 个强大的师,其所面对的日军号称第二十八军,司令为樱井中将,但却只有 2 个微弱的师。英军于 12 月 11 日开始前进,并于 23 日迅速攻克在半岛顶端的东拜(Donbaik),一星期之后,又克复梅宇河东岸上的拉得堂(Rathedaung)。此时克里斯蒂森的第三个师已向内陆深入,正在肃清加叻丹(Kaladan)河谷。为什么缺乏抵抗的原因是由于日军正在从若开地区撤退。这也就加速攻占阿恰布计划的执行——当英军于 1 月 4 日占领该岛时,发现它已被日军放弃。

由于还需要更进一步的空军基地,遂使克里斯蒂森又计划攻占兰里(Ramree)岛,那是向南还要再前进 70 英里,并且也于 1 月 21 日很轻易地占领——因为日军现在最关心的即为扼守通往伊洛瓦底江下游的山地隘道,以防英军突入缅甸中部。日军的后卫坚守这些隘道到 4 月底为止,这样才使樱井的残军有安全撤出若开地区的机会。不过他们那种艰苦的防御战之所以能够成功,下述事实也是主要因素之一——克里斯蒂森现在正忙于准备"吸血鬼作战",因此一大部分部队都已经抽回。

在中国大陆方面,1944 年的作战进行并不顺利。于是这也使"三叉戟会议"(Trident Conference)有关飞越"驼峰"(Hump)的空运补给优先次序的决定不能不有所改变。现在的重点是放在对中国陆军的增强方面,而美国在中国的战略空军反在其次。

在缅甸北部战线上,史迪威的部队(大部分都是中国军队)在春季里对着

本田的第三十三军(共有 3 个微弱的师),企图通过密支那前进,以达滇缅公路的北侧面,但却没有太多的进展。不过在秋季里,由于久战兵疲的"擒敌"(Chindits)部队已由第三十六印英师所替换,情况始稍有改善。

在魏德迈接替史迪威之后,情况遂又获得更进一步的改善。在他之下,另一位新来的美军将领苏尔坦将军(General Sultan)也接管"北部战斗地区指挥部"(Northern Combat Area Command),简称 NCAC。

12 月间,苏尔坦的部队,连同其所余留下来的 2 个中国师,已作较迅速的进展,本田的残兵被迫朝东南退向曼德勒。2 月中旬,滇缅公路的西中段已无敌踪,到 4 月间,其全程从曼德勒到中国均已再度打通。

1944 年 11 月中旬,斯托普福德的第三十三军已经在亲敦江上建立一处桥头阵地,而梅塞维的第四军则向东攻入瑞冒-曼德勒(Shwebo-Mandalay)平原,并在班毛(Banmauk)与费斯廷(Festing)的第三十六师取得联系,后者此时已经在伊洛瓦底江上,向南挺进到了英多和开泰(Katha)。由于未曾遭遇抵抗,可以证明日本人是正从瑞冒平原撤退,并退向曼德勒附近伊洛瓦底江上的阵地,这样也就使斯利姆大感失望,他本来希望能在这个比较开阔的平原上,使用其优势的装甲、炮兵和飞机以围歼敌军的。于是斯利姆遂修订他的计划。当斯托普福德的第三十三军(相当于 3 个师的兵力)从北面继续向曼德勒迫进,并在伊洛瓦底江上获得渡口时,第四军(也相当于 3 个师的兵力)从吉灵庙向正南前进以达密沙(Myittha)江的河谷,其行动以尽量保密为原则,然后从甘高(Gangaw)向东南移动,以求在木各(Pakokku)附近的伊洛瓦底江上获得一个渡口,其目的是要在扼守曼德勒的日军后方,即在敏铁拉(Meiktila)的附近,建立一道战略性的阻塞线——以期切断它们向南的退路,同时也使它们无法从仰光获得补给。这个中央方面的全部包围计划,其成败的关键系于后勤问题的解决,而尤其是适当的空运补给。

到 1945 年初,当第四军仍在准备其深入的侧面迂回运动时,斯托普福德的第三十三军遂继续向南面的瓦城推进。1 月 10 日占领瑞冒,22 日又到达在亲敦江上的望濑,他的另一个师则早在曼德勒以北 50 到 70 英里的地方,获得伊洛瓦底江上的渡口——这就构成三路进兵的威胁。除了在曼德勒的对岸边有一支外围部队以外,其他的日军都已退至伊洛瓦底江的东岸上。

斯利姆新计划的执行几乎是完全合于理想。梅塞维于 2 月 10 日攻占木各附近的坎拉(Kahnla)即为行动开始的讯号。2 月 14 日,他领先的那个师在木各以南的蒲甘(Nyaunga)附近,建立了一个桥头阵地,那个地段是由所谓印度国民军的部队来防守的,所以很容易就将其击溃。梅塞维的打击部队是由柯万将军(General Cowan)指挥,包括特别摩托化的第十七师,另外加上1个坦克旅。这支部队通过这个桥头阵地,于24日攻占东沙(Taungtha),并于28日到达敏铁拉的郊外。当一支日军又重占东沙时,其交通线曾暂时被切断,但空运仍能使其获得有效的补给,于是经过两天的战斗之后,又终于在3月3日攻克敏铁拉。柯万在此时是尽量设法保持他的主动,他使用小型的步兵纵队附以坦克,分别朝着不同的方向作一连串富有积极精神的突袭,以使日军不知所措。

日军是处于一种危殆的情况——在曼德勒周围正遭受重大的压力,而其后方交通线又已感受威胁;此外在地面上的数量远居劣势,而在空中则几乎毫无掩护。尽管如此,他们却还是拼命地苦战不退。英军曾对他们在曼德勒方面的据点杜弗林堡(Fort Dufferin)一再发动猛攻,但均被击退。同时,日军也在敏铁拉地区中发动一个死里求生的反击,以期打通其交通线。2个师从南向北进攻,另1个师则从曼德勒南下夹击。所有这些部队现在都由本田的第三十三军指挥(它是从北面和滇缅公路上撤回的)。在3月中旬,这一场战斗已经发展到了紧急阶段,但到3月底,日军的反击已完全被击败,并被迫放弃其企图。此时,斯托普福德终于在3月20日先后攻占杜弗林堡和曼德勒。在认清大势已去之后,日本第十五军才放弃其坚守曼德勒的企图而向南撤退。于是缅甸中部就完全落入英军的手中,而到仰光的道路也已畅通无阻。在这几个星期的苦战中,两个英国军的损失约达1万人,但日军的损失却远较重大——几乎相当于其全部已经残部总数的1/3。尤其更糟的是当它们采取长途迂回路线向东撤入掸邦高原(Shan Hills)时,又丧失了许多装备,遂更减弱尔后的抵抗能力。

虽然现在仰光已经唾手可得,但英军却必须赶快进入该城,因为季风就要来临,而在6月初,所有在缅甸战场上的美国运输机也都要撤走,以便用来帮助中国人作战。仰光距离敏铁拉在300英里以上,若不事先在缅甸南部获得一个海港,以弥补美国运输机的转移,并使斯利姆获得一条可供替换的海运补给路线,则早已过分拉长的第十四军团补给系统就可能全部崩溃。所以在4月3日,蒙巴顿决定在5月初执行"吸血鬼作战",作为斯利姆军团若不能如期达到仰光时的安全保证。执行这个作战的部队为来自第十五军的1个师,另加1个中型坦克团和1个廓尔喀伞兵营。

斯利姆从曼德勒和敏铁拉南进的计划是:梅塞维的第四军沿着主要的公

路和铁路线南下,而斯托普福德的第三十三军则沿着伊洛瓦底江的两岸前进——后者的补给是将依赖内陆水运,而前者则仍继续仰赖空运。

日本人希望用从若开撤出的第二十八军残部来扼守伊洛瓦底江,而其他两个军的残部则应能阻止梅塞维的前进。但这却被证明出来完全是幻想,因为那些残部已经没有再战的能力。此时,原来充任斯利姆军团预备队的第五师已经前进,到4月14日即已攻占敏铁拉南面约40英里的央米丁(Yame-thin)。斯托普福德的第三十三军也沿着伊洛瓦底江岸前进,其先头师于5月3日达到卑谬(Prome),也就是到仰光全程的中点,而日本第二十八军则被围困在伊洛瓦底江的西岸上。梅塞维的先头虽然起步较迟,但沿着主要道路的推进反而较快,在4月22日,即已到达与卑谬平行的东吁(Toungoo)——这样也就阻止住了从掸邦高原撤退出来的日本第十五军残部的先头部分。在那时,其他的日军残部却还留在100英里以后。一星期之后,梅塞维的先头到达割独(Kadok),那里距东吁90英里,距仰光则仅70英里。在这里英军遭遇较坚强的抵抗,因为日本人想向东继续保持一条通过泰国的联络线。在几天之内,抵抗即被消解,但这一个短时间的顿挫还是使梅塞维的部队未能获得首先进入仰光的荣誉。

在5月1日,"吸血鬼作战"已经发动——伞兵在仰光江口空降,而两栖部队则在其两岸上登陆。因为听到日本人早已撤出仰光,于是全部兵力又再度上船,溯江而上,次日进入该城。5月6日清晨,他们与从割独和勃固(Pegu)南下的梅塞维先头部队会师。缅甸的解放遂终于完成。

在战役的后期之所以缺乏抵抗,主要是因为日本人已经把他们的空军和海军的大部分撤走,以应付在太平洋方面的较大威胁。面对盟军的800架作战用飞机(轰炸机650架,战斗机177架),他们只能凑足50架落伍的飞机来对抗。此外,就整个战役而言,美国运输机对补给的维持,实为英军成功的主要因素。

第三十五章　希特勒的阿登反攻

1944 年 12 月 15 日,蒙哥马利写了一封信给艾森豪威尔,说他愿意在下次对莱茵河大攻势发动之前在家里度过圣诞节。他又附上一张 5 镑的账单以示向艾森豪威尔索取赌债,因为在一年以前,艾森豪威尔曾经赌过战争将在 1944 年圣诞节以前结束。这个玩笑开得并不漂亮,因为仅仅在 14 天以前,他曾经写过一封使艾森豪威尔心里非常不舒服的信——在那封信中他刻薄地批评艾森豪威尔的战略,以及他未能解决德国人,甚至于还暗示艾森豪威尔应该交出他的指挥权。

艾森豪威尔除表现惊人的忍耐力外,却故意把蒙哥马利的第二封信当作是一种玩笑而不是讥刺。他在 12 月 16 日回信时曾这样地写道:"我还有 9 天的时间,虽然你似乎是赢定了,但你必须要到圣诞节那一天才可以得到那 5 镑的意外之财。"

他们两人,以及他们下面的各级指挥官,都不认为敌人还有干预他们执行攻击计划的可能性。在这一天,蒙哥马利所颁发给其第二十一集团军所属各部的最近情况判断中是如此有信心地说:"敌人目前在所有各战线上都在打防御性的仗,其情况即为他不能够发动大规模的攻势作战。"指挥第十二集团军的布雷德利也有此同感。

但就在这一天(12 月 16 日)的上午,敌人发动一个巨大的攻势,使盟军指挥官的一切计划都受到破坏。这个打击是对着美国第一军团在阿登地区的战线,因为这是一个丘陵起伏、林木厚密的地区,所以美军的兵力曾经故意地减少,以便集中较多的兵力于较平坦的地区中。由于认为阿登对于他们的攻击是一个不适宜的地区,于是盟军方面也就忽视了其作为敌方攻击路线的可能性。但是 4 年之前,德国人就是选择这个地区来发动他们的闪击,结果造成 1940 年的西线总崩溃。所以在 1944 年,盟军指挥官们的盲目实在令人感到惊异,因为他们似乎应该想到希特勒会在同一地区重施故技的可能性。

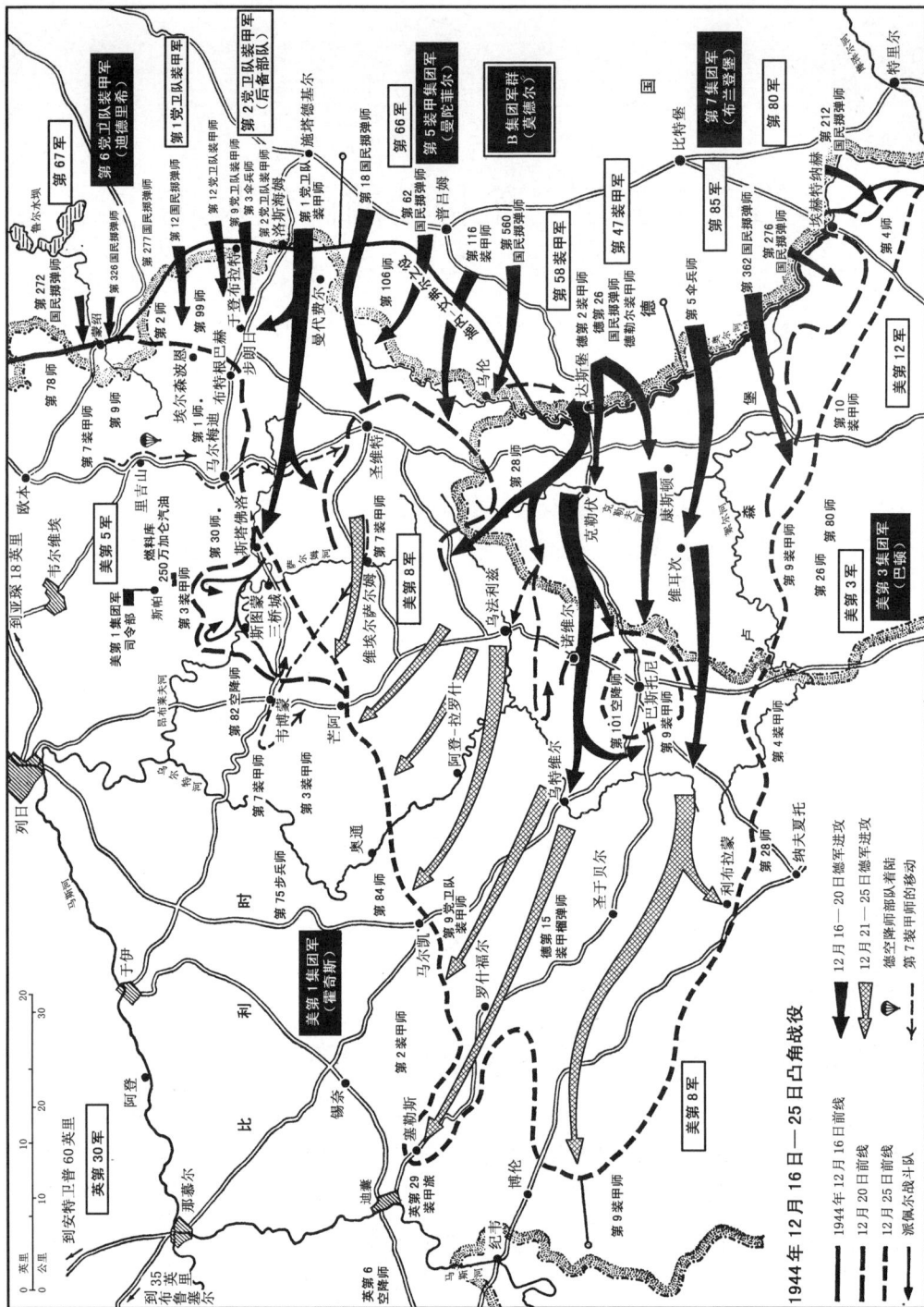

1944年12月16日—25日凸角战役

德军攻势的消息很慢才传到后方的司令部,而他们认清其威胁的严重性则又更迟。直到下午很晚的时候,这些消息才到达艾森豪威尔设在凡尔赛的欧洲盟军总部。当时他正在和布雷德利讨论美军下一个攻势中所应采取的步骤。布雷德利很坦白地说,他认为德军的攻势只不过是一种"扰乱性的攻击",其目的在阻止盟军的攻势。艾森豪威尔却说,他立即认清这并非一个局部性的攻击,不过值得注意的事实是他仍保留作为总预备队的两个师,直到次日(17日)黄昏时才奉命开往现场。(原注:以上所云均见艾森豪威尔所著《远征欧陆》和布雷德利所著《一个军人的故事》。)

到那个时候单薄的阿登战线——由米德尔顿将军(General Middleton)第八军所属4个师据守全长80英里的地段——早已被德军打开了一个巨大的缺口。德军的攻击兵力共为20个师,其中7个是装甲师,集中了1000辆坦克及装甲突击炮。当布雷德利回到其在卢森堡的战术指挥所时,发现他的参谋长正以困惑的两眼瞪着作战室内的大地图,口出粗话地惊呼着说:"这个混蛋是从哪里搞来这么多的部队?"实际情况远比其指挥所中所知道的还要坏。德军的装甲先头部队早已突入达20英里的深度,其中一部分已经进到斯塔佛洛(Stavelot)。直到此时为止,美国第一军团司令霍奇斯还不重视德军的攻击,而一心还在坚持要想继续推动其自己向北进攻鲁尔水坝(Roer Dam)的作战。仅仅在18日的上午,他才开始感到威胁的严重,因为他发现德军已越过斯塔佛洛前进,向他自己设在斯帕(Spa)的军团司令部接近——于是他立即匆忙地退向一个较安全的地区。

盟军高级司令部对于情况的了解为什么会这样的迟缓呢? 一部分是因为消息到达他们那里的时候已经太迟。这又应归功于德国的突击队,他们化装美军混进后方,切断许多电话线,并且还到处制造混乱。

不过这还不能解释为什么较高级司令部对于德军在阿登地区发动反攻的可能性会如此盲目不加考虑的理由。盟军的情报单位自从10月间起就知道德军装甲师正从前线撤出,并开始整补以供新的作战之用,这些师也已经组成一个新的第六党卫军(SS)装甲军团。到12月初又获得第五装甲军团司令部已从科隆以西的鲁尔河地区移往科布伦次以南的情报。此外,又曾发现坦克部队正在向阿登地区行驶,并且在战线上也有新成立的步兵师出现。在12月12日和13日,又有报告说两个特别著名的"闪击"师,大德意志师(Gross-Deutschland)和第一一六装甲师,都已到达这个"安静"地区。14日又发现架桥装备已经拖到奥尔河(River Our)上,这一道河川正掩护着美军在阿登战线

的南半段。早在 12 月 4 日,一个在这个地区内被俘的德国兵也曾透露有一个大攻势正在那里准备中,以后又曾俘获许多其他的人员,他们也都一再证实他的供词是真实的。他们同时还说攻势预定在圣诞节之前的那个星期发动。

为什么这么多的情报都不曾受到盟军当局的注意呢? 第一军团的情报处长与作战处长彼此间颇不友善,而他和集团军总部的情报处长关系也不好,他们都认为他是轻事重报,像一个喊"狼来了"的牧羊儿。而且甚至他不曾对于其所已搜集的资料作成一种明确研判的结论。反之,直接感受威胁的第八军却曾作成一个错到底的判断,他们说:在前线上敌军兵力的调动只不过是敌人想使新成立的师先获得一点战斗经验,然后再送往其他地区去使用,而这也正可表示敌人希望让这个地段维持"平静"和"静止"的状况。

除了未能从情报方面对于这次攻势实力获得一种明确的认识以外,盟军高级指挥官的失算似乎又是由于下述的四个因素:(1)他们一直都在采取攻势,所以也就变得很难于想到敌人也会采取主动的行动。(2)他们把"攻击就是最好防御"的教条已经印入了心灵深处,所以遂认为只要他们自己仍在继续攻击,则敌人也就不可能发动有效的反攻。(3)他们认为即令敌人是在企图发动反攻,那也不过是对于他们自己向科隆和鲁尔工业中心直接前进的直接反应。(4)由于希特勒已再度任命 70 岁的老将伦德斯特元帅充任西线总司令,所以他们也就更以为敌方的行动是会如此的正规和慎重。

在上述四方面他们都是完全错误的,而尤其最后一点错得最厉害,因为它足以增强前三者的效力。虽然盟军称这次作战为"伦德斯特攻势"(The Rundstedt Offensive),实际上,他除徒拥虚名以外,可以说与这次反攻行动毫无关系。他根本上讨厌这一件事,所以也就彻底不管,而让他的部下去自由作主,他的总司令部对希特勒的命令只不过是一个转递信件的邮局而已。

一切的观念、决定和战略计划都完全出于希特勒本人。那的确是一个卓越的构想,假使他仍然具有足够的资源和兵力,也可能是一次卓越的成功。当一开始反攻时即获得惊人的成功,这一部分应归功于年轻的曼陀菲尔将军所发展的新战术——当时他只有 47 岁,希特勒最近才把他从师长升到军团司令。不过,希特勒的另一种新发明所产生的广泛瘫痪效力也是重要因素之一——他的目的是准备对于少数几百人作大胆的使用,来面对几百万的盟军开辟一条达到胜利的道路。在执行时他又起用他所发现的另一位奇才——36岁的斯科尔策尼(Otto Skorzeny)——在一年前他曾奉希特勒之命,利用滑翔机的突袭,从一座山顶上的监狱中救出墨索里尼。

希特勒的这个最新发明被给予一个代号叫作"麒麟作战"（Operation Greif）——"麒麟"在德语中是一种具有神秘意识的动物。这个名称取得很恰当，因为它曾在盟军战线的后方造成非常巨大的惊扰。

照原定计划，这个作战被分为两个部分，可以算是希腊神话中的"木马屠城计"（Trojan Horse）在近代战略中的翻版。其第一部分为一连会说英语的突击部队，在他们的德军制服上面套上美军的野战夹克，并乘坐美军的吉普车，乘着美军战线被突破的机会，即分成小群赶在撤退中美军的前面向其后方地区到处渗透——他们切断电话线，移动路牌使守军的预备队走错方向，悬挂红布条以表示道路上已经布雷——总之，使用他们所可能使用的一切手段来制造混乱。第二部分为一整个装甲旅，准备加以美式伪装，然后用它去长驱直入以夺取马斯河上的桥梁。

这第二部分始终不曾付诸实施。集团军总部所能供给的美国坦克和卡车，其数量尚不及所需要的零头，于是不足之数也就必须以伪装的德国车辆来充数。这样勉强的伪装也就必须行动小心，而在这个旅待命的地区中又始终不曾作成明确的突破，因此其前进遂一再地延缓，而终于完全被放弃。

但是第一部分则获得惊人的成功——甚至于超过所意料的程度。差不多有40辆吉普车混入美军的后方，并到处执行其制造混乱的任务——其中除8辆以外，也居然都能安全回来。而那少数落在美军手中的人员所造成的纷扰尤其严重——因为他们立即造成一种印象，好像不知道有多少这样的破坏队在美军后方活动。其结果之一就是到处拦截车辆来实施检查，有数以百计的美国军人因为在答复问题时使人感到怀疑而被拘押，连身为集团军总司令的布雷德利都曾经这样地说过：

"……50万美国大兵每逢在路上互相遭遇时，都会彼此怀疑对方是敌人。任何的官阶、证件和抗议都不能使旅行者在经过一个叉道时得以免受严格的查询。我个人曾经三次被慎重的士兵要求证明身份。第一次考问的是美国地理，第二次考问的是足球规则，第三次考问的问题为一位明星的现任丈夫是谁。这个问题虽然把我考住了，但这个哨兵在得意之余，还是把我放行了。"

对于英军的联络官和前来访问的参谋人员而言，尤其伤透脑筋，因为他们根本回答不出来那些纯粹是美国文化的考题。

于是在 19 日有一个被俘的突击队人员在接受讯问时供称,他们中间有一批人是负有刺杀艾森豪威尔和其他高级指挥官的任务。这本是一项无稽之谣言,当他们还没有知道实际任务之前,就早已在这些突击队的训练营中流传。但是现在,此种谣言即开始在盟军的各级司令部中流传时,使盟军当局采取一种瘫痪性的安全措施,其范围一直远达后方的巴黎——就这样地瞎忙了 10 天之久。

艾森豪威尔的海军助理布契尔上校(Captain Butcher),于 23 日那一天在日记上曾经这样地写道:

> "我今天前往凡尔赛看见艾克。他是我们安全人员的一个囚犯,对于其行动上所受的限制感到异常的不愉快,但却毫无办法。形形色色的警卫人员,有的还带着机枪,环绕着他的住所。当他上下班的时候,前后都是警卫车,把他的座车夹在中间。"

总算是很侥幸,德国人本身也有许多内在的困难,尤其是其已经枯竭的资源根本上无法满足希特勒的过分野心。在这样大规模的计划中,他的幻想又对他产生了催眠作用。

曼陀菲尔对于这个计划曾作非常扼要的综述如下:

> "阿登攻击计划完全是由 OKW(希特勒大本营)所拟定,用一种干净利落的'元首命令'形式送达我们的手中。其所确定的目标为使用 2 个装甲军团——迪德里希(Dietrich)所指挥的第六军团和我所指挥的第五军团——以期在西线获致一次决定性的胜利。第六军团应向西北攻击,在列日与于伊(Huy)之间渡过马斯河,再向安特卫普挺进。它是主力军团并负主要任务。我的军团则将采取一条较长和较曲的攻击进路,在那慕尔和迪囊之间越过马斯河,然后指向布鲁塞尔——以掩护它的侧翼……整个攻势的目的为切断英军与其补给基地之间的交通线,并迫使它撤出欧陆。"

(原注:在战争结束不久之后,我曾经和一些德军高级将领在地图上详细讨论这次会战的经过;在以后又曾用其他的证据来加以核对,我认为他们所说的话有一部分是可以在此加以引用的。)

希特勒所幻想的是,假若他能造成这样一个第二次敦刻尔克,则英国人实际上也就会被迫退出战争,于是他就可以获得喘息的机会,以阻止红军并在东线造成一种僵局。

在 10 月底,这个计划才送到西线德军总司令伦德斯特元帅和执行计划的集团军总司令莫德尔元帅的手中。在说明他的反应时,伦德斯特曾经这样说:

> "我感到非常地踌躇,希特勒事先并不曾和我讨论此种计划的可能性。照我看来,对于这样一个具有极大雄心的计划,我们所能动用的兵力实在是太渺小。莫德尔也和我有同感。事实上,没有一个军人会相信到达安特卫普的目的是真正实际可能的。但我知道到现在还和希特勒去争论任何事情的可能性,那只是徒费口舌而已。所以在与莫德尔和曼陀菲尔商量之后,我遂感觉到惟一可能希望使希特勒放弃其荒谬目标的办法,即为另外提出一个也许可以使他感到欣赏却又比较具有实际可能性的计划。这就是一种有限度的攻势并以切断盟军在亚琛附近的突出地区为目标。"

但希特勒却拒绝采纳这个远较温和的计划,并坚持其原来的计划。一切准备都是以尽可能保密为原则,曼陀菲尔这样说:

> "我自己的第五装甲军团所属各师都已集结在特里尔(Trier)和克雷费尔德(Krefeld)之间,但其间却保持着宽广的空间——所以间谍和平民应该是不知道有关企图的任何暗示。对于部队只告诉它们是准备迎击盟军对科隆的攻击。只有非常有限的几名参谋军官得知实际计划的内容。"

第六党卫军装甲军团所集结的位置还要往后,即在汉诺威与威塞尔河(Weser)之间的地区中。其各师都是从前线上抽出,然后加以整补和换装。很奇怪的是,负责执行的军团司令迪德里希,直到最后阶段才知道他的任务是什么,事先也从未征询其对于计划的意见。大多数的师长都是在前几天才获得命令。在曼陀菲尔的第五装甲军团方面,进入攻击发起线的行动是在 3 个夜晚完成的。

此种战略的伪装固足以帮助奇袭,但过度的内部保密也付出了很大的代价——尤其是在第六装甲军团方面为最。指挥官接获命令的时间太迟,所以也就没有足够的时间来研究他自己的问题,侦察地形和进行一切的准备,结果使许多事情都被忽视,等到攻击一开始之后遂到处都感到脱节。希特勒坐在他自己的大本营里和约德尔一起,把计划的一切细节都完全拟定,并似乎相信这样即可以保证顺利的执行。他丝毫不曾注意局部的条件或是每个执行者的个别问题。对于所需要的兵力和资源,他也同样地抱着乐观的看法。

伦德斯特的说法是这样的:"没有适当的增援,也没有适当的弹药补给,虽然装甲师的数量很高,但他们在坦克方面的实力却很低——大部分都是纸面上的实力。"

(原注:柯尔博士〔Dr. Hugh Cole〕所写的美国官方战史也可以提供佐证。他指出每个德国装甲师的坦克实力约为 90 辆到 100 辆——仅相当于美国标准的一半。当时,盟军的公报是以师的个数为标准来计算,所以说这是战争中所仅见的最强大的坦克集中兵力,实际上是未免言过其实。)

最严重的缺乏还是燃料。曼陀菲尔说:

"约德尔向我们保证能有足够的燃料供我们发挥威力并跑完全程。这种保证被证明出来是完全不实的。一部分原因是 OKW 对于一个师行 100 公里需要多少燃料,所采用的是一种刻板的数学计算公式。凭我在苏联的经验早已体认在战场上的条件之下,所真正需要的数量是应比这个标准多 1 倍。约德尔对于这一点是根本不了解。"

"在一个像阿登这样艰险的地区中作冬季的战斗会遭遇到许多额外的困难,所以我曾经亲自告诉希特勒所应准备的燃料必须比标准数字超过 5 倍。但到实际发动攻势时,却只不过是比这个标准超过 1 倍半而已。尤其更坏的是大部分的燃料又都保持在太后方的位置上,用大卡车纵队载运着,还留在莱茵河的东岸上。一旦有雾的天气晴朗之后,盟军的飞机即开始活动,于是向前线输送燃料也就受到严重的阻挠。"

德军部队,因为不知道所有这些内在的弱点,所以对于希特勒及其对胜利的保证仍能保持一种显著的信心。伦德斯特说:"当攻势开始时,参加的部队其士气之高昂实足令人感到惊异。他们真正相信胜利是可能的——不像较高级的指挥官,他们才知道事实的真相。"

自从希特勒拒绝接受那个"较小"的计划之后,伦德斯特即自甘退居幕后,而让莫德尔和曼陀菲尔(他们两个人对于希特勒比较具有影响力)去作有关技术性改变的奋斗,那也就是希特勒所愿意考虑的最大限度。12 月 12 日在伦德斯特的总部中举行最后一次会议,他的参加只不过是例行公事而已。希特勒本人也亲临参加,并控制一切的议程。

至于技术性的改变和战术性的改进,在曼陀菲尔的记载中曾有极生动的描写——并与其他文件和证词所说的也都符合。他说:

"当我看见希特勒的攻势命令中是连攻势的方法和时间都已有详细的规定,所以也就使我感到很大的惊异。炮兵是预定在上午 7 时 30 分开火;而步兵的突击则定在上午 11 时发动。在这中间的几个小时之内,德国空军将轰炸敌方的司令部和交通线。在步兵未能达成突破任务以前,装甲师将不执行攻击。所有的炮兵是平均分布在整个攻击正面上。

照我看来在某些方面实在是愚不可及,所以我立即提出一种不同的方法,并向莫德尔加以解释。莫德尔表示同意,但他却很讽刺地说:'你得自己去和元首争辩。'我回答说:'好的,假使你愿意和我一同去,那我可以去和他争论。'所以在 12 月 2 日,我们两人一同去柏林谒见希特勒。

我开始这样说:'我们谁都不知道发动攻击的那一天是怎样一种天气——面对着盟军的空中优势,谁敢断言德国空军能完成它的任务?'我又提醒希特勒过去在孚日山(Vosges)地区曾经有两次经验都足以证明出装甲师在日间是很不可能行动的。于是我又接着说:'我们所有的炮兵都在上午 7 时 30 分开火,那无异于唤醒美国人——因此在我们突击来临之前,他们也就可以有 3 个半钟头的时间来组织其对抗措施。'同时,我又指出现在德国的一般步兵已经不像过去那样的良好,所以极不可能达成我们所要求如此深入的突穿,尤其在此种困难的地区中为然。因为美军的防线通常都是前面有一条由一连串防御据点所构成的前哨,而其主抵抗线则位置在很远的后方——因此也就很难突穿。

我建议希特勒作下述几点改变。第一是突击应在上午 5 点 30 分开始,并利用黑暗的掩护。当然,这会限制炮兵所能射击的目标数量,但也可以使它集中火力在少数重要目标之上——例如敌方炮兵阵地、弹药库和司令部等——那是可以确定其位置的。

其次,我建议从每一个步兵师内抽一个'突击营',由最有经验的官兵来组成(我曾经亲自挑选军官)。这些'突击营'应于上午 5 时 30 分,不用任何炮火的掩护,在黑暗中前进,并从美军前线防御据点之间渗透进去。他们应尽可能避免战斗直到已经深入敌阵时为止。

由高射炮单位所提供的探照灯可以替'突击部队'的前进照明,其方法是把光线射在云层,然后由上反射下来。我在不久之前曾经看过这样一次表演并曾获得深刻的印象,感觉到这是能在日出以前作迅速渗透的重要关键之一。

在把我的建议向希特勒说明之后,我就作了一个结论说,只有采取这种方式才能获得合理的成功机会。我更强调:'在下午4时,天就要黑了,所以假使定在上午11时发动突击,那么就只有5个半小时的时间来供达到突破的目的。能否准时办到也似乎大有疑问。假使采纳我的建议,那么就可以多出5个小时的时间来达到这个目的。于是等到黑夜将至时,我们就可以出动坦克。他们将在黑夜里,从我们步兵中间超越前进,到了次日拂晓时,他们也就可以沿着一条已经扫清的进路向敌人的主阵地发动他们自己的攻击。'"

依照曼陀菲尔的记载,希特勒欣然接受了这些建议。这是很值得注意的。对于他所信任的少数将领所作的建议,希特勒似乎还是很愿意接受——除了曼陀菲尔以外,莫德尔也是其中的一个——但他对于大多数的资深将领却具有一种直觉性的不信任心理;另一方面他虽然信赖其自己的直属幕僚,但他却又深知他们那些人缺乏战场上的实际经验。

虽然这些战术性的改变的确是足以增加攻势成功的希望,但由于兵力减少遂又产生抵消作用。那些负责执行的指挥官们不久就获得令人丧气的消息——由于东线吃紧之故,所以本来允诺给他们的兵力已有一部分不能兑现了。

其结果是原来预定由第十五军团——现在是由布鲁门特里特指挥——向马斯特里赫特所发动的牵制攻击现在就必须取消,这样也就让盟军可以自由从北面抽调预备队。此外,本应负责前进以掩护攻势南翼的第七军团,现在也只留下几个师的兵力,而且没有一个是装甲师。

说到这个计划作为的本身,有几个要点是值得注意的,尤其在叙述这次阿登会战的全部过程时是必须经常记在心里。第一个要点是有雾的天气对于德军计划的重要性。德国领袖们都深知盟军在必要时,能够把5000架以上的轰炸机投入战斗,而戈林对于空中支援所作的承诺只是1000架各种不同形式的飞机而已。希特勒对于戈林的承诺也早已不敢相信,所以当他把计划交给伦德斯特时,遂又把这个数字减为 800 到 900 架。事实上,他这种估计只有一天曾经达到,而那时地面战斗却早已决定胜负了。

第二个要点是,在 7 月政变之后,就没有一个将领敢于反对希特勒的计划,不管那是如何的愚蠢,他们所能做到的最多不过是说服他接受若干技术性及战术性的修改而已,而且即令如此,他也只肯接受其所最亲信的将领们所作的建议。

其他的要点则可以列举如下:(1)原已允许拨配的兵力之被削减,原已指定由两侧军团所担负的任务之被取消;(2)11 月间美军在亚琛周围所作的攻击曾吸引住一部分原已指定参加反攻行动的德军兵力;(3)反攻发动之期从 11 月延至 12 月,后者的条件比前者较不适当;(4)若与 1940 年相比,则这次 1944 年的闪击战在本质上有很多不利的差异。

最重要的关键即为迪德里希的第六党卫军装甲军团应作迅速的前进,因为它最接近马斯河上的重要地段。空降部队用来在这里开始将是最有价值的,但他们却早已在地面上的防御战斗中被消耗殆尽,故一共只搜罗到 1000 名伞兵,仅在攻势发动前的一个星期,才在海特上校(Colonel von der Heydte)领导之下,组成一个伞兵营。在和空军当局协调之后,海特发现所分配给他的飞机乘员中有一半以上都没有空降作战的经验,而且必要的装备也都感到缺乏。

最后指定给伞兵部队的任务,不是在装甲兵前进的先头攻占某困难的隘道,而是降落在马尔梅迪—欧本—韦尔维埃(Malmedy-Eupen-Verviers)交叉路口附近的里吉山(Mont Rigi),以构成一个侧面的阻塞阵地,俾使从地面来的盟军援兵在行动上受到迟滞。但在预定发动空降突击的前夕,约定到达机场接运伞兵的运输机并没有来,于是空降遂顺延到次日夜间——到那时地面的攻击早已开始。只有 1/3 的飞机勉强到达正确的空投区,因为海特一共只能集中 200 个人,所以他无法攻占交叉路口和建立阻塞阵地。一连几天,他都使用小型的突击队来扰乱道路上的交通,但却始终不见迪德里希的部队前来与他会师,所以他就尝试向东推进去迎接它们,不幸在途中即被对方所俘。

迪德里希的右翼部队很早就因为美军在蒙绍(Monschau)的顽强抵抗而无法前进。其左翼部队却能突破敌军阵线,绕过马尔梅迪,于 12 月 18 日,在超过斯塔佛洛的昂布莱夫(Amblève)河上获得一个渡口——从攻击发起线到这里已经前进了 30 英里。但是在这个狭窄的隘道中,却开始受到阻止,然后

又遭遇到美军的反击。再一次新的努力仍然失败了,因为预备队已匆匆赶到,所以美军的兵力正在不断地增强,结果德国第六装甲军团的攻击就此虎头蛇尾地告一结束。

在曼陀菲尔这一方面,攻势也有良好的开始,照他本人的说法是这样的:

> "我的突击营迅速的渗入美国的阵线——像雨点一样。下午4时坦克开始前进,在黑暗中利用'人工月光'的照明不断向前压迫。"

但渡过奥尔河之后,他们在克勒夫河(Clerf)上的克勒伏(Clervaux)又必须通过另一个险恶的隘道。加上冬季的气候,遂造成延误。曼陀菲尔说:"当大批坦克到达时,美军的抵抗即有软化的趋势,但是在这个最初阶段,运动的困难却抵消了抵抗的微弱。"

12月18日,德军逼近巴斯托尼(Bastogne)——已经前进将近30英里。但他们在19日想冲过这个重要道路中心的企图却遭到阻止。

(原注:这又不完全是由于守军的努力——因为一个先头指挥官在战后的讨论中曾经向我坦白地承认,在这个紧要的关头上,他却被一个年轻美丽的美国护士小姐所迷住了,他因为要和她在一起欢聚,所以遂在一个村落中逗留了很久而没有加速前进。决定会战的因素往往都是军事教科书上所不曾教授过的!)

艾森豪威尔的2个预备师终于投入战斗,并在12月18日向前线加速前进。当时它们还在兰斯(Reims),距离前线尚有100英里——而更糟的,是指定前往巴斯托尼的第一〇一空降师,又因为参谋作业的差错,而被送往北面。但应该感谢一次交通阻塞,才引起一个宪兵士官的询问,于是才发现错误而再向南回头,并终于在19日上午最紧要的关头上赶到巴斯托尼。这个师的侥幸赶到遂稳住岌岌可危的防御情况。

在此后的两天内,德军的连续攻击均被击退。所以曼陀菲尔决定绕过巴斯托尼,继续向马斯河上挺进。但到此时,盟军的预备队已经集结在所有方面,其兵力之强大远超过德军所能投入攻势的数量。巴顿所指挥的2个军已经向北转进来援救巴斯托尼,并向通往该城的道路反击。由于兵力的抽调,遂使曼陀菲尔无力向前推进。

机会是已经过去。曼陀菲尔绕道向马斯河上的奔驰虽在盟军总部中引起惊扰,但已经太迟,不足以产生真正严重的效果。依照计划,巴斯托尼是应在第二天攻占的,但到第三天才到达,而到第六天才被绕过。在地图上看只有一个"小指头"(small finger)在 24 日曾经伸到迪囊附近,距离马斯河已不到 4 英里,但这却是前进的最后极限,而这个指头不久也就被切断了。

限制前进的重要因素为泥泞和燃料的缺乏——由于燃料的缺乏,德军的炮兵只有一半能够参加战斗。最初的几天,多雾的天气使盟军的飞机不能升空,所以对于德军的渗透颇为有利。但到 12 月 23 日,这种雾幕就销蚀了,于是德国空军的那一点残余兵力立即被证明不能掩护其地面部队使他们免受重大的空中攻击,反而由于时间延误而使损失变得更大。但是希特勒把主要的任务给予其北翼军团也是一个大错。那是因为第六 SS 装甲军团,是以他所宠信的党卫军(Waffen S. S.)为主力——尽管事实上,那个地区的地形是远较狭隘,而盟军的兵力也比较雄厚,预备队也比较接近。

在第一个星期内,攻势的进展远不如所希望的那样顺利,而第二星期开始时的一度加速也只是昙花一现——因为那不过是在主要道路中心之间的空隙内作较深的插入,而那些道路中心现在却已经稳固地被掌握在美国人的手中。

对于这次作战作过上述的概括说明之后,现在就应对于某些比较重要的特殊部分加以较详细的分析。

在迪德里希的第六党卫军装甲军团方面——那是负有主要任务的,但其正面却比较狭窄——其计划是首先使用 3 个步兵师在于登布拉特(Udenbrath)的南北两边都打开一个缺口,然后转向西北构成一道面对北面的坚固防线(另加 2 个步兵师作为增援),于是 4 个装甲师分为两部,从这缺口中钻入,共趋列日(那是一个大城兼交通中心)。这支部队是完全由党卫军所组成——包括第一、第二、第九和第十二共 4 个党卫军装甲师,分组为第一和第二两个党卫军装甲军。它们大约有 500 辆坦克,包括 90 辆六号"虎"型(Mark VI, Tiger)坦克在内。值得一提的为迪德里希本人希望能使用其装甲师中的两个来作成突破,但这个构想却未获莫德尔的同意——他认为这个地区的地形太坏,坦克不适宜于担负此种任务。

此一地段是由美国第九十九步兵师防守,它是杰劳将军(General Gerow)的第五军最南端的一个师,正面宽约 20 英里——与其南面第八军各师的正面相当。对于任何一个师而言,这样的正面都嫌太宽——可以证明盟军当局根本上没有考虑到任何德军的攻击。

炮击是在 10 月 26 日上午 5 点 30 分开始的,但在这个地段的德国步兵大约到上午 7 时才开始前进。个别的美军据点逐一被攻克,但战斗却很惨烈,并

使德军受到重大损失——因此也延误其装甲师的前进。虽然在以后两天内德军仍能向西推进,但是在重要的贝尔格—布特根巴赫—埃尔森波恩(Berg-Butgenbach-Elsenborn)地区中,由于美军的固守,遂使德军无法依照计划建立一道向北的防线,并且使这个地区始终保持在美国人的手中以供未来的使用。一天又一天,守军都在抵抗德军的重大攻击。这要算是美国第五军的一项伟大成就——他们本应参加对亚琛地区的美军攻势,现在遂兼程南返,以作紧急的应援。(这次挫败对于党卫军部队的信誉大有损失,并使希特勒于 12 月 20 日决定把攻势中的主要任务移交给曼陀菲尔的第五装甲军团。)

在曼陀菲尔军团方面,其右翼部队——靠近迪德里希的方面——曾经作成一个迅速的突破。这个在施内-艾弗尔(Schnee Eifel)的地段是由新到的美国第一〇六步兵师,加上第十四骑兵群(Cavalry Group)来防守的。它掩护着通到重要道路中心圣维特(St. Vith)的进路。在此处的显著特点即为攻击者缺乏像北面那样压倒优势的兵力——其主要的部队仅为卢赫特(Lucht)第六十六军的 2 个步兵师,另加 1 个坦克旅而已。但到 17 日,它们即成功地用一个钳形运动包围着第一〇六师的 2 个团,并且迫使至少有 7000 人投降,很可能多到 8000 至 9000 人。这也就是曼陀菲尔新战术使用的成果。只有在曼陀菲尔的地段中,是在炮兵射击之前,突击队即早已进入美军阵地之内。根据美国官方战史的判断,施内-艾弗尔的战斗为 1944 年到 1945 年之间美军在欧洲战场上所遭受到最严重的挫败。

再向南,曼陀菲尔的主力突击是由克鲁格(Krüger)的第五十八装甲军(在右)和吕特维茨(Lüttwitz)的第四十七装甲军(在左)来执行。第五十八军在渡过奥尔河之后,即趋向乌法利兹(Houffalize),以期在阿登和那慕尔之间的马斯河上获得一个桥头阵地。第四十七军在渡过奥尔河之后,即应攻占主要道路中心巴斯托尼,然后再从那慕尔之南渡过马斯河。

美国第二十八师的前哨阵地虽然曾使德军渡过奥尔河的行动受到一些迟滞,但却不能阻止它们的前进。到第二天(17 日)夜间,它们即已迫近乌法利兹和巴斯托尼,以及在这两条道路中心之间的横路——这也是它们所需要的,以便展开其全部兵力并发展其向西的扫荡。

在极南端,布兰登堡(Brandenberger)的第七军团一共只有 4 个师的兵力(3 个步兵师和 1 个伞兵师),其任务为采取攻势以掩护曼陀菲尔前进时的侧翼——这个军团的进攻方向为通过纳夫夏托(Neufchateau)指向美济埃尔(Mézières)。所有各师均渡过奥尔河,其在内(北)侧的第五伞兵师曾冲到维耳次(Wiltz)，也就是在 3 天之内西进了 12 英里。但是美国第二十八师的右翼却败退得很慢，而美国第八军的其他 2 个师——第九装甲师和第四师，在敌人前进达 3 或 4 英里之后，即阻止了它们的进攻。到了 19 日，就可以明白地看出来德军攻击正面的左肩部已经完全被控制住。不久，从萨尔河上向北旋转的巴顿第三军团更增强了这一方面美军的兵力，于是从那一天起，德国的第八十军即开始改取守势。

曼陀菲尔曾经要求配给第七军团一个机械化师，以便使它能和他自己的左翼齐头并进，但却遭到希特勒的拒绝。这个拒绝也许具有很重大的影响。

在北面，即迪德里希的方面，直到 17 日装甲突击才开始发动，号称精兵的第一党卫军装甲师，现在由于其进路已经扫清，遂准备从南面对列日作迂回的攻击。领先的纵队，号称"派佩尔战斗群"(Battle Group Peipe)——拥有该师 100 辆坦克中的大部分——以攻占在于伊的马斯河渡口为目的。这支部队一路长驱直入，几乎没有遇到任何的阻挡，而且在路上任意用机枪火力屠杀了几批无武装的美国战俘和比利时平民。(在战后的审讯时，派佩尔宣称他是执行希特勒的命令，因为他曾经指示应以"恐怖的浪潮"来作为突击的前奏。不过在整个攻势行动中，德军也就只有派佩尔这一个单位曾经作过如此野蛮的暴行。)派佩尔战斗群在斯塔佛洛的郊外停止过夜，到马斯河还有 42 英里——为什么它不曾占领那里的重要桥梁，以及其正北面的大油库(其中储有油料 250 万加仑以上)，实在是毫无理由。这两处要害在当时都只有极微弱的防御。第一军团设在斯帕的司令部也可以说是近在咫尺。美国的援军在一夜之间赶到这个地区，次日派佩尔即为一道燃油的火墙所阻，而在 3 英里之外的三桥(Trois Ponts)也就在他的眼前被炸毁。派佩尔遂又尝试从侧面的谷地迂回，但又在 6 英里外的斯图蒙(Stoumont)再度受阻。到此时，他也已经知道他的前进已被孤立，而且也远远跑在第六装甲军团其余部队的前面。

在南面曼陀菲尔的正面上，德军正在向圣维特和巴斯托尼两个重要道路中心继续施加压力——占领这两个要点即足以决定此次攻势的前景。12 月 17 日德军对圣维特(距离开始进攻时的战线约 12 英里)发动第一次攻击，但其实力却很小。到次日前来增援的美军第七装甲师的大部分即已到达这里。18 日德军发动猛攻，外围的村落一一陷落，由于这种压力才使美军未能救出被围的第一○六师的 2 个团。此外，德军装甲纵队也已从南北两面绕过圣维特并继续前进，而又有 1 个德军坦克旅前来增援这个攻击。

到 18 日,吕特维茨的第四十七装甲军已经带着 2 个装甲师(第二和装甲训练师)和第二十六国民步兵师(Volks-grenadier,简称 VG)接近巴斯托尼。但美国方面也有援军到达——第九装甲师的 1 个战斗群和 1 个工程营。由于每个村落都必须争夺,而德军方面也发生运输上的混乱,所以遂使其攻击的进度减缓,因此才让艾森豪威尔总部的战略预备队第一○一空降师能够恰好在最危急的关头 19 日的上午,赶到巴斯托尼。这个师是暂时由麦考利夫准将(Brigadier-General Anthony C. McAuliffe)指挥,因为其师长泰勒少将正好在美国度假。在巴斯托尼的激烈防御战中,美国的工兵尤其有最优异的表现,终于使德军未能冲入该镇。于是德军的装甲纵队分别从两侧绕过——它们早已在该镇的北面打开一个缺口——只留下第二十六国民步兵师和一个装甲战斗群去扫清这个道路中心。从 12 月 20 日,巴斯托尼遂被切断。

直到 17 日的上午,艾森豪威尔和他手下的高级指挥官们才开始承认德军已经发动全面的攻势——而直到 19 日,他们才开始感到那时已无怀疑的余地。布雷德利命令第十装甲师北上增援,同时也认可第九军团司令辛普森中将(Lieutenant-General William Simpson)的主动措施——他首先派第三十步兵师南下,接着又加派第七装甲师跟着前来。所以,一共有 6 万名生力军正在向感受威胁的地区移动,而在此后 8 天之内还有 18 万人继续开到。

第三十师——师长为霍布斯少将(Major-General Leland S. Hobbs)——本在亚琛附近休假,首先奉命进到欧本,然后又移到马尔梅迪,接着再向西进以阻止派佩尔的装甲战斗群。在战斗轰炸机协助之下,收复了斯塔佛洛的一部分,于是切断了派佩尔和德国第六装甲军团其余部队之间的联络,而他本人在斯图蒙受到的抵抗也正在不断地增强。到 19 日他开始感到燃料非常缺乏,而美国第二十八空降师和一些装甲增援部队的到达也使他变得居于绝对的劣势。而此时,那 2 个党卫军装甲军的主力却还在老远的后方。因为缺乏足够的道路,使它们大量的坦克和运输车辆无法前进和展开。派佩尔的战斗群不仅被围困,而且燃料也已用尽,最后于 24 日徒步撤退,丢下了其所有的坦克和其他的车辆。

在南面,美国第三和第七装甲师的部队已经前往阻止德军从圣维特地区的西进。在曼陀菲尔指导之下,德军向圣维特镇发动强烈的攻击,使守军受到重大损失之后,终于被迫撤出。对于他们而言可以说是相当幸运,由于严重的交通阻塞,遂使德国第六十六军未能作迅速的扩张,而让美国第一○六师和第七装甲师的残部退回到较安全的地点。这也就帮助阻止德军在这个地区中向马斯河作迅速的前进。

当正面被撕开之后,艾森豪威尔立即在 12 月 20 日命令蒙哥马利统一指挥在裂口以北的全部军队,包括美国第一和第九 2 个军团在内,而蒙哥马利也已经使用其自己的预备队——第三十军(4 个师),在防守马斯河上的桥梁。

蒙哥马利那种充满信心的态度固然是一项重大的本钱,假使不那样盛气凌人,则其贡献也许还可以更佳,诚如其自己部下的某一位军官所云:"他大踏步地走入霍奇斯的司令部,就好像基督来清扫神庙一样"。以后在一次记者招待会中,他又令人产生一种印象,好像是全凭他个人对于这次会战的"调度",才使美军得免于崩溃——所以也就引起非常广泛的反感。他同时又说,使用了"英国集团军的全部可用实力",才使战斗转败为胜。这种说法不仅引起更大的反感,而且也与事实不符。因为在南翼方面,巴顿自 12 月 22 日即已开始反击,而到 26 日即已解除巴斯托尼之围,而蒙哥马利却坚持必须先稳住自己的阵脚,所以直到 1 月 3 日才从北面开始发动反击,而直到那个时候为止,他都保留着其英军预备队不让它投入战斗。

在 12 月 20 日盟军战线重组之日,缺口以北的一边由柯林斯少将(Major-General J. Lawton Collins)负责指挥,他的美国第七军在此以前曾参加趋向鲁尔河和莱茵河的攻势。蒙哥马利特别声明他需要柯林斯——他的绰号是"闪电"——并认为没有任何第二个人可以担当这样的重任。蒙哥马利给予他的新任务是集中第二和第三 2 个装甲师的精兵,再加上第七十五和第八十四 2 个步兵师,向南对曼陀菲尔前进中的矛头发动一个反击。

在巴斯托尼的情况仍然颇为危急。德军一再地攻击并迫使守军后退,但他们却始终不曾被压倒。22 日吕特维茨派遣军使携着"白旗"去要求被围的守军作光荣条件的投降,但麦考利夫却只用含意难解的美国土话回答说"发疯"!(Nuts!)——自此以后这也就变成一个传奇的故事。当时这个地区的一位低级指挥官,为了尝试把这个字的意义解释给德国人听,但他又还不知道应该怎样说,所以只好把它解释为"下地狱"(Go to Hell!)。

次日好天气开始来临,于是容许盟军作第一次的补给空投,而且对于德军的阵地也作了多次的空中攻击。同时,巴顿的部队已经从南向北兼程赶来。即令如此,在圣诞的前夕,12 月 24 日,情况还是很紧急,防御四周围已经缩到 16 英里。不过吕特维茨的部队也没有获得任何的增援和补给,而且也正受到同盟国空军日益加重的攻击。圣诞节那一天,德军作一次全面的努力,但他们新到达的坦克受到重大的损失,而防线仍屹立无恙。此时巴顿第三军团的美

国第四装甲师,在加菲少将(Major-General Hugh J. Gaffey)的指挥之下,已经从南面杀开一条血路,在 26 日下午 4 点 45 分与守军取得联络,于是巴斯托尼遂告解围。

虽然德国第七军团在企图掩护曼陀菲尔左翼的进攻中最初略有进展,但它自己的弱点却暴露在南面的反击之下。到 12 月 19 日,巴顿即奉到命令要他放弃其自己趋向萨尔地区的攻击,而集中全力去扫除曼陀菲尔所作成的突出地。巴顿为了达成这个任务遂动用了他的 2 个军。到 24 日,他的第十二军已经把德国第七军团的各师逐退,消灭它们所企图建立的南面"肩部"(shoulder)。

再往西,美国第三军(第四装甲师和第二十六与第八十 2 个步兵师)则集中全力来援救巴斯托尼。著名的第四装甲师真是以"马不停蹄"的方式,来执行巴顿在 22 日所下的"拼命狂奔"的命令。但是地形却有利于防御,而挡着其进路的又是德国的劲旅第五伞兵师。这些顽强的伞兵现在在地面上作步兵式的苦战,所以几乎是寸土必争,每一个村落和每一片森林都必须付出惨重的代价才能获得通过。不过侦察的结果却发现在纳夫夏托—巴斯托尼道路上的阻力比较脆弱一点,于是在 25 日,美军的进前遂放弃直接顶冲的方式,而改行采取东北向的轴线。次日,第四装甲师所残余的少数谢尔曼坦克遂进入了巴斯托尼南面的防线。

此时,曼陀菲尔的装甲师在绕过巴斯托尼之后,已经在那慕尔以南的地段,正向马斯河上前进。为了掩护河上的渡口,不仅已有美国生力军开到,而霍罗克斯的英国第三十军也在纪韦(Givet)和迪囊附近分别进驻马斯河的东西两岸,而美国的工兵则在准备爆破河上的桥梁。

希特勒现在已经把他的视线缩回,两眼只盯在马斯河上。他从其大本营预备队中抽出第九装甲师和第十五装甲步兵师,来支援曼陀菲尔肃清接近迪囊的马尔凯—塞勒斯(Marche-Celles)地区,所以双方都计划在圣诞节发动攻势,但却因为彼此间正在作激烈的缠斗,遂无法照计划执行。但是柯林斯却慢慢地得手;在圣诞节上午,他的部队(在英国第二十九装甲旅协助之下)克服塞勒斯这个村落——那里距离马斯河岸和迪囊仅有 5 英里,这也就是德军前进的最高水平线,以后还有许多孤立的"口袋"或由步兵加以肃清,或由空军加以扫除,到了 26 日,德军在白天里也寸步难移。德国第九装甲师虽在圣诞节前夕赶到,但却太迟,未能击败美国第二装甲师的坚强防御。到 26 日,德军遂开始后退——并承认马斯河是可望而不可及的。

迪德里希的第六装甲军团也已奉命作一次新的努力以支援曼陀菲尔的攻

击,它虽然也将其装甲师投入战斗,但却殊少进展,不仅美军防御现在已经大事增强,而且又随时能获得战斗轰炸机的支援。第二党卫军装甲师在最初突入时虽曾使美军发生惊扰,但在三桥西南12英里的芒阿村(Manhay)作了一次长时间的战斗之后,遂受到惨重的损失而不得不撤退。总之,第六装甲军团的攻击只是徒然损耗兵力而一无所成。

远在盟军主力反攻开始之前,德国人即早已放弃其北面的攻击,而其南面的最后努力也归失败,这个努力是在希特勒决定把攻击重点移到南面,并倾全力以支援第五装甲军团的前进之后,但是已经太迟,机会也早已错过。曼陀菲尔很感慨地说:"直到26日,其余的预备队才给我——但到此时,他们已经不能行动。因为缺乏汽油之故,他们站在那里大排长龙——分布的地段长达100英里——而这正是我最需要他们的时候。"尤其讽刺的,是在12月19日那一天,德军距离斯塔佛洛的盟军大油库已经不到1/4英里——那里储存着大约250万加仑的油料——要比他们所实际缴获的最大储量多了100倍。

"当我们刚刚作最后一次新的推进时,盟军的反攻也立即开始发展。我用电话告诉约德尔,并要求他报告元首说我已经把突出地尖端上的部队向后撤退……但希特勒却禁止撤退。结果是不能作适时的撤退,而只能在敌人重压之下,一步又一步地被逐退,并遭受无谓的牺牲……由于受到希特勒'不准撤退'政策的影响,我们在较后阶段的损失远比以前重大。结果也就造成破产,因为我们已经吃不消这样的损失了。"

以上是曼陀菲尔所作的判断,并且也深获伦德斯特的许可。这位老元帅说:

"当这个攻势显然已经不可能达到其目的时,我就希望能使它在较早的阶段提前结束。但希特勒却愤然地坚持必须继续打下去,于是它也就成为第二个斯大林格勒。"

在阿登会战开始的时候,盟军由于忽视其防御的侧面,遂几乎酿成大祸。但最后还是希特勒把"攻击就是最佳防御"的军事信仰发展到物极必反的程度。它被证明出来是"最坏"的防御——终于使德国人丧失任何再继续作认真抵抗的一切机会。

第八篇　终　结
（1945）

第三十六章　从维斯瓦河到奥得河

斯大林早已通知西方同盟国说他要在 1 月中旬左右从维斯瓦河之线发动一个新的攻势,以期与盟军方面所计划向莱茵河之线的攻势相配合——由于德军在阿登反攻的影响已经延误了。西方高级当局对于红军的攻势并不寄予太多的期待。苏联人对于气候条件所作的某些保留,对于红军实力始终不让西方获得适当的资料,而自从 7 月底红军到达维斯瓦河之后,又一直长期滞留不前——凡此种种都使西方对于苏联人所能做的事情不免有估计过低的趋势。

1944 年 12 月底以前,在这个最后艰苦阶段出任德国陆军参谋总长的古德里安获得了一个不祥的报告。陆军情报处中"东线敌情"组的首脑格伦少将(Major-General Gehlen)的报告说,在波罗的海与喀尔巴阡山脉之间的战线上,已经发现 225 个苏联步兵师和 22 个装甲军的番号,这些部队正在集中作攻势准备。(译注:德国在第二次大战时虽有三军统帅部〔OKW〕和陆军总部〔OKH〕的设立,但二者之间实际上几乎完全没有从属的关系,陆军总部专门负责东线对红军的作战,其总司令由希特勒自兼,实际日常事务的负责人为陆军参谋总长,除东线以外,其他战场的作战,例如西欧和意大利均由 OKW 负责,而 OKH 不得过问。反之,OKW 也不管东线的事情,此种二元的指挥体系实为希特勒所独创,其目的为预防军人的夺权。)

但当古德里安把这份有关红军大规模准备的报告送给希特勒时,后者不仅拒绝相信,而且还怒斥说:"这是自从成吉思汗以来的最大骗局! 是谁负责制造这些废话的?"希特勒是宁愿听信希姆莱(Himmler)和纳粹党情报组织的报告。

希特勒拒绝采纳立即停止阿登反攻并把部队调往东线的意见,理由是对于他现在在西线所重获的主动必须要继续保持。同时,古德里安又再度要求把现在孤立在波罗的海国家内的一个集团军(26 个师)从海上撤回,以便用来增强防守德国门户的兵力——但还是遭到希特勒的拒绝。

从维斯瓦河到奥得河

1945年1月12日—2月24日

白俄罗斯第3前线（切尔尼亚霍夫斯基）
白俄罗斯第2前线（罗科索夫斯基）
白俄罗斯第1前线（朱可夫）
乌克兰第1前线（科涅夫）
乌克兰第4前线（彼得罗夫）

立陶宛
尼古拉斯托夫
奥古斯托夫
比亚威斯托克
布列斯特—里托夫斯克
兰
利沃夫
哥尼斯堡
因斯德堡
东普鲁士
坦嫩堡
奥尔兹丁
埃尔平
但泽
罗赞
华沙
1月17日
乌格努泽夫
普瓦维
普瓦维
腊多姆
基埃尔采
琴希托霍瓦
散多梅希
巴拉诺夫
亚斯沃
1月19日
托伦
姆瓦瓦
普沃茨克
罗兹
波
卡利什
波兹南
格涅兹诺
比得哥煦 1月23日
科沙林
施塔尔加特
施奈德
佐默费尔德
古本
法兰克福
科斯钦
兰茨贝尔格
施泰瑙
布雷斯劳
尼斯
波波克
皮尼丘夫
克拉科夫
波泰瑙
瓦兹玛
捷克斯洛伐克
波希米亚
柏林
德意志帝国

1月11日前线
2月2日前线
2月24日前线

0　英里　50　100
0　公里　100　200

按原图译制·

当古德里安回到其自己的总部时,他又发现希特勒曾经趁他不在的时候,已经命令把 2 个装甲师从波兰调往匈牙利,以援救布达佩斯,这对古德里安来说是一个重大的打击,使他手中只剩下 12 个师的机动预备队,准备支援 50 个微弱步兵师去防守长达 700 英里的主战线。

德军向布达佩斯反攻的消息更增强西方对于苏联能力的怀疑。尤其是因为西方同盟国在德军最近这次反攻中曾经受到很大的震惊,所以对于德军的潜力更是不敢轻视。在最初几天之内,德军指向被围的布达佩斯城的攻击颇有进展。从该城西面 40 英里的科芒(Komorn)附近为起点,德军所突入的距离已达全程的一半,然而在那里遇到坚强的抵抗,终于变为惨重的失败。

间接的代价还更严重。这个新的"刺猬"所表现出来的抵抗力遂对希特勒一向想要尽量坚持不退的原则产生了鼓励作用。由于其部队被围的结果,他想要避免第二个"斯大林格勒"的焦急心理也就促使他采取一种愈陷愈深的步骤。尽管这 2 个宝贵的装甲师本来是准备用来应付红军在波兰可能发动的冬季攻势,现在在除夕之夜却被送往匈牙利充任援救布达佩斯的矛头。但是希特勒又不准许维斯瓦河之线在红军发动攻势之前作任何补偿性的撤退。这条已被减弱的战线被迫站在原地不动,准备硬挨红军的打击而不容许作适当的退却来缓和其冲力。这种不惜任何牺牲坚守不动的政策固然也有其心理价值,但却一再地被其战略误用所冲销,而终至破产。

红军统帅部现在对于如何利用德军情况的根本弱点已有良好的准备。由于已经认清持续动量的决定重要性,以及交通线过分拉长的障碍作用,所以它一直等到新战线后方的铁路线已经完全修复,并从欧陆标准轨道改换为苏联特宽轨道之后才动手。大量的物资已经储积在火车站附近,主要目的为攻占上西里西亚(Upper Silesia),那里是德国的重要工业区之一,它现在还完好如初,并未受到盟军轰炸的破坏。为了达到这个目标,红军只要从波兰南部维斯瓦河上的巴拉诺夫(Baranov)桥头阵地再前进 100 余英里即可。但斯大林和他的参谋长华西列夫斯基(Vasilevsky)在他们所拟定的大计划中却包括有较深远的目的。他们的眼光不仅已经看到奥得河,而且也看到河那一面的柏林——距离他们在华沙附近的阵地还大约有 300 英里。在扩大攻势范围之后,他们就可以获得较宽广的空间以供运动之用。比其接近 5 对 1 的数量优势还更重要的是他们的机动能力也大为增强。美国卡车如潮水一样地涌到,使他们现在已能使其步兵旅中摩托化的比例大为提高,同时他们自己的坦克产量也正在增加,所以可用来扩展突破的装甲和机动部队,其数量也随之不断地增加。同时,斯大林式坦克数量的增加更足以增强它们的打击力,这种巨无霸装有 122 毫米的火炮,而德国的"虎型"却还只有 88 毫米的火炮。它们的装甲也比"虎型"较厚,不过还没有"虎王"(King Tiger)那样厚。

在战役的新阶段发动之前,苏联的"方面军"已经改组,而苏联三位杰出的将领奉命领导攻势的主流。科涅夫仍指挥在波兰南部的"第一乌克兰方面军";在中央地段中,朱可夫从罗科索夫斯基手里接管"第一白俄罗斯方面军",而后者则调往华沙以北的那累夫(Narev)河上去指挥"第二白俄罗斯方面军"。

1945 年 1 月 12 日上午 10 时,科涅夫的部队从巴拉诺夫的桥头阵地中(宽深都约为 3 英里)开始发动攻势——这就是苏联大攻势的开始。所展开的兵力是 10 个军团(包括 2 个坦克军团),共约 70 个师,由 2 个航空军团支援。

最初突入的速度很慢,因为雾幕笼罩住战场,使空军不能起飞助战。但是大雾也帮助掩蔽突击部队,而大量运用良好的炮兵也不断地削弱防御的力量。所以到第三天,攻击军即已突破到皮尼丘夫(Pinezow)——距离发起线 20 英里——并以广宽正面渡过尼达河(Nida)。于是扩张的阶段也就从此开始。苏联的装甲军从这个缺口中冲入,像一道泛滥的洪流,淹没了波兰平原。在这个时候,裂口的拓宽又比加深更重要。基埃尔策(Kielce)在 15 日为一支绕过卢萨戈拉丘陵地(Lysa Gora Hills)终点向西北迂回的纵队所攻占,于是也就足以威胁面对着朱可夫方面军的德军后方。

1 月 14 日,朱可夫从他在马格努泽夫(Magnuszev)和普瓦维(Pulawy)附近的桥头阵地中发动其攻势。他的右翼向北旋转,直趋华沙的后方,而其左翼则在 16 日攻占腊多姆(Radom)。在那一天,科涅夫的先头部队越过皮利察河(Pilica)——到西里西亚的边境只有 30 英里。此时,罗科索夫斯基的部队也发动了攻势。他也是在 1 月 14 日,从他在那累夫河上的两个桥头阵地内冲出,并突破德军掩护东普鲁士南面接近路线的防线。这个缺口已有 200 英里宽,一共约有 200 个师(包括预备师在内)像洪水一样地滚滚西流。

1 月 17 日,华沙落入朱可夫的手里,他的部队已经从该城的两侧通过,而他的装甲矛头更已向西快要进到罗兹(Lodz)。科涅夫的部队已经攻占琴希托霍瓦(Czestochowa)城,接近西里西亚的边境,而在更南面的地方,并已迂回克拉科夫的侧面。

19 日,科涅夫的右翼已经到达西里西亚的边境,而他的左翼则使用一个包围攻击占领了克拉科夫。朱可夫攻占罗兹,而罗科索科夫斯基也在姆瓦伐

(Mlawa)附近到达进入东普鲁士的门户。切尔尼亚霍夫斯基和彼得罗夫的部队也分别在两个侧翼上各有进展。所以在第一个星期结束时,红军已经深入100英里,其正面扩宽到约近400英里。

为了掩护进入西里西亚的路线,希特勒作了一个过迟的努力,7个师的德军奉命从斯洛伐克方面迅速北调增援。在那一方面的指挥官海因里希(Heinici)在暴风未起之前,曾经建议他可以抽出一部分兵力作为维斯瓦河方面的预备队,却遭到希特勒的拒绝,因为这与他的"每个人都应站在原地死战到底"的原则不符合,同时也和他对于战役作分别指导的习惯不合。在斯洛伐克方面的兵力几乎已经完全抽调之后,那里还继续支持了好几个星期——由此更可证明那一方面的原有兵力实在超过需要量。现在虽在喀尔巴阡山脉以北已有7个师的援兵到达,但其价值却远不如在红军尚未发动攻势之前的2个师,因为缺口是已经太大而难以填补。

波兰西部的大部分地区都是非常的开阔,所以假使一个攻击者若是享有数量或机动的优势,则也就居于一种天然有利的态势,对于此种开阔空间可以很便利地加以利用。德国人在1939年就是这样的。现在轮到他们自己采取守势,而且对于数量和机动也均感缺乏。作为一个机械化战争的提倡者,古德里安早已认清硬性防御的无效,并且更认为克制突破的惟一机会即在于装甲预备队的反机动。但他却被迫一方面站在维斯瓦河不得移动,而另一方面却眼看其稀少的装甲部队之一部分在攻击前夕被抽调送往布达佩斯。他把剩余的装甲部队投掷在基埃尔策附近,结果才获得一些时间使在维斯瓦河湾内的被围部队得以撤出。所以在攻势发动后的第一个星期内,红军只俘虏了2.5万人,对于这样一个巨大的突破而言,这个数字实在可以说是相当渺小。但是在第二个星期德军被俘人数就差不多增加到3倍——即增至8.6万人——此一事实即可证明德军的机械化装备是日益缺乏,不能作迅速的撤退。反之,红军的继续大步前进,也同样可以证明他们的机动性已经大有改进。

从德国国境之内的城镇中,平民人口都匆匆撤退,这也可以表示红军进展之速超过一切的计算,并且迫使德军不得不放弃其所希望能够据守的各中间阵地。

1月20日,科涅夫的部队突入西里西亚的边境,并进入德国的领土。更具历史含义的是罗科索夫斯基越过东普鲁士的南疆,到达坦嫩堡旧战场,这一次并非1914年的重演。次日,他的先头部队到达奥尔兹丁(Allenstein),切断东普鲁士的铁路大动脉,而从东面前进的切尔尼亚霍夫斯基也攻占了英斯德

堡,并继续向北推进。罗科索夫斯基于 26 日到达埃尔平(Elbing)附近的但泽湾,于是切断了在东普鲁士的所有德军部队。这些部队退往哥尼斯堡(Königsberg),然后即被围困在那里。

4 天以前,科涅夫已在上西里西亚工业区以北,以 40 英里宽的正面,到达奥得河。到第二个星期结束时,沿着布雷斯劳(Breslau)以南 60 英里长的地段,他的右翼已在许多点上越过奥得河上游——距离其攻势发起线已经 180 英里。其他的纵队也从北面包围这个西里西亚的首府。在这个先头的后方,其他的部队则向南旋转,攻占交通中心格利维策(Gleiwitz),并切断了上西里西亚工业区。整个区域都有严密的防御准备,到处都是堑壕、铁丝网、战防沟和碉堡,可惜却缺乏据守的兵力。有些援兵虽已赶来,但却受到难民的壅塞而无法行动。道路上到处都堆满了损毁的车辆和被丢弃的财物。利用这种混乱情况,红军纵队遂从后门进入,尽管前门还是关着的。德国空中侦察的报告曾经生动地形容说,红军的前进好像是一只大章鱼一样,它的长触须从那些西里西亚的村镇之间通过。他们又报告看见几乎是无限长的卡车纵队,上面满载着补给和增援,一直向东伸展,看不见尾巴。

威力更猛和效果更大的是朱可夫在中央方面的前进。他采取一种斜行前进的队形,并且把其装甲部队的重心移向右方。它们沿着维斯瓦河与瓦尔塔河(Warta)之间的走廊地带前进,利用这个意想不到的转向,在走廊的最狭窄部分乘着敌人尚未来得及设防之前,穿过格涅兹诺(Gniezno)以东的湖泊地带。它们的前进使它们切断维斯瓦河上著名要塞托伦(Torun)的后路,并于 23 日进入比得哥煦(Bydgoszcz)——即布龙堡(Bromberg)。其他的装甲纵队则正在迫近更大的交通中心波兹南(Poznan)。在这里它们遭遇比较激烈的抵抗。绕过这个要塞,它们分别向西和西北继续前进;到这个星期结束时,它们到达勃兰登堡(Brandenburg)和波美拉尼亚(Pomerania)的边境——距离华沙已 220 英里,而到柏林则仅为 100 英里。同时,朱可夫的左翼在越过瓦尔塔河之后,已经攻占卡利什(Kalisz),并和科涅夫的右翼立于平头的地位。

第三个星期开始时,科涅夫的左翼占领卡托维兹(Katovice)以及在上西里西亚的其他大工业城镇;而他的右翼则在布雷斯劳西北 40 英里的施泰瑙(Steinau),又在奥得河上获得一个新的桥头阵地。朱可夫的部队在 30 日越过勃兰登堡和波美拉尼亚的边境,并击败德军据守奥得河(那时已经封冻)之线的部队。31 日又已攻占兰茨贝格(Landsberg),于是朱可夫的装甲矛头越过它前进,在科斯钦(Kustrin)附近到达奥得河下游——距离柏林郊外仅 40 英里。

现在红军与其西方同盟军的最前线只相隔 380 英里。

过分伸展的定律现在终于开始给予德国人以帮助,它一方面减低红军在奥得河上的压力,另一方面增强德国正规军与防卫军混合守军的抵抗力。波兹南的坚守帮助阻塞红军的交通线,使其前进部队不能获得增援和补给。2 月初的解冻对德军也大有帮助,一方面使道路变得泥泞不堪,妨碍了红军的行动,另一方面使奥得河在解冻之后,增加其作为障碍物的价值。虽然朱可夫部队在 2 月第一个星期终了时已经以广正面接近该河,并且也已在科斯钦和法兰克福(此为奥得河上的法兰克福,与莱茵河上者同名)渡河,但却未能加以扩张而只局限在很浅的桥头阵地之内。

科涅夫现在企图从侧面进袭柏林。于扩大其在布雷斯劳以北的桥头阵地之后,他的部队于 2 月 9 日向西突击,然后再转向西北以广正面扫过奥得河的左岸。2 月 13 日他们到达佐默费尔德(Sommerfeld),那里距离柏林仅 80 英里。(在这同一天布达佩斯也终于被攻克,德军被俘人数共达 11 万人。)两天之后,又前进 20 英里,他们在尼斯河(Neisse)与奥得河会合点附近到达尼斯河河岸,于是也就和朱可夫的前进部队立于平头的地位。

不过由于德军防线已被缩短和拉直,并由下奥得河和尼斯河所构成,所以反而在防御上获得相当的利益。在这一线下,其正面的宽度仅及过去的几分之一——从波罗的海到波希米亚山地前线,其间的距离尚不及 200 英里。这样巨大的空间缩减足以对于其兵力的损失发生平衡作用,于是遂使它们又得以恢复比较合理的兵力对空间的比例,这是自从情况逆转以来所从未享有的。在红军战线后方,布雷斯劳仍在坚守之中,所以对于科涅夫的前进也就足以构成一种牵制——正好像波兹南之于朱可夫的部队一样(但那个城市却终于在 23 日陷落)。

科涅夫在尼斯河受阻,而朱可夫的较直接前进则仍在下奥得河上停滞不前。到 2 月的第三个星期,在从西线和国内所调来的援军协助之下,德军的东线遂又暂告稳定。红军一直被阻在这一线上,直到莱茵河防线的崩溃决定战争的最后胜负时为止。

不过由于红军威胁所产生的危机,才使德国人作了一个命运上的决定,为了在奥得河上抵抗红军遂不得不牺牲莱茵河上的防御。比从西线调往东线的实际师数更重要的是那些大量的充员,否则它们即可以用来补充在西线方面的缺额。于是西方盟军到达并越过莱茵河的前进已经可以畅通无阻了。

第三十七章　希特勒在意大利最后据点的崩溃

虽然德国人在冬季的形势,从地图上看来是与前一年的冬季差不多,而且尽管已经向北后退了 200 英里,但却还是像过去一样地稳固——不过对于盟军而言,却又有许多有利的因素出现。到 1944 年底,盟军已经通过哥特防线,在前进道路上已经不再有这种天然形势险要和工事如此良好的阵地存在。同时,对于 1945 年的春季攻势而言,它们也有较良好的"跃出"阵地。此外,还有一些其他重要因素也足以使盟军变得比过去较强大。

在 3 月间,即它们将要发动春季攻势之前,盟军共有 17 个师,另加 6 个意大利战斗群。德军则为 23 个师,另加 4 个所谓意大利师——这些师是自墨索里尼被德国人救出之后,勉强由他在意大利北部所号召组成的,其实际实力比战斗群略大一点。但任何这一类以师数量为标准的印象都是不正确的。此外,盟军还有 6 个独立装甲旅和 4 个独立步兵旅——这也相当于 3 到 4 个师的兵力。

若计算人数则比较接近事实。第五和第八两个军团共约有 53.6 万人,外加意大利人 7 万名。德军人数约 49.1 万人,外加意大利人 10.8 万名,但德国人之内却有 4.5 万人为警察或防空人员。战斗部队和兵器数字是一种更好的比较方式。举例来说,当第八军团在 4 月间发动攻势时,比起其当面的敌军,在战斗部队方面是享有 2 对 1 的优势(即 5.7 万人对 2.9 万人);火炮也占有 2 对 1 的优势(即 1220 门对 665 门);而装甲车辆的优势则超过 2 对 1(1320 辆对 400 辆)。

此外,盟军并曾获得大约 6 万名游击队的帮助,他们在德军战线的后方到处制造混乱,并迫使德军必须从前线上抽调部队来制止他们的活动。

更重要的是盟军现在又享有绝对的制空权。他们的战略轰炸已经产生如此巨大的瘫痪作用,即令是奉到希特勒的命令,德军也都很难离开意大利而调往其他的战场。与此连带的即为德军机械化和摩托化部队又都痛感燃料的缺乏。因此,他们现在是既不能像过去那样迅速行动以填塞缺口,又不能在退却中实施迟滞作战。但是希特勒甚至于比过去更不愿意批准任何战略性的撤退,即令现在还有作这种企图的可能性。

自从盟军结束其秋季攻势之后,经过3个月的整顿,在部队的精神和前进道路上都已带来了巨大的改变。他们已经看到许多新兵器大量涌到——两栖坦克、号称"袋鼠"(Kangaroo)的装甲人员运输车、号称"扇尾"(Fantail)的履带登陆车、火炮口径较大的谢尔曼和丘吉尔式坦克、火焰喷射坦克,以及坦克推土机(tank dozer)等。此外还有充足的新型架桥装备和大量的弹药储备。

在德军方面,凯塞林元帅虽已于1月间伤势痊愈后返回意大利,但在3月间又奉召前往西线,接替伦德斯特担任那个战场的总司令。现在菲廷霍夫遂正式代替他接任在意大利的"C"集团军总司令。防守战线东段的为第十军团,现在由赫尔(Herr)指挥,所管辖的为第一伞兵军(5个师)和第七十六装甲军(4个师)。西段则由第十四军团负责,司令仍为辛格尔。西段是比较宽,因为它包括波伦亚(Bologna)地区在内——第五十一山地军(4个师)据守直趋热那亚(Genoa)和地中海之线,而第十四装甲军(3个师)则掩护波伦亚。在集团军预备队中只有3个师,其中2个位于亚得里亚海岸侧面的后方,另1个则在热那亚附近。这3个师目前的主要任务为防止盟军在后方采取两栖登陆的行动。

在盟军方面,第十五集团军已由克拉克指挥。其右翼,面对着德国第十军团,是由麦克里里的英国第八军团所构成,其中包括有英国第五军(4个师)、波兰军(2个师)、英国第十军(现在只剩下一个空架子,其中仅有2个意大利战斗群、犹太旅和洛瓦特搜索队〔Lovat Scouts〕而已)和英国第十三军(实际上只有1个第十印度师)。第六装甲师则充当军团预备队。在其西面(即左翼)为美国第五军团,现在是由特拉斯科特(Truscott)指挥,所包括的为美国第二军(4个师)和第四军(3个师)。另有2个师担任军团预备队,即美国第一装甲师和南非第六装甲师。

盟军计划制定的目的和主要问题,即为扫除当前的德军,不让它们有逃过波河(River Po)的机会。最好的办法就是在下雷诺(Lower Reno)河和波河之间的一个30余英里长的平原上使用装甲部队。(在1月初,曾有一度干燥的天气,第八军团利用这个机会已经进到塞尼奥河〔Senio〕附近,那是在亚得里亚海岸附近流入雷诺河的。)盟军计划人员希望第八军团,若能攻占科马基奥

湖(Comacchio)以西的巴斯提亚——阿尔詹塔(Bastia-Argenta)地区,即可打开进入这个平原的通道。第五军团应略迟数日进攻,向北迫近波伦亚。这样的左右夹攻应能切断德军的退路并加以包围。盟军的攻势是预定在 4 月 9 日发动。

第八军团的计划颇为复杂,但构想和设计都很不错。盟军假装准备要在波河以北登陆,以分散菲廷霍夫的注意力,并使他把预备队的大部分都移到那个方向。为了加强这种印象,突击队和第二十四近卫旅在 4 月初攻占隔在科马基奥湖与海岸之间的沙洲,而几天以后,特种小艇勤务队(Special Boat Service)又攻占一些在水中央的小岛。

主力的攻击是要渡过塞尼奥河,由英国第五军和波兰军来执行。前者越过塞尼奥河之后,应作较深入的突破,迫使德军丧失平衡。其一部分向右旋转直趋科马基奥湖以西,巴斯提亚——阿尔詹塔走廊的侧面——这个走廊也一直被称作阿尔詹塔隘道(Argenta Gap)。另一部分则向西北直趋波伦亚的后方,俾从北面切断该城。波兰人则将沿着第九号公路——即所谓艾米里亚大道(The Via Emilia)——前进,直扑波伦亚。在右翼(第五军)上的第五十六师负责进攻阿尔詹塔隘道,其方式是一方面加以直接的突击,另一方面则利用"扇尾"车辆越过科马基奥湖来做侧面迂回。

第八军的左翼,由只剩下骨架的第十军和第十三军所构成,一开始即通过巴塔利亚山地(Monte Battaglia)向北进攻,直到波兰军和美军的前进会师时,才退出第一线;此后第十三军即应加入第六装甲师一起,以扩大战果。

在沙洲上和科马基奥湖上的前奏行动把菲廷霍夫的注意力吸引到海岸方面之后,4 月 9 日下午,盟军使用大约 800 架重型轰炸机、1000 架中型轰炸机及战斗轰炸机来做大规模的轰炸。另外有 1500 门火炮作 5 次一连串的集中射击,每次都长达 42 分钟,其间隔为 10 分钟——此即所谓"假警报"(false alarm)式的轰击,其目的在使敌人无法测知真正的企图。于是在黄昏时,步兵开始前进,而战术空军则仍继续把德军钉牢,不让它们移动。这种像狂风暴雨一样的炸弹和炮弹已使守军丧魂落魄,而伴随着步兵前进的火焰喷射坦克更增加了恐怖的程度。到 12 日,凯特利将军(General Keightley)的第五军已经渡过桑特尔诺河(Santerno)并继续向前压迫。虽然德军从最初的震撼状况下恢复过来之后,抵抗又逐渐增强,但巴斯提亚桥还是在 14 日被攻占,而德军也来不及爆破。("扇尾"车辆在科马基奥湖上的表现很令人失望,因为那里水浅河床松软,但在阿尔詹塔隘道附近的泛滥地区中却证明出来颇为有效。)即令如此,英军还是在 18 日才通过阿尔詹塔隘道。波兰人曾经遭遇到更顽强的抵抗,其对手为德国第一伞兵师,不过他们终于击败了那支特别精锐的德军部队。

由于受到恶劣气候所阻,尤以对于支援飞机不利飞行的气候,美国第五军团的攻击迟到 4 月 14 日才开始发动——而它又必须先占领几个剩余的山脊,然后才能到达平原和波伦亚。15 日盟军投掷了 2300 吨炸弹以协助它的前进——这也是此一会战中最高的纪录。但是德国第十四军团仍继续进行了两天艰苦的抵抗,直到 17 日美国第四军的第十山地师才造成一个突破口,并冲向重要的第九号横向公路。于是在两天之内,德军的全线均告崩溃,美军已经进迫波伦亚的郊外,而其扩张的部队则已扫向波河。

菲廷霍夫的部队都摆在第一线,由于他缺预备队和燃料,所以无法制止盟军的突穿。现在已无稳住战线的可能,只有作长距离的退却,也许仍有救出其部队的希望。赫尔将军以前曾经建议采取弹性防御的方式,即事先从一道河川向另一道河川作战术性的撤退,则也许可以缓冲英国第八军团的攻势——但却遭到希特勒的拒绝。4 月 14 日,即在美军发动攻势之前,菲廷霍夫要求准许撤到波河之线,并声明否则就会太迟。但他的要求仍然遭到拒绝,于是到 20 日,他就毅然下令撤退,并负其全责。

但到那时确已太迟。盟军的 3 个装甲师,在两路扫荡之下,已经切断和包围德军的大部分。虽然还有许多德军用游泳的方法逃过那条大河(波河),却无法构成一条新的防线。27 日,英军已经越过阿迪杰河(Adige),并穿过掩护威尼斯(Venice)和帕多瓦(Padua)的威尼斯防线(Venetian Line)。

美军的行动还要快,已在一天以前进占维罗纳(Verona)。在前一天,即 4 月 25 日,意大利游击队也发动全面起义,德国人到处都受到他们的攻击。所有在阿尔卑斯山地中的隘道在 4 月 28 日都被阻塞——而在同一天,墨索里尼和他的情妇克拉里塔·皮塔基(Claretta Petacci)也在科摩湖(Lake Como)附近,为一群游击队所捕杀。德军在各处纷纷投降,自从 4 月 25 日之后,盟军的追击很少遭遇到抵抗。到了 29 日,新西兰部队已经到达威尼斯,5 月 2 日又进入的里雅斯特——在那里主要关切的事情已不是德国人而是南斯拉夫人。

事实上,幕后的投降谈判早在 2 月间即已开始,发起的人是党卫军在意大利的头目沃尔夫将军(General Karl Wolff),对方的接头者为杜勒斯(Allen W. Dulles),美国战略勤务局(Office of Strategic Services,简称 OSS)驻瑞士的负责人——最先是由意大利人和瑞士人在中间传话,以后双方才作面对面的谈判。沃尔夫的动机似乎是由两个因素混合而成,一方面他希望能避免在意大利继续作无谓的牺牲;另一方面他更希望能与西方合作反共——这也是许多德国人所共有的动机。沃尔夫的重要性,是他除了控制纳粹党卫军和秘密警察以外,事实上他也负责前线后方的一切地区,所以他可以打消希特勒想要在阿尔卑斯山区建立最后抵抗据点的妄想。

在德国方面,由于菲廷霍夫被指派接替凯塞林,遂使谈判受到影响和延误;在盟军方面,也受到苏联人要求参加的影响。同时在这种幕后谈判中,双方的互相猜疑和慎重也是在所难免的。虽然在 3 月间的讨论颇有进展,但到 4 月初,沃尔夫的活动却受到希姆莱的禁止。所以虽然在 4 月 8 日菲廷霍夫也正考虑一种投降的方式,但在时间上还是来不及阻止盟军的春季攻势。

不过在 4 月 23 日的一次会谈中,菲廷霍夫和沃尔夫终于同意决定不理会柏林来的继续抵抗的命令,而谈判投降。到 25 日,沃尔夫已经命令其党卫军部队不要抵抗游击队的接收——而格拉齐亚尼元帅也表示愿意代表意大利的法西斯部队投降,4 月 29 日下午 2 时,德军代表签署了一项文件,同意于 5 月 2 日正午 12 时(意大利时间为下午 2 时)无条件投降。尽管凯塞林曾作最后一分钟的干预,但投降仍如期生效——比西线德军的投降早了 6 天。虽然军事的成功已保证盟军的胜利,但此举足以使战争提早一点结束,并减少生命和财产的损失。

第三十八章　德国的崩溃

　　希特勒已经把他西线上部队的战力剥光,并将其剩余兵力和资源的主要部分都用来据守奥得河之线以对抗红军,因为他相信在他的阿登反击之后,盟军已经受到重大的损害,再加上其 V 型兵器(包括飞弹和火箭)对安特卫普基地的轰击,足以使西方同盟国无力再继续进攻。因此一切从德国生产或修理工厂中出来的可用装备都悉数被送往东线。正当此时,西方同盟国却早已集结了压倒性的兵力向莱茵河发动攻势。在这次大规模的努力中,主要的攻势任务是指派给蒙哥马利负责,除了他自己的 2 个军团以外(第一加拿大军团和第二英国军团),美国的第九军团也归他指挥。此种决定使大多数美国将领都深感不满,他们感觉到艾森豪威尔对于蒙哥马利和英国人的要求让步太多,而不惜牺牲他们自己的前途。

　　愤怒的心情促使他们在其自己的范围之内作较积极的努力,以求表现他们的本领。而这些努力居然又获致惊人的效果,因为他们所保有的兵力,虽然远比蒙哥马利一个人所指挥的要小,但比起德国方面所留下来对抗他们的兵力却还是大得太多。

　　3 月 7 日,巴顿的美军第三军团所属的坦克在爱菲尔山地(Eifel)——即阿登地区在德国境内的另一端——突破了脆弱的德军防线。3 天之内冲过 60 英里之后,又在科布伦次附近到达莱茵河岸。它们暂时在那里停顿不能前进,因为在它们到达之前,莱茵河上的桥梁已被炸毁。但略向北面,其邻近的美国第一军团中的一支小型装甲部队却发现一个缺口而一直冲过,于是迅速地攻占在波恩附近的雷马根(Remagen)桥。这要算是一项卓越的成就,因为德军措手不及而未能将该桥炸毁。美军预备队迅速赶上并确实占据了这个极重要的桥头阵地。

　　当集团军总司令布雷德利将军获知这个消息之后,他立即认清这是一个突破敌军莱茵河防线的良机。他高兴地在电话中用美国土话喊叫说:"热狗,

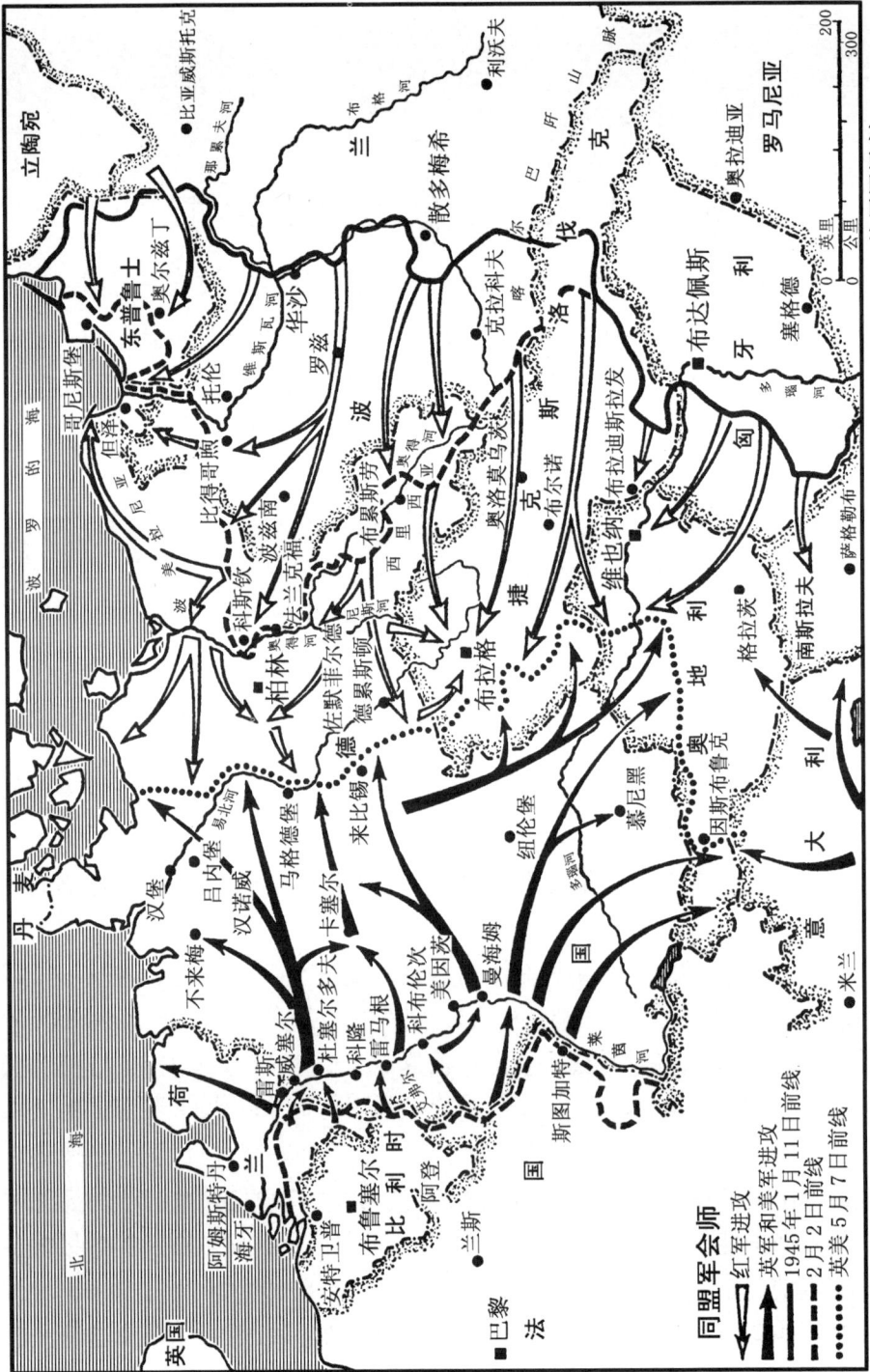

这一下要把他炸开了。"但是艾森豪威尔的一位作战参谋官,此时正在布雷德利总部中视察,当头浇了他一盆冷水,他说:"你不能够在雷马根擅自行动——因为那是与计划不合的。"次日布雷德利即接到具体的命令,不准他把任何大部队投入这个桥头阵地。

这个限制命令尤其令人引起反感的是在 4 天以后,当美国第九军团已在杜塞尔多夫附近到达莱茵河岸时,其军团司令辛普森(Simpson)中将希望能够立即渡河,但却受到蒙哥马利的制止。对于这种以不得违背计划为理由的限制,日益使美军上下都感到非常难以忍耐,因为蒙哥马利在莱茵河上所要进行的大攻势,是预定在 3 月 24 日,也就是 3 个星期以后才开始发动。

所以巴顿在布雷德利的热心支持之下,遂向南旋转,以席卷在莱茵河西岸上的德军部队,并同时寻求一个良好的地点以便能够早日渡河。3 月 21 日,巴顿沿着科布伦次和曼海姆之间 70 英里长的地段,扫荡残敌,切断他们的退路,不让他们撤过莱茵河。第二天夜间,巴顿的部队几乎如入无人之境,在美因茨(Mainz)和曼海姆之间的奥本汉姆(Oppenheim)渡过莱茵河。

当这个奇袭的消息传来时,希特勒立即命令采取对抗措施,但他却已无兵可调,能够用去帮助填塞缺口的仅只有在 100 英里外一座修理工厂中刚刚修好的几辆坦克而已。在这种情况之下,美军越过莱茵河的前进遂势如破竹。

到这个时候蒙哥马利也已经完成其大举进攻的准备,预定的渡河地点是在下游 150 英里的威塞尔(Wesel)附近。在这里他已经集中 25 个师的兵力,在西岸上所集结的弹药和其他军需品已经达到 25 万吨之多。他所计划要攻击的这一段河岸全长为 30 英里,仅由 5 个已经残破和疲惫不堪的德国师来负责防守。

在 3000 多门火炮和连续不断的轰炸机所作的猛烈轰击之后,才在 3 月 23 日夜间开始发动攻击。在两栖坦克支援之下,领先的步兵几乎不曾遭遇任何抵抗即已渡过河川并在东岸上建立桥头阵地。拂晓之后,又有 2 个空降师降落在他们的先头,来替他们开路,而在他们的后面桥梁也已架好,好让大量的援军、坦克和运输车辆通过。下述的事实即足以显示抵抗的轻微——美国第九军团占突击步兵的一半,但一共只阵亡了 40 个人。英军的损失也是同样的轻微,只有在某一点上曾遭遇顽强的抵抗,那是在河边的一个小村里斯(Rees),在那里一个德国伞兵营曾经坚守达 3 天之久。

到 28 日,桥头阵地已经扩张到 20 英里以上的深度和 30 英里宽的正面。但蒙哥马利仍畏敌如虎,不肯批准向东作全面的进攻,必须要等到在桥头阵地

中已经集结到 20 个师的兵力和坦克 1500 辆之后才动手。

当前进开始时,盟军部队发现最严重的障碍物即为同盟国空军在大规模轰炸中所造成的废墟。它们对于进路的阻塞,其严重性远胜于敌军。因为现在德国全国的军民,内心里都希望英美联军赶快前进,尽量迅速地到达柏林,并在红军攻破奥得河之线以前,尽可能多占领该国的领土。很少有人愿意帮助希特勒采取自我毁灭的手段去阻碍盟军的前进。

在盟军越过莱茵河的前夕,希特勒即已公布一项命令,宣布"在战斗时应不考虑我们自己人民的一切利益"。他的大区领袖已经奉命毁灭"所有一切的工厂,所有一切主要的发电厂、自来水厂和煤气厂",以及"一切粮食和衣物的储积",俾在盟军的进路上造成一片"沙漠"。

但是他的战时生产部长施佩尔,却立即对于此种疯狂命令提出抗议。对于此种抗议,希特勒的答复是:"假使战争失败,日耳曼民族也将同归于尽。所以根本不必考虑人民的继续生存问题。"

对于这种谬论施佩尔大吃一惊,从此他对希特勒的忠诚遂发生动摇。他背着希特勒去和陆军及工业界领袖们接洽,没有太多的困难,就说服了他们尽量避免执行希特勒的疯狂命令。

但当终点快要接近之时,希特勒的幻想也更日益扩大。他一心只想会有某种奇迹出现,足以使他在最后一刻时获救。他喜欢读卡莱尔(Thomas Carlyle)所著的《腓特烈大帝传》(*History of Frederick the Great*)中的某一章,或者是要旁人读给他听。其中所叙述的是腓特烈如何在最黑暗的时候获救的故事:当他的军队已经到了崩溃的边缘时,俄国女皇突然驾崩,遂使对方的同盟瓦解。希特勒同时也研究星命图(Horoscopes),其中所预测的是 4 月间的灾难会由于运气的突变而获得化解,并在 8 月间带来一个满意的和平。

4 月 12 日午夜时,希特勒获知罗斯福总统已经突然逝世的消息。戈培尔在电话中向他说:"我的元首,我向你道贺。命运已经击败你的劲敌。上帝并未丢弃我们。"似乎这就是希特勒所日夜等待的那个"奇迹"——正像 18 世纪的七年战争一样,在最紧要的关头上,俄国女皇突然逝世。所以希特勒开始深信丘吉尔先生所谓的东西权力之间的"大同盟",现在将会由于彼此利害的冲突而自动瓦解。

但这个希望却终成泡影,于是在两个星期之后,希特勒遂被迫自杀,正像腓特烈大帝所准备做的一样,不过他的"奇迹"却的确救了他的国家和生命。

3 月初朱可夫已经扩大其在奥得河上的桥头阵地,但却仍未能达到突破的目的。红军在侧面上仍继续前进,并于 4 月中旬进入维也纳。此时德军在西面的防线已经崩溃,西方盟军正从莱茵河上向东前进,一路长驱直入,毫未遭到抵抗。4 月 11 日它们到达易北河(Elbe)之线,距离柏林还有 60 英里,即停止不进。4 月 16 日,朱可夫才发动攻势,并与科涅夫取得联络,后者已经强渡尼斯河。

这一次红军冲出了它们的桥头阵地,在一星期之内突进到柏林的近郊——希特勒亲自留在那里准备作最后一战。到 4 月 25 日,这个城市遂陷于完全孤立,朱可夫和科涅夫已经完成合围之势,而后者的部队在 27 日又在易北河上与美军完成会师。但在柏林城内仍在继续作困兽之斗的激烈巷战,直到希特勒自杀,德国无条件投降,战争本身已经结束时,才完全停止。

以官方记录为根据,欧洲的战争是在 1945 年 5 月 8 日正式结束,但这不过是一个最后的形式上的承认而已,实际上在此以前的一个星期内,战争即已分阶段结束。5 月 2 日,在意大利南战场中的一切战斗都已停止,实际上降书早在 3 天前即已签署。5 月 4 日,西北欧德军的代表于设在吕内堡(Lüneberg)的蒙哥马利总部中也签订了一个类似的降书。5 月 7 日,又在兰斯的艾森豪威尔总部中,再签订一个包括全部德国军队在内的降书——在这里曾举行一个较大的仪式,有美、英、法、苏 4 国的代表参加。

这些形式上的投降行动都是在希特勒死后加速进行的。4 月 30 日,在他与其忠贞的情妇爱娃·布劳恩(Eva Braun)举行最后的婚礼之后,即一同在柏林总理府的废墟中自杀——此时红军已经近在咫尺——他们的遗体也依照其遗命在花园中匆匆焚毁。

上述的三个德军投降行动中以第一个最具有重要的意义,因为意大利方面的休战条约是在希特勒还未死时即已签订,换言之,德军将领已经不尊重他的权威。尤其是幕后的谈判从 3 月初就已开始,差不多早已秘密进行了 2 个月之久。在德国境内的敌方领袖们,因为希特勒还是太接近,所以不敢作这样的冒险,但他们在私下的谈话中却早已承认有这种迫切的需要。

他们中间有许多人当西方盟军在诺曼底登陆之后即已失去信心。自从 1945 年 2 月他们在阿登反击失败,而红军又攻入东德之后,几乎所有人也就更丧失斗志。他们之所以仍然继续战斗,大部分都是受到恐惧心理的驱使——他们以军人身份曾对希特勒宣誓效忠,所以害怕违背这种誓言,他们也害怕他发怒,害怕因为不服从而会受到绞刑。此外,盟军方面又曾威胁说一旦

在德国"无条件投降"之后,他们这些人将会受到严厉的惩罚。

在此后的几个月内,战争之所以会延长,几乎完全是受到希特勒坚定决心的影响。假使西方同盟国对于"无条件投降"的要求若不那样地坚持,并且对于其在德国人心理上的效果能有较多的注意,则战争也许可以提早结束。若能放松这种严厉的要求,并对于德国人战后的待遇作合理的保证,则也许可以使前线上的德军,在较高级将领领导之下大批地投降,于是当前线迅速崩溃时,纳粹的统治也就会随之瓦解,这样希特勒也就会丧失其一切坚持到底的权力。

第三十九章　日本的崩溃

在日本的失败中,两个累积因素从性质和效果上来说都是属于消耗的形式——窒息性的压力。一是海上的——若说得更精确一点,是从海面下——所施加的压力;二是空中的。前者首先发生决定性的效果。

日本帝国根本上是一个海洋帝国;甚至于比不列颠帝国还更要依赖海外的补给。它的战争能力依赖于大量海外物资的输入,包括石油、铁矿石、铁矾土、焦煤、镍、锰、铝、锡、钴、铅、磷、石墨、苛性钾、棉花、食盐,和橡胶等。此外,为了粮食供应,日本也必须输入其食糖和黄豆的大部分,以及 20% 的小麦和17%的大米。

但当日本投入战争时,其商船总吨数却只有 600 万吨——比英国在 1939 年开战时的数量 1/3 都不到(英国当时大约有船只 9500 艘,总吨数在 2100 万吨以上)。而且,日本尽管已有两年欧战的教训和其本身的扩张计划,但对于船运保护的组织却几乎是一点都没有——没有护航系统,也没有护航航空母舰。仅当其船舶已经受到重大损失之后,日本才开始作认真的努力以求弥补这些缺点,但却已经太迟。

其结果是日本的船只对美国的潜艇构成一种轻松的目标。在太平洋战争的初期,由于美国的鱼雷有缺点,所以减低了潜艇攻击的效力;等到这些弱点克服之后,于是潜艇攻击也就变成一种屠杀。日本潜艇是集中于攻击军舰之上——以后又用来运载补给以供应那些被跳过的岛屿上的守军——但美国潜艇却以攻击商船为主。在 1943 年,它们击沉船只 296 艘,总计 133.5 万吨。在1944 年,它们在作战中所造成的损失更大——专以 10 月而论,就击沉船只32.1万吨。又因为它们专以日本油轮为主要目标,所以效果也就变得更大。其结果为:日本的主力舰队为了接近石油产地之故,而被迫留驻新加坡,至于在国内方面,由于燃料的缺乏,无法获得适当的训练飞行,遂使飞行员的训练大受影响。

美国潜艇也曾使日本军舰受到重大损失,约占其被击沉数字的 1/3。在菲律宾海会战中,它们击沉两艘日本舰队航空母舰——"大凤"号和"瑞鹤"号。在 1944 年以后的几个月之内,它们又击沉另外 3 艘航空母舰(或使其永久丧失作战能力),以及约近 40 艘驱逐舰。

等到美国潜艇已能用吕宋岛的苏比克湾(Subic Bay)为作战基地时,日本商船的大部分都已被消灭,因为良好的目标已经是如此的稀少,所以有一部分潜艇遂被用来营救空袭日本回航途中迫降在海上的轰炸机乘员。

总而言之,美国潜艇部队的贡献是至为巨大,不仅阻止日本人对其海外被切断驻军的增援和补给,而且最大的效果是击沉日本在战争中船只总损失量 800 万吨中的 60%。对于日本最后的崩溃而言,这是一个最重要的因素——因为它针对着其经济的弱点和对海外补给的依赖,所以也就能够发挥其决定性效果。

冲绳——到日本的内门

对冲绳的两栖攻击,其代号为"冰山作战"(Operation Iceberg),在硫黄岛的攻占尚未完成之前即已在作最后的准备,其 D 日已经定为 4 月 1 日——仅在硫黄岛登陆后 6 个星期。冲绳为一个大岛,是琉球群岛中最大的一个,长 60 英里,而平均宽度为 8 英里——其面积之大足以当作陆海军基地以供侵入日本之用。它恰好位于台湾与日本之间,距离每一端都是 340 英里,而距离中国海岸则为 360 英里。所以若在冲绳建立一支军队,即可以威胁上述这三个目标,而飞机以那里为基地即可以控制对此三者的进路。

这个岛上遍地多山,森林密布,唯南部例外,那也就是飞机场所在的地方——而且即令在那里,也还是有石灰石的山脊可以用来挖掘山洞。所以它具有一种天然的防御力量。驻军的实力也已大增,有相得益彰之效。牛岛中将的第三十二军,大约有战斗部队 7.7 万人,后勤部队 2 万人——总数接近 10 万人——拥有大量的轻重火炮,并且配置在良好的岩穴要塞阵地之中。对于日军的高级将领而言,他们是决心以全力来保卫冲绳,其所采取的战术是在内陆行顽强的纵深防御,像在硫黄岛的情形一样,而不浪费实力来从事于滩头的战斗,因为在那里日本部队将会暴露在美国军舰的强大火力轰击之下。但对于反攻行动而言,帝国大本营已在日本和台湾的飞机场上集中 2000 多架飞机,并计划对于"神风"战术作空前未有的大规模使用。

　　美国军事当局也认清冲绳是一颗非常难于夹碎的坚果,所以要求使用巨大优势的兵力,因此也就引起巨大的后勤问题。计划在那里登陆的兵力为最近成立的第十军团,其司令为巴克纳中将(Lieutenant-General Simon B. Buckner)。在最初的登陆中准备使用 5 个师,其总人数为 11.6 万,另有 2 个师跟随前进,还有 8 个师充任预备队。总计突击兵力(3 个陆战师和 4 个陆军师)共约战斗部队 17 万人,后勤部队 11.5 万人。除了克服强大的日本守军以外,还要控制约近 50 万的平民人口。

　　为了减少对方的空中威胁,米彻尔的快速航空母舰群在登陆前一个星期内(3 月 18 日—21 日)对日本发动一连串的空袭,大约击落了 160 架飞机,并且还把地面上的飞机炸毁了不少——但所付出的代价是有 3 艘母舰——"黄蜂"、"约克敦"和"富兰克林"——都是在"神风"队攻击之下而遭受到重伤。在次一个星期内,从关岛起飞的 B-29 超级空中堡垒也暂停其对日本城市的大规模空袭,而改为攻击在九州(日本最南端的主岛)的飞机场。另一个重要的准备步骤为占领冲绳以西 15 英里的庆良间岛群,以作前进舰队基地之用——这个观念是出于特纳将军(Admiral Kelly Turner)的建议。3 月 27 日,一师美军进占该岛群,几乎没有遭遇任何的抵抗,次日美国的油轮即开始利用那里作为碇泊所。在弗雷泽上将(Admiral Sir Bruce Fraser)指挥之下的美国太平洋舰队(包括 2 艘战斗舰、4 艘航空母舰、6 艘巡洋舰和 15 艘驱逐舰)也在 3 月中旬到达现场,掩护冲绳西南面的水域。

　　4 月 1 日,也就是愚人节的星期天,由海上及空中作了 3 小时猛烈的轰炸之后,美军于上午 8 时 30 分开始主力的登陆。在同一天,所有一切在冲绳水域中的部队也都一律由特纳海军上将统一指挥。登陆点是在南部的西岸上,只要作一个短距离的前进,即可以切断该岛的南端。他们简直没有遇到任何的抵抗,到上午 11 时,在这个 5 英里长的登陆地段中的两个飞机场已被占领。敌人甚至于根本上不曾露面——所以也使侵入者大感惊异。到黄昏时,美军的滩头已经扩张到 9 英里的宽度,并且已有 6 万名部队安全地上了岸。到 4 月 3 日,它们已横越该岛,而滩头阵地也拓宽到 15 英里。直到 4 月 4 日,当美军开始向南推进时,它们才遭遇到坚强的抵抗——那是来自驻守南部的 2 个半师日军。

　　不过在空中方面,日本人一开始即很活跃。从 4 月 6 日起,"神风"攻击就日益加强。

　　在 6、7 两日内,约有 700 架飞机被送往冲绳,其中有一半是"神风"特攻队飞机。它们大多数都被击落,但美国方面也有 13 艘驱逐舰被炸沉或受到重创。

4 月 6 日,日本海军也作了一次极显著的"自杀"行动。其巨型的"大和"号战斗舰,在少数小型舰艇的护卫之下,来到现场——完全没有空中的掩护,而所携带的燃料也只够单程之用。它的前来很快即被发现,于是美军遂一方面加以严密监视,而另一方面则由米彻尔的航空母舰群准备使用 280 架飞机来发动一次攻击。4 月 7 日下午 12 时 30 分,"大和"号受到猛烈的鱼雷和炸弹攻击。在持续的打击之下挣扎了 2 个小时而终于沉没,生命的损失也极为巨大。正像德国的战舰"铁比制"一样,它从来就没有获得向敌方战斗舰发射其巨炮的机会,而它的命运对于战斗舰时代的没落也提供进一步的证明。

陆上的会战比较长久。4 月 13 日,日军开始在该岛南部发动一个小型的反击,但都很轻易地被击退。此时第六陆战师也迅速地向北推进,直到抵达岩石遍地和森林密布的本部(Motobu)半岛时,才暂时受到阻止。但日军在这里的守军只有 2 个营,所以在 4 月 17 日,美军使用了一个巧计,终于克服了它们坚强的阵地。虽然日军的零星部队仍在继续抵抗,直到 5 月 6 日才告结束,但美军却居于绝对的优势。在清点遗尸之后,发现日军死亡人数约为 2500 人,而美国陆战队的损失则尚不及此数的 1/10。4 月 13 日,一个陆战支队也到达该岛的北端顶点,没有遇到任何抵抗。在这个阶段内,邻近的小岛也都被攻占,只有在伊江岛曾经受到少许抵抗。

4 月 19 日,霍奇斯将军(General Hodges)的第二十四军,以 3 个陆军师的兵力,向日军在冲绳南部所据守的地区发动攻击。但是从陆、海、空三方面所作的攻击准备轰炸,对于日军在洞穴中的防御工事并不能产生太大的作用。甚至于在第一和第六 2 个陆战师也都被送上第一线时,收获仍然是很小,而死伤数字却相当巨大。尽管防御行动已经证明出来如此地有利,但日本人对于防御却具有一种传统的厌恶心理,所以到 5 月初,当地的日军指挥官遂决定发动反击,并以新的"神风"攻击相配合。虽然曾在某一点上突穿美军的战线,但却被击退并受到非常重大的损失——差不多死亡 5000 人。于是当 5 月 10 日美军再度进攻时,也就变得比较容易,不过由于苦雨不停,在次一个星期中的进展遂又受到阻止。

在这个空隙中,日军从掩护着冲绳首府那坝的首里地区撤离,退向南端的山地。6 月初,美军不顾泥泞载道的困难继续推进,到 6 月中旬即已把日军逼到该岛的最南端。6 月 17 日,它们沿着御里山脊所构筑的坚强防御阵地也被突破,大部分都归功于火焰喷射器的威力。牛岛和他的幕僚以及许多其他日军人员都自杀,但在扫荡阶段自动投降的人数竟不下 7400 人——这是一个很重大的改变。

日军损失总数估计约为 11 万人,包括日军所征召的琉球人在内,美国人的损失为 4.9 万人(其中死亡人数为 1.25 万)——在太平洋战争中,这是他们的最高作战损失。

在 3 个月的冲绳会战中,日军飞机一共曾作 10 次大规模的"神风"攻击——他们称之为"兰水"作战——这包括 1500 多次的个别"神风"攻击,而其他飞机所作的类似自杀攻击次数也大致与此相当。一共击沉 34 艘海军舰只,击伤 368 艘,大部分都是"神风"特攻队的作为。此种痛苦的经验使美国人对于侵入日本时所可能发生的情况不能不感到忧虑,这也就有助于在 7 月间对使用原子弹的决定。

太平洋和缅甸的扫荡

因为采取一种越岛的战略,所以美军两路进兵的步调才获得很大的加速——在两条进路上所攻占的地点仅限于下述两种性质:(1)足以当作到达日本的战略踏脚石;(2)足以当作对太平洋获致战略控制的工具。但当美军部队已经迫近日本并准备作最后的跃进时,其参谋长们遂认为在这个时候着手扫荡留在后方的残敌是很合理想的。所以在战争的这个倒数第二阶段,在不同的各地区中都展开了广泛的扫荡作战。尤其是在史林迅速收复仰光之后,东南亚总部准备向新加坡和荷属东印度发动两栖攻击之前,缅甸中南部更有先加以肃清的必要。

缅　　甸

当斯利姆于 1945 年 5 月初到达仰光时,在他的后方,萨尔温江以西的地区,还留有日军约 6 万人。英国人必须阻止他们向东逃入泰国境内,或是在缅甸境内制造新的困难。所以梅塞维将军第四军的一部分被送回去扼守锡唐河上的渡口,而另一部分则前去与正沿伊洛瓦底江南下的斯托普福德第三十三军会师。5 月间,当樱井的日本第二十八军残部从若开企图渡过伊洛瓦底江向东逃窜时,曾两次受到第三十三军的阻击,但仍有许多日军化整为零地逃

脱,所以大约已有1.7万人到达在伊洛瓦底江与锡唐河之间的勃古山脉地区。本田的日本第三十三军残部为了协助他们,曾发动一次牵制性的攻击,但未获成功,于是在7月中旬以后,樱井的残部遂又采取化整为零的方式,每股约数百人,试图溜过梅塞维(第四军军长)所扼守的警戒线。但他们大部分都被捕获和被击溃,能够到达锡唐河东岸的不到6000人,而且都无再战之力。

新几内亚—新不列颠—布干维尔

在1944年的上半年,当麦克阿瑟沿着新几内亚北岸蛙跳前进时,他曾经绕过许多日本的守军,而当美军开始向菲律宾前进时,留在他们后方的有5个残破的日本师。在新不列颠和布干维尔(Bougainville)等岛上也还留有大量的日军。7月12日麦克阿瑟遂颁发一道训令给澳洲军总司令布莱梅将军(General Sir Thomas Blamey),把那些地区中残敌"继续中和化"的责任托付给他。布莱梅故意对于这个训令采取一种攻击性的解释——虽然有2个澳洲师已经预定参加菲律宾作战,他现在手里所能用的一共只有4个师,而其中3个师又都是民兵所组成。

第六澳洲师被送往艾塔佩(Aitape),准备在12月间从那里向东进攻,以击灭留在威瓦克(Wewak)附近日本安达中将(第十八军司令)所辖的3个师——虽然号称3个师,但实际上大约只有3.5万人,而且装备缺乏,营养不良,疾病丛生,并已处于孤立的地位。在非常艰险的地区中作100英里远的前进,使澳洲军的运输系统感到难以担负,而部队的精神也非常的沮丧,一方面是为疾病所苦,另一方面则由于认清了这次作战并无真正战略上的价值,所以进展极为迟缓。到6个月之后,即次年5月,才占领威瓦克,而直到战争在1945年8月间结束时,尚有残余的日军在内地负隅顽抗,到那时日军的数量已减到原有的1/5;澳洲军在战斗中的损失仅为1500人,不过病患的数字却超过16000人。

第五澳洲师被送往俾斯麦群岛中的新不列颠岛(New Britain)——其指挥官拉姆齐少将(Major-General A. N. Ramsay)显得比较有头脑。当他在11月间到达那里时,美军已经控制这个大岛5/6的地区,但剩余的部分仍由将近7万名日军据守着,大部分都集中在他们盘踞已久的腊包尔基地中。在向该岛的颈部作了一个短距离的前进之后,这个澳洲师就以能监视这一条短的警戒线为满足——而让大量的日军去自生自灭。这是一种最低代价的中和手段,直到敌人在战争结束时自动投降为止。

布干维尔位置于所罗门群岛的西端,为该岛群中的第一大岛。萨维奇将军(General Savige)的第二军被派往该岛,他的兵力有第三澳洲师和另外2个旅。在这里也无采取攻势的真正需要,因为日军大部分都集中在该岛南端布因(Buin)地区附近,忙着种菜捕鱼以补充其所缺少的粮食。但萨维奇却还是在1945年初发动其攻击。不仅进展得很慢,而且更促使日军为了保卫他们的粮食生产地区而不能不作艰苦的战斗。6个月之后,由于洪水泛滥,才停止战斗。澳洲部队也像在新几内亚一样,毫不表示热忱,因为那实在是一种画蛇添足的行动。

婆 罗 洲

收复婆罗洲的行动,主要是美国人的主张,他们想要切断日本的石油和橡胶补给来源,同时也让英国舰队可以在文莱湾(Brunei Bay)中有一个前进基地。但英国的参谋长们却并不欣赏这个观念,因为他们希望在菲律宾获得一处基地——由于英国太平洋舰队早已参加了冲绳会战,所以他们自然不再想向南撤回。因此这个作战遂由澳洲第一军来负责执行,其军长为莫斯黑德中将(Lieutenant-General Sir Leslie Morshead),兵力共为2个师,由美国第七舰队提供掩护和援助。1945年5月1日,攻占东北海岸附近的打拉根(Tarakan)小岛,而在6月10日又进占西岸上的文莱湾,并未遇到任何严重的抵抗。从那里澳洲部队即进向沙捞越。7月初,经过长期的轰炸之后,在东南岸上的巴厘巴板(Balikpapan)石油中心也终被攻占,但曾遭遇到比较激烈的抵抗——这是第二次世界大战中最后一次大规模的两栖作战。

到那个时候,英国人对于收复新加坡的作战也已准备就绪,但日本在8月间的投降却使这个行动已无必要,所以当蒙巴顿在9月12日前往新加坡时,只不过是接受东南亚日军的总投降而已——其预备协定已于8月27日在仰光签订。在各地区中投降的日军共有75万人。

菲 律 宾

虽然自从美国人于10月间在莱特登陆之后,他们在5个月之内即已获得菲律宾的战略控制,但在3月间还有大量日军留在那里并未被消灭。即以吕

宋而论，以后证明大约还有 17 万人——这个数字远比美国人在当时所估计的要大得多。最大的集团是在吕宋的北部，由山下本人所控制，但在马尼拉附近的山地中，另有 5 万人是在横山中将（第四十一军司令）指挥之下，他们并控制着该城的水源地。最初企图驱逐这一部分日军的行动曾为他们所击退，而且日军甚至还向格里斯沃尔德（General Griswold）的第十四军发动攻击，后者也正负有剿灭他们的任务。3 月中旬，霍尔将军（General Hall）的第十一军也加入作战，到 5 月底才攻占在阿瓦（Awa）和怡保（Ipo）的两座主要水坝。到此时横山的兵力已经减少了一半，主要是由于饥饿和疾病之故，不久即分裂为无组织的小群，到处受到菲律宾游击队和美国部队的追剿。饿死和病死的人要比战死的多 10 倍。到战争结束时只有 7000 人还活着投降。

此时，克鲁格将军的部队已经肃清通过米沙鄢（Visayan）海的水道，遂使从莱特到吕宋的航路大为缩短，于是美军也就立即展开吕宋南部的清剿工作。其他的部队也开始扫荡莱特以南的岛屿，并在棉兰岛建立一处基地——在这个岛上约有日军 4 万余人，当初日本大本营以为那就是美军侵入的主要目标。到夏季，所有这些地区中的日军都已退入山地，然后在那里由于饥饿和疾病而迅速地自动消灭。

最后的阶段为美军对吕宋北部山下部队的攻击。那是在 4 月 27 日，由 3 个师的美军来发动，不久又再加上第四个师，当他们进入山地时即遭遇到日益增大的困难——而山下已集中 5 万人以上的兵力来负隅顽抗，那要比美国人所估计的多出 1 倍以上。当战争在 8 月中旬结束时，他才带着 4 万名残部出来投降，在吕宋北部其他地区还再多上 1 万人。这种代价很高的扫荡作战在战略上是否必要似乎大有疑问。

美国的战略空军攻势

对日本的空中攻势是直到可以利用马里亚纳群岛为基地时，才开始变得真正有效——这个群岛的攻占是在 1944 年的夏季，主要也就是为了这种目的。

主要的工具即为 B-29 超级空中堡垒，那也是第二次世界大战中最大的轰炸机，它的炸弹满载量可以达到 1.7 万磅，飞行时速接近 350 英里，升限超过 3.5 万英尺，航程超过 4000 英里，除了良好的装甲保护以外，机上还装有 13 挺机枪。

1944 年 6 月中旬,日本九州岛上的八幡钢铁工业中心曾受到以中国和印度为基地的 50 余架 B-29 的轰炸,但这一次以及以后的若干次攻击所造成的损害都很有限——在 1944 年下半年之内投在日本境内的炸弹一共大约只有 800 吨。而第二十轰炸机指挥部要在中国维持其基地,则所需要越过"驼峰"的空中补给量也实在太大,既然是如此的不经济,所以它们在 1945 年初即撤出中国。

到 1944 年 10 月底,在马里亚纳的塞班岛上,第一条跑道即已完成使用的准备,于是第二十一轰炸部队的第一个大队(飞机 112 架)即开始进驻该岛。一个月之后,11 月 24 日,111 架 B-29 从那里起飞去轰炸东京的一个飞机工厂。这是自 1942 年 4 月杜立德中校空袭东京之后第一次攻击该城。这代表新攻势的开始,虽然只有不到 1/4 的轰炸机找到它们的目标,但它们一共只损失了 2 架——而日本人却派出 125 架战斗机来和它们交战。

在以后 3 个月之内,B-29 根据它们在欧洲的经验,继续作它们的日间精密轰炸,但效果却颇令人感到失望——虽然它已经迫使日本人开始疏散其飞机工厂和其他工业。到 1945 年 3 月,在马里亚纳的 B-29 总数已经增加 3 倍,并由李梅将军(General Curtis LeMay)负责指挥。于是他决定改用夜间低空地区轰炸的方法——俾利用日本在夜间防御方面的弱点,容许较大的炸弹酬载量,减轻引擎的压力,并便于攻击较多的小型工业目标。

尤其重要的是李梅决定 B-29 应改用燃烧弹而不再用普通炸弹——每一架 B-29 可以装载 40 枚烧夷弹,每一枚内含 38 颗,那可以焚烧大约 16 亩的面积。这个改变的结果产生了可怕的效力。3 月 9 日,279 架 B-29——每一架携带 6 到 8 吨烧夷弹——轰炸东京。差不多有 16 平方英里的面积,约占该城总面积的 1/4,都被焚毁,建筑物被毁者超过 26.7 万栋,平民死伤总数约 18.5 万人——而美国攻击者的损失仅为 14 架飞机。在以后 9 天当中,大阪、神户和名古屋等城市都受到类似的毁灭。

到 19 日这种攻击暂时停止,因为美国人已经把他们的烧夷弹都用完了——10 天之内,他们已经投掷将近 1 万吨之多。

但不久美国人又继续攻击,而且愈来愈凶——在 7 月间所投的吨数比 3 月间要多 3 倍。此外,又有数以千计的水雷被投在日本水域中以封锁其沿海的水上交通。被炸沉的船只超过 125 万吨,一切水上交通几乎都已停顿。日本人在空中的抵抗能力也已经接近于零。

这种效果非常的巨大。在东京火袭之后,平民的精神大受打击,尤其是当李梅又开始散发传单对他的下一个目标提出警告时,其所产生的心理影响更为巨大。有850万人从城市逃往乡村,使战时生产都为之停顿——而在那个时候,日本的战时经济也差不多已经到了奄奄一息的境地。炼制石油的工业产量已经减低83%,飞机引擎75%,飞机零部件60%,电子装备70%。由于轰炸而被毁或受到严重损伤的主要战争工厂多至600家以上。

尤其是轰炸作战的事实使得日本人民认清他们的军队已经不能再保护他们,于是投降,甚至于无条件的投降,也都无可避免。8月间的原子弹不过是再确实证明大多数日本人民(除了疯狂的军国主义者以外)所早已认清的事实而已。

原子弹与日本投降

丘吉尔在他的战时回忆录最后一卷中曾经叙述1945年7月14日的往事——当时他正在波茨坦与杜鲁门总统和斯大林一同出席那次会议。美国的陆军部长史汀生先生(Mr. Stimson),把一张上面写着密语的纸条给他看,上面写的是"婴儿顺利出生"。史汀生解释它的意义——那就是说原子弹的试验已于前一天获得成功。丘吉尔说:"美国总统立即邀请我和他作一次会商。和他在一起的还有马歇尔(General Marshall)和李海(Admiral Leahy)。"

丘吉尔对当时的情况所作的记载具有极为深远的意义,其主要部分是值得引述如下:

"我们似乎是突然地感觉到在东方可以对于屠杀获得一种仁慈的避免,在欧洲也可以获得远较光明的前途。我确信我的美国朋友们在内心里也有这样的想法。不管怎样,对于原子弹是否应该使用的问题,我们是从未作过一分钟的讨论。只需付出少数爆炸的成本即能表现压倒性的威力,足以避免大规模和无限期的屠杀,结束战争,带给世界以和平,对于受苦受难的人类伸出抚慰的手来。在我们所已经受过的一切艰苦和危险之后,这简直似乎是一种解脱的奇迹。"

"7月4日,即在这次试验举行之前,英国人即已在原则上对于此种武器的使用表示同意。现在最后的决定就是以杜鲁门总统为主,因为他是兵器的主人;但对于这个最后决定将是什么,我从未表示怀疑;同时我也绝未怀疑他的决定是否正确。在当时是否应该使用原子弹压迫日本投降的决定,甚至于可以说根本不成为一个问题。历史的事实的确是如此,虽然其功过应留待后人来评判。在当时围坐在我们桌子旁边的人都是一致、自动、无疑义地表示同意;我没有听到有任何人曾作一点我们不应这样做的暗示。"

但以后,丘吉尔本人对于使用原子弹的决定却开始表示他的怀疑,因为他曾经这样说:

"若假定日本的命运是由原子弹来决定的,那实在是一种错误。在第一颗原子弹投下之前,它的失败早已成为定局,那是压倒性的海权所造成的。专凭海权即可能夺占用来发动最后攻击的海洋基地,并迫使其国内陆军自动投降。因为它的海上航运早已被摧毁。"

丘吉尔同时又提到在原子弹投下之前的3个星期,在波茨坦斯大林曾经私下告诉他日本驻莫斯科的大使已向苏联表示日本有求和之意——丘吉尔并且又补充说,当他把这个消息转告杜鲁门总统时,曾建议同盟国的"无条件投降"要求也许应作某种的修改,以便可以减少日本投降的障碍。

但是日本人的这种和平试探发动得还要更早,而且美国当局也早就已经知道。1944年圣诞节之前,华盛顿的美国情报机构即已从在日本的一位外交界消息灵通人士方面获知已有一个主和派正在发展之中。这位人士预测在7月间代替东条组阁的小矶国昭不久即将下台,而接替他的人将是铃木贯太郎。他在日皇主持之下,将开始进行求和的活动。这个预测在4月间就灵验了。

4月1日,美军在冲绳登陆。这个消息传来使日本国内大感震惊,再加上苏联又在此时通知日本废除其与日本之间的中立条约,所以遂使小矶内阁于4月5日垮台,代替他出任首相的人即为铃木。

虽然主和派的领袖现在已经组阁,但他们对于求和的工作却一时不知道应该如何着手。早在2月间,遵从日皇裕仁的指示,日本政府曾向苏联要求,希望它能以"中立国"的地位,来居间作成日本与西方同盟国之间的和平安排。这种要求是透过苏联驻东京的大使,以后又透过日本驻莫斯科的大使。但结果都是毫无下文,苏联人并不曾替他们做传达的工作。

过了3个月才算有一点暗示。这已经是5月底,霍普金斯以罗斯福总统个人代表的身份,飞往莫斯科与斯大林讨论未来的问题。在他们第三次会谈

时,斯大林曾提到日本问题。在 2 月间的雅尔塔会议时,他已经同意加入对日本的战争,其条件为取得千岛群岛、库页岛的全部和在满洲的支配地位。斯大林现在就告诉霍普金斯,他在远东的兵力到 8 月 8 日即可完成进攻日本在满洲基地的一切部署。他同时又说,如果同盟国仍坚持其"无条件投降"的要求,则日本人也就会死战到底;反之,若能对于这一点加以修改,则也许足以鼓励他们投降——于是同盟国仍可照样贯彻其意志,并获得同样的实质结果。他同时又强调苏联希望在对日本的实际占领中也能分得一席地位。就是在这一次谈话中,斯大林曾透露"日本的某些分子"曾作"和平的试探"——但他却并不曾说明这是透过大使的正式接触。

远在冲绳会战结束之前,胜负即早已分明。同时这也是可以断言的,一旦该岛被攻占之后,美国人也就更会加强其对于日本本土的空中攻击,因为在那里的机场到日本的距离尚不及 400 英里——只相当于马里亚纳群岛的同样距离的 1/4。

任何略知战略的人,都会完全了解情况已经毫无希望,尤其是海军大将出身的铃木更不待言,他个人的反战态度远在 1936 年曾经使他的生命受到陆军极端分子的威胁。但是他和他的谋和内阁却正面临着一个非常棘手的难题。他们虽然热切地希望和平,但若接受同盟国的"无条件投降"要求,即似乎是出卖了在战场上的军队;他们都愿意死战到底;而且这些部队手里还控制着大量的同盟国平民和战俘可以当作人质,所以如果条件过分的屈辱,他们也许会拒绝服从"停火"的命令——尤其最严重的,假使同盟国若要求废除天皇,那又怎能接受呢?在他们心目中,天皇不仅代表主权,而且也就是神的化身。

最后还是由日皇本人来打开这种僵局。6 月 20 日他召开一次御前会议,由最高战争指导会议的 6 位成员参加。日皇亲自告诉他们:"你们应考虑尽可能立刻结束战争的问题。"所有 6 位大员对于这一点都表示同意,但是当首相、外相和海相准备作无条件投降时,其他 3 个人——陆相和陆海两军参谋首长——却主张继续抵抗,直到可以获得比较温和的条件时为止。最后所决定的即为派遣近卫公爵以特使身份前往莫斯科去尝试展开和平的谈判——而日皇更亲自指示他应不惜任何代价以获致和平。作为一个预备步骤,日本外务省又于 7 月 13 日以正式照会通知莫斯科说"天皇希望和平"。

这个照会到达斯大林手中时,也正是他准备前往波茨坦的时候。他给予日本人以一个冷峻的答复,认为照会内容不够确定,所以他无法采取行动,同时也拒绝接见来使。不过这一次他却把这件事情大致地告诉丘吉尔,于是丘吉尔才又转告杜鲁门,并附带加上他认为"无条件投降"的硬性要求似应略加修改的建议。

两个星期之后,日本政府又向斯大林致送一项照会,对于近卫特使的任务作进一步的详细说明,但所获得的仍然是一个类似的否定答复。此时,丘吉尔政府已在英国的大选中被工党所击败,于是艾德礼(Attlee)和贝文(Bevin)代替丘吉尔和艾登前往波茨坦继续出席会议。那正好是 7 月 28 日,斯大林在那一天曾把日本这次再要求的经过向与会诸人作了简单的报告。

不过,美国人却早已知道日本想要结束战争的愿望,因为他们的情报机构已经截获日本外务省发给其驻莫斯科大使的密码电报。

但是杜鲁门以及其主要顾问中的大多数——尤其是陆军部长史汀生和陆军参谋总长马歇尔——现在却一心只想使用原子弹以加速日本的崩溃,正好像斯大林之一心想赶在对日战争尚未结束之前参加这个战争,以求能在远东获得一种有利的地位一样。

还有一些人所感到的怀疑是尤过于丘吉尔。在他们中间有一个人即为海军上将李海,他是罗斯福和杜鲁门两任美国总统的参谋长。他对于使用这种兵器来对付一般平民的观念深表厌恶。他说:"我个人的感想是这样,由于我们第一个使用,也就使我们已经采取一种相当于黑暗时代野蛮人的道德标准。我所受的教育是从未教我这样地从事战争,而毁灭妇孺也不可能赢得战争。"一年以前,有人主张使用生化武器,李海也曾向罗斯福力表反对的意见。

在原子科学家之间,意见也并不一致。在争取罗斯福和史汀生对原子兵器的支援时,布什博士(Dr. Vannevar Bush)是居于领导的地位。同样的,丘吉尔的私人科学顾问齐威尔勋爵(Lord Cherwell),也是一个主要的提倡者——在未授封爵位之前,他的头衔为林德迈教授(Professor Lindeman)。所以毫不足怪的,当史汀生于 1945 年春季指派一个委员会,由布什领导去考虑对日本使用原子兵器的问题时,这个委员会即强烈地主张原子弹应尽可能立即使用,而且对于它的性质事先不应作任何警告——因为正像史汀生以后所解释的,害怕那也许是一颗"哑弹"(Dud)。

相反的,另有一群原子科学家,以弗兰克教授(Professor James Franck)为领袖,不久之后,即在 6 月的下旬,曾联名上书史汀生,表示不同的结论:"对日本突然使用原子弹固然可以获得军事性的利益和节省美国人的生命,但若在全世界造成恐怖和反感,则似乎还是得不偿失……假使美国首先对于人类使用此种新型无限制毁灭工具,则它将会牺牲全世界舆论的拥护,引起军备竞赛,并妨碍对于此种兵器未能管制达成国际协定的可能性。……我们认为这些考虑足以构成不应对日本提早使用核武器的理由。"

但是那些与政治家比较接近的科学家所发表的意见通常比较易于受到重视,所以他们这种热忱的意见也就足以影响决定——他们已经说服政治家认为原子弹是一种结束战争的最迅速和最简易的方法。对于已经生产完成的两颗原子弹,军事顾问们建议了 5 个可能的目标,经杜鲁门与史汀生研究之后,遂决定选择广岛和长崎两个城市,其理由是认为它们既然含有军事设施,而又有"最易于炸毁的房屋和其他的建筑物"。

所以在 8 月 6 日,第一颗原子弹遂投在广岛,毁灭该城的大部分,并杀死 8 万人左右——约占全城居民的 1/4。3 天之后,第二颗原子弹又投在长崎。当杜鲁门总统从波茨坦会议结束后由海上回国时,他才听到原子弹已在广岛投下的消息。依照当时在场的人所报道,他不禁得意高呼说:"这是历史上最伟大的事情。"

但是对于日本政府的效果,却远不像西方在当时所想象的那样严重。在最高战争指导会议中反对无条件投降的那 3 位大员并未因此而发生动摇,他们仍坚持对于未来必须首先获得某种保证,然后始可投降,尤其是以"天皇地位"的维持最为重要。至于说到日本的人民,他们是直到战后才知道在广岛和长崎到底发生了一些什么事情。

8 月 8 日苏联对日本宣战,次日即进兵"满洲",这对于加速日本的投降,其效果似乎是并不亚于原子弹,但是重要的因素还是天皇的影响作用。8 月 9 日,在另一次御前会议中,日皇亲自向出席的 6 位大员指出,情况的无望已至为明显,他本人是强烈地主张立即求和。于是那 3 位反对者才比较有屈服之意,而同意召开一次重臣会议——在那个会议中天皇本人可以作最后的裁定。同时,日本政府也用无线电宣布愿意投降,不过其条件为天皇的主权仍受尊重——关于这一点,7 月 26 日的同盟国波茨坦公告是不曾提到的。经过若干的讨论,杜鲁门总统遂同意接受这"但书",对于"无条件投降"而言,这要算是一个显著的修改。

即令到了此时,在 8 月 14 日的重臣会议时,意见还是有很大的分歧,但日皇却作了最后的裁决,他颇有决断地说:"若再没有其他的人发表意见,则朕将表示朕本人的意见。朕要求诸位必须对此表示同意。朕认为日本只有这一条路可以自救。因此朕已痛下决心忍其不能忍,受其所不能受。"于是日本遂用无线电宣布投降。

其实并不真正需要使用原子弹才能产生这样的结果，诚如丘吉尔所云，当其船只的9/10都已沉没或不能行动，其空中和海上的兵力都已被摧毁，其工业已经被破坏，其人民粮食补给已经日益缺乏——在这样的情形之下，日本的崩溃实在是早已成为定局。

美国的战略轰炸调查报告书（U. S. Strategic Bombing Survey）也同样地强调这一点，不过却又补充说："假使日本的政治结构能够对于国家政策作比较迅速有效的决定，那么在军事已经无能为力与政治承认无可避免的现实之间的时差也许即可以缩短。话虽如此，但似乎还是很明显，即令不使用原子弹，空中优势也仍能产生足够的压力使日本无条件投降，并取消侵入需要。"美国海军军令部长金恩也曾认为，"只要我们愿意等待"，则仅凭海军封锁即可"饿得日本人非屈服不可"——因为他们缺乏油、米，以及其他各种必需的物资。

李海上将的判断对原子弹的不需要是更加强调："在广岛和长崎使用这种野蛮兵器对于我们对日本的战争是并无实质的帮助。由于有效的海上封锁和成功的传统性轰炸，日本是早已被击败并已准备投降。"

然则为什么要使用原子弹呢？除了希望想迅速减少美英两军人命损失的直觉想法以外，是否还有任何其他的强烈动机呢？有两个原因是已经可以找到。其一就是丘吉尔本人所透露的。在叙述他在 7 月 18 日那一天听到原子弹试验成功之后，和杜鲁门总统会商时的情形，他曾经对于当时在座诸公的心情作了下述的分析：

"……我们应该可以不再需要苏联人。对日战争的结束已经不必再依赖他们陆军的参加……我们不需要再求他们帮忙。几天以后，我告诉艾登先生（Mr. Eden）说：'非常明显的，在目前美国是不愿意苏联人参加对日本的战争。'"

斯大林在波茨坦要求分享对于日本的占领，曾经使美国人感到非常为难，而美国政府是十分地希望能够避免这种情形发生。原子弹也许能够帮助解决这个问题。苏联人已预定在 8 月 6 日加入战争——那也就是在两天之后。

在广岛和长崎用原子弹的第二个理由是由李海上将透露出来的。他说："科学家和一些其他的人们想要作这次试验，因为在这个计划上已经耗费了大量的金钱。"——共计 20 亿美元。一位和这个代号为"曼哈顿计划"（Manhattan District Project）的原子作战具有密切的关系的高级官员曾经对于这一点解

释得更清楚:

> "这颗原子弹必须成功——因为在它身上已经用了许多的金钱。假使失败,我们对于这样巨大的费用又将怎样交代呢?想到人们的批评就会令人感到害怕……但时间日益迫近,在华盛顿有某些人曾试图说服格罗夫斯将军(General Groves)——曼哈顿计划的总监,赶紧急流勇退,以免太迟不得脱身。因为他们知道假使我们失败,则格罗夫斯将会如何成为众矢之的。当这颗原子弹成功并投下之后,所有一切有关的人员所感到的安慰真是非常巨大,真有如释重负之感。"

不过,在经过一代之后,现在可以看得更清楚,把原子弹那样匆匆地投下,对于其余的人类而言,那才真不是一种安慰。

1945 年 9 月 2 日,日本代表在东京湾中的美国战斗舰"密苏里"号上签署了降书。第二次世界大战正式结束,距离希特勒发动对波兰的攻击是六年零一天——而在德国投降后的 4 个月。这不过是个使胜利者感到满足的一个仪式而已。真正结束是在 8 月 15 日,即日本天皇宣布投降和停战之日——在第一颗原子弹投下一星期之后。但这个可怕的打击虽能于毁灭广岛城以后表现此种兵器的威力,但对于投降最多不过是产生若干催生的作用而已。日本投降是早已确定,并不需要使用这种兵器——但自从那时起,世界就一直生活在它的阴影之下。

第九篇　尾　声

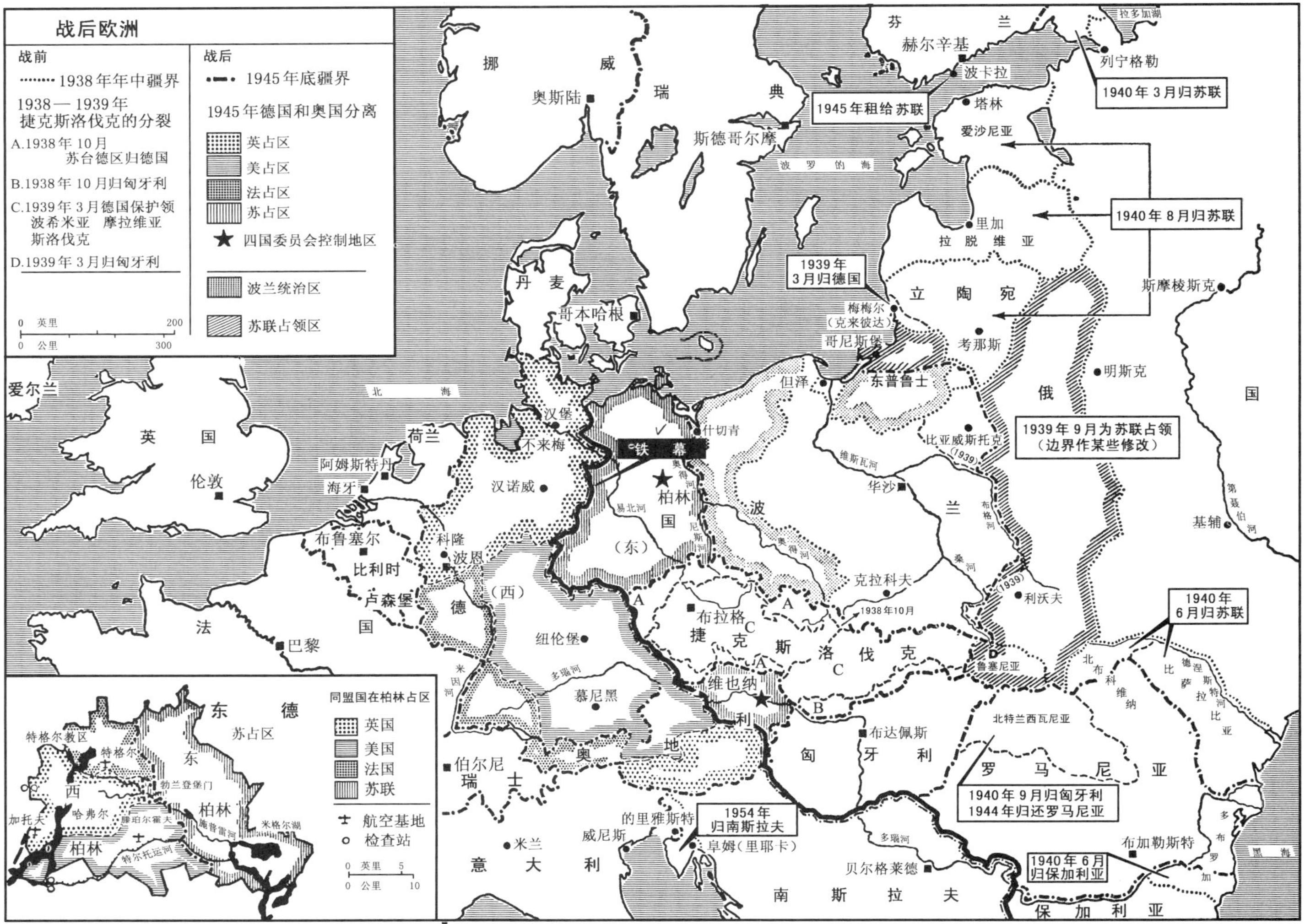
战后欧洲
战前
1938年年中疆界
1938—1939年
捷克斯洛伐克的分裂
A.1938年10月
苏台德区归德国
B.1938年10月归匈牙利
C.1939年3月德国保护领
波希米亚 摩拉维亚
斯洛伐克
D.1939年3月归匈牙利
战后
1945年底疆界
1945年德国和奥国分离
英占区
美占区
法占区
苏占区
四国委员会控制地区
波兰统治区
苏联占领区
0 英里 200
0 公里 300
1940年3月归苏联
1945年租给苏联
1940年8月归苏联
1939年3月归德国
1939年9月为苏联占领
(边界作某些修改)
1940年6月归苏联
1940年9月归匈牙利
1944年归还罗马尼亚
1954年归南斯拉夫
1940年6月归保加利亚
铁幕
挪威
瑞典
芬兰
丹麦
英国
爱尔兰
荷兰
比利时
卢森堡
法国
德国
(东)
(西)
瑞士
奥地利
意大利
南斯拉夫
保加利亚
罗马尼亚
匈牙利
捷克斯洛伐克
波兰
东普鲁士
立陶宛
拉脱维亚
爱沙尼亚
俄国
北海
波罗的海
黑海
奥斯陆
斯德哥尔摩
赫尔辛基
波卡拉
列宁格勒
拉多加湖
塔林
里加
梅梅尔
(克来彼达)
哥尼斯堡
考那斯
明斯克
斯摩棱斯克
基辅
第聂伯河
哥本哈根
汉堡
不来梅
什切青
但泽
比亚威斯托克
(1939)
维斯瓦河
华沙
布格河
桑河
利沃夫
克拉科夫
1938年10月
奥得河
尼斯河
易北河
柏林
汉诺威
伦敦
阿姆斯特丹
海牙
布鲁塞尔
科隆
波恩
巴黎
纽伦堡
多瑙河
慕尼黑
莱因河
布拉格
维也纳
布达佩斯
鲁塞尼亚
北布科维纳
比萨拉比亚
德涅斯特河
北特兰西瓦尼亚
布加勒斯特
多布罗加
贝尔格莱德
伯尔尼
米兰
威尼斯
的里雅斯特
阜姆(里耶卡)
同盟国在柏林占区
英国
美国
法国
苏联
航空基地
检查站
0 英里 5
0 公里 10
东德
苏占区
特格尔教区
特格尔
东
西
勃兰登堡门
加托夫
哈弗尔
滕珀尔霍夫
施普雷河
米格尔湖
特尔托运河
·按原图译制·

第四十章 结 论

主要因素和转折点

这场浩劫似的战争的结果是把苏联迎入欧洲的心脏地区,诚如丘吉尔所云,那实在是一场"不需要的战争"(The unnecessary war)。但其起因却又是为了想要避免战争和抑制希特勒。在英法两国的政策中有一个基本弱点,那就是它们对于战略因素缺乏了解。因此才会在对他们最不利的时机陷入战争,并造成这样一场本可避免的浩劫——对整个世界也产生了深远的后果。英国之所以尚能幸存似乎是有赖于奇迹——但实际上却是因为希特勒犯了历史上侵略独裁者所常犯的同样错误。

重要的战前阶段

事后回顾起来,对于双方而言,第一个致命的步骤很明显的即为德国人在1936年的重入莱茵河地区。对于希特勒来说,这个行动带来一个双重的战略利益——(1)它可以对于德国在鲁尔的重要工业区提供安全的掩护;(2)它可以使希特勒获得一个攻入法国的战略跳板。

为什么这个行动不曾受到制止呢? 主要的是因为法英两国正在力求避免任何武装冲突,害怕它有发展成为战争的危险。又因为德国之重入莱茵地区,似乎仅为一种矫正不公正待遇的努力,虽然其所采取的手段是错误的,但其用心似乎仍有可原——所以也就更使法英两国不愿意采取制止行动。尤其是英国人,因为他们比较具有政治的素养,所以更有一种把它看作政治性而非军事性步骤的趋势——没有注意到它的战略含义。

在其1938年的行动中,希特勒又从政治因素中去抽取战略利益——德奥两国人民对于合并的愿望,以及整个德国对于捷克歧视苏台德区日耳曼少数民族的强烈反感;而且西方国家之内又还有许多人认为德国在这两件事上的行动还是相当的合理。

但是希特勒在 3 月间进入奥国之后,他也就使捷克斯洛伐克的南面翼侧处于暴露的地位——对于希特勒来说,在其东向扩张计划的发展中,捷克斯洛伐克也正是一大障碍。9 月间,他利用战争的威胁,获致慕尼黑协定——这样不仅收回苏台德区,而且也使捷克斯洛伐克陷于战略性的瘫痪。

1939 年 3 月希特勒占领捷克斯洛伐克的其余部分,也就包围了波兰的侧面——这是一连串"不流血"行动中的最后一个。在他采取这一个步骤之后,英国政府遂接着采取一项未经思考的致命行动——突然地给予波兰和罗马尼亚以保证,这两个国家都是在战略上处于孤立的地位。英国采取此项行动时,并未首先从苏联方面获得任何的保证,而惟一能够对那两个国家提供有效支援的国家却又只有苏联。

从时机的配合上来看,这些保证是注定将会产生挑拨作用;诚如我们所知道的,希特勒在没有遭遇到此种挑战姿态之前,并无立即攻击波兰的企图。把这种保证放在英法两国兵力所不及的那一部分欧洲地区之上,也就几乎构成一种难以抗拒的诱惑,因此西方国家是自毁其战略基础——而这也正是它们现在处于较劣态势实际上所能够采取的惟一战略。它们只应构成一条坚强的战线来对抗任何在西方的攻击,但它们却不这样,反而让希特勒有突破一条弱的战线轻松地获致初期胜利的机会。

现在若欲避免战争,则惟一的机会即为确保苏联的支援——苏联是惟一能够直接支援波兰的国家,所以对希特勒也就足以产生威慑作用。但尽管情况是那样的迫切,英国政府的行动却还是拖拖拉拉,有气无力的。但除了英国人的犹豫不决以外,波兰本身,以及其他东欧小国,也都反对接受苏联的军事支援——因为它们害怕红军的援助其实无异于侵占。

对于英国支持波兰所产生的新情况,希特勒的反应却完全不同。英国的强烈反应和加速的军备努力虽然使他感到震惊,但其效果却正与英国人所企图的相反。他的想法是受到他个人对于英国历史认识的影响。希特勒认为英国人是头脑冷静和具有理性的,其感情是受到头脑的控制,因此他感觉到除非是能够获得苏联的支援,否则英国人连做梦也都不会想到投入为波兰而打仗的战争。所以,希特勒遂宁愿忍下他对于"布尔什维克主义"(Bolshevism)的仇恨和恐惧,而竭尽心力来和苏联协调,以求能使苏联置身事外。这种转变要比张伯伦的还更惊人——而其后果则是同样的致命。

8月23日，里宾特洛甫飞往莫斯科，接着德苏条约就签了字，并附有一项秘密协定作为德苏两国瓜分波兰的依据。

在希特勒一连串侵略行动所造成的紧张气氛之中，这个条约遂使战争成为必然之势。英国人既然已经自己宣称负责支援波兰，则他们势必不能退让，否则也就会丧失其荣誉，而且也只会替希特勒进一步的征服打开门户。反之，希特勒对于其在波兰的目的也决不会撤回，即令他明知那将会引起一场大战。

所以欧洲文明列车遂从此冲入又长又黑的隧道，整整过了6个艰苦的年头，才算是重见天日。即令如此，这个胜利的阳光也不过只是回光返照而已。

战争的第一阶段

1939年9月1日(星期五)德军侵入波兰。9月3日(星期日)英国政府为了履行其以前所答应给予波兰的保证，遂对德国宣战。6个小时之后，法国虽然是比较感到勉强，但也还是步了英国的后尘。

不到一个月波兰即已遭蹂躏。9个月之内，西欧的大部分也都已为战争的洪流所淹没。

波兰能够守得较久一点吗？法英两国对于减轻德国对波兰的压力能够有较好的表现吗？根据现在所知道的兵力数字，从表面上看来，这两个问题的答案似乎都应该是肯定的。

在1939年，德国陆军对于战争的准备距离完成的标准还差得太远。波兰和法国一共拥有相当于150个师的兵力，包括35个预备师在内，但其中有一部分兵力是必须保留用来应付法国的海外防务。对方德国的兵力总数共为98个师，但有36个师是训练不足的。德国人留下来保卫西疆的兵力为40个师，其中只有4个是常备师(具有完整的训练装备)。但希特勒的战略使法国所处的地位必须发动迅速的攻击，始能减轻波兰所受的压力——而这种行动却正是其陆军所最不适宜的。法国的旧式动员计划只能缓慢地产生必要的兵力重量，而其攻势计划必须依赖大量重炮兵的使用，但那必须要到第十六天才能准备就绪。到那个时候，波兰陆军的抵抗早已在崩溃之中。

波兰的战略形势是极为不利的——这个国家好像是一块"舌头"夹在德国牙床之间，而波兰的战略又使这种形势变得更为恶劣，因为它把兵力的大部分都配置在舌尖的附近。而且，这些兵力在装备和用兵思想上又极为落伍，甚至于仍然把信念寄托在大量的乘马骑兵之上——当它们面对着德军的坦克时,也就被证明出来是一筹莫展。

德国人在那个时候也只有 6 个装甲师和 4 个机械化师已经完成作战准备,但由于古德里安的热心倡导,加上希特勒的支持,他们对于高速机械化战争新观念的采用,要比任何其他国家的陆军都更为先进——但早在 20 年前,英国的先驱者对于此种新的行动和速度却早已有了完整的构想。德国人所发展的空军也比任何其他国家都远为强大。反之,不仅是波兰人,而且法国人,也同样地对于空权感到严重的缺乏,甚至于不足以支援和掩护其陆军。

所以波兰人是最先看到德国人对于此种新型闪电战术作第一次成功的表演,而在这个时候,波兰的西方同盟国却仍在继续沿着传统的路线来进行战争的准备。9 月 17 日,苏联红军越过波兰的东疆,这个背面上的一击也就决定该国的命运,因为它已经没有留下任何兵力足以对抗这第二次的侵入。

波兰迅速败亡之后接着就是 6 个月的休止——由于表面上的平静,遂使旁观者误称它为"假的战争"(phoney war)。一个比较接近真相的名称应该是"幻想的冬天"(winter of illusion)。因为在西方国家中,领袖和舆论都把这一段时间花在幻想如何攻击德国侧翼的计划之上——而且对于它们的谈论也未免太公开了。

实际上,以当时的情况而论,专凭法英两国是根本不可能发展足以克服德国的实力。由于德苏两国现在已成邻国,所以对于西方而言,最好的希望即为它们之间由于猜疑而发生摩擦,这样就可以把希特勒的爆炸力从西方引向东方。这种现象在一年后终于发生,假使西方同盟国若不是那样沉不住气(那是民主国家的老毛病),则它也许可能会提早发生。

他们高叫着和威胁着谈论攻击德国的侧翼,遂促使希特勒不得不考虑先下手为强。他的第一手即为占领挪威。缴获的文件指出,1940 年的初期希特勒仍然认为,对于德国而言,"维持挪威的中立实为最佳的途径"。但到 2 月间他就改变了态度,他开始说:"英国人有意在那里登陆,而我却要赶在他们的前面。"4 月 9 日,一支小型德国部队到达挪威,推翻英国人想控制那个中立地区的计划——乘着英国海军进入挪威水域而吸引挪威人的注意之便,德军迅速地攻占其主要港口。

希特勒的第二棒是 5 月 10 日打击在法国和低地国家的头上。早在前一个秋天他已开始准备,即在波兰被击败之后他向同盟国提出和平呼吁而遭到拒绝之时——他感觉到击溃法国即能获得迫使英国同意和平的最好机会。但

是恶劣的气候加上其手下将领们的疑惧遂从 11 月以后一再地延期。在 1 月
10 日那一天,一名德国参谋军官携带着有关作战计划的文件在飞往波恩的中
途,在大风雪中迷失方向并迫降在比利时的境内。这一个意外事件使德军的
攻势一直延到 5 月才再发动,而在这个中间阶段内,一切的计划遂都作了彻底
的改变。其结果对于同盟国非常地不幸,而对于希特勒则可以说是暂时非常
地有利,整个战争的发展因此而完全改变。

因为依照旧的计划,德军主力的前进是要通过比利时中部有运河防线的
地区,事实上也就会一头撞在法英两国兵力最雄厚的部分之上,所以结果也许
会以失败为结束——这样也可能会使希特勒的威望发生动摇。但是这个由曼
施泰因所建议的新计划却使同盟国受到完全的奇袭,并使它们丧失平衡,因此
也就产生极重大的效果。当盟军向北推进到比利时境内,以求在那里对抗德
国向荷比两国所发动的攻势时,德军装甲部队的大部分——共 7 个装甲
师——却从阿登山林地区冲出,而那个地区正是同盟国高级军事当局认为坦
克所不能通过的。在微弱的抵抗之下渡过马斯河,突破盟军战线上的脆弱"枢
纽"部分,然后钻到在比利时联军兵力的背后,向西直趋英吉利海峡的海岸,并
切断它们的交通线。甚至于在德国步兵的主力尚未进入战斗之前,这样即已
决定了胜负。英军从敦刻尔克由海上勉强逃出。比军和法军的大部分遂均被
迫投降。这个损失是无可补救的。接着在敦刻尔克以后的一个星期内,德军
移师南指,所剩余下来的法军遂再无抵抗它们的能力。

实际上这一次震动世界的惨败是可以非常容易地加以阻止。只要使用同
样的兵力作一次集中的反击,则德军的装甲突击即可以迅速地被阻止,而不让
它们冲到海峡。但是尽管法国人的坦克比他们敌人所有的是又多又好,他们
却还是像 1918 年一样把那些坦克分割成为许多小群来使用。

假使法军不匆匆地进入比利时以至于使其"枢纽"部分变得那样的脆弱,
又或是能够迅速地调动预备队以作为应援,那么德军的前进甚至于还可以更
早就被阻止在马斯河上。但法军统帅部不仅认为阿登地区是坦克所不能通过
的,而且也更认为任何在马斯河上的攻击是一定仍会采取 1918 年的刻板形
式,即当德军到达那里之后,必须要有大约一星期的准备时间开始能发动攻击,
所以也就能够容许法国人有充分的时间去调集预备队。但是德军装甲部队在 5
月 13 日清晨到达马斯河上,当天下午即已在作强渡的攻击。一个"坦克时间"
(tank time)的进度击败了落伍的"慢动作"(slow-motion)。

仅仅由于同盟国的领袖们不了解此种新技术,不知道如何地应对,所以此

种闪电战的进度才有可能。假使在其进路上已有良好的雷阵掩护,则德军甚至于在未达到马斯河之前就早被阻止了。即令缺乏地雷,也还是有办法阻止德军的前进——即使用最简便的老办法,沿着通到马斯河上的森林公路,一路砍倒树木即可。要清除这些伐木必须花相当的时间,这对于德军成功的机会即可以产生断送的效果。

(原注:我的一位法国朋友,当时正在马斯河负责某一地段的防务,他曾经要求上级准许采取这样的措施,但上级却告诉他道路应保持畅通无阻,以便法国的骑兵可以前进。这些骑兵倒的确曾经进入阿登地区,可惜的是出来比进去还要快。他们在前面拼命地逃跑,而德国坦克也就跟在他们的后面拼命地穷追不舍。)

在法国沦陷之后,一般的趋势都是归罪于法国人士气的低落,并认为其沦亡是已无可避免。这实在是一种"倒因为果"的错误想法。仅在军事突破之后,法国人的士气才随之而崩溃——但那个突破却是可以很容易预防或阻止的。到了 1942 年,所有各国的陆军都已学会如何去阻止一个闪电战的攻击——但它们若能在战前学会这一套,则也就可以挽救不少的东西。

战争的第二阶段

对于纳粹德国,英国现在是唯一剩下来的积极对手。但它却已经处于非常危殆的情况,军事方面已经无能为力,而且又有敌方 2000 英里长海岸线的包围威胁。

仅仅由于希特勒所采取的奇怪行动,英军才能从敦刻尔克逃脱而未全部被俘。两天以前,德军装甲部队距离这个最后逃出的港口早已剩下 10 英里,而那个港口也几乎还是在完全无防御的状况之下。但是希特勒突然下令停止前进——这个命令的动机极为复杂,包括戈林希望能由空军来竟全功的狂妄想法在内。

尽管英国陆军的大部分已经安全脱险,但它们却丧失其大部分的装备。当 16 个师的残兵败将需加以重组之时,英国国内只留有 1 个装备适当的师以保卫其国土,至于舰队则因为害怕德国空军而躲在遥远的北方。在法国沦陷后的那一个月内,德军无论在何时登陆,英国人都很难有抵抗它们的机会。

但希特勒和他的三军首长对于侵入英国的行动并未作任何的准备——当他们击败法国之后,这显然应该是一个紧接着的步骤,但他们甚至于连任何计划都没有。希特勒容许这一个重要的月份轻易地溜过,而一心在期待英国人同意和平,甚至这种幻想已经粉碎之后,德国人的准备也还是毫不热心。当德国空军在"不列颠会战"中未能把英国空军逐出天空之外的时候,其陆海军首长却反而感到很高兴,因为这可以对于延搁侵入作战构成一项好的借口。但更奇怪的是希特勒本人也很乐于接受这种借口。

从他私下谈话的记录上显示出来,其一部分原因是他不愿意毁灭英国和不列颠帝国——他认为对于全世界那是一个安定因素,并希望能使英国人变成他的伙伴。但除此以外又还有一个更新的动机。希特勒的眼光已经转向东方。这也正是他愿意保全英国的主要理由。

假使希特勒决心击败英国,则英国的覆亡也就可以指日而待。因为尽管希特勒已经错过侵入英国的最好机会,但他还是可以凭借空军和潜艇的联合压力,以使英国由于逐渐的饥饿而走向崩溃。

但希特勒却认为当红军虎视眈眈地站在其东疆之上,足以对德国构成陆上威胁时,他也就不能够集中其资源以从事于此种海空方面的努力。所以他遂辩论说:只有击败苏联才是惟一确保德国后方安全的办法。他对于苏联人的动机是具有强烈的疑忌心理,因为对于苏式共产主义的仇恨一向是其最深处的感情。

同时他又自以为只要一旦丧失苏联介入战争的希望,则英国也就会同意媾和。他甚至于幻想着若非苏联在鼓励它继续打下去,则英国也许早已求和。所以当7月21日希特勒召开其第一次会议讨论其匆匆拟定的侵英计划时,他遂无形中泄漏了他的心事。他说:"斯大林正在和英国人暗中勾结,以使他们继续作战来牵制我们,其目的是想要争取时间并夺取他所想要的东西。他知道一旦和平出现之后,他就再没有这样的机会。"基于此种想法,所以他即获得更进一步的结论:"我们的注意应该回过头来解决苏联问题。"

对苏联作战的计划制定于是立即开始,不过直到1941年初他才作成最后的决定。侵入战是在6月22日发动——比拿破仑的日期提早一天。德国装甲部队迅速击溃苏联所能立即动用的陆军部队,在不到一个月的工夫,即已向苏联境内深入达450英里——在到莫斯科的全程中已经走了3/4。但德国人却永远不曾进入该城。

他们失败的主要因素是什么? 秋泥冬雪固然是显著的因素,但更重要的是德国人对于斯大林从苏联腹地征集预备兵力的能力作了错误的计算。他们原先的估计是200个师,但是8月中旬他们已经击溃了这样多的部队。然而又有160个师出现在战场之上。等到这些师都被击败之后,秋天即已来临,当德军在泥泞中继续向莫斯科推进时,他们又发现另有生力军挡住他们的进路。另外一个基本因素是,尽管在苏维埃革命之后虽已有许多技术进步,但苏联却仍然保持它的原始状态。这不仅是指其军民具有惊人的忍耐力而言,尤其是其道路的原始状况。假使苏联的道路系统已经发展到可与西方相比拟的标准,则它可能也就早像法国一样地迅速受到蹂躏。不过即令如此,假使德国的装甲部队在那个夏季里能够一直冲向莫斯科,而不去等待步兵的赶上,则这次侵入战也可能已经成功——当时古德里安曾经力主采取这样的战略,但这一次却受到希特勒和陆军中那些老将们的压制。

苏联的冬天使德军大伤元气——从此它们也就再没有能够完全恢复。但甚至于在 1942 年,希特勒还是显然具有赢得胜利的良好机会,因为红军现在严重缺乏装备,由于惨重的失败,斯大林对于它的控制也已经发生动摇。希特勒的新攻势已经迅速地到达高加索油田的边缘——那也是苏联战争机器所仰赖的动力来源。但希特勒却把他的兵力分散在高加索和斯大林格勒两个目标之上。在这里他的被阻对于苏联人而言也可以说是非常的侥幸,其机会是非常的小。以后他为了要想攻占这个"斯大林城"(City of Stalin)而一再拼命猛攻,使他的兵力受到严重的消耗——他是已经沉醉在这种象征的诱惑中而不能自拔。当冬季来临之后,他又禁止任何的撤退,结果当苏联的新军在年底赶上战场时,他遂使攻击该城的部队坐受被围和被俘的牺牲。

战略性过分伸展的后果使德军所受痛苦日益加深——拿破仑就是这样失败的。由于墨索里尼想利用法国的崩溃和英国的弱点来捡现成的便宜,所以他贸然地投入战争,这样遂使战火在 1940 年延烧到地中海方面——而对德军增加更多的压力,并且也在这个海权可以发挥影响作用的地区中给予英国人以一个反攻的机会。丘吉尔能够迅速地抓住这个机会——但就某些方面来说,是未免太快了。英国在埃及的机械化部队虽然很少,但不久即击溃意大利在北非大量落伍的陆军,此外还征服了意属东非洲。若非由于想派一支部队在希腊登陆,英军才停止前进,否则它们将一直冲入的黎波里——但是在希腊登陆却是一项不成熟和缺乏准备的行动,所以也就很易于为德国人所击败。因为意大利人在北非遭到惨败,才促使希特勒派隆美尔率兵赴援。不过,由于他的眼光已经固定在苏联,希特勒所派遣的兵力是仅以支持意大利人为限,而从未作较强大的努力以求攻占地中海在东部、中部和西部的三道门户——苏伊士、马耳他和直布罗陀。

所以实际上他只是给德国的实力增加一个新的漏斗,而且最后也抵消了隆美尔的反击成功——不管他怎样努力,也不过把同盟国肃清北非的时间拖长两年以上而已。现在德国人的兵力是散布在地中海的两岸上,以及整个的西欧海岸上,而同时也试图在苏联的内陆还维持一个艰难的宽广正面。

由于日本在 1941 年 12 月投入战争,遂使此种全面过分伸展的天然效果又暂时获得缓和,并使战争继续延长。但从长期的观点来看,日本的投入战争对于希特勒的前途是更足以产生致命的效果,因为它把美国的力量带入战争。日本对珍珠港的奇袭攻击以暂时收获而言是颇为丰富——重创美国太平洋舰队,使日军得以攻占同盟国在西南太平洋的一切根据地——马来亚、缅甸、菲律宾和荷属东印度。但是这样的迅速扩张,也就超过其能守住所夺获地区的能力限度以外。因为日本究竟是一个小岛国,只有有限的工业能量。

战争的第三阶段

一旦美国的实力发展,而苏联在幸存之后也开始发展其自己的实力,于是轴心列强——德、意、日——的失败也就成为定局,因为它们军事潜力的总和是远较渺小。惟一不能确定的问题仅为——还要多久的时间,以及其失败的程度。已经变成守势的侵略者,现在所希望的最多不过是尽量拖长时间以来获得较好的和平条件,直到"三巨头"(Giants)变得厌倦或开始争吵时为止。但此种长期抵抗成功的机会又系于战线的缩短。但这些轴心国家的领袖们为了死要面子之故,又都不愿自动撤退,遂紧抓着全部地盘不放手直到崩溃时为止。

在这个战争的第三阶段并无真正的转折点,而只有一个逐渐涨起的潮流。

这个潮流在苏联和在太平洋是流动得比较容易,因为在这两个地区,日益增大的兵力优势与便于运用的广大空间互相配合而相得益彰。在南欧和西欧,因为空间比较狭小,潮流遂遇到较多的阻碍。

英美两国军队的首次返回欧洲是在 1943 年 7 月——因为希特勒和墨索里尼为了想坚守北非的滩头阵地以阻塞盟军从埃及和阿尔及利亚的两面夹攻,而把大量的部队送往突尼斯,结果反而减少盟军重返欧洲时的困难。突尼斯变成一个陷阱,而留在那里的全部德意两国军队的被俘遂使西西里几乎完全没有防御。当盟军于 1943 年 9 月从西西里进入意大利之后,它们沿着那个狭长多山的半岛前进时却变得迟滞而缓慢。

1944 年 3 月 6 日,在英国建立起来的盟军主力开始在诺曼底登陆。只要它们能在这里的岸上建立一个够大的滩头阵地,足以集结其兵力以突破德军的防线,则成功即已成定局。因为一旦当它们冲出之后,整个法国的空间都可供其自由运动——盟军部队是完全机械化的,而德军的大部分都不是。

除非能在最初数小时之内把侵入者赶下海去,否则德军的防御即注定最后必然崩溃。但当它们临时调动其装甲预备队时,由于同盟国空军的瘫痪式干涉,也就发生了致命的延误。在这个战场上,同盟国空军比德国空军差不多享有 30 比 1 的优势。

甚至于即令对诺曼底的侵入军能在滩头上将其逐退,但由于现在盟军已经享有巨大的空中优势,可以直接攻击德国,所以它的崩溃也还是无可避免。到 1944 年为止,战略性空中攻势都还是有名无实,并不能代替陆上的侵入,其真正的效果是被估计得过高。对于城市的滥炸,既不能严重减少军火的生产,更未能如理想地摧毁对方人民的意志和迫使他们投降。因为就集体而言,他们是受到其暴君的严密控制;而就个别来说,他们是无法向天空中的轰炸机投降。但在 1944 年到 1945 年之间,制空权却有了较佳的改进——运用的精确度日益提高,而对于和敌方抵抗力具有重要关系的战时生产中心也能产生瘫痪作用。在远东方面,制空权也使日本的崩溃成为必然,而并不需要使用任何原子弹。

一旦潮流倒转之后,在盟军前进道路上的主要障碍物也就是它们自己所造成的——它们领袖们对于"无条件投降"所作的不智的和短视的要求。它给予希特勒以最大的帮助,使他得以继续保持其对德国人民的控制。对于日本的主战派而言,其贡献也是一样。假使同盟国的领袖们够聪明的话,能对他们的和平条件提出若干保证,则希特勒对于德国人民的控制也许早在 1945 年之前就会自动地松弛了。3 年以前,在德国境内反纳粹运动即已开始广泛地展开,他们曾派代表向同盟国领袖说明他们推翻希特勒的计划,并列举许多准备参加这种行动的高级将领名单,他们所要求的即为希望能对于同盟国的和平条件获得一些保证。但在那时,以及以后,同盟国对于他们却始终不曾给予任何的指示或保证,所以此种运动遂成为"暗中摸索",也就自然难于获得广大的支援了。

于是这个"不需要的战争"遂不需要地再延长下去,又有数以百万计的生命作了不必要的牺牲。而最后的和平适足以产生新的威胁和对于另一次战争的恐惧。为了迫使对方"无条件投降",而使第二次世界大战作了不必要的延长,其结果只是使斯大林坐享其利——开辟道路好让共产党支配东欧。

图书在版编目（CIP）数据

第二次世界大战战史/（英）哈特（Hart，B.H.L.）著；
钮先钟译.—上海：上海人民出版社,2009
书名原文：History of the Second World War
ISBN 978 - 7 - 208 - 08469 - 8

Ⅰ.①第… Ⅱ.①哈… ②钮… Ⅲ.①第二次世界大战(1939~
1945)-历史-研究 Ⅳ.①K152

中国版本图书馆 CIP 数据核字(2009)第 033044 号

责任编辑 苏贻鸣 张晓玲
封面设计 尚源光线

HISTORY OF THE SECOND WORLD WAR

by Sir B.H.Liddell Hart

Copyright © 1970 by The Execotors of Lady Liddell Hart，deceased All rights reserved.

第二次世界大战战史

[英]李德·哈特 著

钮先钟 译

出　　版　上海人民出版社
　　　　　　（201101　上海市闵行区号景路 159 弄 C 座）
发　　行　上海人民出版社发行中心
印　　刷　江阴市机关印刷服务有限公司
开　　本　720×1000　1/16
印　　张　43.5
插　　页　4
字　　数　725,000
版　　次　2009 年 3 月第 1 版
印　　次　2025 年 5 月第 20 次印刷
ISBN 978 - 7 - 208 - 08469 - 8/K · 1544
定　　价　100.00 元